宋－明宗族の研究

井上　徹・遠藤隆俊　編

汲古書院

序　言

宗族に関する日本の研究は長い伝統をもっている。一九三〇・四〇年代においては、中国をどのような社会として捉えるべきかという大きな議論と密接な関わりをもって宗族の問題が取り上げられ、また現地調査や訪中の機会は現に存在する宗族への強い関心を喚起した。更に、当時の宗族に対する関心は、その歴史的展開の経路を解明しようとする試みへと繋がった。一九四九年における新中国の建国により、現地調査の道は閉ざされ、日中の研究者間の交流も極めて限定されたものとなったが、歴史学のジャンルでは、世界史的な発展法則のもとに中国の歴史を定位しようとする問題意識に支えられて、中国社会の諸集団のなかで大きな位置を占める宗族についても関連した議論が行われた。その後、大きな転機は七〇年代末から始まった中国政府の改革開放政策によってもたらされた。改革開放政策は日中間の研究者の交流や現地調査を積極的に促進する作用をもたらし、またこの前後の時期に開始された社会史という新たなジャンルの開拓に向けた様々な試みと相俟って、宗族への関心は飛躍的に高められた。現在までの二十数年の間に、宗族研究はかつてない成果を上げたといっても過言ではない。しかし、その反面、宋代以降の時代に限ってみても、研究上多くの問題が浮上してきた。

そこで、二〇〇二年六月三十日、宋代から清代までの宗族に関連する発言を行ってきた研究者が集まって、「中国史宗族シンポジウム第一回準備会」（場所：大阪市東淀川勤労者センター）を開いた。この会議の目的は、各時代において相当の蓄積がなされつつある研究状況のなかで、多様な成果を整理するとともに、今後の研究の指針や方向性を探るために、宗族に関するシンポジウムを企画することにあった。この会議では、シンポジウムで対象とする時代を宋代から明代までとし、中国人の血統観、個人・家族、地域社会、知識人、国家などが宗族とどのような関係にあるのかについても活溌な議論が行われた。また、以後の予定として、第二回準備会を経て、シンポジウムを翌年に開催することを決定したほか、科研費プロジェクト「宋代以降の中国における集団とコミュニケーション」（代表：岡元司、平成十四年～十六年度、科学研究費基盤B）が全面的に協力していただけることになった。第一回準備会の後、宗族シンポジウム事務局を設置して、第二回準備会とシンポジウムの準備を進めた。

第二回準備会は、同年十一月四日、大阪市立大学で開かれた。この会議では、九名の報告者がそれぞれの研究に基づいて発表を行い、別途依頼したコメンテーターの方々に率直な意見を出していただいた。また、その他の参加者からも様々な意見が寄せられたことにより、従来の宗族研究の共通点や問題点が明確になった。これを承けて、宗族シンポジウム事務局は、宋代史研究会、明清史夏合宿の会の各担当者と協議のうえ、三者合同の研究合宿を実施することにした。合同合宿は、二〇〇三年八月九日から十二日までの四日間、高知県の国民宿舎・海風荘において行われ、このうち前半の九日と十日の二日間が宗族シンポジウムに充てられた。共通テーマは「中国宋明時代の宗族」である。シンポジウムでは、二つの基調報告と十本の個別報告が発表されたが、このうち個別報告に対しては、それぞれコメンテーターを付けた。合同合宿としたことにより、宋元時代から明清近代に至るまで各時代の多数の研究者にご参加いただき、宗族に関して多方面から多くのご意見を頂戴できた。

本書は、二回の準備会とシンポジウムで得られた成果をもとに刊行されるものである。刊行に際しては、シンポジウムに至るまでの作業のなかでご協力いただいた方や関連の研究を進めてこられた方に執筆の問い合わせを行ったうえで、最終的に執筆者を確定した。残念ながら各種の事情によりご寄稿頂けなかった先生方もおられるが、本書に収録された論文を通じて、日本の宗族研究の現状や問題点が浮かび上がるものとなったのではないかと考えている。また、本書は当初の企画以来、問題の対象をひとまず宋代から明代の宗族に限ってきた。その理由はいくつかあるが、まず宋代から明代前半期までは時代による違いや王朝による対応の違いはあるものの、宗族の制度や規範において共通性が見られる点にある。また宋元宗族と明清宗族とをつなぐことが本企画の大きな目的の一つであるが、両者の関連性を考える場合には十六世紀すなわち明朝後半期が重要であり、この時期までの宗族問題を再検討することが清代以降の宗族を考える際にも基本になると考えたからである。この試みが成功したかどうかを現時点で判断することは難しく、残された課題も少なくないと認識している。今後、多方面から検証していただけることを願っている。

企画から刊行に至るまでの間にすでに三年もの歳月が流れている。この間、準備会、シンポジウムで多くの方々にご協力していただいた。経費面では、上記科研費プロジェクトからの支援に大変助けられた。改めて感謝申し上げたい。また、刊行予定が大幅に遅れたにもかかわらず、辛抱強く待って頂いた汲古書院の石坂叡志氏、編集部の小林詔子氏に、お詫びとともに謝意を表したい。

二〇〇五年三月吉日

井上　徹・遠藤隆俊

【資料】

［中国史宗族シンポジウム第二回準備会プログラム］

1、日時と場所

日時：二〇〇二年十一月四日（月）

場所：大阪市立大学法学部棟六階　第二会議室

2、会議日程

司会：岸本美緒

午前の部（宋代史）

発表：佐々木愛、吾妻重二、遠藤隆俊、小林義廣

休憩、討論

昼　食

午後の部（明代史）

発表：熊遠報、井上徹、中島楽章、臼井佐知子、鈴木博之

休憩、討論

総括討論、シンポの打ち合わせ

〈コメンテーター〉

青木敦、吾妻重二、阿風、大澤正昭、岡元司、片山剛、菊地秀明、小島毅、須江隆、寺田浩明、森田憲司、山田賢

［中国史宗族シンポジウム「中国宋明時代の宗族」プログラム］

1、日時と場所

日時：二〇〇三年八月九日（土）～十日（日）

場所：高知県夜須町国民宿舎「海風荘」

2、会議日程

司会：岸本美緒　＊コメンテーター

八月九日（土）：午後三時開始

基調報告（遠藤隆俊、井上　徹）「中国宋明時代の宗族史研究」　＊吾妻重二

佐々木愛「朱熹の宗法論とその位置について」

中　純夫「火葬をめぐる若干の問題について――明清を中心に――」　＊小島　毅（代読：鈴木弘一郎）

質疑応答、討論

八月十日（日）：午前九時開始

小林義廣「北宋の名族――二つの韓氏――」　＊平田茂樹

須江　隆「祠廟と宗族――北宋末期以降の「地域社会」の形成と再編――」　＊森田憲司

青木　敦「宋代江西撫州における修譜と限田法――宗族形成の敗者と税役」　＊近藤一成

岡　元司「南宋名族の墓――明州史氏の東銭湖墓群――」

質疑応答、討論

昼　食

中島楽章「元朝と宗族形成――東南山間部を中心に――」　＊寺田浩明

上田　信「山林と宗族――明代を中心に――」　＊菊地秀明

臼井佐知子「明代における族譜編纂の意義について」　＊鈴木博之

熊　遠報「宗族資産の形成とその展開――明清期、徽州洪氏光裕会を中心として――」　＊片山　剛

質疑応答

総括討論

〈事務局メンバー〉

青木敦、井上徹、遠藤隆俊、岡元司、岸本美緒、小島毅、小林義廣、須江隆、寺田浩明、中島楽章、平田茂樹

宋―明宗族の研究／目　次

総　論

＊　＊　＊

宋元の部

元明の部

宋―明宗族の研究

総論

総　論——宋元の部

遠藤隆俊

序

一九八〇年代以降、日本の中国史研究では、家族や宗族の研究が大きな潮流の一つになっている。とりわけ明清史においては欧米の研究や社会学、人類学の影響もあり、地域社会およびその中における家族、宗族の問題が大きく取り上げられてきた。宋元時代の研究においても明清ほど多くはないにせよ、士大夫および地域社会史研究の盛行によって、宗族への関心が高まっている。この中で、宋元宗族史研究の現状と課題を整理しておくことは、今後の研究にとって意味ある作業と考える。

一方、家族、宗族に対する関心は日本ばかりでなく中国や台湾、韓国、欧米でも高く、各国で国際的なシンポジウムが開かれている。例えば二〇〇二年夏には中国天津の南開大学で「中国家庭史国際学術討論会」が開かれ、また翌〇三年夏には韓国ソウルの慶熙大学でも中国史学会主催の国際シンポジウム「中国史における宗族と社会」が開かれ、日本でも本書のもとになるシンポジウム「中国宗明時代の宗族」が開かれた。この中で、日本の宗族研究を整理し今後の課題を展望する作業は、単に日本国内のみならず、国際的な学術交流にも資することになる。(1)

本論と同様の試みは既に井上徹氏や小林義廣氏によってなされており、筆者も簡単な研究紹介を行ったことがある［井上徹〇〇、小林義廣〇二、遠藤隆俊〇四、Endo 04］。ただ、本稿ではこれらの整理をもとにしつつ、本書の性質上、主として明清時代における宗族との比較を念頭におきながら、宋元宗族の特質およびその研究を紹介したい。なお本稿では八〇年代以降における日本の宗族研究に重点を置いたため、七〇年代以前および海外の研究に言及する余裕があまりなかった(2)。また筆者の力量不足のため、とくに思想や文学から見た宗族およびその研究については、十分に整理が行き届かない面がある。あらかじめお断りするとともに、博雅のご教示を賜りたい。

一、宋元宗族の歴史的特質

詳しい研究の紹介にはいる前に、宋元宗族の歴史的特質について確認したい。まずは定義の問題であるが、宗族とは共通の祖先から分かれた父系または男系の同姓親族を指す。これについては内外ともに概ね共通理解として受け入れられている。もっとも、後にも述べるようにこれをいかなる視点から見るかによって、様々な解釈や見解の相違が生じているのは確かである。例えば歴史や思想、文学など研究分野による意見の違いがあり、また同じ分野でも宗族を国家から見るか、あるいは社会から見るかなど、視点や方法の違いによって見解が異なる場合もある。さらには宗族を人的な側面から見るか、それとも組織や機能、役割の面から見るかによっても意見が分かれ、同じく人的な側面から見た場合でも個人のレベルから見るか、それとも集団や団体の面から見るかによって、意見が大きく食い違っている。しかし、そうした問題は確かにあるものの、ひとまず宗族の定義については異論のないところであり、本稿でもこれに従うこととする(3)。

さて、宋元以降における宗族の特質およびその歴史的位置づけについては、つとに牧野巽氏が古代の宗法と比較しながら次の六点をあげている。すなわち、宋以後の宗族は（一）族長の地位が浮動的で固定していない、（二）宗族結合の範囲すなわち祖先祭祀の範囲が高祖以上にさかのぼる、（三）一族共同の財産すなわち族産を設ける、（四）族譜を作る、（五）宗祠や義塾、義荘などを設けて自治、自衛を行う、（六）これらの制度は官府の定めによるのではなく民間で発達した［牧野八〇b第一章所収］。これにより、宋代以後のいわゆる近世宗族が前代までとは異なる新しい要素を含んでおり、またその再編期が宋代にあったことは、概ね共通理解となっている(4)。

ただし、氏の所説は宋以後の宗族を明清近代まで通観した結果であり、宋元時代における宗族の特徴とは必ずしも一致しない。例えば、宗族再編の初期にあたる宋元時代にはまだ宗族の規模も小さく、族産や族譜、宗祠の制度も十分に発達していなかった。その結果、明清のように族産、族譜、祠堂のいわゆる「三点セット」を完全に備えた宗族は比較的少なく、この中のどれか一つが欠けていたり、あってもまだ萌芽的な段階のものが多い。また宗族を担った人々も士大夫や官僚層が多く、民衆がこれに関わることは非常にまれである。思想や礼制においても、宋元時代の宗族論はまだ儒教と仏教、道教あるいは民間信仰とのせめぎあいが非常に強く、儒家とりわけ朱子学の解釈論に統一されつつある元明、さらには陽明学による朱子学批判が現れる明末清時代とは大きく様相を異にする。

以上をふまえて宋元宗族の歴史的な特徴を上げるならば、次の五点にまとめることができる。一つは既に述べたように宋元の宗族は規模が比較的小さく、祖先祭祀の範囲も限られていたという点である。祠堂や族譜、義荘にしても制度の基本はこの時代に出現したものの、それらはまだ萌芽的であり、またこれらをすべて備える宗族は少なかった。二つめには、宋元宗族の祭祀や儀礼を大きく規定したのは朱熹『家礼』であるが、この『家礼』が出るまでは、あるいはそれ以後も様々な思想や解釈が存在し、必ずしも一つの規範に統一されていたわけではないという点である。さらに第三として、宗族再編の中心的な役割を果たしたのは士大夫と呼ばれる階層の人々であり、宗族形成の動きが民衆にまで深く浸透することは少なかった。そして第四に、宗族の分布は長江流域およびそれ以南に偏っており、南方中国においても宗族が発達した地域や階層は限られていた。その結果、第五に宋元各王朝は宗族や族産を社会の普遍的な存在として扱うのではなく、家族や家産の延長すなわち「家」や「戸」の範疇でこれに対応したという点である(5)。

もちろん、宋元宗族と言っても時期によって違いがあり、とりわけ南宋末から元にかけての江南では宗族形成の動きが急速に高まった。その背景には社会的な流動性の高まりとともに、人々の均質性が崩れて階層分化がより進んだことが上げられる。これがのちの明朝に弾圧を受ける大きな要因の一つになるのであるが、しかしそれにしても宋元宗族を明末清代のそれと比べれば質、量ともに完備したものとは必ずしも言い難い。

このように、いわゆる近世宗族とは言っても宋元と元明、明清とは必ずしも同じものではなく、その間には大きな隔たりがある。とりわけ宗族の発展に対する明朝の対応は厳しく、宋元以来高まってきた宗族形成の動きは明代になると大きな打撃を被った。その意味で、明代とりわけ前半期は宗族の成長にとって大きな挫折期ないしは停滞期であり、この時期が宋元宗族と明清宗族とを分ける大きな分水嶺となっている。ただ、明代中期以降に再び高揚した宗族形成の動きは決して宋元時代の宗族と無関係ではなく、むしろそれを継承発展させようとしたものである［井上徹〇〇第五章所収］。したがって、宋元時代の宗族はのちの明清時代との関係で見ればいわゆる近世宗族の萌芽、形成期にあたり、明初または明代前半期の挫折、停滞期を経て、明末清代は近世宗族の復興、発展期と位置づけることができる(6)。以下、本稿ではここで述べた宋元宗族の時代的特性に即しながら、これまでの研究を「士大夫と地域社会」「制度と思想」「家と戸」に分けて詳しく紹介したい。なお、牧野氏の宗族論については、本書井上徹氏の「総論――元明の部」および「宋元の部」に収められた小島毅氏、吾妻重二氏らの論考を、併せて参照されたい。

二、士大夫と地域社会

まずは、宗族の担い手としての士大夫の問題である。先にも述べたように、宋元宗族の再編を提唱し、またこれを担ったのは、主として士大夫と呼ばれる社会階層の人々である。義荘や祠堂の設立や族譜編纂はもとより、宗族再編の議論も士大夫およびその階層に属する人々が主導した。もちろん、宋元時代の宗族にも庶民または民衆はおり、彼らの存在を無視して宗族が成り立っていたわけではない。また当時の議論や規範の中に、宗法は士大夫が担うべしと明記されていたわけでもない。しかしながら、当時の社会状況から見て、また明清との比較で見た場合、宋元宗族は士大夫や官僚が主に担っており、民衆がこれを設立したり主導したりすることは極めて稀である。(7)

もっとも、こうした見解が定着したのは一九八〇年代以降のことであり、それ以前は必ずしもこのような議論が展開されていたわけではない。周知のように、七〇年代までの中国史研究は土地制度史や地主制の研究が大きな潮流の一つを占めており、宗族の研究においても同様であった。その中心は仁井田陞氏が提唱した「同族共同体論」であり、のちの宗族研究や地主制研究に大きな影響を与えている〔仁井田八〇第十二章所収〕。言うまでもなく「同族共同体論」とは宗族が地主支配の支柱であり、また農民再生産の培養基であったという議論である。この所説については様々な批判や意見はあるものの、「同族共同体」すなわち宗族が宋以後の社会の中から新たに生まれた産物であるという指摘、およびそれが国家的保障の十分でない社会において私的保障の役割を担ったという見解は、前掲牧野氏の所説とともに現在においてもなお多くの示唆を与えている。

しかしながら、この「同族共同体論」に対しては階級論的な考え方や方法、および宋以後を固定的な中世社会と見る時代観の問題、さらには「共同体」の理解や認識において数多くの批判や疑問が出されている。(8) 八〇年代以降における宗族研究においても、仁井田氏の所説をいかに乗り越えるかという点が一つの課題であった。そこで導入された方法および概念の一つが、士大夫である。周知のように、士大夫とは文化的には読書人、政治的には官僚、そして経済的には地主・資本家という三位一体の新貴族階級と一般には説明されている〔宮崎市定九二第Ⅱ章所収〕。もちろん、それはあくまでも典型的な場合であり、士大夫が登場する初期的の段階では庶民と変わらない身分や立場であり、そこから出世した新興官僚としてとらえる研究も数多くある〔周藤吉之五〇、松井透六八〕。ただ、どちらにしても士大夫とは宋元時代の社会を担った階層であり、また庶民との階層移動が比較的容易であるという点では一致しており、地主と佃戸の階級的な論理だけでは中国社会を説明しきれないというのが、それ以後の士大夫研究に共通する立場である。

宋元時代の研究においては、既に五〇〜六〇年代から士大夫、官僚の系譜や婚姻に関する研究が出され［青山定雄五一、六三、六五、七四、七七、西川正夫五九、六二、六七、清水茂六二］、七〇年代になるとこれがより活発になった［衣川強七二、伊原弘七二、七四、七七、八〇、愛宕元七四、森田憲司七七、七八、石田肇八〇］。そして八〇年代になると後述する地域社会史研究の影響もあり、士大夫と宗族の問題がより自覚的かつ専門的に議論されるようになった。例えば、小林義廣氏は宋代の宗族をとらえる鍵は地主ではなく士大夫にあると唱え［小林八二］、また井上徹氏も宋以後の宗族を地主や農民ではなく士大夫再生のための機構であったととらえている［井上八七］。さらに遠藤隆俊はこれらを受けて宋以後の宗族が「共同体」のような固定した組織ではなく、「ネットワーク」のように柔軟で弾力的な組織であったと論じている［遠藤八八、九八］。この三者には宗族内部の結合関係や「同族共同体論」の評価をめぐって意見を異にする部分もないわけではないが、宋以後の社会を固定的ではなく流動的な社会ととらえ、士大夫を軸にして宗族の問題をとらえ直そうとする点においては共通の認識を示している(9)。

この中で、小林、井上両氏は八〇年代以降の自身の研究をまとめて、宋代宗族に関係する著書を刊行した。前者は北宋時代の欧陽脩を題材にした研究であり、欧陽脩の意識や立場が政治から宗族へ移行した点を士大夫の内面的な問題から分析している［小林〇〇］。また後者の井上氏はかつて牧野巽氏が提示した「宗法主義」という論点を「宗法復活論」として再評価し、宋代に再編された宗族の問題を儒家の宗族論議および国家の礼制という側面から明らかにした［井上〇〇］。両氏とりわけ井上氏の研究をめぐってはいくつか議論のやりとりがなされているが、八〇年代以降における日本の宋元宗族史研究の一つの水準を示している(10)。

一方、日本の宋代史研究においては八〇年代後半から九〇年代にかけて、明清史研究および欧米における宋代史研究の影響により、地域社会史の研究が大きな潮流となってきた［佐竹靖彦九〇、寺地遵九三、斯波義信九六、宋代史研究会〇一］。宗族に関わる論考としては、つとに前掲小林氏が「郷村社会」という古い言葉使いではあるが、宗族の問題を地域の中で解明しようとする方向性を示している［小林八二］。さらに九〇年代になると、様々な地域における宗族や婚姻の問題が議論されることになる。浙西、浙東については前掲井上氏や遠藤のほか、須江隆氏や岡元司氏の論考があり［須江九三、岡九五、九六、〇一］、江西については前掲小林氏、福建については小島毅氏のほか小林氏や佐竹氏、須江氏らの論考［小島九三、小林九五、佐竹九七、九八、須江九八］、さらに徽州地域については小松恵子氏や山根直生氏の論考が出されている［小松九三、山根〇一］。

これらの研究の特徴は対象としては士大夫や名族の家族、宗族問題を扱ってはいるものの、単に士大夫の宗族問題を地域に移しただけではなく、その地域の秩序や構造、人間関係のあり方、生活の規範などを解明することによって宋代社会を見直そうとする点にある。例えば須江氏は王朝権力や地域の名族が地域の祠廟にどのように関わっていたのかという視点から浙西地域の秩序について父老の重要性を指摘し、また岡氏は墓誌銘を史料に浙東の地域士大夫と婚姻関係について詳細な資料を提供している。さらに小島氏は福建における朱子学の広がりと宗族の関係、そしてこれと文化資本の蓄積や出版流通の問題を検討し、小松氏や山根氏は徽州における士大夫宗族の任官や科挙の問題を明らかにしている。

ここで扱われている地域は浙西、浙東や江西、福建、徽州、四川など中国南部に限られており、ほかの地域とりわけ中国北部に関しては必ずしも研究は多くない。宋以後における宗族の発達地域が中国南部に偏っていたことは周知の通りであるが、既にその現象は宋元時代に始まっていたと言うことができる。しかも、これらの地域においてさえもすべての階層やすべての地区に宗族が浸透していたわけではなく、開発が進んだ一部の地域の、さらに士大夫や名族と呼ばれる一部の階層の人々を中心に普及したにすぎない。その点で、宗族が広範囲に浸透した明清時代とは、地域の秩序や構造もおのずと異なっていた[11]。本書「宋元の部」に収録された小林義廣氏をはじめ平田茂樹、蔡罕（岡）、須江隆、青木敦、近藤一成各氏の論考が、いずれも士大夫、名族あるいは地域エリートと呼ばれる人々の宗族問題を取り上げているのは単なる偶然ではなく、以上のような社会的背景があったためと考えられる。

なお、宋元時代の地域社会史研究においては、水利や地域開発、人口移動などの研究も少なからず出されているが、これと家族、宗族の関係を直接的に考察した研究は少なく、今後の課題となっている。また、宋代の宗族と地域社会をめぐる問題には、中国における社会集団や社会組織、さらには「中間的諸団体」の評価に関わる議論がある。これについては明清近代との関連で、宋以後の中国社会においては法的主体性を持った「中間的諸団体」は存在しなかった、あるいは欠如していたという意見がひとまず共通した理解となっている［岸本美緒九二、九九所収、遠藤隆俊八八、吉田浤一九〇、大澤正昭九三］。ただ、それなるが故に政治権力がストレートに人民にゆきわたり、社会が自己組織性を欠き専制的な国家形態を生成・再生産させた［中国史研究会編九〇、中村哲編九三、伊藤正彦九四、九八］と見るか、あるいは専制国家の存在を前提にしつつそれとは次元を異にする人倫の網の目や社会的ネットワークをより重視する［宋代史研究会編九八、〇一、岸本九九所収］かについては意見や立場が分かれるところである[12]。筆者としては後者の立場に立つものであるが、両者の接点にあたる家族、宗族の分析は今後も大きな鍵を握ると考えられる。

三、制度と思想

次に、宋元宗族の制度と思想について検討したい。制度については前掲牧野氏の指摘にもあるように、宋以後の宗族は族産や族譜、祠堂を備えていることが特徴であり、これがいわゆる近世宗族の歴史的特質であった。しかし、既に述べたように宋元時代の宗族がこれらの制度や施設をフルセットで備えた事例は極めて少なく、このうちのどれか一つが欠けていたり、あってもまだ萌芽的な形態であったりするのが一般的である。とくに祠堂の制度がひとまず確定するのは南宋の朱熹『家礼』においてであり、それまでは前代からある家廟や影堂、専祠の制度を士大夫や官僚がそれぞれの事情に応じて採用していたというのが実態である。この点で、族産、族譜、祠堂のいわゆる「三点セット」が既成の事実であった、少なくともセットとして社会的に知られていた元明以降とくに明清宗族とは、大きく様相を異にしている。

ただ、発生した時期や状況はそれぞれに異なるものの、これらの三要素が出現したのは確かに宋代であり、一つ一つの問題に関しては多くの研究がなされている。中でも義荘をはじめとする族産の問題は、宗族の財産関係や土地制度に関連して早くから注目されてきた。とくに蘇州の范氏義荘は宗族結合の模範として大きく取り上げられ、古くから多くの研究がある〔田中萃一郎一七、清水盛光四九、仁井田陞八〇所収、八三所収、近藤秀樹六三〕。その後、八〇年代になると前掲井上氏が士大夫の視点から研究を始め〔井上八七〕、近年では遠藤隆俊が社会的結合や宗族の秩序構造、移住と宗族形成の視点から研究を進めている〔遠藤八八、九三、九八〕。現在では地域社会史研究の盛行により范氏以外にも様々な研究が出されているが、史料の豊富さや論点の多様性から范氏義荘の重要性は依然として高いと言える。ただ、かつて議論されてきた族産の所有関係や財産問題についてはいまだに定見がないままであり、宋元時代における財産所有の問題や後述する家と戸の問題にも関連して、今後はこの分野の研究が改めて必要になると思われる(13)。

また、族産に関連する問題として墓田がある。とくに義荘や祭田などの族産が明清近代ほど普及していなかった宋元時代においては、墳墓や墓田、墳寺の問題が士大夫の関心を集めていた。墓田については既に前掲清水氏が祭田や祀田との関係で基本的な論点を明らかにしており、また墳墓や墳寺については竺沙雅章氏が仏教社会史の側面から制度および社会的実態について論じている。清水氏によれば祭田の起源は朱熹の『家礼』にあるが、民間にはそれ以前から墓田が広がっていたという［清水四九］。また竺沙氏によれば宋代に行われた墳寺制は『家礼』の普及によって元朝には継承されず、明代になると社会実態としても稀になったと述べている［竺沙〇二前編所収］。本書「宋元の部」に収められた平田氏や蔡氏、「元明の部」に収められた中島楽章氏、中純夫氏らの論考にも見られるように、墳墓や墓田、墓誌銘の問題を扱った研究が比較的多い背景には、以上のような時代的特質があったためと考えられる。

族譜についてはつとに多賀秋五郎氏の研究があり、族譜は唐以前から作られているが、それらは欧陽脩および蘇洵に代表される宋以後の族譜とは性格を異にすることや、族譜の編纂は明末清代以降に急増したことなどが指摘されている［多賀六〇、八一］。これと相前後して森田憲司氏は宋元時代における氏族志の編纂や族譜の序文を手がかりに、科挙士大夫の成長や社会的流動性について論じている［森田七七、七八］。近年では前掲小林義廣氏や竺沙雅章氏が欧陽脩および蘇洵らの族譜を題材に、北宋士大夫による族譜編纂の意義および唐代家譜との比較研究を進めている［小林八〇、竺沙〇〇第九章所収］。また宋代には『袁氏世範』など家訓や家規類が多く作られており、古林森廣氏や緒方賢氏の研究が家訓の性格や「家」の思想史的な問題について論じている［古林九五、緒方〇一］。

近年、明清族譜が続々と出版刊行され、蔵書目録の発行によって中国における族譜の所蔵先も明確になりつつある。かつては前掲多賀氏の著作や東洋文庫などの図書館、資料館でしか見ることのできなかった族譜が、中国の各地で比較的容易に、また大量に見ることができるようになった。しかも、その中には宋元時代の宗族に関する記述がかなり多く見られるので、今後はそうした史料の発掘や利用も必要になると思われる。ただし、族譜とりわけ系図の中には明らかに事実詐称と思われる記事が数多く含まれているので、明清族譜の利用にあたっては厳密な文献批判が必要であることは言うまでもない(14)。本書「宋元の部」近藤一成氏の論考は、こうした族譜に関する諸問題を士大夫の視点から扱っている。なお、家訓については『顔氏家訓』など前代までの家訓や明清時代における家訓との比較を通して、宋元時代における家訓の特徴を分析することも今後は必要ではないかと考えられる。

族産や族譜に関連して重要な論点の一つに、家廟、祠堂および祖先祭祀の問題がある。これについては前掲牧野巽氏が『家礼』の重要性を指摘した上で、『家礼』では祠堂および祭田を設け、宗子がこれを主宰して高祖までを祭るように規定していることを明らかにした。この範囲が、いわゆる「百世不遷」の「大宗」に対する「小宗」である。氏はこれをもって『家礼』が「小宗」にもとづく「宗法主義」を採っていたことを確認するとともに、後世の宗祠は『家礼』の範囲を越えてより遠い祖先を祭る傾向にあったと述べている〔牧野八〇a・b所収〕。その後、小林義廣氏や小島毅氏、吾妻重二氏が改めて『家礼』における祠堂の重要性に着目するとともに、家廟、影堂、墓祠など祠堂とは呼ばれない祖先祭祀の施設やその実態について考察している〔小林九五、小島九六、吾妻〇三〕。これにより北宋以来の家廟や祠堂に関する議論がひとまず南宋の『家礼』祠堂に帰結した事実をうかがうことができるとともに、『家礼』が以後の祠堂の一つの規範になったことがわかる。なお、宋代では官僚を祀った専祠なども家廟の役割を果したが、その一つの事例として例えば蘇州の范文正公祠や福建の祥応廟などがある〔遠藤隆俊九三、須江隆九八〕。

また『家礼』の成立や性格、構造については、前掲牧野氏のほか思想史の方面から上山春平氏、前掲小島氏や吾妻氏および井上徹氏、佐々木愛氏らの研究がある〔上山八二、小島九六、吾妻〇三、井上九五、佐々木九八、〇三〕。上山氏によれば『家礼』は『儀礼経伝通解』とともに朱熹の著作であり、前者は日用実践の指針として、後者は礼関係の古典の体系的な集成として編まれたものという。小島氏も『家礼』が冠婚葬祭のマニュアル書であり、『儀礼』のほか司馬光『書儀』および程頤の所説を重視して書かれたものであると述べる。さらに吾妻氏は『家礼』を朱熹の著述であると再認定した上で、『家礼』が祖先祭祀の儀式を仏教的なものから儒教的に変える契機になったと論じている。一方、井上氏は元明以降における『家礼』の継承と批判について検討し、『家礼』は民間社会では一定の評価を受けたが明清国家には正式には採用されなかったと述べる。さらに佐々木氏は明末清初の陽明学者である毛奇齢の『家礼』批判をふまえた上で、『家礼』はあるべき秩序の確立を目的とした原則主義的な礼であり、現実的な親族結合への関心は払われていないと述べる。加えて、氏は『家礼』で規定される小宗の内部が入れ子状の重層的な構造になっていることを明らかにし、『家礼』では嫡長子一子継承の原理が貫かれていること、および儀礼単位の大きさが「宗法」の名で想定されるよりもずっと小さいことを再確認した。

これに関連して、朱熹以前の宋儒による宗族論についても、いくつか研究が出されている。前掲井上氏は宋代とりわけ北宋時代における宗法復活論を宗族形成という社会的現実が宋儒の思想や主張に反映したものと考え、宗族発展の社会的な実態と思想的な主張とを相即的にとらえている［井上八七］。これに対して、佐々木氏は思想独自の論理展開を重視し、宋代の宗法復活論は社会的な現実に即応して構築された主張ではなく、宋儒の原理主義ないし復古主義に従って語られた言説であると述べる［佐々木〇〇］。経学上の宗族問題は経学の中でこそまずは位置づけられるべきという佐々木氏の主張は確かに妥当であり、また宋学が陽明学に比べて原理主義的であったとの指摘も示唆に富む。しかし、氏自身も述べるように宋儒といえども一定の現実社会をふまえた議論を展開しており、これと経学上の問題とがどう関わるかは改めて問われるべき課題である。また原理主義という評価は明末清初の陽明学から宋学とりわけ朱子学を解釈した相対的な評価であり、両者の位相や置かれた立場、さらには宗族をめぐる社会状況や時代的差異を勘案しながら導き出された結論では必ずしもない。宋代では朱子学や道学以外にも様々な考え方や立場があり、今後は宗族論議を検討する際にもそれが語られた「場」とともに如上の問題を考察することが不可欠である。(15) 本書「宋元の部」に収められた吾妻重二氏および佐々木愛氏の論考は、以上の問題を改めて深く追究したものである。

四、家と戸

最後に、宗族の規模やその前提となる「家」の問題、および税役など政治制度から見た宋元宗族の特徴について考えてみたい。まずは宋元宗族の規模についてであるが、宋以後の宗族は確かに牧野氏が指摘するように、高祖以上の祖先を祀り、結合の範囲もそれ以上に広がっていた。しかし、宗族形成の初期である宋元時代においては、宗族の規模が明清ほど大きくなく、中には家族の構成員が少し増えた程度のものもある。その結果、族長を置かずに家長で統括者を代用している場合や、累世同居のような形態を取って族的な生活を営む一族も少なくない。実際、前節でも紹介したように『家礼』において想定されていた親族の規模もそう大きくはなく、のちの明清近代に見られるような大宗族による族産や宗祠の議論とは大きく次元を異にする。

とくに唐宋ないし宋元時代は累世同居が盛んであった時代として知られ、宗族との関連で大家族や累世同居に関する研究も少なくない。この問題については、つとに法制史の見地から中田薫氏や仁井田陞氏の研究があり、また社会学的な見地からは前掲清水氏や牧野氏らが唐宋時代における家族の財産関係や累世同居の実態を明らかにしている［中田二六、仁井田八三所収、清水四二、牧野八〇b所収］。近年では、佐竹靖彦氏が唐末五代期における義門の成長について土地制度の面から考察し、義門と呼ばれる大家族がのちには義荘を中心とした宗族に変化するという図式を提示した［佐竹九〇第Ⅲ部所収、九五］。前掲牧野氏によれば、宋代は「大家族主義」が頂点に達するとともにその反動として「宗法主義」が台頭した時代とのことであり、この所説が前掲佐竹氏の図式や井上氏の「宗法復活論」に大きな示唆を与えている。

ただし、牧野氏の所説にはいくつか異論や疑問も出されている。例えば、水口拓寿氏によれば「大家族主義」および「宗法主義」という区分は必ずしも有効ではなくむしろ表裏一体のものとされ［水口〇〇］、また前掲吾妻氏によれば司馬光の『書儀』に基づいて「大家族主義」を論じるのは誤りであると指摘されている［吾妻〇二］。実際問題として、累世同居や大家族は唐宋時代だけでなく、それ以後も数としては少なくなるが明清近代に至るまで継続して見られる現象である。したがって、累世同居に見られる大家族と、小家族によって構成される宗族との二つの関係は、果たして「大家族主義から宗法主義へ」「義門から義荘へ」と移行するような「移行の図式」でとらえてよいものか。むしろ宋代以後に並存する「親族構成の二類型」ととらえた方がよいのではないだろうか。(16)

宋元時代の家族関係や口数に関しては、つとに前掲牧野氏が中国では漢代以来一貫して一家五口の小家族が基本単位であったことを明らかにした［牧野七九所収］。ただ、前掲佐竹靖彦氏によれば牧野氏の所説を認めつつ、豪族門閥層については戸口拡大説を採り、唐代後半期になってはじめて門閥の家族が解体し、個別の新興家族が出現したという［佐竹八〇］。これを承けて、大澤正昭氏も唐末五代宋初における家族構成が一家五口であったことを確認し、併せて唐宋間における人間関係の基調が家族主義的な集団関係から契約関係など個別の人間関係に変化したと論じている［大澤〇〇、〇二］。非常に興味深い視点であるが、今後は唐宋変革期における家族構成や人間関係の比較研究、および宋以後の国家や社会における個人と家族、宗族の位置づけが改めて問われるものと考えられる。

一方、中国における「家」の秩序原理や法制の問題については、前掲滋賀秀三氏の精緻な論考があり、現段階における最も基本的な文献となっている［滋賀六七］。氏によれば中国の「家」は血筋または「気」の同一性という思想に裏付けられ、広義の「宗」「族」と狭義の「家」そしてその中の一単位である「房」とが、男系主義を中心とする家族概念の三段階をなしていたという。その上で、氏は家族の財産権や承継問題、婦女の地位など、「家」の法律的な構造について明らかにしている。宗族の研究にも示唆的なところが多く、今後はこれをふまえた宗族の秩序や構造についても検討する必要がある。(17)

なお、近年では明本『清明集』がもたらされて判語の研究が進んだことにより、女子の財産権［柳田節子〇三所収、永田三枝九一、板橋眞一九三、高橋芳郎〇三所収、バーンハート九七、大澤正昭九八、翁〇三b］や戸絶、養子の問題［川村康八八、八九、九三］などにおいて、これまでの見解を見直そうとする動きが出されている。また、宋代史においては随筆、筆記小説、文集、日記、書簡、墓誌など文化史的な史料の研究が進んだことにより、家族や宗族の日常生活や実態を社会文化史的に明らかにした論考［岡本不二明〇三所収、勝山稔九六、九八、〇一、遠藤隆俊〇一、〇三、翁〇三ａ］が多く出されている。その点で、宋元時代の研究においては歴史と思想、文学との対話が明清以上に進むとともに、いわゆる庶民レベルにおける家族や宗族の実態解明も今後は少しずつ進むのではないかと期待される(18)。

さて、国家の政治制度と宗族との関係については、既に牧野氏の指摘にもあるように、宋代以後の宗族は基本的には民間で発達したものであり、官府がこれに介入することはひとまずあり得なかった。もちろん、既に見たように宋代でも政治の場で宗法の復活や家廟の問題が議論され、また范氏義荘など一部の族産が官辺の保護を受けたりしたことはしばしばある。しかし、それらの議論や族産の保護が国家の政策に直接反映されたり、恒久的に継続したわけではない。その意味で、宋元王朝は基本的に宗族や族産に対しては不介入の姿勢を貫いたと言える。わずかに、墓田については宋代においても数多くの政策論議がなされ制度として実施されているが、墳墓は宗族の問題であると同時にいつの時代にも存在する家族の普遍的な問題でもある。その点で、墓田の問題は宗族と密接に関わりながらも、義荘など宗族固有の問題とはやや性質を異にする面がある。

この中で、とくに宗族と官辺が直接に関わるのは税役と裁判であり、これについてはこれまでにいくつかの論考がある。本書「宋元の部」においても青木敦氏が、同様の問題を考察している。それらによれば宋元王朝や地方官府は宗族や族産を普遍的な存在として扱うのではなく、個別のケースとして対応することが多かった。先述の范氏義荘や明州の楼氏義荘なども、税役や裁判、盗売などにおいて様々な保護や優遇措置を受けていたが、それは国家の制度として社会全体に認められていたものではなく、彼らだけが「風化の関わるところ」として特別に受けることができた恩典である。また税役制度や籍帳制度においても宋元時代の族産は家産の一部として扱われ、明清時代のように宗族の税役を負担する「総戸」のような独立した戸はまだ見られない。范氏義荘の場合にも、宋元時代の義田に独立した戸名はなく、管理人などの戸下に寄託されていた。ただし、上述のようにその分の税役負担は特別に免除され、また限田法や和糴制度(19)の対象からも特別に除外されていたのである［清水盛光四九、近藤秀樹六三、福田立子七二、遠藤隆俊九〇］。

実際、義荘をはじめとする族産の保護が普遍化するのは清代になってからであり、それまでは時代が変わるたびごとに宗族の側から恩典を願い出なければならなかった。その意味で、宋元時代の宗族ないし族産は国家の法制において、必ずしも十分な認知が得られていなかったと言える。それは後世ほど族産や祠堂が一般に普及しておらず、国家が法制を整備して全面的に保護または介入する状況にはなかったからと言える。そればかりか、元朝においては税制上の理由から分籍立戸に積極的であり、結果として異姓養子の風が拡大し、女性の意向がより重視されて親族間の結束が弱まったという指摘もある［大島立子九三］。こうした指摘と宗族形成との関係については別途に考察する必要があるが、少なくとも明末清代と比べた場合、宋元時代における宗族の普及は限られていたと言える。

もっとも、南宋から元にかけては一定程度の普及が見られ、とくに元朝治下の江南においては支配の脆弱性という問題もあって宗族や族産は宋代以上に数多く設けられた。この中で、士大夫など上層階層の人々が「宗法」または相互扶助の名の下に一族を結集し、また「義」という美名の下で土地や建物などの財産を貯えながら恩典を蒙ったことは確かである。その意味で、元朝における分籍立戸の奨励は、こうした宗族の発展と裏腹の関係にあったと見ることもできる。言い換えれば、南宋から元にかけては社会の均質化が次第に失われ、富める者と貧しい者との階層分化が徐々に進んでいたのである。これが均質な社会を目指す明朝の厳しい対応にさらされた大きな理由の一つであり、范氏義荘など宋代以来の江南宗族は明代になるとそれまでの恩典が全面的に取り消されている。この背景には張士誠が蘇州を拠点にしたという政治的および地域的な事情も確かにあったが、蘇州以外にも元明の交替期に崩壊した宗族は多く、これによって明朝の厳しい宗族政策をうかがうことができる［森田憲司七七、七八、檀上寛九五所収、井上〇〇所収］。この問題については井上氏の「総論——元明の部」でも詳しく紹介されているが、宗族から見た元明交替の意義や明朝の宗族政策についてはまだ十分に解明されていないところも多く、税役制度の問題も含めて今後の課題として残されている。

結

中国の宗族は宋代以後に大きな変化を遂げ、新しい段階に入った。それは、例えば族産や族譜、祠堂の創設や祖先祭祀の方法、さらには族長の地位の変化などに端的に現れている。ただし、このような変化は宋代において一挙に起こり、また解決したわけではない。宋元さらには元明、明清と淘汰を繰り返しながら、徐々にできあがったものである。その意味で、宋元時代はいわゆる近世宗族の長い歴史の中では宗族モデルの萌芽、形成期であり、明清時代は明初の挫折、停滞期を経て、復興、発展期と位置づけられる。この中で、宋元宗族の特徴とりわけ明清宗族と比べた場合の特徴は、概ね次の五点にまとめることができる。まず第一に、宋元時代においては士大夫が宗族再編の中心であり、民衆が宗族の形成に直接関わることは少なかった。また第二に、宗族形成の地域は南方が中心であるが、その偏差は明清以上にあり普及の度合いも限られていた。さらに第三には、族産と族譜、祠堂のいわゆる「三点セット」がすべてそろった宗族は稀であり、宗族の大きさや結合の範囲も比較的小さい。そして第四に、宗族再編の議論や思想においても宋代ではまだ儒教と仏教、道教とのせめぎあいが強く、儒家の解釈論にほぼ一本化される元明または明清とは異なっている。その結果、第五に宋元王朝は宗族や族産を普遍的な存在とは見なさず、家族や家産の延長すなわち「家」または「戸」としてこれを扱った。

このような特質に対応して、宋元宗族に関する研究も明清とはやや異なる面がある。その詳細については本論に述べた通りであるが、一つには士大夫および名族と呼ばれる人々の宗族問題を扱った研究が多く、地域的には浙東西や江西、福建の考察が多いことである。また宗族の制度についても、族産や族譜、祠堂とともに、墓田や墳墓、墓誌銘に関する研究が多く、本書「宋元の部」に収められた論考にも同様の傾向が見られる。さらに思想や礼制の研究においても、儒学とりわけ朱子学や陽明学による『家礼』の解釈論だけでなく、仏教や道教から見た宗族の研究も比較的多い。歴史と思想、文学の対話が比較的多い点も、宋元史研究の特徴である[20]。中国宗族の研究は非常に古くまた蓄積も多いので、お互いの意見が重なり、またぶつかりあうことがしばしばある。したがって、宗族を研究する際にはお互いの違いとともに、共通認識は何かをふまえることも重要な作業である。本稿ではこのことに注意しながら、宋元時代の宗族およびその研究について概観してきた。しかし、筆者の誤解や誤認も多いかと思うので、それについてはご指摘いただくとともに、ご海容を賜ることができれば幸いである。

以下、本論「宋元の部」ではまず主として思想史に関わる論考として、小島、吾妻、佐々木各氏の論文を掲げている。ついで、歴史学とりわけ社会史に関わる論考、すなわち小林、平田、蔡（岡）、須江、青木、近藤各氏の論文を配列した。配列順は主として時代によるものであり、内容によるものではない。いずれも、本総論に掲げた問題に鋭く迫る論考、あるいはそれを凌駕する力作である。残念ながら、族産や家と戸に関する論考が手薄ではあるが、各氏とも何らかの形でこの問題に触れている。本稿で紹介した論考と併せてご覧いただきたい。

注

（1）「中国家庭史国際学術討論会」の成果は『家庭史研究的新視野』（三聯出版社）『中国社会歴史評論』第五輯として出版されると聞いている。また「中国史における宗族と社会」の成果は『中國史研究』第二七輯（中國宗族史特集号、中國史学会、二〇〇三年、韓国大邱）に掲載されている。またアメリカでは既にP.B.Ebrey and J.L.Watson 86が出版され、日本でも九四年に『柳田節子先生古稀記念　中国の伝統社会と家族』が出版され、これと前後して九三年夏には明清史夏合宿で宗族のシンポジウムが開催されている。同時期には台湾でも宋代の家族と社会に関する研究プロジェクトが推進され、中央研究院歴史語言研究所九八が出されている。

（2）井上〇〇によれば、日本の宗族研究は大きく三期に分けられるという。ここで扱う問題も、主として氏の言う第三期にあたる。

（3）滋賀六七によれば「宗の字は血統秩序を指称する観念的な語感が強いのに対して、族・党の字は血統に属する人々を指す現実的な語感が強い」として、宗族の概念そのものに既に見解の相違をはらむ要素が含まれている。また「共通の祖先から分かれた同姓親族」と言っても、それが事実かどうかすら疑わしい事例が数多くある。したがって、宗族の研究はその出発点から、様々な問題を抱えていることは確かである。なお、英文による宗族定義または表記についてはP.B.Ebrey and J. L.Watson 86に解説があるほか、フリードマン八七、九一、中根八七、瀬川九一、銭九四を参照。

（4）牧野八〇aの第十二章および牧野七九の第一章でも、同様の特徴が論じられている。ただ、本論で引用した部分が一番よくまとまっていると思われるので、こちらに従った。なお、中国や欧米の研究においても、宋代が中国史上における宗族の再編期であり、宋元以後の宗族が古宗法にはない新しい要素を備えていたことは概ね共通理解となっている。例えば、馮九四、常九八は中国宗族の発展を先秦、秦唐、宋元、明清、近現代の五段階に区分した上で、宋元時代が宗族制度の重建期であったと指摘している。また王〇〇も中国の宗族を夏商周、秦漢隋唐、宋元明清の三期に分け、宋代宗族の特徴を譜牒制、族産制、家法族規制、祭祖制、族塾義学制、宗祧継承制の六つにまとめている。さらにP.B.Ebrey 78、86は中国の帝政時代を前期（漢～唐）と後期（宋～清）に分け、それぞれの時代における血縁組織およびそれを担った社会層や制度、思想との関連を研究している。

（5）馮九四も宋元と明清の違いに触れており、それによれば宋元宗族の特徴として祠堂、族譜、族田による収族形態の開始、宗族の官僚士大夫化、南方における宗族制度の発展、族権と政権の分離の四点をあげ、明清宗族の特徴としては宗族制度の民衆化、宗族の拡大と組織化、宗族の政治化の三点をあげている。本稿も概ねこれに同意するが、ただ本論では日本の研究状況や思想史との関連を重視しながら、宋元宗族の特質を整理した。

（6）宋元時代の中にも萌芽期（北宋初期）、形成期（北宋中期）、挫折期（両宋交替）、復興期（南宋）、発展期（元）という周期が確認される。ただ、これをより長い時間軸で見れば、本論のように宋元時代を萌芽、形成期、明代前半を挫折期、明代後半から清代を復興、発展期と位置づけるのが妥当と考えている。なお、小林九五によれば宋代で家廟設置の議論が起こったのは北宋中期であり、これが宋代における宗族再認識の一つの指標であるという。

（7）士大夫という存在は、前代までの門閥貴族に比べて階層移動が大きいという点に特徴がある。したがって、そもそも士大夫と民衆という区分や考え方そのものが、ある意味では不適当である。ただ、士と庶の区別は宋元時代においても厳然としてあり、流動的とは言ってもそう容易に動くものではない。また、実際問題として宋代宗族の再編を主導したのは士大夫層である一方、明清においては庶民も祠堂の設置に数多く関わっていた。その意味で、ここではひとまず士と庶の別および宋から清における社会実態を念頭に置きながら、士大夫と民衆を区別した。宋代における士と庶の別については、高橋八六を参照。なお、宗族の担い手としての士大夫および公卿、父老、科挙、恩蔭制度については佐々木〇〇にも述べられているが、本論およびここに示したような理解から筆者は佐々木氏とはやや異なる見解を持っている。

（8）仁井田氏の「同族共同体論」に対する批判については、谷川道雄七六および近藤秀樹六一、六三を参照。

（9）三者の相違については遠藤九四、井上九四、小林〇一、〇三、および後注（17）を参照。士大夫の家族や婚姻については、中国語圏や欧米においても盛んに研究されている。それについては、例えば黄九八、九九、陶〇一、張〇三、李〇四およびDavis 86、Bossler98 を参照。

（10）小林氏の著書に対しては遠藤隆俊〇一、戸田裕司〇二の書評がある。また、井上氏の著書に対しては寺田浩明〇一、小島毅〇一、山田賢〇二の書評があり、これに対する回答として井上徹〇二a、〇二b、〇四がそれぞれある。井上氏の著書をめぐるやりとりは多岐にわたるが、本論で述べた士大夫の問題はその中でも主要な論点になっている。

（11）例えば、井上徹氏が後掲「総論——元明の部」で紹介しているような、膨大な数の宗族およびそれに関する研究は宋元には見られないし、また宗族が地域の秩序維持や問題解決のために大きな作用をもたらしたという事例も宋元では明清ほど多く報告されていない。このことから、宋元の社会は確かに宗族の形成が見られた時代ではあるが、明清とりわけ明末清代に比べれば均質な社会ではなかったかと考えられる。ただ、それも本論および前注（6）で見たように各時代によって違いがあったことは確かであり、南宋から元代にかけては次第に社会の階層分化が進んだと見られる。なお、地域の秩序や宗族の問題については、Hymes and Shirokauer 93 および Clark 02 を参照。

(12) 宋代地域社会史研究の分岐については、Endo, Sue and Oka 01 を参照。

(13) 宋代の義荘についてはほかに福田七二、梁八四があり、いずれも范氏を模範としていたことがうかがわれる。なお、范氏義荘の学説史については小林〇一を参照。

(14) その意味で、日本でも例えば『譜牒学研究』(書目文献出版社) のような、文献学的な観点から見た族譜の全般的な研究が必要である。ほかに族譜の文献学的な考察については廖〇三、瀬川九六を参照。

(15) 宋儒の宗族論に関しては、ほかに小島氏と佐々木氏が『家礼』の婚礼廟見および女性の再嫁に関する検討を行っている(小島九四、佐々木〇〇)。その中で小島氏によれば、朱熹と毛奇齢との思想的距離は、鄭玄と朱熹との距離よりも近く、毛奇齢の思想も宋代以来の枠内にあるという。なお、宋学の形成および実態については、小島九九、〇一、市來津由彦〇二、土田健次郎〇二、吾妻〇四を参照。

(16) 徐九五によれば、宋以後における家族制度には二つの形式があるという。一つは個別の小家族が聚居して作る家族の方式であり、もう一つは累世同居して共居共財の生活を営む大家族である。前者は主として同姓村のことを指すが、実態としては祠堂や、族譜、族長などを備えた宗族の形態を取っていたという。また現実問題からすれば、累世同居の大家族といえども宗族と同様の族産や族譜、族長の制度を持っているものが多く、水口〇〇も指摘するように宗族と大家族が本質的に全く異なるわけではない。以上の点から考えると、宋代以後における「大家族から宗族へ」という移行の図式は、直ちには成立しないのではないかと考えられる。なお、累世同居については、小林九〇も地域秩序という観点から考察を進めている。

(17) 中国の家族および宗族の構造については、つとに清水三九、四二がある。それによれば、中国における家族の構成原理には「尊尊」の原理と「親親」の原理があるという。前者は父祖から受け継がれるタテまたは支配の関係であり、後者は兄弟間で生まれるヨコまたは親和の関係である。そして、この二つの原理は仁井田氏の「同族共同体論」にも応用されており、氏は共同体内部の関係を地主と佃戸の支配階級関係と農民相互の仲間主義という二つの原理でとらえている。これに対し、前掲近藤六〇、六三は前者の階級関係を強調し、谷川七六は後者の共同関係を強調しながら仁井田への批判を行った。のちに井上八七も仲間主義的なヨコの関係を重視する観点から宗族内部の構造を分析したが、小林八二は「階級関係と仲間主義とのせめぎあい」をより重視し、また遠藤八八も仲間主義を基本にしつつ垂直的な関係との整合性を模索した。その結果、遠藤〇二、Endo 04b は喪服図や日本の丸系図の検討を通して、宗族はタテの関係とヨコの関係が相互に関連した「螺旋階段の構造」になっていることを明らかにした。なお、本論でも示したように、佐々木九八、〇三は『家礼』の研究で嫡長系によるタテの関係を重視している。今後は礼制上の問題と現実の問題とを関連させながらより深く考察する必要がある。

(18) 宗族とは直接に関係しないが、『清明集』によって宋代民衆の世界を描いたものに大澤九六がある。

(19) 宋代官戸の税役特権については、周藤五〇を参照。

(20) 明清時代の宗族研究にも関わることであるが、宋代以後の研究ではどちらかと言えば宗族の研究が多く、「家」や家族の研究が少ないという傾向がある。もちろん、本論でも紹介した通り日本にも家や家族の研究はいくつかあるが、宗族の研究に比べて少ないのは事実である。この点は日本の唐代以前に関する研究や海外の研究に比べて対照的である。関連して、日本では人口史や女性史、ジェンダー論などの視点からの宗族研究が極めて少ない。今後はこうした視点からの研究も、一つの課題になると考えられる。なお、唐宋時代における女性の問題を集中的に取り上げた近年の成果として、鄧〇三がある。

参考文献（日本語）

著書、単行本

吾妻重二『朱子学の新研究』創文社、二〇〇四年
市來津由彦『朱熹門人集團形成の研究』創文社、二〇〇二年
井上　徹『中国の宗族と国家の礼制――宗法主義の視点からの分析――』研文出版、二〇〇〇年
植松　正『元代江南政治社会史研究』汲古書院、一九九七年

大澤正昭『主張する愚民たち』角川書店、一九九六年
岡本不二明『唐宋の小説と社会』汲古書院、二〇〇三年
岸本美緒『明清交替と江南社会』東京大学出版会、一九九九年
小島　毅『宋学の形成と展開』創文社、一九九九年
――『中国近世における礼の言説』東大出版会、二〇〇一年
小林義廣『欧陽脩　その生涯と宗族』創文社、二〇〇〇年
佐竹靖彦『唐宋変革の地域的研究』同朋舎、一九九〇年
清水盛光『支那社会の研究――社会学的考察――』岩波書店、一九三五年
――『支那家族の構造』岩波書店、一九四二年
――『中国族産制度攷』岩波書店、一九四九年
滋賀秀三『中国家族法の原理』創文社、一九六七年
周藤吉之『宋代官僚制と大土地所有』『社会構成史体系2』日本評論社、一九五〇年
瀬川昌久『中国人の村落と宗族』弘文堂、一九九一年
――『族譜』風響社、一九九六年
宋代史研究会編『宋代社会のネットワーク』汲古書院、一九九八年
――『宋代人の認識－相互性と日常空間』汲古書院、二〇〇一年
高橋芳郎『宋－清身分法の研究』北海道大学図書刊行会、二〇〇一年
――『宋代中国の法制と社会』汲古書院、二〇〇二年
多賀秋五郎『中国宗譜の研究－資料編－』東洋文庫、一九六〇年
――『中国宗譜の研究』（上下巻）日本学術振興会、一九八一年
谷川道雄『中国中世の共同体』国書刊行会、一九七六年

檀上　寛『明朝専制支配の史的構造』汲古書院、一九九五年
竺沙雅章『中国仏教社会史研究』朋友書店、二〇〇二年増補版
――『宋元仏教文化史研究』汲古書院、二〇〇〇年
中国史研究会編『中国専制国家と社会統合』文理閣、一九九〇年
土田健次郎『道学の形成』創文社、二〇〇二年
中村　哲編『東アジア専制国家と社会・経済』青木書店、一九九三年
中根千枝『社会人類学――アジア諸社会の考察』東京大学出版会、一九八七年
仁井田陞『中国身分法史』東大出版会、一九八三年再刊
――『中国の農村家族』東京大学出版会、一九五二年
――『中国法制史研究　奴隷農奴法・家族村落法』東京大学出版会、一九八〇年再刊
福武　直『福武直著作集９・中国農村社会の構造』東大出版会、一九五二年
古林森廣『中国宋代の社会と経済』国書刊行会、一九九五年
牧野　巽『牧野巽著作集１・中国家族研究（上）』御茶の水書房、一九七九年
――『牧野巽著作集２・中国家族研究（下）』御茶の水書房、一九八〇年（牧野八〇ａ）
――『牧野巽著作集３・近世中国宗族研究』御茶の水書房、一九八〇年（牧野八〇ｂ）
――『牧野巽著作集４・家族論・書評他』御茶の水書房、一九八五年
宮崎市定『宮崎市定全集２』岩波書店、一九九二年
柳田節子『宋元郷村制の研究』創文社、一九八六年
――『宋代庶民の女たち』汲古書院、二〇〇三年

論文、報告書

青山定雄「五代宋における江西の新興官僚」『和田清博士還暦記念東洋史論集』、講談社、一九五一年
――「宋代における華北官僚の系譜（1）（2）」『聖心女子大学論叢』第二一、二五号、一九六三、六五年
――「宋代における華南官僚の系譜についてⅠⅡⅢ」『中央大学文学部紀要』史学科第一九号、一九七四年／『宇野哲人先生白寿記念論叢』祝賀記念会、一九七四年／『江上波男教授古稀記念論集』山川出版社、一九九七年
吾妻重二「『家礼』の刊刻と版本――『性理大全』まで」『関西大学文学部論集』第四八巻第三号、一九九九年
――「宋代の家廟と祖先祭祀」小南一郎編『中国の礼制と礼学』朋友書店、二〇〇一年
――『朱熹『家礼』の版本と思想に関する実証的研究』（平成12年度～14年度科学研究費補助金基盤研究(c)(2)研究成果報告書、研究代表者・吾妻重二）、二〇〇三年
石田　肇「南宋明州の高氏一族について」宋代史研究会編『宋代の社会と宗教』汲古書院、一九八〇年
板橋眞一「宋代の戸絶財産と女子の財産権をめぐって」『柳田節子先生古稀記念・中国の伝統社会と家族』汲古書院、一九九三年
伊藤正彦「中国前近代史把握の方法に関する断章」『新しい歴史学のために』第二一四号、一九九四年
――「中国史研究の「地域社会論」」『歴史評論』第五八二号、一九九八年
井上　徹「宋代以降における宗族の特質の再検討――仁井田陞の宗族『共同体』論をめぐって――」『名古屋大学東洋史研究報告』一二、一九八七年（井上〇〇所収）
――「宗族形成の動因について――元末明初の浙東・浙西を対象として――」『和田博徳教授古稀記念・明清時代の法と社会』汲古書院、一九九三年（井上〇〇所収）
――「元末明初における宗族形成の風潮」『文経論叢』二七巻三号、一九九二年（井上〇〇所収）
――「宗族理解をめぐる若干の問題点」『集刊東洋学』第七二号、一九九四年
――「宋元以降における宗族の意義」『歴史評論』五八〇号、一九九八年
――「中国における宗族の伝統」『〈血縁〉の再構築――東アジアにおける父系出自と同姓結合』風響社、二〇〇〇年

――「寺田浩明氏の疑問と提案に答える」『集刊東洋学』第八七号、二〇〇二年（井上〇二a）
――「小島毅氏の批判に答える」『歴史学研究』第七五八号、二〇〇二年（井上〇二b）
――「山田賢氏の疑問に答える」『名古屋大学東洋史研究報告』二八、二〇〇四年
伊原　弘「宋代明州における官戸の婚姻関係」『中央大学大学院研究年報』第一号、一九七二年
――「宋代婺州における官戸の婚姻関係」『中央大学大学院論究』六巻一号、一九七四年
――「南宋四川における定居士人」『東方学』第五四輯、一九七七年
――「宋代の浙西における都市士大夫」『集刊東洋学』第四五号、一九八〇年
――「宋代浙西における都市と士大夫」『中嶋敏先生古稀記念論集』上巻、汲古書院、一九八〇年
上山春平「朱子の『家礼』と『儀礼経伝通解』」『東方学報　京都』五四号、一九八二年
遠藤隆俊「范氏義荘の諸位・掌管人・文正位について――宋代における宗族結合の特質――」『集刊東洋学』第六〇号、一九八八年
――「宋末元初の范氏について――江南士人層の一類型――」『歴史』第七四輯、一九九〇年
――「宋代蘇州の范氏義荘について――同族的土地所有の一側面――」宋代史研究会編『宋代の知識人』汲古書院、一九九三年
――「宋代蘇州の范文正公祠について」『柳田節子先生古稀記念・中国の伝統社会と家族』汲古書院、一九九三年
――「中国近世宗族論の展開」『集刊東洋学』第一七号、二〇〇二年
――「宋代における『同族ネットワーク』の形成――范仲淹と范仲温」宋代史研究会編『宋代社会のネットワーク』汲古書院、一九九八年
――「小林義廣著『欧陽脩　その生涯と宗族』」『創文』第四三〇号、二〇〇一年
――「宋代の地域社会と宗族――その学説史的検討――」『高知大学学術研究報告』第五一巻（人文科学編）、二〇〇二年
――「北宋士大夫の日常生活と宗族――范仲淹の『家書』を手がかりに――」『東北大学東洋史論集』第一〇輯、二〇〇三

年
――「日本宋代宗族史研究的現状与課題」『安大史学』一、二〇〇四年
翁　育瑄「唐宋墓誌から見た女性の守節と再婚について」『唐代史研究』第6号、二〇〇三年（翁〇三ａ）
――「北宋墓誌から見た財産権に関する史料について」『上智史学』第四八号、二〇〇三年（翁〇三ｂ）
――『唐宋変革期における女性・婚姻・家族の研究論著目録（稿）』（平成12－14年度科学研究費補助金基盤研究(C)(2)成果報告書付録、代表者・大澤正昭）二〇〇三年
大澤正昭「「笞」「僕」「家族関係」――太平広記、夷堅志に見る唐宋変革期の人間関係」中国史研究会編『中国専制国家と社会統合』文理閣、一九九〇年
――「中間層論と人間関係論への一視点」中国史研究会編『東アジア専制国家と社会、経済』青木書店、一九九三年
――「南宋の裁判と女性財産権」『歴史学研究』第七一七号、一九九八年
――「唐宋変革時期的婚姻与家族」『中国民国史専題論文集』国史館、二〇〇〇年
――「唐宋時期的家庭規模与結構」『中国家庭史国際学術討論会会議論文集』南開大学、二〇〇二年
――『唐宋変革期における女性・婚姻・家族の研究』（平成12－14年度科学研究費補助金基盤研究(c)(2)研究成果報告書、研究代表者・大澤正昭）、二〇〇三年
大島立子「元代の儒戸について」『中島敏先生古稀記念論集』下巻、汲古書院、一九八一年
――「元代家族の分籍について」『柳田節子先生古稀記念・中国の伝統社会と家族』汲古書院、一九九三年
岡　元司「南宋期温州の名族と科挙」『広島大学東洋史研究報告』第一七号、一九九五年
――「南宋期温州の地方行政をめぐる人的結合――永嘉学派との関連を中心に――」『史学研究』二一二号、一九九六年
――「南宋科挙の試官をめぐる地域性」宋代史研究会編『宋代社会のネットワーク』汲古書院、一九九八年
――「南宋期の地域社会における知の能力の形成と家庭環境」宋代史研究会編『宋代人の認識－相互性と日常空間』汲古書院、二〇〇一年

――「南宋の地域社会における「友」」『東洋史研究』第六一巻第四号、二〇〇三年
緒方賢一「家訓に見る宋代士人の日常倫理」宋代史研究会編『宋代人の認識―相互性と日常空間』汲古書院、二〇〇一年
愛宕　元「五代宋初の新興官僚」『史林』第五七巻四号、一九七四年
勝山　稔「白話小説記事に現れる媒酌人の史学的考察」『中国―社会と文化』第一一号、一九九六年
――「宋元代の聘財に関する一考察」『アジア史研究』二二号、一九九八年
――「白話小説に現れた「近隣」という地域について」宋代史研究会編『宋代人の認識―相互性と日常空間』汲古書院、二〇〇一年
川村　康「宋代における養子法（上下）」『早稲田法学』第六四巻一～二号、一九八八、八九年
――「宋代贅壻小考」『柳田節子先生古稀記念・中国の伝統社会と家族』汲古書院、一九九三年
岸本美緒「明清期の社会組織と社会変容」社会経済史学会編『社会経済史学の課題と展望』有斐閣、一九九二年
衣川　強「宋代の名族」『神戸商科大学人文論集』第九巻一～二号、一九七三年
小島　毅「婚礼廟見考」『柳田節子先生古稀記念・中国の伝統社会と家族』汲古書院、一九九三年
――「福建南部の名族と朱子学の普及」宋代史研究会編『宋代の知識人』汲古書院、一九九三年
――「井上徹著『中国の宗族と国家の礼制』書評」『歴史学研究』第七四九号、二〇〇一年
小林義廣「欧陽脩における族譜編纂の意義」『名古屋大学東洋史研究報告』六、一九八〇年（小林〇〇所収）
――「宋代史研究における宗族と郷村社会の視角」『名古屋大学東洋史研究報告』八、一九八二年
――「宋代における宗族と郷村社会の秩序――累世同居を手がかりに――」『東海大学紀要』文学部、第五二輯、一九九〇年
――「宋代福建莆田の方氏一族について」中世史研究会編『中国中世史研究続編』京都大学学術出版会、一九九五年
――「北宋中期における宗族の再認識について」『東海大学紀要』文学部、第六四輯、一九九五年（小林〇〇所収）
――「南宋時期における福建中部の地域と士人」『東海史学』第三六号、二〇〇一年

――「宋代宗族研究の現状と課題――范氏義荘を中心に――」『名古屋大学東洋史研究報告』第二五号、二〇〇一年
――「日本における中国の家族・宗族研究の現状と課題」『東海大学紀要文学部』七八、二〇〇二年
小松恵子「宋代以降の徽州地域発達と宗族社会」『史学研究』第二〇一号、一九九三年
近藤秀樹「清代史研究への覚書――明清社会経済研究史の諸問題（二）――」『東洋史研究』第二〇巻第一号、一九六一年
――「范氏義荘の変遷」『東洋史研究』第二一巻第四号、一九六三年
佐竹靖彦「中国古代の家族と社会秩序」『都立大学人文学報』第一四一号、一九八〇年
――「宋代の家族――宋代の家族と社会に関する研究の進展のために――」『人文学報（歴史学編）』第二五七号、一九九五年
――「唐宋期福建の家族と社会――山洞と洞蛮」『人文学報』第二七七号、一九九七年
――「唐宋期福建の家族と社会――閩王朝の形勢から科挙体制の展開まで」中央研究院歴史語言研究所編『中国近世家族与社会学術研討会論文集』一九九八年
佐々木愛「毛奇齢の『朱子家礼』批判――特に宗法を中心として」『上智史学』第四三号、一九九八年
――「張載・程頤の宗法論について」『史林』八三巻五号、二〇〇〇年
――「程頤、朱熹の再嫁批判の言説をめぐって」『上智史学』第四五号、二〇〇〇年
――「朱子家礼中的家族・親族結構及其大小」『中国家庭史国際学術討論会会議論文集』南開大学、二〇〇二年
――「『朱子家礼』における家族親族の構造とその大きさについて」『島根大学法文学部社会システム論集』第八号、二〇〇三年
斯波義信「南宋における「中間領域」社会の登場」佐竹靖彦編『宋元時代史の基本問題』、汲古書院、一九九六年
清水　茂「北宋名人の姻戚関係」『東洋史研究』第二〇巻第三号、一九六一年
須江　隆「徐偃王廟考――宋代の祠廟に関する一考察――」『集刊東洋学』第六九号、一九九三年
――「福建莆田の方氏と祥応廟」宋代史研究会編『宋代社会のネットワーク』汲古書院、一九九八年

田中萃一郎「義荘の研究」『三田学会雑誌』一一巻一二号、一九一七年
高橋　芳郎「宋代の士人身分について」『史林』六九巻三号、一九八六年（高橋〇一所収）
谷川道雄「六朝時代の宗族――近世宗族との比較において――」『名古屋大学東洋史研究報告』第二五号、二〇〇一年
寺田浩明「井上徹著『中国の宗族と国家の礼制』書評」『集刊東洋学』第八五号、二〇〇一年
寺地　遵「南宋末期台州黄巖県事情素描」『唐・宋間における支配層の構成と変動に関する基礎的研究』（平成三―四年度科学研究費一般研究(c)報告書）一九九三年
戸田裕司「小林義廣著『欧陽脩　その生涯と宗族』書評」『名古屋大学東洋史研究報告』第二六号、二〇〇二年
中田　薫「唐宋時代の家族共産制」『国家学会雑誌』四〇巻八号、一九二六年
永田三枝「南宋期における女性の財産権について」『北大史学』第三一号、一九九一年
仁井田陞「中国の同族又は村落の土地所有問題――宋代以後のいわゆる「共同体」――」『東洋文化研究所紀要』一〇輯、一九五二年（仁井田八〇所収）
西川正夫「呉・南唐両王朝の国家権力の性格」『法制史研究』九、一九五九年
――「華北五代王朝の文臣官僚」『東京大学東洋文化研究所紀要』第二七号、一九六二年
――「華北五代王朝の文臣と武臣」『仁井田博士追悼論文集　前近代アジアの法と社会』勁草書房、一九六七年
バーンハート・キャスリン「中国史上の女子財産権――宋代法は「例外」か？――」『中国―社会と文化』一二号、一九九七年（沢崎京子訳）
福田立子「宋代義荘小考――明州楼氏を中心として――」『史艸』一三号、一九七二年
松井秀一「北宋初期官僚の一典型」『東洋学報』第五一巻一号、一九六八年
水口拓寿「『大家族主義』対『宗法主義』――牧野巽氏の中国親族組織論を承けて――」『中国哲学研究』第一四号、二〇〇〇年
森田憲司「『成都氏族譜』小考」『東洋史研究』第三六巻三号、一九七七年

――――「宋元時代における修譜」『東洋史研究』第三七巻第四号、一九七八年
山田　賢「井上徹著『中国の宗族と国家の礼制』書評」『名古屋大学東洋史研究報告』二六号、二〇〇二年
山根直生「唐末五代の徽州における地域発達と政治的再編」『東方学』第一〇三号、二〇〇一年
吉岡義豊「北宋初期における南人官僚の進出」『鈴峰女子短大研究集報』第二号、一九五五年
吉田浤一「中国家父長制論批判序説」中国史研究会編『中国専制国家と社会統合』、文理閣、一九九〇年

参考文献（漢語）

常　建華『宗族志』上海人民出版社、一九九八年
鄧　小南『唐宋女性与社会』上海辞書出版社、二〇〇三年
馮　爾康『中国宗族社会』浙江人民出版社、一九九四年
黄　寛重「宋代四明袁氏家族研究」『宋史研究集』二三輯、一九八二年
――――「宋代浮梁程氏家族的興替」『中国近世家族與社会學術研討會論文集』中央研究院歴史語言研究所、一九九八年
――――「宋代四明士族人際網絡與社會文化活動」『中央研究院歴史語言研究所集刊』第七〇本第三分、一九九九年
李　貴録『北宋三槐王氏家族研究』齊魯出版社、二〇〇四年
梁　庚堯『南宋的農村経済』聯経出版事業公司、一九八四年
廖　慶六『族譜文献学』南天書局、二〇〇三年
銭　　杭『中国宗族制度新探』中華書局、一九四四年
陶　晉生『北宋士族　家族・婚姻・生活』中央研究院歴史語言研究所、二〇〇一年
王　善軍『宋代宗族和宗族制度研究』河北教育出版社、二〇〇〇年
徐　揚傑『中国家族制度史』人民出版社、一九九二年

――――『宋明家族制度史論』中華書局、一九九五年
張　邦煒『宋代婚姻家族史論』人民出版社、二〇〇三年
趙　華富『徽州宗族研究』安徽大学出版社、二〇〇四年
中央研究院歴史語言研究所『中国近世家族与社会学術研討会論文集』一九九八年

参考文献（欧米語）

Beverly J BOSSLER, Powerful Relations: Kinship, Status, & the State in Sung China (960-1279), Harvard University Press, 1998.

Denis TWITCHETT, The Fan Clan's Charitable Estate, 1050-1760, Confucianism in Action, ed by A.F. Wright, Stanford University, 1959.

Endo Takatoshi, The Present State and Themes of Research in Japan into Song Dynasty Clans, Journal of Sung-Yuan Studies 34, 2004. (Endo 04b)

Order and Structure in the Lineage Model of the Song, Chinese Society and Its Significance after the Tang-Song Reformation, Hiroshima University, 2004. (Endo 04c)

Endo Takatoshi, Sue Takashi and Oka Motoshi, Updates on Song History Studies in Japan, Social History, Journal of Sung-Yuan Studies 31, 2001.

Hugh R. CLARK, Portrait of a Community: Society, Culture, and the Constructions of Kinship in the Mulan River Valley (Fujian) from the late Tang through the Song, Ursinus College, 2002.

James L. WATSON, Emigration and the Chinese Lineage, University of California Press, 1975.（瀬川昌久訳『移民と宗族』阿吽社、一九九五年）

Maurice FREEDMAN, Lineage Organization in Southeastern China, London School of Economics and Political Science, Monographs on Social Anthropology 18, 1958.（末成道雄等訳『東南中国の宗族組織』弘文堂、一九九一年）

Chinese Lineage and Society: Fukien and Kwangtung, London School of Economics and Political Science, Monographs on Social Anthropology 33, 1966.（田村克己等訳『中国の宗族と社会』弘文堂、一九八七年）

Michael MITTERAUER, Historich-Anthoropologiche Familienforshung, Bohlau Verlang Ges.m.b.H & Co. KG., 1990, Viena, Austria.（若尾祐司等訳『歴史人類学の家族研究』新曜社、一九九四年）

Patricia Buckley EBERY, The Aristocratic Families of Early Imperial China: A Case Study of the Po-ling Ts'ui Family, Cambridge University Press, 1978.

Patricia Buckley EBERY and James L. WATSON, Kinship Organization in Late Imperial China 1000-1940, University of California Press, 1986.

Paul J. SMITH and Richard von GLAHN, The Song-Yuan-Ming Transition in Chinese History, Harvard University Press, 2003.

Richard L. DAVIS, Court and Family in Sung China, 960-1279; Bureaucratic Success and Kinship Fortunes for the Shih of Ming-chou, Duke University Press, 1986.

Robert P. HYMES and Conrad SCHIROKAUER, Ordering the World; Approaches to State and Society in Sung Dynasty China, University of California Press, 1993.

総　論――元明の部

井上　徹

はじめに

本論で用いる宗族という言葉は広い意味では男系血縁の親族関係を指す。この宗族という問題を考えるうえで、とても大事なのは、唐宋変革期である。日本における宗族研究の道を切り拓いた先学の一人である牧野巽氏はかつて、宋代以降の宗族を「近世宗族」と呼んだ。「本書に近世の名を冠した理由は、中国史全体の時代区分についての一定の成見によってではない。ただ宗族形態の変遷の上からいうと、宋代以後次第に近世的なものが顕現し来たり、元明以後これが完成して、もって清末に及んでいる。私はこの宗族形態を近世宗族と名附けたいと思う」〔牧野巽　一九四九b：「序」〕。この言葉に示されるように、宋代は「近世」的な宗族が新たに登場した時代であり、その新たな宗族が元～清の間に完成形態にまで整えられたと認識された。その特徴は、宗法という親族統制原理の復活を理想として掲げ、祠堂や族譜、族産などの各種の装置を備えるといったところにある。「近世」という言葉を用いるかどうかは別にして、この認識は、唐宋変革期を境として新たな時代に突入したのだという時代区分論にも合致するものとして長らく支持されてきたと思う。現在においても、この認識は研究者の間で有効なものとして受け止められているが、では、宋代に登場した宗族はどのような変遷を辿ったのであろうか。明清時代史の側からこの疑問に答えようとする時、一六世紀（明代後半）という時代が持つ意味の重みに目を向けざるを得ない。

従前の研究において、一六世紀は、国家の政治システム、商品経済、農業経営など、ほとんどあらゆる分野において根底的な変質がもたらされた時代の劃期として位置づけられる。このことは、時代区分に関わる岸本美緒氏の見解によく示されている。氏は、宋代以降の時代が「近世」か「中世」かという、かつて学界に起こった時代区分の論争に言及しつつ、東アジアにおける「近世」という語を、日本史やヨーロッパ史でいう「近世」とほぼ重なる一六世紀から一八世紀までのあいだを指すものとして用いる。それは、国家体制や社会経済のあり方が日本やヨーロッパと同じだからということではなくて、さまざまな個性をもつ諸地域が相互に影響を与えあいながら、この時代の激動のリズムを共有してきたという認識による。この時代の東アジアの歴史を巨視的な観点からながめてみるとき、われわれの目に映るのは、一六世紀の急激な商品経済の活発化、社会の流動化のなかで従来の秩序がくずれてゆく混乱状況のなかから、新しい国家が生まれ、一七世紀から一八世紀にかけて新しい秩序が作り上げられてゆく、一サイクルの大きな動きであるという［岸本美緒　一九九八］。中国を中心とする東アジア世界において、一六世紀を分水嶺として新たな秩序に向かう巨大な潮流が生じていたことが巨視的視点から示されたものである。

宗族研究において、新たな宗族の形が登場し、継承されていったという点で、宋～清の時代をひとまとめにして扱うのが便利ではあるが、他方、岸本氏の認識によく示されるように、宋代から清代までの一千年にも及ぶ超長期の時代を一括して同質の時代とみなすことには相当の無理があるかに思える。明清史の研究状況からすれば、一六世紀を分岐点として、宗族という男系の血縁関係についても、その前後において大きな変化があったものと考えるのが妥当ではないか。宋代以降の宗族の歴史的展開のなかで、一六世紀という時代にいかなる変化が中国の宗族に生じたのかを見極めることが一つの大きな課題だと考える。

本論では、この課題を踏まえ、現在に至るまでの日本の研究が何をどこまで明らかにしたのかを紹介したい。紹介に際して注意したのは次の諸点である。（1）本論集では、宋代から明代に至る長期の時代において、宗族（広義）

がどのように展開したのかを見定める目的をもっている。したがって、本論でも、その点を踏まえ、宋代と明代を繋ぐ議論が重要となる。従来の研究のなかでは、宗法主義と呼ばれる考え方がそれに当てはまるので、この問題に関する研究を取り上げることから始めたい。（2）取り上げる研究は元代から明末清初までの時代の宗族を対象としたものであるが、清代、民国時代の宗族を分析した研究や人類学、社会学の研究成果が元明時代の宗族研究にも大きな影響を与えているので、適宜、それらの研究にも言及したい。ただし、関連する研究は相当数に上るので、元～明末清初の時代の研究であってもそのすべてを紹介できるわけではない。また、宗族研究が再開された一九八〇年代以降の研究に特に重点を置きたい。そのなかで紹介し切れないものも出てくるが、筆者の能力の限界もあり、ご寛恕頂ければ幸甚である。

一　大家族主義と宗法主義

宋～明という長期にわたる時代を対象として宗族の展開を追跡しようとする時、どのような変化がその間に生じていたのかを見極めるのが重要な課題となる。こうした問題関心を宗族研究の早期に抱いていたのは牧野巽氏である。牧野巽氏は、宋代は「大家族主義が頂点に達するとともに、これに対する反動が生じてきた時代であり、大家族主義に代って新たに次第に擡頭してきたのが宗法主義である」といい、宋代を境とする大家族主義から宗法主義への転換を提言した［牧野巽　一九四九c］。大家族主義とは何か。「家族」という言葉を狭く解釈すれば、「居所を同じくし、財産を同じくして、日常の生活を共同にしている人々の集団」をいう［牧野巽　一九四九b：序説］。同居共財の関係を構成する集団が氏のいう家族である。「大家族」もまた同居共財を要件とするが、狭義の家族に対して、家産分割を行わずに、兄弟などの近親者が数世代にわたって同居共財関係を構成し、その結果として多くの成員を抱えることになった集団を、氏は「大家族」と呼んでいる。言い換えれば、大家族もまた同居共財を要件とする形態である点で、広い意味での家族の範疇に含まれることになる。氏はまた、司馬光『司馬氏書儀』のなかで、同居共財の生活を営む累世同居の大家族において、家長が冠礼、婚礼、祭礼を主宰するものとされたところに、大家族主義の特徴が顕著に現れていると考えた［牧野巽　一九四九c］。では、宗法主義とはどのようなものか。宗法とは、嫡長子系統の宗＝宗子（大宗、小宗）が共同の祖先祭祀を通じて一族を結合する原理を指し、大宗（大本家）一が小宗（小本家）四を統率する形態を標準となす。この宗法は『儀礼』、『礼記』等の古典に記載されたものである［牧野巽　一九四九b：序説］。氏は「北宋中期以後明瞭な形をとって現れてくる宗族結合の重視」に注目して、宗族の結合の要に「宗法の復興」を目指す考え方を見出し、これを宗法主義と呼んだが、その特徴は次のようなものである。北宋の程頤は始祖・先祖（始祖と高祖との中間の諸祖先を意味する）を祭るべしとしたが、朱熹『家礼』の祠堂制度（通礼・祠堂章）は、それが古礼に背き僭上であるとして、祠堂では高祖までの四代の祖先を祭るにとどめた。祭祀の主体は継高祖以下の小宗である。また、高祖以前の祖先の神主はみな墓に埋め、一年に一回、その子孫が集合して祭り、始祖の墓と墓田、その他の遠祖の墓と墓田はそれぞれ、大宗、遠祖の子孫が祭祀を司るものとされた（墓祭）。始祖・遠祖の祭祀は僭越であり、祠堂ではなく墓で祭るべきであるとし、祠堂では小宗が高祖以下の四世の祖先を祭るものとしたことから、牧野氏は『家礼』の祠堂制度から小宗の復活を読み取ったといえる［牧野巽　一九四九c］。このように氏は、大家族主義から宗法主義へという転換を見出すことにより、男系出自の親族（広義の宗族）のなかにも、大家族と狭義の宗族があり、それぞれ家長、宗子が指導的役割を果たすことを示すとともに、宋代が前者から後者への移行期であって、親族のあり方が大きく変質することを提言した。両者をともに宗族（同族）の範疇に入れて同一視することにより、宗族の変わることのない存続を説きがちな従来の研究に大きな影響を与えるものであったと評価できる。

この牧野氏の見解は、『司馬氏書儀』（以下、『書儀』という）と『家礼』という二つの礼書を比較して、それぞれに大家族主義と宗法主義が象徴されているものとして対比的に議論されたものであり、それぞれに関わる実例が掲げられているとはいえ、なお問題提起の域を大きくは脱していない。その後、佐竹靖彦氏は牧野氏の提言を受けて、宗法主義への転換が、小農経営自立にともなう社会構成の変質を背景とするものであることを論じた。また、宋代の累世同居の大家族が顕著であることは、佐竹靖彦氏、小林義廣氏らの実証研究においても確認されるところである［佐竹靖彦　一九七三、一九九〇］［小林義廣　一九九〇］。

最近、吾妻重二氏と佐々木愛氏は、牧野氏の提言に関わる批判的見解を提出しているので、紹介しておきたい。吾妻氏の関連研究は［吾妻重二　一九九九、二〇〇一、二〇〇三］及び本書所収論文であるが、後者には最新の見解が示されているので、主にこちらの内容に沿って紹介してみよう。まずは大家族主義についてである。牧野氏が大家族主義を象徴するものとして『書儀』を掲げた点に対して、同書に登場する家長の役割を再検討し、それが単に家族中の最年長者を意味する語であり、大規模な家族を統率する族長のごときものではなく、また家長の存在は家族の規模とは特に関係がないことを指摘する。吾妻氏がこのように牧野氏を批判する背景には、『書儀』を著した司馬光の一族の現実生活と『書儀』で描かれた家族生活の両者をどのように捉えるかという問題が関わっている。牧野氏は漢代以来存続してきた累世同居の大家族の歴史の中で、宋代は多数の大家族の事例が最も多く見出される時代であり、司馬光の家も大家族生活を送っていたことから、『書儀』にも大家族の生活の実際が反映されているとみた。吾妻氏も、その事実を認めるが、そこに見える累世同居のあり方がただちに『書儀』の本体部分をなす冠婚喪祭の礼に反映しているのではないと考える［吾妻重二　二〇〇三］。したがって、問題の焦点は、『書儀』本体が大家族を前提として書かれたものであるかどうか、またそこでの家長の役割をどう見るか、といった点に絞られる。また、吾妻氏は、『書儀』に関する牧野氏の見解には批判的であるが、『家礼』が宗法主義をとっていること、宗法主義が親族集合を目的としたことは認める。氏がとくに取り上げるのは祖先祭祀に関する牧野巽氏や清水盛光氏らの解釈である。「私はこれまで、始祖・先祖の祭祀に関して、牧野・清水両氏が『家礼』巻一の祠堂章における墓祭にのみ言及して、巻五の祭礼部分にまったく触れていないのを不思議に思っていた」と述べるように、先学と吾妻氏の見解の主たる相違点は『家礼』巻五・祭礼の取り扱いにある。『家礼』巻一の祠堂章は、祠堂では高祖以下四代を常祭の対象とすることとともに、遠祖の神主が埋められた墓に、年に一回、子孫たちが赴いて墓祭を行うと述べている。先学は、この記述と始祖・先祖祭祀は僭越であるとした朱熹の発言（楊復「付録」に収録。元来は、『朱子語類』に収められたもの）を踏まえて、家廟における始祖・先祖祭祀を主張した程頤との間に見解の相違を読み取った。吾妻氏の見解はこうである。朱熹の当該の発言は晩年になって提示されたものであり、『家礼』撰述時には祠堂における始祖・先祖祭祀を否定していなかった。『家礼』撰述時の朱熹の見解は巻五・祭礼にこそ示されている。つまり、始祖は冬至、先祖は立春に、祠堂にそれぞれの神位を設けて祭るというものである。この吾妻氏の見解についておそらく問題となってくるのは、巻一の祠堂章にいう、毎年一回遠祖を墓所で祀る墓祭との関係である。一方で墓祭をいいながら、他方では祠堂の祭祀をいうのは矛盾していないかどうか。ここが問題となる。牧野氏等の先学はこの矛盾点を解決できずに、結果として、巻五・祭礼を採用しなかったと推定される。筆者も、この問題に関して、『家礼』が朱熹個人の著書か、弟子たちの協力による編著かといった真偽論争が絡むため、判断が難しいとして結論を保留したことがある［井上徹　一九九五b、二〇〇〇a：第三章］。

他方、佐々木愛氏は、宗法主義に関する解釈に対して批判を寄せた。牧野氏の上掲の研究の他、清水盛光氏も宗法が親族の統合を目的とするものであるという見解をとっており［清水盛光　一九四二］、また井上もこの両者の見解を受け継いでいる。井上は、明清から民国期にかけて発見される、宗法の適用、族譜編纂、祠堂設立、族田の設置などの事業を推進する宗族の活動が開始される宋代に遡り、その歴史的性格を検証し、その後の展開を見極めようとした。その結果として、宋代の儒者が提唱した宗法主義は、科挙官僚制と家産均分のもとで家系の衰退を宿命づけられていた士大夫が宗法を理想とする宗族組織の形成によって究極には世臣の家系につながるような名門の家系の樹立を志向したことがそもそもの始まりであると考えた［井上徹　一九八七、二〇〇〇a］。これに対して、佐々木氏は従前の研究のみでなく、明清時代の宗法議論や族譜などの見解も対象として、宋儒が親族統合を目的として宗法の復活を唱えたという見解には問題があると指摘する。すなわち、張載、程頤、朱熹などの宋儒が唱える宗法論を思想史的文脈から考察する時、その目的は親族結合よりも、むしろ古礼にいう嫡長子（宗子）の継承による「秩序」そのものの確立にあること、また嫡長子継承主義は現実の親族概念から乖離したもので、実現が困難であったこと、である［佐々木愛一九九八、二〇〇〇］。佐々木氏も親族結合を否定しているわけではないが、思想史的文脈から宋儒の意図を読み取ろうとした時に、はたして親族結合が宗法主義の第一義的な目的であったかどうかを問い直そうとするものである。この佐々木氏の問題提起には、それぞれの宋儒の言説をどのように解釈するかという問題の他に、佐々木氏も示すように、宋代においては宗法の復活がなお現実的に実施可能なものだとは考えられていないこと、言い換えれば理念的なプランに止まっていることが言説の解釈に影響を与えるかに思われる。

以上のように、牧野氏が示した大家族主義から宗法主義へという転換の図式については、大家族主義、宗法主義の概念そのものに対する疑問が投げかけられている。しかし、大家族主義が家産分割を禁止し、近親者が数世代にわたって同居共財関係を構成する集団の形成を目指し、その結果として家族員と家産の維持が発展的に維持されることは——家長の位置づけにはなお検討すべき余地があるものの——、共通の理解として確認しておいてよいであろう。また宗法主義がそもそも古礼への復活そのものを第一義的な目的としたのか、それとも親族集合こそが優先課題とされたのか、また祭祀の方法に関して程頤と朱熹との間に見解の相違があったのかどうかといった意見の分岐があるが、古礼の宗法を復活して宗子が祖先祭祀を通じて親族を統合することがそこに含意されている点は依然として有効であろう。

では、宋代を境として大家族主義から宗法主義へ転換するという時代的変化の視点はどうか。水口拓寿氏は大家族主義と宗法主義の「表裏一体性」をいう。前者を代表する『司馬氏書儀』の「居家雑儀」、後者を代表する『家礼』の内容を比較して、言い換えが可能な共通部分をもつことを指摘するとともに、『家礼』に則って、大家族形式による近世宗族を率いていくことも、実践面において可能だったとする［水口拓寿　二〇〇〇］。たとえば浙東の義門鄭氏である。鄭氏では、宗子と家長が統率する役割を担う。宗子の役割は、祖先の祭祀を継承し、それを通じて家衆を統率することにあり、いわば家衆統合の象徴的存在である。家長の方は、家内のあらゆる雑務を掌握し、子弟に職務を分担させるものであり、大家族運営の実質的な総括者である。大家族生活の内部で宗法秩序を実現するような構造をもっているのである［井上徹　一九九二、二〇〇〇ａ：一一六頁〜一一七頁］。併存の可能性も考慮しておく必要があるであろう。この問題を解き明かすには、大家族と宗法を理想とした親族統合が現実の社会でどのような展開を遂げたのかを検証する作業が必要とされる。明清史の側から見るとき、宋代をターニングポイントとしてこうした変化が截然と生じたとみるには問題が残る。牧野氏は、漢代以来の大家族の歴史のなかで宋代は「実際の大家族の例が最も多数な時代」であるという認識を示し［牧野巽　一九四九ｃ］、以後の研究においても宋代に多くの大家族の事例が発掘されることは検証されているが、後世の時代においても大家族生活は「家」の理想として掲げられ、実現を試みる事例も少なくない。牧野氏は宋代に焦点を当てたとき、伝統的な大家族が最も隆盛を迎えた一方、新たな宗法主義が台頭してきたというところに、新旧の親族形態の交替を読み取ったが、前者が後世になると衰退すると結論を下すのは至当ではないかに思われる。そして、宗法主義は確かに宋代に新たに登場し、支持を集めたが、宋代の間に宗法主義を実現しうる人々――士大夫など――が実際にも宗法による親族結合を広く実践し、結果として狭義の宗族が普及したことは確認されていない。宗法の実現に際して生み出された各種の装置（祠堂、族譜、族産）の状況からしても、後世に較べて宗族の普及はなお低位のレベルにあったといわざるをえない（遠藤隆俊氏の「総論――宋元の部」参照）。次章以下で紹介するように、宗族の集団構造（分節化）や各種の装置の発展は明代後半においてこそ、大きな発展を遂げることになるのである。

二　明前半期

牧野巽氏は、宋代を分岐点とする大家族主義から宗法主義への転換を提起したが、元、明の時代においても、大家族主義がなお健在であったことは従来の研究のなかで確認されている。大家族の事例として著名なのは浙東山間部（浦江）の義門鄭氏である。檀上寛氏は、南宋に大家族の生活を開始した浦江の鄭氏が、元明両王朝から義門の旌表を受け、郷村維持型富民（地主）に基盤を置く王朝国家の建設を目指した明朝の政策のもとで厚遇され、明中期まで家門を保っていたが、明末には同居生活が破綻し、その存在すら薄れてしまったことを明らかにした［檀上寛　一九八二a、一九八二b、一九八三、一九九五：第二部］。鄭氏の事例は決して例外的なものではない。江南では元末に鄭氏を模倣して大家族の生活を開始する士大夫の家が相継ぎ、明前半の里甲制下においても、糧長に充てられた地主の家で没落を回避する手段として採用されたことが確認できる。家産と家族員の分散を防ぐ大家族生活を実現する方法としては、家産均分の禁止によるものの他に、長子相続という例外的な手段も用いられた［井上徹　一九九二、一九九三、一九九四a、二〇〇〇a：第二章、第五章］。大家族の形態は宋代以降、少なくとも明中期まで、有力な階層の間で家を保つ手だてとして大きな支持を集めたと考えられる。

では、宗法主義の行方はどうか。宋代の宗族との連続を念頭に置いた研究は、大家族主義とともに、宗法主義が強まることを指摘している。森田憲司氏は宋元時代の族譜編纂の傾向を検討し、とくに元代における譜序の増加は、宋代以降に成立した新しいタイプの「官僚の家」の多くが異民族の侵入、王朝の交替という大波のなかで没し去っていった、そうした内外の危機への反応であり、また個々の家の祖先達が宋代についていた官界での地位についての叙述を多く見出せることから、自らの名門としての歴史を再確認することによって、族の統一（「収族」）を維持しようとしたことの現れであるとする［森田憲司　一九七八］。遠藤隆俊氏は、宗法の適用によって結合を保ち、宗族の模範とみなされた范氏義荘が、北宋以来の名族として江南の地主・士大夫にもった影響力を元朝治下にも保ち、朝廷から厚い恩典を勝ち得たことを指摘している［遠藤隆俊　一九九〇］。祖先祭祀を媒介とする宗族の形態が大家族とともに、元朝の厚遇を得たことは明らかである。さらに、上掲の吾妻氏は、宋代に大家族の生活を営んでいた事例が珍しくないことは認めた上で、南宋中頃から宗法主義にもとづく家廟が増大し、しかも祭祀が大規模化することを指摘している［吾妻重二　二〇〇一、二〇〇三］。また、井上は、王朝交代期の元末明初には、江南において、宗法主義による宗族形成の動きも大家族主義とともに顕著になることを指摘した［井上徹　一九九二、一九九三、二〇〇〇a：第二章］。

しかし、元末までの宗族形成の事業は、後世のそれが祠堂、族譜、族産を整備したのに対比させると、必ずしも十分なものとはいえない。例えば、熊遠報氏によれば、徽州に移入した人々は、地域内部の移住と山地開発を行なう過程で、村落・集落内部での協力関係、血縁や年齢などの要素に基づく親和的関係と上下の秩序を作るために、祖先に対する感謝、尊敬といった自然な感情を紐帯として、また祭祀儀礼、祭祀施設という物的象徴を通じて、同族の結合を図ったが、その宗族組織は、歳時に応じて祖先祭祀を行うことを中心とする族人の祭祀組織であるものの、内部の管理と結合は緊密ではなく、地域社会における影響力が大きかったとは言えないとする［熊遠報　二〇〇二a、二〇〇三：七一頁～七三頁］。また、中島楽章氏は宗法主義において重視されてきた装置（祠堂、族譜）の設置によらない同族関係に着目する。宋元期を通じて、漢民族の祖先祭祀、特に始祖以下の遠祖祭祀は、主として墓所で行われ、儒教的・仏教的・道教的要素が混然としていたこと、墓所における祖先祭祀は小宗の範囲をこえた宗族結合に礼制上の根拠をあたえる『家礼』のプランを受容したものであること、などである（本書所収論文）。墓祭を利用した祭祀活動も宗法主義の延長上に位置するが、祭祀の内容に民間信仰の要素が入り交じっているところは、宗法主義の理想とは相当にかけ離れているというべきかもしれない。

元末に至るまでの間に、祠堂、族譜などの各種の装置を用いて男系親族を統合しようとする動きは確かに持続してきたが、明朝が里甲制を通じて、人民を支配した明前半期においては、宗法主義は低調となる。それを象徴するのは、長江下流デルタ地域にあって、宗法主義を標榜した范氏義荘である。近藤秀樹氏は、北宋以来蘇州城を拠点として宗族を維持してきた范氏の宗族が元末まで義荘組織を維持したが、明初に明朝の弾圧を蒙ったことを明らかにした。明朝の成立後、范氏義荘は、長洲・呉両県に所有した義田のうち長洲県側の義田のほとんどを国家によって籍没されるという事件に遭遇したのである［近藤秀樹　一九六三］。少なくとも長江下流デルタにおいては、宗法を理想として男系親族を統合する事業はほとんど影を潜めることになった。その反面で、指摘されるのは、姻戚関係の影響力である。坂本晶氏は蘇州城に城居した呉寛（一四三六年～一五〇四年）の家系を分析している。呉寛の家系は父系親族の影が希薄である一方で、姻戚の影響が大きかった。それ故、姻戚というネットワークが呉氏にとって大きな役割を果たしたという［坂本晶　一九九六］。こうした姻戚を重視する傾向は呉氏のみにとどまらない。太湖周辺では、地域の習俗として、居民の間では、最も大事な信仰の対象は道教、仏教系の民間信仰であり、父系祖先の祭祀は信仰の一つの対象でしかない。親族関係においても、同祖の父系親族との関係が絶対的であるわけではなく、姻戚との関係もそれに劣らず大事にされた。父系祖先祭祀にしろ、父系親族関係にしろ、庶民の間では絶対的排他的なものではなかった［井上徹　一九九四ａ、一九九八、二〇〇〇ａ：第五章、第八章］。こうした宗族活動の低調さは、徽州を中心とした地域研究の側からも指摘されている。鈴木博之氏は徽州府下で宗祠の叢生が見られるのは嘉靖年間を境とするとして、宗祠の分布状況を検証するが、同時にそれ以前の時代にも遡って祠堂のあり方を模索する。徽州では、仏教や道教の民間信仰の影響が強く、そうした習俗のもとで設立された創成期の祠堂は「家」を単位とした祖先祭祀用であって宗族統合の意識は薄かったとする〔鈴木博之　一九九四、一九九七〕。また、熊遠報氏も、明代中期以前、人々の信仰活動は、祖先と宗族の祭祀より仏教・道教に熱中していたことを紹介している〔熊遠報　二〇〇三：三二頁〕。

以上、大家族主義と宗法主義という視点から、元－明前半期の宗族に関する研究を整理してみた。牧野巽氏は宋代を頂点として大家族主義が後退とすると認識していたが、元明両王朝の庇護を受けて、大家族のモデルとしての義門鄭氏は明代中期まで繁栄したし、大家族の方式を採用する有力家族も次々に出現した。とくに里甲制体制のもとでは、糧長等の地主は大家族を希求し、それによって家の保全を図ったと考えられる。これに対して、宋代に登場した宗法主義もまた確かに受け継がれている。祠堂、族譜、族産といった宗法を実現するために編み出された各種の装置を設けて男系親族を集合しようとする事業が行われた他、とりわけ際だっているのは墓祭である。墓所における遠祖の祭祀を通じて族人を集合する事業は祠堂のそれよりも盛んに挙行されたとされる。しかし、明前半期においては、大家族とは対照的に、そうした一連の事業が挙行される動きは極めて低調である。長江流域において、祖先祭祀よりも、民間の神々が、また男系親族よりも姻戚が重んじられるといった状況は、宗法主義の理想とは懸絶したものである。儒者が宗法の復活を唱えるとき、祠堂や族譜を設けないと、親族はバラバラになるという認識をもっていたが、そうした考え方からすれば、一連の事業が低調であった明代前半期は、男系親族の排他的な集合すら危ぶまれた時代であるかもしれない。そのなかで、大家族は同居共財によって男系血統を中心とする結合を保ち得る有効な手段であったであろう。

ただし、里甲制と宗族との関係に着目した研究の指摘に目を向けておく必要がある。かつて片山剛氏は清代における広東珠江デルタの図甲（里甲）制を分析し、図甲制を構成する「戸」は個別的な家族ではなく、宗族全体が一つの「総戸」を立てており、その下に多くの「子戸」を抱えるものであり、総じて図甲制が同族組織による族人支配を基盤として施行されたことを指摘した〔片山剛　一九八二a、一九八二b〕。後述するように、氏の研究を受けた徽州の宗族研究はこの地域でも明代後半以降に宗族を単位とする里甲制が展開したことを明らかにしているが、田仲一成氏の本書所収論文は、茗州村の呉氏を取り上げて、明代前期において、「宗族」が社祭組織を社戸の独占を通して間接に支配し、さらに里甲制の甲組織を掌握し、後期の里甲制崩壊後は、社祭財政を宗族財政の一部として直接に支配するに至ったという結論を導き、また甲が同族から成るという点から、総戸－子戸の関係を特徴とした清代の広東図甲制へと向かう萌芽が徽州にも潜在していたと考える。後で紹介するように、総戸－子戸の関係が里甲制の基礎をなす体制が広く確認されるのは明代後期であるが、前期においてもこうした事例が見出されるとするならば、茗州村の呉氏は先駆的事例といえよう。これが呉氏の特殊な事情なのか、それとも徽州において他の「宗族」でも見られた状況なのか、今後検討されるべき興味深い課題である。また、中島楽章氏は、明代前期・中期には、地方官は里甲組織を通じて、郷村社会における紛争処理に関与する場合が多く、老人、里甲は「同族」や親戚知友、在地の有力者や名望家、同族や村落における「衆議」などの民間調停とあい補い、また地方官の和解調停を通じて紛争処理の枠組みの結節点としての役割を果たしたとする［中島楽章　一九九五a、一九九五b、二〇〇二・第二章、第三章］。全般としては、祠堂の設立や族譜編纂などによる宗族形成の動きが低調ななかで、宋元以来の「同族」が里甲制下において紛争処理の一端を担った事例が見出されることは、男系血統の組織が浸透した地域があることを示唆するものかもしれない。また、移住・開発の研究からの指摘も貴重である。濱島敦俊氏は、元末に至って、浙東地主が宗祠等の祭礼を盛んに挙行した基盤に、同族村落という特有の村落形態が存在したことを示唆した［濱島敦俊　一九八二］。上田信氏はこの問題に関連して、社会人類学者モーリス・フリードマン氏の研究成果を受けて、漢族の移住・開発の視点から同族村落の問題を考察した。氏は考察の対象として浙東山間部を選択し、唐末五代から明代にかけて進捗した地域開発を担った移住民が同じ祖先を戴く同族の単位（村族）で小河川の用益権および耕作に適した土地を多く占有し、その結果、単姓もしくは二、三姓の同族が居住する村落が成立したとし、こうした村族を「地縁的関係と血縁的関係とが交差する場」

であると表現する〔上田信　一九八三、一九八四〕。つまり、地域開発にともなう同姓村落の成立を提起したのである。こうした地域開発が男系血統の関係の強化につながったとすれば、それは宗族形成を促す条件として注目すべきであろう。

明前半期の里甲制の時代になぜ宗族形成事業が低調であったのか。これには国家の政策も深く関わっているように思われる。岸本美緒氏は、明初の里甲制の体制を「固い」体制と表現する。明朝はその建国当初、社会を特定の職業に従事する世襲の身分集団によって編成するとともに、彼らを同戸数（一一〇戸が基本）で編成された組織（里甲制）に組み込み、これを基盤に社会秩序を維持していこうとした。また、対外的にはモンゴルなど北方諸民族との交易や東南沿岸の海上交易を認めず、民間の交易に対し厳しい禁止策がとった。これらの政策に共通するものは、民間の自由な社会経済活動とそれに伴う財と人との流動性の拡大に対し、制度的な枠をはめることによって秩序を維持していこうとする姿勢であるという〔岸本美緒　一九九五〕。明朝の政策に顕著であるのは帝国の支配下の人々の活動を強力な国家的統制の下に従属させようとするものであるが、それは宗族に対しても例外ではないかに思われる。上述のように、宗法主義は、男系の血縁関係にある人々を祖先祭祀を通じて組織化しようとするものであった。井上は、明朝が宗法主義に対していかなる政策で臨んだのかを探るために、明朝の祠堂制度を分析し、宗法原理を容認しなかったという結論に達した〔井上徹　一九九四b、一九九五、二〇〇〇a：第三章、第四章〕。このことは、里甲制による人民掌握を基本とした王朝権力が宗族という民間で編成される集団を承認しなかったことを示すが、中島楽章氏の本書所収論文はこの問題を元朝の政策も含めて総合的に論じた。漢民族の祖先祭祀に対する元朝の態度は総じて放任的であったが、明初政権の祭祀政策は元朝の政策とは対照的に、官僚以外の士人層や庶民の祖先祭祀を曾祖にまで制限したこと、墓祠などでの遠祖祭祀は官民を問わず捨象されたこと、また法律上も墳菴・墳院の設置を厳しく制限したことなど祖先祭祀に抑制的であり、こうした政策は宋元時代に進展した墓域での遠祖祭祀を通じた宗族の統合を抑制することになった。明初政権は宋元時代に自由に発達し、仏教的・道教的・儒教的要素が混在した、雑多で混沌とした祭祀コミュニティーを、国家礼制に整合的な、里甲レヴェルと家庭レヴェルの祭祀に純化しようとした。このことは同時に、里甲組織とそれを構成する各戸から基層社会を編成し、多層的・流動的な人的結合の発達を抑制しようとする明初の郷村統治政策と表裏していたとする。総じて、宗族に対する明朝の政策は抑制的であったといえよう。ちなみに、明朝が士人層や庶民の祭祀を曾祖までに限ったとする点については、他方において、彼らの祖先祭祀を祖父母・父母にとどめた明朝の規定が存在するので、両者の関係をどのように解釈するかが問題となろう。

三　長江下流デルタ

戦前以来の日本の研究において、宗族の勢力やその持続性などに関して地域偏差が存在することが指摘されている。例えば、牧野巽氏は次のように述べる。「宗族は父方の同姓の親族でありますし」。「母方よりは父方の親族を重んずる傾向」は中国では「日本より一層甚だしく」、「殊に現代でいえば、南支那の広東・福建等にこの傾向が最も強く、それから北へ行くに随って宗族の結合は弱く小さくなり、揚子江の流域にはまだ相当にその勢力は強いのでありますが、北支方面になりますと、かなり微弱になります。……このように中南支の方が北支よりも宗族結合が強大であることは、明末から清初にかけて生きていた顧炎武の日知録などにも明らかに書いてあることでありますが、さらに遡ってみると、元から南宋へかけても既にこの傾向ははっきりと認められます」〔牧野巽　一九四一・四二〕。一々は挙げないが、当時つまり近代の時代には、華北から華中（長江流域）、華南（福建・広東）へと南下するに伴って宗族の結合が強力であること、そうした地域偏差の傾向は前近代の社会でも同様であるという認識はほぼ共有されていたと思う。現在の宗族研究においても、宗族結合が華中南の南方に顕著な現象であるという理解はほぼ共通のものであるが、すでに紹介してきたように、族譜、祠堂、族産などの装置を利用して、男系血統の人々を集合しようとする動きについて言えば、明前半期までは、宗法という理想は掲げられつつも、実際に各種の装置を用いて結合を長期にわたって維持しえた宗族はそれほど多くはない。明清時代史において、八〇年前後から再開された研究の特色の一つは、地域に焦点を絞って、宗族の構造や地域、国家との関係を解明するというところにあり、一六世紀以降、祠堂などの装置を備える宗族が大きく発展したこと、また、空間的には、一六世紀以降の宗族の結合は長江流域から福建、広東などの華南へと広がっていることが確認されている、そうした点では、牧野氏が指摘した宗族結合の傾向は明代半ば以降にこそ最も適合的であろう。

最初に長江流域の研究を取り上げてみよう。牧野氏の理解では、長江流域は、華北と華南との中間にあって、宗族の結合も両者との比較において中間的であるが、またこの地域は、宋代以来の宗族の展開を連続的に追跡できる地域であるとともに、范氏義荘という天下の宗族のモデルとされた宗族を抱えており、宗族の地域的展開の比較を試みる場合には基準の状況を提供してくれる。

まず紹介しておきたいのは、岸本美緒氏の見解である。氏は一六世紀中葉以降、東アジア国際商業の刺激を大きな背景とする商業化・都市化の発展が流動化つまり城－郷間を往復する流動的でバラバラな群衆を生み出した現象に着目する。明末に簇生する多様な社会集団はこうしたバラバラで流動的な群衆が不安定な社会状況のなかでの自衛、あるいは社会的地位の上昇のためにとり結ぶ人間関係であった。諸社会集団の結合は垂直的なものと水平的なものとに大別できるが、垂直的結合の代表は郷紳を核とする諸結合である。奴僕や親族（宗族）はともに、一人物の科挙合格ないし出仕を契機に急速に結集して地方社会内の顕在的集団となり、その人物（郷紳）の死あるいは威勢の衰退に伴って離散零落する、といった盛衰の激しい性格をもっていたとする。氏が諸集団の叢生の前提として指摘した流動化の現象は、群衆が城郷間を往復するといった空間的流動性に重点を置いたものであるが、また、郷紳への上昇とその死にともなう親族の衰退といった階層的な流動性の側面にも目を向けている〔岸本美緒　一九八七、一九九九：第一章〕。郷紳を核とする親族の結合は郷紳在世中の短期的なものとして捉えられるが、氏は明末という時代に親族の結合が郷紳のみでなく、人々が取り結ぶ諸関係のうえでこれまでになく重要な役割を担っていることにも着眼している。古礼の宗法に対比させて、後世の宗族結合の形成の関心は、「実力者を中心とする可能な限り広汎な結集と相互扶助にあり、そこに働いているのは「血縁感覚を媒介に広汎な人々と結集していこうとする動機である」」。「同姓であれば血縁関係が立証できるか否かにかかわりなく系譜をつないでしまうという通譜の風潮」が明末に大いに流行し、さらに、血縁組織の発達にとどまらず、本来血縁関係にない人々の間で形成される擬似的血縁関係も増加し、多様化した。血縁を媒介にした、あるいは擬制血縁的な社会関係は明末のみに特有のものではないが、明末という時代が集団の簇生という点で特筆すべき時代であることも事実である。安定した郷村社会の秩序のなかから析出されてきたバラバラの個人が競争社会のなかで生きていくためには、まずは血縁的一体感によって結びついた人間関係を作らねばならなかったという〔岸本美緒　一九九三、一九九九：第三章〕。氏は、明末の江南における流動的な社会状況に対する優れた洞察から、明末の諸集団の形成の動因を包括的に考察したが、そのなかの重要な局面として、実力者――とりわけ郷紳であろう――が血縁感覚を媒介に広汎な人々を結集しようとし、他方、人々は不安定で競争的な社会のなかで生き延びるために実力者のもとに結集していく明末の状況を描いた。郷紳の死後ただちに離散する親族のあり方はそうした状況のなかの一齣と見て差し支えないであろう。また遠藤隆俊氏は、岸本氏が注目した「通譜」の流行と蘇州の范氏義荘の関係を探求する。瀋陽の范氏は明代中期以降になって、蘇州范氏と同祖であり、その祖先が江西を経て瀋陽に移ってきたと主張し、蘇州の范氏もその主張を認めて、蘇州と江西、瀋陽三者の范氏の系譜が接合された。通譜である。范氏において通譜が行われた背景には、明末社会の流動性、危機的状況があり、蘇州、瀋陽それぞれが抱える危機への対応の必要性が通譜を実現させたとする〔遠藤隆俊　一九九六〕。氏はまた、蘇州范氏の宗祠の整備や瀋陽范氏出身の官僚（范文程）にも考察を加えている［遠藤隆俊　一九九三、一九九五］。

岸本氏の考察は、明末の社会に生きる人々が生存をかけて血縁関係に拠り所を求めていく風潮を見事に表現したが、井上は、そうした風潮のなかで宗族形成の動きが強まったことを提示した。かつてない規模で出現した商業化・都市化を背景として成長した不在地主、商業資本とそれを母体とする郷紳を中心とする士大夫が、階層的流動性への対抗と名門の家系の樹立を図り、宗法の理想を掲げ、義荘、族譜、祠堂といった装置を用いて、男系親族を組織化する動きが、明半ばに復興した范氏義荘の拠点が置かれた蘇州府城や府下の県城、更に郷村へと広がっていったことである［井上徹　一九九四ａ、二〇〇〇ａ：第五章］。長江下流デルタ地帯において、明代後半期に宗族形成が進捗したことは他の研究からも裏付けられる。中谷剛氏は崇明島の宗族施氏を扱い、その宗族の発展と分節化とともに、宗族の統合の象徴としての墓に注目した［中谷剛　一九九四］。また、最近の増田知之氏の研究も重要である。増田氏は「文化資本」の観点から、いわゆる三点セット（祠堂、族譜、共有地）を十分にもたない文氏の家系に注目し、蘇州を中心とする江南において「名族」としての地位を築き、科挙においても進士、挙人、貢生を数世代にわたって輩出したが、それが可能であったのは、文氏が「文化資本」つまり親から子へ、代々受け継がれてゆく「文氏の伝統」を蓄積し、再生産することを通じて、文人一族としての地位を築き、それを維持していったからではないかという［増田知之　二〇〇三］。三点セットのような物的装置を設置することなく、文化の再生産によって家系の持続を実現した事例として貴重である。また、［井上徹　二〇〇〇ｂ］は、男系血統を頼りとして可能な限り多くの人々を結集しようとする当時の風潮のなかで、祖先の系譜を偽造して族譜を編纂することが蘇州で流行したことを指摘した。

長江下流デルタは、天下の宗族のモデルといわれる范氏義荘を抱え、義荘や祠堂、族譜、族産などの装置を備える宗族が展開していったが、祖先祭祀を通じて男系親族を集合するという観念がどの程度社会に定着したのかが問題となる。中純夫氏の本書所収論文はこの問題に関連する。儒教観念にあって死者（親）を埋葬することは孝＝祖先祭祀の中に位置を占める営為であり、正統の埋葬法は土葬である。孝観念に照らせば、火葬は親の身体を毀傷する行為であり、不幸の最たるものとして断罪されるべきものであった。従来、宋元明清の歴代王朝はともに火葬禁止を明文化し、なかでも雍正・乾隆の間を画期として火葬は厳格に禁圧されたとされる。中氏は歴代王朝の政策を検討した後、江蘇・浙江を中心として火葬の流布状況を検討した結果として、乾隆以降の時代においても、火葬習俗は決して払拭されることはなく、従って乾隆帝の禁断策は必ずしも徹底完遂されたわけではない。このような火葬流布の実態は、儒教的理念が人々の現実の社会生活に対してどの程度の拘束力を実際に持ち得るものであったのか、という問題を考える上でも、興味深いという。宗法主義の本質は祖先祭祀を媒介として親族を集合するという点にあり、祭られる祖先は言うまでもなく、土葬されていることを前提とする。ところが、最も宗法主義が普及した明清時代においてさえも、なお火葬が人々の間で選択されていたとすれば、それはとりもなおさず、儒教理念としての祖先祭祀そのものが人々にとってどのような意味をもつものであったのかを再考する必要があることになるであろう。

四　地域偏差

長江下流デルタの周辺地域の研究に目を向けてみよう。上田信氏は唐宋以来の浙東における村族がどのように生成されたのかを、移住・開発の視点から考察したが、その一連の研究のなかで、一六世紀という時代の重要性に着目している。分枝と移住によって居住地を異にする複数の村族が分枝後も同族としての社会関係を維持する集団（同族連合）や分枝・移住によって一度断絶した同族としての社会関係が、ある時期に再生された集団（同族合同）などが、明代後期の一六世紀後半以降の浙東山間部で顕著に形成されるようになること、地域エリート（郷紳）を送り出して社会的に上昇した支派が中心となって宗祠を建設し、地主制の維持、共通の祖先の祭祀、科挙制度による栄達への援助、族人への融資、紛争の解決などの機能をもつ同族合同の集団を形成したことである。同族合同は一つの県を単位とすることが多いが、その背景にあるのは、不在地主制の進展により低下した在地の生産単位の問題解決能力を県が果たすようになったことにあるという［上田信　一九八三、一九八四］。また、［上田信　一九八九］は、宗族をリニージと称したフリードマン氏の見解に刺激を受けて、一つの自然村、隣接する複数の自然村に集住する親族を地域リニージと呼び（前記の村族）、一六世紀半ば以降、浙東山間部の環境の悪化が資源（主に灌漑用水）をめぐる地域住民間の競争を激化させ、競争の激化がリニージの求心力を強化したという新たな視点を提示するとともに、複数の地域リニージが親族観念に基づいて社会関係を結ぶことによって形成されるリニージの統合隊を高位リニージと呼んで、分析を加えた。前記の同族合同に相当するものである。上田氏が発掘した同族合同（高位リニージ）は宗祠、族譜や族産などをもつ点で、宋代以来の宗法主義のコンテクストのなかに位置付けられるであろう。氏の研究は一六世紀以降における宗族の発展を最初に指摘し、また移住、環境、資源など地域に関わる多様な要素を考慮して宗族の形成と発展を考察した点で重要である。［上田信　一九九五］は従前の研究を集大成している。

長江下流デルタの西側に位置する徽州山間部の研究は檔案など豊富な史料を用いて、宗族の実態を多角的に解明しつつある。徽州の宗族研究では、鈴木博之氏は、祠堂（宗祠）に着眼し、嘉靖年間以降に徽州では宗祠が叢生したことを指摘した［鈴木博之　一九九四、一九九七］。先に紹介したように、田仲一成氏は、元初以来の社戸制度のもとでの小堂集団の分立割拠を指摘していたが、この状況が大きく変わるのは嘉靖年間である。始遷祖を祭る中宗祠、更に始祖を祭る大宗祠が弘治年間から明末崇禎年間にかけて成立し、大宗祠を中心にして一族の結束を図る統合体制が整備された。その背景にあるのは、宗族（小堂）による在地の掌握力の弱体に対応し、科挙を媒介に国家官僚との結びつきを強める必要が生じたという戦略であった［田仲一成　二〇〇〇］。中島楽章氏は同族組織を中心とする郷村の社会関係が里甲制・老人制施行の基盤となったとしていたが（前掲）、氏も、一六世紀以降、宗祠や族譜の整備、祭祀活動の体系化や族規の制定を通じて、地域リニージが整序されていったとする点で他の論者と共通の認識に立つ。中島氏は、宗族発展の背景として、地域開発の限界にともなう資源をめぐる競争と国家権力の統制の不十分さを掲げ、その状況がもたらした宗族間の紛争が、族譜、宗祠、族産を備える体系的な宗族（高位リニージ）が形成される契機となったと考えた［中島楽章　一九九六、一九九八、二〇〇二：第五章、第六章］。これは、徽州の開発のプロセスと環境を重視する視点から宗族の形成と発展を捉えようとした研究である。これに対して、臼井佐知子氏は族譜から読み取れる徽州商人のネットワークに重点を置く。分析の特色は、徽州が全国的な商業資本の郷里であるという地域的特性と明末における流動性の潮流という二つの要素に着目したことにある。流動的な状況が人々を宗族に結集させるというわば時代の状況が徽州も巻き込んでいたことを示すとともに、全国的な商業活動を展開した徽州商人がその商業活動を展開するうえで必要とされる情報を、宗族のネットワークを利用して収集したことを指摘する［臼井佐知子　一九九一］。［臼井佐知子　一九九三］は自己の見解を汪氏を例として検証したものである。同氏の本書所収論文は従前の研究をベースとして、拡大系統化型族譜（「通譜」「会通譜」「総譜」「統宗譜」）を取り上げて、宗族の広域的なネットワークが商業活動を有利に展開するために活用されたことを明らかにした。(1)熊遠報氏も、商業活動との関連から族譜を論ずる点で臼井氏と問題関心を共有する。熊氏は明代後半期における社会的流動にともなう秩序の不安定化を大枠としつつ、商業化に対応するためのネットワークの形成を宗族発展の要因として重視する。具体的には、「聯宗統譜」を題材として、徽州の人々による遠隔地交易に対応し、彼らが活動した外地における相互協力の支援体制を支える確実なより所として宗族のネットワークを位置づけた［熊遠報　二〇〇二a、二〇〇二b、二〇〇三：第二章］。このように臼井氏、熊氏は宗族の活動が徽州という狭い地域にとどまらず、徽州人の遠隔地交易に対応して広域的な活動を見せる点に着眼している。また、熊氏は、徽州の多くの姓氏が黄墩を祖先の最初の移住地と主張する伝説（黄墩伝説）に分析を加え、それが、社会の流動化、商業化のなかで盛んになった宗族の拡大運動のなかで行われた、徽州への移入過程と祖先史の再構成を意味し、多くの宗族がルーツを共有することが社会内部の整合を促進する役割を果たしたとする［熊遠報　二〇〇四］。

上掲の研究の結果、徽州においても、論者によって分析の視点は異なるものの、明代半ば以降に宗族の組織とネットワークが形作られる状況は解明されつつあるといってよいが、意外に難しいのは、成立した宗族の関係がその後実際にどのような関係を持続的に保持し得たかどうかを検証することである。熊遠報氏の本書所収論文はこの問題にアプローチしている。宗族を考察するに際しては、様々な史料が用いられてきたが、宗族関係の史料の価値の客観性を判断するのは必ずしも容易くない。そこで、熊氏は徽州の光裕会という洪氏の宗族の分節組織に残された財務帳簿（『光裕会帳』）に着目した。この財務帳簿は嘉靖三十六年から康熙三年にかけての洪氏宗族の収支記録であり、宗族が実際にどのように活動していたのかを伝えるうえで貴重な事実を提供している。考察によって、光裕会の基金が、蓄積段階（嘉靖三十七年～隆慶六年）、財政安定期（万暦～明末）、収縮・萎縮期（明末崇禎時期～清初康熙三年）の三つの時期に分けられることが明らかにされ、それによって光裕会が嘉靖三十六年の成立以来、一〇八年間連続的に活動したことが確認された。たとえば、族譜の場合、数十年、百数十年の間隔を置いて、編纂されることが多いが、これを利用するに際して、しばしば陥りやすいのは族譜を定期的に編んでいることから、その間、日常的に宗族の活動が続けられたとみなしやすいことである。実際には、宗族の結合や勢力には強弱の波があり、一旦は解体してしまうことも珍しくない。熊氏の研究は一〇八年間という長期にわたって個別の宗族の活動が持続したことを検証した点でまず注目される。次に注目すべきは、百年を超えて継続的に活動を維持したものの、ついに康熙初めには光裕会の財政は行き詰まったことを明らかにしたことである。言い換えれば、一〇八年間しか活動を持続できなかったのである。宗族組織を維持することがいかに大変なことであるかは、宗族のモデルとされた蘇州の范氏義荘がしばしば族人の不正によって解体しかかった歴史からもよく知られる。宗族の不安定さにも目を向ける必要があることを示すものであろう。

宗族の結合の強化は国家の税役徴収制度のあり方にも影響を与えた。鈴木博之氏は片山剛氏の研究（前掲）を受けて、総戸が徽州でも見出されることを指摘した。徽州では、明末以降、祖先祭祀の組織化に伴って、従来、被葬者の祭祀に関わる子孫によって均等分割されるのが原則であった墓田（祭田）が一つの総戸名下に統合されるようになり、総戸は「帯管戸」として扱われた。総戸は公権力によって一つの納税団体として認可されたが、族人の所有権・処分権及び収租権を族産団体に統一し、族人には分益権のみに限定する意図ももっていた。それは同時に在地の村落共同体的な祭祀から離脱して、同族による組織化された祭祀が形成される過程でもあったとする［鈴木博之　一九八九］。また洪性鳩氏は、総戸は分戸を前提とする里甲制の原則に反するものであるが、にもかかわらず、総戸が国家により容認されたのは、解体しつつある里甲制体制下で、総戸を通すことで賦役の徴収が保障される役割を期待できたためであり、宗族内部では、総戸の公議を通して公平な徭役負担が保障できたとする［洪性鳩　二〇〇三］。里甲制の体制の動揺と総戸の登場が密接な関係にあることを示した力作である。本書所収の鈴木氏の論文は、洪性鳩氏の研究も踏まえ、里甲制が前提とする分戸の現実的なあり方を再検討するとともに、嘉靖年間に子戸を意味する「戸丁」の語が登場し、これが族産のための戸名が設置されるのと軌を一にし、宗族による役務の共同化に対応した黄冊編成上の対応策であったことを指摘した。

長江下流デルタと浙東山間部、徽州山間部とでは、一概に比較することは容易ではないものの、祠堂、族譜、族産などの装置を活用して分節的で大規模な宗族を編成していった後者の方が宗族の勢力としてはより発展したものと考えられる。中島楽章氏は、「宗族結合が比較的緩やかで、多様性に富む人間関係が展開していた江南」に対比して、「明代後期以降の社会変動とその再編のプロセスは、各地域の社会構造に応じて一様ではなく、徽州の事例は宗族組織が発達し地縁的結合が比較的強固であった、華中南の盆地地域における一つの代表例と見なすことができよう」という（［中島楽章　二〇〇二：二五七頁～二五八頁］）。徽州の側から見ても、江南に対して宗族が発達を遂げた地域として徽州が位置づけられることが感得されていることを確認しておきたい。

五　華南

長江流域から南下して、華南に入ると、宗族の発展は更に顕著であるとするのが先学の研究のおおむねの認識である。前掲牧野巽氏の認識の他、仁井田陞氏も次のように述べている。「近世支那、殊に広東の祭田（太公田）の面積は、莫大な数に上つているといふ。即ち広東省は特例ではあるが、同省の全耕地の三割はこの太公田であり、珠江のデルタ地帯の県では五割、中には六割までが太公田であると報告されている。広東に次いでは福建・浙江・江蘇にも義荘・祭田は少くなく、その割に少いのは北支であるといふ」［仁井田陞　一九四二：第二章第四節］。同氏は、福建・広東における同族村落間の械闘の激しさを考察し［仁井田陞　一九五二：第八章］、牧野巽氏は農村の強力な宗族結合を根拠として発展した都市の合族祠を論じた［牧野巽　一九四八、一九四九d、一九八五］。八〇年代に再開された宗族研究に大きな刺激を与えたフリードマン氏の研究も、福建・広東を対象としたものである。氏は、大規模なリニージ（宗族）が発展した原因として、稲作の高生産性という生態的・経済的要因とともに、東南中国の辺境性＝フロンティアとしての位置を掲げ、山賊、海賊などの活動が防衛の必要性を生み出し、地域リニージの発達を促したと考える［フリードマン　一九九一、一九九五］。これに対して、瀬川昌久氏は、［瀬川昌久　一九八二］以来、同姓村落に至る村の生成のあり方、中小リニージへの注目などから、フリードマン氏の研究を見直し、優れた研究成果を上げた。その成果は［瀬川昌久　一九九一、二〇〇四］に集約された。概念や宗族の形成・発展に関する両氏の見解が、宋代以降の宗族史研究に与えた影響は確認しておくべきである。

華南のうち、福建は宋代から宗族の編成が進んだ地域であり、宋代史の側から研究が進められつつあるが（遠藤隆俊氏の「総論——宋元の部」参照）、明代の宗族についてはあまり研究が行われてこなかった。しかし、最近、小島毅氏が思想史の側から注目している。氏は朱熹『家礼』の空間構造を再現する優れた成果を上げ、福建を対象として『家礼』が流布する状況を検証するとともに、明代嘉靖年間の福建では、父系の血縁関係にある者同士が、自分たちをある集団として自覚し、組織化を進めていたこと、血縁組織を宗法で律して秩序維持機能をもたせて「宗族」を編成し、在地社会の秩序の根幹としようとする構想が登場したことを指摘している〔小島毅　一九九四、一九九六：二章、七章〕。また、阮星雲氏は福州の宗族（義序黄氏）に分析を加えている。氏によれば、早期（明半ば頃まで）の黄氏は父系的な血縁原理や旧家の末裔意識によってゆるやかに統合されていたが、「非組織化」的な統合方式は一五世紀末期から変化を見せ始めた。最初の官僚による族譜編修が機能的な分節の組織化の重要な契機となり、その後一七世紀までの間に、族譜の継続的編修と下位分節の祠堂、宗祠の建設などの事業により、分節構造をもつ組織的な統合を進め、地域社会に対しても、リーダー的な存在感を示し始めた。氏は地域に根ざして宗族を統合していった黄氏のあり方から、近世宗族の特徴を「血縁原理と地縁原理によって成り立つもの」と表現している〔阮雲星　二〇〇三、二〇〇五：第一章〕。阮氏がとくに注意を払った、男系親族の組織化が従前の親族のあり方とどのような関係にあるのかという問題は、長江流域でも問題となったが、次に紹介する広東でも同様である。

八〇年代以来、清代を中心とする広東の宗族に関する研究は急速に進展した。片山剛氏は、広東珠江デルタの図甲（里甲）制を取り上げて、図甲制が同族組織による族人支配を基盤として施行されたことを主張した（前掲）。松田吉郎氏は、沙田開発と族産の形成、村落内裁判に対する族長・郷耆の関与、同族集団の防衛機能に注目し、また、科挙合格者や官僚を輩出した名族について、族譜編纂、祭祀、水利をめぐる族内の協力関係、総戸の登録を指摘する〔松田吉郎　一九八一、一九九一、二〇〇二〕。西川喜久子氏は郷紳と宗族との関係に注目し、郷官宦族と呼ばれるような大規模な名族を解析した他、科挙官僚制とは関わりをもたない宗族の存在、また郷官宦族と対峙する都市住民の動向などを多角的に分析しており、それらの一連の作業を通じて、清代における宗族の重要性を解明しつつある［西川喜久子　一九八三・八四、一九九〇、一九九四・九六、一九九八・一九九九・二〇〇〇］。こうした西川氏の作業は、宗族が上は科挙官僚制に接触をもつ宗族から下は無関係の宗族に至るまで広く浸透したことを示す点で貴重である。蔡志祥氏は、デルタ地帯のなかでも最も後発地であった香山県を取り上げ、同県への移住の経路、移民が形作った地域宗族がもつ血縁・地縁の関係、宗族間の競争などを分析している［蔡志祥　一九九四］。一連の研究によって、宗族が珠江デルタを中心とする広東社会において人々の生活と密接な関わりをもったことが明らかにされつつあるといえよう。これらの研究はともに清代の宗族が議論の中心であり、明代の宗族への言及は少ない。明代の広東宗族に関する研究がこれまで十分でなかったのは、史料の現存情況にも重要な原因がある。宗族研究で用いられるデルタに関する史料とくに族譜の大半は清代、民国期のものである。したがって、同時代史料による社会分析という歴史学の基本からすれば、こうした史料の制約により、清代以降が分析の対象とならざるをえない側面もある。

明代の同時代史料は清代に比べればはるかに少ないが、清代、民国時代に編纂された族譜や地方志のなかには、明代の碑文や各種の記録が収録され、また文集や地方史も少なからず残されている。井上はこうした史料を用いて、一連の研究を進めた。明代後半の広東は、多民族雑居と儒教の未普及により、中央から辺境とみなされた地域である。中央政府から派遣された魏校は民間信仰の拠点としての淫祠を破壊し、儒教的な文化装置（社学、書院）を設立した。それに対応して、商業化・都市化を背景として成長した広東の士大夫も儒教化の方向へと動き出した。官界との永続的関係を保つような名門の家系の樹立を究極の目的として男系親族を組織化するという宋代以来の宗法主義を掲げて、祠堂、族譜、族産を設置して宗族を形成する動きが一六世紀以降の珠江デルタで顕著になったが、これも、儒教化の受容の一環である［井上徹　一九八九、二〇〇〇ａ：第九章、二〇〇二ａ］。その際に問題となるのは、系譜である。漢族か非漢族かを証明できない珠江デルタの人々は、自分たちの祖先は中原から、梅嶺を越えて、広東北部の珠璣巷に移住し、その後、南下してデルタ地帯に再移住を果たしたとする珠璣巷伝説を作り上げることによって、漢族の名門の出身であることを内外に標榜した［井上徹　二〇〇四b］。また、広州出身の官僚霍韜の文集や顔俊彦『盟水斎存牘』を用いて、当時の宗族の活動を追跡し、宗子と族長が宗祠を中心として男系親族を統合するという古礼に近いシステムを築き上げていったことを論じた［井上徹　二〇〇四a、二〇〇五］。こうした検討により得られたのは、単純化して言えば、明代半ば以降、デルタ地帯では、宗族の普及が進捗したという、長江流域に共通する結果である。しかし、異なるのは意味あいである。辺境である広東にとって、宗法は漢族の文明の象徴である。当時、漢化が進行していた広東では、宗法による宗族形成は、漢族の文明の受容つまり漢化の一環をなすであろう。言い換えれば、漢族の文明を受容した証の一つが宗法を理想とする宗族形成であり、しかも注目されるのは、宋代に宗法主義が開始されてより、最も古礼に近い宗族の形態が辺境である広東に実現された点である。

　片山剛氏の本書所収論文は、清代の図甲制の基礎に宗族の存在を見出した従前の研究をもとに明代の宗族を論じたものであるが、本論の目的の一つは、「宋代以降、特に十六世紀以降の中国における宗族結合の目的を、珠江デルタのそれを含めて、科挙官僚を代々送り出していくことの一点に求める仮説」を提示した井上の見解を批判することにも置かれている。片山氏が取り上げるのは珠江デルタの一画を占める香山県の徐氏である。明代竈籍に登録された徐氏は明清時代を通じて挙人以上の科挙合格者を出しておらず、科挙よりも商業に力を注いでいることから、科挙合格者を出さず、また科挙合格者を出すことを志向していなかった。しかし、徐氏の三系統の系譜のうち、二系統では宗祠・族譜を備え、かつ三系統の間で宗族結合が生まれ、継続した。したがって、科挙合格者を出すための共通利害を軸に、あるいは科挙合格者の出現によって生まれる特権を軸に宗族が結合されていくという井上の仮説では、徐氏の宗族結合を説明できない。むしろ竈籍をめぐる付与−依存関係から説明する方が妥当だと主張する。氏が竈籍にとくに注目するのは、竈籍に限らず民籍も含めて、明初における里甲制参入が一個の価値ある財であり、戸籍取得が宗族形成の要因となったとする観点からである。それはまた明初以来、里甲制は宗族を基盤として編成されたのだという氏の所説につながるものといえよう。

筆者に対する氏の批判については誤解も含まれているように思われる。拙著（［二〇〇〇ａ］）への小島毅氏、寺田浩明氏、山田賢氏の書評（［小島毅　二〇〇二］、［寺田浩明　二〇〇二］、［山田賢　二〇〇二］）のなかで出された様々な問題点の指摘にお答えした中ですでに述べたように、確かに筆者は宋代以降における親族組織化（宗族形成）を理解するに際して、その目的を科挙官僚の輩出に求めたが、それは、宋代から清代に至るまで継承されてきた宗法主義において、一貫して宗族形成の目的は「世臣」の家系の樹立にあると述べられているからである。しかし、宗法主義の視点から、一六世紀以降の宗族形成の動因をすべて説明できるかというと、そうではない。理念の実現が希求された段階から普及の段階へと転換しつつあったこの時代にあっては、科挙官僚の輩出のみでなく、防衛、相互扶助の諸機能を備えるような集団への宗族の変質が想定されなくてはならないと考えている［井上徹　二〇〇二b、二〇〇二c、二〇〇四c］。珠江デルタについていえば、一六世紀以降、宋代以来の宗法主義の受容がこの地域でも確認されるところであり、かつ仏山という都市を中心とした考察で、特定の「官族」が継続的に官僚を輩出し、その他の「雑姓」とは区別されるような構造が成立したという結論を得た。しかし、従前の筆者の研究は宗法主義に依拠した時、宗族の性格や展開はどのような特徴を備えているのかというところに問題関心があり、普及の段階における様々な形成の要因や宗族の活動を実態的に捉えることは今後の課題とせざるをえない。したがって、筆者は上掲のように広東人の漢化にともなう上昇の戦略という観点から宗族を考察してきたが、片山氏が提示される戸籍の取得の必要性という観点も宗族普及の要件として十分考慮すべきだと認識している。

広東でも、族譜、祠堂、族産を基準として、宗族形成の状況を考察するならば、明代中期以降に親族の組織化が進展したと考えられる。その場合に、問題となるのは他の地域と同じく、当該の事業以前における親族のかたちがどのようなものであったのかである。この問題には、戸籍の登録と親族との関係、また漢族の移住・開発や辺境性と親族との関係の問題などが関わってくるであろう。さらに言えば、近代以降の強力な宗族というイメージが時代を超えて適用しうるものか、それとも広東の宗族にも時代の変質を認めるのかどうか、という大きな立場の違いが分析の視点に大きな影響を与えるであろう。

結　び

以上、現在に至る研究の紹介を通じて、宋代に新たに登場した宗族がどのように元明の時代に展開したのを見極めようとした。諸々の研究成果を通じて、祠堂（宗祠）の設立、族譜編纂、族産の設置など、宗法主義において親族組織化の重要な装置とされてきた事業の実施状況を見るならば、一六世紀以降、宗族は組織面においても地域的な展開においても大きく発展したことは確認しておいてよいであろう。では、なぜ宗族はこの時代に大きく発展したのか。この問題に関連する視角として、漢族の移住・開発にともなう防衛の必要、資源をめぐる競争、商業的、政治的成功を収めるための戦略、戸籍の獲得など、現在までに様々な要因が絡んでいることが指摘されている。これらの視点はそれぞれの地域研究から導き出されたものであり、対象とする地域によって形成・発展の状況はおのずと異なってくるであろう。岸本美緒氏は明末に叢生する諸集団について、次のような興味深い意見を述べている。宗族・村落・ギルドなどの社会団体は、往々にして、社会的流動性の高さ、競争の激しさと生活の不安定さによって特色づけられる地域においてこそ強力な結束と活発な活動を示す。例えば、他郷から大都市に集まってきた商工業者、海外華僑、辺境の新開地に住む開拓民、といった人々の間では、同郷団体や血縁団体が積極的に形成されるが、それは、そうした地域でこそ、様々な縁をたどっての強い相互扶助関係の形成が特に痛切に必要とされるからである。しかし、こうした地域での流動性の高さは、同時にこれらの団体の不安定さの要因ともなりうる。宗族などの社会団体のあり方が地域によって多様な特徴を示すのは、宗族の形成といった現象が、複合的要因に基づく微妙な選択の所産であるからだともいえよう。ともあれ、郷紳勢力や宗族などの社会団体の力がいかに強力にみえようとも、その背後に見出されるのは、殻のように閉鎖的な自治団体の集合によって構成される社会ではなく、むしろバラバラの個人が活発に交渉し競争する流動的な社会なのだ、と〔岸本　一九九〇、一九九九：第二章〕。一六世以降に新たに登場した流動性に富む社会のなかで人々が生存と勝利をかけて競争する状況が宗族の普遍化にとって大きな背景をなすことはほぼ同意されるところであろう。そのうえで、地域ごとにどのような宗族の展開がみられたのか、また地域や国家との関係はどのようなものであったのか、これまでに提示されてきた上掲の諸要因を複合的に理解しながら、解明していくことが今後、宗族研究を進展させるうえで必要であろう。

注

（1）　臼井氏は最近、著書〔臼井佐知子　二〇〇五〕を刊行された。同書には、本論で紹介した二篇の論文〔臼井佐知子　一九九一、一九九三〕及び本書所収論文を、加筆訂正のうえ収録されているが、十分検討する余裕がなかったため、紹介できなかった。ご寛恕いただければ幸いである。

文献目録

吾妻重二　一九九九「『家礼』の刊刻と版本――『性理大全』まで」『関西大学文学部論集』第四八巻第三号（改稿のうえ、〔吾妻重二　二〇〇三〕に収録）

――――　二〇〇一「宋代の家廟と祖先祭祀」『中国の礼制と礼学』朋友書店（改稿のうえ、〔吾妻重二　二〇〇三〕に収録）

―――　二〇〇三『朱熹『家礼』の版本と思想に関する実証的研究』（平成十二年度～十四年度科学研究費補助金・基盤研究(c)(2)・研究成果報告書』研究代表者・吾妻重二）

井上　徹

一九八七「宋代以降における宗族の特質の再検討――仁井田陞の同族『共同体』論をめぐって――」『名古屋大学東洋史研究報告』一二（「井上徹　二〇〇〇ａ」に再録）

―――　一九八九「宗族の形成とその構造――明清時代の珠江デルタを対象として――」（「井上徹　二〇〇〇ａ」に再録）

―――　一九九二「元末明初における宗族形成の風潮」『文経論叢』〈弘前大・人文〉二七―三（「井上徹　二〇〇〇ａ」に再録）

―――　一九九三「宗族形成の動因について――元末明初の浙東・浙西を対象として――」『和田博徳教授古稀記念・明清時代の法と社会』汲古書院（「井上徹　二〇〇〇ａ」に再録）

―――　一九九四ａ「宗族形成の再開――明代中期以降の蘇州地方を対象として――」『名古屋大学東洋史研究報告』一八（「井上徹　二〇〇〇ａ」に再録）

―――　一九九四ｂ「夏言の提案――明代嘉靖年間における家廟制度改革――」『〈平成四・五年度科研費補助金総合研究（A）研究成果報告書〉中国における歴史認識と歴史意識の展開についての総合的研究』東北大学文学部（一九九七年、改稿のうえ、『文経論叢』第三二巻第三号に掲載）（「井上徹　二〇〇〇ａ」に再録）

―――　一九九五「祖先祭祀と家廟――明朝の対応――」『文経論叢』第三〇巻第三号（「井上徹　二〇〇〇ａ」に再録）

―――　一九九八「宗族普及の一側面――江蘇洞庭東山を対象として――」『中国―社会と文化』第一三号（「井上徹　二〇〇〇」に再録）

―――　二〇〇〇ａ『中国の宗族と国家の礼制――宗法主義の視点からの分析――』研文出版

―――　二〇〇〇ｂ「中国の近世譜」『歴史学研究』七四三（二〇〇二年、『〈シリーズ歴史学の現在〉系図が語る世界史』青木書店、に再録）

―――　二〇〇二ａ「魏校の淫祠破壊令――広東における民間信仰と儒教」『東方宗教』第九九号

――――　二〇〇二b「小島毅氏の批判に答える――拙著『中国の宗族と国家の礼制』の書評を読んで――」『歴史学研究』七五八
――――　二〇〇二c「寺田浩明氏の疑問と提案に答える――拙著『中国の宗族と国家の礼制』の書評を読んで――」『集刊東洋学』第八七号
――――　二〇〇四a「霍韜による宗法システムの構築――商業化・都市化・儒教化の潮流と宗族――」『都市文化研究』（大阪市立大学文学研究科）第三号
――――　二〇〇四b「珠璣巷伝説の成立と霍氏」『アジア遊学』第六七号
――――　二〇〇四c「山田賢氏の疑問に答える――拙著『中国の宗族と国家の礼制』の書評を読んで――」『名古屋大学東洋史研究報告』第二八号
――――　二〇〇五「明末広州の宗族――顔俊彦『盟水斎存牘』に見る実像――」『東アジア近世都市における社会的結合―諸身分・諸階層の存在形態』清文堂出版
臼井佐知子　一九九一「徽州商人とそのネットワーク」『中国―社会と文化』第六号
――――　一九九三「徽州汪氏の移動と商業活動」『中国―社会と文化』第八号
――――　二〇〇五『徽州商人の研究』汲古書院
上田　信　一九八三「地域の履歴――浙江省奉化県忠義郷――」『社会経済史学』第四九巻第二号
――――　一九八四「地域と宗族――浙江省山間部――」『東洋文化研究所紀要』第九四冊
――――　一九八九「中国の地域社会と宗族――14－19世紀の中国東南部の事例――」『〈シリーズ世界史への問い四〉社会的結合』岩波書店
――――　一九九五『伝統中国――〈盆地〉〈宗族〉にみる明清時代』講談社
遠藤隆俊　一九九〇「宋末元初の范氏について――江南士人層の一類型――」『歴史』第七四輯
――――　一九九三「清代蘇州の歳寒堂――宗祠の一事例――」『集刊東洋学』六九

—— 一九九五「范文程とその時代——清初遼東漢人官僚の一生——」『東洋史論集』（東北大学）第六輯
—— 一九九六「作為された系譜」『集刊東洋学』第七五号
片山　剛 一九八二a「清末広東省珠江デルタの図甲表とそれをめぐる諸問題」『史学雑誌』第九一編第三号
—— 一九八二b「清代広東省珠江デルタの図甲制について」『東洋学報』第六三巻第三・四号
岸本美緒 一九八七「明末清初の地方社会と『世論』——松江府を中心とする素描——」『歴史学研究』五七三（［岸本美緒　一九九九］に再録）
—— 一九九〇「明清時代の郷紳」『〈シリーズ世界史への問い七〉権威と権力』岩波書店（［岸本美緒　一九九九］に再録）
—— 一九九三「中国中世における民衆と学問」『〈中世史講座八〉中世の宗教と学問』学生社（［岸本美緒　一九九九］に再録）
—— 一九九五「清朝とユーラシア」歴史学研究会編『講座世界史二　近代世界への道——変容と摩擦』東京大学出版会
—— 一九九八『〈世界史リブレット一三〉東アジアの「近世」』山川出版社
—— 一九九九『明清交替と江南社会』東京大学出版会
阮　雲星 二〇〇三「福州義序宗族の形成に関する歴史人類学的一考察」『中国福建省福州及び泉州と沖縄の文化・社会の比較研究』平成十二～十四年度文部科学省科学研究費補助金・基盤研究（b）（海外）研究成果報告書、研究代表者・小熊誠（沖縄国際総合文化学部）
—— 二〇〇五『中国の宗族と政治社会』創文社
小島　毅 一九九四「張岳の陽明学批判」『東洋史研究』第五三巻第一号（［小島毅　一九九六］に再録）
—— 一九九六『中国近世における礼の言説』東京大学出版会
—— 二〇〇一「井上徹著『中国の宗族と国家の礼制』書評」『歴史学研究』七四九号

小林義廣　一九九〇「宋代における宗族と郷村社会の秩序——累世同居を手がかりに——」『東海大学紀要文学部』第五二輯
洪　性鳩　二〇〇三「明末清初の徽州における宗族と徭役分担公議」『東洋史研究』第六一巻第四号
近藤秀樹　一九六三「范氏義荘の変遷」『東洋史研究』第二一巻第四号
蔡　志祥　一九九四「華南地域社会論——定住権を中心として——」『アジアから考える［三］周縁からの歴史』東京大学出版会
坂本　晶　一九九六「明代中期蘇州商人のネットワークの一考察——呉寛の家系の復元を中心に——」『待兼山論叢〈史学篇〉』第三〇号
佐竹靖彦　一九七三「唐宋変革期における江南東西路の土地所有と土地政策——義門の成長を手がかりに——」『東洋史研究』第三一編第四号（［佐竹靖彦　一九九〇］に再録）
——　一九九〇『唐宋変革の地域的研究』同朋舎
清水盛光　一九四二『支那家族の構造』岩波書店
鈴木博之　一九八九「明代徽州府の族産と戸名」『東洋学報』第七一巻第一・二号
——　一九九四「明代における宗祠の形成」『集刊東洋学』七一
——　一九九七「徽州の村落と祠堂——明清時代の婺源県を中心として」『集刊東洋学』七七
佐々木愛　一九九八「毛奇齢の『朱子家礼』批判——特に宗法を中心として」『上智史学』第四三号
——　二〇〇〇「張載・程頤の宗法論について」『史林』第八三巻第五号
瀬川昌久　一九八二「村のかたち：華南村落の特色」『民族学研究』四七‐一
——　一九九一『中国人の村落と宗族——香港新界農村の社会人類学的研究』弘文堂
——　二〇〇四『中国社会の人類学——親族・家族からの展望』世界思想社
田仲一成　二〇〇〇『明清の戯曲——江南宗族社会の表象』創文社

檀上　寛　一九八二a　「義門鄭氏と元末の社会」『東洋学報』第六三巻第三・四号（「檀上寛　一九九五」に再録）
――　一九八二b　「元・明交替の理念と現実――義門鄭氏を手掛かりとして――」『史林』第六五巻第二号（「檀上寛　一九九五」に再録）
――　一九八三　「『鄭氏規範』の世界――明朝権力と富民層――」『明清時代の政治と社会』京都大学人文科学研究所（「檀上寛　一九九五」に再録）
――　一九九五　『明朝専制支配の史的構造』汲古書院
寺田浩明　二〇〇一　「井上徹著『中国の宗族と国家の礼制』書評」『集刊東洋学』第八五号
中谷　剛　一九九四　「崇明県施氏の履歴――その発展と統合――」『東アジア世界史の展開――青山学院大学東洋史論集――』汲古書院
中島楽章　一九九五a　「徽州の地域名望家と明代の老人制」『東方学』九〇輯（「中島楽章　二〇〇二」に再録）
――　一九九五b　「明代前半期、里甲制下の紛争処理――徽州文書を史料として」『東洋学報』第七六巻三・四号（「中島楽章　二〇〇二」に再録）
――　一九九六　「明代徽州の一宗族をめぐる紛争と同族統合」『社会経済史学』第六二巻第四号（「中島楽章　二〇〇二」に再録）
――　一九九八　「明代後期、徽州郷村社会の紛争処理」『史学雑誌』第一〇七篇九号（「中島楽章　二〇〇二」に再録）
――　二〇〇二　『明代郷村の紛争と秩序――徽州文書を史料として――』汲古書院
仁井田陞　一九四二　『支那身分法史』東方文化学院（「仁井田陞　一九八三」として再刊）
――　一九五二　『中国の農村家族』東京大学出版会
――　一九八三　『中国身分法史』東京大学出版会
西川喜久子　一九八三・八四　「『順徳北門羅氏族譜』考（上・下）」『北陸史学』第三二・三三号
――　一九九〇　「珠江三角州の地域社会と宗族・郷紳――南海県九江郷のばあい――」『北陸大学紀要』第一四号

―――　一九九四・九六「珠江デルタの地域社会――新会県のばあい――（正・続）」『東洋文化研究所紀要』第一二四・一三〇冊
―――　一九九八・一九九九・二〇〇〇「清代珠江デルタの地域社会　香山県のばあい（上）（中）（下）」『北陸大学紀要』第二二・二三・二四号
濱島敦俊　一九八二『明代江南農村社会の研究』東京大学出版会
フリードマン、M　一九九一『東南中国の宗族組織』（末成道男・西澤治彦・小熊誠共訳）弘文堂
―――　一九九五『中国の宗族と社会』（田村克己・瀬川昌久共訳）弘文堂
牧野　巽　一九四一・四二「近世中国の宗族」『東洋文化』二〇〇号～二〇八号（［牧野巽　一九四九a］に再録）
―――　一九四八「広東の合族祠と合族譜（二）」仁井田陞編『近代中国研究』好学社（［牧野巽　一九八五］に再録）
―――　一九四九a『支那家族研究』生活社（［牧野巽　一九七九］［牧野巽　一九八〇a］として再刊）
―――　一九四九b『近世中国宗族研究』日光書院（［牧野巽　一九八〇b］として再刊）
―――　一九四九c「司馬氏書儀の大家族主義と文公家礼の宗法主義」［牧野巽　一九四九b］に収録（［牧野巽　一九八〇b］に再録）
―――　一九四九d「広東の合族祠と合族譜（一）」『オリエンタリカ』第二号（［牧野巽　一九八五］に再録）
―――　一九七九『牧野巽著作集第一巻・中国家族研究（上）』御茶の水書房
―――　一九八〇a『牧野巽著作集第二巻・中国家族研究（下）』御茶の水書房
―――　一九八〇b『牧野巽著作集第三巻・近世中国宗族研究』御茶の水書房
―――　一九八五『牧野巽著作集第六巻・中国社会史の諸問題』御茶の水書房
増田知之　二〇〇三「明代における法帖の刊行と蘇州文氏一族」『東洋史研究』第六二巻第一号
水口拓寿　二〇〇〇「『大家族主義』対『宗法主義』?――牧野巽氏の中国親族組織論を承けて――」『中国哲学研究』第一四号

松田吉郎　一九八一「明末清初広東珠江デルタの沙田開発と郷紳支配の形成過程」『社会経済史学』第四六巻第六号（『松田吉郎　二〇〇二』に再録）
――　一九九一「広東省南海県沙頭堡の盧氏」『兵庫教育大学研究紀要』第一一巻第二分冊（『松田吉郎　二〇〇二』に再録）
――　二〇〇二『明清時代華南地域史研究』汲古書院
森田憲司　一九七八「宋元時代における修譜」『東洋史研究』第三七巻第四号
山田　賢　二〇〇二「井上徹著『中国の宗族と国家の礼制』書評」『名古屋大学東洋史研究報告』二六
熊　遠報　二〇〇二a「徽州の宗族について――婺源県慶源村詹氏を中心にして――」『明代史研究』第三〇号（『熊遠報　二〇〇三』に再録）
――　二〇〇二b「聯宗統譜と祖先史の再構成――明清時代、徽州地域の宗族の展開と拡大を中心として――」『中国―社会と文化』第一七号（『熊遠報　二〇〇三』に再録）
――　二〇〇三『清代徽州地域社会史研究――境界・集団・ネットワークと社会秩序――』汲古書院
――　二〇〇四「黄墩伝説と徽州地域における祖先史の再構成」『アジア遊学』第六七号

「宋―明宗族の研究」総括コメント

岸本美緒

井上徹は、その著書『中国の宗族と国家の礼制』の序章において、日本の中国宗族研究史の流れを概観し、敗戦までの第一期、戦後から一九七〇年代までの第二期、一九八〇年代以降の第三期、に分けてその特徴を論じている(1)。現在はおそらく、「それぞれが選択した個別テーマと宗族との関係を、特定の地域社会に焦点を絞って分析する(2)」第三期の波がその高潮期を過ぎ、この時期に蓄積された大量の研究を前にして、その適切な総括を行うとともに新たな研究の方向性を探る時期に来ているといえるのだろう。「宋―明宗族の研究」を巡る二〇〇三年のシンポジウムと本書の企画の目指すところは、そのような総括と新方向の模索という点にあると私は理解している。そのためには、着実かつ新味ある実証研究を以て新たな方向性を提示する（本書で多くの執筆者が試みられているように）と同時に、各参加者がやや長期的な視野から中国宗族研究の来し方行く末を展望し、現在の研究の位置づけを行うことも望まれよう。私は明・清時代の社会経済史を専門として物価変動や社会変動の研究を行ってきたが、宗族については専門ではなく、従来の研究についての知識も限られたものである。従って、本書に収録された充実した諸研究に対し総括的なコメントを行うにははなはだ力不足で不適任ではあるが、二〇〇三年のシンポジウムの司会をお引き受けして多くの興味深い報告から学ばせていただいたという機縁もあり、「宋―明宗族の研究」について若干の素人としての感想を述べ、コメントの責を塞ぐこととしたい。私個人の観点に引き付けすぎた偏ったコメントとなるかもしれないが、お許しいただければ幸いである。この二十数年来の宗族研究の動向についての詳細かつ網羅的な整理は、遠藤隆俊・井上徹両氏の「総論」をごらんいただきたい。

一九八〇年代以降のいわゆる「第三期」——どのように名づけるかは別として、一九八〇年前後に日本の中国宗族研究の一つの画期があることは、多くの研究者が認めるところであろう——は、井上徹の述べるように、各地域の特質に根ざした多様なアプローチを特色としており、その動向を一言で集約的に表現することは難しい。しかし敢えてその方法的特徴を抽出するならば、特に明清史研究の分野に色濃く見られた傾向として、「社会的安定・上昇戦略としての宗族形成」とでもいうべき宗族観を指摘することができよう。このような観点は第一期、第二期の研究のなかにもむろん存在したし、特にM・フリードマンなど海外の文化人類学者の研究には当初より明確に見られたものである。しかし八〇年前後の日本の中国史学界ではフリードマンはあまり知られておらず、上田信の研究を通じて初めてフリードマンを知った人も多かったのではなかろうか。

個々人の選択に基づく戦略としての宗族形成に着目する観点は、当時の明清史研究全体の動向の変化、なかんずく社会の「構造」に対する考え方の変化と結びついていたといえよう。第二期を特色づける社会構造論が、普遍的な発展段階——それぞれの地域に特有の個性はあるにしても——のなかに位置づけられた「階級構造」ないしそれと密接に組み合わさった「共同体論」としての社会構造論であったとすれば、そうした発展段階的な観点は、一九八〇年前後を境に急速に退潮していった。上田信は一九八三年の『史学雑誌』の「回顧と展望」号のなかで、新しい「構造的把握」とは、「現代を相対化し批判する視座・方法を探る」という歴史学の課題を果たすために、「対象となる社会・文化そのものに価値を認め、それに固有な内的世界＝構造を解明する」(3)ことである、と述べている。宗族についても、発展段階と結びついた「共同体」の諸類型との関係で位置づけるのではなく、当時の人々の意図と動機——なぜ彼らは宗族を形成したのか——に関心が集中していったのである。そこには、普遍的な発展法則ではなく中国「固有」の社会のかたちを探ろうとする姿勢があると同時に、それを外部から見た類型論ではなくその世界に生きる人々の意識に即して「内的」に理解しようとする志向があった。こうした観点は、今日では当然のことと見なされるかもしれないが、一九八〇年代においては、清新な魅力をもっていたと思う。

今日の観点から振り返って、このような「戦略としての宗族形成」論は、どのような成果をもたらしただろうか。

第一に、宗族の形成過程を具体的な地域社会の課題のなかで説得的に解明する、数多くの事例研究が蓄積されたことが挙げられよう。井上のいう「各地域の特質に根ざした多様なアプローチ」が試みられたのは、「戦略としての宗族形成」論の展開と表裏一体をなすものだった。というのも、それぞれの地域のもつ特質と課題に即してどのように宗族が形成されていくのか、その過程が関心の中心となったからである。開発や移住、環境といった問題を含め、宗族を生み出す地域社会の状況が、それ以前と比較して格段に生き生きとした姿で描かれるようになったことは疑いない。七〇年代以前の明清社会経済史研究の中心であった江南に代わって、浙江山間部、四川、広東、広西など、新開地における社会経済の動態の解明が宗族研究に相伴って進展したことも、八〇年代以降の特色である。むしろ新開地であればこそ、宗族の形成過程を発生の時点から仔細に観察できるという点で、その「実験場」(4)的な意義が重視されたともいえる。

そうした蓄積を踏まえて、本論文集にも、江西（青木敦論文）、河北・河南（小林義廣論文）、明州（蔡罕論文）、徽州（中島楽章論文、臼井佐知子論文、田仲一成論文、鈴木博之論文、熊遠報論文）、広東（片山剛論文）など、多様な地域に関する研究が収録されているが、特に明代について徽州関係の論文が多いのは、この十数年来急速に進展しつつある徽州文書の整理・研究の産物であるといえよう。

第二に、宗族のみを孤立して取り上げるのでなく、宗族を含め、郷紳、官府、宗教結社、無頼集団など、様々な集団や権威の競合する地域社会を分析するという方向性が追求されたことである。宗族を形成する人々の意図と動機に着目するアプローチは、必然的に、彼らにとっての他の選択肢をも考察の範囲に含まざるを得ない。問題は、宗族そのものではなく、中国における社会秩序の作られ方一般であるということもできるのである。そのなかで、宗族集団と反体制的な諸集団とを単に対立的に捉えるのでなく、相互扶助を求める人々にとってこれらの集団が機能的な同質性をもっていたことを強調する論点も広く受容されていった。その射程は、キリスト教や農民協会など、近現代の政治・社会変動のなかでの集団の役割に関する議論にも連続的に連なってゆくものであった(5)。

本論文集では、「宗族」がテーマとなっているために、宗族以外の諸集団を射程に入れた論考は少ないが、平田茂樹論文は、宋代元祐年間の朋党を扱ったものである。いずれにせよ、八〇年代以来の宗族研究——特に明・清時代の——が他の諸社会集団の研究と密接に結びつきつつ行われてきたことに留意すべきである。

第三に、聯宗通譜(6)などに典型的に見られる宗族の拡大過程に関する研究に伴って、族譜など宗族研究の史料の編纂過程が明らかにされ、その虚構性も含めて史料に対する認識が深まったことである(7)。これは単に史料批判が厳密になったというのみではなく、族譜というものがいかにつくられるのか、ということ——宗族観念の構築的性格——自体が興味深い研究対象として発見されたことを意味する。族譜に含まれる虚構性もまた、中国の宗族の特質を表現するものなのである。これも、「人々はなぜ、どのように宗族を形成するのか」という問題関心から引き出されてきた貴重な成果といえよう。

本論文集では、片山剛論文が、族譜をめぐる虚構性に焦点をあて、また臼井佐知子論文が「拡大系統化型」族譜の編纂過程を対象とした研究を行っている。

「戦略としての宗族形成」論の成果と思われるものを以上三点にわたって概論したが、この観点は、今日多くの宗族研究者にとって、ある程度当然の前提となっているともいえるだろう。今後、「戦略としての宗族形成」論の枠内で、さらに多くの興味深い事例研究を積み重ねてゆくこともできるであろうし、また戦略的目的として何が重要であったのか――科挙合格者の輩出か或いはその他の目的かなど――といった論争も可能だろう。ただし、この議論枠組そのものが、必ずしも一枚岩のものでなく、それ自身をのりこえてゆくような発展の芽をもっているともいえよう。本シンポジウムでは、従来の「戦略としての宗族形成」論の枠には必ずしもおさまらない、異なる観点や新しい動きも知ることができたと思う。すべてを網羅的に論ずることはできないが、以下、若干の感想を述べてみたい。

第一に、佐々木愛論文に明示的に述べられている点であるが、「戦略としての宗族形成」論が宗族における「結合」の側面にのみ重点を置きすぎてきたのではないか、という問題である。近年の宗族研究は、宗族における結集＝相互扶助の契機にもっぱら関心を集中する傾向があり、宗族内部の差等的秩序付けにはあまり関心が払われてこなかった。しかし宗法とは、共同性のみならず、差等的秩序づけの理論でもある。親疎や尊卑によって厳密に（少なくとも理念的には）差等づけられた共同性こそが宗法の理念であるといえよう。共同性と差等性はここで表裏をなしているのである。もし結集＝相互扶助の契機にもっぱら着目するなら、結集の範囲は無限に拡大し、同姓間の聯宗通譜はもとより、異姓間の結集も奨励されてしかるべきである。明清時代の宗族をめぐる言説のなかには確かに、王学左派の羅汝芳が宗法について質問されて「四海九州の千人万人はすべて、その心性は渾然としてただ一つの天命であり、離そうとしても離れず分かとうとしても分かたれないこと、あたかも木の多くの枝葉が一本の幹に貫かれ、水の多くの流派が一つの源から出るようなもので、それは人家の宗法とまさに同じ定め、同じ意味なのだ」(9)と答えたように、無限に広がる共同性の原像・原点として宗法を捉える主張も存在する。しかし一方、同時代の少なからぬ学者が行ったように、聯宗通譜を批判してそうした無限定な共同性の広がりに歯止めをかけ、さらにその内部を親疎や尊卑の差等によって厳格に秩序づけようとするのもまた、宗法の理念であったのである。同じ「宗法」のなかに緊張関係をはらみつつ含まれるこの二つの契機をどのように考えるか、は、社会史・思想史など多様な分野にわたる宗族研究者を結集したこのシンポジウムにふさわしい課題であったといえよう。

第二に、上記の問題は、宗族をとりまく社会秩序全体をどのように構想するか、という、より大きな課題とも密接に結びついている。宗族というものが、個人の自由な行動を束縛する古い共同体ではなく、むしろ流動的な社会状況のなかで結成されるヴォランタリーな結社としての性格をもつことを、近年の研究は強調してきた。しかし一方で宗族のなかには、結社一般に解消しきれない特有の秩序理念があることはいうまでもない。古典をふまえた学者の宗法論議はもとより、一般の宗譜をみても、そこには尊卑長幼に対する鋭敏な感覚が日常的なものとして存在する。それは、整然とした上下的ヒエラルキーの形象を伴うものであり、他地域の研究者からみて、中国社会が尊卑長幼の上下的規範につらぬかれた「ヒエラルキー的」社会に見えることも故なしとしない(10)。

宗族をとりまく社会秩序を考えるうえで表裏一体をなすこの二つの側面――一方で、宗族形成の背景をなす社会の「自由」さと流動性及び宗族集団のヴォランタリーな性格、他方で宗族のもつ強烈な差等的秩序づけへの志向とそれを原像とするヒエラルキー的な社会像――この両者は、中国研究者にはある程度自明のものとして感覚的にはわかっているものかもしれないが、それを整合的な全体像として表現しようとすることは案外難しいように思われる。

このことは、「戦略としての宗族形成」論がもつ、基本的に功利主義的な説明方法の問題とも関わる。「戦略としての宗族形成」論は、社会の基底的構造としてアプリオリに共同体の存在を想定するのでなく、むしろ社会的な安定と上昇をめざして功利的に選択する個人を想定し、それを基点に様々な集団形成を説明しようとする傾向をもっていた。それは、論者が意識すると否とを問わず、社会科学方法論におけるある種の立場の選択であったともいえる。その選択が正しかったのかどうかは、常に自省してみるべき問題である。

ここで想定されている「個人」とは、正確にいえばどのような存在なのか。あらゆる社会の普遍的な基礎をなす「合理的」な個人が想定されているのか。それとも、「中国的」な血縁感覚と社会的行動様式を身に着けた個人が想定されているのか。或いは「中国的」といった一般化は成り立たず、地域的にそれぞれ異なる慣習をもった「福建人」

や「江西人」を考えるべきなのか。そもそも、中国の前近代において「個人」を説明の基礎として想定してよいのだろうか。功利主義的な説明方法は、既成の固定化した社会イメージを打破するためには有用な武器であるといえようが、それを本格的に厳密に用いようとすると、様々な難題を我々につきつけてくるのである。

第三に、「戦略としての宗族形成」論が暗黙のうちに捨象してきた問題として、「集団形成を行わない場合」の実証的な事例研究がある。青木敦論文では、この問題を正面から取り上げている。結論としては宗族形成を行わなかった楽氏が様々な社会的不利益を被ったことを述べているので、「戦略としての宗族形成」論を裏から論証したものといえるかも知れないが、いずれにせよ、「社会的安定・上昇にとって宗族（ないしその他の集団）形成は本当に必須なのか」という問いを明示的に提起したのである。

宗族の形成と維持には相当の費用と労力がかかり、また自分は宗族の事業に何も協力せず利益だけを受けようとするフリーライダーも必ずいるであろうことを考えれば、あえて宗族形成の努力を行わないという功利的な選択があってもよいはずである。このことは、「戦略としての宗族形成」を考える際には、宗族形成のメリットのみならず、デメリットやコストをも勘案すべきことを意味する。上記の功利主義的なアプローチをより徹底すれば、ゲーム理論的な方法を用いて宗族という「制度」の形成を説明することも可能かもしれない。そのような思考実験の意義は少なくないだろう。同時にそれは、功利主義的なアプローチの限界を我々に示してくれることになるかも知れない。

第四に、葬送や墓地など、宗族に関わる儀礼・施設の具体的な分析である。本論文集においては、中純夫論文が明清の火葬問題を、中島楽章論文が墓地問題を扱い、また蔡罕論文では寧波市に現存する史氏の墓群についての調査報告が行われている。「戦略としての宗族形成」論においては、関心の焦点となるのは人間結合のあり方そのものであって、儀礼や施設はその道具としての付随的な位置づけにとどまっていた。しかし、儀礼や施設は、宗族を結びつける共同性（ないし差等性）の可視化された表徴であり、それらを具体的に理解することの重要性に、改めて気づかされる。

それは一面では、宗族を論ずる場合に、単純な功利主義的なアプローチではなく、祖先及び一族に対する生理的・身体的ともいえる共同感覚を重視すべきである、という議論につながる。しかし他面では、中論文に述べられるように、そうした儒教的な共同感覚のディスコースもまた絶対化はできないこと、地域により時期により、そのような感覚も濃淡があること、に注意しなければならないのである。

第五に、今回のシンポジウムのひとつの眼目であった、宋から明にかけての長期的な見通しが、本論文集のなかでどのように論じられているかを見てみよう。長期的な時代区分に言及する論文としては、まず須江隆論文がある。須江論文は長江下流域及び福建の祠廟と地域社会の関係を検討し、「祠廟を核としてまとまりあった『地域社会』が、そこを拠点とする有力な一族によって形成乃至は再編されるという現象」が北宋末期以降に顕在化すること、及びこうした動きに呼応するかのように、宋王朝が祠廟を中央の統制化におくことによって「地域社会」をコントロールしたことを指摘する。こうした動きは明末に至っても継続しており、「地域社会」の構造という点からみるならば、「唐宋変革」よりもむしろ、北宋末期に大きな変革期を見出すべきである、と著者は述べる。

一方、宋元明移行期における東南地域山間部の墓地問題を検討した中島楽章論文では、この地域における宗族の時代的な動向が大略以下のようにまとめられている。南宋から元代の同地域では、人口増加と開発の進展及び商業の発達など、宗族形成を促進する要因に加えて国家の統制もゆるかったため、宗族形成の進展が見られた。明初には、人口減や商業の衰退といった事情に加えて明朝による基層社会統制のため、宗族形成は抑制されたが、一六世紀以後には、宋元時代を上回る規模で再び宗族形成が活発化してゆく。墓地での祖先祭祀を通じて結集した宋元型宗族に比較して、祠堂祭祀を中心とする明清型宗族ははるかに大規模で組織化され、強固な経済基盤をもち、儒教的な礼制やモラルを制度的に組み込んでいたが、地域による差異もあり、その転換は一律ではなかった。

明初における宗族の動向の捉え方は、宗族の発展を北宋末期以来明清に至る持続的な流れとして見るか（須江）、社会経済状況の局面変化に対応する波動的な相のもとに見るか（中島）という観点の相違によって、やや異なるようであるが、実証的な分析に基づき、宗族形成の長期的なパターンが提示された意義は大きいであろう。今後、それぞれの地域に即した分析を通じて、宗族形成の長期的動向に関する議論が豊富化してゆくことが期待される。

以上、本シンポジウム及び本論文集に見られるいくつかの特徴的論点を取り上げて、感想を述べてきた。シンポジウムでは、「現在、宗族を取り上げる意味はどこにあるのか」という質問も出たと記憶するが、私自身は概略次のように考えている。社会学者の厚東洋輔によれば、大規模社会を形象化する際に往々にして小社会の鳥瞰図がイメージの原点をなすモデルとして用いられるという。[11] 都市をモデルとする「市民社会」、郷土をモデルとする「くに」などがそれである。中国の場合、そのような社会イメージの原点をなすものは何かといえば、それは「家」であると私は考える。ここでいう「家」は、必ずしも同居共財のいわゆる「家族」をさすのではなく、自己を中心として血縁的（或いは擬似血縁的）共同感覚を媒介に広がってゆく社会圏、とでも言い表すことができよう。西洋の社会を特色づける「団体格局」に対比して、中国の社会を「差序格局」即ち、自己を中心に「水紋のように」広がりつつ柔軟に伸縮する社会圏の重なりあいとしてとらえた費孝通のエッセイ[12]は、小文ながら強い印象を読者に与えるが、そこでそうした社会圏の原像とされているのも「家」なのである。小島毅論文で触れられているように、中国語の「家」はもともと「宗族」と区別される概念ではなく、「宗族」をも含みこむ伸縮自在の概念である。共同性と差等性とが表裏一体をなす秩序の原点としての「家」。それは、中国社会を彩る様々な社会集団のひとつであると同時に、その原像としての意味をも持つ。もし我々が中国の社会のかたちをある整合的なイメージとして思い浮かべようとするなら、「家」をぬきにそれが可能であるかどうかは、甚だ疑問である。そしてさらに「家」とは何かという問題自体が、決して自明のものではなく、様々な答え方が可能な問いであるということもできる。

私自身は、中国の「家」（宗族をも含む）の実態のみならず、その社会メタファーとしての側面にも留意しつつ、これを中国の社会秩序を考える際の手がかりとしたいと考えている。宗族が中国の多様な集団形成を総合的に考える際の最大の研究対象の一つであり、宗族研究が村落やギルドと並んで中国集団論の原点ともいうべき重要な一翼を担ったとすれば、結合の契機のみならず差等化の契機についても同様のことがいえるであろう。即ち、中国社会を特色づけるいわば「身分感覚」の原点としての家と宗族を考えることができるだろう。仁井田陞は『支那身分法史』[13]のなかで、国家の制定法に優越する「社会的規範の主動力」に着目しつつ、もっぱら宗族、家族、奴婢といった「家」にかかわる身分を扱った。そこでは士庶の分や良賤の分など社会階層としての身分に対する関心は、「家」内部の身分関係への関心の背後に退いている。しかし、「家」のもつ差等性は、より大きな社会秩序のあり方とどのような関係にあるのだろうか。戦後の中国身分制研究は、仁井田に代表される「民間あるいは在地の側からの視角」と、一九六〇年代以来の西嶋定生や尾形勇の研究に代表される国家的支配構造に力点をおいた「支配のための秩序の視角」とに大きく分岐してきたといえようが[14]、それを再度総合的に考察する手がかりとして、社会メタファーとしての「家」の差等的秩序に着目してみたいと思うのである。

そして同時にそれを、東アジアの、さらに可能ならばより大きな広がりのなかで、比較史的に位置づけてみたいと思う。本書の扱う時期的範囲からはやや遅れるが、一七世紀から一八世紀は、朝鮮や琉球、ベトナムや中国西南の少数民族など、東アジア全体において家族制度のいわば儒教化が見られる時期である。族譜の普及とそこにおける父系的な形式の採用はその一環である。「家」の継続性の観念は、この時期の東アジア諸社会に共通する最も重要な要素の一つといえるかもしれない。それにもかかわらず、「家」に対する観念は地域によって様々に異なり、ヴァラエティに富んだ社会形態を生み出しているのである。そのような比較史的なアプローチという点から見れば、宗族研究の前には豊かな未開拓地が広がっているともいえる。そうした比較研究を通じて、「戦略としての宗族形成」論のもつ汎用性と限界もまた、明らかになってくるかもしれない。
以上、門外漢としての感想を述べてきたが、本シンポジウムと本論文集から多くの事実を学び大いに示唆を受けたことに再度感謝の意を表して筆を擱くこととしたい。

注

（1）井上『中国の宗族と国家の礼制』研文出版、二〇〇〇年。
（2）同前書、二四頁。
（3）『史学雑誌』九二編五号、「一九八二年の歴史学界」、一九三－一九四頁。
（4）山田賢『移住民の秩序』名古屋大学出版会、一九九五年、はしがき二頁。
（5）その興味深い一例として、華南農村の「械闘的構造」のなかで宗族、キリスト教、共産党など多様な集団のせめぎあいを捉えた蒲豊彦「地域史のなかの広東農民運動」狭間直樹編『中国国民革命の研究』京都大学人文科学研究所、一九九二年、を挙げておきたい。このようなアプローチは、「戦略としての宗族形成」論の一つの典型を示していると思われるのである。
（6）聯宗問題に関しては、銭杭『血縁与地縁之間――中国歴史上的聯宗与聯宗組織』上海科学院出版社、二〇〇一年、が長期的な視野から全面的な整理を行っている。
（7）関連の研究はかなり多いが、日本の学界におけるこのような動向を促進した初期の著作として、瀬川昌久『族譜』風響社、一九九六年、を挙げておきたい。
（8）例えば井上徹前掲書に対する小島毅、寺田浩明、山田賢の書評はいずれも、井上著書が宗族形成の目的として士大夫の官界での地位の確保という点を強調しすぎているのではないかという点で疑義を提出しており、井上はそれぞれの書評に対し反論を行っている（『歴史学研究』七四九号、『集刊東洋学』八五号、『名古屋大学東洋史研究報告』二八号）。
（9）『近渓子文集』巻三、「宗説」。

（10）Ira Lapidus, “Hierarchies and Networks: A Comparison of Chinese and Islamic Societies” in Frederick Wakeman Jr. et al eds., *Conflict and Control in Late Imperial China*, University of California Press, 1975, において、イスラーム社会研究者のラピダスは、イスラーム社会と中国に関する従来の研究史のなかからそれぞれの社会についてのモデル的イメージを抽出し、前者についてはネットワーク、後者についてはヒエラルキーという語を用いて両者の社会的な特徴を仮説的に提示している。私がこの論文を読んだ一九九〇年代は、中国社会に関してもその「ネットワーク」的な側面が強調されていた時期であったので、ラピダスの所論は中国社会の特質をやや捉え損ねているもののように感じられた。しかし、中国史研究者が当時「ネットワーク」という語を用いたのは専ら、社会の基盤としての集団をアプリオリに想定する「共同体」的な社会認識に対比してであったのに対し、ここでラピダスが用いている「ネットワーク」と「ヒエラルキー」の対比は、集団から発想するか個人から発想するかといった方法的相違よりもむしろ、主に全体的な統合や上下的な秩序に対する意識の強弱という点にあるのであって、その点からすれば、中国社会のなかにイスラーム社会に比較して「ヒエラルキー的」な側面を見て取ることは的外れとはいえないだろう。また、ラピダスの所論が、本質論的な類型論ではなく、むしろ仮説としての社会メタファーの発見的な意義に着目する洗練された議論であることも強調しておかねばならない。

（11）厚東洋輔『社会認識と構想力』ハーベスト社、一九九一年。

（12）費孝通「差序格局」（同『郷土中国』上海観察社、一九四七年、所収）。

（13）東方文化学院、一九四二年（復刊、東京大学出版会、一九八三年）。

（14）「民間あるいは在地の側からの視角」「支配のための秩序の視角」という表現は、堀敏一『中国古代史の視点』汲古書院、一九九四年、二一六頁による。

宋元の部

宗族を見る手法——一九四〇年代の日本の研究から——

小島　毅

はじめに

わたしは『歴史学事典第五巻『法と秩序』（弘文堂、二〇〇二年）に、依頼を受けて執筆した「宗族」の項のなかで、次のように述べている。

儒教では周を黄金時代とみなすから、自分たちが理想とする仮想制度を周のものとすることが多い。宗法に関する記述についても、そうした傾向が顕著である。しかし、そうした仮託は、この二千年来血縁集団についてどのように語られてきたかという思想文化上重要な資料ともなっている。（三八四頁）

事典という性格に由来する制約から意を尽くした表現が出来ず、奥歯に物が挟まったような言い方になっているけれども、旧来の研究に対して感じるもどかしさを読者に伝えたいというのが私の意図であった。「中国哲学」と「東洋史学・社会学」との分裂である。

以下、本稿では思想研究の側から見た時の宗族研究の課題と展望について、今（二〇〇四年）から六十年前に書かれた二つのモノグラフを俎上に載せて、この問題を論じてみたい。その二作品の著者は、諸橋轍次（一八八三～一九八二）と牧野巽（一九〇五～七四）。一九四〇年代において、上述した二つの分野を代表する宗族研究者である。(1)

一　諸橋轍次『支那の家族制』

諸橋轍次といえば『大漢和辞典』の編者として広く知られる学者だが、研究者としても独自に多くの優れた業績をあげている。中でも『儒学の目的と宋儒の活動』は、今でも道学・朱子学勃興期の概論として右に出るもののない水準にある。これと並んで、生前単行本として刊行された彼の研究として評価が高いのが、『支那の家族制』という本である。『大漢和辞典』の編纂作業が進行中の一九四〇年、その大修館書店から刊行されている。のち、大修館書店刊『諸橋轍次著作集』の第四巻に収録された。

『支那の家族制』は諸橋が大学での講義をもとにまとめた概論で、十年前の『儒学の目的と宋儒の活動』よりはだいぶくだけた文体を用いて、講義の口吻が伝わってくる。その開巻劈頭、「支那に於ては最も変らぬものが三つある」として、気候・山河と並んで「家族の儀制」を挙げているのは、当時の風潮を反映した中国停滞論の表出であり、宋学勃興史についての彼の所見と相反する。わたしが指摘したい問題点とは、ここに関わってくる。

『支那の家族制』は以下七つの篇から構成されている。婚姻篇、喪祭篇、祭祀篇、宗廟篇、名字諱謚篇、親属篇、姓氏篇。そして、親属篇の下位区分として、「九族の範囲」「爾雅の釈親と民国の親属」につぐ第三節として「宗法」が立てられている。（なお、第一節と第三節はその名も「九族の範囲及び宗法」と題して、一九三七年に『漢学論叢』第二巻においてすでに発表されていた内容である。）

これら三つの節の名称を見ても想像がつくように、ここで概説されているのは古来の儒者たちが彼らの経典にもとづいて立論してきた「あるべき親族組織のありかた」についての諸見解である。「九族の範囲」で叙述されるのは、「本人から見てどの範囲の人たちを九族と呼ぶか」をめぐる論争である。しかも、その論争を歴史的経過をたどりながら記述するのではない。経書解釈学（すなわち経学）の諸流派のうち、後漢における二大流派、今文学派と古文学派の説をそれぞれ解説したのち、相互の論争に言及し、ずっと時代が降って十九世紀末に活躍した兪樾の見解を最後の項として紹介するやりかたである。第二節「爾雅の釈親と民国の親属」では、前半が二千年前の字書『爾雅』に見える語彙の説明、後半が本書出版当時の法制上の親族規定の紹介で、相互の有機的関連性は歴史的にも論理的にもまったく工夫されていない。要するに、著者諸橋にとっては、「親属」というテーマについての経学説を解説することにこそ、この講義＝概論の主眼があり、付け足しとして現代社会で「親属」がどう定められているかという話題があるにすぎないのだ。私にとってのここでの主題である「宗法」の節にいたっては、経学の論争でも法制の現況でもなく、ただ単に「宗法なるもの」の説明が淡々となされていく。

だが諸橋が古代の中国の親族のことを語っているのかというと、そうではないところが厄介なのである。本書で整理されている中国の家族制は、「親属」であれ、その一部をなす「宗法」であれ、いずれも経学者たちにより構成された想像上の聖人の御代の制度である。換言すれば実在した仕組みでは必ずしもない。再び上記小島版「宗法」解説からの引用。

後世「宗法」と呼ばれるようになる組織原理は、周王朝の初期（紀元前十一世紀頃）に確立したとされる。ただし、儒教の経書や諸子百家の著作など今日に伝わる史料のほとんどは、紀元前一世紀になってから書物として整えられたものであるため、それらのなかで言及されている宗族の様態が、文献の叙述対象とされている時代の実態をどこまで反映しているかについては、慎重な検討が必要である。（中略）近年、墓の副葬品として埋められていた文献が新たに利用できるようになり、古い時代の宗法の実相解明が進むことが期待される。（前掲『法と秩序』三八四頁）

誤解のないように言っておけば、私には諸橋の研究成果を批判する意図は毛頭ない。日本で最も高貴な家族の名付け親になるほど浩瀚な見識をもつ碩学に対して非礼があってはなるまい。私はむしろ敬愛の念を抱いている。出土資料が利用できなかった以上、彼は古来の経学説に依拠しながら宗法について語らざるを得なかった。ここでわたしが問題視したいのは、その語り方である。

諸橋版「宗法」の定義。

宗法とはもと諸侯の別子が大宗となり、大夫として一家を立て、其の一家から多くの小宗の出来た場合、其の大宗が其の小宗を統ぶる為に出来た法則であつた。故に本来は凡ての家族制下の本家分家間にあつたと云ふ訳ではない。併し後述の様に、独り諸侯から出た大夫のみならず、天子から分れた諸侯にも存したとせば、或は後代には各層の社会にも有つたものかも知れない。少くとも宗法の精神丈は各層の社会にも存したものであらう。（『支那の家族制』四二二頁）

この定義は上述したように二千年来の経学の歴史に由来する。しかし、諸橋はその営為・成果を対象化せず、自分の先行研究としてそのまま利用している。換言すれば、諸橋は儒教経学の枠内にいる。その点で、彼には「中国学者」でなく「漢学者」という肩書きがふさわしい。宗法が最初から整然とした組織として誰かによって制定されたものであるかのごとき、上記引用文の表現は、『儀礼』や『周礼』を周公旦の手になるものとしてきた伝統経学と同じ土俵上に立っている。そのため、「故に本来は」という繋辞が出てくるのである。「或は」以下の憶測も、「後代」すなわち漢代以降の歴史記録から当時の実相を探る努力をしたのちになされたものではなく、単に経学者たちが自己の理念を用いて目の前の現実を解釈するために述べ立てた事後説明的な言辞を見てそう思っているにすぎない。「宗法の精神」とは何を意味するものやら、この箇所ではまだ読者にとって判然としないわけであるが、後段で解説される諸橋流の「宗法」観を通して、読者はその意味を教えられる。しかし、それが一枚岩的に「後代」において常に「各層の社会」に存在したわけではないことは、「東洋史・社会学」系統の実証研究によって明らかになっている。今の私たちにとってというだけではない。一九四〇年当時においても、すでにそうであった。

この講義が「支那哲学」や「漢文学」の授業としてなされていたからであろう、諸橋はそうした学的営為に一切触れることなく、「支那の家族制」を語っていた。それが単に知らなかったからなのか意図的な黙殺なのかは今後検討を要する問題だが、すでに「東洋史」の分野は別様の展開を示していた。

二　牧野巽『支那家族研究』

牧野巽は厳密にいえば「東洋史学者」ではなく「社会学者」である。私がここまで「東洋史・社会学」という併記表現を使用してきたのもそのためである。

牧野の宗族研究ということで言えば、一九四九年七月に日光書院から刊行された『近世中国宗族研究』が有名である。(2)一九三五年以来の宗族に関する既発表諸論文を中心に編まれたこのモノグラフは、刊行翌月から十数年にわたって、新設された東京大学教育学部において牧野が教育社会学の分野を担う重鎮となって中国研究の第一線から遠ざかってしまったこともあり、結果的に彼の宗族研究の代表作となった。三ヶ月後の中華人民共和国の成立という歴史的事件により、現地調査に基づく日本人の中国研究全体も、この本を最後に長期にわたって中断を余儀なくされる。

「近世宗族」という用語（おそらく牧野の創案）が示すように、牧野は『儀礼』や『礼記』に見える古典期の宗族と、宋代以降のそれとを質的に区別する。その変質がいかに生じたか、また、近世宗族自体がいかに発展したのかが、牧野の近世宗族研究のテーマであり、したがって、その視点は諸橋のものとは根本的に異なっている。現在、私たちの間で自明視されている宋代以降の「宗族形成運動」（井上徹の用語）を、はじめて自覚的に取り上げた日本人研究者が牧野であったと言えよう。

したがって、『近世中国宗族研究』は一九八〇年代以降の宗族研究の隆盛にともない、研究史上の古典として回顧・批評される機会に恵まれてきた。井上の『中国の宗族と国家の礼制』でも全書にわたって頻繁に言及されている。今ここではそれらと重複する議論を展開するのではなく、牧野が「近世宗族」なるものを追究するもととなった、彼の家族研究のほうに着目してみたい。そのことによって、私たちに解決が委ねられている問題の所在が見えてくるであろう。

牧野の著作目録（著作集第七巻二八四頁所載）によれば、生前刊行の単行本は全部で三冊しかない。上記『近世中国宗族研究』と、一九七一年九月の『社会的教育論』（福村出版）、そして『支那家族研究』（生活社、一九四四年十二月）である。これは著作集では第一巻と第二巻の二巻に分冊されている、原書で全七二〇頁の大著である。戦況の悪化するなか、なおもこのようなモノグラフが刊行できたのは、おそらく当時彼が民族研究所の所員として、国策の一端を担わされていたためであろう。それは好むと好まざるとにかかわらず、当時の東アジア研究が負う宿命であった。その前年（一九四三年）に彼は海軍の委託で海南島の現地調査を実施し、ついでに台北・広東・上海・蘇州・南京の各地を見学している。（当時、台北は「大日本帝国」の領土であったが。）その成果は戦後の『近世中国宗族研究』にも活かされている。

そうした現地調査にもとづく統計的な研究に比べると、『支那家族研究』は書斎における理論的考察のおもむきが強い。全編を貫くのは、牧野が中国の家族制度について打ち出した新見解、「古代以来、一家の構成員は五人前後で大きな変化はない」ことの証明であった。

旧来、西洋起源の家族史理論にもとづいて、中国でも古い時代には大家族が一般的で、しだいにそれが分裂して現在にいたっているとする見方が常識であった。「家族制度は不変」とする諸橋流の非歴史的憶断に比べれば、中国にも世界史の普遍法則が妥当すると見る点で幾分か開けた見解であるのかもしれないが、原典史料の精密な解読・分析を経た結論ではなく、西洋基準の一方的な当てはめによる思いこみであった。牧野はそれに違和感を覚えた。晩年、亡くなる九ヶ月前の述懐によると、「世界的な一般法則なんていうものがあるのかもしれないが、中国の場合はかなり違うんだ、というような立場が一応はっきりしたのが昭和十年くらい」だった。(3)これ以降、彼は自説への批判に対する反駁に逐われ、「非常に損な道を進むことになった」。執拗な論争相手とは批判の応酬を続けないほうが研究者としては賢明だという教訓かもしれないけれども、その結果として生まれたのが、『支那家族研究』だともいえる。

とりわけ、「漢代の家族形態」は一九四二年に『東亜学』に二回に分けて掲載された『支那家族研究』随一の長編で、「一応それで反対論もなくなっていた」と牧野自身に言わしめた自信作である。そこで論争相手として名指しされているのは、宇都宮清吉・清水盛光・守屋美都雄の三氏であった。(4)ここでは『漢書』をはじめとする漢代の史料が俎上に載せられ、詳細に吟味されている。これに対して、儒教の経書を分析対象として扱ったのが、「儀礼及び礼記に於ける家族と宗族」であった。

「儀礼及び礼記に於ける家族と宗族」も同じ一九四二年に『思想』に三号にわたって分載された。牧野は、儒教の古典が孝の場として重視していたのは家族であって宗族ではなく、したがって中国では古来同族結合が強いという思いこみはなんら根拠がないと論じていく。

従来、往々にして儀礼・礼記は支那の宗族時代を代表するものとされ、而して宗族が崩壊して大家族時代から更に小家族時代に移りつゝあるといふ様に説かれたけれども、若し単に社会的機能の点より論ずるならば、少くも文献に現れる限りに於いて儀礼・礼記に於いても既に家族時代であつて、宗族時代ではないとも云ふことができよう。(『支那家族研究』七三頁。なお、著作集第一巻「中国家族研究(上)」は文中の「支那」もすべて「中国」に改めている。)

牧野は『儀礼』や『礼記』に規定された家族のあり方を、先秦時代の実在の制度とは考えていない。「単に一種の学説乃至は理想を表現するものとして見ておくことにする。……此の点、両者の内容が実際に行はれたものと考へてゐる伝統的な経学者の解釈とは異なつてくる場合もある」（同書、七六頁）。そして、服部宇之吉の説[5]に従い、兄弟が財産を共有する同財家族として暮らすのは、父母が生存している間に限られると断定する。

牧野のこうした宗族観は、同じ一九四二年三月に刊行された中央公論社の『支那問題辞典』のために執筆した「家族制度」という項目のなかで、次のように言わしめている。

私は寧ろ家族と宗族とを性質を異にして上下に重層し平行して存在してゐる二つの団体であつて、宗族結合は宋代以降に於いてそれ以前とは異つた形態をとり、衰へるよりは寧ろ発達した傾向さへあると考へるものである。（『支那家族研究』一九頁）

牧野が「近世宗族」の発展とその組織化・拡大傾向を強調するようになったのは、古代以来一貫してほぼ同一の規模で継続してきた同居同財の親族すなわち「家族」の上にあるものとして、歴史的に変化する姿を「宗族」に求めたからにほかならない。そのことは、東方文化学院時代の一九三三年に古書店から八〇種にのぼる族譜を購入し、同僚の仁井田陞とともに熱中して読み解いたことによる成果でもあった。現在、それらの族譜は東京大学東洋文化研究所の蔵書となっている。[6]

また、仁井田の影響で明律の調査も進め、親族間の傷害案件に宋元時代までは存在しない無服親についての規定が登場することを、「宗族制度の重視発達の一の現はれ」とみなしている（『支那家族研究』五四三頁）。牧野は、「これが果して宗族関係が現実に濃厚化し重要化したためか、或は為政者・有識者の側から特にこれを重視すべき原因が働いたためかは、本稿に於いては未解決の問題として残しておく」（同頁）と、その理由についての論断を慎重に控えている。ただ、とにかくこうした法制上の変化が、たとえば次のような事例とも関連して、彼の頭のなかで宗族の発達史として構想されていたことはまず間違いない。

支那の古礼では士大夫と雖も四代前の高祖までしか祭られず、それ以上の遠い祖先を祭るのは僭越であるとされてゐるにも拘らず、始祖の祭が行はれるのも、かかる感情（祖先崇拝の念、および同族の光栄や誇りの感情＝小島）が相当に強く働いてゐるからではないでせうか。（『支那家族研究』五七五頁）

実利的な面もあわせて、祖先祭祀を組織化する動機が宋代以降の士大夫に兆し、それが同居同財の「家族」の上に立つものとして「近世宗族」を生んだとする理解である。

ただ、ここに牧野説の困難が伏在している。水口拓寿が指摘するように、司馬光の「大家族主義」と朱熹（著とされる『文公家礼』）の「小宗主義」という区別に、その綻びが見えている。(7) 同居同財する「家族」と祖先祭祀を核とする「宗族」との間に概念上の明確な界線を施し、後者の卓越に近世性を見出すのが牧野の立場であった。しかし、水口の見るところでは、牧野のこの区別も、「近世的な宗族結合が両様の形式によって提唱された本源的な目的の前にあっては、むしろ相同な方法論と把握すべきではないか」ということになる。水口は近年の末成道男・瀬川昌久らの研究成果を参照しつつ、「宗族」に対する当事者たちの表象を洗いなおそうとする視点を提示している。詳細は該論を直接読んでいただくこととして、本稿では以下、節を改め、水口も指摘していた「大家族」と「宗族」との「表裏一体性」について掘り下げて考えてみたい。

三　「家族」と「宗族」

そもそも、牧野が「小宗主義」の典型として取り上げる『文公家礼』の書名は、あくまで「家礼」であって「宗礼」や「族礼」ではない。これは、私自身が以前から指摘しているとおり、朱熹の秩序構想において冠婚葬祭が『大学』八条目の「斉家（家を斉う）」のための手段として位置づけられていたからであった。(8) つまり、朱熹は「小宗」を「家」

という語で表現したのである。その後も、『文公家礼』の流れを汲む書籍、たとえば丘濬の『家礼儀節』がそうであるのはもとより、たとえば程瑤田『宗法小記』（『皇清経解』巻五二四）のような清朝考証学の著述においても、宗法が「大夫士之家」という語によって説明されている。これは何を意味するのか。

彼ら礼学者が宗族組織の拡がりを、本来それとは区別されるべき「家」と混同していたと言うこともできよう。実際、礼学者の著作のみならず、宗族の系譜は「族譜」「宗譜」等のほか、しばしば「家譜」とも呼ばれ、しかも両者に範疇的に有意な区別は見られない。牧野が平凡な事例ゆえに典型的なものと紹介する桐城施氏の宗譜に見える家規・家訓は、その第二〇条で立嗣につき「家族」に報告すると規定している。しかも、牧野自身が「家族（宗族ノコト）」と註記しているのだ。(9) これは彼自身が両概念の区別のあいまいさを認めていることになりはしまいか。

しかし、振り返って考えてみれば、「家族」と「宗族」との対立は「近世宗族」の当事者たち自身のものではない。むしろ、牧野のように両者を概念的に区別して理論化しようとする近代の研究者が作り上げた区分である。その名辞も、「家族」という明治時代になって西洋語の翻訳学術用語として定着・日常化した語と、「宗族」という東アジア古来の史料用語という非対称的な組み合わせからなっている。社会学においては「家族」の上位概念は「氏族」であり、牧野自身、氏族と家族という対立で問題を立てているのだが、氏族という言葉が原始社会・未開社会を連想させるために中国についてあえて「宗族」という用語を用いたのであった。すなわち、牧野のいう「宗族」とは、「中国における氏族」として「家族」と区別するために定義された分析概念である。司馬光や朱熹が、従来からある「家」の拡大組織としての大家族や、それと次元を異にする組織としての宗族を規定したわけではない。大家族と宗族（小宗）との区別は、概念を先行させる社会学者牧野巽によって創造されたものにすぎなかったのである。

一九四八年に刊行された『社会学大系』第一冊のために書かれた「家族の類型」という一般的概説のなかで、牧野は「本稿においては、家族という言葉は、「日常の生活を共同にする近親者を中心とする集団」を意味することとしたい」と述べている（著作集第七冊四頁）。そのため、「いかに大きな家族でも氏族はこれと異なっている」ことになり、この人類に普遍的に見られる相違点を中国の実例によって証明しようとする。その実例となる氏族と大家族とは「その差が紙一重」なのだが、「しかしこの紙一重が重要なのである」。なぜなら、「私は家族とは「日常生活を共同にする」団体であると考えるが、中国の生活様式ではこの「日常生活を共同にする」という最も標準的な形が、家族の共同という形をとって現われるというにすぎない」からであった（同、一一〜一二頁）。しかし、これは一種のトートロジーであって、牧野が同居の重要性を説いているのは、彼が「家族」をそう定義したいからにすぎない。当事者たちが同居か否かに生活上の重要な境界線を敷くということと、それを学問的に別個の概念範疇の境界線とみなすこととは別であろう。中国人自身が異居している親族を「家」の部外者と見ているわけではない。なお、「家属」という語が史料に頻出し、牧野は同居家族を正確に指す場合の法律用語として紹介しているが（『支那家族研究』一七四頁）、それらは「有」や「無」を冠せられていることから明らかなように家族構成員を指すのであって、範囲としての家族の意味ではない。

もちろん、社会学や人類学など、研究者側が一定の分析枠組みを設けて対象となる事例を分析する学問分野においては、それが当たり前の手法であろう。この区別により従来見えなかった事柄がよく見えるようになったという功績は大きい。しかし、当事者たちは分析者の概念枠組みとは異なる思考空間でものごとを考えていた。牧野がこだわる同居同財の「家族」という範疇に対して、司馬光も朱熹も実は同じ視線をもって臨んでいた可能性が高い。朱熹が意図して「大家族」と別様の組織を提示したわけではないのである。[10]「近世宗族」の当事者たちも、礼学者たちが提示した「家」を「宗」「族」と区別しないままに使用しつづけたのである。

ここに牧野流の接近方法の陥穽があろう。このように整理して提示された「宗族」の姿は、当事者たちが表象する宗族なるものの一面を捉えたものにすぎないのである。彼らはあくまでそれを「家」と見ていた。機能上、それはたしかに同居同財の親族とは別かもしれない。しかし、あえてそれを連続するものと捉え、しかもその根拠に『儀礼』や『礼記』の記述を用いたところにこそ、「近世宗族」の形成運動を考察する場合の重要な問題があるのではなかろうか。はじめから両者を別のものと割り切ってしまっては、見るべきものが見えなくなってしまう。

四　宗族研究の道具としての経学

『儀礼』や『礼記』が大家族ではなく、「父母とその子」からなる「家族」を対象としていたことは、たしかに牧野の指摘どおりかもしれない。そうだとすれば、それを「大家族」もしくは「宗族」の問題として読んでいた歴代の礼学者は、その点では大きな事実誤認を犯している。しかし、その誤読が「近世宗族」の理論化を生み出した以上、この誤読の意味するところを探る必要があるのではないか。これは何も宗族の件に限らず、経書の解釈一般について言えることだが、現時点で緻密な文献学的・考古学的実証に基づいて判断される現時点での「正解」と、従前の経学者たちがそれぞれの時代に下してきた判断とは、どちらが優れているという次元で比べるべきものではない。後者は、そう判断した学者たちが生きていたその時代の思想史の材料として読まれ活用されるべきものなのである。

その点で興味を引くのは、前掲「漢代の家族形態」に引かれた『漢書』恵帝紀に見える「今吏六百石以上父母妻子与同居」に対する牧野の読み方である。彼は当初顔師古の注に従って「同居」を名詞として読んだが、倉石武四郎に語法上成立し得ないと批判され、『支那家族研究』収録時に「追記」において一部訂正している。牧野はあくまで顔師古の読みを擁護しているが、語法上倉石の方が自然なように私には思われる。牧野も示唆しているように、顔師古には何か基づくところがあってかくも無理な解釈をわざわざ施したのであろう。それはあるいは漢代の法制と唐代の法制との相違に由来していたのかもしれない。牧野の絶筆となった「九族小考」(11)の末尾で杜預の経書解釈が彼も加わった『晉律』編纂となんらかの関係があるのではないかとする示唆に終わっているのは、結果的に牧野が後学のために残した宿題とも言える。旧来の経学研究にはこうした視点が希薄であった。

こうして話は再び諸橋に戻る。彼の営為はあくまで経学者＝礼学者としてのものであった[12]。そこで試みられていたのは、古典文献の伝統的な解読を継承してなされた宗族像の復元であって、その意味では非歴史的な想像の産物にすぎない。しかし、歴代の礼学者たちが宗族をどのようなものとして捉えてきたかを示すものとしては重要である。かつて礼学者たちは宗族のあるべき姿を、自分たちにとっての規範として追究していた。その意味ではむしろ、彼らの所説はきわめて歴史的な産物なのである。鄭玄の所説と朱熹の所説と程瑤田の所説との相違は、単に彼らの学風の相違なのではなく、彼らの時代の風気の反映でもある。諸橋はそれらを広く渉猟した上で、彼自身の信じる文献学的処理方法に従って、宗族の理想的姿の復元像を提示したのであった。

朱熹が経書に対して宋代独特の読み込みを施し、壮大な思想体系を樹立したことは広く知られている。と言うより、彼自身の自覚としては、鄭玄らによって見逃されてきた経書の著述者たちの真意を把握し、その上に立って聖人の後継者として純粋に経書の記述通りに解釈しているつもりであった。その読み込みの主観性を指弾し、それが宋代独特のものであることを暴いたのは、清の学者たちであった。宗族についても、たとえば毛奇齢に代表されるように、朱熹流の宗族観は学術面で徹底的に批判された[13]。彼らは「宋学」に対抗して「漢学」を標榜するようになる。

ところが、彼らも自身の実生活では「近世宗族」の一員だった。この矛盾をどう説明すべきなのか。残念ながら清代思想史研究は、まだ十分にこの問いに答えていない。と言うよりも、そういう問題があるということすら、近年までまったく気づかれずに来たというのが真相である。清朝考証学者は近代の「支那学」成立後もその手法面・実証面での先達として遇されてきた。程瑤田たちの所説も朱熹の所説同様、その時代の刻印を帯びているのだということが問題視されては来なかったのである。牧野の「近世宗族」研究も、『文公家礼』の分析を除けば族譜や現地調査によってのみ成り立っていて、近世の経学者たちが宗族をいかに解釈してきたかという点には手を付けなかった。現地調査が再び可能になったことや徽州文書をはじめとする一次史料の公表もあって、近年、明清時代についての宗族研究は活況を呈している。しかし、それがためにかえって、いわゆる伝世文献の解読・分析が後回しになっているかに見える。いわんや経書の注釈書においてをや。たとえば『皇清経解』に収録された代表的な礼学文献を通読するだけでも、宗族に対する礼学者たちの関心の所在はかなり明確にうかがえるであろう。

諸橋は清朝考証学の成果を自分の先行研究として読んだ。諸橋だけではない。古くは江戸時代の漢学者たちも、あるいは今なお現役で活躍している「中国哲学」の研究者たちも、中国古代の礼制を解明する手掛りとして彼らの研究を利用している。それはそれで有意義であろう。しかし、清朝考証学も経学であった以上、みずからの時代と無縁に学的営為を遂行していたわけではない。その時代性をあの煩雑な考証の裏から読みとるのは、主観性がわかりやすい宋学者たちの議論に比べて容易ではないが、しかし、その作業を通じてはじめて清代において宗族がどう思念されていたかが明らかになる。(14)

もちろん、事は清代にとどまらない。宋と清にはさまれて経学の低迷期のように思われている元明期にも、多くの経学者が新説を提示していた。それらを通時代的に整理することによって、「近世宗族」の理論的支柱がいかに移行したかが窺えるようになろう。すべては今後の課題である。

注

（1）　本稿は宗族研究の研究史を回顧する目的ではないので、諸橋と牧野の二人だけを特に紹介する。その理由は読んでいただければおのずと了解されよう。また、彼らと同時代に加藤常賢（一八九四～一九七八）のような特徴ある学説の提唱者もいたわけだが、行論中にうまく収められないこともあって割愛した。

(2) 彼は教育社会学者としても多くの業績を残しているが、中国社会を対象とする文章のみを集めた『牧野巽著作集』が御茶の水書房から刊行されている。『近世中国宗族研究』はその第三巻である。

(3) 「戦前の日本の中国家族研究」、初出は『アジア経済』一九七四年。引用は著作集第七巻、七七頁。

(4) 宇都宮清吉「漢代に於ける家と豪族」(初出一九三八年、のち『漢代社会経済史研究』弘文堂、一九五五年に所収)、清水盛光「支那家族の諸構造」(初出一九四〇年、のち『支那家族の構造』岩波書店、一九四二年に所収)、守屋美都雄「漢代家族の型態に関する試論」(『史学雑誌』第五二巻六号、一九四一年)。守屋はのちに自説を撤回して牧野に賛同し、『中国古代の家族と国家』所収の諸論考を発表する。

(5) 服部宇之吉「宗法考」(同『支那研究』所収、京文社、一九二六年)。

(6) 牧野のこうした漢文読解力は、曾祖父以来三代にわたる漢学者であった「家学」の賜物かとも思われるが、彼自身は「中国のことをやる素養なんてものはなくて育った」と述懐している(前掲「戦前の日本の中国家族研究」、著作集第七巻七三頁)。

(7) 水口拓寿「「大家族主義」対「小宗主義」? 牧野巽氏の中国親族組織論を承けて」(『中国哲学研究』第一四号、二〇〇〇年)。

(8) たとえば、拙稿「八条目のあいだ」(『東洋文化研究』第一号、一九九九年)。なお、私はあくまで『文公家礼』を朱熹の執筆とみなしているが、仮にそうでなかったにせよ、その著者は朱熹に近い人物であることは確実であり、斉家と一体化して捉える構想があったことは揺るがない。

(9) 『支那家族研究』六一六頁。家規・家訓が族規・族訓・宗規という名辞と同じ範疇で通用されること自体、「家」と「宗」「族」とで概念上の区別が厳密でないことの一例である。

(10) 同居同財の範囲を指す用語として、当事者たちが私たちの言う意味での宗族と区別する必要がある場合には、「家」ではなく「戸」を使うのではなかろうか。そのことには近年何人かの研究者が注目しているようである。

(11) 『宇野哲人先生白寿祝賀記念東洋学論叢』、一九七四年十月刊行。著作集第七巻所収。

(12) 牧野の前掲「九族小考」が、「九族」について今文経学説を支持する経学者たちを列挙紹介する最後に、「日本では諸橋轍

(13) 拙稿「婚礼廟見考——毛奇齢による『家礼』批判——」(『柳田節子先生古稀記念 中国の伝統社会と家族』汲古書院、一九九三年)。
(14) こうした視点から清初の経学者の言説を分析しようとする試みとして、新田元規「唐宋より清初に至る禘祫解釈史」(『中国哲学研究』第二〇号、二〇〇四年)がある。

次氏がある」と紹介しているのは象徴的である。もちろん、この諸橋説とは前掲「九族の範囲及び宗法」を指す。管見の範囲では、牧野が諸橋のこの業績に言及するのはこの一箇所だけである。牧野の目には諸橋は経学者として映じていたのであろう。

近世宗族研究における問題点
――祠堂・始祖祭祀・大家族主義――

吾妻重二

はじめに

宗族とは、ひと言でいえば共通の祖先から分かれ出た男系同姓者を中心とする集まりである。『論語』や『墨子』、『周礼』、郭店楚簡「六徳」などの古文献にこの語が見えるところからして、宗族という集団はきわめて古い時代から中国の人々の間に定着していたようである。

中国において、さまざまな人間集団がかたちづくられてきたことはいうまでもない。近隣の出身者からなる同郷者というまとまり、婚姻にもとづく親戚関係、上司・部下・同僚からなる職場の人脈、共通の師を中心に広がる学問上の結びつき、趣味を同じくする詩社などのサークル、科挙の同年合格者による同窓会的つながりなど、地縁、官縁、学縁、縁戚、友人・仲間関係といった連携が網の目のように重なり合って社会が構成されているのである。人々はこうしたさまざまな集団に何らかのかたちでコミットしつつ生きていたことになる。

宗族は人間の集団の一つのあり方であるが、宗族が他の諸集団と違うのは、それが「血縁」にもとづいているという点にある。さらに、きわめて中国的だと思われるのは、宗族が必ずといっていいほど祖先祭祀を伴っていることである。『説文解字』に「宗は、尊祖の廟なり」というように、宗の字はもともと祖先を祭る祖廟を意味しており、そこから転じて祖廟の祭祀に参加する族員の集団を意味するようになった。滋賀秀三氏が「同一の祖先を祭るべき地位にある者が社会的な意味における同宗者なのである」[1]といっているのは正しい理解というべきであって、これを言い換えれば、共通の祖先をまつる祭礼こそが宗族を宗族たらしめているということになろう。祖先祭祀は中国の歴史を通じて宗族を特徴づける要素なのであり、今なお漢民族の中に根強く息づいていることはよく知られるとおりである。

さて、これまでの近世宗族研究は、牧野巽、清水盛光、イーブリーによる社会学的研究[2]、仁井田陞、滋賀秀三による法制史的研究[3]、フリードマン、瀬川昌久による文化人類学的研究[4]、さらには近年の徐揚傑、常建華、李文治、江太新、小林義廣、井上徹による歴史的研究[5]などを代表的なものとして挙げることができるが、宗族のもつ礼的側面についてはあまり詳しく論じられていない。私はこれまで、朱熹の『家礼』を中心に近世宗族の儀礼について調べてきたが、その過程で、従来の見解に修正を要するものがあると思うようになった[6]。礼学ないし思想史研究の視点から見えてくるものがあるということ、本稿ではそうした立場にもとづき、宗族研究をめぐる問題点について論じてみたい。基本的観点はすでに旧稿で述べたが、この機会に三つの問題に焦点をしぼって再検討をおこなうことにする。すなわち、㈠祠堂をはじめとする祭祀施設、㈡『家礼』と始祖祭祀、㈢司馬光『書儀』と「大家族主義」、の三つの問題についてである。

なお、本稿でしばしばとり上げる『家礼』は、清の王懋竑以来、偽書であるという見方が支配的であったが、それは誤解であって、実際には朱熹の自著であったと見るのがよい。ただしそれは未定の稿本であり、未完成のまま世に流布したものであった[7]。したがって、本稿では『家礼』を朱熹の著作として扱う。

一　祠堂——祭祀施設の問題

『家礼』は、冒頭の通礼部分に「祠堂」章を掲げている。家族（宗族）の祖先を祭る施設を家廟と呼ばずに祠堂と呼ぶのは当時の礼制と関係があり、顕官のみが正式な家廟設営を認められていたためであるが、ただし、朱熹は『文集』や『語類』では祠堂よりも家廟という名前を使うことが多く、また北宋末から南宋にかけて、家廟の設営は国家礼制とは別に、一般士人の間にかなり普及していた(8)。呂祖謙などは、「家廟の名を存して祠堂に名づけ、子孫をして古えを忘れざらしむ」（『東萊呂太史別集』巻四、祭礼、廟制）と、祠堂ではなく家廟という呼称をわざわざ使っている。

さて、祠堂とは文字どおり祠《まつ》る堂ということ、より正確にいえば堂《ひろま》のある祭祀建築ということであって、祭る対象はべつに祖先に限られているわけではない。祠堂イコール家廟ではないのである。祠の原義について、銭大昕は次のようにいっている。

古え、宗廟の祭りは、春は禴、夏は禘、秋は嘗、冬は烝なり。周公、礼を制するに、禘を以て殷祭と為し、夏を改めて禴と為し、春を祠と為す。許叔重云く、春祭を祠と曰うは、品物少なくして文詞多ければなりと。孫叔然・郭景純、爾雅を解して云く、祠の言、食なりと。祠は本と宗廟の祭りなり。秦漢以降、神祇群祀通じて焉《これ》を称す。故に壇に祠《まつ》れば之を祠壇と謂い、城に祠れば之を祠城と謂い、堂に祠れば之を祠堂と謂い、典祠の官を祠官と曰い、太常に祠曹有り、其の儀式は則ち祠令と曰う。祠とは祭の名にして、祭の所に非ず。（「銭氏祠堂記」、『潜研堂文集』巻二二）

ここで銭大昕が殷周時代の宗廟祭祀について論じている部分はさほど重要ではない。いま注意したいのは、本来宗廟の祭りを意味していた祠が、のちに神祇群祀一般の祭りとして用いられるようになったという指摘である。実際、資料にあたってみると、祠堂がさまざまな神や人格をまつる祭祀施設を意味してきたことがわかる。つまり、祠堂とは堂《ひろま》をもつ祭祀施設全般の通称なのである。したがって我々は、祠堂という語が使われている場合、それが何を祭っているのかに注意しなければならない。そうでなければ、祠堂での祭祀ひいては宗族結合のあり方に関して誤解を生じる恐れが出てくるであろう。そこでまずは宋代以降の事例を中心に、「祠堂」の意味するところをざっと整理してみたい。

㈠　家廟としての祠堂

家廟は居宅《すまい》に附設される祖先祭祀施設で、『儀礼』や『礼記』にまで遡る古い歴史をもつ。家廟を祠堂と呼ぶ例は『家礼』が特に顕著であるが、陸九淵の場合もまたそうであった（『鶴林玉露』丙編巻五、陸氏義門）。とりわけ朱熹以後、『家礼』の影響によって同様の祠堂が数多く作られるようになったことは注意すべき事柄であって、元の「予章甘氏祠堂後記」（呉澄『呉文正集』巻四六）、「文氏祠堂記」（劉将孫『養吾斎集』巻一六）、「許氏祠堂記」（劉岳申『申斎集』巻五）、「戴氏祠堂記」（戴良『九霊山房集』巻二〇）、「奉元王賀公家廟記」（同恕『榘菴集』巻三）、「林氏祠堂記」（貢師泰『玩斎集』巻七）、明の「桑園周氏祠堂記」（胡広『胡文穆公文集』巻一〇）、「潘氏祠堂記」（陳献章『白沙子』巻一）などはいずれもこのたぐいの祠堂について記したものであり、累世同居で知られる浦江鄭氏もまた同様の祠堂を設けていた（鄭泳『鄭氏家儀』）。

このほか、『元人文集篇目分類索引』や、『清人文集篇目分類索引』雑文目録の「宗祠」の項目を見ると[9]、じつにおびただしい祠堂記が載っていて、南宋以降、家廟ないし宗祠としての祠堂がいかに盛んに営まれたかを知ることができる。清の趙翼が『陔余叢考』巻三二の祠堂の条で「今世、士大夫の家廟は皆な祠堂と曰う」といっているのは、そうした『家礼』以後における趨勢をよく示すものである。

なお、家廟としての祠堂の中には祖霊が憑依するための位牌が置かれた。これは木主、神主、祠版、神板などと呼ばれる。

㈡　墓祠としての祠堂

墓祠は墓前に附設された、墓主（埋葬者）をまつる祭祀施設である。後漢・蔡邕の『独断』に「古えは墓祭せず」

というよく知られた見解があり、この説には異論も出されているが、少なくとも先秦時代において墓祭が家廟や宗廟における祭祀ほど重要視されていなかったことは事実だったようである(10)。

墓祠が盛んに建てられるようになったのは漢代であるが(11)、宋代においても墓前の祠堂はしばしば作られていた。程頤が「既に墓祭有れば、則ち祠堂の類も亦た且《しばら》く之を為して可なり」(『程氏遺書』巻一―24)というその祠堂とは明らかに墓祠としての祠堂であって、これは当時、墓祠が士人の間で広く公認されていたことを物語っている。

具体的な例を挙げるならば、たとえば、程頤と同時代の沈括は、蘇州の銭僧孺が親の墓所に建てた「奉祠堂」について、

> 将に其の親を葬るを謀らんとして、館を其の側に築く。歳時には其の群子弟を率《ひき》いて其の間に祭拝し、凡そ家に冠婚の大事有れば、則ち即きて謀る。(「蘇州清流山銭氏奉祠堂記」、『長興集』巻一〇)

と記している。これを見ると、墓祠が家廟に代わる収族機能を果たしていたことも多かったようである。また、北宋末頃の呉方慶は父の遺言に従って祠堂を墓側に作っているし(鄧肅「儀鄭堂」、『栟櫚集』巻一六)、南宋の衛炳の祠堂(劉宰「存庵記」、『漫塘集』巻二〇)、方大琮の祠堂(「種徳新庵拝福平長者祠」、『鉄庵集』巻三三)、あるいは元初の呉澄が記した祠堂(「霊傑祠堂記」、『呉文正集』巻四六)なども、すべて墓祠としての祠堂である。また、明の楊栄「重修河南程氏三先生墓祠記」(『皇明文衡』巻三五)は、北宋の程珦・程顥・程頤三人の墓前に立てられた祠堂について記している(12)。

このほか、墓を管理する墳寺・墳庵の中に祖先を祭る祠堂が作られることもあって、宋代には相当一般化していたらしい(13)。仏寺の中に祖先の祠堂を作るというのはいかにも宋代的であるが、この場合の祠堂も伝統的にはやはり墓祠の範疇に入れてよいであろう。興味深いのは、家廟に相当する祠堂を営むと同時に、墳寺・墳庵にも祠堂を設ける例がしばしば見られることであって、前記の方大琮などは、家廟のほかに、祖塋内の墳庵に祠堂を立て、さらには薦福寺という墳寺内にも祠堂をもっていた(14)。

なお、『家礼』は墓祠については何も述べていない。ただ楊復の附注が、墓所に祠堂を設ける必要性について述べるにとどまっている。

㈢　専祠および生祠

専祠は功績のあった特定の人物を記念して祭る祠堂で、やはり古くからある。[15] その例は枚挙にいとまがないが、近世時期でいえば、蘇軾の「荘子祠堂記」（『蘇軾文集』巻一一、北京・中華書局）は先秦の荘周の専祠について、曾鞏の「撫州顔魯公祠堂記」（『元豊類稿』巻一八）は唐・顔真卿の専祠について記したものであり、また、朱熹の「徽州婺源県学三先生祠記」（『朱文公文集』巻七九）は周惇頤・程顥・程頤を、陸九淵の「荆国王文公祠堂記」（『象山先生全集』巻一九）は王安石を、清・陳用光の「杭州使院范文正公祠記」（『太乙舟文集』巻四）は范仲淹を、それぞれ祭った専祠について記している。このような専祠は学校や書院、官署、当該の人物にゆかりのある土地などに立てられ、数多くの偉人賢者、忠臣烈士が崇拝の対象になった。

専祠の一種として生祠なるものがある。専祠は当該人物の死後に立てられることが多いのだが、生前に立てられる場合もあり、これを生祠という。生祠もまた古来から営まれていたもので、資料的には少なくとも漢代まで遡ることができる。[16] いま、北宋時期に限って顕著な例を挙げてみよう。

・范仲淹

饒人（饒州の人々）、為《ため》に祠を立て、春堂・天慶観・州学の講堂凡そ三所に頒《わか》つ。景祐より此に距《いた》るまで六十載、牲牢日びに盛んなり。凡そ晴雨及び州官の到罷を禱るに、皆な礼を致す。講堂にては上丁毎《ごと》に礼祝を倶《そな》う。

（『范文正公年譜』、景祐三年）

・韓琦

其の大名に鎮たるや、魏人、為に生祠を立つ。（『宋史』本伝）

・欧陽脩

先公（欧陽脩）、平生連《しき》りに大郡を典《つかさど》るに、務めて鎮静を以て本と為し、声誉を求めず。……既に去るに、今に至るまで追思して已《や》まず。今、滁・揚の二州に皆な生祠有り。（欧陽発等「先公事迹」、『欧陽脩全集』附録巻二、北京・中華書局）

・蘇軾

公、二十年間此の州（杭州）に再莅す。其の人に徳有れば、家に画像有り、飲食には必ず祝し、又た生祠を作りて以て報ず。（蘇轍「墓誌銘」、『蘇軾詩集』附録一、北京・中華書局）

このように、生祠は近世以降においても盛んに作られていた。とりわけ、天候の晴雨や知事の到着・辞職について祈ったという范仲淹の生祠や、家に画像を掛けたり生祠を作ったりして功績に感謝したという蘇軾のケースからは、恩恵をもたらした人物が民衆によって「生き神」さながらに祭られていたことがわかる。

ところで、専祠が家廟・墓祠と違うのは、何よりも、祭る対象が祭祀者の祖先に限定されないという点にある。家廟と墓祠、とりわけ家廟の祭りが宗族の族員によってのみ許された行為なのに対し、専祠の場合は宗族以外の一般人間も祭ることができるわけである。[17] したがって、家廟が子孫の居宅に附設され、墓祠が墓域にのみ立てられるのに対して、専祠は性格上そのような特定の場所に限らず、いろいろなところに複数立てることができる。

㈣　その他の祠堂

このほか、道教や仏教、民間信仰における廟にも祠堂が立てられている。これもまた古くからあったようで、後漢・張昶の「西岳華山堂闕碑銘」に「礼廃れて復た興り、又た祠堂を造る」というのは、西岳華山の神霊を祭る祠堂についていったものである（『古文苑』巻一八）。宋代以降の例を挙げるならば、北宋・文同の「成都府学射山新修祠宇記」に「三清殿を為《つく》りて、張先生の祠堂と為す」というのは張栢子なる仙人を祭ったものであり（『丹淵集』巻二四）、南宋・

謝枋得の「円峯道院祠堂記」は浄明道の祖師とされる許真君の祠堂についてのものである（『畳山集』巻七）。金・趙秉文の「希夷先生祠堂記」は、五代宋初の道士、陳摶の祠堂について記している（『閑閑老人滏水文集』巻一三）。このうち「円峯道院祠堂記」は、許真君の祭りについて、

朔望には斉饌有り、晨夕には香灯有ること、士大夫の家廟を奉ずるが如し。

と、家廟にも見まごう真摯な祭祀が神仙の祠堂でも行なわれていたことを指摘している。

これらは道教ないし民間信仰における祠堂であるが、仏教の場合にも祠堂が設けられることがあった。たとえば南宋の陸游が東晋の慧遠の「祠堂」について述べているのは、仏僧を祭った祠堂の例である（「入蜀記」第四、『渭南文集』巻四六）。

以上のように、祠堂は祭る対象が何であるかによって、その性格が違ってくる。もちろん、場合によっては祠堂の性格が変わることもある。たとえば蘇州の范氏義荘に立てられた范仲淹の祠堂はもともと専祠として立てられたが、のちに家廟もしくは宗祠としての機能をもつようになったものであり(18)、また、現在、杭州にある岳王廟はがんらい墓祠であるが、岳飛が神格化されるのにともなって、あたかも民間信仰の祠廟のごとくに変化したものである。こうした変化が時に起こりはするが、しかし、それぞれのタイプの祠堂がもつ性格・機能はふつう固定していると考えてよい。そして、さまざまな神祇・人格を祭る祠堂のうち、宗族のあり方を考える場合には家廟と墓祠、とりわけ家廟としての祠堂が対象になるのであって、これを他のタイプの祠堂と混同してはならない。血縁でつながる祖先の祭祀と、血縁のない他者の祭祀とは基本的に区別して扱うべきものだからである。

なお、程頤や朱熹たち道学者にとって、家廟と墓祠のどちらが大切だったかというと、いうまでもなく家廟であった。程頤は、

葬は只《た》是だ体魄《むくろ》を蔵するのみなり。而して神《たましい》は則ち必ず廟に帰す。既に葬れば則ち木主を設け、既に几筵を除

けば則ち木主は廟に安んず。故に古人は惟だ専ら廟に祀るに精なり。（『程氏遺書』巻一八―234）

といっているが、これは彼らにとって家廟の方が重要だったこと、したがってまた家廟と墓祠がけっして混同されてはならなかったことを示している。『家礼』に墓祠に関する記述がないのも、その意味では当然のことであった。

二　『家礼』と始祖祭祀の問題

話題を換えて、次に『家礼』と始祖祭祀をめぐる問題について検討してみよう。従来、程頤が始祖・先祖を祭るべきだとしたのに対し、『家礼』はそれを僭越であるとして斥けて、高祖以下の四代を祭るのにとどめたというのがおおかたの通説になっていた。そして、始祖・先祖はただ墓祭においてのみ祭られたという。

たとえば、牧野巽氏は、

> 程伊川によって近祖の祭祀、即ち個別家族的色彩の強いものから、遠祖の祭祀を含む宗族全体的色彩の強いものに進められた祭礼は、朱子家礼により幾分また後退せしめられた傾向にある。朱子は一般士君子に祠堂を立てることをすすめ、また何人も高祖以下四代の祖先を祭るべしとした点、程子を継承しているが、高祖以上の始祖・先祖の祭はこれを僭であるとして退けた[19]。

といい、

> 程伊川は宗族結合の範囲を広めるために、始祖および先祖（始祖と高祖父との中間の諸祖先を意味する）を祭るべしとしたが、朱子はそれが古礼に背き僭上であるとして、祠堂で祭るのは高祖父で止めた。したがって大宗の名は存するけれども、祠堂に祭るのは高祖父までであって、それ以前の神主はみな墓に埋められるのである。ただ（中略）位牌を移して埋めたすべての祖先の墓は一年に一回はその子孫が集合して祭るというのであるから、聚

族の機能を停止するわけではない[20]。

といって、朱熹は始祖・先祖の祭りを墓祭のみに限ったとしている。また清水盛光氏も『家礼』によりつつ、朱熹は「祭祀を高祖以下の四代に止めようとした」とし、これに対して「程伊川は高祖を越えて遠く始祖まで祭るべしと唱えた」という[21]。また、

程伊川の始祖祭祀説は宋代に於ては一つの異例に属し、朱子の如きもこの説を僭上として僅かに高祖までの祭を認めたに過ぎない〔文公家礼巻一、通礼第一、祠堂〕。さうして朱子の如く祭祀を高祖までに止めようとする場合、その収族の範囲が始祖先祖の祭のそれに比べて遙かに狭小のものとならざるをえないことは明白であろう[22]。

ともいっている。

このように、始祖・先祖の祭りについて、程頤と朱熹とでは見解を異にするというのが両氏の解釈であるが、ここには誤解があると思われる。というのは、両氏とも『家礼』巻五の祭礼部分を考慮していないからである。資料をよく読むと、じつは程頤と『家礼』の間にそのような相違は存在しない。

まず、程頤は次のようにいっている。括弧内は程頤の自注である。

毎月の朔には必ず新を薦め〔仲春には含桃の類を薦むるが如し〕、四時祭には仲月を用う。時祭の外に、更に三祭有り。冬至には始祖〔厥の初め、民を生むの祖〕を祭り、立春には先祖を祭り、季秋には禰を祭る。他は則ち祭らず。……

始祖を祭るには、主無くして祝を用い、妣を以て廟中に配し、正位にて之を享す。先祖を祭るにも、亦た主無し。先祖とは、始祖よりして下、高祖よりして上にして、一人に非ざるなり。常祭は高祖より下に止まる。……家には必ず廟有り。廟中は位を異にす。廟には必ず主有り〔既に祧すれば、当に葬る所の処に埋むべし。奉祀の人の高祖よりして上の如きは、即ち当に祧すべし〕。其の大略此の如し。（『程氏遺書』巻一八―232）

ここでは大略、以下のことが述べられている。

㈠ 家廟には、高祖以下四代の木主（「主」）を置いて常祭する。

㈡ 高祖以下四代は月ごとに祭るほか、季節ごとの四時祭をおこなう。

㈢ 高祖以上の遠祖の木主は墓所に移し、埋める。（「既に祧すれば、当に葬る所の処に埋むべし。奉祀の人の高祖よりして上の如きは、即ち当に祧すべし」）

㈣ 冬至に始祖を祭り、立春に先祖を祭る。これらの木主は墓所に埋められているので、神位（「位」）すなわち祖霊の坐位を設けて祭るだけにする。

㈤ 以上の祭りはすべて家廟内でおこなわれる。

これらを『家礼』の所説と較べてみよう。まず㈠の、高祖以下四代の常祭については『家礼』巻一・通礼の祠堂章に明記されている。㈡については、同じく祠堂章に「正至朔望には則ち参ず」とあり、巻五の祭礼には四時祭の章がある。また、㈢についても、祠堂章の朱熹の自注に、

大宗の家にては、始祖の親尽きれば則ち其の主を墓所に蔵す。……其の第二世以下の祖の親尽き、及び小宗の家にて高祖の親尽きれば、則ち其の主を遷して之を埋む。

とあって、程頤と同じく、高祖以上の遠祖の木主は墓所に埋めるとされる。

注意したいのは、㈣である。この始祖および先祖の祭りについても、『家礼』巻五・祭礼はその初祖章および先祖章に、祭祀の仕方を詳しく述べている。すなわち、初祖章には「冬至に始祖を祭る」とあり、斎戒、設位、陳器、具饌、降神、参神、進饌、初献、亜献、終献といった順序で儀礼がおこなわれる。先祖章にもまた「立春に先祖を祭る」とあって、始祖の場合とほぼ同様の仕方で儀礼が進められる。また、これら遠祖の木主は墓に埋められているために、ただ祠堂（家廟）内に神位を設けて祭る。そのことは、初祖章の「設位」の朱熹自注に、

主人衆大夫、深衣し、執事者を帥いて祠堂を灑掃し、器具を滌濯して、神位を堂の中間の北壁の下に設く。

とあり、先祖章の自注に「祖考の神位を堂中の西に設け、祖妣の神位を堂中の東に設く」とあって、四時祭における「主を報じて位に就く」のような木主に関する記述がないことからも明らかである。

さらに、㈤についても、『家礼』が高祖以下四代の近祖を祠堂（家廟）で祭るとするのはいうまでもないが、始祖・先祖などの遠祖についてもやはり祠堂で祭るとしている。それは、右に引いた初祖章の「設位」の自注に「祠堂を灑掃す」とあり、先祖章の「設位」の自注に「初祖を祭るの儀の如し」とあることからわかる。

朱熹が高祖以上の遠祖の祭りを重視していたことは、『語類』によっても確かめられる。朱熹は、

伊川の場合、四時祭は高祖までで、高祖以上は立春に二つの神位を設けてあわせ祭り、木主は用いないという。この説は正しい。（「伊川時祭止於高祖、高祖而上、則於立春設二位統祭之、而不用主。此説是也」。『語類』巻九〇―一二一）

といっているからである。

このほか、『家礼』には墓祭についての記述もある。通礼の祠堂章によれば、遠祖の神主が埋められた墓に、年に一回、子孫たちが赴いて墓祭を行なうというのであるが、この点だけは程頤に明確な説明は見あたらないようである。ただし、前述したように、程頤は墓祭一般についてはこれを容認していたから、『家礼』の墓祭説は程頤の考えに沿ったものということができよう。

このように、『家礼』に見える祖先祭祀の方式はすべての面で程頤と基本的に一致している。ところがここで問題は、朱熹が晩年に至って祠堂における始祖・先祖の祭りを否定するということである。いま、性理大全本『家礼』の祭礼・初祖章を見ると、その附注に次の二条が引かれている。

・始祖の祭りについての質問。朱子の答え、「昔はそれはなかった。伊川先生が道理にもとづいて唱えたのだ。私も当初は祭っていたが、あとで僭越だと気づいたので、今は祭っていない」。（「問始祖之祭。朱子曰、〝古無此、伊川

先生以義起。某当初也祭、後来覚得似僭、今不敢祭」。）

・始祖の祭りは禘に似ており、先祖の祭りは祫に似ている。今はどちらも祭っていない。（「始祖之祭似禘、先祖之祭似祫。今皆不敢祭」。）

これらはそれぞれ、『朱子語類』巻九〇第一一六条、および巻八七第一五七条に見える朱熹の発言にもとづいている。[23]つまり、朱熹は『家礼』撰述ののちに考えを改め、祠堂における始祖と先祖の祭りを否定するに至ったわけである。ただし、この性理大全本『家礼』の注は、もともと朱熹の門人楊復によって附されたものであって、朱熹自身がこのような注を『家礼』に加えたわけではもちろんない。[24]

私はこれまで、始祖・先祖の祭祀に関して、牧野、清水両氏が『家礼』巻一の祠堂章における墓祭にのみ言及して、巻五の祭礼部分にまったく触れていないのを不思議に思っていたが、それはおそらく、右に引いた祭礼・初祖章の附注を『家礼』の本文と誤解してしまったからだと思われる。そうだとすれば、それは誤りであって、『家礼』にはがんらい祠堂内で始祖・先祖を祭るべきことがはっきり明記されているのである。

なお、このような誤解が生じた一つの理由として、夏言の上奏文を挙げることができると思われる。

臣按ずるに、宋儒程頤、嘗て六礼大略を修む。家には必ず廟有り、庶人は影堂を立つ。廟には必ず有主有り。月朔には必ず新を薦め、時祭は仲月を用い、冬至に始祖を祭り、立春に先祖を祭る、と。朱熹、家礼を纂修するに至って、則ち始祖の祭りは上を逼《おか》すに近しと以為《おも》いて、乃ち删去す。是より士庶家は、復た始祖を祭る者有る無し。（王圻『続文献通考』巻一一五、宗廟考、大臣家廟）

この夏言の上奏は、明の嘉靖十五年（一五三六）になされたもので、牧野、清水両氏の研究でも朱熹祭祀説の特色を示すものとして引用されている。[25]ここで夏言は、朱熹が始祖祭祀の部分を『家礼』から削除したといっているのだが、もちろん事実ではなく、これまた性理大全本の附注を拡大解釈したものにすぎないと思われる。もしかすると夏言の当時、始祖祭祀部分を削除した『家礼』テキストが流布していたという可能性も考えられるが、かりにそうであったとしても、それが『家礼』本来の形でないことはいうまでもない(26)。

以上に見てきたように、『家礼』の所説と晩年の朱熹の説には違いがある。『家礼』は始祖・先祖の祭祀を重視しており、その点、程頤説とまったく同一の立場をとっていた。始祖・先祖の祭祀が否定されるのは朱熹の晩年になってからであって、ここではじめて程頤説との相違が生じたのである。したがって、この問題について程頤と朱熹の違いばかりを強調するのは事実を正確にとらえていないことになる。始祖をはじめとする遠祖の祭祀を重んじ、いわゆる大宗からなる広範な宗族の結合を儀礼の上で企図したのは程頤だけではなく、『家礼』もそうだったのである。従来の解釈は、程頤が始祖祭祀を肯定したのに対し、朱熹はそれを否定したとし、程頤のみが大宗の集結を意識していたと見るのであるが、その見解は訂正されなければならない。

したがって、『家礼』の場合、始祖をはじめとする遠祖の祭祀は祠堂での祭りが中心であって、墓祭は付随的なものにすぎなかった。朱熹の晩年に至って、こうした考え方に変化が生じたのである。

三　司馬光『書儀』と「大家族主義」の問題

1　牧野説をめぐって

次に、司馬光の『書儀』と「大家族主義」をめぐる問題について検討してみたい。『家礼』が宗法主義にもとづくのに対し、『書儀』が大家族主義にもとづくと主張したのは牧野巽氏であったが、このとらえ方には同意しがたいところがあるからである(27)。

牧野氏は、『書儀』には二重の意味において「大家族主義がくっきりと現われている」という。それは第一に、「古礼においてはそのことが記していないにかからず、冠礼、婚礼に際してその青年の祖父や父が生存していない場合には、家長を主人とすることを明記した点」であり、第二に、「古礼においては族長たる宗子の権限に属していた祖先祭祀の主人たることをも家長の任務とする点」であるという。

その根拠として牧野氏が挙げるのは、次のような記述である。まず『書儀』冠儀の主人の注に、

主人とは、冠者の祖父・父及び諸父諸兄を謂う。凡そ男子の家長たる者は皆な可なり。（「主人、謂冠者之祖父父及諸父諸兄。凡男子之為家長者皆可也」。巻二、冠儀）

とあり、婚儀の主人の注に、

壻の祖父若しくは父を謂うなり。如し無ければ則ち即日の男家長之を為す。女家の主人も之に准ず。（「謂壻之祖父若父也。如無則即日男家長為之。女家主人准之」。巻三、婚儀上、納采）

とある。牧野氏は、『書儀』が冠礼および婚礼における主人（儀礼執行の責任者）として、父ではなく祖父を真っ先に挙げている点、また、祖父や父などの直系尊属がいない場合には男家長を主人とする点に、大家族的な特色が見られるという。

ここで重要なのは祖父や父以外の男家長が冠礼・婚礼の主人となることがあるという記述であるが、これを大家族的であるとは必ずしもいえないと思う。なぜなら、滋賀秀三氏が明らかにしたように、家長とは「家一番の目うえというだけの意味の言葉であって、誰かが就任すべき職位を意味する言葉ではない」からである。[28] したがって、ここに「凡そ男子の家長たる者は皆な可なり」とか、「即日の男家長之を為す」というのは、要するに、祖父や父がいない場合は、その時いる一番の年長者であれば誰でもいいということを意味する。ということは、場合によっては、主人は冠婚者本人の兄であってもいいことになる。つまり、大家族とは逆に、きわめて小さな家族であっても差し支えない

のである。家長とは、大きな地位と権力を有して一族全体を統率するところの「族長」を意味するのではないということに、我々は注意すべきである。

家長の語が右のような意味であることは、『書儀』に「婦女の家長」という言い方があることからもわかる。すなわち、

主婦とは、笄者の祖母・母及び諸母を謂う。凡そ婦女の家長たる者は皆な可なり。（「謂笄者之祖母・母及諸母。凡婦女之為家長者皆可也」。巻二、冠儀、笄）

というのがそれで、ここにいう「婦女の家長たる者」とは、女性の一番目うえの者という意味にすぎない。このほか、『書儀』には喪礼における護喪に関して、

家長或いは子孫の能く事を幹し礼を知る者一人を以て之と為す。凡そ喪事は皆な焉《これ》に稟《う》く。（「以家長或子孫能幹事知礼者一人為之。凡喪事皆稟焉」。巻五、喪儀一、復）

という記述もある。これもまた、能力のある、礼に通じた者を家長もしくは子孫の中から一人選んで護喪（喪儀の助言者）の役目につける、というのであって、家長は単に年長者というだけの意味を出ず、また特に大きな権限をもっているわけでもない。

さらに注意したいのは、祖先祭祀における主人の注に次のようにあることである。

即日此に在るの男家長なり。（『礼記』の）曲礼に「支子は祭らず」、曾子問に「宗子士たり、庶子大夫たれば、上牲を以て宗子の家に祭る」と。古え、諸侯卿大夫の宗族は一国に聚まる、故に以て是の如くなるべし。今は兄弟仕宦して四方に散ず。支子と雖も亦た四時に親を念えば、安んぞ祭らざるを得んや。（「即日在此男家長也。曲礼、支子不祭。曾子問、宗子為士、庶子為大夫、以上牲祭於宗子之家。古者諸侯卿大夫、宗族聚於一国、故可以如是。今、兄弟仕宦、散之四方、雖支子亦四時念親、安得不祭也」。巻一〇、喪儀六、祭）

ここで『書儀』は、古代において諸侯卿大夫の宗族は一ヶ所に集まって住んでいたため、祖先を祭るのは支子ではなく、きまって宗子であったが、今は兄弟が仕官して四方に散らばっているので、支子が祖先を祭ってもいいという。はじめの「即日此に在るの男家長なり」というのは、これまたその時いる一番の年長者であれば誰でもいい、ということであって、要するに家長は宗子ではなく支子であってもよいのである。つまりここでも族長（宗子）を中心とする累世同居の大家族とは違う、小規模な家族が念頭に置かれているのである。

『書儀』の本文部分に見られる「家長」の語の用例は以上ですべてである。これによって、次のことが明らかになったはずである。

㈠ 家長は単に家族中の最年長者を意味する語であり、大規模な家族を統率する族長のごときものではない。

㈡ 家長となる人間は、その時々の同居者の年齢構成に応じて変わる。言い換えれば、家長と他の族員との関係は固定せず、ルースである。

㈢ 家長の存在は家族の規模とは特に関係がない。

なお、このほか、同書巻四に附録として載せられている「居家雑儀」に「家長」の用例が四ヶ所あり、そのうちの一つに「凡そ家長たる者は、必ず礼法を謹んで以て群子弟及び家衆を御し、之に分かつに以職を以てし、之に授くるに事を以てして、其の成功を責む」などとあって、あたかも家長イコール族長であるかのように見える。しかしそれも、家族の最年長者が結果として族長のような役割を果たすことがあるというまでである。推測するに、牧野氏はこのような「居家雑儀」の記事に触発されて、『書儀』本文に見える家長を族長の意味でイメージしてしまったのではあるまいか。(29)

家長が「その時いる一番の年長者」であって、家族の規模とは関係がないということは、当の家族の規模が大きい場合もあれば小さい場合もあるということである。牧野氏は『書儀』について、「大家族内にさらに親子を中心とする小家族圏を保っているといえる」ともいっているが、こうした複雑な言い方をせざるをえなかった理由もここにあるであろう。『書儀』が前提にする家族は、遠い祖先から分れ出た大規模な累世同居の家族でもいいし、また、夫婦とその子からなる小さな家族でもよい。いわば大家族と小家族の双方が含まれるのであって、結局のところ、『書儀』の立場を「大家族主義」として総括するのは適切ではないのである。

では、『書儀』の立場が大家族主義でないとすれば、どのように規定すればよいのであろうか。右に見てきた『書儀』の記述にもとづくならば、それは「ゆるやかな家長主義」であったというのが最もよい。「家長主義」というのは、宗族ないし家族の族員の結合に家長がそれなりに重要な役割を果たしているからであり、また、「ゆるやかな」というのは、家長となる人間が固定してしないため、家長と他の族員の関係がルースだからである。そもそも、『書儀』の大家族主義に『家礼』の宗法主義を対置させるというのが牧野説の主旨なのであったが、大家族が家族の規模をいうのに対して、宗法が家族の結合形態をいうため、誤解を生じやすくなっているように思われる。[30] しかし、『書儀』の場合、家族の規模はさほど問題ではなく、また後述するように、『家礼』においても、場合によってはかなり大規模な家族が考慮されている。したがって我々は、家族の大きさではなく、家族の結合形態に着目し、『書儀』が「ゆるやかな家長主義」をとるのに対して、『家礼』は「宗法主義」をとっていると理解すべきである。

2　『家礼』と大家族

さて、『家礼』が宗法主義をとっていることは明らかである。直系尊属すなわち宗子が宗族結合の中心的役割を明確に果たしているからである。

しかし我々は、宗法なるものが宗族（家族）の結合形態をいうものであって、宗族の規模を示す概念ではないということに改めて注意する必要がある。『家礼』は大規模な家族をも念頭に置いているからで、以下、『家礼』の前提す

る宗族の大きさそのものはけっして『書儀』のそれに劣るものではないことを明らかにしたい。(31)

第一に、『家礼』は傍系親族との同居について記している。たとえば、婚礼の翌日、新婦が舅姑および尊長にはじめて挨拶する場面に次のようにある。

「明日、夙に興き、婦、舅姑に見ゆ」

若し宗子の子に非ずして宗子と同居すれば、則ち先ず此の礼を舅姑の私室に行う。宗子と同居せざれば、則ち上の儀の如し。（昏礼、婦見舅姑）

「婦、諸尊長に見ゆ」

宗子の子に非ずして宗子と同居すれば、則ち既に礼を受けて、其の堂上に詣りて之を拝すること、舅姑の礼の如し。而して還りて両序に見ゆ。其の宗子及び尊長同居せざれば、則ち廟見して而る后に往く。（同上）

ここでは、「宗子の子ではない」ところの新郎が宗子と同居している場合と、宗子と同居していない場合との両方のケースが挙げられている。「宗子の子ではない者」とは、この場合、宗子にとって堂姪（おい）や再従姪（いとこの子）を意味する。また、前の例にある「舅姑の私室」とは、「宗子の子ではない者」の父母が住む私室を意味する。「宗子の子ではない者」の父母（新婦にとっては舅姑）とは、宗子にとっては兄弟や堂兄弟（いとこ）であって、そのような人々が同じ家屋内に同居しているとされるのである。したがって「宗子の子ではない者」と同居しているとは、要するに宗子が傍系親族の世帯と同居していることを意味する。つまり『家礼』は、直系親族ばかりか、数世代の傍系親族が同居する家族、すなわち大家族をも視野に入れて書かれているのである。

第二に、『家礼』が大宗を視野に入れていることが挙げられる。大宗とは一人の始祖から分かれ出た当該一族の族員のすべてを指す、きわめて広範囲な宗族のことであるが、『家礼』は祠堂における祭祀について、

「四龕を為《つく》りて以て先世の神主を奉ず」

祠堂の内、近北の一架を以て四龕を為《つく》る。毎龕の内に一卓を置く。大宗及び高祖に継ぐの小宗は、則ち高祖西に居り、曾祖之に次ぎ、祖之に次ぎ、父之に次ぐ。（通礼、祠堂）

といっている。これは、大宗および高祖から分かれ出た小宗の場合、高祖以下四代の神主（木主）と、それを置く龕（小部屋）を祠堂内に作るということである。また、墓祭に関しては、

「或いは水火盗賊有れば、則ち先ず祠堂を救う」

大宗の家にては、始祖親尽きれば、則ち其の主を墓所に蔵す。而して大宗は猶お其の墓田を主りて以て其の墓祭を奉じ、歳ごとに宗人を率いて一たび之を祭り、百世改めず。

という記述がある。ここでもまた、大宗の家は墓田を守り、年に一回、族員を率いて墓祭をとりおこなうべきだという。

このほか『家礼』には、前章で述べたように、程頤と同じ始祖祭祀の記述がある。始祖（初祖）について朱熹が「惟だ始祖に継ぐの宗のみ祭るを得」と注していることからも、大宗の存在が強く意識されていることが知られるであろう。(32) 大宗という族員の広いまとまりは『家礼』における収族機能の重要な要素になっているのである。

このように、『家礼』では数世代同居の場合や大宗の存在がはっきりと考慮されている。家族の規模に関して曖昧なところがあった『書儀』と較べて、より広い宗族の範囲が礼的に明示されているのであって、(33) その意味で『家礼』は『書儀』よりもむしろ大家族主義的なのである。

おわりに

本稿では、近世宗族研究において再検討の必要があると思われる問題について論じてきた。まず、「祠堂」の語の

理解についていくらか誤りが見受けられることから、その意味するところを明確にし、整理をほどこした。祠堂は祭祀建築を広く意味する語であって、家廟、墓祠、専祠、道教や仏教における祠廟などの場合があるが、それぞれのタイプによって性格を異にすることは、祭祀というものを考える際、あくまでも留意されるべきである。

次に、始祖の祭祀と『家礼』をめぐって検討を加えた。『家礼』の始祖祭祀については、これまで墓祭のみが注目され、程頤との違いがもっぱら強調されてきたが、じつはそれは『家礼』の原義ではなかった。『家礼』は程頤と同じく祠堂（家廟）内における始祖・先祖祭祀を主張しているのであって、墓祭に比重を置くのは朱熹晩年の説なのである。『家礼』に説かれる祖先祭祀の方式は程頤と変わるところがない。つまり、朱熹の祭礼説について論じる場合、『家礼』と晩年の説は区別されなければならないのである。従来の解釈は朱熹晩年の説のみに目を向けていたと思われるので、訂正の必要がある。

最後に、司馬光の『書儀』について論じた。この考察によって、『書儀』が大家族主義をとるというこれまでの通説が正鵠を得ていないことが明らかになったと思う。『書儀』に見える「家長」は宗族全体を統率する「族長」ではなく、また誰が家長になるかは同居家族の年齢構成に応じてそのつど決められるもので、宗族（家族）の規模とは特に関係がなかった。家族の規模ということでいえば、むしろ『家礼』の方が大家族的なのであって、そのことは、『家礼』が傍系親族との同居をはっきり考慮に入れていることと、始祖祭祀による広範な族員すなわち大宗のまとまりを意図していることの二点からわかる。『書儀』の立場は「大家族主義」ではなく、「ゆるやかな家長主義」というべきであって、そのような宗族結合形態こそが『家礼』の「宗法主義」に対立しているのである。

こういった事柄は、いずれも礼的方面に着目しての照射である。しかし、冒頭に述べたように、宗族は祖先祭祀を必要な要素として成り立つ集団でもあるから、ここでの検討は宗族の基本にかかわるものといってよいであろう。

注

（1）滋賀秀三『中国家族法の原理』（創文社、一九六七年）、二一頁。

（2）牧野巽、清水盛光の研究については後述を参照のこと。また、Patricia Buckley Ebrey, *Confucianism and Family Rituals in Imperial China: A Social History of Writing about Rites*. Princeton University Press, 1991; Patricia Buckley Ebrey and James L. Watson eds., *Kinship Organization in Late Imperial China, 1000-1940*, University of California Press, 1986.

（3）仁井田陞『支那身分法史』（東方文化学院、一九四二年）、および『中国法制史研究　奴隷農奴法・家族村落法』（東京大学出版会、一九六二年）の家族村落法。また、注（1）所掲の滋賀論考。

（4）フリードマン『中国の宗族と社会』（田村克己・瀬川昌久訳、弘文堂、一九九五年）、瀬川昌久『族譜——華南漢族の宗族・風水・移住』（風響社、一九九六年）。

（5）徐揚傑『宋明家族制度史論』（北京・中華書局、一九九五年）、常建華『宗族志』（中華文化通志、上海人民出版社、一九九八年）、李文治・江太新『中国宗法宗族制和族田義荘』（社会科学文献出版社、二〇〇〇年）、小林義廣『欧陽脩——その生涯と宗族』（創文社、二〇〇〇年）、井上徹『中国の宗族と国家の礼制』（研文出版、二〇〇〇年）。

（6）吾妻「『家礼』の刊刻と版本——『性理大全』まで」（『関西大学文学論集』第四八巻第三号、一九九九年）、「宋代の家廟と祖先祭祀」（小南一郎編『中国の礼制と礼学』所収、朋友書店、二〇〇一年）、『朱熹『家礼』の版本と思想に関する実証的研究』（科研報告書、二〇〇三年）。なお、本稿はこれらの旧稿と一部重複があることをことわっておく。

（7）前注所掲の拙稿、とりわけ科研報告書の三六—三七頁を見られたい。

（8）前注所掲の拙稿「宋代の家廟と祖先祭祀」参照。

（9）陸峻嶺『元人文集篇目分類索引』（北京・中華書局、一九七九年）、王重民『清人文集篇目分類索引』（台聯国風出版社影印本、一九七八年）。

（10）楊寛『中国古代陵寝制度史研究』（上海古籍出版社、二〇〇三年）、三七頁。

(11) 楊樹達『漢代婚喪礼俗考』（上海文芸出版社影印本、一九八八年）の一六三頁以下に、漢代における墓前の祠堂について豊富な資料が挙げられている。

(12) 吾妻「二程の墓」（『阡陵』第四五号、関西大学博物館、二〇〇二年）に、程氏の墓の祠堂と、祠堂内にある三人の像の写真を掲げておいたので、参照されたい。

(13) 竺沙雅章「宋代墳寺考」（『東洋学報』第六一巻第一・二号、一九七九年）、黄敏枝「宋代的功徳墳寺」（『宋史研究集』第二〇輯、台湾・国立編訳館、一九九〇年）。

(14) 方大琮「演受将仕郎告廟」（『鉄庵集』巻三三）、林希逸「莆田方氏霊隠本庵記」（『竹渓鬳十一藁続集』巻一一）、劉克荘「薦福院方氏祠堂」（『後村先生大全集』巻九三）。

(15) 『礼記』祭法篇に「夫聖王之制祭祀也、法施於民則祀之、以死勤事則祀之、以労定国則祀之、能禦大菑則祀之、能捍大患則祀之」、『周礼』大司楽に「凡有道者、有徳者、使教焉。死則以為楽祖、祭於瞽宗」といった記述がある。

(16) 顧炎武『日知録』巻二二「生祠」、趙翼『陔余叢考』巻三二「生祠」。

(17) 「鬼神は、其の族類に非ざれば、其の祀りを歆《う》けず」（『左伝』僖公三十一年）、「其の鬼に非ずして之を祭るは、諂《へつら》いなり」（『論語』為政篇）というように、祖先を、その祖先の子孫でない者が祭るのは原則として許されなかった。だが、専祠にそのような制限はない。

(18) 『范文正公集』巻末の褒賢祠記に収める「呉郡建祠奉安郡守潜公講義」および「文正范公祠記」を見られたい。

(19) 牧野巽「宗祠とその発達」（『牧野巽著作集』第二巻所収、御茶の水書房、一九八〇年）、二五二頁。もと『東方学報・東京』第九冊（一九三九年）に原載。

(20) 牧野巽「司馬氏書儀の大家族主義と文公家礼の宗法主義」（『牧野巽著作集』第三巻所収、御茶の水書房、一九八〇年）、二一頁。もと同氏『近世中国宗族研究』（日光書院、一九四九年）に原載。

(21) 清水盛光『支那家族の構造』（岩波書店、一九四二年）、二二五頁。

(22) 清水盛光『中国族産制度攷』（岩波書店、一九四九年）、五六頁。

（23）「堯卿問始祖之祭。曰、古無此。伊川以義起。某当初也祭、後来覚得僭、遂不敢祭」（『語類』巻九〇－116）、「某家旧時常祭立春、冬至、季秋祭禰三祭。後以立春、冬至二祭近禘祫之祭、覚得不安、遂去之」（『語類』巻八七－157）。これらの発言が朱熹晩年のものであることは、注（6）所掲の拙稿「宋代の家廟と祖先祭祀」の注（85）および（86）を見られたい。また、あとの語録には続いて「私が潭州にいた頃」云々とあることから、朱熹の知潭州時代以後、すなわち紹熙五年（一一九四）以後のものであるとわかる。

（24）性理大全本『家礼』に先だつ宋版の周復五巻本には、「家礼附録」の部分にこの二条が引かれている。ただし、文字の異同が若干ある。

（25）注（19）所掲牧野論考、二五三頁、および注（22）所掲清水論考、八七頁。

（26）『家礼』の最も古い現存刊本は南宋の周復五巻本であり、これに続いて、南宋の『纂図集註文公家礼』、元の朱子成書所収本が出た。後世、最も広く流布したのは明の性理大全本である。これらの諸本にはすべて祭礼の初祖（始祖）章が載っているので、『家礼』の原本テキストは固定していたと見なければならない。なお、朱熹の高弟黄榦の門人、趙師恕は初祖・先祖の二章を削除したテキストを刊行したことがあったらしい。しかし、それは現行の諸本には反映されていない。注（6）所掲の拙稿「『家礼』の刊刻と版本」五七頁参照。

（27）注（20）所掲牧野論文。

（28）注（1）所掲滋賀論考、二八九頁。

（29）牧野氏は、大家族と家長の関係について次のように説明している。「複合家族、特に数世代前の共同祖先から分れた数十数百人の同居するいわゆる累世共居の大家族では、族員各自の妻女間に親属関係がないことも加ってその統制は甚だ困難となる。この困難を克服するためには、このような大家族では各々自己内部の規約を定めて家長権を強化せざるを得ない。宋・元・明にわたって大家族生活を持続した有名な浙江省浦江の鄭氏の規範のごとき、家長の下の庶務・会計・農事・外交・司法・食事・衣服その他種々の部門にわたって主任を定め、その厳なることあたかも官府のごとしといわれたのは典型的な例である」（「中国家族制度概説」、『牧野巽著作集』第一巻所収、御茶の水書房、一九七九年、一二頁）。これを見ると、累世同居する大家族の統率者が家長と考えられていたらしい。

（30）そもそも、牧野氏のいう「大家族」がどの程度の規模の家族をいうのか不明瞭なところがある。牧野氏は、「家長の直系卑属及びその配偶者のみからなる家族を中家族と呼び、家長の傍系親を含む家族を大家族」と呼ぶのがよいといっている（「家族の類型」、『牧野巽著作集』第七巻、御茶の水書房、一九八五年、一五頁。もと『社会学大系』第一冊〔国立書院、一九四八年〕所収）。これは家族の形態に着目しての分類であるが、このような分類基準からいえば、牧野氏もいうように「伯叔父・甥などの同居は二人でも大家族ということになる」（同上、一三頁）。つまり、この定義に従うかぎり、大家族は必ずしも族員の多い大規模な家族を意味しないことになる。牧野氏のいう「大家族主義」の意味が曖昧で誤解を招きやすいのは、こうした定義の仕方に起因すると思われる。

（31）水口拓寿「「大家族主義」対「宗法主義」？　牧野巽氏の中国親族組織論を承けて」（『中国哲学研究』第一四号、二〇〇〇年）は、本稿とは視点が違うが、この問題をめぐって論じている。

（32）なお、『家礼』の注で朱熹は、始祖について「厥の初め、民を生むの祖なり」という程頤の説を引いている。人類共通の祖先を始祖とする解釈であるが、これは単に一説として引いたまでであろう。朱熹自身の説は「惟だ始祖に継ぐの宗のみ祭るを得」と明記されているとおりである。なお、先祖についても、自注で「始祖・高祖に継ぐの宗のみ祭るを得」とされている。

（33）このほか、『書儀』と『家礼』に見られる祖先祭祀の違いも考慮してよいであろう。『書儀』が祠堂（影堂）に位牌を置いて常祭するのを曾祖以下三代までに限っていたのに対し、『家礼』の場合、祠堂で位牌を置いて常祭するのは高祖以下四代である。位牌によって示される宗族の範囲は、『書儀』よりも『家礼』の方がじつは広いわけであるが、この点については注（6）所掲の拙稿「宋代の家廟と祖先祭祀」で述べたこと以外につけ加えることがないので、ここでは繰り返さない。

宋代における宗法論をめぐって

佐々木　愛

一、宗族研究と思想史――宋代道学の宗法論――

宗法は、礼記等経書に広く記載されたいにしえの親族制度である。かつては経学上の一テーマとして論じられるものだった(1)が、それを宗族研究という新たな視点から光をあてたのは清水盛光・牧野巽の両氏であった(2)。両氏は、宗法が宋代以後の宗族形成の理論となっていることに着目し、宋代の程頤や張載の宗法復活の主張や、朱熹の作と伝えられる家礼を、後世の宗族結合形成の源として位置づけたのである。

以来宗法を親族結合のイデオロギーとみなす理解は定説となった(3)。なかでも特に清水・牧野両氏の視点を継承しつつ、宋代の宗法復活の主張に、より宋代としての時代性を読みとったのが、近年の日本における中国宗族史研究を牽引されている井上徹氏である。氏のこれまでの研究を集大成された『中国の宗族と国家の礼制』には「宗法主義の視点からの分析」という副題が付されている。「宗法主義（宗法復活論）」とは、井上氏によれば、宋代の科挙官僚制の確立により、社会階層の流動化する時代を迎え、士大夫が親族を広く結合し、その相互扶助により族総体として代代官僚を代々輩出し、官僚という名門の家系を樹立しようとする発想である。そして氏は、宋以後清までの宗族の歴史を「宗法主義というコンセプトの継承・普及・定着の過程」（寺田浩明氏(4)）として、一貫して叙述されたのである。

この書を書評された寺田浩明氏、山田賢氏(5)は、「宗法主義」を宗族形成の唯一の動機とみなすことに疑念を呈され、

「宗法主義」では説明できない事例・事象を提示された。ただし寺田氏も山田氏も「宗法主義」という動機の存在自体を否定されているわけではもちろんない。宗族が結合して同族の共有財産で義学を運営し、子弟を教育した例や、族譜序や義田序などその結集や相互扶助が宗法に則るものであると述べる文は多くあり、確かに宗法は宗族の結合を美事とたたえ正統化する理論となっていた。井上氏の「宗法主義」が説得力をもってきた所以である。

しかし筆者がかつてこの「宗法主義」に接して抱いた疑問とは、明清期はともあれ、宋代においてそのような発想や行為が宗法の名のもとで実践を叫ばれたことがあったのか、宗法の実践、宗法の復活という言辞に即、親族の結合・科挙による家系の維持等々という意図を読みとってよいのか、であった。井上氏の「宗法主義（宗法復活論）」は、宋代の道学者・張載および程頤の宗法復活の主張を井上氏なりに解釈することによって提示されたものである。そして筆者には、道学者である張載や程頤が「一族の中から科挙に合格して官僚になる者を輩出し名門の家系となるために、宗法を復活しよう」と主張する人々とは思えなかったのである。

そもそも道学において学問とは、自らの道徳性を高めることを第一義とし、その鍵は人欲を克服することにある。立身出世のため、科挙合格のための学というのは道学にとっては本来語義矛盾であった。もちろん道学の徒も現実には科挙を受けていたが、立身出世のために学ぶということはあくまでも憚られることであったし、本来の学問のために挙業を棄てるということは賞賛されることでもあったのである。また、程頤の辞世の語「道を何かに用いようとすれば、それはよくない（道著用便不是）(6)」に端的に表れているように、道とは、何のためでもなく、道であるがゆえに実践すべきものであった。道学者が復活を説いた宗法とは、経書に記載され、正しさの保証された、いにしえの礼である。経書からいにしえの礼を学び復活しようという主張、すなわち道の実践の主張が、何かのため、それも自分の一族から科挙合格者を多く出し名門の家系となるといった、自己中心的・自族中心的な昇官発財的欲望のためなどと、声高に公言するとは考えにくい。

以上のような思いを抱きつつ、張載・程頤・朱熹の所説を読み、概ね以下のような結果を得てかつて拙論で提示した[7]。確かに宗法には、本来宗子が一族の共通の父祖を祭るという親族を結合する機能はあるし、睦族は儒教道徳の一つである。しかし、彼らは親族の結合やその範囲や、結合を促すための儀礼などに全く関心を払っていない。張載や朱熹が宗法の名のもとに復活をめざしたのは、父祖の祭祀権は嫡長子だけがもち、そして祭祀権の嫡長子一子継承というタテの継承ラインを一族内において確立し、嫡長子の系統と庶系（嫡次子以下や庶子の系統）が峻別される構造を築くことであった。このような日本のイエ制度の本家－分家関係にも似た親族構造のもとで強調される親族観念とは、親族内の嫡庶尊卑の格差であり、親族の一体性や結集とは逆方向へベクトルが働いている。例えば朱熹は、たとえ同居している家族であっても嫡系庶系の違い（つまり小宗の違い）によって祖先祭祀を別に行えと主張した。すなわち兄弟（とそれぞれの妻子が）同居している家で、弟が死んだばあい、死んだ弟の位牌はその家の祠堂に入れて祭ることは許されず、弟の子が自分の私室で祭祀し、兄の一族といずれ別居したおりに新たに祠堂を建ててそこで祭祀せよと規定した。もし結合や親族の一体性を優先するなら、当然同居していた家族の位牌はすべて同一の祭祀場所において祭るのが相応しいであろう。しかし宗法に則った祭祀によって、この場合は親族の結合はおろか同居の家族すら分裂を余儀なくされるのである。またこのような嫡長子一子継承にもとづく親族構造とは、財産の男子均分に表現される中国の現実の親族観念とは逆行するものであり、道学者たちもその復活は現実にはほとんど不可能だと認識していた。朱熹は爵位など一子相伝の実態をもつ宗室などがまず宗法を復活すべきだとしているし、また張載は恩蔭を嫡長子に優先的に回すことにして、嫡長子を庶子より優位にする必要を訴えている。爵位、恩蔭といった言葉が出てこざるを得ないことからも分かるとおり、宗法の嫡長子一子継承制とは、科挙官僚制とは対極的な、いにしえの封建の世の親族制度そのものであった。にもかかわらず、その実践を説いたのは、それは彼らが封建や井田が復活すべき制度であると述べたことと同様で、いにしえの礼に復帰することこそが正しい、といういわば道学に顕著にみられる、ある種原理主義的な思考にもとづくものであった、と。

道学者らの主張がこのようなものだったにもかかわらず、宗法を親族結合法とする認識のみが先行した理由は、おそらく二つある。一つは従来、道学の著作の分析に長けた中国哲学研究者が、ある種当然のことながら理気論に集中し、礼学にはあまり関心が払われることはなかったことである。わずかに『家礼』に向けられていた関心もかつては朱熹の真筆か否かという点に集中していた。しかし近年、小島毅氏や吾妻重二氏らにより礼学にも光が当てられつつある。しかし宗法についてはは未だ踏み込んだ研究は行われておらず、小島毅氏による『家礼』研究も、新しい時代に相応しい現実に実践可能な礼を策定したものという理解が優先したためか、宗法も結合のイデオロギーとする理解に止まる。

もちろん儀礼に記載されたような古の礼が現実には実践不可能であるからこそ『家礼』は作られたのには相違ない。しかし礼が礼であるためには、無制限に現実の習俗習慣を礼として追認はできない。清初の朱子学者陸隴其は「朱子の礼を言えるや、俗に従う者あり、決して俗に従わざる者あり。合してこれを観れば以てその権度を見るべし」と述べ、「決して俗に従わざるもの」の例として引用されたのが朱熹の宗法だった。(8) 朱熹の弟子・郭子従が、今や宗法は廃れすべての子が父の後継であるのだから、父は嫡長子に対してのみ斬衰という礼も止めるべきだといったのに対し、朱熹がすべての子が父の後を継ぐ存在ではない、宗法は廃れたといっても礼は守るべきだと答え、嫡長子一子継承の礼の護持を主張したくだりである。朱熹の礼学において、俗に従った側面だけを強調すれば、その理解にいささか中正を欠くのである。

さて、親族結合としての宗法という解釈が通行したいま一つの理由は、清水氏・牧野氏以来の研究上の大前提となっていた中国社会認識であろう。清水氏はデュルケーム等のフランス社会学の影響をうけ、中国を専制権力のもとに自治的自立的な集団が存在する停滞した環節社会と認識していた。この認識が清水氏の研究の大前提であり、その宗族研究も、中国社会のなかから自治的な団体とその共同性を抽出・描出しようとする試みとしてなされた。また、牧野巽は中国家族の非縮小説にたち、漢以後は概ね五人程度の小家族であったとする一方、小家族の不安定性を補う社会組織として宗族に着目した。以上の研究上の視角からすれば、宗法が親族結合のイデオロギー以外のものとしては認識されなかったのも、また当然のことと言えよう。

しかし現在の中国社会認識の到達点とは、流動的な人間関係を基礎とし、厳しい社会環境におかれた場合などに時と場合に応じて宗族やギルドなどの結束を形成したというもので、環節社会論とは対極なイメージが形成されている。そして、宗法もそのような社会のなかにおかれていたものとして考えてゆくことが可能ではないかと考える。明―清期における宗族形成の運動の中で、宗法はその正統性の根拠となっていたが、張載や朱熹らの宗法復活の主張は、宗族結合を目的としない別次元の議論であった。つまり宗法は社会的要請に応じて、かつ家族の環境や学統など様々な条件に影響を受けつつ読み替えられ使われていったとも考えられる。宗法といえば共同性のイデオロギーという幻想のなかで、見逃されてきた宗法や祭礼法の言説を読み直し、当時の人々の発想にそってその所言を理解することは、宋―清の思想史のみならず、宗族研究をより豊かにする可能性があるのではないかと考えるものである。

明―清の宗法論の展開については既に雑駁な見通しを示したことはあるものの(9)、道はなお遠くまだ宋代という出発点を固めるべき段階にある。本シンポジウムに先立って行われた準備会では、筆者の上述のような宋代道学の宗法理解に対して、そのような原理主義的な嫡長子主義とは、いかなる対抗思想のなかで生まれたのか、特に王安石とはどのような関係にあるのか、道学以外の宗法論との関係は、といった問いが寄せられた。程朱の著作をわずかにひろい読んだだけで特に宋代史を専攻しているという訳ではない筆者にとっては荷の重い課題であったが、シンポジウムでの報告をもとにした本稿では、宗法の嫡長子主義が道学の周辺でどのように語られていたのか、若干の考察を試みた。忌弾のない御叱正を頂ければ幸いであるとともに、準備会やシンポジウムの席上、様々な御意見を下さった先生方に心より御礼申し上げたい。

二、宋代における宗法の議論の場

（1）皇帝と宗法——濮議

明清期において、「宗法」の語を最も多く目にする場といえば、族譜の序など宗族に関わる文章の中であろう。しかし、北宋期において、宗法を意識し宗法に言及した議論の場として忘れることができないのは、皇帝および宗室、すなわち皇帝とその一族を対象としたものであり、濮議もその一つである。

濮議とは、周知のように傍系から入継した英宗は実父・濮安懿王をいかなる呼称で祭祀するかをめぐる論争である。司馬光を中心とする台諫側は「皇伯」（皇帝のおじ）を主張する一方、韓琦・歐陽脩ら中書側は濮王を「皇考」（皇帝の父）を主張して対立し、結局は中書側のただ「親」と称す案が皇帝の意向に添って勝利を収めた。

濮議における議論や経過についてはすでに詳細な研究がありそちらをご参照いただきたい。(10) ただ本稿で注目したいのは、皇伯説にせよ皇考説にせよいずれの論者においても宗法は理想の親族モデルとして意識され、頻々と引用されていたことであり、そして言官・礼官らの世論が支持していたのが皇伯説という実父の存在を封殺せんばかりの呼称案であったことである。

皇伯説の主張の根拠として引用され続けたのは、『礼記』喪服子夏伝「人後と為る者、其の父母のために報ゆ。伝に曰く、何を以て期なるや。斬を貳びにせざるなり。重を大宗に持つ者は、其の小宗を降すなり」という経文であった。実父母に対する喪服を本来の斬斉三年から伯叔父母なみの斉衰期年に格下げするという喪服の規定から、実父母を伯父母に等しい存在とみなすという礼意をよみとり、実父を伯父と呼ぶという礼が主張されたのである。

実父を伯父なみに格下げする根拠が宗法である。尊ぶ対象はあくまで一つであり、尊なる大宗を継ぐ者は卑なる小宗は降すという規定が、濮議においては大宗を皇統に、小宗を傍系の宗室に比定し、皇位継承のタテの継承ラインを特に重視するという形で用いられた。古宗法では後継となる実子がなく後継者を立てるのは大宗のみに限られる。宗法の大宗の系譜と小宗の庶系の系譜という嫡系庶系を明辨するシステムが、皇統を大とし、宗室を抑圧すべき卑とする認識として用いられたのである。

さらに実父を父と認めないことについては、漢代に同種の問題が起こった際しばしば引用された成公十五年三月『公羊伝』の「人後と為る者、これの子となる」の句が引用され、他者の後継となったものは所継者の子となり実家に対する恩愛は私恩として断ち切るべきことが主張された。以上のような意識が次のような言論として表れる。「蓋し特に大宗を重んずれば則ち宜しく其の小宗を降すべし、志を奉ずる所に専にして敢えて私親を顧みざる所以なり」「人後と為るものこれの子と為り、敢えて復た私親を顧みず、聖人の礼を制するや尊に二上なし」（司馬光）[11]「陛下大宗を継ぎて天下を有す、義の重恩掩うを得ず、豈に復た小宗を顧みるべけんや」「蓋し大宗の為に斬、小宗の為に期」（呂誨）[12]。

こういった考え方は、やがて皇考説を批判するさい「両統二父」というあやまちを犯した、という言葉を使うことでより端的に表現されるようになった[13]。つまり皇位継承の系譜は、本来祖父から父、父から子へと一本のタテのライン（統）で貫かれなければならず、養父と実父と二人いれば統が二本になるので認められない、ということである。このような、タテ一本の継承ラインの確立をきわめて重視するという考え方は、道学の主張する宗法の嫡長子一子継承の主張と響き合う内容をもつものといえよう。

宗法は諸侯の庶子を祖とする一族のための親族法であり皇統を無条件でさすわけではないが、濮議では問題とならなかった。皇帝の一族は皇位という一子相伝を支える実体が存在し、かつ皇位を継承した者だけが比類ない存在となり、傍系の親族は臣従し一族内に君臣関係をも含みこむ、という嫡系庶系の別に厳しい宗法に即応した親族構造を持つ特殊な一族である。皇統を大宗に比定するのは自然であり、何より宗法は経書に唯一記載のある親族法であった。ただし、宗法の認識自体には論者によって強調箇所の差はある。例えば司馬光は、大宗と小宗の差異を重視し二父を批判するに止まるが、呂誨や曾鞏は大宗の優越する理由をその他小宗の親族が臣従している点にも求めている。[14]前者は道学的な宗法理解であり、後者は宗族結合の宗法という理解につながるが、この場合、皇帝であるから偉いのか、一族が臣従するから偉いのか、という殆ど意味をなさない差異に止まり、問題にはなることはなかった。

以上のような皇伯説に対して、欧陽脩等中書側は「皇考」を、そして後には「親」の称謂を主張した。[15]欧陽脩の基本的立場は人としての「情」の強調にある。そして欧陽脩は皇伯説の根拠、『礼記』の「為人後者為其父母報」の経文を、台諫側とは逆に、出継して人後となった子も実の父母を父母として呼びつづけている証拠と読み替え、さらに「二父」を問題とはみなさず「為人後者為之子」は漢儒の説で聖人の言ではないと一蹴した。宗法については、欧陽脩は皇統を大宗にたとえ、その重をうけることの重さは重々強調はしているが濮王の系譜を小宗にたとえて軽んじることはしない。そして欧陽脩は歴史上、傍系から入って皇統を継いだ者は存在するが、実の父母を伯父叔母と改称した前例はなく、また実父を追尊しなかった魏の斉王・高貴郷王・常道郷公はそれぞれ廃され、弑され、簒奪されており、彼らに天も決して福を下していない、と主張した。

台諫側は、漢の宣帝・光武帝の例は前例にできないと主張していた。司馬光はいう。宣帝は孫で祖を継いだのであるし、光武帝は王莽政権を倒した創業の主とも言うべき存在だ、と。[16]翰林学士范鎮は礼官を率いて上言し、宣帝・光武帝の時も実父を皇考と称すことは「小宗を以てして大宗の統に合す」ものだという批判があったと述べた。[17]

しかし皇伯説、皇考説の両者を比較すると、皇伯説は説得性にやや欠ける。実父を伯父と呼ぶという礼は、経書に明確な規定はなく歴史上前例もない。すなわち皇伯説とはタテの一本の継承ラインを尊ぶという礼経の規範をもとに礼経の意をさぐり、そこから新たな礼を策定してその実践を迫ったという、礼経をも超越した過激な礼であった。しかし当時の世論、そして同時代人の程頤や後世の朱熹はその過激な皇伯説を支持したのである。程頤は当時まだ出仕していなかったが、御史中丞彭思永のための代作として、皇考説の非を直言し皇伯説を主張する文を書いた(18)。また後年朱熹は弟子に濮議について問われたとき、二父の存在は容認できない、司馬光説が正しく、欧陽脩説は「断じて不可」と答えている(19)。

皇伯説のような過激な主張が当時大方の支持を勝ち得ていたのには、政治的な理由もあろう(20)。しかし、ともあれタテの一本の継承ラインを特に重視するあまり、礼経をも越える礼の主張がなされ、それが広範な支持を得られていたという事実は、理に厳しい道学をはぐくむような思潮が当時は存在していたともいえよう。とはいえ濮議の段階での宗法は、皇統と傍系の宗室の間の既に自明な礼的格差を強調する位にしか機能していない。嫡長子一子継承という宗法の継承法の実践が直接問われ、そしてその主張に対して逆風が吹いたのは、神宗期においてであった。

（2）　宗室と宗法――宗室改革(21)

熙寧二年十一月十一日、神宗は中書及び枢密院の発議をうけて「宣祖・太祖・太宗の子、皆な其後一人を択びて宗を為り、世世公に封じ、環衛の官に補し、以て祭祀を奉ぜしむ……」という詔を発した(22)。後継者を一名選んで「宗を為り、世世公に封じる」という言い回しからも、この詔が宗法を意識したものであることが強くうかがえよう。

しかし新制を公布した神宗は実践の難しいような古の儀礼の実践をめざすような人物とも思えない。神宗は濮議の時の皇伯説など全く理解を示さなかったし(23)、宰相の王安石は周礼を第一とし、儀礼を第一とした道学とは対立する存在であった。朱熹は王安石が出て儀礼の学は絶えたと評している(24)。熙寧の宗法色の濃い詔は、実のところ古の儀礼の実践をめざす試みとしてではなく、莫大な宗室費の圧縮という課題から副次的に生まれたものだった。

宋初では太祖太宗の父、宣祖を共通の祖先とする者は、皆宗室として名目的な官職と住居生活費等を支給される特権を持った。しかし神宗期に至ると宗室は極端に増加し、宗室の年間費用は結婚・葬儀などの特別な費用を除いても年七万緡余り、官僚の月俸が年四万緡、軍事費十一万緡と比較すれば、宗室費が国家財政を圧迫していたことは明白だった。

改革が必要と考えた神宗は、昇進を早くできる南班官を授けるのは諸王の嫡長に限り、他の子弟は三班の職名とするという改革案を提示した。つまり嫡長子に対する優遇案とは、古礼の実践といったこととは関係なく、兄弟のなかで優遇する者を一名に限定するための法としてまずは登場したのである。しかし中書のなかでも陳升之と王安石は神宗の案では満足しなかった。陳升之は議論は臣下にゆだねることを認めさせ、そして唐代では現皇帝の五服の範囲外となった者は親族と認められなかったことに鑑み、祖免より遠い関係となった親族は宗室と認めないという宗室の人員自体の削減案を主張した。神宗は祖先を共通にする以上同族関係は保ち続けるべきだと反対したが、王安石は現皇帝を基準にして親族範囲を決定するのは祖先を基準にするのと同じだと主張した。神宗は改革を押し止めたかったのか司馬光に下問し、司馬光は宗室改革は必要だが徐々に行うべきで急激にすべきではないと回答した。

神宗が司馬光に下問したわずか四日後、中書および枢密院が提示した改革案の一部が本節冒頭の「宣祖・太祖・太宗の子、皆其後の一人を択びて宗となし、世世公に封じ、環衛の官に補し、以て祭祀を奉ぜしめ、服属の尽きるが故をもって其の恩礼を殺せず」であり、後には「その祖免の親にあらざれば、更に賜名受官せず」の規定も加えられている。(25) この案の前の部分では、祖宗を継ぐ者は何代経とうと公の地位を得て継承できる事が強調される反面、後の部分では公を継ぐ者以外で現皇帝の祖免より遠い関係となった者は宗室としての特権は受けられなくなることを示す。いわば、この案は宗室の範囲を限定したくない神宗の意向と、特権をもつ宗室を限定したい王安石らとの妥協の産物であり、これで神宗も承認した。

この時点においては嫡長子一子継承の導入については、嫡子より年長の庶長子を後継とすることができるかどうかという論議しかされなかった。曾公亮と陳升之は子を嫡庶で分けることはないと主張する一方、王安石は、今は庶長子が封爵を継承できるため嫡母が庶長を虐げており、嫡子が爵位を継承できれば庶長に禍が及ばないと嫡子継承を支持し、神宗は王安石の意見を容れた。嫡子継承の制度化は儀礼の遵守とは別次元の理由から行われたのである。

新詔をうけて太常礼院は新詔が従来の継承法と根本的に相違することについて、問い合わせを行った[26]。従来の継承法は「皆な本宮の最長一人を用って公に封じ継襲せし」めるというものだった。この法に則れば、もし当該の宮で嫡長子が先に死去し、第二子以下が生存しているという場合、年若の嫡長孫ではなく尊長である第二子が公の位を継ぐことができる。宗法の嫡長子一子継承であれば、もし尊長たる実子がいても年若の嫡長孫を立てねばならない。ここで太常礼院が確認を求めたのは、新詔に則るということは、封爵令の「王公侯伯子男、皆子孫嫡を承ける者が伝襲す。もし嫡子無く、及び罪疾有れば嫡孫を立つ、嫡孫無ければ次を以て嫡子の同母弟を立つ、母弟無ければ庶孫を立つ、曾孫以下これに准う」という「嫡系主義」の規定に則るということでよいかであった。それに対して神宗はまず公に封じようとする者は以聞せよという詔を出し、ついで「祖宗の子並びに濮国王は並びに嫡に伝えて襲封せしむ」という詔を出した。

ここにおいて新詔に対応して、あらためて宗室に対する国公位の授受が行われることになったが、その立継をめぐって論争が起こった[27]。問題となったのは、太祖太宗の弟・廷美の祭祀を継承する秦国公と、太祖の第四子・徳芳の祭祀を継承する楚国公の後継であり、秦国公の候補は、廷美の嫡孫承慶の庶子克継と、廷美の第三子徳雍の子の承亮の二人、楚国公の候補は、徳芳の嫡孫従照の庶子世逸と、徳芳の第二子惟憲の子従式の二人であった。

判太常寺・陳薦ら礼官は秦国公に克継、楚国公に世逸を推した。克継は、廷美の嫡長子徳恭の嫡長子承継の子である。承継には嫡子はおらず庶子が六人おり、庶長子克晤は既に亡いため庶次子の克継が継ぐべきだと彼らは主張した。また世逸は徳芳の嫡長子惟叙の嫡子従煦の庶子である。従煦には嫡子がなく庶子の世逸一人がいるだけなので、世逸が継ぐべきだと主張した。陳薦らの議論の基礎は、「伝襲は嫡統を重んじる」との認識であり、能う限り嫡長子一子のタテのラインで継承を考え、嫡子がない段階で次子以下に及ぶというものである。

一方、韓忠言らは秦国公に承亮、楚国公に従式を推した。承亮は廷美の第四子徳雍の子で、すでに昌国公の位を与えられ、かつ神宗即位時には節度使の官も与えられていた。彼の昌国公位は、廷美の第五子徳鈞の子・承簡より継承した位であった。従来の継承法「本宮の最長者一名」に則り、従兄から従弟へという継承が行われた結果である。従式もすでに舒国公の位を与えられ、かつ神宗即位時に安定郡王位を与えられていた。舒国公の位はまずは徳芳の長子惟叙の嫡子従照、次に徳芳の第三子惟能の子従古、そして徳芳第二子の子従式へと継承されたものであり、やはり従兄から従弟へという継承の結果である。そして韓忠言らは、封爵令では嫡子の系譜にすでに嫡長曾孫が亡いのに嫡子の同母弟が存命であるというケースが直接には想定されていないことを根拠に以下のように主張する。封爵令は、嫡孫がなくて嫡曾孫がいても（嫡）曾孫をさしおいて嫡子の同母弟を立てるなど、古礼とは異なり嫡長子一子継承は貫徹していない。これは傍系に及ぶのも許され、常に親近者を先にしている証拠であり、諸子の子は嫡長以外はみな庶孫である。庶孫といったからには、諸房の庶孫内で最年長のものを一人立てればよいのである、と。

つまりこの論争では、嫡長子一子継承のタテのラインを確立すべきか、それとも従来の継承法を追認し、輩行と年齢が上であれば継承できることにすべきか、が問われたのである。神宗は王安石に陳薦の所説についての見解を問うたところ、王安石は陳薦案を「嫡子の子を庶孫とし、諸子の子を別房孫としている」と評した。つまり王安石は陳薦案では嫡長子一子のタテの継承ラインを過度に重んじ、嫡次子以下の嫡子や庶子との格差を付けすぎだと批判したのである。神宗は王安石の意見に同意し、韓忠彦案が採用されて封爵が決定された。神宗も王安石も嫡長子一子継承の古礼を実現させせようなどとは考えていなかったことが分かろう。

しかし論争はこれでは決着しなかった。選からもれた克継、および廷美の第七子徳文の嫡子承撰が秦国公の受封を主張し、神宗から両制に検討せよとの詔が下った[28]。この機をとらえて嫡長子一子継承原則の実践と徹底を主張したのが、王珪・范鎮・司馬光といったかつて濮議で皇伯説を主張した人々であり、論陣の中心はやはり司馬光だった。司馬光らは嫡統が絶えなければ傍系が継襲する道はなく、令文の子孫承嫡者伝襲とは嫡曾孫以下も皆含まれるとして、陳薦案どおり克継と世逸の立継をあらためて主張した。さらにさきに魏王（太宗の長子元佐）の後継として、陳韓の両者が一致して元佐の庶長子允升の嫡子宗恵を立てたことも問題とし、宗恵でなく元佐の庶長子允升の嫡子宗礼の嫡子仲蒼の立継を主張した。司馬光は本来、性急な宗室改革には反対であったが、改革の副産物として嫡長子一子継承という儒教的家族倫理の実現の好機が到来するや、その点でのより一層の改革を求める立場に転じたのである[29]。

この司馬光ら台諫側の見解を神宗と中書は却下した。秦王と楚王については前詔どおり承亮と従式とし、魏国公は前詔を破棄して宗恵の立継を取り消し、元佐の庶次子允言の長子宗立とした。また前詔で越国公に封じられた越王徳昭の庶長子惟正の系統をひく庶長曾孫世程の立継を取り消し、徳昭の次子惟吉の系統をひく庶長孫世清に代えた。神宗は世程を年長者とみとめず、また王安石が礼官は魏王は嫡子がないので庶子の嫡子を嫡孫とみなしているとの解説に、神宗は嫡子がないのに嫡孫がいるわけがない、と笑い捨て、礼官や台諫を処分した。陳薦、李及之、章衡、周孟陽、張公裕は各一官を下し、韓忠言、陳睦は各罰銅三十、再議官の王珪・范鎮・司馬光、韓維、呉充、王益柔、蔡延慶、呂大防は各罰銅三十。陳薦ら嫡長子一子継承の主張者のみならず、従来の方式を踏襲した韓忠言も魏国公と越国公の立継ミスの責任をとらされた。このような処罰が行われたのは、国公の封爵が大きな利害の絡む問題であるだけに、これ以上の論争を封じ濮議時のような論争を防ぐという意も窺えよう。ともあれ宗法色の濃厚な詔が出されていたにもかかわらず、結局行尊年長の基準は踏襲され、兄から弟へ従兄から従弟への継承が認知された。行尊年長という基準はその後も襲封の際に機能しつづけ、後に嫡長子一子継承という宗法の実践を主張する朱熹を嘆かせた。しかしこの宗室の後継をめぐる議論からは、新詔というきっかけをとらえて嫡長子一子継承のタテのラインの確立を目指す動きが熙寧初年の礼官や翰林官のなかには存在していたことが窺える。そして嫡長子一子継承の主張は、道学の対立者王安石と神宗によって封じられたのである。

以上のように、皇帝や宗室のうえに宗法の理念を見、実践させようとする動きが一部の官僚の中に見られた。しかし皇帝の一族は一子のみによって継承される皇位や封爵をもつ特殊な一族である。果たしてそれらを持たない士大夫も宗法の嫡長子一子継承原則を実践すべきだと考えられていたのだろうか。嫡孫承重の礼をめぐる議論から考えたい。

（3）　士大夫と宗法——嫡孫承重

嫡孫承重とは、祖父母死亡時、先に子たる父が亡い場合、嫡孫が父にかわって斬衰三年の喪に服す礼である。この礼は本来嫡子から嫡孫へ「重」が「承」けつがれることを表しており、祭祀において嫡長子一子継承を表す礼が宗法であれば、喪礼において嫡長子一子継承を表す礼が嫡孫承重であるという関係性を本来もっている。(30)

熙寧八年、この嫡孫承重をめぐって次の詔が出た。「五服年月勅の嫡孫祖の為にすに増注す。嫡子死し、衆子無くて然る後に嫡孫承重す。即し嫡孫封爵を伝襲する者は衆子あるといえどもなお承重す」(31)。議論の発端は、同知太常礼院李清臣の嫡孫承重の礼の拡充を求める以下のような提議であった。五服年月勅には嫡孫が承重するという規定はあるが、嫡孫がいない場合庶孫が承重する規定がない。封爵令の爵位継承順に従って承重し、そして他の子孫はそれぞれ本服に服させるよう規定すべきだ、と李清臣は提議した。この提議で重要なのは、たとえ嫡長子が既に亡く、しかし嫡次子などそれ以外の斬衰の喪に服す実子がいたとしても、嫡孫が承重せよという点であり、喪服という礼で嫡長子一子継承を表すことを求めていることを示すものである。このような礼の制定はかつて范鎮が主張し、司馬光も賛成した議題であった[32]。しかし李清臣は「志は利祿にあり」と評される新法派の人物であり[33]、初め欧陽脩にその文を評価され、濮議たけなわの治平二年の制科受験時の策問で、当時の大水害が皇考説のためだという議論に対し、雨を止めさせるのではなく民を救うほうに力を注げと論じて合格している。以上からすると古礼の実践を敢えて主張する人物とは考えにくく、嫡長承重は当時はさほどの政治性を持った議題ではなかったのだろう。そして太常礼院も李の議を支持した。しかし中書はやはりそれを以下の理由で否決した。「古は国邑を封建し宗子を立つ。故に周礼は適子死して庶子有ると雖もなお適孫をして伝重せしむ。本統を一にし尊卑を明らかにする義の所以なり。商礼に至れば則ち適子死して衆子を立て、然る後に孫を立つ。今既に宗子を立てず、また常には国邑を封建せざれば則ち宜しく周礼を純用すべからず[34]」。冒頭の熙寧八年の詔はこの中書の見解に基づいて出されたものである。ここにおいて嫡孫承重の礼は封爵を受けた者以外は余子がいない場合に限られるということが明記され、喪礼において嫡長子一子継承を表す礼は否定された。嫡長子一子だけを優遇する社会的実体は、漢以後の中国社会には存在しなかったにもかかわらず、それを明確に否定する礼令を定めたのは宋代熙寧年間だけであった。熙寧という時代性が感じられよう。

後に蘇頌は「議承重義」で次のように論じた。「古は貴賤同じからず、礼は諸侯大夫世よ爵録有り。故に大宗小宗、主祭伝重の義有れば則ち喪服は従りて制を異にす。匹士庶人亦た何ぞ預からん。……近代仕うれども爵を世よにせず、宗廟因りて立たず、尊卑もまた統ぶ所なく、其の長子孫と衆子孫とは以て異なるなし。……欲乞すらくは特に礼官博士に詔して礼律を参議せしめ、若し封爵なき者は伝重の義無しと以えば、即ち別に服制を立てんことを乞う。如し礼にあるが故に合さに承重すべければ、また古今収族立祭の礼を参酌し、宗子を立為して祖を継がせ、以て衆子孫に異なれるの法を有さんこと乞う[35]」。蘇頌は士大夫の嫡孫承重や宗法の実践に否定的であった。宗法は周の封建の世の制度であり嫡長子一子によって継承される「重」とは爵録である、承重の法は継承する爵録をもち宗法に則って祭祀権を移譲している諸侯大夫の礼である、今は嫡孫承重も位人臣を極めている者なら行ってよいが、爵録もなく宗法もない士大夫の礼ではない、やめるかあるいは行うのなら宗法も立てるべきだ、というのである。
蘇頌はかつて仁宗の至和年間、宰相文彦博が家廟の建設を試みて太常礼院に検討が要請された際の同知太常礼院であり、その際官品の上下を表すことのできる礼を提案している(36)。程頤や朱熹が五服の礼は皇帝から庶人まで一つだということを根拠に四代祭祀を主張したのと比較すると、国家の秩序を重視した議論だといえよう。神宗と面会しその礼論が評価されて、以前の礼論の提出をも求められ、彼が提出したのが「承重議」とこの「家廟議」であった。神宗によって評価される礼説とはこのようなものだったのである。

嫡長子の優位を支える実体はもはや存在せず、また古の宗法の嫡長子継承の実体は爵録であり宗法は本来士庶人の制度ではないという批判は、道学者の宗法実践の主張に対する根本的な批判となりうる(37)。張載や朱熹らは嫡長子によって継承される「重」の内容を爵録といった実体から切り離して宗法実践を主張したが、実際は嫡長子によってのみ代代継承される実体が存在しないことに、彼ら自身苦慮せざるをえなかった。

司馬光は自作の家礼のマニュアル『司馬氏書儀』に宗法を採用せず、そのため従来の研究では司馬光は宗法実践反対の大家族主義として知られる(38)。しかし司馬光は皇伯説や宗室の嫡長子継承問題の両者で論陣の中心人物であり、また嫡孫承重でも衆子がいても嫡孫が承重する礼を支持していて、本来的宗法を実践すべきだと考えていたことがうかがわれるし、何より宗法が嫡長子一子継承法という認識自体は道学と全く同じである。ただ嫡長子主義に固執すると兄弟異居の場合弟が祭祀に参加できないことなど、現実には実践が難しいことから司馬光は宗法は採用しなかったのである。朱熹ですら士大夫の宗法実践は遠い将来の目標にすぎなかったし、兄弟異居のばあい礼を格下げする形であれば弟が父祖を祭祀することも認めざるを得なかった。こと宗法に関する限り、張載や朱熹と司馬光との距離は実のところかなり近い。しかし張載や朱熹が、なおあえて宗法の実践を主張したところは、道学者の道学者たる所以であろう。

三　宗法実践と親族結合

宗法を嫡長子一子継承制と認識し、それを儀礼という形で実践するのは、現実社会においては嫡長子優位をささえる実体がないため極めて困難である。しかし儀礼という形で現実に実践するのでなければさほど難しくはない。最も簡単なのは紙の上、つまり族譜を宗法に基づいて書くということである。紙の上で系譜を書かれるだけであるならば嫡系と庶系も単なる紙上の線にすぎない。そして最初の宗法の「実践」例は、欧陽脩の「欧陽氏族譜」そして蘇洵の「蘇氏族譜」と族譜から始まった。両者は嫡庶の別への関心の薄さにおいて共通する。欧陽脩は濮議のおり、傍系の宗室を小宗と例えて貶めることはしなかったし、蘇洵も嫡長子主義には殆ど触れない。欧陽譜と蘇譜は近世譜の模範となったことはよく知られている。族譜の編纂は親族結合にさいしてまず行う行為であり、その模範の譜においてともに宗法が用いられたのである。その上、蘇軾が睦族を説いた「策別安万民二」[39]はまさしく宗法を親族結合、睦族の理想との認識の下で書かれている。欧陽譜蘇譜における宗法採用と文豪蘇軾の名声とが、宗法が親族結合のイデオロギーという認識が流布することになる最大の源となっていよう。

程頤と蘇軾とが激しく対立していたことから、道学者は蘇軾の蜀学に批判的であるのが常である。しかし道学者でも家学の関係上蘇軾の蜀学に親和的であった呂祖謙[40]は、朱熹とは対照的な宗法理解を持っていた。呂祖謙は礼記「敬宗故収族」に注して「収族は、窮困者を収めてこれを養うが如し、学者を収めてこれを教うるやは知らず」とし、また「収族故宗廟厳」に注して「宗族既に合すれば、自然に繁茂す。族大なれば則ち廟尊なり。如し宗族離散し、人の収管する無ければ、則ち宗廟安んぞ厳なるを得んや」として宗法の目指すところを親族の広範な結合と相互扶助に求めている[41]。そして「宗法条目」との題の付せられた章には、呂家の祖先祭祀法と一族の相互扶助法の規定を記している。つまり呂祖謙は宗法を睦族のための族法という程の意味で使用しており、嫡長子継承については何ら触れていない。朱熹は呂祖謙の学をその死後一転して「博にして雑」などと罵ったが、宗法についても確かに朱熹説との乖離は著しい。しかし当時は朱熹よりも呂祖謙のほうがよほど世に知られる存在だった。親族結合のための宗法という理解のひろまりには呂祖謙の学の影響もあったことも考えられる。

ただ、宋代の時点で親族結合のための宗法という考え方が普遍化していたわけではもちろんない。かつて義荘を設立した北宋の范仲淹も、朱熹の論敵で累世同居の大家族だった陸九淵も自身は宗法に言及していない。また親族結合のためには宗法は不適当であり不要だとして蘇軾を批判する議論もあった。陳藻はそもそも宗法は井田封建とともに廃れた礼であって、一族のリーダーとしては族の中から誰か一人を立てればよいので宗子などという必要はない[42]、といい、袁燮は、蘇軾は小宗の法を採るが五世以上結合できないのに盛時の法といえるかとの疑問を投げかける[43]。あるいはあくまで宗法の嫡長子主義に則って、嫡子孫が代々本宅に住み、他の子孫は別に住まわせ、宗子の礼を復し、族譜など見ずとも自ずから自らの嫡系庶系の系譜が明らかになるようにしたいと願う高閌のような者もいた[44]。

しかし宗法を嫡長子主義であると同時に親族結合の法としても理解し、なかには実践した者もある。宗法は滅びた礼だと朱熹に言ったその弟子郭子従である。彼は小宗法にならい、祭田をおき「世適主祭之議」を定め実践した[45]。郭子従は継曾祖小宗の宗子であり、嫡長子主義が実践しやすい人物であったのは確かであるが、彼はさらに一族が歳時に集うための建物「宗会楼」や宴会のための場所「食燕堂」を設置し、朱熹の高弟陳淳は「宗会楼記」「食燕堂記」でその行為を高く評価した。しかしその一方で、陳淳は宗法をさまざまに論じた「宗説」のなかで、嫡長子一子継承という方法によって親族結合を行うさいの困難さ、すなわち主祭権が嫡長子一子で継承されるかたちで親族を結合すると、宗子より輩行も年齢も上の尊長が年弱の宗子の下位におかれ、かえって非礼な事態を生む場合があることについて指摘している[46]。もし富裕な者が庶系という理由で一族のリーダーになれないという問題であれば、庶系の者であるのに尊者に対して非礼として規範自体は護持できる。しかし宗法の嫡長子一子継承という礼に則ることによって、逆に卑幼が尊重を凌ぐ非礼を生むという矛盾は、礼という規範自体の綻びとなる遙かに深刻な問題であった。宗室改革の折りにも噴出したこの問題は、明清期においても議論されあるいは改善がはかられることになる。嫡長子一子継承をささえる実体がない世において、宗法をかかげて親族結合をはかるのはなかなかに困難であり、親族結合のためには新たな理論化が必要だったのである。

むすびにかえて

紙幅もつきたので、以上で述べたことを簡単にまとめておきたい。従来、宗法といえば士大夫の宗族結合の理論とみなされてきた。確かに宋代にも宗法が結合と睦族の法であることを強調する見解は蜀学など一部に存在する。しかし、それは決して大勢を占めてはいなかった。宗法が嫡長子一子継承の親族法であることを強調する立場は、道学をはじめとして根強く存在していた。また皇帝やその一族が宗法実践の主体であることには基本的に異論はなかったのに対し、士大夫が宗法実践の主体であるかについては見解は別れていた。つまり宗法の実践主体もその意味内容も宋代においては決して見解は統一していなかった。そして道学の主張した嫡長子一子継承制に対しては、王安石は批判してその主張を封殺し、一方で蘇軾は嫡長子継承は問題にせずに親族結合の宗法を謳っていた。道学とその対立者という宋代思想界の構図は、宗法の議論においてもわずかながらも窺う事が出来るのである。

注（紙幅の関係上最低限の注に止めざるをえず、史料原文の引用もできなかった。ご寛恕を乞う。）

（1）服部宇之吉「宗法考」『支那研究』明治出版社、一九一六年、加藤常賢『支那古代家族制度研究』岩波書店、一九四〇年。

（2）清水盛光氏『支那家族の構造』岩波書店一九四二年、牧野巽氏「司馬氏書儀の大家族主義と文公家礼の宗法主義」『近世中国宗族研究』一九四九年（後、牧野巽著作集第三巻、お茶の水書房、一九八〇年所収）。

（3）上山春平氏「朱子の『家礼』と『儀礼経伝通解』」『東方学報』五四、一九八二年、佐竹靖彦氏「宋代の家族と宗族」『人文学報』二五七、一九九五年、小島毅氏『中国近世における礼の言説』東大出版会、一九九六、井上徹氏『中国の宗族と国家の礼制――宗法主義の視点からの分析』研文出版、二〇〇〇年、水口拓寿氏「『大家族主義』対『宗法主義』？――牧野巽氏の中国親族組織論を承けて」『中国哲学研究』一四[二〇〇〇] Patrcia Buckley Ebrey, "The Early Stage in the Development of Decent Group Organization", In Kinship Organization in Late Imperial China 1000-1940,ed. Patrcia Buckley Ebrey and James L.Watson, University of California Press.1986. Patrcia Buckley Ebrey,Confucianism and Family Rituals in Late Imperial China:A Social History about Rites,Princeton University Press.1991.

（4）寺田浩明氏「書評」『集刊東洋学』八五、二〇〇一年。

（5）寺田氏前掲書評、山田賢氏「批評と紹介」『名古屋大学東洋史研究報告』二六、二〇〇二年、また国家の礼制という視点から小島毅氏による書評（『歴史学研究』七四九、二〇〇一年）がある。なおこの三者による書評すべてに井上氏による反批判がある。「寺田浩明氏の疑問と提案に答える」『集刊東洋学』八七、二〇〇二年、「山田賢氏の疑問に答える」名古屋大学東洋史研究報告、二八、二〇〇四年、「小島毅氏の批判に答える」七五八、二〇〇二年。

（6）『河南程氏遺書』巻二十一下。この辞世の語については島田虔次氏『朱子学と陽明学』岩波書店、一九六七年および土田健次郎氏「晩年の程頤」『沼尻博士退休記念中国学論集』汲古書院、一九九〇年、（後に『道学の形成』創文社、二〇〇二年、所収）参照。

（7）拙稿「毛奇齢の『朱子家礼』批判――特に宗法を中心として――」『上智史学』四三、一九九八年、「張載・程頤の宗法論について」『史林』八三―五、二〇〇〇年、「『朱子家礼』における家族・親族の構造とその大きさについて」『中国家庭史国際学術討論会・会議論文集』中国・南開大学（改稿後『社会システム論集』（島根大学法文学部紀要）八、二〇〇三年に転載）。

（8）陸隴其『読礼志疑』巻三。

（9）二〇〇二年度東洋史研究会大会報告「宋代道学における宗法論の思想史的位置」（十一月三日、於京大会館）および拙稿前掲「毛奇齢の『朱子家礼』批判――特に宗法を中心として――」。

（10）諸橋轍次氏『儒学の目的と宋儒〈慶暦至慶元百六十年間〉の活動』一九二九年（『諸橋轍次著作集』一巻、大修館書店、一九七五年）、小林義廣氏「濮議小考」『東海大学紀要文学部』五四、一九九一年、（後『欧陽脩――その生涯と宗族』創文社、二〇〇〇年、所収）。

（11）『伝家集』巻二十七、上皇帝疏、および巻三十五、与翰林学士王珪等議濮安懿王典礼状。

（12）『続資治通鑑長編』巻二〇五、治平二年六月甲寅条。

（13）呂誨「上英宗乞罷称親」『宋名臣奏議』巻九十、礼楽門、濮議下。なお「両統二父」の語は宋代以前の用例が見あたらない。濮議のなかで使われるようになった言葉であろうか。

（14）曾鞏『元豊類藁』巻九、為人後議。

（15）以下の欧陽脩の濮議関係の主張は『文忠集』巻百二十―百二十三。欧陽脩の議論については小林義廣氏前掲書に詳しい。

（16）『伝家集』巻三十六、「言濮王典礼劄子」。

（17）范鎮「上英宗乞如両制礼官所議」『宋名臣奏議』巻八十九、濮議上。范純仁『范忠宣集』奏議巻上、奏論濮王称親未当。

（18）『河南程氏文集』巻五、代彭思永上英宗皇帝論濮王典礼疏。

（19）『朱子語類』巻一二七、本朝一、英宗朝。ただし程朱の両者とも、皇伯を強く主張するものの、司馬光説では濮王を冷遇し過ぎだと感じていた。程頤は濮王にさらに尊称を加えて「皇伯父濮国太王」とする案を提起したし、また朱熹も司馬光説では濮王への礼遇が薄く、司馬光説も斟酌する必要があると述べている。

（20）朱熹は、濮議が長年権力の座にある韓琦を批判したり、あるいは官位を手に入れるために欧陽脩に賛同する者など、単なる政争の具となっていることを指摘し、程頤の代作もただしい行為とはいえないという（『朱子語類』巻一二七、本朝一、英宗朝）。また、英宗は呂誨に対して群臣が皇伯を主張するのは濮宮の兄弟が多く封爵を与える者が多いためかとの疑念をもらした（『続資治通鑑長編』巻二〇六、治平二年十二月甲辰条）。

（21）　宋代の宗室については John Chaffee, Branches of Heaven: A History of the Sung Imperial Clan, Harvard University Press,1999. チェイフィー（高津孝訳）「宋代宗室（Imperial Clan）の政治的社会的変容」『東方学』一〇三、二〇〇二年、曽我部静雄氏『中国社会経済史の研究』吉川弘文館、一九七六年。諸戸立雄氏「宋代の対宗室策について」『文化』二二―五、一九五八年。

（22）『宋会要輯稿』第二冊、帝系四、九朝長編記事本末。本節は別に注のないかぎりこの記述に基づく。

（23）『通鑑長編記事本末』巻五十五、英宗皇帝、濮議。熙寧二年四月十七日条。

（24）『朱子語類』巻八十五、礼二、儀礼、喪服経伝、第十条。

（25）前注（22）および『伝家集』巻六十六、宗室襲封議。

（26）『宋会要輯稿』第二冊、帝系四―一九。『続資治通鑑長編』巻二一三、熙寧二年七月丁丑条。

（27）『続資治通鑑長編』巻二一二、熙寧二年七月丁丑条。

（28）『続資治通鑑長編』巻二一三、熙寧三年七月癸丑条。

（29）前注（28）および『伝家集』巻六十六、宗室襲封議。

（30）滋賀秀三氏「承重について」『国家学会雑誌』七一―八、一九五七年、参照。

（31）『続資治通鑑長編』巻二六五、熙寧八年六月辛亥条。

（32）『東斎記事』巻二、『伝家集』巻六十一、与范景仁問正書所疑書。

（33）『宋史』巻三二八、李清臣伝。

（34）『続資治通鑑長編』巻二六五、熙寧八年六月辛亥条。

（35）『蘇魏公文集』巻十五、議承重議。議論の骨子自体は晉の庾純（『通典』巻八十八、孫為祖持重議）とほぼ同軌である。滋賀秀三氏前掲論文参照。

（36）『蘇魏公文集』巻十五、立家廟議。

（37）李復も同様な批判をした。李復は張載に手紙を送り、天子から庶人に至るまで法は違う筈であること、また不明確な点の多い宗法を実践するのは却って非礼になると批判している。『湢水集』巻三、与張横渠書。
(38) 司馬光は大家族主義というのが牧野巽氏以来の通説であったが、近年、吾妻重二氏は、『書儀』の想定する家族はさほど大きくはなく大家族主義とはいえないとする。(「宋代の家廟と祖先祭祀」小南一郎編『中国の礼制と礼学』朋友書店、二〇〇一年。)
(39) 『蘇軾文集』巻八、策。
(40) 呂祖謙とその著書の流通については中砂明徳氏「士大夫のノルムの形成——南宋時代」『東洋史研究』五四—三、一九九五年、市来津由彦氏「朱熹・呂祖謙講学試論」宋代史研究会編『宋代社会のネットワーク』汲古書院、一九九八年。
(41) 『東萊集』別集巻一、宗法。
(42) 『楽軒集』巻八、大宗小宗。
(43) 『絜斎集』巻六、宗法。
(44) 『戒子通録』巻六、送終礼、高司業。
(45) 『北渓大全集』巻九、宗会楼記および食燕堂記。
(46) 『北渓大全集』巻十三、宗説下。

宋代の二つの名族——真定韓氏と相韓韓氏——

小林義廣

はじめに

周知のように、唐末・五代の混乱期を経過して、それまで政治・社会・文化に大きな影響力を発揮してきた貴族層が消滅してしまった。だが、貴族制が崩壊した後の宋代になっても、何世代かにわたって、官僚を出し続けたり、あるいは地域社会に威信を持ち続けたりする一族（宗族）が存在していた。無論、宋代の場合、貴族制の時代とは異なって、帝室一族（宗室）の威信さえも凌駕する門閥一族は社会から払拭されていた。ところで、こうした宋代の一族を中国人研究者は「世族」や「世家」などと記しているが、日本人研究者は「名族」と呼び慣らわしてきた。小論も、「名族」という呼称を踏襲しよう。

このような宋代の名族については、石介（一〇〇五～四五）の一族に関する松井透氏の研究や、愛宕元《おたぎはじめ》氏の麻氏一族の研究があるけれども、宰相や執政などの高級官僚を輩出した、本当の意味での名族に関しては、衣川強《きぬがわ》氏による河南の呂氏の研究と、明州の史氏を考察したリチャード・デーヴィス氏（Richard Davis）の研究とに何はともあれ指を屈しなければならない(1)。河南呂氏は北宋時代に、明州史氏は南宋期にそれぞれの一族から三人の宰相を出した名族であったが、南宋中期に活躍した王明清の筆記をみると、宋代の名族の筆頭として、韓億と韓琦の流れを汲む二つの韓氏が挙げられている(2)。つまり、同時代人は二つの韓氏こそ宋代を代表する名族であったと見做していたといえよう。

近年、この二つの韓氏に関して、陶晋生氏が韓琦の一族を取り上げ、王善軍氏が宋代の「世家」全般の歴史的特色を論ずる中で韓億の一族を「世家」の典型例として繰り返し論及している。(3)陶氏は、韓琦を中心として、その先祖や子孫、姻戚関係に言及しながら、「新興士族」としての韓琦は、国家と郷里（原文は「地方」）の双方に気を配っていたと結論づけている。他方、王氏は、韓億の一族に代表されるような宋代の「世家」は、主に科挙によって一族を隆盛に導いて「世家」を形成し、その「世家」の継続には婚姻関係が（唐代以前と同様に）まだ一定の役割を果たしたが、経済的には必ずしも安定せず、その政治的・社会的地位は「皇権」に依存していて、長く栄え続けることは困難であったと主張している。両氏の見解には多くの示唆を受けるのだが、しかし二つの韓氏の基礎を築いた韓億や韓琦がどうして北宋中期という宋代でも特定の時期に名族を出現させたかの意味に言及しておらず、加えて陶氏に至っては韓琦やその子孫たちによる「世家」化に向けての努力に対する関心も稀薄であるように思われる。したがって、小論は、二つの韓氏の宗族形成の動きを辿りながら、なぜ北宋中期という時期にこうした名族が出現したのか、そして当該の名族にはどのような歴史的特色があるのかを検討してゆきたい。

一　韓億の一族（真定の韓氏）

韓億、字は宗魏、郷里（本貫）は真定府霊寿県（河北省霊寿県）である。宋代の人たちが韓億の一族を真定の韓氏と呼ぶのはこの本貫に基づくが、この韓氏は、既述の王明清の筆記によると、開封における韓億の邸宅に「桐」の木があったことに因んで、また桐樹の韓氏ともいわれていたという。韓億が成長したのは、恐らく、父親の保枢が遊学のために訪れて以来、住むことになった開封であろう。保枢は青雲の志を抱いて京師にやってきたのであったが、残された史料による限り、保枢が科挙に合格した形跡は見られない。それだけでなく、真定韓氏にとって、億が咸平五年

（一〇〇二）に進士となったのが科挙及第の最初だったのではなかろうか。(4) 億は科挙に及第後、大理評事（正九品）という京官で釈褐しているから、少なくとも及第は第一甲の、しかもかなり上位の成績であったと思われる。(5) 初任地は大運河沿いで京師からも遠くない亳《はく》州永城県（河南省永城県）。その後、地方と中央を行き来しながら出世の階段を上り、明道元年（一〇三二）に右諫議大夫（従四品）という高級官僚の仲間に入り、景祐元年（一〇三四）に御史中丞、景祐四年（一〇三七）には副宰相の参知政事に登り詰めた。だが、翌、宝元元年（一〇三八）、病気で参知政事を退任し、南京応天府（河南省商丘市）の知事となって地方に転出し、亳州の知事などを経て慶暦二年（一〇四二）に致仕した。退任後は開封府の西南部に隣接する潁昌府（河南省許昌市）に隠居生活をおくろうと新居を建設したが、その完成をみずに、慶暦四年（一〇四四）八月、京師開封の自宅で亡くなった。享年、七十三。諡は、忠憲（忠献と記される場合もある）。

韓億を中心とする一族や主な姻戚関係は附録の図Ⅰを参照して欲しいが、彼は生涯で二度の結婚をしている。蒲氏と王氏である。最初の妻、蒲氏の素性は残された史料からは判然としないが、長男の綱は彼女との間に生まれた子供である。蒲氏は、韓億が科挙に及第する前には亡くなっていたようである。科挙及第後に娶ったのが、真宗朝の宰相の王旦の長女である。王氏に対する蘇舜欽の墓誌銘によると、科挙に合格したばかりの韓億は、これといった家柄出身でもなく、しかも子持ちで厳格な両親が健在する鰥夫《やもめ》であって、億との結婚に王旦の一族は挙《こぞ》って反対したが、旦自身は億を一見して気に入り娘の嫁入りを決断したという。(6) このエピソードは、ビバリー・ボズラー（Beverly J. Bossler）氏の、宋代の士人の政治的・社会的地位にとって、宗族よりも姻戚関係こそが重要な役割を果たしていたと主張する著書の、その端的な例証として序章の最初を飾っている。(7) この王氏は韓億の次男の綜以下、順に絳・繹・維・縝・緯・緬という七人の男児を産んでいる。この他、韓億には娘が六人いたのだが、いずれの生母も蒲氏か王氏か分からない。

さて、韓億の八人の息子のうち、長男の綱は科挙に及第した形跡はなく、恐らく父親の恩蔭で官職に就いたと思われるが、事蹟をみると、官僚として有能であったとは言い難く、行く先々で問題を起こし、ついには官職を剥奪され、当時としてはかなり辺鄙な英州（広西壮族自治区英徳県）に編管されている。綱の子供の宗彦は最初恩蔭で出仕し、その後、進士及第となり、寄禄官としては兵部員外郎（正七品）どまりで終わっている。(8) 宗彦以外、綱の子孫に関しては現存史料からは不明。

次男以下、王氏の生んだ子供たちは、輝かしい官歴を歩んだ。次男の綜、三男の絳、六男の縝が科挙に及第し（ただし、いずれも恩蔭出仕してから科挙に及第(9)）、学問に専心して科挙を受験しようとしなかった韓維も含めて高位高官に登っている。まず、絳は神宗の熙寧三年（一〇七〇）に参知政事（副宰相）、ついで同年に同中書門下平章事（宰相）という官僚の最高位に到達しており、縝も元豊八年（一〇八五）、哲宗が即位して程なく尚書右僕射（宰相）となっている。また、恩蔭出仕の維は、哲宗の元祐元年（一〇八六）に門下侍郎（従三品）の寄禄官に出世し、綜も知制誥という詔勅を起草する重要な役職に就いている。(10) まさに、「忠憲公（韓億）の八子、二は宰相と為り、一は門下侍郎と為り、一は知制誥たり」という盛況ぶりで

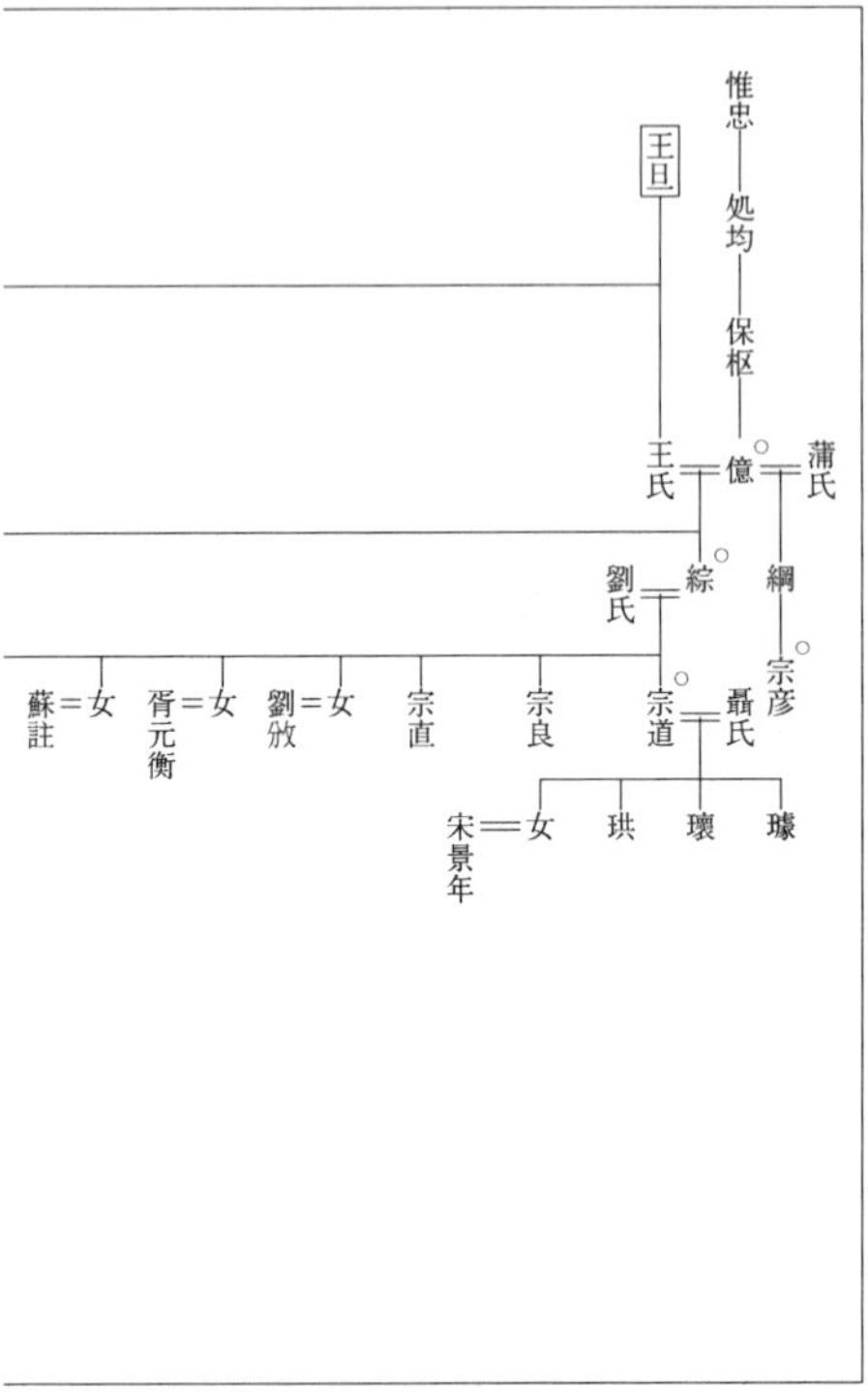

図Ⅰ　真定韓氏世系図

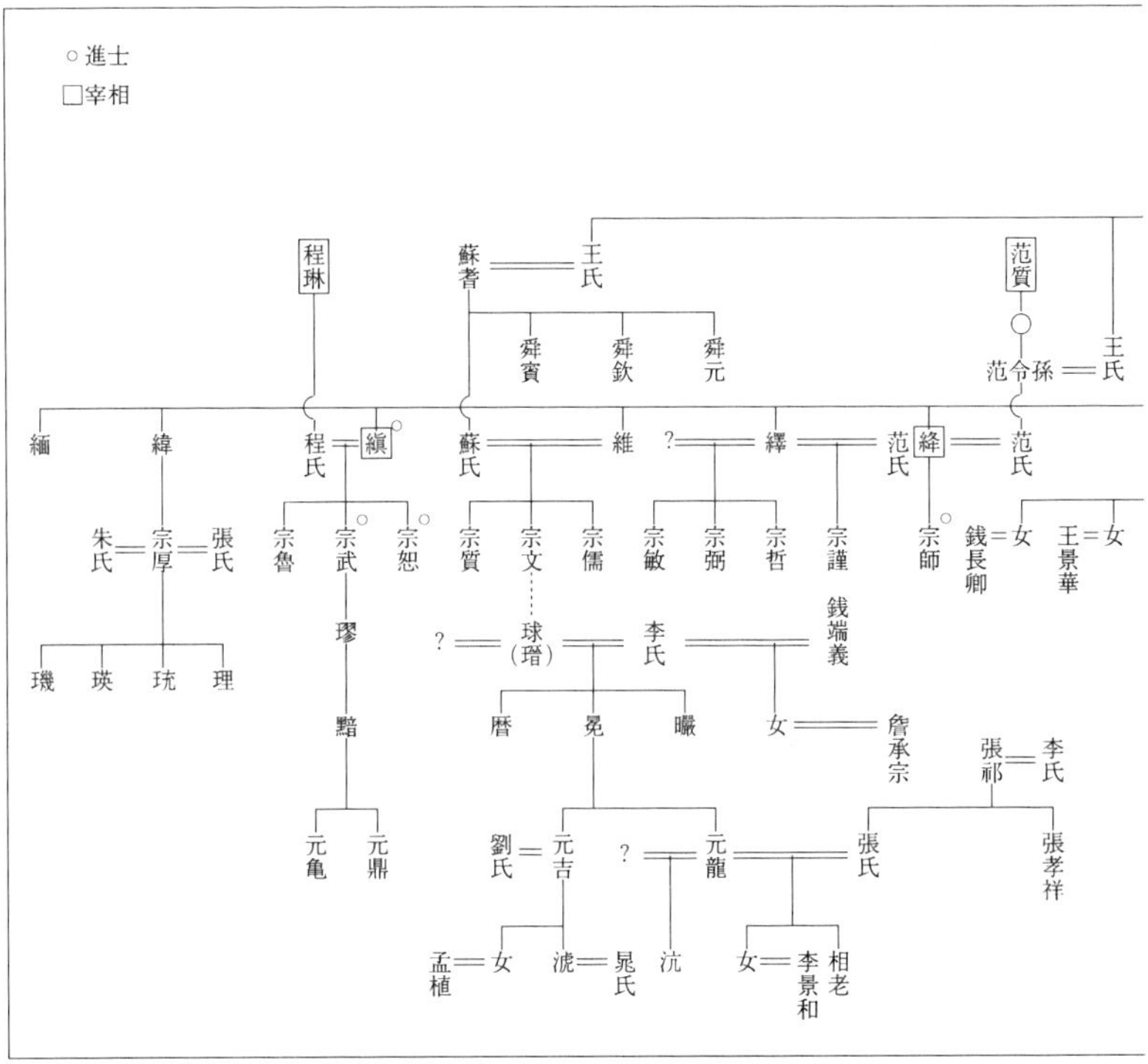

あった(11)。孫の代になっても、現存史料で知られる限り、前掲の宗彦以外に、綜の息子の宗道、絳の息子の宗師、縝の息子の宗恕と宗武が科挙に及第、また、韓緯の息子の宗厚も恩蔭出仕した。彼らは祖父の億や父親たちほどではないにしても、名族の子弟に恥じないそれなりの官位に就いている(12)。こうした結果、韓億の子供たちが重要な官職に就く、神宗・哲宗朝には、真定韓氏一族やその姻戚、あるいは両方の息のかかった官僚たちが中央や地方の官界に一大勢力を築くまでに至って、官界の耳目を引いていた。元祐五年（一〇九〇）、当時、御史中丞であった蘇轍は、韓氏一族を中軸とする一派の専断ぶりを告発した上奏文において、端的にその様子を指摘している(13)。

　然るに臣、窃かに本朝の勢家を見るに、韓氏の盛んなるに如くは莫し。子弟と姻娅（姻戚縁者）は、中外に布満し、朝の要官は其の親党の者多し。（中略）其の他、韓氏の親戚は、衆人を度越し優便（便郡などの優遇）の差遣を与えられし者、蓋し未だ一二もて数え易《やす》からざるなり。

とはいえ、真定韓氏の栄光も長くは続かなかったようで、韓億の曾孫の世代には、現存史料による限り、科挙及第者を出しておらず、しかも王善軍氏も指摘するように(14)、北宋末・南宋初の混乱期に真定韓氏は運命に翻弄されて名族として生き残れなかったらしく、韓維の流れを汲む一部の族人の足跡が信州（江西省上饒市）に見出される程度である。それは、韓元吉とその息子の韓淲による記録や彼らに関係した史料から窺えるからである。

信州は両浙路の西端に位置していて、韓元吉によると、福建路と江西路の交界地区にある交通の要衝であり、土地は肥え物産が豊かであって、加えて北宋末・南宋初の混乱期にも比較的平和であったので、靖康の変以降、北方から逃れてきた士人が多く住み着いていたという(15)。この信州に居住する契機を作ったのは、韓維の孫で、元吉の祖父に当たる韓球であった(16)。紹興十五年（一一四五）、球は朝廷の許可を得て、母親の鄭氏の亡骸《なきがら》を信州上饒県（江西省上饒市）に埋葬した。球は、それから程なく、四川に赴任し任地で亡くなった。球の継室の李氏は、紹興二十年（一一五〇）、夫を、姑の鄭氏の側に埋葬し、さらに数年を経て墓地の付近に供養のための建物を建てて仏僧を住まわせ、供養の費用を捻出するための土地も寄進した。ただ、李氏自身の生活の本拠地は、彼女の生母王氏の父祖の土地である江西臨川県（江西省撫州市）にあった。臨川は、王氏の父祖の郷里であり（王氏の父は王安石の弟の王安国）、すでに李氏は、韓球の在世中にそこに土地と家を求め、夫の死後、年老いた生母を迎え一緒に暮らしていたのである(17)。

明確に信州居住が判明するのは、韓元吉（一一一八～八七）からである。元吉は信州上饒県に移り住み、住居の前に流れる澗水に因んで自ら「南澗」と号し、死後は県城の東に埋葬され、子孫は当地に住み着くこととなった(18)。ただ、宋代に限っていっても、元吉の子孫の事蹟は子供の韓淲が比較的知られるだけである。これら信州に居住した一族を初め、南宋時期の真定韓氏の子孫は、球にしても元吉や元吉の父親の晃らも、史料を見る限り、恐らく恩蔭によるだろうが、官位を有し一度は官職に就いていたと思われる。[19]

二　韓琦の一族（相韓の韓氏）

相韓の韓氏の「相韓」とは、既出の王明清の筆記に見られる表現だが、この呼び方は一族繁栄の基礎を築いた韓琦が宰相となったことに由来しよう。その韓琦は相州安陽県（河南省安陽市）の人、字は稚圭、真宗の大中祥符元年（一〇〇八）、申《さる》年の七月二日、父親の任地の泉州で生まれた。六人の男兄弟の末っ子（女の「きょうだい」がいたらしいが、男兄弟との年齢の順序は不明）。父親は国華（九五七～一〇一一）、生母は国華の側室胡氏、[20]同母兄に五男の璩がおり、二人の同母兄弟は天聖五年（一〇二七）に揃って科挙に及第している。[21]国華は、太宗の太平興国二年（九七七）、二十一歳で科挙に及第し、大理評事（正九品）で釈褐し、監察御史や諫官を歴任し、大中祥符元年、つまり韓琦の誕生した年に右諫議大夫（従四品）の寄禄官にまで出世したが、同四年（一〇一一）に病死した。享年、五十五。[22]国華が亡くなる数か月前、長兄の球も三十四歳の若さで世を去っている。[23]球の息子の公彦と韓琦とは叔父と姪《おい》の仲ながら同年に誕生した。父と長兄が若死にする中で、幼い琦は、三兄の琚を頼って育てられたらしい。[24]

琦の科挙及第は二十歳、しかも第二位という好成績で、将作監丞（従八品）の寄禄官で釈褐、通判（副知事）として初任地の通州（江蘇省南通市）に赴いた。その後、監左蔵庫、開封府推官、諫官などを経て、西夏の興起に際しては陝西安撫使として范仲淹らと西北の防備に当たり、慶暦三年（一〇四三）、いわゆる慶暦の新政と呼ばれる政治改革が実施されると、枢密副使として范仲淹・富弼・欧陽脩らと改革を担った。嘉祐元年（一〇五六）、枢密使、嘉祐三年（一〇五八）六月、同中書門下平章事（宰相）となり、仁宗末年から短命の英宗朝にかけての、ほぼ十年間にわたって、富弼・曾公亮・欧陽脩らと国政の要衝にあたった。治平四年（一〇六七）、神宗が即位すると、御史中丞の王陶が琦に

図Ⅱ　相韓韓氏世系図

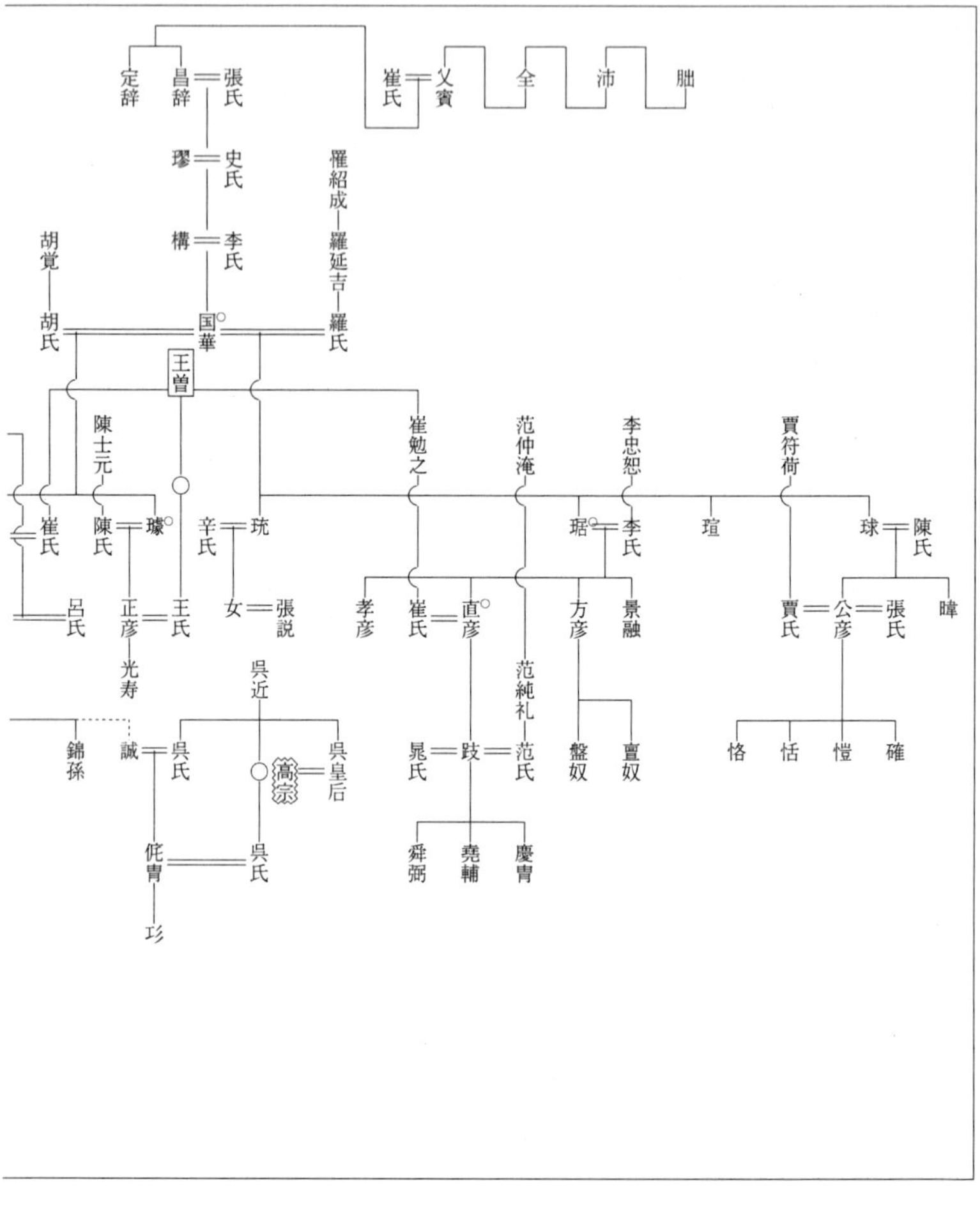

対して政治を壟断していると弾劾するなど彼が政権中枢にいることに風当たりが強まり、同年九月には郷里の相州の知事として中央を去った。王安石の新法が開始されると、とくに青苗法を標的とした反対論を唱えた。そうした中で病気が進行し、熙寧七年（一〇七四）からは病床に就くことが多くなり、この年の秋から再三にわたる致仕を願い出たが果たせず、翌熙寧八年六月、相州の自宅で病死した。享年、六十八[25]。諡は忠献。

韓琦を中心とする相韓の韓氏一族やその主な姻戚関係は図Ⅱに示したとおりで

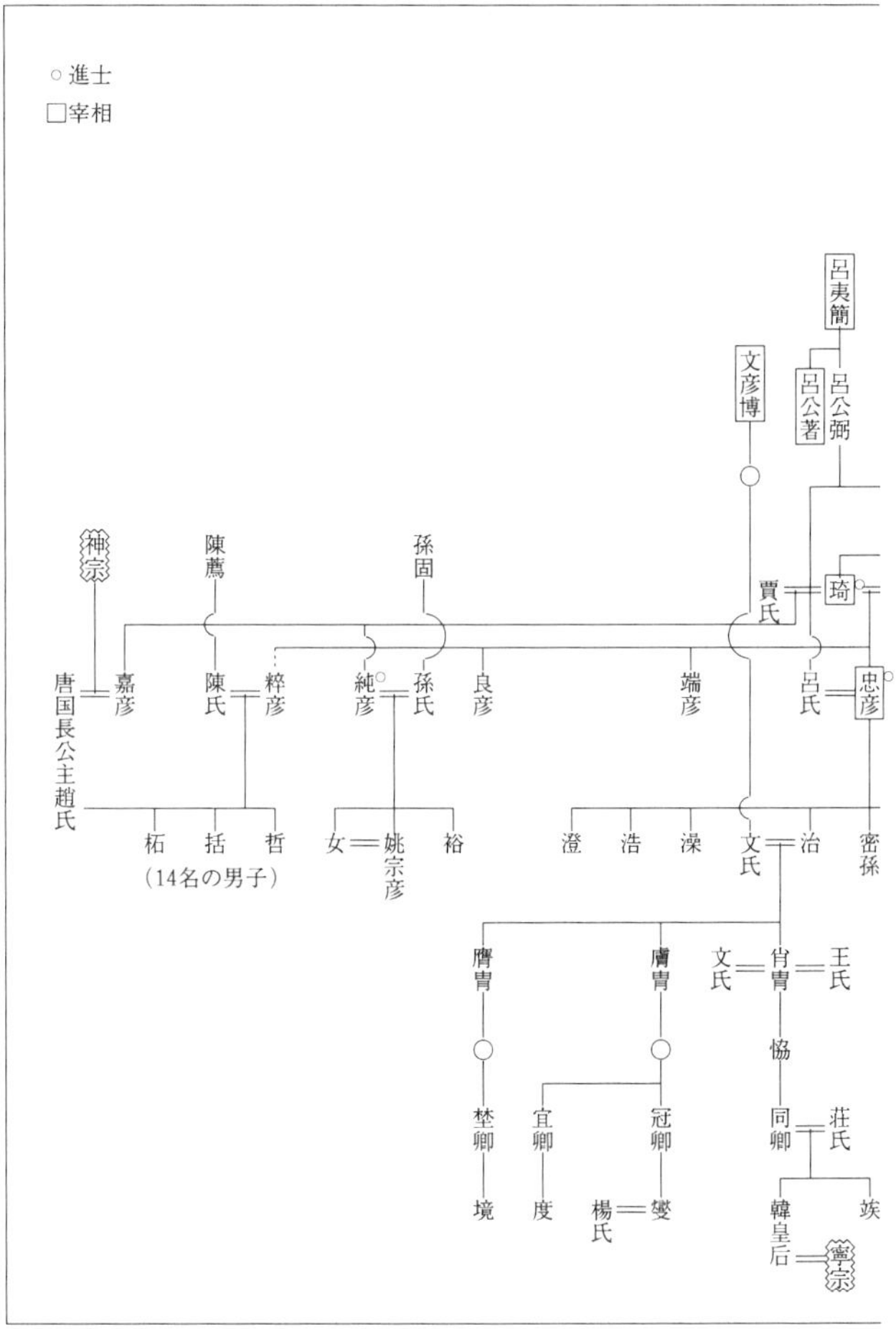

ある（陶晉生氏の前掲論文にも韓氏系図と姻戚関係図が別々の頁に載っている）。まず、韓琦の六人兄弟のうち、科挙及第者は、既述の琦と同母兄の璩の他、三兄の琚である。ただ、琚は最初、父親の恩蔭で出仕し、任官後の大中祥符八年（一〇一五）に進士。その他の兄弟は、恩蔭による官位取得であり(26)、しかも韓琦以外は若死にしたこともあって、高位に登った兄弟はおらず、一族の栄光は韓琦とその子孫たちが担うことになった。

韓琦の子供の世代はどうであろうか。彼の姪《おい》の中では韓直彦が父親の琚の恩蔭で任官後、皇祐五年（一〇五三）に進士となって、将来を嘱望されたが、翌年春、医療過誤によって二十五歳の若さで死去(27)。韓琦自身の息子は夫人の崔氏と賈氏との間に六人いるけれども(28)、このうち長男の忠彦（一〇三八〜一一〇九）と四男の純彦が科挙に及第している。

ただ、忠彦は科挙及第以前に恩蔭出仕している。[29] この忠彦が、子供世代では順当に出世を重ねた。哲宗の元祐五年（一〇九〇）三月、同知枢密院、徽宗が即位して間もない元符三年（一一〇〇）二月に吏部尚書（正二品）兼門下侍郎、四月には尚書右僕射（従一品）兼中書侍郎に進み、遂に宰相になった。だが、同僚の曾布と折り合いが悪く、二年後の崇寧元年（一一〇二）五月、宰相を辞任して大名府（河北省大名県）の知事に転出した。致仕は大観三年（一一〇八）。翌大観四年八月、郷里の安陽の自宅で生涯を終えた。享年、七十二。[30] 他の兄弟たちも、『宋史』巻三一二の韓琦伝の末尾をみると、忠彦ほどではないけれども、それなりの官位に到達したことが知られる。ことに、哲宗に父親似だといわれた四男の粋彦は、吏部侍郎（従三品）にまで出世した。[31]

官位もさりながら、韓琦の子供の世代はその姻戚関係が華麗である。長男の忠彦は二度の結婚が確認されるが、二人の夫人とも英宗朝に枢密副使（執政）となった呂公弼の娘である。[32] 呂公弼の大伯父の蒙正は太宗朝の、父の夷簡は仁宗朝のそれぞれの宰相であり、しかも弟の公著も哲宗朝の宰相となっている。公弼は、既出の衣川強氏の論文が扱った、河南呂氏という宋代を代表する名族の一員なのである。次に、四男の純彦の妻は孫固の娘であるが、孫固は神宗の皇太子時代に東宮官として仕え、神宗朝には知枢密院事（執政）という重職にあった。[33] また、従兄弟の中で韓正彦（琦の同母兄璩の息子）の夫人王氏は、仁宗朝の宰相王曾の孫である。[34] しかし、何といっても特筆すべきは、琦の六番目の息子嘉彦である。嘉彦は、元祐七年（一〇九二）に神宗の三女の曹国長公主（死後、唐国長公主に追封）を娶っており、[35] これが相韓の韓氏が宗室と姻戚関係をもった最初である。南宋時代に入って、韓忠彦の子孫の中に寧宗の皇后がおり、恐らく忠彦の子供と考えられる誠（あるいは嘉彦の息子か）は高宗の呉皇后の妹を妻とし、誠の息子の韓侂冑も呉皇后の姪を娶っている。[36] 周知のように、韓侂冑は寧宗朝の権臣で、朱熹らの道学を禁じた、いわゆる慶元の党禁の首謀者で、挙げ句には金との戦端を開いて（開禧用兵）失敗、金側の強硬姿勢の結果、開禧三年（一二〇七）には謀殺されて、その首が金側に送られるという事態を招いている。韓侂冑が謀殺されると、養子の𤤽《こう》も沙門島に流罪となり、[37]

その後、韓琦の子孫たちは歴史の表舞台から消え去ってしまった。とまれ、南宋に入って相韓韓氏に科挙及第者が、少なくとも史料上から窺えなくなっても、名族として存在しえたのは、一つには、こうした帝室との姻戚関係が大きいと考えられる。

三　一族の存続をめざして

二つの韓氏が名族といわれたり、あるいは名族として存続できたのは、王善軍氏が前掲の論文で真定韓氏を例に指摘しているように、科挙及第者を輩出しつづけたことが最大の要因であった。しかし、それでは何故に科挙及第者を輩出しつづけ、しかも政治的地位の高い子孫を再生産できたのか、そして何よりも二つの韓氏という宋代を代表する名族が何故に北宋中期という特定の時期に出現したのだろうか。これらの疑問に対して、王氏は充分な答えを用意していないように思われる。本節は、こうした問題を考察しよう。

まず、真定の韓氏から見てみよう。名族の基礎を築いた韓億を継ぎ、一族を統率したのは三男の韓絳（一〇一二～八八）である。ことに一族内の問題（「宗事」）や姻戚との関係は、夫人の范氏（後周の世宗朝と宋太祖朝の宰相范質の曾孫）が一手に引き受けていた。彼女は、三〇年以上にわたって、一族百余人の生活やその子弟の教育に周到な配慮をし、族人に対する公平な処遇を心掛け、他方、困難な状況にある姻戚にも援助しつづけたという。[38] 韓絳の死後は、恐らく五男の韓維（一〇一七～九八）が一族の責任を担ったと考えられるが、韓維は数百人まで膨れ上がった族人の生活援助のために、晩年になって数十頃という規模の義荘を設置したという。[39] 周知のように、宋代以後、宗族は組織化という点に特色をもち、組織化の徴表の一つに一族共有財産（族産）があるが、族産の代表例である義荘は、十一世紀半ば、范仲淹が蘇州に設置した范氏義荘を嚆矢とする。[40] 北宋後半になって、真定の韓氏も義荘を設置したということは、当然、一族の組織化に踏み出した証左と考えられよう。この韓維の流れを汲む子孫が南宋に入って信州に住むことになった上述の一族であり、この支派は、韓元吉の『南澗甲乙稿』巻一八を見ると、一族に関わる様ざまな事柄、たとえば婚姻・冠礼などを「家廟」に報告している。ここにいう家廟（一般的に南宋時期における他の宗族では「祠堂」）とは、一族の祖先祭祀の中心として、やはり一族の組織化を示す重要な徴表であって、それだけに真定の韓氏の少なくとも一部は南宋時期にも、その名族としての存続と結束を維持しようと懸命に努力している様子が窺える。(41)

しかしながら、真定韓氏の場合、こうした宗族組織化の具体的施策もさりながら、その存続には何よりも一族の規範（「家法」）が大きな役割を果たしていたらしい。真定韓氏の厳格な家法は宋代でも有名であったのである。とりわけ、それは、真定韓氏の創始者ともいうべき韓億をめぐるエピソードに端的に示される。話はこうである。韓億が亳《はく》州（河南省亳県）の知事時代というから、致仕を控えた晩年のこと。次男の綜が休暇を貰って赴任地の西京（洛陽）から父母の様子を見にやって来た。家には、科挙に及第したばかりの絳（三男）、縝（六男）や従兄弟の宗彦（長男の綱の子供）も帰宅していて、子供や孫たちとの久しぶりの再会に嬉しくなった韓億は、親しい部下をも招いて宴会を開き、息子や孫たちは隅に座らせた。すると突然、座中から、綜に向かって、「西京（洛陽）では判決に疑義のある事件が中央に上奏されたと聞きましたが、詳細はどうなのでしょう」という質問が投げかけられ、綜は何度考えても心当たりがなく答えられずにいたところ、億に叱りつけられた。再度の質問にも押し黙ったままの綜の様子に、億はとうとう痺れを切らして、遂にはテーブルを押しのけ、杖を手にして怒りだし、綜に向かって、朝廷から手厚い給与を頂き、西京府の副知事という重職にありながら、遠くにいる私でも知っている重要事件の仔細を知らない有り様では、お国の御恩に何をもって報いるつもりなのかと罵ったかと思うと、持っている杖で綜を殴りつけようとした。周囲の者が必死に押しとどめたが、側にいた子供たちは恐ろしさあまり膝の震えがとまらず、億も数日経って怒りを収めたという。この話を伝える史料は、その後に、「家法の厳しさ此の如し、賢子孫の多き所以なり」と締めくくっている。(42)

韓億が家庭を厳しく管理しようとした姿勢は、三男の絳に嫁いだ范氏の前出の墓誌銘にも記され[43]、こうした厳格な家法を維持しようとする態度は子供や孫たちにも継承されていって、北宋の後半には家法といえば真定の韓氏と称されるほど有名になっていたようだ[44]。そして、こうした家法の維持と継承に韓億の王夫人が大きな役割を演じていた。彼女は、子供たちに向かって、「貴方たちのお父様は、きちんとした規範をもっていることで世の中に知られています。もし、貴方たちが立派なお父様に及びもつかないとすると、きっと世間では私に似たのだというでしょう」と述べ、息子たちを厳しく育て上げたというのである[45]。とまれ、当時の人びとも韓氏自身も名族としての存続には、こうした厳格な家法の存在を抜きには考えられなかったと思われる。

次に相韓韓氏を見てみよう。この一族の名族としての存続には、第一に韓琦が宰相であったことが重要な要因として挙げられる。韓琦が文彦博に代わって富弼とともに宰相（同中書門下平章事）に就任したのは、すでに触れたように、仁宗の嘉祐三年（一〇五八）六月のことである[46]。この時期、朝廷内外の関心を集めていたのは仁宗の後嗣問題であった。仁宗は、至和三年（一〇五六）正月（この年、九月に嘉祐と改元）に病気で倒れ、一時、政務が執れなくなって後継者問題が焦眉の急として一気に吹き出してきていた。仁宗自身の皇子はいずれも夭折し、病気に倒れたとき、すでに四十代半ばを過ぎていた仁宗は宗室の中から後継者を選ぶ必要に迫られていた。臣下からの相継ぐ要請に、やがて従兄弟の濮王允譲の子供の趙宗実を後嗣と決定し、名前も曙と改めさせた。嘉祐八年（一〇六三）三月末に仁宗が亡くなると、趙曙は、翌四月一日に帝位に即いた。北宋五代目の皇帝英宗である。だが、英宗は即位して数日も経たないうちに、気鬱が高じて病気にかかり、周囲の人間も識別できず、言語も正常ではなくなった。病気は四か月ほどで平癒し、病気療養中に垂簾聴政していた慈聖皇太后（仁宗の皇后曹氏）から英宗に実権が戻ると、その後、英宗朝の大部分を費やした濮議が起きた。宗廟祭祀の際、英宗の実父の濮王と仁宗とをどのような称謂で祭るかという問題である。濮議は、治平三年（一〇六六）一月に韓琦・欧陽脩らの中書省側の主張に沿って濮王を皇帝に準ずる待遇で祭祀することで一応の決着がついた。それから間もなく、この年の秋には英宗が病気で倒れ、ついには口さえ利けなくなって、立太子が急がれた。翌、治平四年一月に英宗が亡くなると、皇太子趙頊が第六代目の皇帝となった。神宗である。(47)

こうした仁宗末年から神宗即位当初までの、十年ほどの短期間に二度にわたる皇帝の代替わりという不安定な政治状況下において、韓琦は、宰相としてそのときどきの政治の重要な節目に大きな役割を果たした。ことに英宗が精神に異常をきたし、錯乱して臣下との謁見に際して御簾の内側で大声を発し、近臣の誰も恐れて立ち竦んでいるとき、韓琦は直ぐさま英宗を自ら抱えて内廷の宮人に受け渡し、厳重な箝口令も敷くという早業をやってのけ、参知政事の欧陽脩をして、その咄嗟の機転に韓琦には全く叶わないと言わしめた。(48)『宋史』巻三一二「韓忠彦」伝後の論賛は、そうした三朝にわたる韓琦の活躍ぶりを、欧陽脩の「天下を泰山の安に措く、社稷の臣というべし」という言葉を引いて高く評価している。こうしたことが、韓琦の死後、墓碑の題名（「琭」）に「両朝顧命定策元勲」という神宗による文字を書かせ、英宗廟に配享して祭られ、六男の嘉彦に神宗の娘を嫁がせる要因となったのである。(49)

しかし、韓琦の功臣としての立場だけが彼の一族を名族として存続させたのではない。宋代には社稷の功臣といわれる人物は太祖・太宗朝の趙普を初め、多く存在するが、趙普の一族が名族といわれないように、韓琦一族の名族としての永続には別の要素も考えねばならない。韓琦は、別稿でも述べたように、(50)一族の結束や永続化に対するたゆまぬ努力をしている。具体的に言うと、唐末五代の混乱期に、何度か居住地を移転したことによって不明になった祖先の墓地の所在地を必死になって探し、長男の忠彦を実際に派遣してそれを確認したり、他方、風水師に依頼して一族の共同墓地を選定させ、最終的に郷里の相州安陽県新安村に東西二つの墓域を決定し、そこに韓国華とその夫人たち、あるいは韓琦の兄弟や姪《おい》たちを埋葬することを行っている。また、父親の国華が墓誌銘などを基に整理していた譜牒に、族人の文章や墓誌銘・行状などを付け加えて六〇巻の書物にし、子孫に向かってその扱いに十二分に注意すべきことを言明し、保管に落ち度があった場合、天や祖先の罰が下るだろうとまで言い切っている。(51)

ところで、韓億にしても韓琦にしても、一族の存続にこだわり続けた背景やその諸施策には、彼ら個人の関心というよりも、時代環境があったように思われる。宋代に入ると、高位高官であっても、その死後、子孫が没落して見る影もなくなってしまう例には枚挙がなく、そうした没落の実例を徐揚傑氏らが紹介しているが(52)、その一例に韓億の岳父の王旦の子孫もいた。(補註)王旦には、王雍・王沖・王素という三人の息子がいたが、末っ子の王素が慶暦の新政時に諫官として活躍し、工部尚書（従二品）の寄禄官にまで到達した以外は余り知られていない。徐揚傑氏も紹介する史料によると、ある息子は王旦の身につけていた帯を生活に困って質入れしようとした。それを見た皇帝一族の一人が「宰相の子供であってもこうなってしまうのか！」と哀れに思い、お金を恵んでやったという(53)。また、韓琦と政治的行動を一緒にした欧陽脩も、今の世の中は、儒家の子弟であっても商人になったり、名家の子供であっても召使いの身分に落ちぶれるように、父親の仕事が受け継がれない状況だと述べている(54)。こうした状況に危機感を抱いて、張載（一〇二〇～七七）は、公卿・大臣といった国家の重責を担った臣下の家を永続できてこそ、国家の安定もあるとして、宗法の復活を中軸に宗族制度の新たな強化策を理論化した。張載の提唱より少し早く、欧陽脩や蘇洵は族譜編纂の必要性を提議し、范仲淹は義荘を蘇州に設置した。これらは、宋代以後、宗族組織化の理論や実践の模範として継承されていったが、いずれも十一世紀半ばに出現したものである。韓億や韓琦は、このような時代の流れに無関心だったとは思えず、むしろ注意深く観察していたのではなかろうか。

結　び

小論は、韓億と韓琦の流れを汲む宋代を代表する名族を取り上げた。これらの一族は、当然ながら科挙及第者と高位高官を輩出し続けることによって名族として存在できたが、それとともに、名族となる契機にはそれぞれの特殊な事情が絡んでいた。韓億の場合、子弟を厳しく躾け、士大夫の家として恥ずかしくない規範、すなわち「家法」を保持し続けることこそ家の永続化をもたらすという韓億の強い信念が子孫に受け継がれていった。他方、韓琦の場合、英宗擁立と英宗朝における功績とが、帝室からの特別扱いを蒙ったという事情が大きな要因となっている。しかしながら、こうしたことは別に、二つの名族には、一族を永続化させようとする十一世紀半ばになって士大夫を中心に出てきた動向と軌を一つにする側面も見出せる。族譜の編纂や祠堂と族産の設置がそれである。また、韓琦は一族共同の墓地を郷里の相州を置き、そこに父親の韓国華以降の一族を埋葬していった。このように、宋代を代表する二つの韓氏という名族は、こうした宗族の組織化の具体策が採られ出した時代環境の下に出現したのである。ここには時代が濃厚に刻印されているといえよう。

註

（1）松井透「北宋初期官僚の一典型――石介とその系譜を中心に――」（『東洋学報』五一―一、一九六三年）、愛宕元「五代宋初の新興官僚――臨淄の麻氏を中心として――」（『史林』五七―四、一九七四年、同氏著『唐代地域社会史研究』同朋舎、一九九七年所収）、衣川強「宋代の名族――河南呂氏の場合――」（『神戸商科大学人文論集』一九―一・二、一九七三年）。Richard L.Davis, *Court and Family Sung China, 960-1279: Bureaucratic Success and Kinship Fortunes for the Shih of Ming-chou*, Duke U.P., 1986.

（2）王明清『揮麈前録』巻二に、「唐朝崔・盧・李・鄭及城南韋・杜二家、蝉聯珪組、世為顕著、至本朝絶無聞人、自祖宗以来、故家以真定韓氏為首、忠憲公家也、（中略）居京師、廷有桐木、都人以桐樹目之、以別相韓焉、相韓則魏公家也」とある。なお、王明清は、南宋の寧宗・理宗時期を中心に活躍したが、この時期を南宋中期としたのは、寺地遵氏の指摘に従ったものである（寺地遵「南宋中期政治史の試み」『日本歴史学協会年報』一八、二〇〇三年）。

（3）陶晉生「北宋韓琦的家族」（歴史語言研究所編『中国近世社会文化史論文集』台湾商務印書館、一九九二年、同氏著『北宋士族——家族・婚姻・生活——』台湾・楽学書局、二〇〇一年に、「宰相之家——韓琦家族——」と改題して所収)、王善軍『宋代宗族和宗族制度研究』下篇第三項「専制政治中的世家」、河北教育出版社、二〇〇〇年)。

(4) 蘇舜欽『蘇学士文集』巻一六「推誠保徳功臣正奉大夫守太子少傅致仕上柱国開国公食邑三千三百戸食実封八百戸賜紫金魚袋贈太子太保韓公行状」。以下、とくに断りが無い限り、韓億の事蹟はこの行状に依拠する。張方平『楽全集』巻三七の神道碑銘と同書巻三九墓碑銘には、父親の諱や開封に移転した理由、更には韓億の科挙及第の年代が曖昧にしか記されていない。なお、王明清の言辞は註(1)を参照。

(5) 科挙及第後に就く官位については、梅原郁『宋代官僚制度研究』(同朋舎、一九八五年)二四・二五頁参照。

(6)『蘇学士文集』巻一五「太原郡太君王氏墓誌」。

(7) Beverly J.Bossler, *Powerful Relations:Kinship, Status & the Sate in Sung China (960-1279)*, Harvard U.P., 1998. なお、本書に対する私の全般的な意見は、拙評を参照(『名古屋大学東洋史研究報告』二七、二〇〇三年)。

(8)『宋史』巻三一五「韓綱」伝、同書同巻「韓宗彦」伝。

(9)『宋史』巻三一五に載る、韓綜伝、韓絳伝、韓縝伝を参照。なお、『宋史』の各列伝は、韓綜伝だけが恩蔭出仕後、科挙に及第したことを記す。ただ、范純仁『范忠宣公集』巻一五「司空康国韓公墓誌銘」や『東都事略』巻五八「韓絳」伝には、韓絳が恩蔭出仕後、慶暦二年(一〇四二)に科挙に及第したことを記し、『東都事略』巻五八「韓縝」伝には韓縝が矢張り恩蔭出仕してから科挙及第したことを記している。

(10)『宋史』巻三一五の韓絳伝、韓縝伝、韓維伝、韓綜伝。なお、韓維の門下侍郎就任について、『宋史』の本伝は門下侍郎になった時期を明示していないが、徐自明『宋宰輔編年録』巻九、元祐二年七月壬戌の条に「維自元祐元年五月除門下侍郎、是年七月罷」とあって就任時期が分かる。

(11)『金石萃編』巻一四二「韓宗道墓誌」(この墓誌は曾鞏の手になるが、曾鞏の『元豊類藁』には未収)。また、荘綽『鶏肋編』巻中に、「忠憲公名億、事仁宗為同知枢密院・参知政事、八子、絳・縝為宰相、維為門下侍郎、四為員外郎、一寺丞早世、故黄魯直為子華輓詩云、八龍帰月旦、三鳳継天衢者、蓋実録也」とある。

（12）韓宗師と韓宗武については『宋史』巻三一五の各本伝、韓宗道は曾鞏の手になる「韓宗道墓誌」（『金石萃編』巻一四二）、韓宗恕は「宋太令人陳氏墓誌銘」（『崇山文集』巻二〇）、韓宗厚は朱光裔の撰になる「韓宗厚墓誌」（『金石萃編』巻一四二）。

（13）『続資治通鑑長編』巻四五三、元祐五年十二月壬子の条。また、邵伯温『邵氏聞見前録』巻三に、神宗朝のこととして、「神宗即位、鋭意求治、（中略）韓・呂、朝廷之世臣也、天下之士、不出於韓、即出於呂」と記す。

（14）前掲、王善軍『宋代宗族和宗族制度研究』一九五頁。

（15）韓元吉『南澗甲乙稿』巻一三（四庫全書珍本別輯）「答祝允之書」に、「上饒礼義之郷也、能文之士接武、某今者寓居、遂為里閭」とあり、同書巻一五「両賢堂記」には、「並江而東行、当閩浙之交、是為上饒郡、霊山連延、秀抜森声、与懐玉諸峰、巉然相映帯、其物産豊美、土壌平衍、故北来之渡江者、愛而多寓焉」とあり、また、同書同巻「信州新建牙門記」には、「故老相伝、得陰陽之勝、雖宣和青渓之盗、建炎寇攘雲擾、皆莫能犯其地、（中略）信之為州、四百二十有三年矣、其地控閩粤、鄰江淮引二浙、隠然実衝要之会、山川秀発、人物繁夥、異時多士之雋、屢冠天下、而宰輔之出間、亦蜚声名立事業、其風俗興起、固未艾也」とある。この信州について、小川快之氏は鉱業という側面から当地の健訟問題を検討している（「宋代信州の鉱業と『健訟』問題」『史学雑誌』一一〇、二〇〇一年）。

（16）胡可先氏の「韓元吉年譜」（『新宋学』第二輯、二〇〇三年）は、晁説之『景迂生集』巻二〇「宋故韓公表墓銘」に依拠して、韓元吉の祖父の諱を瑨、字を公表とするが、ここでは韓元吉自身の記述（『南澗甲乙稿』巻一五「崇福庵記」）に従って、諱を球、字を美成としておく。

（17）『南澗甲乙稿』巻一五「崇福庵記」、同書巻二二「太恭人李氏墓誌銘」。

（18）韓元吉は墓誌銘などの誌銘の記録は残っておらず、『宋史』にも立伝されていない。ただ、清・陸心源『宋史翼』巻一四「韓元吉」伝は、様々な断片的な記録から一つの列伝に仕上げている。韓元吉の子孫が上饒県に居住したことに関しては、後世の地方志から知られる。例えば、『嘉靖広信府志』巻一八〈人物志〉「游寓」の「韓元吉」伝の最後に、「卒、葬城東、子孫遂為上饒人」とある。

（19）韓球については既述した。韓元吉については、『宋元学案』巻二七「和靖学案」に建州知事になったこと、吏部尚書になったことなどが記され、元吉の父親に関しては、『南澗甲乙稿』巻一八「焚黄告祭先考通議文」に地方官になったことなどが記される。また、同巻の一族の祭文をみても官位の保持や官職に就いたことなどが知られる。

(20)『金石萃編』巻一三五「韓国華神道碑銘」（撰者は富弼）後の案語に、「太夫人胡氏墓誌銘」（韓琦『安陽集』〔四庫全書珍本四集〕巻四六）などを引用して胡氏は側室であったと記す。韓国華に二人の娘がいたことは、「韓国華神道碑銘」による。ただ、尹洙による韓国華の墓誌銘には一人の娘の存在しか記されていない（『河南先生文集』巻一六「故大中大夫右諫議大夫上柱国南陽県開国男食邑三百戸賜紫金魚袋贈太傅韓公墓誌銘并序」）。

(21)『安陽集』巻四六「太夫人胡氏墓誌銘」、同書同巻「五兄著作墓誌銘」。

(22)『金石萃編』巻一三五「韓国華神道碑銘」、『河南先生文集』巻一六「故大中大夫右諫議大夫上柱国南陽県開国男食邑三百戸賜紫金魚袋贈太傅韓公墓誌銘并序」、『宋史』巻二七七「韓国華」伝。

(23)『安陽集』巻四六「長兄徳清尉墓誌銘」。

(24)『安陽集』巻四六「姪殿中丞公彦墓誌銘」、同書同巻「三兄司封行状」。

(25) 韓琦の生涯に関しては、『宋史』巻三一二、『東都事略』巻六九などの列伝が参考になるが、詳しくは、『忠献韓魏王君臣相遇家伝』（『韓魏公集』所収、以下、『韓魏公家伝』と略称）や清・楊希閔「宋韓忠献公年譜」（『十五家年譜』などに収められているが、近年、呉洪沢・尹波の編集になる『宋人年譜叢刊』〔四川大学出版社、二〇〇三年〕によって簡単に見られる）に依拠できる。なお、最晩年の病状が悪化は、『韓魏公集』所収の王巌叟『忠献韓魏王別録』の「序」に「痛念二年之間、公以疾居於内」とあることで知られる。

(26)『安陽集』巻四六「長兄徳清尉墓誌銘」、同書同巻「二兄監簿以下墓誌銘」（ここには二兄と四兄に言及）、同書同巻「三兄司封行状」。

(27)『安陽集』巻四六「姪太常寺太祝直彦墓誌銘」。

(28)『宋史』巻三一二「韓琦」伝では息子を五人としているが、三男の良彦が早世しているので（『安陽集』巻四六「録夫人崔氏事迹与崔殿丞請為行状」）、数に入れなかったと考えられる。また、この崔氏事迹から、忠彦（長男）、端彦（次男）、良彦

（三男）が崔氏の生んだ子供であり、他に五人の娘がいたことが分かる。
（29）韓忠彦に関しては『宋史』巻三一二と『東都事略』巻六九の各本伝と、畢仲游『西臺集』巻一五「丞相儀国韓公行状」により、韓純彦は彼の夫人孫氏の墓誌銘から刻苦勉励して科挙に及第したことが分かる（趙鼎臣『竹隠畸士集』巻一九「孫令人墓誌銘」）。
（30）韓忠彦の官歴については、註（27）に挙げた諸史料でほぼ分かるが、正確な年月は『宋宰輔編年録』に依った。
（31）『竹隠畸士集』巻一七「故龍図閣学士宣奉大夫中山府路安撫使兼馬歩軍都総管兼知定州軍府事提挙本府学事兼管内勧農使開封県開国子食邑六百戸贈特進資政殿学士韓公行状」に、「（哲宗）語執政曰、朕嘗見韓琦画像、粋彦甚似其父、云々」とある。
（32）畢仲游『西臺集』巻一五「丞相儀国韓公行状」。
（33）趙鼎臣『竹隠畸士集』巻一九「孫令人墓誌銘」。
（34）『安陽集』巻四八「故寿安県君王氏墓誌銘」。
（35）『宋史』巻二四八〈公主列伝〉「唐国公主」伝、『皇朝十朝綱要』巻八「唐国公主」下の割注。
（36）韓侂冑は韓琦の曾孫で、父親が韓誠であることは確認できる（『宋史』巻四七四「韓侂冑」伝）が、誠が誰の子供か明確ではない。千葉㷋氏が韓侂冑を神宗の斉国長公主（神宗の娘には見あたらない。唐国長公主のことかも知れない）の孫といい、陶晉生氏が誠を忠彦の子供としているが、いずれの根拠も不明（千葉㷋「韓侂冑——宋代姦臣伝その二——」『山崎先生退官記念東洋史論集』大安、一九六七年、陶晉生「宰相之家——韓琦家族——」）。なお、『韓魏公家伝』巻一〇には、韓琦の子孫として韓誠は挙げているが、韓侂冑はない。恐らく意図的に省略していると考えられる。
（37）『宋史』巻四七四「韓侂冑」伝。なお、開禧用兵については、衣川強「『開禧用兵』をめぐって」（『東洋史研究』三六—三、一九七七年）を参照。
（38）劉攽『彭城集』巻三九（四庫全書珍本別輯）「楽安郡君范氏墓誌銘」に、「及忠憲公薨、冢婦早世、宗事一主于夫人、族人百余口、夫人存撫教育之、同其有無、未嘗少自異、人人帰心、其外則収恤姻女連、贈遺慶弔、親疎皆有礼意、如此三十年」とある。

（39）韓維『南陽集』（四庫全書珍本第二集）附録「南陽集行状」に、「其居家俸賜、悉以均給宗族及故人子弟、周卹之甚厚、方閑退時、聚族数百口、置田数十頃、以為義荘、撫孤幼尤力、致仕之日、家無余財」とある。

（40）族産に関しては、古くは清水盛光『中国族産制度攷』（岩波書店、一九四九年）があり、近年では前掲王善軍『宋代宗族和宗族制度研究』の上篇第一項「宗族公産」などが優れた研究としてある。なお、義荘の嚆矢である范氏義荘に関しては、近年、遠藤隆俊氏が精力的に論考を公表されており、同じく范氏義荘を基点として近世の宗族問題を体系的に論証しようとした井上徹氏とは、范氏義荘をめぐってその歴史的性格に対する論争がある。論争の詳細は拙稿「宋代宗族研究の現状と課題——范氏義荘研究を中心に——」（『名古屋大学東洋史研究報告』二五、二〇〇一年）を参照。

（41）たとえば、『南澗甲乙稿』巻一八「元諒納婦祝文」「滮冠祝告廟文」など。なお、家廟と祠堂は実際上は混用されているが、厳密には家廟は朝廷の許可を得て建てられるもの、祠堂は朝廷の許可無しでも建てられるものという違いがあると思われる（拙著『欧陽脩　その生涯と宗族』創文社、二〇〇〇年）。この違いを強調する私の考えに吾妻重二氏は異論を唱えるけれども（「宋代の家廟と祖先祭祀」小南一郎編『中国の礼制と礼学』朋友書店、二〇〇一年所収、注（55））、厳密には近現代に至るまでその差違があったようである（たとえば、潘宏立『現代東南中国の漢族社会——閩南農村の宗族組織とその変容——』風響社、二〇〇二年、五三頁）。なお、宗族の組織化における祠堂の重要な役割については多くの研究があるが、ここでは馮爾康編著『中国宗族社会』（浙江人民出版社、一九九四年）第三章「宋元科挙制下宗族制度的発展」と前掲王善軍『宋代宗族和宗族制度研究』上篇第三項「宗族祭祀」を挙げるに止める。

（42）『宋稗類鈔』巻四「家範」。

（43）劉攽『彭城集』巻三九「楽安郡君范氏墓誌銘」に、「忠憲公治家厳謹」とある。

（44）韓維『南陽集』末の跋文に、「忠憲公訓飭子弟甚力、重以外祖方厳清介、諸房化之、子姪皆表表自立、故本朝有家法者、推韓氏云」とあり、『宋元学案』巻二〇「元城学案」の韓瓘伝には、「韓瓘、字徳全、開封人也、参政億曾孫、累官知秀州、所至興利除害、甚敏、吏莫能欺、時以為有家法」とある。また、韓滮『澗泉日記』巻上には、韓維が弟の韓縝と許昌の自宅で客を招いて酒宴を開いたところ、韓縝は朝服に着替えて、兄の維を言祝ぎ、それを見ていた客人が自宅に帰って自分の兄弟に「公の家法は此の如し」と語ったと記している。

（45）韓元吉『桐陰旧話』（この書物は元々、十巻あったらしいが、現在、見ることの出来る『説郛』巻二〇には一巻しか載っていない）。

（46）『宋史』巻三一二「韓琦」伝、『続資治通鑑長編』巻一八七、嘉祐三年六月丙午の条。

（47）ここまで、仁宗末年から英宗朝にかけての濮議を中心とする政治情勢については、前掲拙著『欧陽脩　その生涯と宗族』第六章「濮議論争――あるべき国家像を求めて――」及び拙稿「北宋仁宗朝における女寵と後嗣問題――欧陽脩の『五代史記』との関連の下に――」（『名古屋大学東洋史研究報告』二四、二〇〇〇年）を参照。

（48）『韓魏公家伝』巻五。

（49）『宋史』巻三一二「韓琦」伝。『韓魏公家伝』巻六には、神宗が、即位後、英宗の病気時期と神宗が皇太子に立てられた時の韓琦の奮闘ぶりに感謝する様子を、「上斂容拱手曰、此恩何敢忘」と記している。

（50）前掲拙著『欧陽脩　その生涯と宗族』第十章「北宋中期における宗族の再認識について」、ことに三四三～三四五頁参照。

（51）『安陽集』巻二二「韓氏家集序」に、「後主之者、或不謹厳、使失其伝、則上天至明、祖宗至霊、是必降殃、以懲不孝、其戒之哉、其戒之哉、謹序」とある。

（52）徐揚傑『中国家族制度史』（人民出版社、一九九二年）二九三・二九四頁。

（53）王旦の子女たちについては、欧陽脩『欧陽文忠公文集』居士集巻二二「太尉文正王公神道碑銘」、また、王素については、『宋史』巻三二〇「王素」伝を参照。王旦の帯の質入れに関しては、『宋史』巻二四五「漢王元佐」附伝「宗悌」伝に見える。

（54）『欧陽文忠公文集』居士外集巻八「螟蛉賦」に、「今夫為父母生之、養育劬労、非為異類也、乃有不能継其父業者、儒家之子卒為商、世家之子卒為皂奴」とある。

（補註）小稿の脱稿後、李貴録『北宋三槐王氏家族研究』（斉魯書社、二〇〇四年）を入手した。この書物は、王旦を輩出した三槐王氏について、北宋時代の一族の官僚生活・文化生活・姻戚関係など多方面にわたって考察したものだが、宰相の子孫でさえも衰微してしまう例として王旦の一族が挙げられるこれまでの研究傾向に直接的な答えを用意していない。

劉摯『忠粛集』墓誌銘から見た元祐党人の関係

平田茂樹

一、はじめに

宋代には新法党と旧法党の争いを始めとして、数多くの党争が繰り広げられている。これらの党争に関わる研究は数多く出されているが、「朋党」とは何かという根元的な解答を得るまでには至っていない。(1) 字義からすれば「党」とは「炊爨を共にし、またその祀所を共にする祭祀共同体を原義とし、族党をいう。もと血縁集団より、地縁的な集団、その邑里をも意味する語となった。」（白川静『字通』平凡社、一九九六）と説明されるように、日常的な血縁・地縁関係から派生した言葉である。

また「君子不黨」（『論語』述而篇）の言葉が指し示すように、史料に「某党」と表記された多くの場合、相手を批判、糾弾する表現となる。(2) 従って、朋党研究を行う際には、この否定的なニュアンスを読み解く作業が必要となる。

筆者は現段階において、朋党を次のように考えている。朋党は、社会・経済的に優位に立つ個人が、より低い地位にある個人に保護と便益を与え、後者が前者に対して一般的な支持や助力に努める二者間関係的結びつきを基本とし、この結びつきは二段階の過程を経て政治集団へ実体化していく。まず、地縁、血縁、婚姻、学問、職業などの日常的な様々な縁をもとに、個人を取り囲む第一次的なネットワークが形成される。これは宋代の官僚制の仕組みと深く関わっている。例えば、宋代には「薦挙」と呼ばれる連帯保証を伴う推薦制度があり、官僚は出世の階梯において絶えず推薦者の獲得に努めなければならない[3]。その結果、自然と推薦者－被推薦者の間に二者間関係が形成される。この他、科挙における座主門生、同年、同学、同郷関係なども同様な第一次的ネットワーク形成の要因となる。

そして、このネットワークは、第二次的ネットワークである政治集団を生み出す基盤ともなる。宋代史料に散見する「朔党」、「蜀党」、「洛党」といった地域性を冠した名前や「范党」、「韓党」といった血縁、姻戚関係に由来する朋党名は正に第一次的ネットワークと深く関係している。そして、さらに政策や思想への共感、政策決定過程における利害追求、他の政治家との対立、抗争といったことが起因となり、個人と個人とが結びつけられ、政治集団として実体化していく。また、具体的な人的結合の紐帯に特定の官職が機能する場合もある。例えば、近年の新法党研究では、制置三司条例司、中書条例司といった特定の官職に集った官僚層が新法の推進者となっていたことが指摘されている。すなわち、第二次的ネットワークである政治集団とは、政争や官僚システムを契機として個人の第一次的ネットワークが集積・組み換えられ、政治的まとまりを有するものとなったと位置づけられる[4]。

今回の論文は旧法党を題材としている。実は旧法党の人的関係については拙稿「宋代の言路官について」（『史学雑誌』一〇一－六、一九九二）で詳細に論じたことがある。ただ、その際は主として政治的ネットワークを論じており、その前提となる日常的ネットワークとの関わりについて十分論究できなかった。そこで、今回は朋党における日常的ネットワークと政治的ネットワークとの関係について分析を試みることとする。

二、元祐旧法党の中核集団――「劉摯党」

北宋第七代哲宗の元祐年間（一〇八六～九三）、旧法党は新法党と対立すると共に、その内部で相争ったとされる。これについてはしばしば邵伯温『邵氏聞見録』巻一三の史料が引用される。

哲宗即位、宣仁后垂簾同聴政、羣賢畢集於朝、專以忠厚不擾為治、和戎偃武、愛民重穀、庶幾嘉祐之風矣。然雖賢者不免以類相從、故當時有洛黨・川黨・朔黨之語。洛黨者以程正叔侍講為領袖、朱光庭・賈易等為羽翼、川黨者以蘇子瞻為領袖、呂陶等為羽翼。朔黨者以劉摯・梁燾・王巖叟・劉安世為領袖、羽翼尤衆。諸黨相攻擊不已。正叔多用古禮、子瞻謂其不近人情如王介甫、深疾之、或加抗侮。故朱光庭・賈易不平、皆以謗訕誣子瞻、執政兩平之。是時既退元豐大臣於散地、皆銜怨刺骨、陰伺間隙、而諸賢者不悟、自分黨相毀。至紹聖初、章惇為相、同以為元祐黨、盡竄嶺海之外、可哀也。呂微仲秦人、戇直無黨、范醇夫蜀人、師温公不立黨、亦不免竄逐以死、尤可哀也。

ここでは、元祐党人が新法党勢力を駆逐した後、洛党（首領—程頤、補佐役—朱光庭・賈易）、蜀党（首領—蘇軾、補佐役—呂陶）、朔党（首領—劉摯・梁燾・王巖叟・劉安世）に分かれ相争ったことが指摘されている(5)。

この史料に現れる「党」の実態を当時の史料に即して確認することとしたい。「洛党」、「蜀党」という用語は、李燾『続資治通鑑長編』（以下『長編』と略称）に散見する。ここでは巻四七一の例を紹介しておく。

是日三省進呈程頤服闋欲除館職、判登聞檢院。太皇太后不許、乃以為直秘閣判西京國子監。初頤在經筵、歸其門者甚衆、而蘇軾在翰林、亦多附之者、遂有洛黨・蜀黨之論、二黨道不同、互相非毀。頤竟罷去、及進呈除目、蘇轍遽曰、頤入朝恐不肯靜。太皇太后納其言、故頤不得復召。（注）此據王巖叟日録、當考。巖叟云、頤竟為蜀黨所擠、蓋非平實語、今改之。五月四日頤尋罷此。三月二十二日呉立禮言。四月十四日又言。五月四日董敦逸言。

この「洛党」、「蜀党」という語は、李燾注に『王巖叟日録』に依拠したと記されていることから、当時においても使われていた用語であったと考えられる。ところが『長編』には「朔党」という語は見あたらず、「劉摯党」という言葉が用いられる。次に、この「劉摯党」という用例を見ておく。

（1）『長編』巻四六七、元祐六年（一〇九一）十月癸酉の条
御史中丞鄭雍・殿中侍御史楊畏對甚久、論右僕射劉摯及右丞蘇轍也。雍言摯略云、摯久據要路、遍歷三省、始因言事得進、即與其意合者共進退人。又云、摯為執政、其下多引在要任、或為兩省屬官、或在言路。摯所不悦、則舍人・給事繳駁、言路彈奏。又云、摯引趙君錫為中丞、摯厭賓客、君錫申明謁禁、朝行中言君錫為執政止客。又薦葉伸為臺官、以合摯意。陰與賈易相結、摯所不悦、則奮力排擊。又云、葉伸曾任臺簿、摯所舉、未久除兩浙運判、又升運副、召為省郎。趙君錫薦伸御史、伸不就、即除左司、又除河北運副。又云、林自為鄆州教授、自言為鄆州人劉仿所奪、仿與摯兒男遊從、仿命未下已前、仿自言已得教授。又云、趙彦若男仁恕自盜贓滿、不候勘正、便取旨斷放。彦若是摯親家。又云、王鞏不檢事體量未到間、堂除密州、體量得實、罷密州、無銜替指揮。趙君錫・莊公岳承望風旨、新通判密州任林積不敢體量、謝景温妄奏鞏非罪、緣摯男娶鞏女。又云、未擧御史、為朝廷多摯門下人。摯善牢籠士人、不問善惡、雖贓汚久廢之人、亦以甘言誘致、如龔原・王沇之・詹適・孫諤、悉與除落罪名。與呂温卿湖州升明州、延接章惇男援、有同骨肉、送簡帖與邢恕。又具摯黨人姓名、王巖叟・劉安世・韓川・朱光庭・趙君錫・梁燾・孫升・王覿・曾肇・賈易・楊康國・安鼎・張舜民・田子諒・葉伸・趙挺之・盛陶・龔原・劉槩・楊國寶・杜純・杜紘・詹適・孫諤・朱京・馬傳慶・錢世雄・孫路・王子韶・呉立禮凡三十人。左正言姚勔入奏、並言摯朋黨不公。右正言虞策四奏言、摯親戚趙仁恕・王鞏犯法、施行不當。

（2）『長編』巻四九三、紹聖四年（一〇九七）十一月癸丑の条。
給事中徐鐸言、沈銖除中書舍人兼侍講。按銖在先帝時、任太學直講、受學生饋遺、坐贓罪勒停。元祐間為劉摯等黨、除落罪名、乞追寢成命。

（3）『長編』巻四九八、元符元年（一〇九八）五月辛亥の条所引注。
（韓）治又言及甫供通朋類、稱葉濤・孫諤南京人・詹適・孫升・龔原皆劉摯黨人。二蘇・范祖禹等非劉摯黨、自

是奸黨。

（1）（2）（3）併せて「劉摯党人」として三十二人の名が確認される。[6]「劉摯党人」の特徴を幾つかの項目に従い、分析してみよう。

（一）　出身地域

「朔党」からイメージされる北人のイメージをまず確認しておく。河北東路－劉摯（河北東路永静軍東光県人）、王巖叟（大名府清平県人）、劉安世（大名人）、楊康國（魏人＝大名府）、京東西路－梁燾（京東西路鄆州須城県人）、孫諤（睢陽人〈南京応天府人〉）、京東東路－趙挺之（京東東路密州諸城県人）、京西北路－朱光庭（河南府偃師県人）、趙君錫（洛陽人）・盛陶（鄭州人）・楊國寶（鄭州管城県人）、京畿路－孫路（開封人）、陝西路－韓川（陝人）・張舜民（永興軍路邠州人）・呉立禮（永興人）、河東路－王子韶（太原人）と広く北人が「劉摯党」に加わっていることに気付く。又、少なからず南人－王覿（淮南東路泰州如皐県人）・孫升（淮南東路揚州高郵県人）・沈銖（淮南東路真州揚子県人）・曾肇（江南西路建昌軍南豊県人）・龔原（両浙路処州遂昌県人）・賈易（淮南西路無為軍無為県人）・朱京（南豊人）・銭世雄（両浙路処州龍泉県人）・葉濤（両浙路処州龍泉県人）も見える。

ここで注意しなければならないのは、本籍と生活の根拠地の問題である。上記括弧に示したのは各種列伝に表記される本籍であるが、注意を要する。例えば、劉摯の生まれは河北東路永静軍東光県だが、父が十歳の折りなくなり、以後、母方の陳氏の元で養育される。陳氏は東平人と記されるように京東西路東平府（鄆州）出身である。

また、当時の地域区分と現在の省区分とでは境界が微妙に異なる。現在の省区分に従うならば、「朔党」の主要メンバーである王巖叟、梁燾は山東人という区分となる。[7]幼年時代に生活拠点を京東西路に移した劉摯も山東人の範疇に加えても良いかもしれない。この地域の問題については、次章で改めて論じることとしたい。

さらに、ここで興味深いのは、『宋史紀事本末』「洛蜀党議」に登場する「洛党」中の人物（賈易、朱光庭、趙君錫）が「劉摯党人」に加わっていることである。このような「洛党」と「朔党」との混同はここに限ったことではなく、例えば、

①（元祐七年四月）禮部侍郎兼侍講范祖禹言、（中略）蓋當時臺諫官王巖叟・朱光庭・賈易、皆素推服頤之經行、故不知者、指為頤黨。（『長編』巻四七二）

②（元祐八年三月）監察御史黄慶基言、（中略）前日陛下罷黜劉摯・王巖叟・朱光庭・孫升・韓川輩、而後洛黨稍衰。（『長編』巻四八二）

と見える。①は范祖禹が「王巖叟・朱光庭・賈易が（程）頤の経行に心服していたのを、事情を知らない者が（彼らを程）頤の党と見なした」と述べた例、②は黄慶基が「劉摯・王巖叟・朱光庭・孫升・韓川等が罷免された後、洛党が衰えた」と述べた例である。このような例以外にも、『宋史紀事本末』「洛蜀党議」の事例を検討すると、「洛党」と「朔党」が同一歩調を取っている例がまま見られる。寧ろ「劉摯党人」の像を探る際には「洛党」「朔党」と称される集団の緊密性にも目を向ける必要がある。

（二）劉摯との個人的関係

「劉摯党人」中には、新法党側の人物が少なからず含まれている。例えば、王子韶・盛陶・龔原・葉濤・楊國寶・趙挺之・沈銖[8]などであり、彼らは劉摯との個人的な関係より入れられた者と思われる。例えば、盛陶は劉摯と同年進士合格[9]、龔原は「摯與彭（汝礪）・龔（原）・孫（樸）尤相善者。」（『長編』巻四五三）と述べられる。これらはさておき、他の人物中では梁燾・王巖叟との親密な関係が浮かび上がる。これは、劉摯自身が彼らのことを「臣與（傅）堯兪・（梁）燾・（王）巖叟布衣相識、備知其所存、決可保其不負朝廷任使。」（『長編』巻四〇六）と、旧くからの知り合いであ

り、且つ推薦に値する人物であると述べている点、更に劉摯が王巖叟の母、梁燾の父の墓誌銘を書いている点などから窺える(10)。その他では、劉摯が彼の父の墓誌銘を書いている楊康國(11)、劉摯の姻家である田子諒(12)、故吏であった葉伸(13)などが目に付く。また、劉摯が推薦、或いは引き立てた人物として韓川・孫升・王覿・趙君錫・賈易・張舜民などの名が挙がる。しかし、全般的には劉摯との個人的関係では覆いきれない。例えば、劉安世・賈易・朱光庭・張舜民について劉摯は旧知の間柄ではないと述べる(『長編』巻四〇六、四四六)。寧ろ彼と親密な関係にあった、王巖叟・梁燾をも含めた同僚関係が重要なつながりとして浮かび上がる。詳しくは次節で触れるが、例えば劉摯の侍御史→御史中丞時代(元豊八年九月→元祐元年十一月)には、部下に王巖叟・孫升・韓川がおり、同じ言路官(14)、即ち諫官には朱光庭・王巖叟・王覿がいた。一方、王巖叟の侍御史在任中(元祐元年九月~二年五月)には、その部下に孫升・韓川が、諫官には梁燾・王覿・朱光庭がいた。また、梁燾の御史中丞在任時(元祐四年十月~五年五月)には、配下に賈易・孫升・楊康國、諫官には劉安世・朱光庭がいた(表一　元祐台諫表参照)。このように言路の官として共に行動したことが、後に「劉摯党人」のイメージを作りあげた主因ではないかと推察される。そこで、次に、元祐年間の言路の官としての官歴を確認しておく(途中の官歴は省略)。

(三)官　歴

(一)　劉摯　侍御史→御史中丞
(二)　王巖叟　監察御史→左司諫兼権給事中→侍御史→起居舎人兼権中書舎人→中書舎人
(三)　劉安世　右正言→左司諫兼権給事中→左諫議大夫→中書舎人
(四)　韓川　監察御史→殿中侍御史→左司諫→侍御史→中書舎人
(五)　朱光庭　左正言→左司諫→侍御史→右諫議大夫→給事中

表1　元祐台諫表（○は右、▲は左、（例）左正言▲）

	元豊8年1085	元祐元年1086	元祐2年1087	元祐3年1088
諫議大夫	○孫覺（7－） ▲范純仁（10－辞）	○孫覺（－3） ▲鮮于侁（9－） ○梁燾（9－）	▲鮮于侁（－3） ○梁燾（－5） ▲孔文仲（5－11）	○王覿（4－5） ○王汾（閏12－辞）
司諫	○蹇序辰（－6） ▲唐淑問（10－） ○蘇轍（10－）	▲王巖叟（2－9） ○蘇轍（－9） ▲朱光庭（9－） ○王覿（9－） ▲唐淑問（－2）	▲朱光庭（－5） ○王覿（－5） ▲呂陶（5－7） ○賈易（5－8） ▲韓川（8－） ○豊稷（12－）	○豊稷（－1） ▲韓川
正言	▲朱光庭（10－）	▲朱光庭（－9）	○丁隲（6－）	○丁隲（－2） ▲丁隲（2－3） ○劉安世（2－）
御史中丞	黄履（6年6－）	黄履（－2） 劉摯（2－11） 傅堯兪（11－）	傅堯兪（－5） 胡宗愈（5－）	孫覚（3－9） 胡宗愈（－5） 李常（9－）
侍御史	劉摯（9－）	劉摯（－2） 王巖叟（9－）	王巖叟（－5） 杜純（5－7） 王覿（7－）	王覿（－4） 盛陶（4－）
殿中侍御史	黄降（5－12） 劉次荘（4－）	劉次荘（－閏2） 呂陶（閏2－） 林旦（3－10） 孫升（10－）	呂陶（－5） 孫升（－5） 韓川（5－8） 上官均（5－8） 豊稷（9－12）	翟思（5－）
監察御史	黄降（5年1－5） 安惇（6年8－12） 劉拯（6年8－12） 陳次升（7年?－） 邵材（7年11－） 孫升（4－） 王巖叟（6－）	王巖叟（－2） 邵材（－閏2） 上官均（3－） 韓川（3－） 陳次升（－9） 孫升（－10）	張舜民（1－4） 韓川（－5） 上官均（－5） 趙挺之（6－） 方蒙（6－?） 趙屼（6－） 楊康國（12－）	趙屼（1－3） 王彭年（8－） 楊康國（－9） 趙挺之

元祐９年1094	元祐８年1093	元祐７年1092	元祐６年1091	元祐５年1090	元祐４年1089
			▲鄭雍（3－8）	○朱光庭（－5） ▲劉安世（－8）	▲梁燾（2－10） ○范祖禹（5－10） ○朱光庭（10－） ▲劉安世（10－）
▲翟思（4－10） ▲張商英（10－） ▲虞策	▲虞策	▲虞策（6－）	▲楊康國（－3）	▲司馬康（6－不拝） ▲楊康國（9－）	▲韓川（－1） ○呉安詩（3－10） ▲劉安世（6－10）
○朱勃 ○張商英（4－10） ▲上官均（4－） ○劉拯（10－）	○朱勃（3－）	▲姚勔（－6） ○虞策（－6）	○劉唐老（－3） ○姚勔（3－8） ▲姚勔（8－） ○虞策（8－）	○劉唐老（5－）	○劉安世（－6） ○司馬康（10－辞）
李之純（－閏4） 黄履（閏4－） 井亮采	李之純	鄭雍（－6） 李之純（6－）	蘇轍（－2） 趙君錫（2－8） 鄭雍（8－）	梁燾（－5） 蘇轍（5－）	李常（－5） 傅堯俞（5－10） 梁燾（10－）
來之邵（4－?） 翟思（10－）	楊畏（－10）	楊畏（6－）	孫升（－1） 賈易（－8）	孫升（3－）	盛陶（－5） 朱光庭（5－10） 韓川（10－辞）
來之邵（－4） 郭知章（閏4－）	來之邵（6－）	楊畏（－6） 呉立禮（－12卒）	岑象求（－3） 葉伸（3－辞） 楊畏（5－） 呉立禮（10－）	孫升（－3） 張舜民（5－辞） 楊康國（6－9） 上官均（6－12） 賈易（－7） 田子諒（7－罷） 岑象求（9－）	翟思（－5） 賈易（－5） 孫升（5－）
周秩（4－6） 劉拯（4－10） 郭知章（－閏4） 常安民（10－）	董敦逸（－5） 黄慶基（－5） 來之邵（－6）	董敦逸 黄慶基 來之邵（10－）	徐君平（－3） 安鼎（3－11） 虞策（－8） 董敦逸（－11） 黄慶基（－11）	楊畏（3－辞） 楊康國（－6） 裴綸（9－辞） 徐君平（10－） 虞策（10－）	王彭年（－5） 趙挺之（－5）

表2　給事中、中書舎人表

	給事中	中書舎人
元豐八年 一〇八五	陸佃（5年6月―12） 蔡卞（7年10―12） 范純仁（12―） 王震（12―）	楊景略（7年10―7） 范百祿（8―） 王震（6年10―12） 邢恕（12―罷） 胡宗愈（12―）
元祐元年 一〇八六	范純仁（―閏2） 王震（―?） 孫覺（閏2―7） 傅堯兪（閏2―3） 胡宗愈（3―11） 錢勰（9―12） 顧臨（11―）	胡宗愈（―3） 蘇軾（3―9） 錢勰（7年11―9） 林希（9―罷） 蘇轍（11―） 曾肇（11―） 劉攽（11―）
元祐二年 一〇八七	顧臨（―4） 顧臨（11―） 張問（2―8） 趙君錫（6―）	蘇轍（―11） 曾肇（―） 劉攽（―） 孔文仲（11―）
元祐三年 一〇八八	顧臨（―9） 趙君錫（―）	曾肇（―） 劉攽（―） 孔文仲（11―3卒） 彭汝礪（4―）
元祐四年 一〇八九	趙君錫（―8） 曾肇（5―辭） 鄭穆（11―） 范祖禹（10―）	曾肇（―5） 劉攽（―3卒） 彭汝礪（―5） 范祖禹（3―辭） 鄭雍（5―） 顏復（8―） 王巖叟（11―）

元祐五年 一〇九〇	鄭穆（－5） 范祖禹（－） 朱光庭（－） 范純禮（9－）	鄭雍（－） 顔復（－6卒） 王巖叟（－5） 梁燾（5－辞退） 劉安世（5－辞退） 韓川（5－）
元祐六年 一〇九一	范祖禹（－9） 朱光庭（－11） 范純禮（－1） 黄廉（11－） 王欽臣（11－罷）	鄭雍（－3） 韓川（－9） 劉安世（1－転任） 孫升（7－） 陳軒（11－） 孔武仲（11－）
元祐七年 一〇九二	黄廉（－5卒）	孫升（－6） 陳軒（－） 孔武仲（－） 喬執中（10－）
元祐八年 一〇九三	范育（1－3） 喬執中（4－?） 孔武中（3－4）	陳軒（－4） 孔武中（－3） 喬執中（－4） 姚勔（6－?） 呂陶（6－?）
紹聖元年 一〇九四		呂希純（－4） 蔡卞

※表には掲示しなかったが、給事中、中書舎人が欠員の時、他の官が兼任する場合がある。例えば、元祐四年五月、中書舎人王巖叟は、中書舎人が欠員であったため、起居舎人権中書舎人として蔡確の責詞の詔勅の起草を命ぜられた（《長編》巻四二七）。この他、王巖叟－左司諫兼権給事中、顔復－権中書舎人、劉安世－左司諫兼権給事中、梁燾－左諫議大夫兼権給事中、豊稷－権中書舎人、孔武中－中書舎人兼権給事中、孫升－権中書舎人、姚勔－起居郎兼給事中、呉安詩－権中書舎人などの例がある。

（六）　趙君錫　給事中→御史中丞
（七）　梁燾　右諫議大夫→左諫議大夫兼権給事中→御史中丞→中書舎人（辞退）
（八）　孫升　監察御史→殿中侍御史→侍御史→権中書舎人→中書舎人
（九）　王覿　右司諫→侍御史→右諫議大夫
（一〇）　曾肇　中書舎人→（外任）→中書舎人
（一一）　賈易　右司諫→殿中侍御史→侍御史
（一二）　楊康國　監察御史→殿中侍御史→左司諫
（一三）　安鼎　監察御史
（一四）　張舜民　監察御史→殿中侍御史（辞退）
（一五）　趙挺之　監察御史
（一六）　杜純　侍御史

三十二名のうち十六名までが言路の官、とりわけ台諫経験者であったことが確認できた。更に政治的に異なる立場の者を除けば、劉摯集団の過半数が言路の官経験者であったと言える。とりわけ（二）の王巖叟（七）の梁燾などは言路（＝台諫給舎）の官を全て歴任している。また「劉摯党人」以外にも呂陶・蘇轍・鄭雍・胡宗愈・傅堯兪・虞策・上官均など台官－諫官経験者は数多く見られ、この時代の出世コースとなっていたと思われる。なお、この言路の官と朋党との問題については以前拙稿内で論じたので今回は省略する。(15) ただ、ここでは「劉摯党」の本質に関わる次の一点のみ確認しておきたい。それは以下の史料に端的に表されている。

①（紹聖元年六月）侍御史來之邵言、（中略）、後世司馬光入持政柄、擢劉摯為侍御史、王巖叟・朱光庭引在言路、結成黨羽、宰相自確而下、盡力排逐、先帝顧命大臣去之畧盡、而陛下孤立於上矣。先朝法度次第廢革、先帝二十年

積功累行、為之一空矣。以先朝賞罰為不中理、則悉聽訴理。劉摯罪無輕重、率從原減。由是先帝擢用之人、往往閒廢而光之黨分布中外矣。（『太平治迹統類』巻二四）

②（御史中丞鄭）雍言摯略云、摯久據要路、或在言路、遍歴三省、始因言事得進、即與其意合者共進退人。又云、摯為執政、其下多引在要任、或為兩省屬官、或在言路、摯所不悦、則舍人給事繳駮、言路彈奏。（『長編』巻四六七）。

③左正言上官均言、近具劄子論奏、前宰相呂大防・蘇轍擅操國柄、不畏公議、引用柔邪之臣、如李之純擢為御史中丞、楊畏・虞策・來之邵等皆任為諫官・御史、是四人者傾險柔邪、嗜利無恥、其所彈擊者皆受呂大防・蘇轍密諭或附會風旨以濟其欲。（『太平治迹統類』巻二四）

発言年次は前後するが、①は元豊八年～元祐元年頃、②は元豊八年～元祐六年頃、③は元祐五年～八年頃の政治状況を指しており、この三つの史料によりほぼ元祐時代の政治の流れがうかがえる。①では、元豊八年、司馬光が宰相として復帰すると劉摯・王巖叟・朱光庭を台諫として登用し、新法党の弾圧、及び新法廃止を行ったこと、②では劉摯が言官を足がかりに要職を歴任し、その間、仲間を引き上げたこと、そして執政となると気に入らない人物を給事中・中書舍人による「繳駮」、言路による「弾奏」を利用して弾圧したこと、②では元祐五～六年頃の宰相呂大防と御史中丞蘇轍の結託、及び六～八年頃の宰相呂大防―執政蘇轍―御史中丞李之純―台諫楊畏・虞策・來之邵の結託による政治の壟断が指摘される。これはいずれも元祐党人への弾劾文であり、そのまま信用することはできないが、当時の政治集団の中核に言事（政事批判）を担当する言路の官がいたこと、そしてこの言路の官が宰執と協力することによって反対勢力を駆逐していた様子を見て取れる。

以上、劉摯を取り巻く政治的ネットワークの表現である「劉摯党人」について述べてきた。次に、このネットワークと微妙に重なりつつも、また別の様相を見せる劉摯の日常的ネットワークの実態を『忠肅集』墓誌銘を使うことによって見てゆく。

三、墓誌銘から見た劉摯の日常的ネットワーク

『忠肅集』に掲載されている墓誌銘は附表『忠肅集』墓誌銘に整理したように三十例に及ぶ(16)（以下、番号は附表の番号に基づく）。『忠肅集』には劉摯が墓誌銘を執筆した理由を記すものが多い。この執筆理由については後に触れることとするが、詔を受け執筆した26の事例を除けば、殆どが地縁、姻戚、友人等の劉摯との個人的関係によって執筆されている。この点を参考に彼の日常的ネットワークについて考察を進めていく。

（一）　地縁関係

まず、『蘇魏公文集』巻五四「秘書丞贈太師劉君神道碑」に従って作成した劉摯の家系図から見てゆく。劉摯の家系は漢代宣帝の子までさかのぼれる。「朔党」のイメージにつながるのは、劉續が安陵すなわち河北東路永静軍東光県に遷居して以降である。劉續から劉摯の父劉居正の代まで九代にわたって東光県に居住しており、劉摯の一族は、東光の人というイメージが定着していたと思われる。

ただ、劉摯自身は『宋史』巻三四〇、劉摯伝に

劉摯字莘老、永静東光人。兒時父居正課以書、朝夕不少間。或謂、君止一子、獨不可少寛邪。居正曰、正以一子不可縱也。十歳而孤、鞠於外氏、就學東平、因家焉。

と記されているように、生まれは河北東路永静軍東光県であるが、母は九歳、父は十歳の折りなくなり、以後、母方の陳氏の元で養育される。陳氏は『忠肅集』墓誌銘によれば、東平人、すなわち京東西路東平府（鄆州）出身である。また、熙寧四年、父劉居正、母陳氏の柩を東光から、曾祖父母、祖父母の柩を将陵（河北東路永静軍将陵県）から移し、

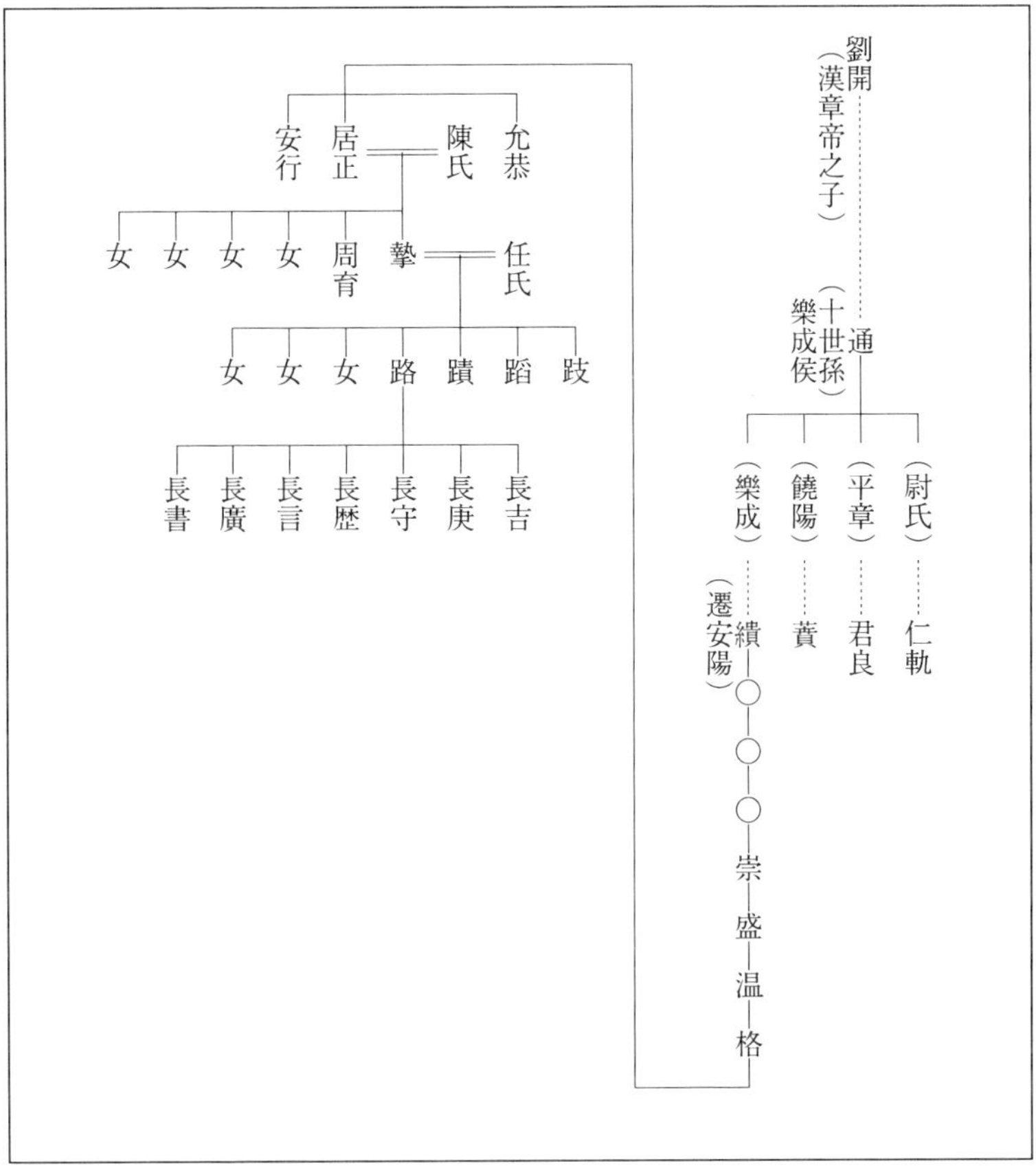

附図　劉摯家譜

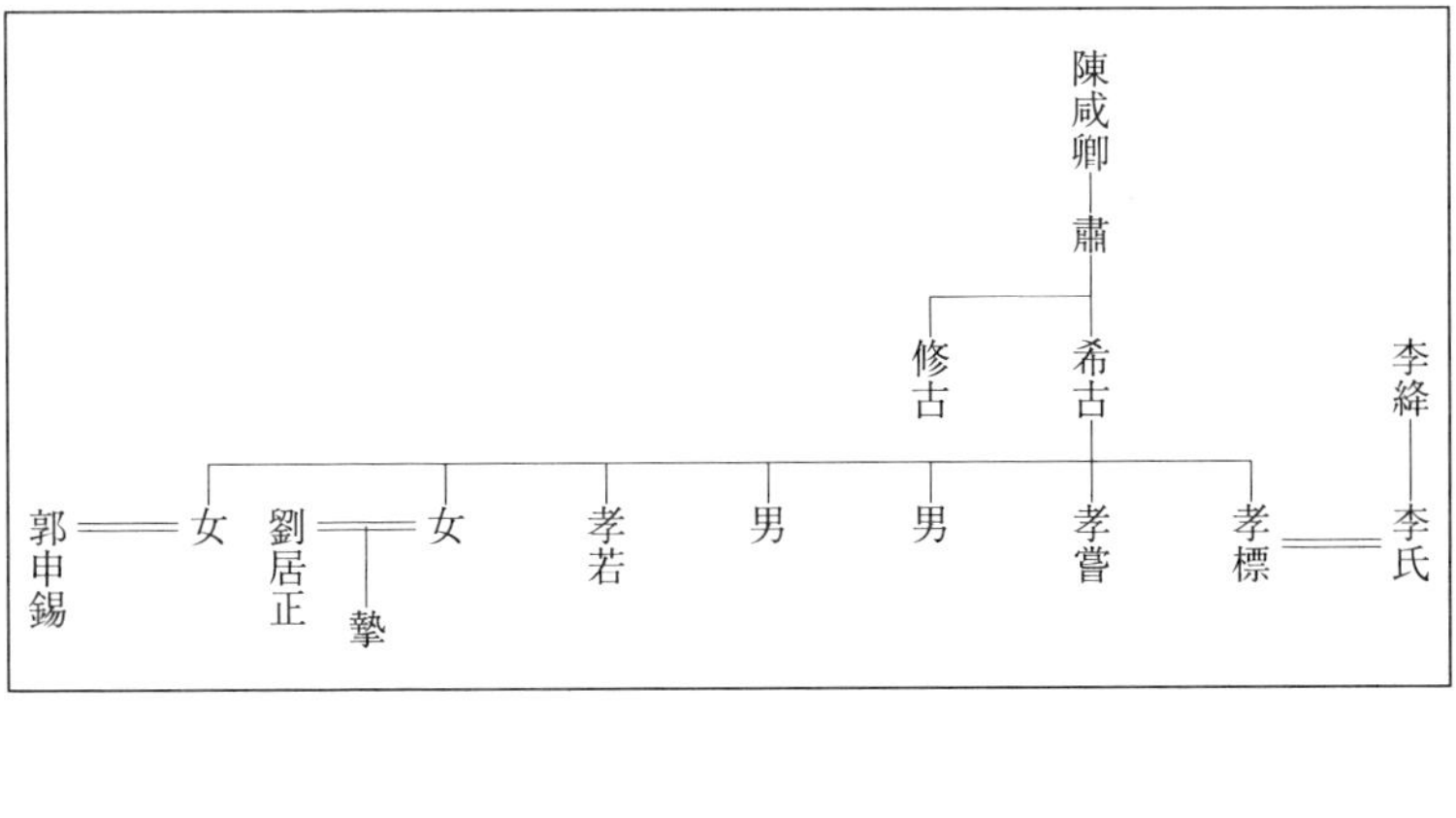

劉摯の姻族（陳氏）

劉摯『忠肅集』墓誌銘

No.	墓誌銘	被葬者	出身	埋葬地	執筆理由	備考
1	天章閣待制郭公墓誌銘	郭申錫	大名人	大名府元城縣孝義鄉感義里之先塋		＊蔡奕（女壻）
2	東上閤門使康州團練使陶公墓誌銘	陶弼	永州人	零陵金釜山之原		
3	直龍圖閣蔡君墓誌銘	蔡奕	宋人	應天府宋城縣七里村先塋太傅之兆	某視君實從母妹之婿、而又女歸其子蕃故為之	
4	右司郎中李公墓誌銘	李師中	鄆人	鄆州須城縣某鄉某里		
5	宮苑使閤門通事舍人王公墓誌銘	王易	開封人	衛州共城縣處賢鄉之原	公之爲冀州、某其屬邑令也、于是前葬、冒來請銘	
6	贈諫議大夫西門公墓誌銘	西門某	厭次人			
7	正議大夫致仕龔公墓誌銘	龔鼎臣	鄆州須城人	須城之登賢鄉特進公之兆次	某少以諸生從公學。又以應天府官在公幕下、公之見知甚厚、而諸孤出公遺命來請銘	
8	朝奉大夫致仕梁公墓誌銘	梁師孟	菑川人	萬年鄉零召村之原	予故善君也、先于是來請銘	
9	侍御史黃君墓誌銘	黃照	江陵人	君江陵縣龍山鄉水青里	某先人嘗從政于江華、後二十年而君至、事經先人所畫者一皆循用、吏民莫不以便安德君、而至今歌思之有前劉後黃之語、今上熙寧四年友端使來乞銘	
10	職方員外郎李君墓誌銘	李樞	鄆人	鄆州須城縣登庸鄉之原		
11	兵部員外郎直史館梁公墓誌銘	梁蒨	襄陽人	須城縣某鄉之原		「公愛鄆將徙居之」＊梁燾之父＊范遵道（女壻）
12	屯田員外郎蔡君墓誌銘	蔡天球	宋人	宋城縣三陵村先塋之北		＊蔡拯之子
13	刑部詳覆官朱君墓誌銘	朱述	江陵人	龍山鄉某里之原	子其為之銘、某嘗游趙魏間、又從事江陵得君始末	朱初平（朱述兄子）之請
14	贈朝請郎楊君墓誌銘	楊整	魏人	衛之共城縣楊呂館某鄉之原		＊楊康國之父

15	承務郎李君墓誌銘	李伉		鄆州平陰之先原	初吾臨其喪、二子伏曰、先人受知厚、願得銘詩以終、賜哭甚哀、無以辭也	＊李師中之子
16	清海軍推官呂君墓誌銘	呂昌辰			治平中、予從事江陵、僚友呂君者君子人也、……而與予相好。	
17	潛山黃先生墓誌銘	黃孝綽	太湖人	鄆州須城望山	某久與著作君游、而未及見先生也、然觀其子之賢、則先生可知也、已于論次而為之銘	
18	朝奉郎致仕黃君墓誌銘	黃莘		鄆州須城之望山	某識君三十餘年、潛山之葬、實銘之、于是諸子復以為請	＊黃孝綽之子
19	太常博士彭君墓誌銘	彭慥	潭之湘陰人	歸政鄉永寧里土塘之原	子民嘗從予游于荊州也、于是來請銘	
20	范聖涂墓誌銘	范遵道	東平人	鄆州平陰縣安樂鄉樊山原先塋之左	而與予相好也、故其卒也、姜先生潛自魯來與其姑之子張君褒經治其喪、而使來趣銘	＊妻（故兵部員外郎直史館梁公僑之女）、長女（姜氏之妻）
21	劉子中墓誌銘	劉常	濱州渤海人	王屋縣玉陽鄉之北原		
22	國博陳幾道墓誌銘	陳修古	東平人	鄆州須城縣南留村先塋之西	某祖妣仙源夫人、實公兄祕書監諱希古之子、以是知公之詳、無若某者、丙前巷又以狀來謹序次而爲之銘	
23	國博陳長孺墓誌銘	陳孝標	東平人	鄆州須城縣盧泉鄉鄘上里先塋之甲穴	公某長舅也、方不幸幼孤、實公字之、又教之、以俾成人、于葬也、其可以不銘	
24	陳仲明墓誌銘	陳孝嘗	東平人	鄆之須城縣盧泉鄉先塋之原		＊陳希古之第二子「出處二十年間、舅氏之相次亡者四人、獨君一人者在而以風痺臥家、雖然每以事若告假過鄉里時、得拜其左右、瞻候其安否、語言相問訊、尚足以自慰」

25	陳行先墓誌銘	陳孝若	東平人	鄆州須城縣南留村先塋之西	某妣陳夫人、實祕書公長子、方先君官湖南、祕書公為遺君從行、逾年先君夫人繼棄其孤、其孤既幼、喪事皆君治之、及某依外氏為學、至長立得官、所以成之者、君之德居多、于是前葬、慥來請銘	＊陳希古之第五子
26	宋宗室慈州防禦使宗博故夫人普寧郡君郭氏墓誌銘	郭氏		河南永安縣之塋	有詔詞林為之銘	
27	壽安許夫人墓誌銘	許氏	衡陽人	某鄉某里諫議之塋	其子太常少卿師道泣以謂某曰、……幽宮之銘以累子其母辭	
28	仁壽趙夫人墓誌銘	趙氏	博之聊城	濟陰廣武原之先塋		＊王巖叟之母
29	呉郡君墓誌銘	呉氏	撫州崇仁縣	大名府（「從夫幽室」）	某以陳夫人故數出入拜夫人、今諸子舉公夫人之葬而以銘見屬、誼不可辭	＊郭申錫之妻＊郭申錫之先妻：「我妣之妹」
30	李夫人墓誌銘	李氏	東光人		其子熙以七年某月日合葬而取銘于某、某幼孤、蓋依夫人以生者也、是宜銘	＊故祕書監陳公希古之冢婦、故國子博士孝標之妻、而某之舅母也

「鄆州須城県盧東郷太谷山之陽」に合葬したとあり、少なくとも劉摯の代には東平が根拠地に変わっていたと思われる[17]。

三十の墓誌銘を見ていくと、彼の生まれ故郷の河北東路の人々とその後の生活の根拠地とした京東西路鄆州の人が大半を占めていることに気付く。河北東路は、1の郭申錫（河北東路大名府）、3の蔡奕（河北東路応天府）、6の西門某（河北東路棣州）、12の蔡天球（河北東路応天府）、14の楊整（河北東路大名府）、21の劉常（河北東路濱州渤海県）、28の趙夫人（河北東路博州聊城県）、30の李夫人（東光人）であり、鄆州は、4の李師中、7の龔鼎臣、10の李樞、20の范遵道、22の陳修古、23の陳孝標、24の陳孝嘗、25の陳孝若となる。これに、周辺地域である8の梁師孟（京東東路青州）

を加えればさらに数が増す。また、出身地は不明ないし別の場所だが、埋葬場所が鄆州となっている事例もある。11の梁蒨、17の黄孝綽、18の黄莘などがその事例に相当する。(18)合計すれば、三十例の内、二十例が河北東路、京東西路に関わる墓誌銘であり、劉摯とこれらの地域との密着した関係を見ることができる。

（二）執筆理由

次に劉摯が墓誌銘を書いた執筆理由を見ていく。附表に示したように、『忠肅集』墓誌銘は、その執筆理由が明確に書かれている点に特徴がある。例えば、蔡奕については、

某視君實従母妹之壻、而又女歸其子蕃、故為之銘。

とあり、劉摯は蔡奕の従母弟の婿であり、また娘を蔡奕の息子の蕃に嫁がせているので、墓誌銘を書いたとする。つまり、二重の姻戚関係が執筆理由になっていたことが知れる。こうした関係を手掛かりに三十例を整理してみよう。

①姻戚関係

★1郭申錫

29墓誌銘によれば、郭申錫の先妻は「我妣之妹」であり、また「某以陳夫人故、數出入拜夫人、今諸子擧公夫人之葬而以銘見屬、誼不可辭」とあるように、先妻陳夫人の縁で郭申錫の家に出入りをし、彼ならびに後妻の呉夫人と知り合いであったことが確認される。

★3蔡奕（上述の通り）

12蔡天球の父蔡拯については『樂圃餘藁』巻一〇「宋故宣徳郎守尚書屯田員外郎知永康軍青城縣贈尚書都官郎中蔡公墓誌銘」がある。その一節に「今資政南陽公其従父弟也。」と記され、南陽公蔡挺（蔡奕の父）が蔡拯の従父弟に相

当することが確認される。12には明記されていないが、3の史料と突き合わせてみれば、蔡天球も劉摯と遠い姻戚関係にあったこととなる。

★22陳修古、23陳孝標、24陳孝嘗、25陳孝若、30李夫人

劉摯と母方の陳氏との関係について幾つかの史料を見いだすことができる（劉摯の姻族陳氏については附図参照）。

25某妣陳夫人、實祕書公長子、方先君官湖南、祕書公為遣君從行、踰年、先君夫人繼棄其孤、其孤既幼、喪事皆君治之。及某依外氏為學、至長立得官、所以成之者、君之德居多。于是前葬、慥來請銘。

劉摯の母陳氏は九歳の時、父劉居正は十歳の時なくなっている。この時、葬儀を取り仕切り、また学問の面倒を見たのは、季弟陳孝若であった(19)。ただ、劉摯の世話は陳氏全体が関わったようであり、

23公、某長舅也。方不幸幼孤、實公字之、又教之、以俾成人。于葬也、其可以不銘。

24其後長立、竊食於仕、出處二十年間、舅氏之相次亡者四人、獨君一人者在、而以風痺臥家。雖然每以事若告假過鄉里、時得拜其左右、瞻候其安否、語言相問訊、尚足以自慰其念母罔極之意。

30其子熙以七年某月日合葬、而取銘于某。某幼孤、蓋依夫人以生者也、是宜銘。

と見え、陳孝標夫妻も養育、教育に当たり、また劉摯は陳孝嘗に対してはたびたび病気見舞いに訪れている。姻族陳氏との親密な関係は、また劉摯に宗族を大切にすることに向かわせたことと思われる(20)。

②上司－部下、同官関係

ここでは5王易、7龔鼎臣の、上司－部下関係、16呂昌辰の同官関係の事例を見ておきたい。

5公之為冀州、某其屬邑令也。于是前葬、冒來請銘。

7某少以諸生從公學、又以應天府官在公幕下、公之見知甚厚。而諸孤出公遺命來請銘。

15治平中、予從事江陵、僚友呂君者君子人也、……人乃大親服、而與予相好。

『宋史』巻三四〇、『名臣碑傳琬琰集』下集巻一三の劉摯伝を参考にすれば、王易は進士科に合格した直後の嘉祐五年（一〇六〇）の知冀州南宮県令時代の上司、龔鼎臣は熙寧八年（一〇七五）の簽書應天府判官事時代の上司、呂昌辰は治平三年（一〇六六）の江陵府観察推官時期の同僚ということとなる。

この他、上司－部下、もしくは同官関係が関わっているものとして、11の梁蒨、14の楊整、28の趙夫人をあげておきたい。これら三名について劉摯は直接的なつながりはない。彼らは「劉摯党人」としても名が上がる梁燾の父、楊康國の父、王巖叟の母であり、執筆は彼らからの依頼によるものと推測される。そして、第二章の「劉摯との個人的関係」、「官歴」の項目で分析したとおり、彼らは劉摯、王巖叟、梁燾が言路の官の長として「言事」を取り仕切っていた折りの部下もしくは同官の関係に当たる人物である。

③門生、同学関係

7龔鼎臣については「某少以諸生從公學」、黄莘については17の史料に「某久與著作君游」と見え、この関係が執筆の背景にあったことが確認される。19の彭慥の場合は「子民嘗從予游于荊州也、于是來請銘。」と記されており、息子の彭子民が門生であった関係によるものである。この他にも幾つか同様な関係を推測させるものがある。『宋元學案補遺』巻二「泰山學案補遺」では、「姜氏門人」（姜潛の門人）として、劉摯、梁燾、李修、范遵道、「龔氏門人」（龔鼎臣の門人）として劉摯、「忠肅門人」（劉摯の門人）として西門楫、任宗誼、劉仿をあげている。後世の位置づけとはいえ、この学統関係は墓誌銘を読み解く上でも参考になる。例えば、20范遵道の事例では、

20喜事多學、至星曆氣數皆通其術。篤于朋友、忠信樂易、久而不渝。而與予相好也。故其卒也。姜先生潛自魯來、與其姑之子張君褒經治其喪、而使來趣銘。

と見える。葬儀に際し、魯からやってきた姜潛が墓誌銘を書くように劉摯に促しており、両者が姜潛の元で共に学んだ関係をうかがわせる。(21)

また劉跂『学易集』巻七「渤海西門參軍墓誌銘」は西門楫の墓誌銘を記録する。この史料をもとに『宋元學案補遺』巻二は「西門楫、字道濟、渤海人、從劉忠肅游、家世儒學以長者稱、至君尤好學、立義重然諾。」とし、西門楫を劉摯の門人としている。6の西門某は『学易集』の史料と突き合わせることによって西門楫の祖父であることが確認できる。恐らく、劉摯の門人としての関係が執筆の背景にあった可能性がある。

また、4、15と李師中、李伉親子の墓誌銘を執筆している。劉摯と李伉とは15に「初吾臨其喪、二子伏曰、先人受知厚、願得銘詩以終。賜哭甚哀、無以辭也。」と記されており、親しい関係にあったことがうかがえる。この具体的な関係はわからないが学問的関係であった可能性もある。それは、畢仲游『西臺集』巻一四「登封縣李君墓誌銘」に李師中の長子修が姜潛に師事していたと記しており、兄が同じ姜潛の門人であったことが確認されるからである。

④友人関係

8の梁師孟について「予故善君也、先于是來請銘、為之銘。」と見える。梁師孟は元祐六年に亡くなった時に七十二歳、劉摯はこの時六十一歳、劉摯の方が若干年齢が若いが、国子監直講時代に新法を批判した学生を合格として失脚し、後には推薦を求めず郷里に隠居した姿などに共感したことを述べており、政治的な立場から共鳴する点が多くあったのだろう。このほか、15李伉の「先人受知厚」、16呂昌辰の「而與予相好」といった表現の中に友人関係を推測させるものがある。墓誌銘対象者ではないが、執筆を依頼したと思われる梁燾、王巖叟、楊康國なども、新法、旧法の政争を共に経験した友人関係と見なしうるかもしれない。

⑤その他

執筆理由と関わるものとして劉摯の政治姿勢との共通性を見ることができよう。2陶弼の「名将」、6西門某の「循良吏」といった官吏としての姿勢、8梁師孟の推挙を求めず、出世に恬淡とした態度、16呂昌辰の「清白」な官僚としての態度など、墓誌銘を飾る表現に劉摯の政治に対する姿勢を見ることができる。(22) そして、特筆すべきは「言路」の官に対する評価の表現である。

★1郭申錫

累官言路、自以遭人主眷納、遇事必盡言、慮遠而力彊、無所回忌、有大體。

★7龔鼎臣

蓋公前後在言路、濶略細故、至大事、無顧忌必言之。其言優游、不亟不緩、平心據理、務使人主易聽而已。恥為表表、買直近名、退亦未嘗以語人、故其事多施行、而世頗不知自公發也。

★11梁燾

更御史三院、彈劾無所顧望、奸權歛懼、朝廷為尊嚴。其言順不迎上、直不媚世、皆出天下公議。尤喜論人物、每對、從容指別善惡、所當用不用、未嘗以小是非名目士大夫、故其言多見行、而世或未有深知者也。

★14楊整

康國由貧賤輟耕讀書、豈自致及此、實先人種徳所詒、惟先人之徳、弗顯于生矣、冀不于後者、顧不在君子之言以銘其藏乎、敢以請。嗟夫、士之立于朝廷者、類得以天子之爵歸榮其親、非特以慰其為子之心、而天下之為父母者勸矣。惟君力于為善、陰徳所儲、雖弗振耀于世、然教子之功、卒獲其報而身享之。晦之有顯、茲孰加焉。今其子由御史諫官出奉使指、議論政事、為朝廷聞人。

★29呉夫人

給事立朝、侃侃言路。不以家卹、夫人之助。

1と29は郭申錫に関わるものであり、7龔鼎臣、11梁蒨とともに、劉摯は公議の心より出た忌憚のない言路の官としての彼らの活動を高く評価している。14は親の徳を受け継ぎ、御史台官、外任の職にて成果を収める息子楊康國を称えた一節である。(23)

これらは墓誌銘の一部を抜き出したものであり、これらを以て全体を判断するわけにはいかないが、「劉摯党人」の政治手法が言路の官を中核とし、新法党ならびに新法を批判し、旧法を復活させるものであったことを思い起こすと、これらの言路の官に対する評価はあながち関係ないものとはいえないであろう。

四、結びに代えて

先の論文「宋代の言路官について」では『長編』を中心に元祐党人の政治的ネットワークの考察を行った。分析の成果として、元祐党人の中核となったのが「劉摯党人」と称された集団であり、彼らは「言路」の官を積極的に活用し、新法党や新法政策を批判、弾劾し、旧法路線を進めていった有様を確認できた。

今回、「劉摯党人」を再考するために『忠肅集』墓誌銘を分析した。これは「劉摯党人」が基盤とした日常的ネットワークを明らかにする目的であった。その結果、分析を通して「朔党」と称される集団イメージが具体的に浮かび上がってきた。

今回の墓誌銘の分析では、劉摯が生まれ故郷（河北東路）と生活の拠点（京東東路）とに密接な人脈を形作っている様子を確認できた。とりわけ、母方の陳氏を媒介として鄆州の人々と強い結びつきを有していた点は注意を要する。要するに、墓誌銘史料は劉摯が鄆州を中心として、河北東路から京東西路にかけて地縁、血縁、婚姻、学問、職業などを縁とする日常的ネットワークを築いていたことを物語ってくれるのである。

この劉摯党の分析結果は何を物語るであろうか。元祐旧法党の場合、洛党、蜀党、朔党という表現が用いられたように、地域と密着した政治集団の特徴を有していたように思われる。というのは、旧法党が、新法党のように商人、市場、流通、貨幣といったものを国家が主体となって管理、統制しようとする国家社会主義的な政策よりも、むしろ地域社会の自主性を重んずる政策を選択していったことと深く関わっているのかもしれない。例えば、ある研究者は司馬光の政治改革について「小さな政府と小さな財政への復帰」、あるいは「彼の財政論は郷里の従父兄弟たちの家政の方針と共通するものがあり、司馬家あるいは華北の農民の立場を代弁する主張」といった観点で捉えており、旧法党の政策と彼らが拠り所にした基盤との密接な連関をうかがわせてくれる。(24)

最後に政治的ネットワークと日常的ネットワークの問題について概括しておく。確かに、『長編』に見える「劉摯党人」と墓誌銘史料とでは重なり合う部分は少ない。一つには墓誌銘が死者の業績を称えるものであり、対象者が劉摯より上の世代となることが多く、劉摯の政治人脈とは必ずしも一致しないという理由がある。また「劉摯党人」に関わる墓誌銘史料が少ないという問題がある。(25)しかし、今回本文では触れなかったが、劉摯党人に関わる墓誌銘関係史料を丹念に調べていくと、劉摯、王巖叟、梁燾、劉安世、楊康國、趙君錫といった人々の連関が浮かび上がって来るのであり、二つのネットワークには一定程度のつながりを見ることも可能である。(26)

しかし、日常的ネットワークと政治ネットワークを同一視するわけにはいかない。例えば前者の例としては政治と縁を切り、純粋に文人として生活を送る士大夫の姿も想定しうる。むしろ、次のように概括すべきであろう。政治的ネットワークは日常的ネットワークを基盤とするものの、政治世界に参入した個人は政治という競争、対立の場を勝ち抜くため、前者のネットワークを超える形で別の個人と結びついていく必要があった。その際には、前者の諸関係は薄らぎ、上司－部下、同官といった官職の関係、「薦挙」を媒介とする推薦関係、あるいは宰執、「言路」の官、侍従といった政策決定過程に関わるポストとの結びつきが重視され、それらの関係を取り結ぶ中で政策への協調、対立の選択が迫られ、政治色を帯びた集団を形成していくこととなるのである。

主要参考文献

吾妻重二「宋代の家廟と祖先祭祀」（『中国の禮制と禮学』朋友書店、二〇〇二年）
稲葉一郎「司馬光の政治思想――主として改革派官僚期における――」（『アジアの文化と社会』法律文化社、一九九五年）
井上徹『中国の宗族と国家の礼制――宗法主義の視点からの分析――』（研文出版、二〇〇〇年）
梅原郁『宋代官僚制度研究』（同朋舎、一九八五年）
岡元司「南宋期の地域社会における知の能力の形成と家庭環境――水心文集墓誌銘の分析から――」（『宋代人の認識――相互性と日常空間』汲古書院、二〇〇一年）
木田知生『司馬光とその時代』（白帝社、一九九四年）
熊本崇「中書検正官――王安石新法のにないてたち――」（『東洋史研究』四七―一、一九八八年）
竺沙雅章「宋代墳寺考」（『東洋学報』六一・一・二、一九七九年）
西川知一／河田潤一編著『政党派閥――比較政治学的研究――』（ミネルヴァ書房、一九九六年）
平田茂樹「宋代の言路官について」（『史学雑誌』一〇一―六、一九九一年）
平田茂樹「宋代の朋党と詔獄」（『人文研究』四七―八、一九九五年）
平田茂樹「宋代の朋党形成の契機について」（『宋代社会のネットワーク』汲古書院、一九九八年）
山口智哉「宋代「同年小録」考――「書かれたもの」による共同意識の形成――」（『中国―社会と文化』一七、二〇〇二年）
朱子彦、陳生民『朋党政治研究』（華東師範大学出版社、一九九二年）
沈松勤『北宋文人与党争』（人民出版社、一九九八年）
鄧小南『宋代文官選任制度諸側面』（河北教育出版社、一九九三年）

何冠環『宋初朋黨與太平興國三年進士』（中華書局、一九九四年）
羅家祥『北宋党争研究』（文津出版、一九九三年）
賈玉英『宋代監察制度』（河南大学出版社、一九九六年）
刁忠民『宋代台諫制度研究』（巴蜀書社、一九九九年）
黄敏枝「宋代的功徳墳寺」（『宋史研究集』二〇、国立編譯館、一九九〇年）
祝尚書『宋人別集叙録』（中華書店、一九九九年）
Robert P. Hymes "Statesmen and gentlemen : the elite of Fu-chou, Chiang-hsi, in nothern and southern Sung" (Cambridge studies in Chinese history, literature and institutions, 1986)
Beverly J. Bossler "Powerful relations : kinship, status, & the state in Sung China (960-1279)" (Harvard University Press, 1998)

註

（1）近年の宋代の朋党研究に関わる成果としては朱子彦・陳生民『朋党政治研究』（華東師範大学出版社、一九九二）、羅家祥『北宋党争研究』（文津出版、一九九三）、沈松勤『北宋文人与党争』（人民出版社、一九九八）などがある。なお、朋党はパトロン・クライエント的二者間関係を基軸に構成される現代の派閥的な性格を有する。この点については政党と派閥の特質を比較政治学の立場から論じた西川知一／河田潤一編著『政党派閥――比較政治学的研究――』（ミネルヴァ書房、一九九六）が「朋党」分析の上で参考となる。

（2）北宋代、欧陽脩が「朋党論」を著わし、道を尊ぶ集団を「君子の党」と位置づけ、利を尊ぶ集団である「小人の党」と弁別した。宋代においては多くの士大夫によって同様な論が書かれ、「君子有党論」というべき思潮が盛り上がる。ただ、国家の立場からすれば、清代雍正帝の「御製朋党論」を引き合いに出すまでもなく、皇帝の政治的地位を脅かす朋党とは否定されるべき対象である。詳しくは拙稿「宋代の朋党と詔獄」（『人文研究』四七－八、一九九五）参照。

（3）「薦挙」に関する研究は多いが、その内より代表的なものとして梅原郁『宋代官僚制度研究』（同朋舎、一九八五）と鄧小南『宋代文官選任制度諸側面』（河北教育出版社、一九九三）をあげておく。
（4）拙稿「宋代の朋党形成の契機について」（『宋代社会のネットワーク』汲古書院、一九九八）参照。
（5）元祐党人を説明する場合、この史料に依拠する研究書、概説書が多い。一例として『中国歴史大事典　宋史』「朔党」（上海辞書出版社、一九八四）をあげる。
（6）（一）の史料には王鞏（息子劉跂と王鞏の娘が夫婦）、趙仁恕（趙君錫の息子で劉摯の娘婿）などの名も登場するが、とりあえず劉摯党人と名指しされた人に限定する。
（7）『山東通史　宋元巻』（山東人民出版社、一九九四）列伝の項目参照。
（8）例えば、沈銖は『宋史』巻三五四に「父季長、王安石妹壻也。銖少従安石学」と記されているように、王安石の姻族であり、門生の関係にある人物である。
（9）『蘇魏公文集』巻五四「秘書丞贈太師劉君墓誌銘」によれば、劉摯は嘉祐四年進士。「劉摯党人」の中では、乾隆元年刊『江南通志』巻一四五が王覿を嘉祐四年進士としており、両者も「同年」の関係であったことが確認される。なお、現在『中国歴代登科録』を作成中の浙江大学の龔延明、祖慧両氏のご厚意により嘉祐四年進士合格者のデータを見せて頂いたが、このほか章惇、蔡確、張璪、胡宗愈、安燾、銭藻、姚勔、王彭年、豊稷など、新法、旧法両党の抗争期に活躍した政治家の名前が確認できる。新法党人脈を考える上でも、同年関係は一つの指標となる。
（10）「兵部員外郎直視館梁公墓誌銘」、「仁壽趙夫人墓誌銘」（『忠肅集』巻一三・一四）。なお、『長編』巻四一五に「正如向時王巖叟在言路時、擢用其父荀龍知澶州、妻父梁燾為諫議、天下知其為巖叟也。」とあり、王巖叟の妻父が梁燾であったことが確認できる。
（11）「贈朝請郎楊君墓誌銘」（『忠肅集』巻一三）。
（12）『長編』巻四四五。
（13）『長編』巻四五六。

(14)『朝野類要』巻二、稱謂「言路、臺諫給舍也。」とする。御史台官、諫官、給事中、中書舍人、いずれも「言事」（=政事批判）に関わる職掌であり、本論文ではこれらを言路の官として扱う。

(15) 拙稿「宋代の言路官について」参照。近年、朋党と台諫との関わりについて触れた研究成果が次々に出されている。中国の代表的成果としては賈玉英『宋代監察制度』（河南大学出版社、一九九六）、刁忠民『宋代台諫制度研究』（巴蜀書社、一九九九）など参照。

(16)『忠肅集』は『四庫提要』巻一五三「忠肅集二十巻」に、「事蹟具宋史本傳、其文集四十巻、見於宋史藝文志、久無傳本。今從永樂大典各韻中裒輯編綴、共得文二百八十五首、詩四百四十三首、以原書巻目相較、尚可存十之六七、謹以類排纂釐為二十巻。」と記されているように、現存の『忠肅集』は本来の原書の六、七割を止めるものであり、実際はもっと墓誌銘が存在していた可能性がある。

(17) この劉摯の根拠地を考える際には、墓地とともに家廟、祠堂、墳寺といった祖先祭祀を行う施設の所在地が手掛かりとなる。『忠肅集』巻九「家廟記」という一文が示すように、劉摯一族には「家廟」が存在していた。場所は明記されていないが、恐らく鄆州であったと思われる。また、『續資治通鑑長編記事本末』巻一二一、崇寧四年七月甲寅の条の一節に「禮部勘會、呂大防・韓維、司馬光・韓忠彦・傅堯兪・孫固・鄭雍・曾布・胡宗愈・黄履・蔣之奇・陸佃・文彦博・呂公著・李清臣・王巖叟・蘇轍・張商英・劉摯十九人所管墳寺。詔本身所乞寺額、特免毀折、不得充本家功徳院、並改賜敕額為壽寧禅院、別召僧住持。」と見え、この時点まで劉摯一族の祖先を祀る墳寺が存在したことが確認される。なお、『学易集』巻六「慈應大師政公之碑」によれば、「鄆（州）須城大谷」（劉摯が永静から祖先三代を遷葬した場所）に「昭善崇報禅院」という、劉摯の祖先を祀る墳寺（功徳院）が有ったことが確認される。祖先祭祀の面から見ても、鄆州が彼らの根拠地となっていたと考えられる。そして、このことを裏付けるかの如く、『宋元學案』巻二では、劉摯の子跂を東平の人としている。家廟、墳寺の問題については、竺沙雅章「宋代墳寺考」（『東洋学報』六一・一・二、一九七九）、黄敏枝「宋代的功徳墳寺」（『宋史研究集』二〇、国立編譯館、一九九〇）、吾妻重二「宋代の家廟と祖先祭祀」（『中国の禮制と禮学』朋友書店、二〇〇二）など参照。

(18) 梁燾は梁燾の父であり、梁燾は『宋史』巻三四二では鄆州須城人としている。梁燾はもともと襄陽人であるが、東平に居を移しており、梁燾の代には根拠地が鄆州（東平府）に変わっていたものと思われる。劉摯と梁燾の二つの事例は地域社会の人々が行う、本籍の認定が祖先の墓地を移すことと深く関わっていることを示してくれる。

（19）このことは『蘇魏公文集』巻五四「秘書丞贈太師劉君神道碑」にも、「其亡也、子纔十齡、夫人之季弟孝若從行在旁、伯氏得訃、自蔣陵走五千里抵衡陽與孝若擁孤、輿櫬歸葬東光佛寺。」と見える。また、『忠肅集』巻九「家廟記」にも同様なことが詳しく述べられている。

（20）『石林燕語』巻一〇に「劉丞相摯家法儉素、閨門雍睦、凡冠巾衣服制度、自其先世以來、常守一法、不隨時增損、故承平時、其子弟雜處士大夫間、望而知其為劉氏也。」と見える。

（21）『忠肅集』巻九「鄆州賜書閣記」によれば、劉摯は二十から三十歳にかけて姜潛、劉述、龔鼎臣等に師事したことが述べられている。

（22）『宋史』巻三四〇に「摯性陗直、有氣節、通達明鋭、觸機輒發、不為利怵威誘。自初輔政至為相、脩嚴憲法、辨白邪正、專以人物處心、孤立一意、不受謁請、子弟親戚入官、皆令赴銓部以格調選、未嘗以干朝廷。」あるいは「其教子孫、先行實、後文藝、毎曰、士當以器識為先、一號為文人無足觀矣」と見える。なお、『長編』巻四四六李燾注によれば、「摯新傳大率依劉仿所編也。」とある。『宋史』劉摯伝のもととなる『劉摯新伝』は劉摯の門人である劉仿が中心になって編纂した『劉摯行實』に基づくことが知れる。

（23）同様な言路の官を称える表現は『忠肅集』巻一一「唐質肅神道碑」にも「公前後三在言職、名鯁切、無所回忌。」と見える。また、唐介（字質肅）の息子の唐淑問は熙寧時代に御史台官、元祐時代に諫官として活躍した人物であり、同「神道碑」に「子五男淑問、朝奉大夫、嘗為御史有直聲、能世其家風。」と見える。

（24）稲葉一郎「司馬光の政治思想——主として改革派官僚期における——」（『アジアの文化と社会』法律文化社、一九九五）参照。ここで、新法党と日常的ネットワーク、政治的ネットワークとの関係について補足しておく。勿論、新法党にも地縁、血縁、婚姻、学問といった日常性に起因するネットワークの構造がなかったわけではない。それを証明するかのように、新法党関係者には王安石の親族、姻族や門生がかなり見られる。例えば、親族として王安國（兄）、王安禮（弟）、王雱（息子）、姻族として龔原、蔡京、蔡卞、謝景温、葉濤、沈季長、張奎、そしてかなりの遠縁となるが曾布、韓絳といった人物もいる。門生としては、王雱、龔原、陸佃、さらには王学に関わる者として呂恵卿、蔡京、蔡卞、林希、蹇序辰、楊畏などがいる。また、呂恵卿、章惇、蔡確、蔡京、蔡卞といった福建を本籍とする人々が新法党の中核を構成していたという事実もある。しかし、新法党の場合、朋党の形成契機としては、冒頭で述べた第二の政治的ネットワーク結集の要因が色濃いように思われる。その証拠に新法党の政治手法として、制置三司条例司、中書条例司、講義司などといった新しい機構に若手官僚を集め、そこを中心として政治運営を行う特徴が見られ、人脈形成においてもこれらの機構が大きな役割りを果たしている。なお、新法党人脈については多くの研究が出されているが、その中で熊本崇「中書検正官——王安石新法のにないてたち——」(『東洋史研究』四七—一、一九八八)を代表例として挙げておく。

(25)　祝尚書『宋人別集叙録』(中華書店、一九九九)は宋人の文集の残存状況を明確に示してくれる。「劉摯党人」関係で使用できるのは、『忠肅集』以外では張舜民『畫墁集』、劉安世『盡言集』、劉跂『学易集』程度である。いずれも残失した部分が多く、『忠肅集』以外では墓誌銘史料は殆ど残っていない。

(26)　墓誌銘、行状関係の史料を調べていくと「劉摯党人」間のつながりを確認することができる。『長編』の中には、「張舜民作梁燾行状」、「張舜民誌王巖叟墓」といった注記が見え、張舜民が梁燾の行状、王巖叟の墓誌銘を記していたことが確認される。また、『蘇魏公文集』巻五四「秘書丞贈太師劉君墓誌銘」によれば、劉摯の父の行状を任粹が書き、墓誌銘を元絳が書いたこと、趙君錫が逸事を集めて史官に報告したこと、劉摯が蘇頌に神道碑執筆を依頼したことなどが記される。この墓誌銘の中で蘇頌は「於時丞相鎮天平之二年、將勒銘神道、假文於菅僚某、某與丞相遊從、有素望。府君為前達、雖未嘗接迹、固亦講聞其德義矣。然於閥閲、蓋有不知。今考三公誌状、與所聞皆合。故得詳述其本末、以慰孝嗣追遠之志、而系之以銘。」と述べ、宰執としての同僚関係や交友関係を神道碑執筆の理由に挙げている。この他、墓誌銘に近い内容を持つものに劉安世の手による『忠肅集』原序がある。この序は劉摯の長男劉跂が劉安世に依頼したものであるが、その手紙の中には「然而元祐大臣不幸亡歿者、類皆不敢納銘於壙、植碑於隧、始終大節、不應無聞於後也。願因集序并載一二、使他日有攷焉。」とあり、墓誌銘に準ずる内容を書いてくれることを求めている。また、それに対して劉安世は「顧惟衰拙、自少受知於先丞相、素叨國士之遇、中荷薦引、寖階禁從、晩歳遷謫、復同憂患、而又被讉以來行三十年、固窮守道、俯仰無愧、似不為知己之辱。雖懐自顧不足之羞、而莫敢辭者、蓋義之所在、不可得而避也。」と述べ、劉摯に厚遇を受け侍従の地位まで昇ったこと、また元祐党禁を共に受けた身であるので、執筆を辞退しがたい旨が記されている。以上、調べ得た範囲でも、墓誌銘、行状、神道碑などを介する劉摯、梁燾、王巖叟、劉安世、張舜民、楊康國、趙君錫などの元祐党人間のつながりを確認できる。

祠廟と「地域社会」

——北宋末期以降の宗族の動向を中心に——

須　江　　隆

はじめに

前近代中国社会における精神文明の独自性を象徴する宗教施設、祠廟は、今もなお華人社会で存在感を保ち、人々のネットワークを形成し、機能し続けている。周知の如く、祠廟が各地で簇生し、現在の華人社会を特色づける基層文化が、民間に浸透・普及したのは、宋代においてである。かかる中国史上、稀にみる特異な現象に対して、宋朝は、積極的に祠廟に介入し、賜額・賜号を通して祠廟を核としてまとまりあった地域社会の統制をはかろうとした。一方、在地の知識人層も、自らの地域社会におけるステータスを保持するために、地縁的性格が強い祠廟の維持・祭礼等に深く関与した。かくして祠廟は、宋代において、王朝権力と「地域社会」との利害衝突の場となったのである。

筆者はこれまでの研究で、このように特徴づけられる祠廟という素材を通して、王朝権力と「地域社会」との連関構造の特質の変化を、唐代中期から南宋末期までを射程に入れて解明しようとしてきた。それらの研究を通して、以下に示すような三つの事実が明らかとなってきた。第一に、各地に多様な信仰をもつ祠廟が簇生し、ある「地域」の有力な一族を中心として、祠廟を核とした「地域社会」の形成、乃至は再編が図られるという現象が、北宋末期以降に顕著に現れてくる。第二に、当該期以降には、本来血縁的性格の強い宗族が、地縁的性格を帯びた地域の祠廟に積極的に介入し、それを通して族的結合を強化しようとする傾向も見出せる。そして第三に、こうした地域社会の新たな動向に対応するかのように、王朝権力側が、それまで視野に入っていなかった民間の祠廟にまで統制を加えようとして、祠廟制を整備・強化していったということである。

本稿は、以上で述べた、これまでの筆者の研究から得られた新知見を念頭において、従来の中国宗族史研究の中であまり触れられることがなかった、「地域」の宗教施設・祠廟と血縁的集団である宗族とが、北宋末期以降にどのように関係していたのかについて、その具体例をいくつか呈示し、それを通して、祠廟と宗族という視点から捉えた、中国近世における「地域社会」の構造及び特徴に関する見解を述べることを目的としている。(1) そこで先ず最初に、筆者が上記の論を展開する上で、北宋末期以降に注目する理由付けを明確にしておく必要があるので、次節では、唐宋時代において当該期以降が、社会構造の点から、どのように位置づけられるのかについて明らかにしておきたい。

一　唐宋期における社会構造の変質

嘗て筆者は祠廟制の推移を通して、唐中期から南宋期にかけての社会構造の変質過程を三期に分けて捉えたことがある。(2) 若干の加筆訂正の上、それぞれの時期の社会構造の特徴を示すと、次のようになる。

第一期　唐中期頃から慶暦→熙寧年間まで

この時期の賜額・賜号は、天や地の神を主とした国家祭祀の対象となるような神々への下賜だけしていれば良く、下賜件数もかなり少数であった。各地の祠廟での廟祀や神々への褒賞は、すべて王朝権力側の論理が最優先されて執り行われており、民間の祠廟については、政府の視野に入っていなかった。従って、碑文に刻まれた祠廟の記録も、礼制上、中祀・小祀に分類される神々を祀るものに限られていた。また慶暦年間頃からは、後の賜額・賜号件数の増加を誘発させることになる政治的党争が激しくなっていった。(3)

第二期　慶暦→熙寧年間から政和・宣和年間まで

慶暦年間に胚胎した政治的党争が激化し、新法党による彌縫策としての賜額・賜号が開始された。(4)下賜件数の急増に伴い、制度の整備が必要になり、賜額・賜号制度は次第に各地の祠廟を統制するという側面を帯びてくる。一面では、南宋時代にまで継承される賜額・賜号システムが徽宗時代の初期に完成し、新法党政権のもと、地方の末端にある祠廟をも中央で把握し、コントロールしようとする体制が確立し、その徹底がはかられた。すなわち、この時期は、民間の人々の心性をも支配しようとする試みが開始されたという王権の変質期に当たり、徽宗時代はその最盛期ということになる。しかし、政和年間頃から、民間の祠廟の現実と宋朝の政策との乖離が指摘されるようになり、当初、下賜件数の飛躍的増加現象が起こったが、政和年間の末年頃からその件数も減少傾向を示す。またこの時期に制度の整備が進んだのは、各地で多様な信仰が形成され、「地域社会」において様々な祠廟が建設され、そこで市場が開設されるなど経済的価値を帯びてきたために、宋朝が祠廟やそこに祀られる神々を統制するシステムを必要としてきたという社会的背景があったからである。つまりこの時期には、王朝権力側は「地域社会」の動向に即して、従来は公認する必要もなかった民間の神々をも視野に入れた統治の論理を形成せざるをえなくなり、結果的に儒教的統治理念と民間の世界とのギャップを強く認識することになった。

第三期　政和・宣和年間から南宋末期まで

宣和二年（一一二〇）に勃発した方臘の乱の衝撃は、王朝権力の脆弱さを一気に露呈することになった。その反乱がある程度収束した後、宋朝は脆弱な王朝権力の基盤維持のための賜額・賜号を再開することになる。しかしそれは、王朝の権威を象徴させるための賜額・賜号にすぎず、単にそれ以前までに制定された賜額・賜号制度を形式的に継承しただけであった。この時期の賜額・賜号は、方臘や金朝の軍と戦った神々への下賜を特徴としており、宋朝は神々の力を借りた統治を行おうとした(5)。こうした宋朝の現実的政策選択を、「地域」に拠点を置く知識人層は歓迎し、中央の権威を借りて自らのステータスを築いていったのである。換言するならば、「地域」のリーダーたちが体制教学を利用し、賜額・賜号に備えて神々の表象をそれに沿うように改変していったということになろう。またこの時期から、賜額・賜号に至る経緯を記した、宋朝発行の公文書を刻んだ「廟牒(6)」と呼ばれるタイプの碑文が、多く建立されるようになった。

以上より明らかなように、上記で示したうちの第三期、すなわち政和・宣和年間から南宋末期までとした時期において、「地域」に拠点を置くリーダーたちによる、祠廟を核とした「地域社会」の再編が活発化したことは、推測に難くない。筆者がとりわけ、この時期の祠廟と「地域社会」に焦点を絞って考察しようとするのは、このような理由によるものである。そこで次に、当該期以降を中心として、祠廟と宗族との関係について具体的に考察していくことにしたい。

二　北宋末期以降の祠廟と「地域社会」

本節では、嘗て筆者が祠廟と「地域社会」について、ケース・スタディーとして考察をした三つの具体的な事例を呈示し、北宋末期以降のある「地域」の宗族が、土地の祠廟とどのように関わっていったのかについて論じることとする。

（1）無錫の尤氏一族と徐偃王廟[7]

先ず、無錫の尤氏一族と徐偃王廟との関係の在り方について、徐偃王廟の発展史的考察を中心として述べていきたい。無錫の尤氏一族と徐偃王廟を取り上げた理由は、前者が当地における宋代に新興の士大夫層であり、後者が地方神としての性格を有し、比較的長期にわたって存在した祠廟であるので、中国近世の宗族と「地域」の祠廟との関係を解明する上で、適切な素材であるからである。

徐偃王については、『史記』及び『後漢書』、『博物志』[8]にその伝記が見えるが、それらによると、彼は、周の穆王の時、自ら偃王と号し、仁義ある治国をしたために、江淮の諸侯三十六国がこれに従った。周王はこのことを聞きつけて、造父を使者として楚に派遣し、楚の文王に討伐させた。[9]しかし徐偃王は、仁徳に厚い王であり、討伐を受けるに当たっては、民を慈しんで戦わず、結局、楚に敗れて彭城武原県の東山というところに敗走するに至る。その折り、偃王の仁徳を慕った多数の人々が王に随伴し、その後、彼らは東山を徐山と名付け、その山上に石室を建てて王を祀ることとなった。これが徐偃王廟の起源である。かくして徐偃王廟は、徐州彭城の地に成立をみるに至るが、徐氏一族は、偃王の子である徐宗の十一世孫とされる章禹[10]の時に至って、呉に国を逐われ、徐国は再び滅亡の憂き目にあう。[11]その際、徐氏一族は、徐州と揚州の間一帯に散居し、それぞれの居住地に徐偃王廟を建立するに至る。[12]

このように、徐偃王廟は、そもそも王にゆかりのある宗族・子弟によって、王の仁義を慕って建てられた祠廟であった。またその後、徐氏一族によって、偃王廟は江南一帯に分布をみるに至り、地方神として各地に根差して存続していくことになったのである。そして少なくとも唐末頃までは、徐偃王の子孫であり、代々その地域で名望のあった徐氏一族が、脈々と主体的に廟事を掌ってきた。[13]唐宋変革期を経て、何度か廟宇は廃壊の危機に瀕することになる。しかし、宋代になると、それまでは廟事に主体的に関与しなかった土地の庶民、とりわけ富民層や、例えば無錫の尤氏に代表されるような新興の士大夫層の偃王廟への積極的な介入があり、王の廟を更に存続させていくことになる。

尤氏が偃王廟の存在する無錫開化郷に定住したのは、北宋の初期頃と推定される。(14)始遷祖の尤叔保は、福建泉州府晉江県より何らかの難を避けて現在の江蘇省一帯に入り、開化郷にある許舎山中に定住した。ここには、何時の建立かは定かではないが、もともと徐氏一族が建てた徐偃王廟が古来より存在していた。始遷祖の叔保やその子ら（大成・太公）は、寺観の扁額の題字を書いたり、絵画を描いたりすることによってかなりの財力を蓄えると同時に、訴訟沙汰に巻き込まれた里正を金品で贖罪してやるなど有徳の事蹟を積むことによって、開化郷において指導的な立場を形成していくことになる。その後、尤氏は太公の子である輝に至って、はじめて進士及第者を輩出する。後掲の〈無錫尤氏系図〉を参照すれば分かるように、輝より以降も多数の進士及第者や仕官者を出しており、その中には、尤袤のように尚書クラスの官に就く者も何人かいたようである。また輝の二人の姉は、いずれも、近隣の潤州丹陽県で進士及第者を多数輩出している葛氏一族に嫁いでおり、有力な一族との人脈形成を通じて、尤氏一族の在地における地位をいっそう高めることになった。

こうした過程において、尤氏は土地の庶民等が多数信仰する徐偃王廟に関与していき、在地における指導的立場を一層強化することになる。始遷祖の叔保は、やはり在地の祠廟である関侯祠に関与し、廟の後方にある亭の扁額の題字を書いたり、竹木を培植したりして祖先と同じように敬拝し、これらの行為によって多くの土地の人々が関侯祠を崇拝するようになったと『万柳渓辺旧話』は伝えている。尤氏の徐偃王廟への具体的な関与の在り方については、南宋時代の尤棟が記した「無錫県徐偃王廟庵記」（洪武『無錫県志』巻四中）の中で詳しく述べられている。それによると、尤氏がこの地に移住してきてより以来、人民や僧の協力もあって、嘗て廃壊した廟に付近する施設が以前のように拡充整備され、付設の庵も同族の尤焴によって建設されたこと、廟に付属する六十畝余りの土地の租税を尤氏が代

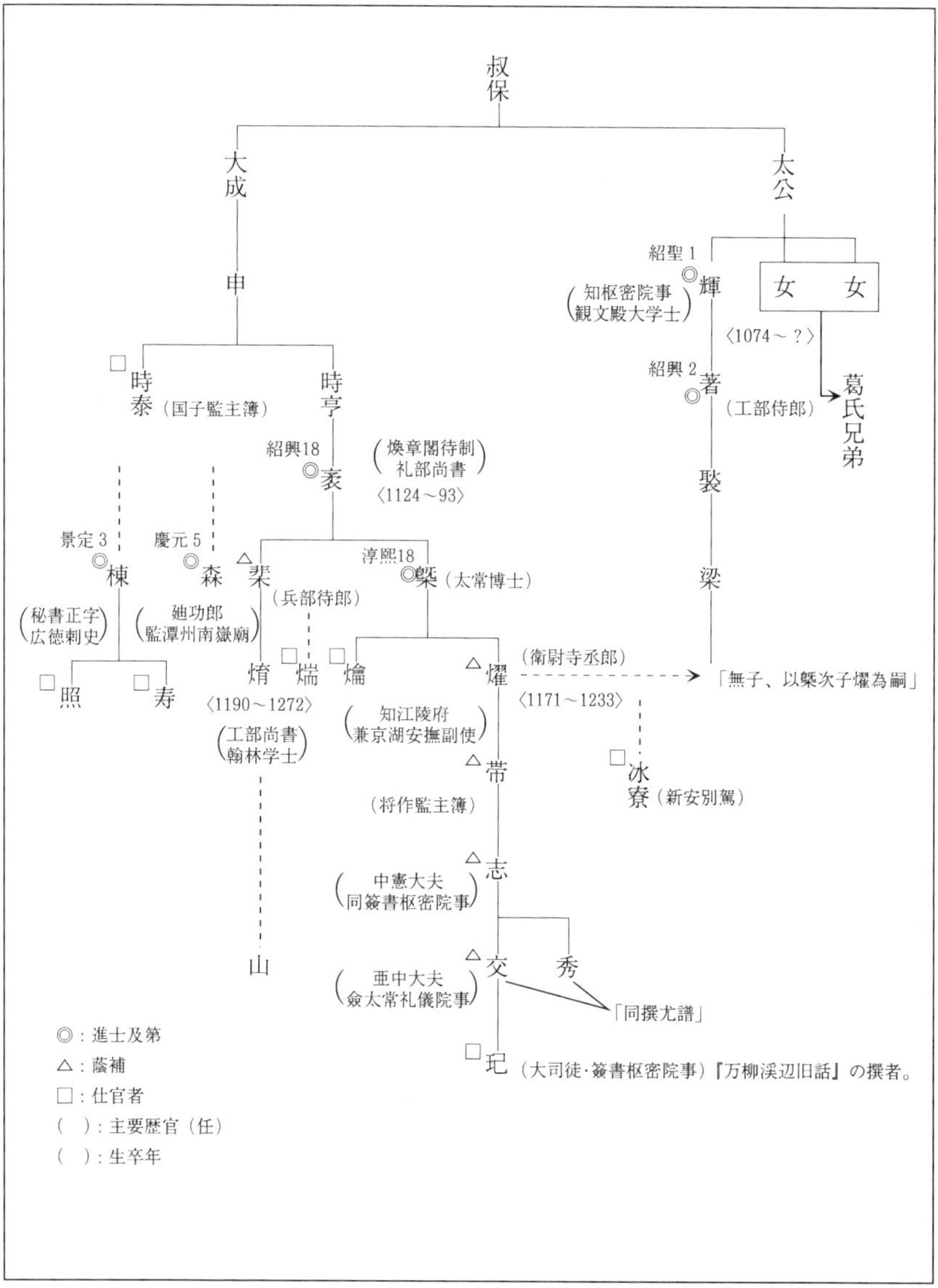

〈無錫尤氏系図〉典拠『万柳渓辺旧話』等

わりに納入してやったことなどがわかる。こうした尤氏一族の行為は、土地の人々の偃王廟への信仰をより集めることになったはずであるし、それによって尤氏の在地における指導的立場も自ずと形成されていった。また加えて、もともとこの祠廟には、租税を納入すべきある程度の土地が存在していたわけであるから、尤氏の移住以来の積極的な徐偃王廟への介入は、自らの経済的基盤の確立のために、より小作料の取れる土地へ入っていった行為としても位置づけられるであろう。

以上のように、無錫にあった徐偃王廟においては、唐代までの主たる廟事の担い手であった望族徐氏一族に代わって、宋代以降、他地から移住してきた新興の尤氏一族が、在地における自らの指導的立場の形成、経済的基盤の確立のために積極的に介入していったのである。そしてここで最後に筆者が強調しておきたいのは、尤氏一族の台頭と徐偃王廟への具体的な関与が為されたのが、主として南宋時代に入ってからのことであるという点である。こうした「地域」の祠廟と宗族との関係に見出せる新動向が、北宋末期以降ぐらいから萌芽していったという筆者の見解を裏付ける根拠となるのではないだろうか。

（2）莆田の方氏一族と祥応廟

次に、莆田の方氏一族と彼らが利用した祥応廟とを取り上げて、一族と祠廟との具体的関係について述べていくことにしたい。莆田の方氏一族を考察の対象としたのは、彼らが拠点としている福建興化軍莆田県は、宋代に祠廟が簇生した一地方として著名であり、また彼らは北宋・南宋を通じて多数の科挙合格者を輩出してステータスを保持してきた一族であるので、如上の問題を検討する上で、最も適した素材だからである。

ところで、莆田の方氏には、朱紫系・方山系・白杜系の三系統があった。このうち祥応廟に深く関与していたのは、白杜系方氏一族である。嘗て筆者は、拙論において、各人の列伝や墓誌銘等に依拠して復元した方氏三派の系譜略図

（後掲の図Ⅰ・Ⅱ・Ⅲ）や三系統の方氏の分派情況（後掲の図Ⅳ）、北宋・南宋における進士及第者及び諸科・特奏名出身者の輩出情況（後掲の表Ⅰ・Ⅱ）を分析して、白杜方氏が他の二派と如何なる違いがあるのかを考察した。また加えて、白杜方氏が深く関与してた白杜村の祥応廟に関する詳しい記録、「宋興化軍祥応廟記」[15]（『福建金石志』石八）を詳細かつ緻密に分析し、白杜方氏が如何なる目的でどのように祥応廟を利用していたのかを解明しようとした。[16]その結果、以下のような結論を得るに至った。

白杜方氏は、他の莆田の方氏二派と異なり、五代の頃に白杜村に定住してより以来、別の地域に多枝分派することなく、一「地域」に密着し、継続的に科挙及第者を輩出することにより永続化を企図してきた一族であった。ところがこの一族にあっては、北宋の煕寧年間に方会が進士及第を果たしてから、崇寧年間に方略がそれに及第するまでの三十年もの間、誰一人として進士に合格しておらず、またさらに方略以降は、南宋の紹興年間に至るまでの約三十年間に亘り、一人も進士を輩出することができなかった。しかも南宋初期頃からは、白杜村において、進士を輩出しうる別の一族（林氏）が台頭してきており、方氏は一族の永続化を図る上でも、また「地域社会」におけるステータスを保持する上でも極めて危機的な状況にあった。

白杜方氏の独自的性格については以上に尽きるが、ここで注目すべきは、この一族が危機的な状況にあった時期と、方嶠・方会・方略の三人が在地の祠廟の再建や賜額・賜号及び加封の申請を企図した時期とが完全に一致しているという点である（後掲の〈年表〉を参照）。しかも方会・方略の二人は、かかる時期の白杜方氏一族にあって、進士及第を果たした数少ない人物であった。このことは、一族の危機的な状況を背景として、出世頭とも言える彼らが、その土着性の高さ故に、方氏自身の祠廟（方氏の祖先を祀った宗廟、あるいは権威の象徴）を「地域」に開かれたそれとして意図的に位置づけ、積極的な改修や廟額・封号の下賜を企図することにより、祥応廟を通して「地域社会」と密接に関わろうとしていたことを物語っている。

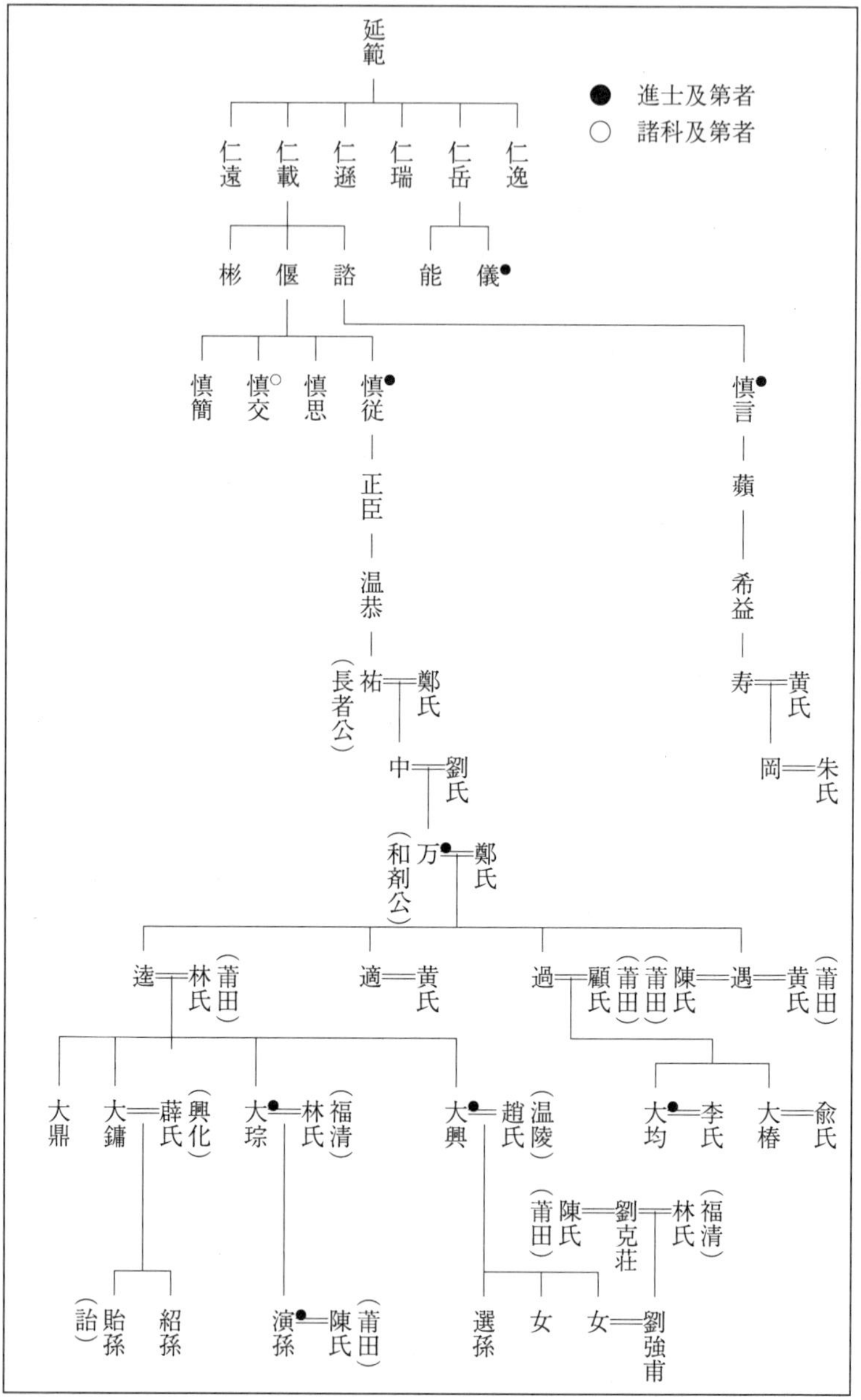

図Ⅰ　〈朱紫系方氏世系略図〉小林義廣（1995）による

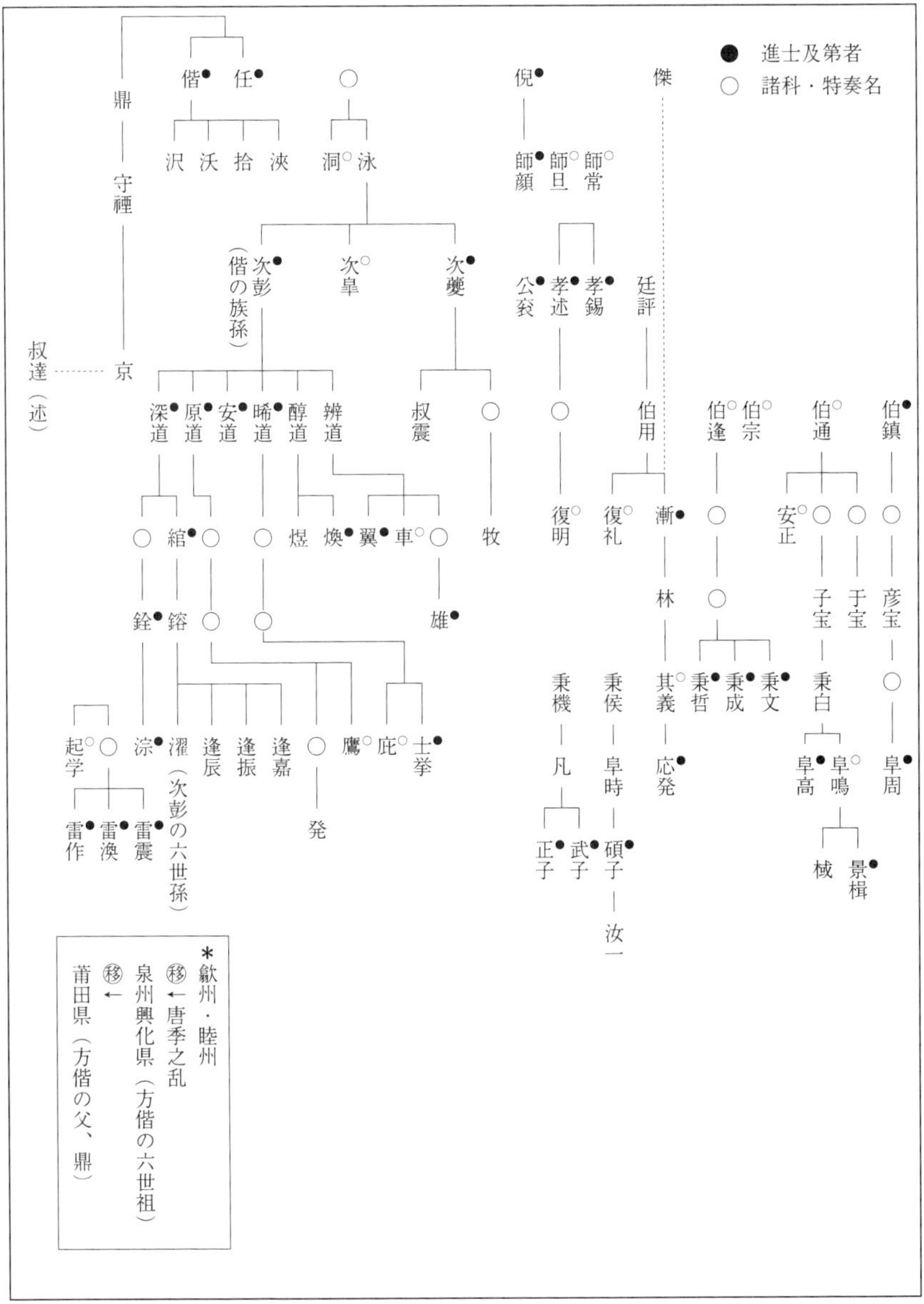

図Ⅱ　〈方山系方氏世系略図〉

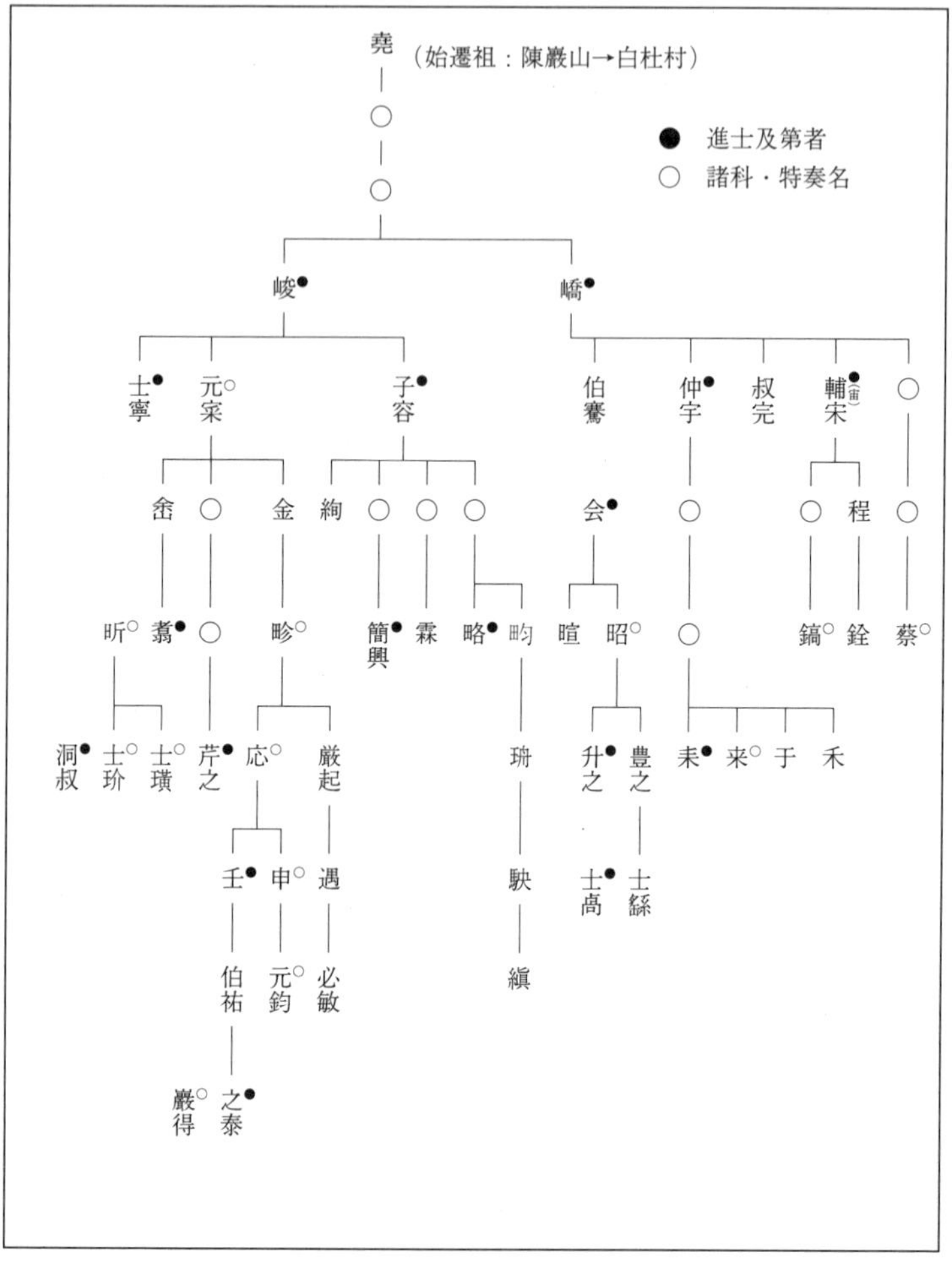

図Ⅲ　〈白杜系方氏世系略図〉

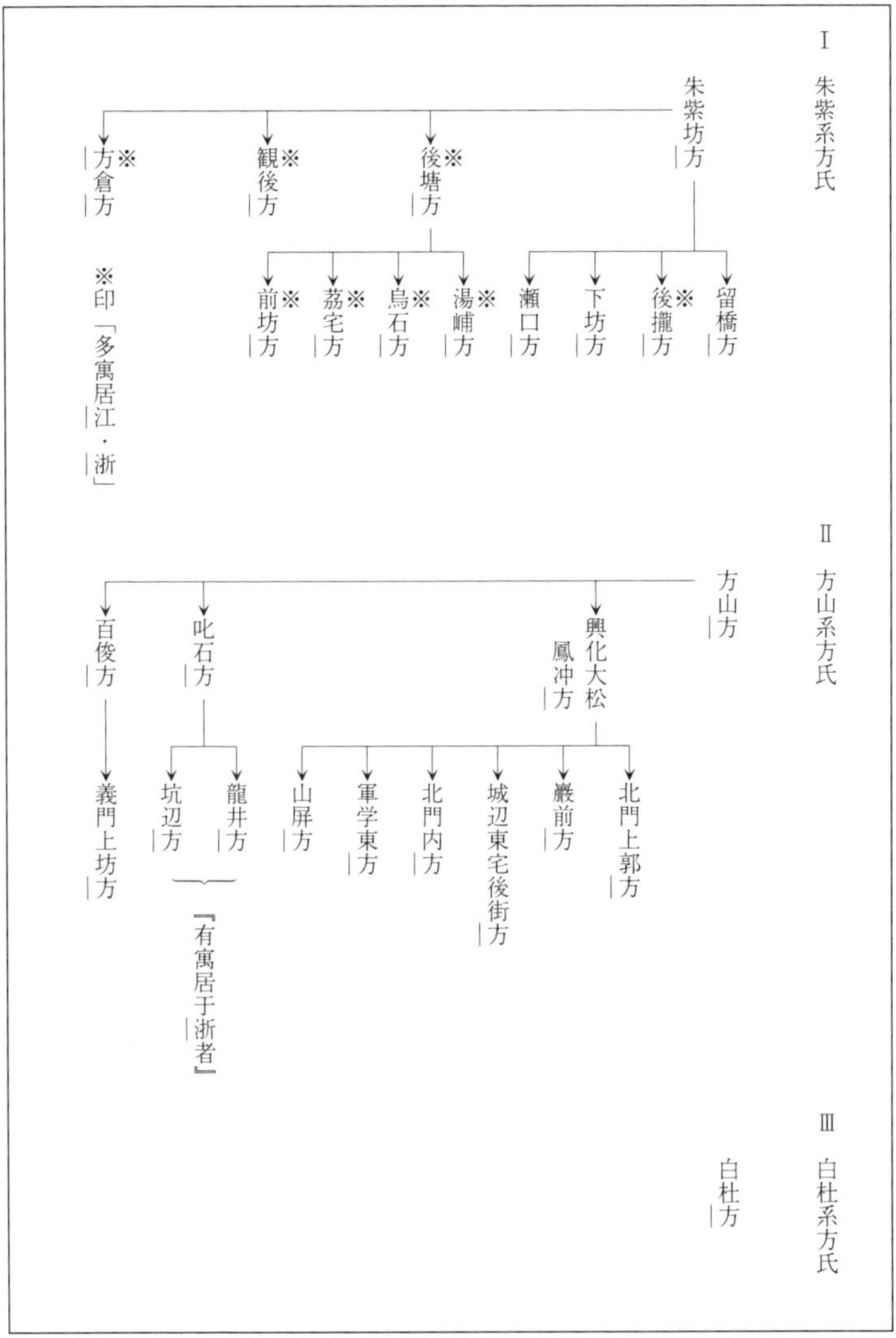
Ⅰ　朱紫系方氏
朱紫坊方
後塘方※
観後方※
方倉方※
留橋方
後攏方※
下坊方
瀬口方
湯埔方※
烏石方※
茘宅方※
前坊方※
※印「多寓居江・浙」
Ⅱ　方山系方氏
方山方
興化大松
鳳冲方
叱石方
百俊方
北門上郭方
巖前方
城辺東宅後街方
北門内方
軍学東方
山屏方
龍井方
坑辺方
『有寓居于浙者』
義門上坊方
Ⅲ　白杜系方氏
白杜方

図Ⅳ

表Ⅰ

	朱紫系		方山系		白杜系		不　明	
	進　士	諸科・特奏名	進　士	諸科・特奏名	進　士	諸科・特奏名	進　士	諸科・特奏名
咸平3年（1000）	方慎言 方　儀							
景徳2年（1005）	方慎従							
大中祥符5年（1012）			方　偕					
天聖8年（1030）			方　任		方　峻			
景祐元年（1034）	方亀年	方正中	方　侃		方　嶠			
慶暦6年（1046）	方　蓁				方士寧			
皇祐元年（1049）			方次彭				方遵度 方簡宸	
皇祐5年（1053）	方斎卿	方慎交	方孝錫		方子容			
嘉祐2年（1057）				方　洞				
嘉祐6年（1061）							方　場	
治平2年（1065）	方希皐							
治平4年（1067）			方孝述 方晞道		方仲宇			
熙寧3年（1070）		方　演	方次夔					
熙寧6年（1073）	方　儼 方　穀 方　通	方　瀊			方輔宋			
熙寧9年（1076）		方　湊			方　会			
元豊2年（1079）		方延年 方　濬	方師顔 方公袞	方伯通 方次皐				

			方安道 方原道						
元豊５年 （1082）			方伯鎮						
元豊８年 （1085）	方希樸							方　塽	
元祐３年 （1088）		方　禴							方　参
元祐６年 （1091）	方　臨		方叔震	方師旦		方元寀			
紹聖元年 （1094）	方　佩								
紹聖４年 （1097）	方天若 方　監			方伯宗				方　旬	
元符３年 （1100）	方　綖 方　禧 方　振	方　适		方伯逢					
崇寧元年 （1102）			方　符					方　叡	
崇寧４年 （1105）				方　車		方　昭			
崇寧５年 （1106）	方　里		方　翼		方　略				
大観３年 （1109）	方　劭	方希呂	方亜夫 方彦回					方敦夫	
政和２年 （1112）	方天任 方　俱	方慎進		方師常					方　維
政和５年 （1115）	方廷実								
重和元年 （1118）	方　時	方　柄	方　漸 方宋賓	方復礼					方　楫
宣和３年 （1121）	方敦允							方　韝	
宣和６年 （1124）	方　岡	方　秩	方深道						方　異

表Ⅱ

	朱紫系		方山系		白杜系		不　明	
	進　士	諸科・特奏名	進　士	諸科・特奏名	進　士	諸科・特奏名	進　士	諸科・特奏名
建炎2年（1128）	方　可 方　牧	方　僎						
紹興2年（1132）	方　拡			方安正	方升之			方　翊
紹興8年（1138）					方　翥			
紹興12年（1142）		方　夔		方　畢				
紹興15年（1145）				方復明			方　典	方　庠 方　立
紹興16年（1146）				方于宝				
紹興18年（1148）		方　泌	方　綰		方簡輿			
紹興21年（1151）			方　煥					方　琥
紹興24年（1154）		方昌朝	方　雄					方庭秀
紹興27年（1157）		方唐郷	方士挙				方台符	方　済 方　興
紹興30年（1160）	方　万					方　昕		方元老
隆興30年（1163）	方　竑 方崧卿							方　詠 方起華
乾道2年（1166）	方　烈 方　渭	方翼亮			方　耒			
乾道5年（1169）	方元功						方　烝	方　緯
乾道8年（1172）		方拱辰		方　庇				
淳熙2年（1175）	方　夐		方秉文 方　銓		方士卨			方　謨

淳熙５年（1178）	方　旻 方　同							
淳熙８年（1181）							方仲能	
淳熙11年（1184）	方可達 方　祈	方　賛 方応庚						
淳熙14年（1187）					方芹之 方　壬	方　鎬		
紹熙元年（1190）		方　将	方阜周	方　膺		方士璜		方　綗 方　稷 方安世
紹熙４年（1193）							方　霂	
慶元２年（1196）	方孺良		方秉成					
慶元５年（1199）	方　灼 方　符	方　賁	方武子			方　申 方士玠 方　来		
嘉泰２年（1202）		方公顗	方秉哲 方　淙					
開禧元年（1205）	方大琮					方　蔡		
嘉定元年（1208）				方阜鳴				
嘉定４年（1211）			方阜高					方　雍
嘉定７年（1214）			方雷震	方其義			方　発	方　汲
嘉定10年（1217）				方起学				
嘉定13年（1220）		方　萱	方正子				方　監	方　節
嘉定16年（1223）	方逢吉							方　聞
宝慶２年（1226）		方林秀	方雷作		方洞叔			
紹定２年（1229）			方雷渙					方瑩曾

紹定５年 (1232)					方之泰	方元鈞		
端平元年 (1234)		方大鈞						
端平２年 (1235)	方大東		方景楫 方碩子			方孺元		
嘉熙２年 (1238)	方克昌 方克嗣						方　濯	方元達 方寿甫
淳祐元年 (1241)		方文炳 方　藻						
淳祐７年 (1247)	方澄孫						方吉甫	方虎臣
淳祐10年 (1250)			方応発					
宝祐４年 (1256)	方霖孫	方　卨 方大亨 方時戊					方義夫	方徳元 方大猷
開慶元年 (1259)	方辰孫	方仲立 方応箕						方鈞之
咸淳４年 (1268)	方公権				方巖得			
咸淳10年 (1274)								方斗南

〈年表〉

年　代	祥応廟関連事項	年　代	宋朝祠廟政策関連事項
五　代	「已有祠宇、血食於吾民」		
		1074 （熙寧７）	封号下賜を奨励する詔、降さる
1083 （元豊６）	方嶠による廟宇拡張	1083 （元豊６）	賜額・賜号制度の整備 （廟額→侯→公→王）
？ ↑ ¦		1101 （建中靖国１）	賜額・賜号の手続き整備 （州→転運司→礼部）
1107 （大観元）	廟額の申請 「民→部使者→朝廷」	1107 （大観元）	（明堂） 南郊→詔「未在祀典、許以事聞」
1108 （大観２）	廟額「祥応」下賜		
1116 （政和６）	方会による廟宇再建		
1117 （政和７）	蝗害に霊験を現わす 封号の申請	1117 （政和７）	明堂→詔「復修百神之祀」
1120 （宣和２）	睦賊（方臘）からの防衛		
1122 （宣和４）	封号「顕恵侯」下賜		
		1127 （建炎元）	勅 ｛・祀典掲載の祠廟→長吏「清潔致祭」 ・祠廟損壊→本州「支係省銭修葺」
1129 （建炎３）	葉儂の兵乱 ｝神兵の出現	1129 （建炎３）	指揮「神祠霊応→廟額→侯→公→王：２字毎加封」
1130 （建炎４）	楊勍の剽略 ｝	1130 （建炎４）	徳音「金人焚焼の廟宇→州県移那係省銭物修蓋」
1134 （紹興４）	方畬が廟宇改築を提唱し、春（紹興６）に着工		
1136 （紹興６）	夏に廟宇完成		
1138 （紹興８）	方略が執筆した廟記が建立 ⇓ 加封の申請？		
1164 （隆興２）	「威烈」を加封 夫人に封号「淑静」を下賜		
1181 （淳熙８）	「霊潤」を加封 夫人に「承済」を加封		

そして実際に、廟額や封号が廟神に下賜されれば、廟記に記された霊験についても、宋朝から言わば〝お墨付き〟をもらったも同然になる。つまり、当地の人民にとって、大いに御利益のある霊験の数々が、宋朝によって現実のものとして立証されることになるのである。しかもこの廟神は、方略が記した廟記の中で「人の徳に応じて福を下す」神として設定されており、人民への霊験の恵与は、すべて、この廟の拡充維持につとめ、高位高官を輩出してきた方氏一族のおかげであるということにもなる。従って、方嶠・方会が宋朝の賜額・賜号制度を利用しようとしたように、方略もまた宋朝の権威を巧みに用いることにより、フィクションであるはずの廟神の霊験を土地の人民たちに信用させて、その信仰心をあおりたてるとともに、土地の祠廟への方氏一族の貢献度の高さをアピールすることで、「地域社会」における方氏の指導層としてのステータスを保持しようとしたのである。

筆者が拙論で論じた結論は以上の通りであり、北宋末期頃から南宋期にかけて、祠廟がある一族にとって、どのような機能を果たしていたのかが明らかとなった。加えて、上記の結論からも窺えるように、たとえ莆田の方氏のような地方の名族であっても、一族の永続化を図るためには、祠廟への加封という宋朝の権威を利用していたわけである。「地域社会」に拠点を置く彼らが、中央権力とのパイプを必要不可欠としていたという事実は、決して看過するわけにはいかないであろう。

（3）南潯鎮の朱氏一族と薦福祠

最後に、南潯鎮の朱氏一族と薦福祠との関係について具体的に論じることとしたい。筆者がこれらを考察の対象とした理由は、南宋末期に刻まれたとされる、南潯鎮の薦福祠に関する詳しい記録、「薦福祠勅牒碑」[17]（以下「薦碑」と略記する）が、明らかに朱氏一族の何者かによって作為されたものと思われ、碑文を作為するに至った背景や経緯を分析すれば、朱氏一族がこの「地域」の祠廟を何のために利用しようとしていたのかが明確になると判断したからである。

さて、「薦碑」は、碑文末尾の記銘によると、徳祐元年（一二七五）十二月に、在地の華元升・朱芾・朱藻らによって、南潯鎮西北にある妙境庵の西に位置する薦福祠に作られたとされる。しかし南潯鎮には、この碑文と文言が極めて類似している「嘉応廟勅牒碑」（以下「嘉碑」と略記する）が存在している。「嘉碑」は、咸淳六年（一二七〇）十二月以降に、在地の徐某某によって、鎮の南に位置する嘉応廟に建立された。なお「嘉碑」については、かつて詳細な分析を加えて論じたことがあるので、そちらも併せて参照されたい。[18]「薦碑」は、徳祐元年に「薦福祠」という廟額が宋朝から下賜された経緯が記されたものであるが、「嘉碑」と比較すると、文書の形式が、年月日や固有名詞を除いて一字一句に至るまで一致している。また当然異なるはずの内容についても、いくつかの類似性を見出せる。例えば、それぞれの祠廟で祀られている廟神の神格化への前提として、いずれも北宋末期の方臘の乱鎮圧の功績があげられていること、祠廟建設の経緯に関する記述が、どちらも土地の善し悪しを占ってから建てたとなっていることなどである（後掲の**史料Ⅰ・Ⅱ・Ⅲ**を参照）。

こうした「嘉碑」との類似という点からも、「薦碑」が「嘉碑」を真似て作為された碑文であることは推測に難くないが、さらに「薦碑」を緻密に分析すると、明らかにこの碑文が、宋代の制度や史実、当時の朱氏一族の状況を正確に把握していない、後世の誰かによって偽造されたものであるといいうる多くの根拠を指摘することができる。例えば、公的な文書を刻んだものであり、かつ「地域」に開かれた祠廟であるにもかかわらず、薦福祠の祀神となった朱仁福とその一族である朱氏についての記述が中心となっている、宋代の朱氏一族の系譜が誤っている、「廟牒」に必ず記される定型句や文末の執政クラスの署名が欠落している、年号表記法や官職名などの固有名詞が間違っている、文意が通じず、明らかに誤写と思われる箇所がある、「薦碑」と同時期に作為したと思われ、「薦碑」と同様の記述的間違いを犯している「朱仁福墓碣」が存在するなど、「薦碑」には疑しい点が多々ある。

では一体、「薦碑」は、いつ頃誰の手によって、何のために作為されたのであろうか。現在我々が見ることができる「薦碑」の文章が、どのような系譜で残されてきたのかを、湖州府・烏程県・南潯鎮の地方志にあたって検討すると、「薦碑」の南宋末期からの通時的存在は極めて疑わしく、少なくとも清代のある一時期には、その全文を掲げた史料が『南潯鎮志』のみにあったことが確認できる。しかもこの『南潯鎮志』の記載は、薦福祠の祀神、朱仁福を祖とする朱氏一族の『家録』を典拠としている。一方、この朱氏一族について、その系譜の概略は、後掲の〈朱氏系図〉の通りであるが、この一族の中で、淳祐七年（一二四七）に科挙の進士科に合格を果たした朱枏は、淳祐三年（一二四三）に父母を奉祀するための「厚徳庵」という祠堂を、祖父・朱俊と父・朱庇理が葬られている朱家墳付近に建設していた。しかしこの時点では、朱仁福が始遷祖であるとは、まだ見なされていなかった。その後、朱俊の第十五世孫に当たり、明の万暦十七年（一五八九）に進士に及第した朱国禎が、「曾祖表」の作成を契機に、当時もはや存在していなかった「厚徳庵」に代わって、「妙境庵」を建設して、そこに朱俊の位牌を立てることにした。その経緯は、朱国禎が記した「百一祖墓記」に見られるが、ここでもまた朱仁福に関する言及は、一切なされていない。他方、明最末期の崇禎年間に編纂された地方志ぐらいから、「薦福庵」という名称が出現し、清代の地方志では、朱仁福を土地神、及び朱氏一族の始遷祖として位置づけるようになる。

以上の考察から、南宋末期に刻まれたとされる碑文の分析を通して得られた結果をまとめると、以下の通りとなる。すなわち、先ず南宋末期に、朱枏が朱氏一族の祠堂「厚徳庵」を祖父・父が葬られている朱家墳の付近に建設し、その後、弟の朱材とともに重修を行った。その後、「厚徳庵」は、不肖な族員のせいで一時的にすたれることになったが、明の万暦年間に、朱国禎が一族の系譜を作成するのを契機として、祠堂を重修し、名称を妙境庵と改めた。この時点までは、「薦碑」は存在していなかったし、朱仁福を始遷祖と見なしてもいなかったことになる。従って、「薦碑」及び「朱仁福墓碣」が作為されたのは、少なくとも、朱国禎が「百一祖（朱俊）墓記」を記したのち、つまり彼の科挙合格が明の万暦十七年（一五八九）なので、だいたいその前後の年のあたり以降から、「薦福」の表記が地方志に表れる崇禎十年（一六三七）の間ということになろう。おそらくその間に、「嘉碑」や朱柟が「厚徳庵」についての言及をしている「厚徳遺言」などを参照して「薦碑」や「墓碣」の文章を偽造し、薦福祠を妙境庵の近くに付設したので、薦福庵という別称が当時の地方志にも記録されたものと思われる。清末の鎮志に、妙境庵と薦福祠の所在が記され、その両者が併存しているのは、以上のような経緯によるものと考えられよう。上記の経緯を図示すると、後掲の図Ⅴの通りとなる。

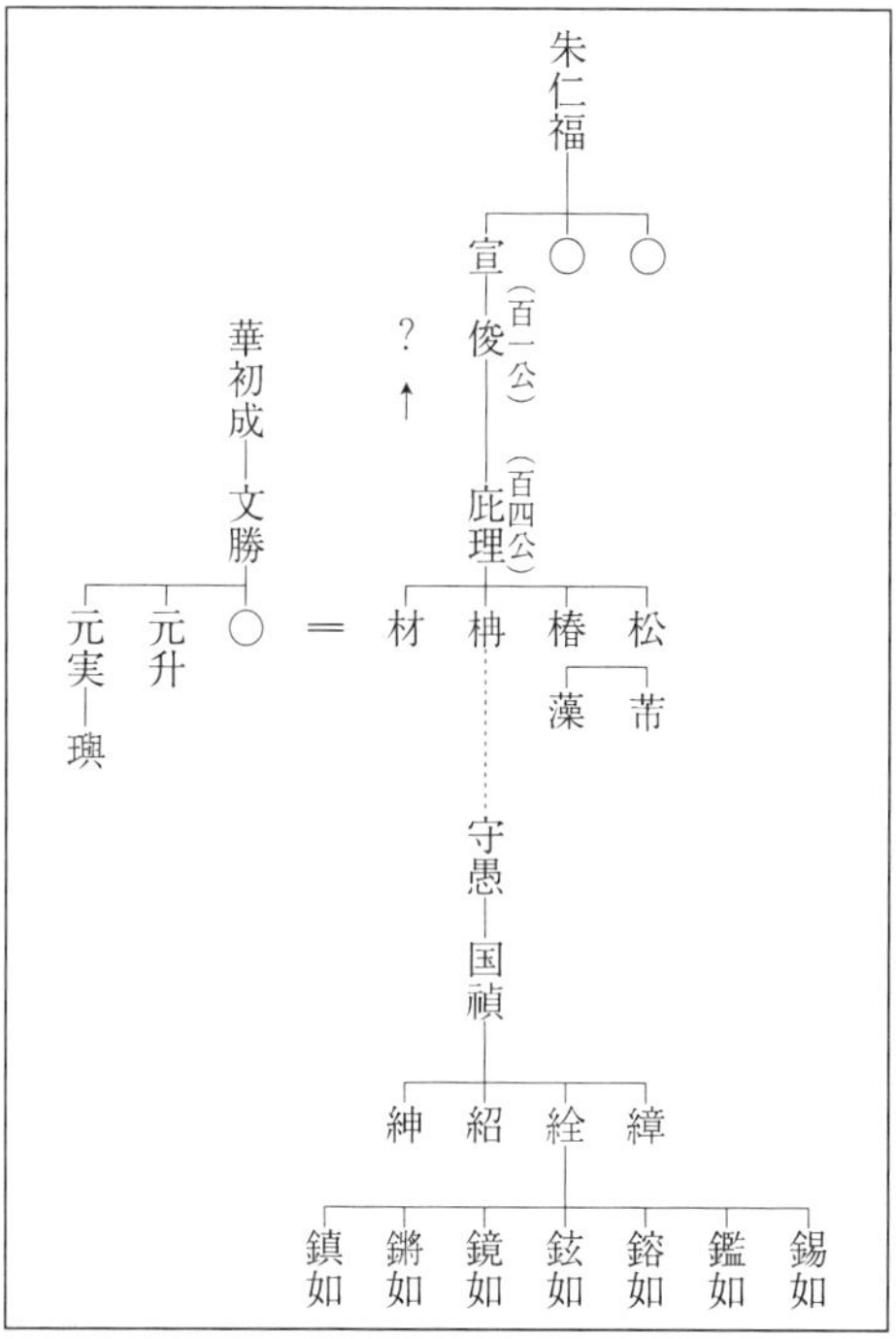

〈朱氏系図〉

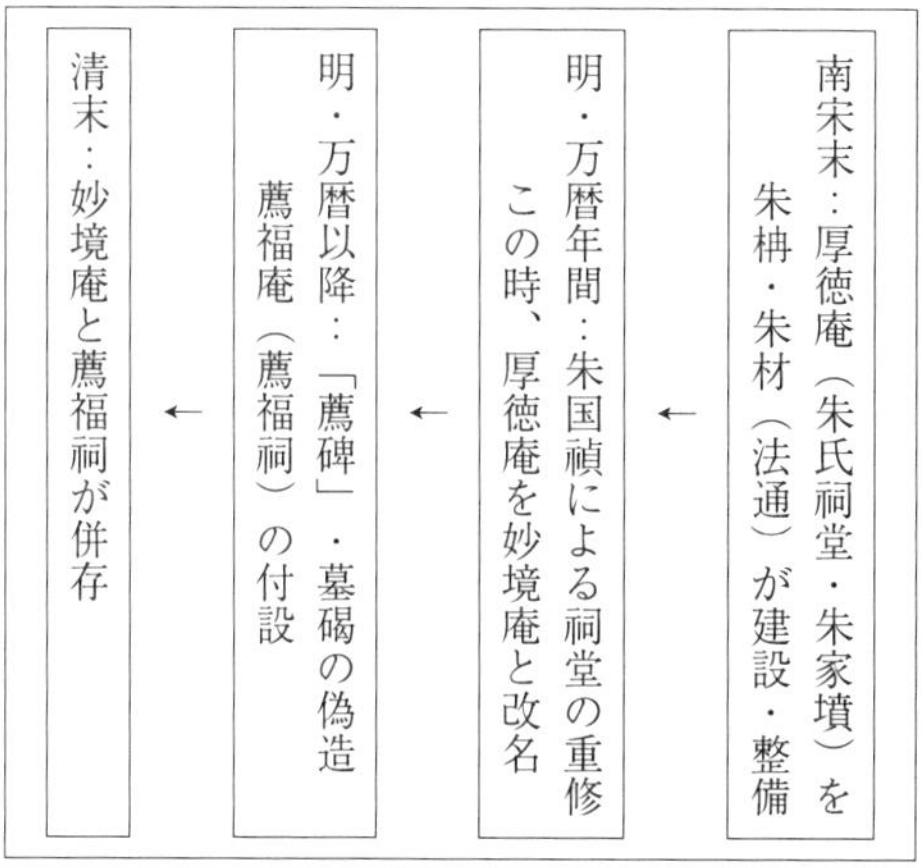

図Ⅴ

また「薦碑」が、朱国禎乃至は彼以降の朱氏一族の誰かによって作為されたのは、おそらく明末頃において、朱氏一族の中に、始遷祖を朱仁福まで遡及させる動きがあり、それによって朱氏が南潯鎮における北宋以来の名族であることを強調するためであったからと思われる。また加えて、「薦碑」の中で、祖先神を土神とすることにより、家廟を土地に開かれた祠廟と位置づける動きも当時あり、「薦碑」を通して、南宋末以来、土地の祠廟を朱氏一族が保持してきたことを強調し、南潯鎮における朱氏一族のステータスの昂揚をはかろうとしたのではないだろうか。碑文は、公開性・象徴性が大きい故に、明末頃の朱氏一族の再編と「地域社会」におけるステータスの向上のために作為されたというのが最終的な結論である。(19)

おわりに

近世中国の「地域社会」において、祠廟は重要な機能を果たしていた。ある「地域」の宗族にとって、当地の祠廟への積極的な介入は、一族の「地域社会」におけるステータスを向上・保持する上でも、同族内の経済的基盤を確立し、一族の再編をする上でも必要不可欠な存在であった。また同時に祠廟は、一族の永続化をはかることを目的として、時として王朝権力の権威を借りるために利用されることもあった。

こうして、祠廟を核としてまとまりあった「地域社会」が、そこを拠点とする有力な一族によって形成乃至は再編されるという現象を結果するに至ったわけであるが、筆者が強調したいのは、このような動向が、北宋末期以降に顕著に現れてきたということである。しかもこうした動きに後から呼応するかのように、時の宋王朝が、祠廟を中央の統制下におくことによって、「地域社会」をコントロールしようとしたのである。また南潯鎮の朱氏一族の事例からも明らかなように、明代末期の彼らにしても、祠廟を一族の再編や「地域」におけるステータスの昂揚に利用していたわけであり、北宋末期以降の「地域社会」の構造と同じ傾向を見出せた。彼らが一族の始遷祖を、北宋末期に殉死した朱仁福という人物まで遡及させようとしたのも、果たして偶然といえるであろうか。勿論、推測の域を脱しきれないが、明末の人々も、その時代の社会的基盤が形成されたのが北宋末期以降であったという認識をもっていたのではないだろうか。

このように、祠廟や宗族という視点からみた場合、北宋末期の徽宗時代が、後の時代へとつながる、王朝権力と「地域社会」との連関構造の大きな変革期として捉えられるならば[20]、北宋から南宋への転換期としてのこの時代の再評価を行うことが必要不可欠となろう。所謂「唐宋変革」論に基づいて構築された宋代史像そのものにも、敢えて再考を促したい。

史料Ⅰ

「薦福祠勅牒碑」

①礼部状、准徳祐元年四月十六日勅命交、中書門下省臣送礼部申、両浙運司、安吉州、拠承節郎・監安吉州南潯鎮事陳栄状申、御前提挙所使臣等張良嗣并烏程県震沢郷南林七巷社民華元升等称、枢密使童貫同従事朱仁福征収方臘有功、捐軀殉難、蒙聖恩、遣侍郎劉珏追封南林侯。中書許将卜地、造塋于南潯鎮西営字四囲石街大巷明月橋北、在于宣和二年三月一日。拠長孫男朱柟係淳祐進士、次孫男朱林係郷進士、共同建祠于淳祐癸卯五年二月、増修于咸淳己⑤巳、以傍二親之墓送司印押、使子孫世守、不啻朱氏永祀、即江南七社人煙、無不仰頼拯救之恩、迄茲男婦到祠、依時祭享。今祠雖建、尚未請額。幸遇聖天子初登大宝、追崇祀典、恩沛方新。今南潯鎮係本州管下、良嗣等謹述朱従事官仁福出粟救民・獲寇有功顕霊実蹟、列状乞備申施行。本鎮保明是実、申本司、照例差官、従公踏勘、詢究覈実、

委有朱従事官仁福救民獲寇功績、保明是実、伏候勅旨。奉部照例条勘当、具申朝廷、准批；送下等擬封申。除已連送太常寺、擬封後。拠安吉州南潯鎮土神朱仁福擬封薦福祠三字、給扁為額、合行降勅、申施行。本部備申朝廷、伏⑩候旨擬。六月二十六日、奉聖旨；依奉勅如。牒到奉行。前批、三月空日空時付礼部施行、仍関合属去処。本部開具前銜後擬下項、伏乞朝廷給降勅牒施行、伏候旨揮。

大宋徳祐元年十二月望日、七巷社民華元升等同太学生朱芾・守祠生朱藻鈔録、勒石于薦福祠前門左壁。（同治『南潯鎮志』巻二六、碑刻二）

史料Ⅱ

「嘉応廟勅牒碑」

①勅賜嘉応之廟

尚書省牒　七巷社首□□

礼部状「準咸淳六年正月二十七日勅節文『中書門下省尚送礼部申【両浙運司奏［本司拠安吉州申《拠承節郎・監安吉州南潯鎮事陳栄状申〈拠御前提挙所使臣張良嗣并七巷父老華元実等列状（世居烏程県震沢郷之南林、故老相伝、⑤此地有崔承事・李承事二公居焉。其存心也根於仁、其処事也勇於義。宣和間、方寇擾攘、声揺郷郡、二公率郷丁捍禦、果獲全安。或値凶年飢歳、争出廩粟以賑給、人皆徳之。暨二公卒、莫不銜恩思慕、自以為報之罔極、乃卜地於市中、設祠宇而並祭之。衣冠服飾、効郷党護境二神貌像、七社人煙、歳時節朔、以饗以祀、雨暘必祈、疾疫必禱、所求輒応、顕異莫能具述。嘉定乙亥、飛蝗蔽天、郷民羅拝於廟、或泣或訴。越翌日、忽疾風起於庭下、蝗之避去者幾半、余悉自斃。是歳乃亦有秋、或竭力奉事、廟貌一新、酬答神貺。嘉熙庚子、旱荒、飢莩枕藉于両廡、頗覚穢褻、香火僧厭而禱之。是夜神告之曰、窮民無帰、居我廊宇、以避風雨。我若譴怒、彼将疇依。於此尤見其根心之仁、愈無窮已也。淳祐壬寅、待制趙伉夫道経南潯、偶値雷雨暴作、湍流奔湧、舟不能前。趙公驚怖、左右謂、此地有神曰崔・李二王、祈之無不験。遂黙禱之、俄頃帖然舟獲到岸。而謁於祠下致謝、畢見其廟未有額、慨然書之。今猶存也。宝祐甲寅、狄浦塩寇嘯聚、村落多被其害。且垂涎南潯、以為市井繁阜・商賈輻湊之所、意在剽掠。妄求懇禱、所抽十余籤、所擲十余珓、皆不協吉。群盗相顧、愕然輒逞兇暴、欲挙二像棄之於水、似覚拘攣而掣其肘、乃畏懼潜遁。景定辛酉、水災比近、頑徒有鼓衆借糧者、市戸焚香禱告、忽一日、群兇駕舟囲繞、未幾随散。或問之曰、倏来而倏去、何也。賊応之曰、昨夜南潯之南有二人若神人、身長丈余、立於人間屋上、諭我等、踰月方許汝来此也。今且退去、一月後復来。聞者喜懼相半、不十日、即就擒戮。此二項益見神之顕異垂庇、毎惓惓於艱難危急之時、殆二天也。人之還以答神休、豈不能伸一喙耶。恭惟国朝愛民如子、凡神之有恵於民者、必載於祀典、蓋敬神所以愛民□。如徳清之新市、亦隷本州管下、其鎮土神、嘗有恩封廟額。独南潯未嘗挙行、允為欠典。未創鎮以前、特郷村爾、無階可陳。今創鎮幾二十載、前後鎮官歳時祈禱屢験、僧徒晨夕焚修愈勤、此廟正係祝聖祈禱去処。茲遇聖天子初登大宝、増崇祀典、恩霈方新、良嗣等謹述家伝・人誦之実跡、列状乞備申施行。〉本鎮保明詣実、申州乞施行。〉州司所拠承節郎・監安吉州南潯鎮事陳栄申到土神霊跡因依、本州保明是実、申本司乞施行。》本司已照例差官、詢究覈実、委有霊跡、保明是実、伏候勅旨。」本部照条勘当、具申朝廷、準批：送下寺擬封申。除已連送太常寺、擬封去後。拠本寺回申、安吉州南潯鎮土神崔・李二承事擬封二字廟額、今欲擬嘉応廟為額、合行降勅、申乞施行。本部備申朝廷、伏候旨揮。】□□二十五日、奉聖旨：依奉勅如右。牒到奉行。前批、三月空日空時付礼部施行、仍関合属去処。』本部開具前銜後擬下項、伏乞朝廷給降勅牒施行、伏候旨揮。」牒。奉勅：宜賜嘉応廟為額。牒至準勅。故牒。

咸淳六年十二月□日牒

同簽書枢密院事兼権参知政事趙某［押］

右丞相某某［押］
㉚大傅平章軍国重事魏国公某某　免押

史料Ⅲ（史料Ⅰと史料Ⅱの記述の類似性を比較検討するために両者を列記したもの）

「嘉応廟勅牒碑」
「薦福祠勅牒碑」

勅賜嘉応之廟
（無し）

尚書省牒　七巷社首□□
（無し）

礼部状「準咸淳六年正月二十七日勅節文『中書門下省尚送礼部申【両浙運司奏［本司拠安吉州申《拠承節郎・監安
礼部状「准徳祐元年四月　十六日勅命交『中書門下省臣送礼部申【両浙運司　　　　安吉州　《拠承節郎・監安

吉州南潯鎮事陳栄状申〈拠御前提挙所使臣張良嗣并　　　　七巷父老華元実等列状（中略）茲遇聖天子
吉州南潯鎮事陳栄状申〈御前提挙所使臣等張良嗣并烏程県震沢郷南林七巷社民華元升等　称（中略）幸遇聖天子

初登大宝、増崇祀典、恩霈方新、　　良嗣等謹述家伝・人誦之実跡、　　列状乞備申施行。）
初登大宝、追崇祀典、恩沛方新。……良嗣等謹述朱従事官仁福出粟救民・獲寇有功顕霊実蹟、列状乞備申施行。）
本鎮保明詣実、申州乞施行。〉州司所拠承節郎・監安吉州南潯鎮事陳栄申到土神霊跡因依、本州保明是実、申本
本鎮保明是実、（無し）　　　　　　　　　　　　　　　　　　　　　　　　　　　　　　　　　申本
司乞施行。》本司已照例差官、　　詢究覈実、委有霊跡、　　　　　　　　　保明是実、伏候勅旨。」本部照　条
司、　》照例差官、従公踏勘、詢究覈実、委有朱従事官仁福救民獲寇功績、保明是実、伏候勅旨。」奉部照例条
勘当、具申朝廷、準批：送下寺擬封申。除已連送太常寺、擬封去後。拠本寺回申、安吉州南潯鎮土神崔・李二承事
勘当、具申朝廷、准批：送下等擬封申。除已連送太常寺、擬封　後。拠　　　安吉州南潯鎮土神朱仁福　擬封
擬封　二字廟額、今欲擬嘉応廟為額、合行降勅、申乞施行。本部備申朝廷、伏候旨揮。】□□二十五日、奉聖旨：
薦福祠三字、　給扁　為額、合行降勅、申　施行。本部備申朝廷、伏候旨擬。】六月二十六日、奉聖旨：
依奉勅如右。牒到奉行。前批、三月空日空時付礼部施行、仍関合属去処。』本部開具前銜後擬下項、伏乞朝廷給降
依奉勅如　。牒到奉行。前批、三月空日空時付礼部施行、仍関合属去処。』本部開具前銜後擬下項、伏乞朝廷給降

勅牒施行、伏候旨揮。」牒。奉勅，宜賜嘉応廟為額。牒至準勅。故牒。咸淳六年十二月□日牒。（後略）

勅牒施行、伏候旨揮。」　（無し）

注

（1）これまでに、宋代における「地域」の祠廟と宗族との関係について考察したものとしては、金井徳行（一九八二）などがあるが、ほとんどがケース・スタディーの枠内にとどまっている。

（2）須江隆（二〇〇三a）、SUE Takashi (2003b) を参照。

（3）唐代の大祀・中祀・小祀については、金子修一（一九七六）、及び『大唐開元礼』巻一、序例上を参照。また唐、五代の賜額・賜号の詳細、及び慶暦年間の党争については、須江隆（一九九四a、一九九六）を参照。

（4）宋代の賜額・賜号については、松本浩一（一九八六）、Valerie Hansen (1990)、須江隆（一九九四a）を参照。また特に熙寧年間以降の神宗朝、及び徽宗朝における賜額・賜号については、須江隆（二〇〇一a）、SUE Takashi (2003b, 2003c) を参照。

（5）この時期の宋朝の地方統治理念や中央の儒家官僚たちの「地域」認識の在り方については、須江隆（二〇〇一b）を参照。

（6）「廟牒」については、SUE Takashi (2000a) 須江隆（二〇〇〇b）を参照。

（7）無錫の尤氏一族と徐偃王廟に関しては、須江隆（一九九三）において詳しい発展史的考察を行っている。

（8）『史記』巻五、秦本紀、『後漢書』巻八五、東夷列伝、『博物志』巻七、異聞を参照。

（9）周の穆王が楚の文王に徐偃王を討伐させたということについては、唐の張守節が『史記正義』の中で、『古史考』の「徐偃王与楚文王同時、去周穆王遠矣。且王者行有周衛、豈得救乱而独長駆、日行千里乎」という文章を引用して、『史記』の記述の非を指摘している。また、『水経注疏』巻八の中で、楊守敬は張守節の考証を踏まえ、それ故に『博物志』では、ただ「周王」・「楚」とのみ記されてその名を著していないとしている。

（10）『通志』巻二六、氏族略に「徐氏（中略）自若木至偃王三十二世、為周所滅。復封其子宗為徐子、宗十一世孫章羽、昭三十年、為呉所滅。子孫以国為氏」とある。
（11）『春秋左氏傳』昭公三十年、冬十二月の条を参照。
（12）『韓昌黎先生集』巻二七、「衢州徐偃王廟碑」を参照。
（13）唐代に至っても、偃王の子孫である徐氏一族が、主体的に徐偃王廟の廟事を掌っていたことについては、注（12）所引の史料などを参照。
（14）無錫の尤氏については、元初に同族の尤玘が一族の事蹟について記した『万柳渓辺旧話』に詳しい。本稿で言及の尤氏の事蹟は、その史料を典拠としている。
（15）「宋興化軍祥応廟記」は、紹興八年（一一三八）四月朔日に白杜村に建立された碑文で、撰者は同族の方略である。
（16）詳しくは、須江隆（一九九八）を参照。
（17）この碑文は、同治『南潯鎮志』巻二六、碑刻二に所収されている。
（18）須江隆（二〇〇一b）を参照。
（19）「薦碑」と「嘉碑」に関する緻密な比較分析の中味や、薦福祠と朱氏一族の具体的な関わり方については、詳しくは、須江隆（二〇〇二）を参照。
（20）徽宗時代が、明らかに宋代社会変質の転換点となっているということについては、SUE Takashi（2003c）、須江隆（二〇〇四）で詳しく論じられている。筆者はその中で、徽宗時代の特徴として、「とりわけ宣和年間を前後とする徽宗朝期は、民間で祠廟の建設ラッシュがおこり、三つの教の改革を宋朝が積極的に模索した時期に当たる。そして神々の力を借りた統治の枠組みが形成され、王朝権力と「地域社会」をめぐる社会的構造が徐々に変化していった」と述べた。

参考文献

金井徳行（一九八二）「宋代の村社と宗族――休寧県と白水県における二例――」（酒井忠夫先生古稀祝賀記念の会編『歴史における民衆と文化――酒井忠夫先生古稀祝賀記念論集――』）

金子修一（一九七六）「唐代の大祀・中祀・小祀について」（『高知大学学術研究報告』二五・人文科学二）

小林義廣（一九九五）「宋代福建莆田の方氏一族について」（中国中世史研究会編『中国中世史研究　続編』京都大学学術出版会）

松本浩一（一九八六）「宋代の賜額・賜号について――主として『宋会要輯稿』にみえる史料から――」（野口鐵郎編『中国史における中央政治と地方社会』昭和六〇年度科学研究費補助金研究成果報告書）

須江　隆（一九九三）「徐偃王廟考――宋代の祠廟に関する一考察――」（『集刊東洋学』六九）

須江　隆（一九九四ａ）「唐宋期における祠廟の廟額・封号の下賜について」（『中国―社会と文化』九）

須江　隆（一九九四ｂ）「社神の変容――宋代における土神信仰をめぐって――」（『文化』五八―一・二）

須江　隆（一九九六）「慶暦党争考――蘇舜欽書簡を中心に――」（『集刊東洋学』七六）

須江　隆（一九九八）「福建莆田の方氏と祥応廟」（宋代史研究会編『宋代社会のネットワーク』〈宋代史研究会研究報告第六集〉汲古書院）

SUE Takashi（2000a）"What Do Inscriptions Tell Us?: The Discourse Fond in the Records of Temples" In The Research Group of Historical Materials in Song China, ed. *The Study Of Song History From The Perspective Of Historical Materials*

須江　隆（二〇〇〇ｂ）「宋代における祠廟の記録――「方臘の乱」に関する言説を中心に――」（『歴史』九五）

須江　隆（二〇〇一ａ）「熙寧七年の詔――北宋神宗朝期の賜額・賜号――」（『東北大学東洋史論集』八）

須江　隆（二〇〇一ｂ）「祠廟の記録が語る「地域」観」（宋代史研究会編『宋代人の認識――相互性と日常空間』〈宋代史研究会研究報告第七集〉汲古書院）

須江　隆（二〇〇二）「作為された碑文――南宋末期に刻まれたとされる二つの祠廟の記録――」（『史学研究』二三六）

須江　隆（二〇〇三ａ）「唐宋期における社会構造の変質過程――祠廟制の推移を中心として――」（『東北大学東洋史論集』九）

SUE Takashi（2003b）"The Shock of the Year Hsuan-ho 2: The Abrupt Change in the Granting of Plaques and Titles during Hui-tsung's Reign" *ACTA ASIATICA* vol.84

SUE Takashi (2003c) "Structures of regional society and multiple discourses as revealed in the records of ritual halls and temples" In ICHIKI Tsuyuhiko, HAYASAKA Toshihiro, IHARA Hiroshi, and SUE Takashi, ed. *Interactions and Daily Life: Sings of Changes in the Song Society*
須江　隆（二〇〇四）「徽宗時代の再検討——祠廟の記録が語る社会構造——」（『人間科学研究』創刊号）
Valerie Hansen (1990) '*Changing Gods in Medieval China, 1127-1276*' Princeton University Press

〔付記一〕　本稿は、二〇〇三年八月に高知にて開催された、シンポジウム〈中国宋明時代の宗族〉において、筆者が「祠廟と宗族——北宋末期以降の「地域社会」の形成と再編——」と題して口頭発表した原稿及びレジュメに加筆訂正したものである。なお、上記シンポジウムで公表された筆者の成果は、同年同月に大韓民國・慶熙大學校にて開催された、韓國中國史學會第四回國際學術大會「中國史上的宗族與社會」においても、同じ題目で口頭で公表され（檀國大学校・金榮濟先生代読）、『中國史研究』第二七輯（二〇〇三年）に「祠廟와宗族——北宋末以後「地域社會」의形成과再編——」（姜判權先生韓国語訳）と題する拙文が掲載されている。

〔付記二〕　本稿は、科学研究費補助金基盤研究（C）（2）「祠廟の記録を主史料とした唐中期~南宋期の王朝権力と地域社会の連関構造に関する研究」（研究代表：須江　隆、課題番号一四五一〇三九二）、及び同基盤研究（B）（1）「宋代以降の中国における集団とコミュニケーション」（研究代表：岡　元司、課題番号一〇二九〇七七七）による研究成果の一部である。

宋代四明史氏墓葬遺跡について

蔡　罕
（解題・訳・写真　岡　元司）

解　題

一、宋代明州をめぐる研究状況

従来、宋代明州（慶元府）については、海港史・都市史・水利史などのアプローチによって、主としてその経済的側面が詳細に解明されてきた。とりわけ、地域における産業・市場町などの長期的変遷を通して地域発展の様相を明らかにした斯波義信氏の研究[1]は、それらの到達点の一つと言えるであろう。また、これ以外にも、明州が貿易港として日本への窓口にあたっていたため、日中文化交流史や仏教史の研究においてもしばしば言及されてきている。

さらに近年では、漢語圏、英語圏、日本をとわず、宋代各地域のエリート層や名族に対する関心が高まっており[2]、宋元代の地方志や明州出身者による文集が比較的多く残されている明州は、そうしたアプローチによってしばしば取り上げられる地域の一つとなっている。明州における名族の活動の一つとして、楼氏の義荘については既に早くから研究があったが[3]、最近では、リンダ・ウォルトン氏[4]や黄寛重氏[5]が、楼氏・袁氏などの有力な一族を事例として、その盛衰や、地域における活動、婚姻関係などについて精力的な研究を進めている。

こうした事例研究の積み重ねによって、今後の地域社会史研究においては、さらに各地域の個性と位置づけを明確にする必要性が高まってくるように思われる。その点について言えば、とりわけ南宋期における中央政権やその学問状況とのかかわりは、明州にとってきわめて重要なものとなってくる。石田肇氏は、政治史・思想史の両者にかかわるものとして、明州の高氏一族を扱っている[6]。また、三代の宰相（史浩・史彌遠・史嵩之）を輩出した史氏一族に見られるような南宋政治史に占める明州出身者の重要性を、寺地遵氏が地域史の視点から説いているのも、短篇ながら見落とすことのできない論文であろう[7]。

そして、こうした政治史との関係上で鍵となっている史氏一族については、周知のごとくリチャード・デービス氏による著書がある[8]。既に黄寛重氏による適切な書評[9]が出ているので内容については繰り返さないが、デービス氏は、史浩、史彌遠、史嵩之の世代、およびそれ以前・以後の世代の史氏一族がたどった過程を追跡し、官僚社会の流動性の中における一族の盛衰を分析する。そしてデービス氏は、ロバート・ハイムズ氏によって論じられたエリートの活動を地域重心化させた典型としての江西撫州の事例とは異なり、科挙での成功を通して官界で地位を形成した一族としての独自の側面を強調している。

しかしまたもう一方で、今後の明州研究においては、地域社会内部におけるエリートの役割を、より広範な文化面から多面的に明らかにする作業も残されているであろう。たとえば最近では、明州を窓口として日本にも輸出された仏画を、明州の地域社会史の文脈に即して再検討し、多数の仏画制作をささえた明州地域社会における信者のネットワークの存在を明らかにした井手誠之輔氏の研究が注目されよう[10]。史氏一族は、こうした仏画制作のパトロンとなっていたと見られており、明州出身官僚のもつ特権的地位と、同時に幅広い階層によってささえられる地域文化との関わりの二面性を体現する興味深い研究対象ともなってくるのである。

二、本稿のねらい

従来の宗族研究においては、族産・族譜や祠堂などが重視されてきたが、親や祖先に対する崇拝の原点ともいうべき墓そのものについては、これまで十分に関心をもたれてきたとはいいがたいように思う。しかし、宋代史に限っても、たとえば墓誌史料には、単に埋葬場所の記録だけでなく、墓そのものにまつわる逸話が意外に多く残されており[11]、また、『清明集』などの裁判関係史料にも、墓をめぐる紛争が頻繁に見られ[12]、さまざまな形で伝統中国の人々は多大の関心を墓に寄せてきたといえる。

幸いなことに、上記のように南宋の地域史・政治史の両面においてきわめて重要性をもつ史氏一族の墓群について、近年、浙江省寧波市では調査が継続的におこなわれている。

今回、寧波市にある浙江万里学院の副教授で、史氏の墓についての調査にあたられている一人でもある蔡罕氏に、本稿の執筆を依頼することができた。蔡罕氏は、宋代美術史の専家として『北宋翰林図画院及其院画研究』（浙江人民出版社）を二〇〇二年に著すとともに、浙東の地域文化研究にも取り組まれており、最近ではその一環として史氏一族についての研究・調査をおこなわれている。本稿の方向性については、二〇〇三年十二月に蔡罕氏が来日された際に話し合いの機会をもち、とくに明州の地域社会における史氏一族の位置づけを明らかにするために、墓とその周囲の景観の復元にできるだけつながるように、極力、墓道その他の長さや幅などについての数値を盛り込み、当時墓のまわりにおかれていた石像やその位置についても、なるべく詳しく言及していただくこととした。

こうした点に関連することとして、たとえば欧米における碑文学研究においても、碑文が「どのように読まれたのか」ではなく、「どのように見られたのか」といった視点から、文字が刻まれた碑の素材、その大きさや形、碑が建てられた場所の意味などといった非文字的要素にも注目がなされている[13]。同様の観点は、墓についても共通して考えることのできるものであろう。墓が景観上いかに優れた場所に位置しているかを明らかにすることは、地域社会における階層構成の中での一族の置かれた立場をも考察するうえで役に立つものと考える[14]。

墓については、既に早くから、その形態の地域的な相違性について注目されており[15]、宋代の墓についても、南方の墓が中原地域の墓とは構造・規模などの点で相違することが指摘されており[16]、こうした比較検討を進めていくうえでも、史氏一族の墓群は恰好の材料となるであろう。

史氏一族の墓群についての調査はまだ途上にあり、本稿は、その途中経過ともいうべきものである。したがって、考古学・文化財学としての調査の進展とともに、文献史料とのつきあわせも、むしろ今後の課題として山積しているが、著者の蔡罕氏には、地元で入手できる史料についても、ひとまずありのままに言及していただいた。とくに墓の場所や被葬者の特定には、現地で保存されている『史家祖宗画像・伝記及題跋』が利用されている。これは清代道光八年・九年（一八二八・二九）の題跋をもつ宋代三十一人の史氏一族の人物の画像に、略伝が記されたものであり、その系統・信憑性や作成過程などについては、今後さらに検討がなされるであろうが、蔡罕氏は、その略伝の内容自体にはほとんど触れず、死亡日・埋葬場所など、恣意の入り込みにくい記述にほぼ限定して参照している。少なくともそこに記された地名などが、宋代文集所収の墓誌や宋元時代の地方志にない情報を含んでおり、実地での調査においては数少ない参考材料の一つとされている。

なお、文中で言及される史浩の神道碑については、碑文と楼鑰『攻媿集』との校勘作業を私も実地におこなわせていただき、確認することができた。その際に現地に案内していただいた史理庭氏（史氏後裔）および校勘作業を手伝っていただいた山口康平氏（広島大学大学院文学研究科博士課程前期）に、この場を借りて謝意を表したい。

本稿をお読みいただければわかるように、こうした墓についての研究は、さまざまな分野との接点を有するものである。蔡罕氏が最後にも書かれているように、今後、幅広い分野の研究者の協力によって史氏一族の墓やそれをめぐる状況が解明され、東アジア全体の中での結節点の一つともなった宋代明州の歴史的個性が考察されていくことを願い、本稿がその一里塚となれば幸いである。

（岡　元司）

注

（1）斯波義信著『宋代江南経済史の研究』（汲古書院、一九八八年）。

（2）近年の宋代地域社会史研究の動向については、岡 元司・勝山 稔・小島 毅・須江 隆・早坂俊廣「相互性と日常空間――「地域」という起点から――」（宋代史研究会研究報告第七集『宋代人の認識――相互性と日常空間――』、汲古書院、二〇〇一年）および遠藤隆俊「宋代の地域社会と宗族――その学説史的検討――」（『高知大学学術研究報告』五一・人文科学編、二〇〇二年）を参照されたい。

（3）福田立子「宋代義荘小考――明州楼氏を中心として――」（『史艸』一三、一九七二年）。

（4）Linda Walton, "Kinship, marriage, and status in Song China: a study of the Lou lineage of Ningbo, c.1050-1250", *Journal of Asian History*, 18:1, 1984. Linda Walton, "Charitable estates as an aspect of statecraft in Southern Sung China", in Robert Hymes and Conrad Schirokauer eds. *Ordering the world: approaches to state and society in Sung dynasty China*, University of California Press, 1993.

（5）黄寛重「宋代四明袁氏家族研究」（中央研究院歴史語言研究所会議論文集之一『中国近世社会文化史論文集』、一九九二年）、同「宋代四明士族網絡与社会文化活動――以楼氏家族為中心」（『宋史研究集』三二、二〇〇二年）など。また、黄寛重「南宋両浙路社会流動的考察」（同著『宋史叢論』、新文豊出版公司、一九九三年）にも四明の史氏・袁氏についての言及がある。

（6）石田　肇「南宋明州の高氏一族について――高閌・高文虎・高似孫のこと――」（宋代史研究会研究報告第二集『宋代の社会と宗教』、汲古書院、一九八五年）。山口智哉氏の近作「宋代郷飲酒礼考――儀礼空間としてみた人的結合の〈場〉――」（『史学研究』二四一、二〇〇三年）も、高閌ら明州士大夫と中央政権の関係に論及している。

（7）寺地　遵「地域発達史の視点――宋元代、明州（慶元府）をめぐって」（今永清二『アジア史における地域自治の基礎的研究』、科学研究費補助金総合研究（A）研究成果報告書、一九九二年）。この論文における寺地氏の視点は、その後の氏の南宋中・後期政治史研究へとつながっている。寺地　遵「史嵩之の起復問題――南宋政権解体過程研究箚記――」（『史学研究』二〇〇、一九九三年）、同「南宋中期政治史の試み」（『日本歴史学協会年報』一八、二〇〇三年）など、参照。

（8）Richard L. Davis, *Court and family in Sung China: bureaucratic success and kinship fortunes for the Shih of Ming-chou*, Duke University press, 1986.

（9）黄寛重「戴著『宋代中国的宮廷与家族評介』」（同著『南宋軍政与文献探索』、新文豊出版公司、一九九〇年）。

（10）井手誠之輔著『日本の宋元仏画』（『日本の美術』四一八、二〇〇一年）。

（11）拙稿「南宋期浙東における墓と地域社会」（岸田裕之編『中国地域と対外関係』、山川出版社、二〇〇三年）。

（12）鄭銘徳「『名公書判清明集』中所見墓地相関問題」（宋代官箴研読会編『宋代社会与法律――『名公書判清明集』討論』、東大図書公司、二〇〇一年）、参照。

（13）前野弘志「文字史料とモノ資料の狭間で――古代ギリシア語碑文の場合――」（『史学研究』二三六、二〇〇二年）を参照されたい。

（14）注（11）拙稿、参照。

（15）J. J. M. De Groot, *The religious system of China*, vol III, Part III, The grave (second half), E. J. Brill, 1892., chapter XIV description of tombs and mausolea. なお、デ・ホロートがこうした言及をしていることについては、中島楽章氏（九州大学助教授）よりご教示を得た。ここに記して謝意を表したい。

（16）張捷夫著『中国喪葬史』（文津出版、一九九五年）。

浙江省寧波市東銭湖の周囲にある長楽里山、吉祥安楽山、大慈山、弁利寺山、鄮山および世忠寺嶴などの地には、広大な規模の宋代四明史氏墓葬遺跡が分布している。ここ二十年余りの間、東銭湖文物考古調査の進展にともなって、これらの史氏墓葬遺跡では、発見が相継ぎ、同時に関連の文物保護機関から日増しに重視されるようになり、しだいに県級の文物保護単位から省級、国家級の重点文物保護単位へと上昇してきた。その文物の価値と学術研究の価値は、中外の学者から注目をあびている。米国の学者であるリチャード・デービス氏は、一九九六年にJournal of Sung-Yuan Studies 二六号に、“The Shi tombs at Dongqian Lake”と題して報告をおこない、また、寧波の地元の研究者である楊古城・曹厚徳・陳万豊の各氏も東銭湖史氏墓群について長期の実地調査とその報告をおこなっている。

この寧波東銭湖史氏墓群は、史氏一族が四明の名門望族であることで、非常に注目される。とりわけ南宋史において、四明史氏出身の進士合格者・官員が多数にのぼっただけでなく、史浩・史彌遠・史嵩之の三人の宰相を生み出し、

「一門三宰相、四世二封王」、「満朝の文武、半ばは史門より出づ」と称えられた。南宋史氏の家族史は南宋政治史の主要な内容を構成するとの意見があり、また、史氏の家族史は南宋史の一つの縮図であり、南宋史氏の家族史は南宋史の新視角を切り開くのだとの意見も聞かれる。筆者はこうした観点にきわめて賛意をおぼえており、本稿の執筆を契機に、四明史氏家族研究に着手したいと考えている。

本論に入る前に、まず四明史氏の世系について簡単に整理しておきたい。

四明史氏は、江蘇の溧陽から移住し、その始遷祖にあたるのは史惟則である。後晉の天福四年（九三九）、史惟則・史懐則の二人が同時に浙江へと移住した。懐則は嘉興に住み着き、惟則は慈渓まで移住し、まもなく鄞県洗馬橋の東に移った。史惟則の子が史成、そして史成の子が史簡と史翰である。史簡が城中に住んだのに対し、史翰は郊外に住んで、死後、鄞東沙家橋に葬られた。史翰の子孫はそこに住み、その地を史家墓と号した（現在の寧波鄞州区下応鎮史家碶）。史簡は葉氏を娶り、「遺腹の子」史詔が生まれた。史詔には史師仲・史才・史木・史禾・史光という五人の子がいた。史才は重和元年（一一一八）に進士となり、官は端明殿学士・簽書枢密院事兼参知政事にまで至り、ここに史氏一族の繁栄は始まったのである。南宋一五〇年余りの歴史の中で、史家は「師」「水」「彌」「之」「卿」「孫」の六代にわたって、代々官職につき、権力を握ったが、南宋の滅亡にともない、史家の政治上の権勢も消滅していった。

以下、排行・長幼の順に、四明史氏の主要人物の墓葬および現存の遺跡について考察を加え、大方の批正を請いたいと思う。

一、史氏先塋

四明史氏は史浩が宰相となる前は、先祖の墓を欠いていたが、史浩が宰相となった後、「孝宗、詔して家廟を賜い、祀りて五世に及ぶ」（鄭真『滎陽外史集』巻四十一「史氏先塋事実」）とされている。淳熙五年（一一七八）に史浩は政界をしりぞき東帰すると、「始祖曁《およ》び高祖倶《とも》に墳墓無きを慨《なげ》き念《おも》い、乃ち地を東湖下水の原に卜し、鑿《うが》ちて五穴と為し、衣冠を具して葬る。仍りて楹《はしら》を其の上に植《た》て、自ら招魂文を著し、之を石に勒す」（同）こととなった。

長楽里山の向かいにある福泉山は、四明史氏の宗山であり、その麓の下水地区には、もと五祖堂があり、建物が数棟あり、史惟則・史成とその三人の夫人の木造がまつられていた。如上のように「地を東湖下水の原に卜し」「仍りて楹を其の上に植て……」などと記載されていることからすれば、この五祖堂は史浩がもうけた先塋の場所である可能性が高い。

二、葉氏太君墓

史簡の妻葉氏は、慈渓県（現在の寧波市慈城）の人であり、『鄮頭史氏宗譜』巻一「葉太君墓誌」によれば、「幼きより静深婉淑なり、年十九にして同里の史簡に帰《とつ》ぐ」とされている。葉氏二十五歳の時に史簡が早世したが、葉氏は再嫁することなく遺腹の子史詔を生んだ。その後、史詔の従子である史才（政和八年進士）が端明殿学士、簽書枢密院事まで出世するに至り、四明史家の名声が高まることとなる。葉氏は政和七年（一一一七）に八十五歳で没し、宣和元年（一一一九）十一月十八日に鄞県陽堂郷長楽里之原（現在の鄞州区下水郷長楽里山）に葬られ、『宝慶四明志』巻九・列女「冀国夫人」に「孫・曾を以て贈典されること凡そ十八封、冀国に至る」と記されている。夫の史簡は嘉祐二年（一〇五七）に死去し、その埋葬は「火葬を以てす」（『康熙鄞県志』巻二十四・塚墓）とされたが、葉氏の埋葬の際にその子である史詔は、「其の像を穴の東に刻し以て附」した（同）。

楼鑰『攻媿集』巻七十四「跋葉夫人墓誌」によれば、建炎三年（一一二九）の金軍侵攻にともない、「葉夫人の志銘碑石は、既に兵火に砕かれ、所在を知らず」となっており、「煨燼の余、僅かに断碑を得」ることができるだけであった。そこで開禧二年（一二〇六）に史彌忠が「族党の意を致」し、通議大夫楼鑰に「葉太君続墓誌」の作成を依頼し、

「修職郎前南康軍司戸参軍趙潪」の書によって、再び墓誌を立てることができた。

現存の葉氏太君の墓は、背もたれのある椅子の形を呈し、三つの墳丘をもつ。その中央のものが最大で、これが葉氏自身の墓である。右側（葉氏の墓の東側）は、史簡の墓であると思われる。葉氏の墓の前には墓碑が建てられ、「宋冀国夫人葉氏太君墓」と大書され、その右にやや小さい字で「民国乙亥年冬月」、左に同様に「涓公支余姚閏一二三房重建」と記されている。現在の墓地の周囲は松の木におおわれ、墓道は東南に向いてのびており、その先の方向には史氏の宗山である福泉山がある。この墓がつくられた頃の墓道の長さは一キロに達し、そこには二つの石牌楼がもうけられるとともに、石獣と石像が間隔をもっておかれていたが、多くは文革中に壊された。現存する石刻（二対の石虎・石羊、一対の石笋）は、いずれも下水やその他の山嶴（山間平地）から運んできたもので、石笋のみは墓道に残されて、史氏の後代における繁栄を象徴している。新修された墓の台階について、実際に測ったところでは、石笋から墓前の台階まで約四十五メートルあり、幅は三・八メートルである。墓の前の放生池は今も現存している。

葉氏の墓の横には、無量寿庵が建てられている。徐兆昺『四明談助』巻三十九「無量寿庵」には、「庵は史忠定王の建つる所に係る。前殿は仏を供え、後殿は冀国公を贈られし史簡、冀国夫人葉氏、越国公を贈られし八行先生史詔、越国夫人徐氏の四位の神像を奉祀す」と記されているが、南宋以後、この庵は損壊と修築を何度も繰り返し、清代の嘉慶年間（一七九六～一八二〇）には、「裔孫の春亭は、本支に就きて捐募を下して重造し、煥然として一新す。幷びて旧典を増し、春秋に演戲して祭奠す」（同巻同条）とされた。現存の無量寿庵は近年増修されたものである。

三、史詔墓

史詔、字は升之、史簡の遺腹の子として、嘉祐二年（一〇五七）十一月二十九日に生まれた。史詔は母葉氏の教えと勉励を受けて自らはげみ、文学徳業を以て評判となり、「大観二年（一一〇八）、孝・友・睦・婣・任・恤・中・和の八行兼修の挙有り、郡県は（史）詔を以て命に応ず」（『宋元四明六志校勘記』巻二）ることとなったが、史詔は母を奉じて県東に避けのがれ、仕官に及ばなかったため、「八行先生」と称えられた。建炎三年（一一二九）六月二十五日、史詔は没し、「陽堂郷長楽里鄮麓福泉の原」（現在の鄞州区下水西村緑野嶴響鈴山）に葬られ、徐氏夫人とは同墓異穴である。太師・越国公を累贈されている。

史詔の墓は、宋代四明史氏の墓葬遺跡のうちでも、現在まで最もよく保存されているものである。墓道は西南向きで、長さは十メートル、幅は三メートルであり、墓道の石刻は、入口から跪羊、蹲虎、立馬、武将、文臣、石椅の順で置かれている。文官・武将の高さは二・三メートル、石馬の高さは一・五メートル、石虎・石羊の高さは一メートルである。楊古城・曹厚徳著『四明尋踪』（寧波出版社、二〇〇二年）「東銭湖南宋石椅的発現和思考」によれば、史詔の墓道の「石像はいずれも明らかに北宋の風情をもち、とくに石羊と石虎は、北宋の永定陵のものと同種であるかのようである」とされている（同書一七一頁）。全体的に見れば、史詔の墓道の石刻像は、体型はやや小さく、彫刻は質朴であって、南宋初期に四明史氏一族が官界での成功をおさめ始めた初期の状態を反映しているといえよう。

この墓はかつて一九六〇年代に掘りおこされてしまったために、副葬品があまり見つからなかったが、墓誌銘の石は発見され、「徐夫人墓誌」が出土しており、保存状態も完全であった。墓前の石椅はもともと二脚あり、一脚は一九九〇年代に毀されてしまい、もう一脚は村民が洗濯板置き用に使っていたが、これは後にもとの場所に戻されている。この石椅は座・背もたれ・足置きなどがそなわり、中国歴代の墓の中でも特有のものとなっている。

四、史師仲墓

史師仲、字は希道、史詔の長子である。元豊五年（一〇八二）正月十一日に生まれた。史師仲は、『史家祖宗画像・伝記及題跋』によれば、「七歳にして能く文を属《つづ》り」、「未冠にして太学に游び、籍籍として誉有り、一貢にて第さざるに洎《およ》び、即ち袖を払いて東帰し、意を詩酒に放ち、綵衣の歓を縦《ほしいまま》にし、復た名利を以て意に介せず」とされ、宣和六年（一一二四）三月二十三日に没し、「鄞の翔鳳郷上水金家嶴に葬」られた。太師・越国公を累贈されている。

史師仲の墓地は、東銭湖横街村の南三〇〇メートルにある烏竹坪に現存する。その墓道の長さは約一〇〇メートルあり、幅は十五メートルで、以前は石像と石椅・石笋（二対）・石享亭（または石床か）などがあり、墓の西には報国寺が建てられていたが、惜しいことに文革中に毀された。現在の墓地と墓道には孟宗竹が繁っていて景観はかなり異なってしまってはいるが、背もたれのある椅子の型の墓制、墓穴の盛土、墓道両側の壁は、なお窺うことができる。山のなだらかな斜面に沿って、墓道の三層の台階を今でも明確に識別することができる。墓道の横には、二筋の谷川が流れており、東銭湖へとそそいでいる。二〇〇二年三月に、墓室から史氏の後人が立てた墓碑と墓誌が発見され（現在は横街村に保存されている）、墓碑には「史氏祖塋、宋累贈太師越国公希道府君、累封越国夫人洪太君墓」と刻まれ、また墓誌には「宋故史希道墓銘」と刻まれている。墓誌は長年をへて風化が激しく、どのような字が刻まれているかについての詳細は、今後の考証に待ちたい。

五、史才墓

史才、字は聞道、史詔の仲子である。元豊六年（一〇八三）六月初十に生まれ、政和八年（一一一八）の進士、官は端明殿学士・簽書枢密院事にまで至った。紹興二十四年（一一五四）に秦檜にさからって罷免され、紹興三十二年（一一六二）七月一日に死去した。「祖母葉冀国墓の左に葬附す」（『史家祖宗画像・伝記及題跋』）とされ、現在、葉氏の墓穴の左側は、史才の墓となっている。

六、史木墓

史木、字は継道、史詔の第三子である。『宝慶四明志』巻九・先賢事跡下「史浩」には、「叔父木は学に優れ、浩は以て師と為す」と記されている。『史家祖宗画像・伝記及題跋』には「八行、疾を以て終《なく》なる。公、哀しみ毀《や》せ、後三日にして亦た卒す」とされることからすれば、建炎三年（一一二九）六月二十八日に没したものと考えられる。「初め上水保安院に葬り」、後に遷されて「陽堂郷東呉官様山に葬る」こととなった。また「瑞芝庵を建て、以て香火を奉ず」とされたが、現在それらの場所についてはつきとめることができない。

七、史禾墓

史禾、字は耕道、史詔の第四子である。甬東売席橋に居を築き、四十三歳で亡くなった。初め上水保安院に葬られたが、後に五郷下荘の「省嶴（嶼）の側」に遷葬された。

一九九九年七月、鄞県文管会および関係の専門家たちが五郷横省村の公墓地で新出土の石牌坊についての調査をおこなった。この石牌坊は高さ四・六五メートルで、土中に約〇・五メートルないし一メートル埋まっており、二本の柱の間の幅は二・六メートルであり、檐頂は三分の一を残すのみとなっており、その他の部分は地上に落ちて散らばっている。このように完全な残存ではないが、この石牌坊は北宋の『営造法式』と照らし合わせると、その構造、柱の様式、博封、懸魚、瓦当、升形などの特徴が、いずれも文献上の記録と符合し、また、東銭湖の南宋初期の石刻の牌坊や寧波保国寺の建築構造などと比較しても、この石牌坊が南宋初期の遺物であることが証明できよう。楊古城氏は、史禾の墓地が「省嶴の側」にあり、紹興年間に葬られたとする記載から、ひとまずこの石牌坊が史禾墓葬の遺物であろうとしている。史禾の後裔が象山に遷居したため、墓葬および石牌坊が後にしだいに見捨てられることとなっていた（楊古城「五郷鎮発現宋代倣木石牌坊」、『寧波晩報』一九九九年七月九日）。筆者が実地調査したところ、この石牌坊の後方三十メートルの斜面に太師椅の形式の古墓遺跡があり、墓の盛土の上には樹木・雑草がはえている。墓前には、石段の平台が開けており、そこには大きな石板や石柱が散乱している。この墓地は石牌坊と対になっており、史禾の墓葬遺跡である可能性は高いと思われる。なお、二〇〇一年六月には、横省村の石牌坊は全国重点文物保護単位に指定されている。

八、史光墓

史光、字は顕道、史詔の第五子である。政和三年（一一一三）三月八日に生まれた。科挙には合格せず、甬東華厳巷に居したとされる。淳熙五年（一一七八）三月六日に死去し、「陽堂郷大湎里の西渓に葬」られた（『史家祖宗画像・伝記及題跋』）と記される。現在、史光の墓は存在していない。

九、史浩墓

史浩、字は直翁、史師仲の長子で、崇寧五年（一一〇六）九月六日に生まれた。紹興十五年（一一四五）に進士となり、温州教授、太学正、国子博士、秘書省校書郎、宗正少卿を歴任した。そして紹興三十二年（一一六二）年に南宋第二代皇帝孝宗が即位すると、史浩は中書舎人、翰林学士、知制誥をへて参知政事となり、隆興元年（一一六三）には尚書右僕射、同中書門下平章事兼枢密使を拝し、岳飛の冤を晴らすなどしたが、まもなく張浚の北伐に反対したため、御史王十朋に弾劾され、知紹興府となった。淳熙五年（一一七八）にはまた右丞相になったが、ついで事を以て去り、少傅・保寧軍節度使を拝した。同八年（一一八一）、帰郷を乞い、同十二年（一一八五）には、太上皇の慶寿に預かり、太傅に進められ、玉帯金魚を賜り、同十六年（一一八九）、太師に進められた。そして紹熙五年（一一九四）四月五日、明州城内の月湖宝奎里で没し、「勅して鄞の鳳翔郷金家嶴に葬る。高宗は御書して其の山に名づけて曰く「吉祥安楽山」と。慶元二年、隧碑《しんどうひ》を樹て、寧宗は「純誠厚徳元老の碑」の額を御書す」（『史家祖宗画像・伝記及題跋』）と

写真 1　史浩神道碑の寧宗親筆

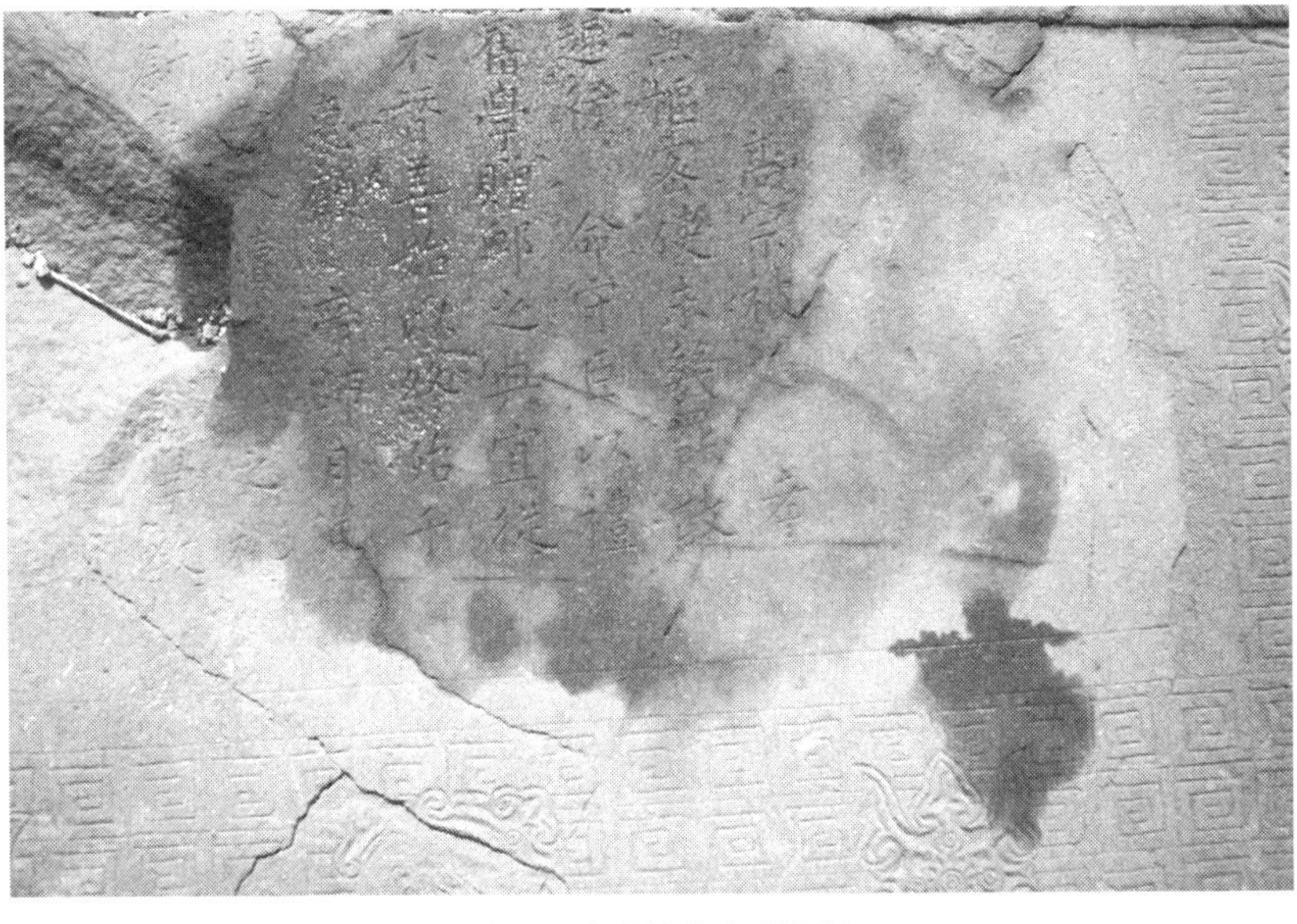

写真 2　史浩神道碑（部分）

された。さらに嘉定十四年（一二二一）には、越王に封じられ、忠定と謚され、孝宗の廟庭《みたまや》に配享されている。

「吉祥安楽山」が南宋初代皇帝高宗の御賜の家山であるため、この山は史浩一家の墓葬が集中する場所となっており、史彌大・史彌正・史宇之・史宗之・史実之・史司卿・史吉卿・史嘉卿ら史浩の子孫はいずれもこの地に葬られている。安楽山は東南西の三面の山が囲み、僅かに北側のみが口を開くかたちになっており、袋状の盆地のようになっている。同時に、二筋の金渓がこの山を二分して、二つの山嶴となっている。地相術的にも「蔵風得水」で風水のよい場所と言える。

横街村安楽山の入口にあたる烏竹坪の前には、大きな石碑が墓への道の側に倒れている。筆者の実測したところでは、この碑の長さは、縦が約四・三メートルで、幅は二メートル、厚さは〇・三五メートルであり、鄞西梅園石でできている。年代が古いためこの碑の破損が激しく、いくつかに分解してしまっており、また、碑文の大部分は既に風化して読みとることができなくなっている。現在、碑の上部にあたる残石には、「純」「元」の二字を見ることができ、その両側には四爪の雲竜が刻まれている（【写真1】史浩神道碑の寧宗親筆）。

そして碑の右下の隅のあたりには、巧みな楷書による六行の字をはっきりと読みとることができる（【写真2】史浩神道碑〈部分〉）。

第一行：　「高宗被遇　孝」

第二行：「兼樞密使未幾罷政」

第三行：「趣行　命守臣以禮」

第四行：「舊學贈恤之典宜従」

第五行：「不替善始以終殆千」

第六行：　「惠顧　帝師曰篤」

写真３　史浩神道碑の亀趺

また、第七行には「得子」「續」「之祧」、第八行には「尉」「學教」などの字が断続的に読みとることができる。またそのちょうど上にあたる碑右端中央部付近には、

第一行：「高宗一見契合屬目送之　諭」
第二行：「遷中書舍人兼侍讀十日」
第三行：「御　重□宮以宴」
第四行：「年四月五日公薨」
第五行：「學待□北門」

などの字を読みとることができる。ここでは省略するが、碑の左端のあたりでも読みとりの可能な文字が同様に確認できる。碑の四周には正方形の雲雷紋が連続して刻まれており、その間に寿紋や竜紋が配されている。楼鑰『攻媿集』巻九十三・神道碑「純誠厚徳元老之碑」と照合してみると、上述の残文はいずれも一致しており、この碑が史浩の神道碑であることは間違いないものと思われる。

碑のすぐ側には、大きな亀趺や、亭の基石の断片も現存している。亀趺は既に断裂してしまってはいるが、もとに戻したとすると、長さは三・二メートル、幅は二・

四メートル、厚さは〇・八メートルになる。この碑はもともと碑亭におおわれていたものと推測できる。

史浩の墓葬は神道碑から約二〇〇メートルの東側の斜面にあり、山下の烏竹坪の史師仲の墓とも近くに位置する。墓の形式は太師椅式であり、墓地の内部は幅四・三メートル、外の幅は六・五メートルである。墓前の平台は半円形であり、多数の孟宗竹がはえている。もと墓前にあった石像は、数年前に既に東銭湖南宋石刻遺址博物館に運ばれている。二〇〇二年四月に筆者が墓地を調査した際に、史浩の墓地に盗掘の痕跡があるのを発見した。四つの墓穴のうち、磚でつくられた三つの墓室はこじ開けられ、白骨・棺木の破片のみが残っていた。ほかに、墓道には残余の塀があり、石刻の残りの一部は付近の溝の中にも見られる。現存の史浩墓葬遺跡から見るに、当時の史浩の墓は族訓にもとづいて薄葬を実行していたように思われる。四つの墓穴のうち盗掘が三つにとどまっていたのは、盗掘者が史浩の墓地から価値ある副葬品を発見できなかったためと解釈することも可能であろう。

十、史涓墓

史涓、字は沢翁、史師仲の第五子で、史浩の弟にあたる。官は承議郎・簽書南康軍判官に至り、中散大夫を贈られたとされている。

史涓は上水弁利寺山に葬られたとされている。上水弁利寺については、徐兆昺『四明談助』巻三十九に、「旧《もと》上水保安院に係る。丞相史彌遠、請いて功徳寺と為し、「弁利」と賜名さる」と記されている。

その墓は史漸墓の西側の斜面に位置すると考えられるが、墓道はあとかたもなく、全体の墓葬遺跡は竹林雑木の中に埋もれてしまっている。筆者が現地調査をおこなった際には、石牌楼の頂蓋の断片を二点発見することができた。

十一、史湛墓

史湛、字は純翁、史才の第二子である。子の恩で修職郎に封じられている。「翔鳳郷茅嶺の原に葬る」とされているが、現在は墓室・墓道ともに毀されており、僅かに石虎・石羊一対が存するのみである。

十二、史漸墓

史漸、字は進翁、東皋と号した。史才の子であり、史浩の堂弟、史彌忠の父にあたる。宣和六年（一一二四）の生まれで、太学に入るが、後に故郷に戻って教育活動に従事した。夫婦ともに子の教育に熱心で、早く卒した一人の子をのぞく計七人の子のうち、五人が進士となった。紹熙五年（一一九四）に没した。『史家祖宗画像・伝記及題跋』に「上水弁利寺後山に合葬す」と記されているのは、葉適『水心文集』巻二十二「史進翁墓誌銘」とも内容的にほぼ重なる。

現在の史漸の墓は、上水村黄梅山の南斜面にあり、墓道は南北の方向にあり、墓室は山を背にして南向きとなっており、東西両側の山によって囲まれ、ちょうど太師椅の背のような形である。墓前の平地にはかつて上水渓が流れており、視界も開けていて、地相術の角度からみて風水のうえで「蔵風得水」のよい場所である。

この墓道は長さが一〇六メートルで、広さは四～四・五メートルである。以前は石牌楼・石笋があり、いずれも一九六〇～七〇年代に破壊された。現在の史漸墓葬遺跡は、墓室や、多層の平台、墓前の石像などがある。墓室の盛土は残されており、楓や笹がしげっており、墓室の後部には盗掘の痕跡がある。墓道の石像は合計八点あり、上（墓室側）から下へと文臣一対、武臣一対、石馬一対、石虎一体、石羊一体の順でならんでいる。墓道の石牌楼は、二本の柱の基座部分のみ残っている。現在の墓道の入口にある牌門と石鼓は、別の場所から移されてきたものである。

史漸の墓道の石刻は、大きさがあるうえに彫刻も精細で、南宋墓道の石刻のなかでもかなりうまく保存されたもの

写真4　史漸墓（正面）と石像

の一つである。その高さは、文臣が約三・二メートル、武将が約三・四メートルであり（いずれも地下の基座を含まずに）、石馬の長さは二・九メートル、石虎の高さは一・四メートル、石羊の高さは一・一メートルである。文臣と武将の間隔は約六メートルあり、武将と石馬の間は五・五メートルである。文臣は進賢冠をかぶり、方心曲領をつけ、袖のゆったりとした朝服を着ており、手には笏をもっていたと見られる（笏の部分は現存せず）。眉目秀麗で、穏やかな表情をうかべている。武将は、全身武装しており、兜をかぶり、雲肩をまとい、肩には覆膊があり、腰包を巻き、下にはズボンをはき、足は靴を履いている。鎧には「人」字模様と「十」字模様があり、獣頭の披膊があり、帛帯が前面で締められている。剣の柄の獣頭装飾、ゆらめく飾り房、分厚い戦靴などは、詳細に刻まれている。二頭の石馬は、頭をあげて直立し、生き生きとした姿を見せている。たてがみは切りそろえられ、鞍・轡がともに備わっており、その轡や、胸の前から股の後ろまでの革帯装飾、手綱・鞍の牡丹の花などは、複雑な図案であり、きわめて写実的である。石虎は座って頭はあげ、耳を立てて眼を開いている。これらの石像は、規定にもとづいて順序通りにならべられている。

十三、史彌大墓

史彌大、字は方叔、史浩の長子で、史守之の父である。紹興四年（一一三四）十一月二十八日に生まれた。乾道五年（一一六九）に進士となり、その後、礼部侍郎にまで至った。紹熙三年（一一九二）七月二十八日に病逝し、『史家祖宗画像・伝記及題跋』では「吉祥安楽山父塋の左に葬る」とされている。この記事にもし従うとすれば、史浩の墓の四つの墓穴のうちの一つは、史彌大のものではないかとの推断も可能となろう。その他の二つは史浩の夫人の貝氏・陸氏の墓穴である可能性がある。なお、もう一人の夫人である周氏は史彌遠の母として下水大慈山に葬られている。

十四、史彌正墓

史彌正、字は端叔、史浩の第二子である。紹興七年（一一三七）九月初四に生まれ、慶元元年（一一九五）十二月十二日に卒した。『史家祖宗画像・伝記及題跋』には「鄞の翔鳳郷金家嶴報国寺後左側に葬り、崇報寺を建て以て祭祀の香火を奉ず」と記されている。この記載によれば、史彌正の墓地は横街村安楽山の父史浩の墓の付近にあるはずであるが、現在、史彌正の墓の位置については特定できていない。

十五、史彌遠墓

史彌遠、字は同叔、史浩の第三子である。隆興二年（一一六四）正月二十九日に生まれ、淳熙十四年（一一八七）に進士となる。嘉定元年（一二〇八）年、右丞相を拝し、枢密使を兼ね、朝政を掌握。嘉定十七年（一二二四）に寧宗が逝去し、理宗を擁立し、以後、九年間、一人で宰相となっていた。紹定六年（一二三三）十月に没し、忠献と謚された。『史家祖宗画像・伝記及題跋』によると、「鄞の大慈山に葬り、『公忠翊運定策元勲』の碑を御製され」、「大慈寺を勅賜され、香火を崇奉し、忌辰《めいにち》を修祭せしむ」と記されている。大慈山とは、史彌遠の母が葬られたことから名づけられたものである。

現存の史彌遠の墓葬遺跡の範囲は、南北に一七〇メートルの長さがあり、東西の幅は三十五メートルである。もとの墓道は墓から西南に向かっており、その両側には石像・石獣が並び立っていた。現在、墓道の石刻はすべて毀されており、現存の墓道の入口（全国重点文物保護単位の碑が立っている場所）から、順に、アーチ型の橋、古い銀杏、小屋、古い樟、古い松、墓室などの遺跡がある。墓室の上には盛土された小山があり、山麓の中央に位置し、両側の山の斜面とも接している。墓の四周には石塀があり、その上を丸瓦が覆っている。アーチ型橋の前には、もともと石牌坊があり、神道碑が立っていた。筆者の実地調査によると、アーチ型橋から小屋まで八十メートル余りである。小屋は山頂までの中ほどの場所にあり、石柱が屋根を支えてして、幅が十六・五メートル、奥行きは八メートルで、小屋の柱の高さは二・七メートルである。小屋の後ろには墓道の台階があるが見分けづらいものとなっている。墓丘には石牌坊の断片が散乱しており、そのうちの石坊の幅は、約二メートルである。史彌遠の墓葬にかかわるこうした文物は既にほとんどが毀されているが、墓葬全体の非凡な雰囲気を察することができる。

大慈寺は墓地の西に位置し、明清時代の建築がいくつか存しているものの、旧前殿は既に崩壊したため、新修の前殿（大雄宝殿）が二〇〇一年に興建されている。

十六、史彌堅墓

史彌堅、字は固叔、号は玉林滄洲、史浩の第四子である。乾道二年（一一六六）五月に生まれ、紹定五年（一二三二）閏九月に没した。太保・資政殿学士を贈られ、「忠宣」と諡された。「宝華山南麓」に葬られ（『民国鄞県通志』輿地志・

巳編・古蹟・「歴代名人冢墓考略」）、「鄭清之、墓誌を撰す。世忠寺を勅建され、香火を崇奉し、忌辰を修祭せしむ」（『史家祖宗画像・伝記及題跋』）とされている。

現在、史彌堅の墓地は東銭湖北の東呉鎮南村世忠寺嶴にある。南村は東呉鎮の南、太白山麓にあり、寧波市中心部から約二十キロの地点にある。この場所はもとより「丞相府は前橋たり、尚書墓は中土たり」の称があった。南村から二キロばかり歩くと、東呉から高銭に至る道路を横切り、世忠寺嶴に入ることになる。この嶴は、三方を山に囲まれ、山嶴の口には高さ六メートルの石柱が二本あり、これが現地の村民が言う所の「火焼牌楼」の残跡である。この牌楼は木と石で造られていたため、焼けてしまったことでこの名がついている。ここから先に進むと、さらに一対の牌楼の残柱があり、山嶴の中心に位置しており、その牌楼の高さは八メートル、二本の柱の間隔は六メートルである。その側に大きな石亀が置かれていることから、「烏亀牌楼」とも呼ばれている。この石亀は二つに割れてしまっているが、長さは二・六メートル、幅は一・八メートルであり、もとは墓道の神道碑座であった。さらに山嶴の中を進むと、約五〇〇メートルばかりのところに、石の小道の両側に放生池があり、人々は眼睛池と呼んでいる。池の横には一対の石柱があり、柱の間隔は四メートル、高さは三・六メートルで、その上には石枋が一本あり、その石枋には門梁と門栓の穴が穿たれているので、もとはここに山門が建てられていたと見られ、山門の左右の垣が山麓まで伸びている。さらに前には、正面に古樹や竹がはえていて、その林の中には高さ十メートル近くで底辺の幅約二十メートルの土丘があり、雑木の群生する中に断裂した石刻の文臣・武将二対がある。その石刻の高さは三・三メートルで、彫りは精細である。石牌坊の諸部分があたりに散乱しており、中には二メートルの長さのものもある。その形や石像の服飾から、南宋の作品であると見られる。したがって、楊古城氏は実地調査をおこなった後、以上の道が史彌堅の墓道で可能性があるとみなしている。

十七、史彌忠墓

史彌忠、字は良叔、号は自斎、史漸の長子であり、史嵩之の父である。紹興三十一年（一一六一）十二月三日に生まれ、淳熙十四年（一一八七）の進士である。開禧二年（一二〇六）に監文思院となり、楊簡から質直にして才有るを称えられた。知廬陵県として才能が知れるところとなり、後に南安・吉州の知事として地域の安定につとめ、提挙福建常平塩茶事としては功により恩賞がくだされたが毫も受け取らなかったとされている。史嵩之・史巖之の二人の子があり、史嵩之は丞相となり、父を都に迎えたが、一年もたたずして帰り、栄華に価値をおかなかったとされる。淳祐四年（一二四四）九月に没した。夫人孫氏とともに「鄮山の省嶼」に葬られた（『史家祖宗画像・伝記及題跋』）。

現在のその墓は、寧波市宝幢東郷聯合老公墓の邵公墓園の中にある。現存の史彌忠墓道は雛壇状になっているのが確認できる。実測によると、神道は幅九・三メートルで、石馬一対（片方は嘴を欠き、もう片方は頭部が断損している）・武将一対（一つは地面に倒れている）・文臣一対がなお存する。文臣は高さ三・二メートル、武将は高さ三・五メートルで、石馬は武将から三・二メートル離れ、文臣・武将の間隔は二・三メートルである。石刻の様式などは史漸墓道のものとかなり似通っているが、ただ武将の腹だけは出ていて「将軍腹」の状況を呈している。しかし墓室は既に存せず、墓地は現代人の墓の中におおわれてしまっており、部分的に残っている石刻も人為的な破壊にさらされていて、心が痛むところである。

十八、史守之墓

史守之、字は子仁、号は九六。史彌大の独子である。史浩の孫で、南宋の著名な蔵書家であり、月湖の碧沚蔵書楼の主人であった。乾道二年（一一六六）十一月二十三日に生まれ、嘉定十七年（一二二四）七月二十四日に没した。

『史家祖宗画像・伝記及題跋』によれば、「吉祥安楽山の祖塋に附して」葬られたとされる。

二〇〇三年三月、史浩の墓地の側の俗称採坑墓道の墓室から「宋九六主人之墓」の断碑が出土した。この碑の高さは一・六メートル、幅は〇・八メートル、厚さは〇・一六メートルである。書体から、史氏の後人が立てたものと見られ、現在は横街村に保存されている。

十九、史賓之墓

史賓之、字は子西、号は漁楽。仕えて朝議大夫、戸部郎中、直敷文閣待制、荊湖北路転運副使まで至り、没してから中奉大夫（一説には通奉大夫）を贈られ、「宝華山世忠寺右」に葬られた（『民国鄞県通志』輿地志・巳編・古蹟・「歴代名人冢墓考略」）。

現在、史賓之の墓地は、その父史彌堅墓の右側の斜面にあり、墓道には、頭のない石馬が一頭と、石笋の残柱が一本、残されている。もともと立っていた文臣・武将および石馬一頭は、育王楼賓館に運ばれてしまっている。

二十、史嵩之墓

史嵩之、字は子由（一説には子申）、号は野楽、史彌忠の長子である。淳熙十六年（一一八九）正月二十九日に生まれ、嘉定十三年（一二二〇）の進士で、嘉熙三年（一二三九）に右丞相兼枢密使・都督両淮京湖四川軍馬となり、淳祐六年（一二四六）、観文殿大学士・永国公を以て致仕した。宝祐五年（一二五七）八月に没し、少師を贈られ、「荘粛」と諡された。『史家祖宗画像・伝記及題跋』によると、「慈渓石台郷孫平の原」に葬られ、「其の阡に御題して『西天福地』と曰う」とされ、「幷せて開寿寺を建てて香火を崇奉し、忌辰を修祭す」と記されている。

また『四明談助』巻四十によれば、世忠教寺は「東呉史嵩之墓の畔に在り」とされている。もしこの記載が信頼できるものであるとすれば、東呉南村の世忠寺付近の史嵩之墓は衣冠冢であると考えられる。世忠寺は今は存せず、上述の史彌堅墓道にある放生池は世忠寺の残した遺跡である。楊古城氏は以前、東呉南村の史嵩之の墓地について現地調査をおこない、その墓道は放生池の横の山嶴の林の半斜面にあるとした。墓道は山麓から中腹までの約三十メートルにあたり、幅は約四メートル余りで、今も一対の牌楼柱があり、柱の前には石刻の文臣・武将が各一対あり、高さは二・五メートルである。この二対の石像は端正で重々しく、彫りかたも非常に細かく念入りである。鼻が欠けているほかは、ほぼ完全に残っている。史嵩之がなぜ故郷に帰葬されなかったかは、今後研究が待たれる課題の一つである。

宋代四明の史氏一族の墓は、「星羅棋布」のごとく東銭湖の周囲に密集しているが、長い年月をへており、宋代四明史氏の大部分の墓はなってしまっており、幸いにして現存しているものもひどい破壊を受けていて、往事の面目はなく、保護・研究が待たれるところである。本稿は、東銭湖現存の史家の墓葬遺跡について初歩的な考察と整理をおこなったにすぎず、「拋磚引玉」のごとく、更に多くの中外の学者が四明史氏の歴史と文化の研究に対して心をかけていただければと願っている。

宋元代江西撫州におけるある一族の生存戦略

青木　敦

はじめに

鄱陽湖を核とし、主に贛江、撫河、信江、修河、饒河の五大河の水系からなる江西は、宋元時代（十〜十四世紀）には行政区分としては、江南西路、江西等処行中書省などと称された。江西はこの時期、華北における女真や蒙古の南下、長江下流域での開発進展から、急速に開発が進んだが、家族・宗族といった血縁に基づく集団に着目したときにも、二つの方面で際立った特色を見せる。一つは族結合の要となる族譜の譜序が、この江西でもっとも多く残されていること、もう一つは、大家族の一形態として記される義門が、江西においてもっとも目立つということである。前者に関しては、森田憲司氏が各路に関して宋元の族譜の譜序を調べられた際、江西のものが突出して多いことを示された[1]。氏も指摘するように、崇仁の呉澄（一二四九〜一三三三）と臨川の虞集（一二七二〜一三四八）という、同じく江西撫州の二人の名儒の手になる譜序が多く残されていることもあるが、それを差し引いてもこの突出は変わらないという。清代には、江西の宗族の特徴として、族産が薄かったにもかかわらず、宗譜編纂が盛んであったという点も指摘されている[2]。また後者の義門に関しても、著名な江州義門陳氏をはじめ[3]、江西には他所に比して断然多くの義門が知られている[4]。

なぜ江西において、宗族、義門といった集合的な血縁組織の発達が目立ったのか。その背景を明らかにするためには、経済特に人口動態、経営や土地所有と家族制度、王朝の開発政策などの視点が必要になるが、本稿は、これら諸論点を総合的に考察することを目標としているのではない。むしろ本稿では宗族組織というものが持っていた社会経済的な機能の一端を明らかにすることを目的として、この地域、この時代におけるひとつの事例研究を行いたい。具体的には、上記の呉澄と虞集の著述によって分厚い記録が残されている撫州の中の、宜黄（および崇仁）楽氏という一族である。楽氏は、『太平寰宇記』の編者、北宋初期の楽史（九三〇～一〇〇七）によって史上に名を見せる撫州の著名な一族であるが、宗族の維持発展という観点からすれば、宋代においては決して成功したとは言い難い。宋初の楽史以降四代、十一世紀の初めまで、相継いで進士を輩出したが、その後いったん歴史の舞台から姿を消し、十三世紀に再び様々な史料に登場するようになってからは、戸絶による資産没官や、限田法による官戸認定取り消しの危機、史料を残した士大夫たちのどことない冷たい視線などにさらされる。この十一～十三世紀の不明期間を経た後の楽氏は、族産設置、族譜編集、血縁組織の維持（戸絶回避）など、宗族活動に明らかに不熱心であり、同時期より活発な宗族活動が看取される蘇州范氏や、吉州欧陽氏といった名族とは対照的である。そこで本稿では、この楽氏の事例を追うことによって、宗族の組織化を怠った場合に蒙る様々な不利益を検討し、そこから逆に、宗族の確立という戦略が社会経済的に持っていたメリットが如何なるものであるのかを、考察したい。

なお、本稿でも見るように、楽氏は宜黄県、崇仁県など撫州西南部において、明代以降も一定の地位を保っていたようであり、決して生存に全面的に失敗したわけではない。現在においても江西省の崇仁県には、同省金谿県などと並んで楽姓の人々が多く暮らしており[5]、そこにこの宋元の宜黄楽氏の末裔も含まれるとすれば、むしろ繁栄著しいという見方もできる。つまり楽氏は、宗族結合の強化とは別の生存戦略を選択したのであって、科挙を目指し、史料を残したエリート士大夫たちとは異なった形で、集団を維持していたに過ぎない。

第一節　宋元代撫州の経済景況と名族

（一）撫州概観

撫州は、長江中流諸地域の中にあっては比較的早く開発が進んだ。その後嶺南への大動脈となる贛水と平行して流れる汝水により、長江・鄱陽湖からのアクセスが良く、特に臨川は三国呉太平二（二五七）年、その後も江西を意味

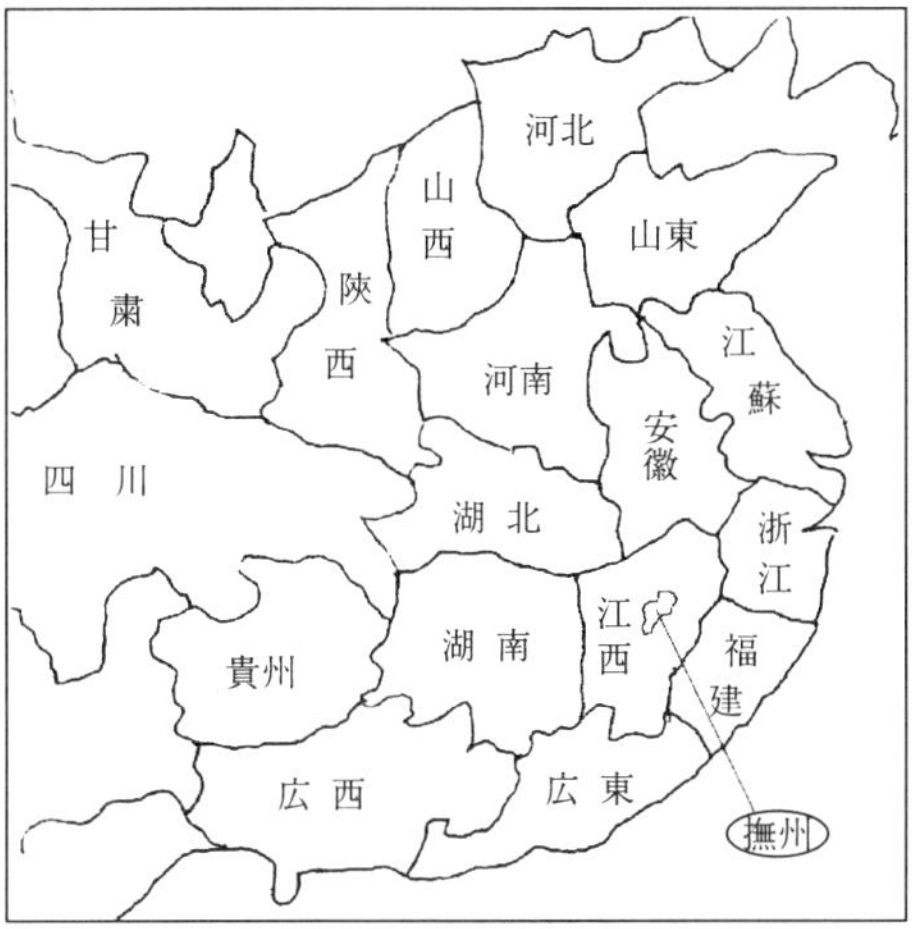

する「預章」郡の東部を分けて臨川郡が立てられ(6)、江西東部の中心となった。五代から宋代には、長江下流域の開発が完了に近づくにつれ(7)、江西が、両浙、福建、湖南などとともに(8)、開発の最前線となった。江西についてはこの人口増のみならず、法文化、非漢族との緊密な関係(9)、政治上の特殊な地位もあげられよう。

特にこの政治上の位置について言えば、北宋中期ことに哲宗、神宗以降、南人が多く宰相となった。さらに南宋になると、特に両浙・江東西・福建出身者が多く政権を握っていることからも、宋の政治体制全体において、両浙・江東西・福建の重要性は小さくなかった(10)。

こうした開発前線の江西のなかの撫州は、太平興国における後述の楽史の科挙合格を皮切りとして、科挙官僚を急激に多く輩出するようになった。特に真宗、仁宗、神宗期からの撫州出身宰相としては、陳

彭年、晏殊、王安石などが出ている。また福建建陽の学者たちから「江西人」と呼ばれた江西の思想家の中心人物陸九淵も、撫州金谿人である。こうした撫州の地位は、江西の中でも吉州、袁州、贛州などとは微妙に異なる。これら諸州が例えば裁判における健訟・訟学の深刻さに象徴されるように、まさに王朝政治のフロンティアであったのとは異なり、撫州は王朝政治にコミットしようとする士人たちに対して、ある種の吸引力を持っていたように思われる。(11)だが、撫州の中でも、開発・挙業に少なからぬ差はある。鄱陽湖に注ぎ込む撫河沿いの臨川と、更に支流の臨水、宜黄水を三〇~四〇キロ遡った崇仁や宜黄では、開発の進度に差があることは間違いなく、戸口数、科挙合格者数においても、臨川は抜出ている。(12)本稿の主な舞台となるのは、この臨川から崇仁にまたがる一帯である。

（二）　撫州の名族と楽氏

宋代の撫州については、ロバート・ハイムズ氏が詳細な検討を加えており、エリートファミリーについて多くの具体事例が示されている。(13)特に、隣接する建昌郡の一部を含めた「大撫州」地域の八二家族それぞれについての徹底した史料収集を行っており、北宋から南宋にかけて、様々な新興のエリート家族がこの地域に現れてきたことなどを明らかにされている。ただ氏自身も指摘しているように、それは記録が存在しているということであり、そのエリート家族が実際に繁栄しているか否かは、個別事例に即して考察しなければならない。そこで本節では、撫州に名だたる名族とはどういった家であるのか、登科記、地方志、文集に書かれた撫州の名族に即して輪郭を描きつつ、その中での楽氏の地位について指摘したい。

撫州の名族として、如上のハイムズは八二家族を挙げているが、例えば弘治『撫州府志』の宋元の「名宦」を見ると、晏殊を筆頭に王安石、王安国、王安礼、曾鞏、曾肇、晏敦復、李浩、何異、羅点と続き、元代にはひとり、虞集が載せられている。虞集を除き、いずれも宋朝の高官として著名な人々である。これは、実際に『宋史』などで確認できる撫州出身の宰執たちと、そうかわらない。[14] 明一統志で墓が記されているのは、羅隠、楽史、呉澄、虞集の四者だけである。[15] 南宋周必大の「撫州登科題序」には、

『臨川図志』には「題名記」一巻が載せられており、太平興国五年の楽史より淳熙七年に至るまでの姓名が記されている。……二百年の間、もっとも名声が高いのは晏殊、王安石、曾鞏であり、楽氏・曾氏・王氏は父子兄弟相次いで科挙に合格し、謝逸やその弟薖といった名士は曾孫に至るまで黄甲に預かり、云々、

以下、汪革、羅点などへの言及がある。[16] 周必大の見方では、撫州において傑出した大臣とは晏殊、王安石、曾鞏であり、代々の科挙合格では晏氏ではなく楽氏が入る。また、ここに名士と挙げられ、江西詩派の詩人として知られるその謝逸自身、撫州には「晏元献・王文公が出ており、人々は読書を楽しみ文詞を好む」と晏殊、王安石を代表として挙げる。[17] このように、南宋周必大の晏、王、曾氏を撫州出身者の出世頭とする見方は最大公約数的と言えるが、北宋初期に相次いで擢科されたにもかかわらず、その後大臣を出さなかった楽氏に関しては扱いが微妙だ。言うまでもなく、学者によって、個々の名族に対する見方は異なる。事実として晏、王、曾氏らは北宋を

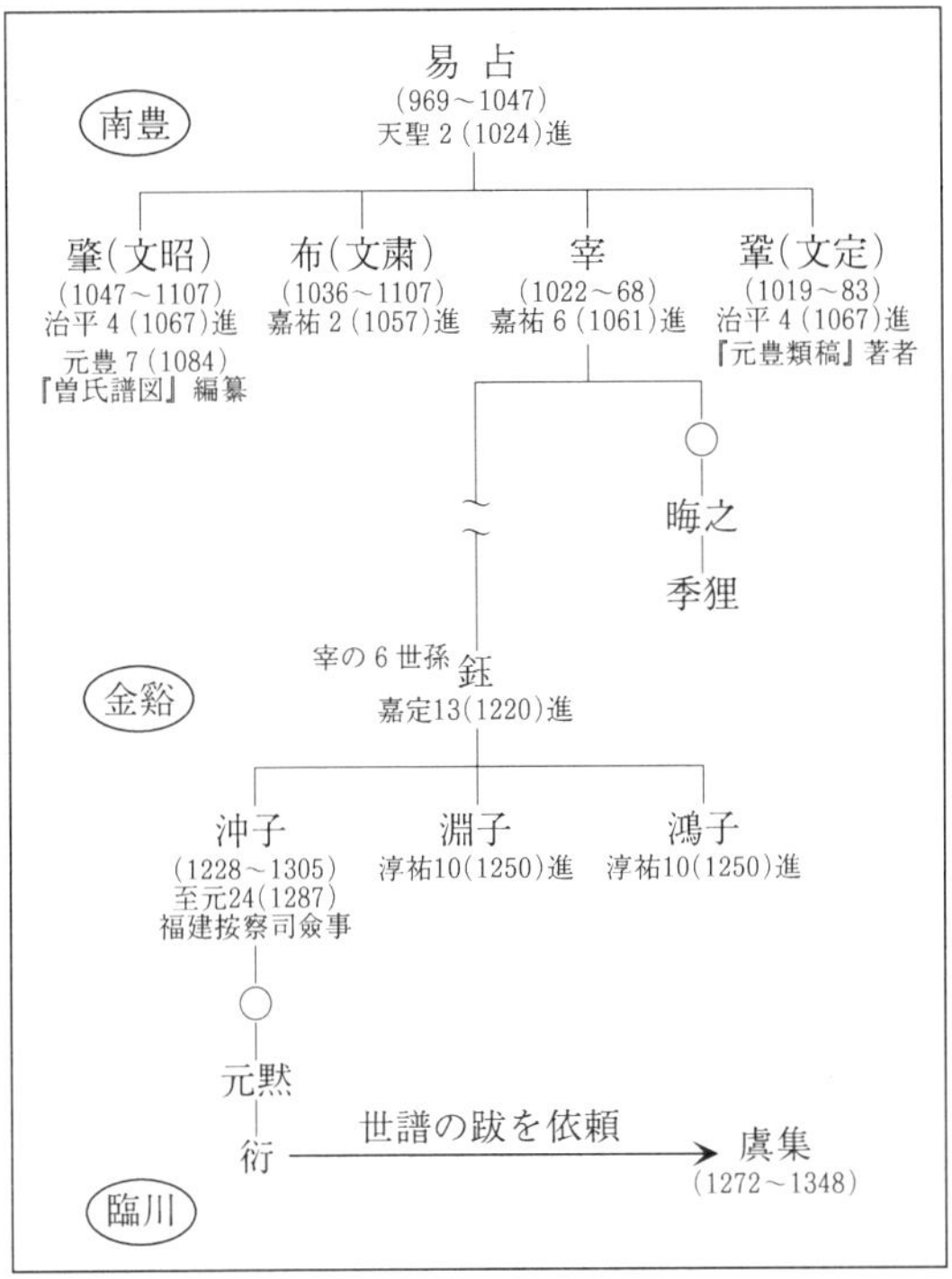

南豊曾氏系図（本文所出文集、地方志等による。地名は主たる活動地）

代表する撫州出身大臣であり、また楽氏が挙業に成功していたことも共通認識だが、その後振るわなかった楽氏に対する評価には、人により差異が生ずる。これを、元に仕え、ともに撫州人で親交のあった、呉澄と虞集の記述を通して考察したい。

まず、時代は前後するが、楽氏に対して厳しい記述を残している、虞集から見てみたい。『元史』一八一に伝の立つ虞集は、南宋初期の名臣、四川隆州の虞允文の五世の孫であったが、「宋が滅亡すると、臨川崇仁に僑居し、呉澄と交友した。呉澄はその文を清にして醇とたたえた」（同伝）と、元の世になって以降、撫州に移ってきた。そしてその地の多くの宗族の族譜に序などを書いているが、それらは『道園学古録』、『道園遺稿』に主に見える。また若干、『道園学古録』などに見られないものが『国朝文類』に見出されることがある。(18)そこには、修譜への評価が見られるが、逆に熱心な修譜を怠った楽氏への否定的な姿勢も見えるところから、以下、少し彼が撫州宗族の修譜に如何なる考えを持っていたかを、見てみたい。

虞集が晏殊の晏氏の族譜に寄せた序において、撫州以外の者を含め、宋代の若干の名族の修譜に関するコメントをしている。(19)しっかりとした族譜を編纂しようとする晏氏を褒める文脈において他と比較することになるので、おのずと評価は辛口となるが、まず、北宋の呂公著・韓琦・富弼・司馬光・桐木韓家（韓緯を筆頭とする韓億一家の門）は、南渡以後記録がほとんどないという。曾氏の子孫は泉南（福建方面）に渡った、（虞集と親しい）甫田の陳旅も北宋に仕官した先祖まではたどれない、楽史の子孫は多いが、族譜は見たことがない、王安石一族は金陵に移ってしまった、（神宗期以降活躍した）王珪の子孫は撫州に任官したが、いまひとつさえない、桐木韓家の譜を見てはみたが、臨川に住む子孫は韓元吉を自らの祖としているようだ、と各族について述べる。結論的には、古い家柄の子孫も、数世代後の盛衰は分からないということであるが、この中でただひとり、臨川出身であり、現在なお臨川に子孫が多い楽氏については、「臨川郡の大族、楽侍郎史の後人、尚お多きも、而して未だ嘗て其の譜を見ず」、と族譜すら見たことがないと言う。この点には注目しておきたい。また修譜行為について、金谿県に墨荘劉氏[20]という名家の族譜に寄せた跋文で、虞集は、

宋代の臨川の世家といえば、楽史、そして晏殊・王安石の二丞相の家に及ぶものはなく、最も地位が高い。南渡の後、李浩、陸九淵、そして羅点、李劉といった家は皆名族であり、道徳・学問・文学・政治に卓越している。他の郎官や卿監以下に至っては更に多いが、元朝に服属してからはや七〇年、かつての名族も、或は栄え、或は衰え、また族譜も或はあり、或はない[21]。

と、楽氏を初めとする宋の名族のうち、譜を残さず、または衰え去ったものも少なくないことを述べる。そして曾鞏を出した南豊曾氏の子孫、曾衍から族譜の跋文の依頼を受けた虞集は、慎重な編纂態度を表明した曾肇（曾鞏の弟）の北宋元豊七（一〇八四）年の族譜の叙を読み感嘆し、ひるがえって、みだりに名族賢者を引いて仮託し、誣祖・不孝を行う編纂態度を嘆いて見せた[22]。続いて三〇〇年に至る曾氏の堅実な修譜姿勢に敬意を表しつつ、臨川の現状を語る。

臨川の地方志を見たが、宋初には楽史、晏殊、王安石の家があった。楽氏の子孫は尚お多く、晏氏もまたそうだ。しかし王氏の子孫は金陵に分居してしまい、子孫は少なくなってしまった。南城も南豊も独立して州になり、金谿に住む者〔曾氏〕は、また臨川の大族となり、盛んになったのである。

こうして虞集の文集を通じて見ると、曾氏、晏氏の修譜の実績が評価される一方、譜を残していない楽氏への評価は低い。臨川の名士として挙げられる楽史、晏殊、王安石、李浩、陸九淵、羅点、李劉のうち、大思想家である陸九淵を除くと、楽史、李劉が、宰執クラスには至っていない。李劉については南宋おそく、子孫が元に至ってからも活躍し、虞集も「李梅亭続類藁序」（『道園学古録』三三）を表すなど親交があったようである。

一方、ともに元代を代表する大儒、呉澄は、新参の虞集とは異なり、既に七世の先祖の頃に洪州豊城県から崇仁県

に移ってきた。(23)『三礼考註』（六四巻）、『礼記纂言』（三六巻）、『春秋纂言』（一二巻）、『呉草廬先生文選』（六巻）『道徳真経註』（四巻）をはじめ、礼、易、経から道家に至る相当量の注釈書等を残しており、現存する著作の量は、戴表元や黄溍はもちろん、元代では呉澄と双璧をなすといわれる許衡に勝るとも劣らない。その文集『臨川呉文正公集』（以下『呉文正集』）四九巻の巻一八には、(24)多くの族譜の序が採録されており、特に撫州の宗族のものとして、楽安の詹・龔・劉、金谿の鄧・呉、崇仁の曾・呉、宜黄の呉・曹諸氏のものが見える。ところで、呉澄は、

唐代、臨川郡を改めて撫州としたが、その疆域は広く、洪・吉・贛州に次ぎ、文物の声明は江西第一である。宋三百年間、栄えた儒臣としては、楽・曾・王・蔡・晏の五姓が首であり、官位を極めたものとしては王・曾・晏がトップであり、楽・蔡が之れに次ぐ。科挙合格で言えば曾・蔡・晏がトップで、王・楽が之れに次ぐ(25)

と言う。楽とは楽氏、曾は曾鞏を出した南豊羅山曾氏、王は王安石の臨川王氏、蔡は吏部員外郎蔡居厚の蔡氏、(26)晏は晏殊の臨川晏氏を指す。つまり、これらの諸名族の中で、呉澄が族譜への序文を著しているのは、羅山曾氏のみであり、(27)他はない。

ところが、呉澄の場合は、楽氏に冷淡であった虞集とは異なり、多少楽氏関係の記事が見られる。次に述べるように楽史の末裔楽晟や楽淵、弟子楽順をはじめ、寿、諒斉、徳順など宜黄楽氏の名を伝え、特に楽順は呉澄の弟子であった。(28)しかも虞集が「後人尚お多きも、而して未だ嘗て其の譜を見ず」と述べているにもかかわらず、呉澄の文集には楽氏族譜の跋文が見られるのである。咸淳末に楽史一八世孫楽淵が、呉澄とともに礼部に薦名されているところから、「撫州登科記は、宋初は楽氏より始まる……〔宋から元へと〕時代は革っても楽氏の子孫の福沢はたえない。盛徳は必ず百世代祀られるというのももっともだ(29)」などと述べられている。つまり淵のころには何らかの修譜を行っていたと見られるが、先の虞集の楽氏の譜を見ずという記述が、虞集が盛んに譜序を著した晩年の一三四〇年代とすれば、呉澄の跋より十五年は後のものであり、楽氏の族譜は、結局完成しなかったか、あるいはこの間に廃れてしまった可

能性が高い。また「送楽晟遠遊序」では、呉澄は楽氏を「諸子諸孫、科名は相継ぎ、宋末に及び」「一姓文儒の盛」であると評価しているが[30]、現実には後述のように、確認できる進士は十三世紀中葉の甫、誼二人であり、過大評価である。呉澄がともに薦名されたという楽淵のみならず、呉澄は楽順なるものを弟子としており[31]、呉澄と楽氏との関係は深かったと想像される。

撫州の名家について、呉澄は虞集や後代の『撫州府志』の記述と比較して、李浩の李氏、羅点の羅氏などを加えていない。楽氏は含まれるが、官位、科挙合格では下位に位置づけられており、やはり「宋代撫州の名家」中ではあっても、扱いは低い。楽氏の場合、宋初の四代が非常に華々しく、官位・科挙合格に対する評価は、彼らに負うている。族譜跋文についても、少なくとも採録された姿としてはきわめて簡単である点が目を引く。

このように、虞集と呉澄で楽氏の認識が少しく異なる背景についての推測は容易ではない。例えば、呉澄の弟子、楽順が、一三二〇年代に青田書院において重刻された『陸象山語録』を携えて京師に上ったとの記述もあり[32]、学派的な背景もあったかもしれない。だが一方、六、七世代に渡ってこの地に居を構え、楽淵ら地元の楽氏との結びつきを保っていた呉澄と[33]、一代でこの地に渡り、地元の名族を相手に族譜の序などを書いていた虞集とでは、おのずと楽氏への距離も異なっていたとも考えられる。

第二節　宜黄楽氏の軌跡

撫州の楽氏については、これまであまり研究が見られない。一九八〇年代の半ばに明版『名公書判清明集』（以下、『清明集』）が齎されてから、これと『黄氏日抄』の一部を用いて、梅原郁氏がこの楽史の末裔について取り上げられた程度である[34]。本稿も梅原論文で示された形勢官戸についての知見と多くの点で見解を同じくするが、楽氏関係について、ここで改めてその軌跡を追ってみたい。

（一）宋　初

楽史は太平興国五（九八〇）年、撫州崇仁県羅山の南、後の青雲郷[35]から江西で初めて科挙に合格し、「破荒登科之人[36]」と称された。彼の伝は、弘治『撫州府志』二一「人物」などに詳しく、子に黄裳[37]・黄目[38]・黄中・黄庭がおり[39]、いずれも淳化三（九九二）年か咸平元（九九八）年に進士、史の孫の代（排行は国字）、曾孫の代まで順調に進士を輩出して[40]ゆく。楽史から四代下までの進士輩出は、決して少なくない数である。ところが楽滋の世代以降、南宋中期に至るまで、約二〇〇年、貢挙はおろか、その他いかなる方面においても、次に述べる陳元晉のわずかな伝聞を除いて、ほとんど活躍の記録がなくなるのである。

（二）南宋中期

南宋中期より元にかけて、再び楽史の末裔は、記録に現れる。しかし、理宗の紹定五（一二三二）年に宜黄から進士及第した楽史十一世の孫、楽甫を除けば、他は惨憺たる状況で、例えば楽家と往来のあった嘉定四（一二一一）年進士、崇仁県陳元晉の「楽大章墓誌銘」には、以下のような事実が記されている。すなわち、大章の曾祖父韶武、祖父倫、父光国はみな仕官せず、四人の息子もみな早死にしてしまった。大章も淳熙十三（一一八六）年より国子学に待補国学弟子員となったが、翌年の科挙に失敗し、即刻勉強を放棄してしまった[41]。以降の楽氏の事跡は、百年後に呉澄が若干好意的な目で書き留めたのを除けば、まことに見苦しいものとなる。ただこの記事で着目すべきことは、「崇寧大観（一一〇二～一〇年）に、陳・楽の二家は蓄財で鳴らしたと長老が言っている」と記されている点である。この消息不明の約二〇〇年のあいだ、十二世紀初頭には、崇仁県付近で蓄財に成功していたと見られるのである。

なお、楽氏は楽史以来、宜黄楽氏とされているが、陳元晉が「楽姓も、国初の楽侍郎（楽史）以下、様々に枝分かれして詳細がわからなくなってしまったが、崇仁県に籍のあるものはみなその末裔だ」と述べるように、崇仁県にも多くいたようで、崇仁楽氏とされることもある。(42)崇仁が場から県に昇格したのは楽史擢科の一〇年前に過ぎず、(43)楽史や楽黄目は崇仁県から受験したのかもしれないが、(44)そもそも楽史自身、崇仁県青雲郷を故郷とし、崇仁県に住み、(45)またその墓も青雲郷にあり、(46)崇仁か宜黄かの区別ははっきりしなかったようである。『続資治通鑑長編』（以下『長編』）、『直斎書録解題』(47)などで宜黄楽史と記されており、後代もほぼこれに倣う。光緒『江西通史』によれば、嘉靖二（一五二三）年、林廷榻が編んだ『江西省志』では楽史を崇仁人としていたが、康熙五十九（一七二〇）年増修の『西江志』でこれが宜黄人に改められたという。(48)もともと、宜黄は古来、崇仁や臨川と統廃合が繰り返されており、宜黄楽氏の一族が崇仁にいたことは不思議ではないが、崇仁楽氏とまで呼ばれたのには、あるいは次に述べる崇仁県の頴秀郷という郷における楽氏の大規模な田産所有とかかわるかも知れない。以下に見る、『清明集』の楽氏の一連の限田法関連の事例は、彼らが頴秀郷に官戸として所有していた土地をめぐる案件である。

（三）　南宋末期『清明集』所載事例

頴秀郷の諸事件を手がけたのは、『清明集』名公の中でも、法治主義的、証拠主義的な裁判手法が目立つ、范応鈴である。(49)崇仁県に属するこの郷の成立過程、(50)および撫州全体への人口流入(51)から言って、頴秀郷はおそらく南宋初期に急速に開発が進んだものと想像される。もともと臨川県に属しており、県城から遠くなかった頴秀郷や恵安郷について范応鈴は、「頴秀郷は計七都あるが、県城からはたった一五里で、在城の寄産でないものはなく、すべて官名によって登記されており、編民は皆無である」(52)、「恵安・頴秀二郷は県城から一〇～二〇里で、全ての田業が官を冒称する城中の寄産で、うち一〇余都はこの二〇～三〇年というもの差役ができず、たまに税銭が一〇〇文に満たない小民がい

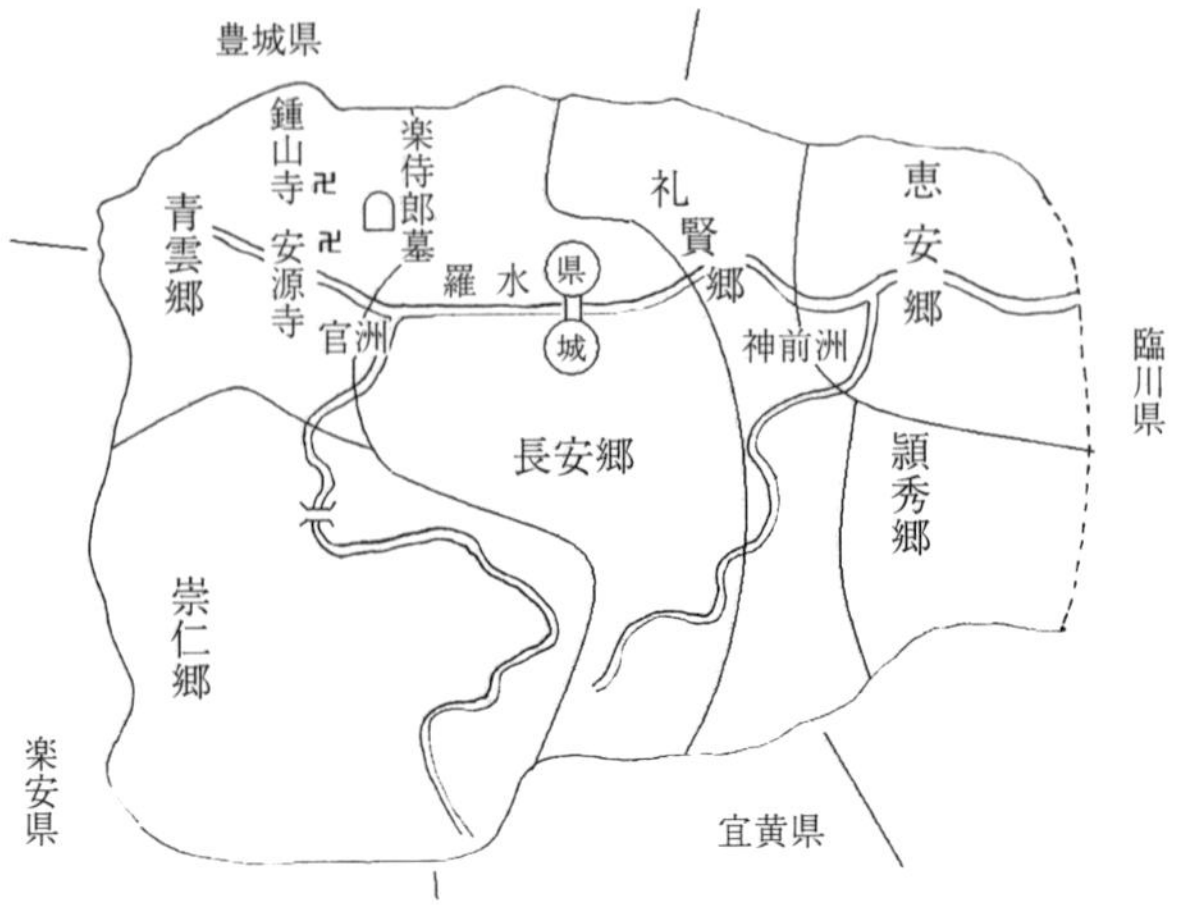

崇仁県各郷の位置関係の概略
（道光『崇仁県志』「絵図」による）

ると、戸長に当てられそれは悲惨な目にあう」(53)と述べ、大半が在城の官戸への寄産によって官戸として登録されほとんど差役を当てられない実態を伝えている。(54)

この顥秀郷には一二二〇年代ころ、紹興以前の慶遠軍承宣使の官位によって立戸している王氏(55)、紹興年間に官位を有していた劉氏（劉知府）(56)がいた。范応鈴はこの王承宣戸の王鉅に対して、告勅があっても砧基簿上の記載や分関簿書（家産分割の記録）がなくては、子孫が何人いてどれだけの限田が許されるか計算できない、としてその主張を退けている。(57)実際に范応鈴が王承宣戸、劉知府戸などを役に当てようとしたとき、彼らが持ち出すのは古い告勅であった。「顥秀郷では、告勅があれば適宜官戸となして照免している」(58)といわれるから、この地域の慣習であったと見られる。しかし、子孫減半の法が適用されるとなれば、古い告勅では現代までに何代経ているか分からず、重要になるのは家産分割書となってくる。范応鈴のこの顥秀郷での判語で、同様に公印なしの分関書や六〇年以上前の従義郎の告勅などだけで官戸として免役を図った戸を、法律に基づいて役にあてるべく決定しているものもある。(59)法律を重んじる范応鈴の一連の判断では、過去に官僚を出した一族は官戸と言えないことはないが、分関書や砧基簿で代々の家産分割が跡付けられず、告勅あるのみでは限田法に基づく免役適用は難しい、という見解が示され、乾道勅(60)などの限田法を厳しく適用して、既成事実を認めない姿勢が見られる。なお、場所、著者は分からないが、「告勅があっても分書がなければ、限田の法は適用困難だ」と題された判語もあり、宗枝図や古い尚書の告勅を持ってきて主張する兪嗣古・嗣先に対し、この著者は「尚書の子孫で代々蔭を承け、告勅もそろっているから官戸といえないことは無い、朝散郎（七品）の子なら子孫減半の法で一〇頃以内なら許されるが、これが一〇〇年以上前の宣和年間のものではどうしようもない」、とその訴えを退けている。(61)

楽氏は、こうした顕秀の官戸の一つであった。楽侍郎戸も、三〇〇年以上前の楽史侍郎によって立戸し、役を免れ続けてきた。(62)しかし范応鈴は、「楽侍郎戸は、税銭が一貫七二二文あるというのに、告勅も砧基簿もなく証明しようがない。国初の楽侍郎の子孫が分かれて今何人くらいいるのか、各人に許される限田がどれだけかもわからず、省簿内の税銭が楽侍郎宅の不動産か否かもわからない(63)」と、楽氏を役に当てるべきだと断じた。

恐らくは、国初の楽史以来、北宋南宋を通じて多くの族人が官戸として立戸し、役を逃れ続けてきたものと思われる。さらに楽氏が、楽侍郎の贍墳田を、侍郎との深い関係が指摘される崇仁の東林寺・安原寺・鍾山寺に寄託して免役を図っている実態も、范応鈴によって記されている。(64)先の陳元晋の「国初の侍郎以来、支派がバラバラになり詳しく分からない」とする楽氏への批判もこれと同じ頃のものであり、当時崇仁県で、一向に進士も出さずに、楽史の後裔を称していた大人数の楽氏のその祖とのつながりがすでに曖昧になっていたことが知られる。

（四）　南宋末期『黄氏日抄』所載事例

再び楽氏が登場するのは、これより約三〇年後の黄震『黄氏日抄』中の記載である。(65)これについても梅原氏は既に一部を簡略に紹介されているが、実は複雑な案件であって、その内容は戸絶の危機に瀕した楽誼の立継および財産分割に関する黄震の決定である。詳細をここで述べると煩瑣になるので、別図「宜黄楽氏関係図」を適宜参照されたいが、この問題の本質は、厳しい和糴政策の圧迫を受ける中で、如何に立継して戸絶という最悪の事態を回避しつつ、

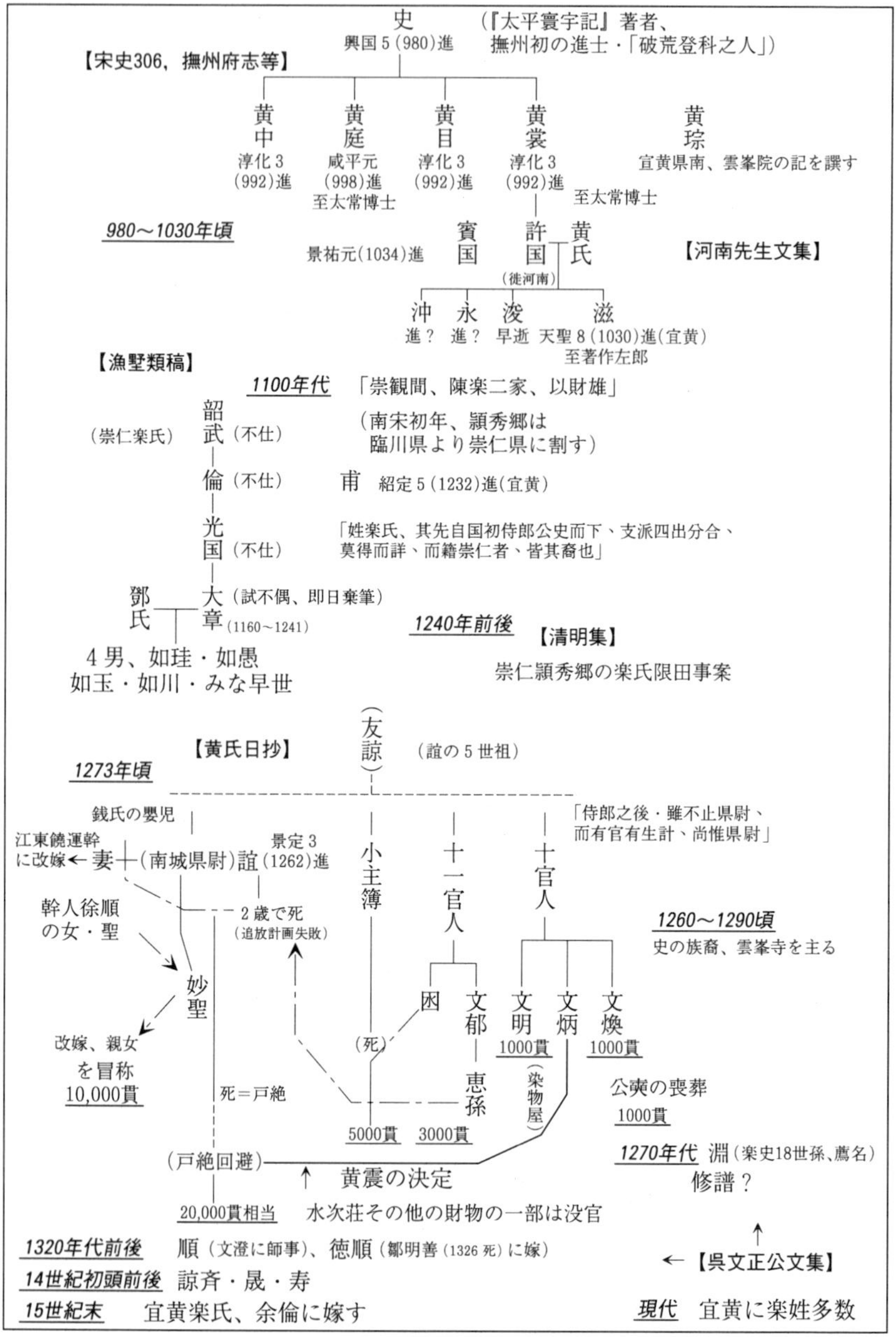
史
興国5（980）進
（『太平寰宇記』著者、
撫州初の進士・「破荒登科之人」）
【宋史306, 撫州府志等】
黄中
淳化3
（992）進
黄庭
咸平元
（998）進
至太常博士
黄目
淳化3
（992）進
黄裳
淳化3
（992）進
至太常博士
黄琮
宜黄県南、雲峯院の記を譔す
980～1030年頃
賓国
景祐元（1034）進
許国
（徙河南）
黄氏
【河南先生文集】
沖
進？
永
進？
浚
早逝
滋
天聖8（1030）進（宜黄）
至著作左郎
【漁墅類稿】
1100年代
「崇観間、陳楽二家、以財雄」
（崇仁楽氏）
韶武（不仕）
（南宋初年、潁秀郷は
臨川県より崇仁県に割す）
倫（不仕）
甫　紹定5（1232）進（宜黄）
光国（不仕）
「姓楽氏、其先自国初侍郎公史而下、支派四出分合、
莫得而詳、而籍崇仁者、皆其裔也」
鄧氏
大章（試不偶、即日棄筆）
（1160～1241）
1240年前後
【清明集】
4男、如珪・如愚
如玉・如川・みな早世
崇仁潁秀郷の楽氏限田事案
（友諒）
（誼の5世祖）
【黄氏日抄】
1273年頃
銭氏の嬰児
「侍郎之後・雖不止県尉、
而有官有生計、尚惟県尉」
江東饒運幹
に改嫁←
妻
（南城県尉）誼
景定3
（1262）進
小主簿
十一官人
十官人
幹人徐順
の女・聖
2歳で死
（追放計画失敗）
1260～1290頃
史の族裔、雲峯寺を主る
妙聖
囦
文郁
文明
1000貫
文炳
文煥
1000貫
改嫁、親女
を冒称
10,000貫
（死）
（染物屋）
公夷の喪葬
1000貫
死＝戸絶
恵孫
5000貫
3000貫
（戸絶回避）
黄震の決定
1270年代
淵（楽史18世孫、薦名）
修譜？
20,000貫相当
水次荘その他の財物の一部は没官
1320年代前後
順（文澄に師事）、徳順（鄒明善（1326死）に嫁）
←【呉文正公文集】
14世紀初頭前後
諒斉・晟・寿
15世紀末
宜黄楽氏、余倫に嫁す
現代
宜黄に楽姓多数

宜黄楽氏関係図（概略）

利害の絡む多くの親類縁者に遺産を再配分し、かつ王朝の和糴政策にも相応の対応を行うか、という困難なバランスを取ることにあった。

簡単に述べるなら、景定三（一二六二）年進士で南城県尉までつとめた楽誼には、子がなかった。銭氏という女の赤ん坊を引き取ったが二歳で死んでしまった。また、幹人徐順の聖という名の娘を引き取り、妙聖と改名してこよなく愛していたが、嫁に行ってしまった。誼にも嘗ては妻がいたが、江東の饒運幹なる者のところに逃げられてしまった。天涯孤独となった誼は戸絶の危機に瀕し、その財産を巡って親族から下僕まで大きな騒ぎとなってついに知撫州であった黄震のところに訴えが来たのである。

当時、撫州などでは没官田は軍餉にあて、和糴に供するなどの方策が行われていた(66)。例えば撫州には、三鄒荘・阿鄭荘・譚湖荘などの没官田があって、軍需に給されており、さらに黄震は咸淳末年（一二七二～七三年＝ほぼ虞集の生年にあたる）、ある宗教団体を摘発し、白蓮堂なる田産を没収して和糴荘となしたほどである(67)。だから本来であれば州としては、楽誼の家は戸絶とし、全て没官して和糴等に供する選択もあったかもしれないが、「法では戸絶は没官あるのみだが、これが撫州初の進士で、江西に未だ欧陽脩・曾鞏が出なかった時期から文学で名をなした楽史の後裔であることを念い(68)」、楽氏の宗支を自ら調べて、死亡した小主簿を除き、同世代の十官人、十一官人の子の中から、長男や無学の染物店経営者を除き、何とか読み書きが出来るという二十五歳の甥の文炳を世嗣にあてた。南宋に通用していた戸絶財産継承の法律(69)を適用して、実質命継たる文炳に与えるべき額を楽誼の資産の三分の一である二万貫と計算し、残りを全て没官することはせず、妙聖に一万貫、楽誼と戸を同じくしていた十一官人の息子囦に五千貫などを配分したが（図参照）。だが水次荘なる田産は和糴荘とし、一部財産は没官して本州の和糴の助となし、立継・均給・没官の三側面のバランスを取った裁決を下した、というのがこの一連の史料の記すところである。

この一件から言えることは、結局楽氏最後の進士となった楽誼すら、血縁の中からしかるべきもの――本来、同宗昭穆相当――を立継できず、命継も戸絶財産の分配も、すべて黄震の主導に頼らざるをえなかったということである。わざわざ知州が家系図をたどって命継を立てている事実からは、楽氏が家を超えた宗族の組織的な活動を行い得なかったことが伺われる。もうひとつ、既に北宋末までに蓄財で名をなしていただけのことはあって、資産が六万貫以上、水次荘も撫州の和糴が潤うほどであったから、楽氏の資産規模は相当なものであったといわざるを得ない。

第三節　王朝の財政政策と修譜・収族

南唐末期に生を享け、撫州から初の進士となり、未だ王安石も欧陽脩も出る前の、フロンティア江西のホープだった楽史だが、四代ほど進士を出し続けた十～十一世紀前半から、忽然と記録から姿を消す。そして十二世紀初頭には、崇仁県で蓄財に成功していたとの断片的な記述があり、十三世紀に入ると、殆ど無官の楽史の子孫なるものが、崇仁県でしばしば問題を起こす。そしてその一連の問題は、限田、和糴と、その時々の宋朝の財政政策に深く関わることが見て取れるし、そしてさらに、彼らがこれに対してうまく立ち回ってこなかったことも印象的である。

まず限田について考えてみたい。宋朝は当初から、品官の家の役は免じてきた(70)。しかし実際は長く戸を分かたず、高祖が戸をなしている場合もあったし(71)、編戸がこれに寄産して役を逃れようとする弊害もあり、役を免ぜられる官戸の条件を具体的に確定しようとする限田免役法が提案されはじめたのが、仁宗～神宗期である(72)。しかし当初は実現せず、その後徽宗期になってやっと本格的に立法化が進んだ。北宋末の政和令を経て、南宋期特に孝宗乾道年間には限田関係の立法が徹底して行われた。官品による限田額が定められ、その子孫は親の半分の限田額しか許さない子孫減半の法が立てられ、さらに子が多く限田の合計額が大きくなりすぎるケースへの対策も講じられた。だが現実には、上記にも述べたように、多くが官戸である城居地主に寄産し、限田法による差役の公平化は難しく、これが後の公田法へとつながってゆくのである。

既に述べたように、楽氏の場合、有官者はもちろん、国初の楽史侍郎だけではない。曾孫の楽滋は著作左郎にまでは出世している。また、官人となるのは何も進士だけが道ではなく、武階の最下級などから、地方の小官に入り込む道は少なからずあった。『黄氏日抄』に見える十官人、十一官人、小主簿といった人々もいるし、問題となった陳元晉や范応鈴の時代以前の楽氏にも、そういった者が皆無だったとも、いささか考えにくい。それでも断固として、告勅すら残っていない三〇〇年前国初の侍郎の官位を用いて省簿に官戸として立戸していたのは、限田法が実行力を持たず、「凡そ祖宗朝に官品を有したものは、みなこれを官戸といい、みなこれによって役を免れてしまう」(73)という当時の行政の現実が存在したからであり、それであればこそ、直近の族人の地方官ポストではなく、楽侍郎の官位を用いて官戸となるのが、限田額からしても一番得であったからだろう。

しかし王朝は、遠い祖先の官位により官戸として免役が既成事実化した戸を、実際に家産分割が行われてきた過程に基づいて計算しなおし、限田枠から外し、役につけようとした。范応鈴が赴任するまで楽氏が官戸であり続けた事実、度重なる限田立法とその後の公田法へ至る過程からすれば、こうした王朝の努力は功を奏していたとは考えにくいが、それでも法に基づいて免役を廃止しようとしたとき、実際に品官の官僚を出していなければ、免役に与ることは難しくなる。王朝の限田政策に対応し、免役特権を享受し、寄産による大土地所有を続けられる方法があるとすれば、それはできれば官僚を輩出し、分関書も含めて宗支の関係を明確にするしかなかった。その面でも、族譜を整備し、宗族組織を確立することは必須だった。黄震が自ら楽氏の宗支を調べて甥の世代にあたる文炳を探したのは、残された楽氏の人々が、宗の関係を整理して対処できなかったことを暗示する。黄震や上記兪嗣古の事例以外にも、福建の事例でやはり限田問題に関して宗枝図を書いて宗族関係を検討する例があるが(74)、こうした場合に、作成に少なからぬコストをかけてでも、社会的に認知された族譜があれば、宗族の成員にとって相当有利に働いたに違いない。だが呉澄や虞集の文集に見る限り、楽氏はかかる努力を怠っていたように見受けられる。楽氏とは対照的に、和羅政策厳しいこの時期に（嘉熙四（一二四〇）年）、范氏義荘は風化の関わる所として、科羅免除の特権にまで、与っているのである。[75]

その後の楽氏については、既に見たように、弟子楽順を初め、十四世紀に呉澄の文集によって伝えられる数名が確認できる。その他崇仁の地方志に楽姓の人名を探すと、慶元元（一一九五）年から咸淳九（一二七三）年にかけて、数人の楽姓の科挙合格者、明代には県学の教諭の名などが見える。[76]何喬新『椒邱文集』には、弘治六（一四九三）年に没した余倫なる人物が、楽史の末裔の宜黄の楽氏を娶っていることが記されており、[77]この時期になお、楽氏が崇仁においてそれなりの社会的地位を維持していたことを考え合わせると、彼らは血族の存続において、決して失敗していたわけではない。しかし、以降の楽氏は、宜黄、崇仁に根を下ろしつつも、再び高級官僚として花咲くことはなかった。宜黄の県志によれば、楽子正公義庄（子正は楽史の字）なるものの記述があり、楽史が数千畝の義田を設置したが、子孫は他に従ってしまい、荒れ果てて税も取れないので、官が没入してその地を「楽家庄」と名づけた、などとある。[78]それ以上の詳細は不明であるが、楽史の後裔が義田を絶えず拡充していったということはなかったようである。楽氏は、曾氏や蘇州范氏、吉州欧陽氏のような宗族形成戦略を取らず、楽滋以降記録の失われた約二〇〇年間のいつからか——恐らく、陳元晉が伝えるように北宋末には——大土地所有戦略に特化して行った。しかしながら、限田、和羅といった、厳しい財政締め付けに対応せねばならなかったとき、一族から出た官僚との関係を明示することができなかった。また戸絶の危機に瀕し、財産に政府の手が伸びようとしたときにも、対処に限界があった。さらに陳元晉、范応鈴、黄震、虞集といった、後代に名を残すエリートたちは、宋初の楽史に敬意を払いつつも、しばしば目前にいる楽氏に対しては、厳しい認識を示した。呉澄との関係をいささかの例外とすれば、挙業とともに士大夫との人間関係を良好に保つ面でも、楽氏は成功したとは見られない。彼らは宗族組織の確立、士大夫社会との関係維持ではなく、土地所有・蓄財に邁進していたようである。楽氏の族裔の多くが移住せず、その後も長く宜黄・崇仁に存続し続けたことから考えれば、楽氏の取った生存戦略も、決して誤りだったとは言うことはできない。むしろ、南豊曾氏のように、移住を繰り返す宗族のほうが、宗族結合の強化を必要としたであろう。だが、そのことによって、楽氏がいろいろ不利益を蒙っていたのは、事実である。

おわりに

本稿は事例研究であって、楽氏の戦略、そのメリット・デメリットがどの程度一般的だったのかは明らかにできなかった。冒頭に述べたように、宋元時期の江西において族譜編纂の記録が多いことの背景については、第一には開発・移住と宗族との関係から考察して行かなければならない(79)。だが健訟や訟学によって特徴付けられる宋～元の江西において、宗譜を完備せず即座に立継できなかった楽氏のようなエリート――むしろこのように有服親さえ把握できなかったケースが北宋では普通だった(80)――が、限田法や戸絶没官への法的対応に苦慮したことは、想像に難くない。無論、江西以外にあっても、同様のケースが見られたであろう。

最後に政策と宗族形成の時期的な関係についてコメントしておくと、十一世紀には、宗族組織強化の急速な展開が見られるという(81)。これは、王朝が品官の家の特権を問題視し始めた時期ともおよそ一致する。既得権益を失う危険を素早く察知したエリートたちが、王朝側からのチャレンジを乗り切ろうとしたとき、宗に基づいて自らを組織化することが、防衛方法の一つに含まれた可能性は否定できない。楽氏は宋代に宗族を組織化しなかった一事例であり、その結果、官戸の無制限な既得権益を認めない王朝政府から圧迫を受けた。しかし、動産・不動産の蓄財においては郷里に雄となり、特に潁秀郷では、編戸はないと言われたほどの官戸による大土地所有の一角を担って、曲がりなりにも後世にその姓を残してゆく。本稿は事例研究でありただちに結論を一般化はできないが、北宋中期以降も確固たる宗族組織を築かず、文人士大夫社会とは距離を持ったまま蓄財に専念したのも、それはそれで一つの選択であった。

注

（1）森田憲司「宋元時代における修譜」『東洋史研究』三七―四、一九七九参照。

（2）族産が薄く、族譜が発達しているなどの清代～民国における江西の宗族の特質については、華東軍政委員会や毛沢東による調査を参照した許華安「試析清代江西宗族的結構与功能特点」『中国社会経済史研究』一九九三―一がある。

（3）江州陳氏については佐竹靖彦「唐宋変革期における江南東西路の土地所有と土地政策――義門の成長を手がかりに」『唐宋変革の地域的研究』同朋舎、一九九〇、許懐林「財産共有制家族的形成与演変――以宋代江州義門陳氏、撫州義門陸氏為例」（上・中・下）『大陸雑誌』九七―二、三、四（一九九八）参照。

（4）佐竹前掲論文では、『永楽大典』三五二八「義門」の宋元部分、『宋史』四五六孝義列伝から地域分布を取り、路別で江西が二位の江東の倍以上で一位であることを示されている。また黎小龍「義門大家庭的分布与宗族文化的区域特徴」『歴史研究』一九九八―二もある。

（5）竇学田編『中華古今姓氏辞典』警察教育出版社、一九九七、七〇〇頁に楽姓を説明して、比較的よく見られる漢族の姓であって、現在では北京、天津の武清（県）、山西の太原市、陝西の韓城、湖北の武昌・監利両県、江西の金渓と崇仁両県、広東の新会、雲南の隴川などに分布している、と言う。筆者は現地を踏査したことはまだない。

（6）『三国志』四八孫亮「二年春二月甲寅、……豫章東部為臨川郡」。

（7）斯波義信『宋代江南経済史の研究』東洋文化研究所、一九八八、一三九頁。

（8）Robert M. Hartwell. "Demographic, political, and social transformations of China, 750-1550". *Harvard journal of Asiatic studies*, 42:2, 1982, p.395。

（9）青木敦「健訟の地域的イメージ――十一―十三世紀江西の法文化をめぐって」『社会経済史学』六五―三、一九九九、同

「南宋女子分法再考」『中国－社会と文化』一八、二〇〇三参照。

（10）周藤吉之『宋代官僚制と大土地所有』社会構成史大系八、一九五〇、二九頁。

（11）後出『呉文正集』一八「雲蓋郷董氏族譜序」。『文忠集』五四「撫州登科題序」にも「大江之南、分東西両道、自東而西、首曰撫州。其為郡、在三国孫氏至隋唐、雖易置不常、然今建昌軍治南城統南豊入閩為邵武軍、本皆撫之属邑、非特地大人庶、冠冕一路而文物盛、多亦異他邦」という。

（12）Robert P. Hymes. *Statesmen and gentlemen : the elite of Fu-chou, Chiang-hsi, in northern and southern Sung*. Cambridge University Press,1986、二五一頁前後。表3のあたり。

（13）Hymes前掲論文、Apendix1（二二〇～二四七頁）および諸名族が記録に現れる期間を示した表1（六三頁）。

（14）周藤前掲書の膨大な出身地別の宰執表によれば、撫州出身の宰執として、晏殊、王安石、王安礼、羅点が挙げられている。本文虞集の見方との比較で言えば、李浩は明州扱い、北宋の名臣として名高い曾鞏、曾肇も、官位は宰執に達していない。

（15）『明一統志』五四「撫州府」陵墓。

（16）『文忠集』五四「撫州登科題序」「本朝最重儒科、『臨川図志』載「題名記」一巻、起太平興国五年、楽史而下至淳熙七年、姓名具焉。……言其顕顕者、晏元献公之進賢好善、王文公之文学行誼、曾子固鞏之主盟斯文、此一身所当勉也。楽氏、曾氏、王氏、父子兄弟相継策名、此一家所当勉也」。

（17）『溪堂集』七「臨川集詠序」「臨川在江西……、有晏元献・王文公之為郷人、故其党楽読書而好文詞」。この序文は大観四（一一一〇）年、曾鞏兄弟が仕官していたのはこの直前であり、晏、王両氏と並べられていない。

（18）族譜関連の文章の多くは康熙『西江志』、雍正『江西通志』などにも採録されている。版本としては四部叢刊の『道園学古録』あるいは元人文集珍本叢刊『道園遺稿』がよく、康熙『西江志』、雍正『江西通志』にはそれらとは字句の異同が往々にしてあり、四庫全書所収の『道園学古録』はむしろ通志に近い。

（19）『道園学古録』三二「臨川晏氏家譜序」「故宋盛時、若呂申公・韓魏公・富鄭公・曾魯公・司馬温公・桐木韓家、子孫南渡後仕宦、功業猶可攷見、内附以来邈乎、無所聞於四方。聞曾氏有子孫、在泉南。数十年前、北方曾氏、有仕於南台者、至泉南、以世嗣求拝其家廟者。慶歴従官、莆田陳氏之裔孫旅、為余云而、今亦不可考矣。及余帰僑、臨川郡之大族、楽侍郎史、後人尚多、而未嘗見其譜。王荊公子孫、四十年前在金陵、嘗見一二人、今祠下亦有一二人耳。而晏氏之子孫、莫盛於尚書八世之後、乃有去為釈氏若師吉者。……又聞、王岐公子孫、有官撫州而留居者、其孫卒於外孫李氏家。又得桐木韓氏之譜、於其諸孫之留居臨川者、南澗公為之序者也。故家之子孫、数世之後、雖隆替不可知、予於晏氏之譜有不勝感歎者矣」

(20)　南宋の名臣劉清之の五世の祖劉式が死後数千巻の書物を残し、それを夫人陳氏が伝え、以来このコレクションは墨荘の名で知られるようになった。劉清之自身も『墨荘総録』を残している。その子孫が虞集の時代に臨江軍清江から金谿に来たと思われる。

(21)　『道園学古録』四〇「跋劉墨荘世譜」「故宋臨川世家、莫如楽侍郎、晏・王二丞相家、最貴重。南渡後、如橘園李侍郎、青田陸先生、及崇仁羅春伯樞密、月湖何同叔尚書、梅亭李公父［甫］中書、皆著姓、而有道徳行藝、文学政事、卓卓可［一作有］述者。及他郎官・卿監以下、尚多有之。内附国朝、将七十年。喬木故家、或著或微、其譜或存或否」。

(22)　『道園学古録』四〇「跋曾氏世譜後」「南豊曾氏之族……命其子衍、以南豊金谿曾氏世譜示集。受而読之、作而歎曰、「善夫、文昭公元豊七年所為族譜叙也」。文昭之言曰、「家伝旧世系、以為温彦博・高士廉所撰、而有不敢信者、経唐末五代之乱。又有不可考者、自其身追尋先集之遺、至其郷石記鐘銘之属、得其六世之名。諱猶有不能尽知者」。蓋慎之至也。……世之人、曾不知古人之意、妄引名族賢者、而自附焉、覬以自表、而不知誣祖之罪、其為不孝甚大、而其官爵年代参錯、舛誤徒貽識者之笑歎。……集嘗観于臨川之乗、自宋初有黄門楽侍郎、晏元献公、王荊公之家。楽之子孫尚多。晏亦有之。而王氏之後、分居金陵、其後人特少、南城既自為郡、南豊又別為州、其居金谿者、復為臨川之大族」。

(23)　危素『臨川呉文正公年譜』。

(24)　呉澄の文集は、明の宣徳に編まれた『臨川呉文正公集』百巻附外集五巻があり、四庫全書の『呉文正集』はこれによっているが、成化二十年の同題の四九巻外集三巻が流布しており、本稿はこれによる。百巻本よりも四九巻本では一巻の量が多く、四九巻本の巻一八のうち、族譜の序は百巻本の巻三二にあたり、後半の送序は百巻本の巻三三となる。

(25)　『呉文正集』一八「雲蓋郷董氏族譜序」「唐、改臨川郡為撫州、疆域之広、亜於洪吉贛、而文物声明、甲於大江以南之西。

宋三百年間、一家一族儒宦之盛、楽・曾・王・蔡・晏五姓為首、称爵位之崇、王・曾・晏最、楽・蔡次之、科名之稠、曾・蔡・晏最、王・楽次之」。
(26) 咸平三（一〇〇〇）年進士の蔡為、姪の宗晏、その弟宗賀、宗晏の子元導、その子、承禧（煕寧に御史）と代々撫州から進士を輩出し、承禧の子が『宋史』三五六に伝のある蔡居厚。元導の弟元翰には「唐制挙科目図」（『文献通考』一九八経籍考）。弘治『撫州府志』二一人物「蔡元導」「蔡承禧」、乾隆『江西通志』八〇人物に引く嘉靖『江西省志』「蔡元導」など。
(27) 『呉文正集』一八「羅山曾氏族譜序」。
(28) 『呉文正集』から、楽諒斉（八「答楽諒斉書」）、宜黄の楽寿（一三「拙逸斎廬記」）、鄒明善に嫁いだ楽徳順（二五「仙原観記」）の名、また以下の注参照。
(29) 『呉文正集』二八「跋楽氏族譜」「『撫州登科記』、宋初自楽氏始。少保公十八世孫淵、咸淳末、与余同薦名于礼部。嗚呼、古人以与国咸休為期、今時代已革、而楽氏子孫福澤猶未艾、所謂盛徳必百世祀、詎不信然」
(30) 『呉文正集』一六「送楽晟遠遊序」「吾郷侍郎楽公『寰宇記』一書……侍郎生於唐之後、顕於宋之初、在『撫州登科記』中、褎然為首。諸子諸孫、科名相継、施及宋末、貢挙者猶不絶、一姓文儒之盛。其吾郷之表表者与、晟字幼誠、亦其苗裔也」。
(31) 『呉文正集』八「与元復初書」「宜黄楽順、吾門学者、好読易」。『呉文正集』一五には「贈楽順徳成序」もある。明示されていないが、宜黄の楽順が楽史の末裔であることに間違いあるまい。
(32) 『元文類』三四「陸象山語録序」（呉澂）「至治癸亥、金谿学者洪琳、重刻于青田書院。楽順携至京師、請識其成」。
(33) 前出の楽淵以外に、蛇足かも知れぬが、曾鞏も記を寄せる雲峯院には（『元豊類藁』一七「分寧県雲峯院記」）、呉澄も「雲峯院経蔵記」（四庫全書『呉文正集』四九。成化『呉文正集』に見えず）などの記を寄せている。それによれば雲峯院については宋初の楽黄琮（排行から楽史の子の世代？）が譔記を残しており、呉澄の当時も楽氏の族裔たちが僧となっているという。
(34) 梅原郁「宋代の形勢と官戸」『東方学報』〈京都大学人文科学研究所〉六〇、一九八八。
(35) 呉澄『呉文正集』二五「上方観記」「羅山之陽、宋初時、侍郎楽公父子兄弟、接踵擢科。故名其郷曰青雲」。

(36) 黄震『黄氏日抄』七八「楽県尉絶戸業助和糴榜」。

(37) 「黄目、兄黄裳、弟黄庭、黄裳孫滋、並進士及第。黄裳、黄庭皆至太常博士」(『宋史』三〇六同伝)。兄弟関係については弘治『撫州府志』二一人物、同治『宜黄県志』二五「選挙」など。

(38) 著に『学海捜奇録』六〇巻(『宋史』二〇七)。

(39) 排行からして前出の楽黄琮も同世代と思われる。

(40) 『河南先生文集』一五「故夫人黄氏墓誌銘」の記事と総合すれば、黄裳の子許国はその妻黄氏と河南へ徙り、河南楽氏として栄え、その四子のうち、天聖八(一〇三〇)年宜黄で進士となり著作左郎に至った滋の他、早卒した浚以外、永・沖とも進士に及第しているというが、滋以外は確認できない。楽甫や楽誼については弘治『撫州府志』一八科題。

(41) 陳元晉『漁墅類稿』六「致政司法楽公墓誌銘」「公諱大章字聖錫。姓楽氏、其先自国初侍郎公史而下、支派四出分合、莫得而詳、而籍崇仁者、皆其裔也。曾大父韶武、大父倫、父光国、皆不仕、娶鄧氏、封孺人先公、一年卒、子男四、如珪、如愚、如玉、如川、孟仲皆早世。……時聞、長老言、崇観間、陳楽二家、以財雄、歳時冠、蓋往来甚昵、交契蓋有、自来而余弟婦則楽出也。故与公交忘年銘焉、得辞公少志進取読書過眼輒成誦。淳熙丙午、待補国学弟子員、明年試不偶、即日棄筆」。

(42) 『清明集』三「贍墳田無免之例」(范応鈴、以下、范「贍墳田」)では、楽史が崇仁楽侍郎と称される。

(43) 『宋史』八八地理志「江南西路」「宜黄……開宝三年、升宜黄場為県」。

(44) 地方志の科題では、楽氏の合格者は宜黄と記される。

(45) 同治『宜黄県志』一―七「地理志」化龍池、『明一統志』五四「撫州府　山川」。

(46) 「明一統志」五四「撫州府　陵墓」。

(47) 『長編』二一太平興国五年閏三月甲寅条、『直斎書録解題』八の太平寰宇記の項。

(48) 『江西通志』八〇人物。

(49) 范応鈴の裁判手法については、青木前掲論文、および Aoki Atsushi “Sung legal culture : an analysis of the application of laws by judges in the Ch'ing-Ming Chi”. *Acta Asiatica*, 84, 2003。

(50)　清代まで永続するこの潁秀郷の地は、もともと臨川県に属していたが、明の呉与弼『康斎集』九「豊安程氏族譜序」に「臨川の豊安市、紹興中に潁秀・恵安の二郷を割し、崇仁に隷せしむ。而して豊安の崇仁に属するは、即ち今の西館市なり」とあって、紹興年間中に崇仁県に属することとなったようである。

(51)　Hymes 前掲書図1によると、撫州の人口は宋代を通じて増加し続けるが、十三世紀前半から定常化に向かう。

(52)　『清明集』三「限田論官品」(范応鈴、以下、范「限田」)「照対本県潁秀一郷、共計七都、相去城闉纔十五里、無非在城寄産、省簿立戸、並有官称、無一編民」。

(53)　『清明集』三「提挙再判下乞照限田免役状」(范応鈴、以下、范「提挙再判」)「照対本県恵安、潁秀両郷、原係臨川、続行撥隷、去城纔一、二十里、所有田業、無非城中寄産、各冒官称。其内十余都、自二、三十年間、無可差之役。間有小民、税纔満百、勒充戸長、役満而税与之倶亡、其禍惨甚。以故小民或有丘角之田、争相求售、無敢存留、否則必官戸之幹人、或其宗族親戚、並縁仮借、以図影占」。

(54)　官戸の城居について梁庚堯「南宋官戸与士人的城居」『新史学』一—二、一九九〇。

(55)　『清明集』三「須憑簿開析産銭分暁」(范応鈴、以下、范「開析産銭」)「王鉅到県、亦齎出慶遠承軍宣使告勅呈験、非不明白。若論限田、合照免、然承宣乃紹興已前人物、即不見得承宣之後今有幾位、限田合占若干、儻非砧基簿書開析分暁、難以照使。……若潁秀一郷凡有告勅便作官戸照免、役法不可得而行、版籍不可得而正」。『清明集』三「使州判下王鉅状」(范応鈴)「照対王鉅初状、元準台判、齎到慶遠軍承宣告勅呈訖、送県、照依限田法行、已於十月十六日回申訖。王承宣係在紹興已前、若無分関簿書、不見得自今見有幾位、合限田若干。……今二十三都乃是王承宣贍墳荘、豈得謂別無田産、更将承宣告勅影占行使、若無分関簿書、実難照応。況本都省簿並是城中寄居産業、無非立為官戸、尤難一例免差」。

(56)　范「提挙再判」、范「限田」では分関干照もなく、紹興年間の告勅のみで免役を図った劉知府に対し、影占を認めていない。紙幅の関係で挙げられないが、范応鈴はこれらの判語でしばしば、限田に関する法令を用いて免役を制限しようとしている。

(57)　范「開析産銭」および『清明集』三「使州判下王鉅状」(范応鈴)。

(58)　范「開析産銭」「若潁秀一郷凡有告勅便作官戸照免、役法不可得而行」。

（59）『清明集』三「白関難憑」、（范応齢、顕秀郷）「準役之法、応官戸免役、並要於分書前該載某官占限田之数、今是幾代、合得若干、子孫以至曾、玄各要開析。如分書不曾該載、並不理為官戸」この判決対象の劉儒宗が、范「限田」などに見える劉知府のことであるのか否かは、不明。

（60）范「限田」「儻執一告、便可立戸、纔頓一戸、便可免役、是族人之有官品、同宗皆可影占、父祖之有限田、子孫皆可互使、朝廷役法、何所適従。准乾道八年六月二十六日勅、品官限田、照応原立限田格条、減半与免差役、其死亡之後、承蔭之人許用生前曾任官品格、与減半置田。如子孫分析、不以戸数多寡、通計不許過減半数」。この事実は、過去に官僚を出し、一旦、「理して官戸と為す」との扱いを受け、省簿において官戸と分類されれば、それが取り消されることは難しかった現実を示している。范応鈴のような積極的な人物が現われでもしない限り、一度高官につけば、その官品によって、子孫に至るまで免役の特権に与るのが現実だったのであろう。

（61）『清明集』三「有告勅無分書難用限田之法」（以下、「有告勅」）「兪嗣古、嗣先係是尚書之後、累世承蔭、皆有告勅可考、不得謂之非官戸。……凡祖宗朝会有官品者、皆可謂之官戸、皆可用之以免役、法遂可廃」。

（62）范「提挙再判」「如楽侍郎一戸、即名史者、生於南唐、仕於国初、越今幾三百年、猶以侍郎立戸、以侍郎免役、此本戸之産、猶有可言」。

（63）范「贍墳田」「拖照省簿、楽侍有税銭一貫七百七十二文、並無告勅、砧基簿書、可以稽考。崇仁楽侍郎生於南唐、仕於国初、今不見得子孫分作幾位、毎位合占限田若干、仍省簿内税銭是与不是楽侍郎宅産業」。

（64）范「贍墳田」「雖拠賫出官司文牓、係楽侍郎撥作贍墳田産、毎年付安原、東林、鍾山三寺主管、然律之設法、難以此免」（限田の事案）。同治『崇仁県志』二ー四寺観「東林寺」に「本楽侍郎読書之所、既貴施田修寺」とあり、同「安源寺」（何異）に「施田楽弐卿読書」、同書九ー六藝文志にも楽史の「読書鍾山寺訪処士陳叡二首」がある。元・何中の『知非堂稿』二「崇仁鍾山寺」に「宋楽史侍郎有詩在寺」と割注。

（65）黄震『黄氏日抄』七八「楽県尉絶戸業助和糴榜」（以下、黄「楽絶戸」）、七五「申安撫司乞撥白蓮堂田産充和糴荘」（以下、黄「白蓮堂」）、七八「招糴免和糴榜」。紙幅の関係上原文省略。

（66）周藤前掲書五六五頁。
（67）黄「白蓮堂」。
（68）黄「楽絶戸」「在法、戸絶惟当没官。本州念楽氏乃侍郎名史之後、侍郎為撫州在国朝破荒登科之人、亦江西欧・曾諸老未出時、先以文学顕名本朝之人。……継絶之法、当以親論。拖詳楽宅宗支……」。
（69）この法律については高橋芳郎「親を亡くした女たち――南宋期のいわゆる女子財産権について」『宋代中国の法制と社会』汲古書院、二〇〇二参照。この法律の適用事例は、圧倒的に江西が多い（青木前掲論文（二〇〇三））。
（70）以下、限田法の概要については周藤前掲書一〇二～三〇頁、曾我部静雄『宋代財政史』大安、一九六六、四四七頁～、梅原前掲論文。
（71）周藤前掲書一〇五頁。
（72）前々注諸文献参考、また梅原前掲論文、影占徭役が顕在化し、限田法実施が考慮されるようになるなど、特に真宗末、仁宗初めに形勢戸が問題となりはじめたと指摘する。
（73）前出「有告勅」参照。
（74）『清明集』三「章都運台判」。現代語でも「宗支図」というが、『清明集』では「宗枝図」という言葉が使われる。意味は同じく、簡単な系図のようなものであろう。
（75）清水盛光『中国族産制度攷』岩波書店、一九四九、周藤吉之『中国土地制度史研究』東京大学出版会一九五四、五四八頁、遠藤隆俊「宋末元初の范氏について――江南士人層の一類型」『歴史』七四、一九九〇。范氏以外に義荘の役を免除された事例は皆無ではないにせよ、宋代にはほとんど見られなかったようである。おそらく、当時の僅かな義荘の免役事例は、例えば累世義居への旌表門閭や、あるいは南宋に流行した割股に対する旌表など、儒教的価値から賞賛すべき行為を旌表するに際して褒美として税役が免除されたのと、本質的に大差はなく、宗族結合という行為自体を宋朝が特別視したということではなかろう。旌表門閭に税役上の優免を与えることについては、宋代では真宗時代にすでに明確にその方針を述べた勅が出されている（『長編』七二真宗大中祥符二年八月丙申「詔旌表門閭人、自今、二税外免其諸雑差役（按先朝、旌表人、即云二

税外免其他役、不知何故今乃有是詔也。当考」)」。
(76)　同治『崇仁県志』七―一「薦辟」、七―三「郷挙」。
(77)　何喬新『椒邱文集』三一「袺古余先生墓表」「時弘治六年二月七日也。娶宜黄楽氏、宋名臣史之裔」。
(78)　同治『宜黄県志』七「古跡」「楽子正公義庄（楽子正公父子以所得賜賚置義田数千畝、贍族人貧乏。歳久、子孫転徙他邑、義田荒廃、県官租税無出、悉没入之、名其地曰楽家庄)」。
(79)　開発と宗族については、山田賢『移住民の秩序――清代四川地域社会史研究』名古屋大学出版会、一九九五など多くの文献があるが、海外にまで目を向けるなら、台湾史は最も豊富な成果を提供してくれる分野の一つである。例えば新竹の客家の坪林范家に関しては、最近劉沢民『関西坪林范家古文書集』国史館台湾文献館、二〇〇三に網羅的な文献リストが載せられている。詳細は省くが、福佬人（福建系）と比較し、後来の客家に宗族形成が極めて顕著である事実が知られている。
(80)　多賀秋五郎『中国宗譜の研究』（上巻）日本学術振興会、一九八一、一二五～一二九頁。
(81)　小林義廣『欧陽脩――その生涯と宗族』創文社、二〇〇〇、三二四頁～。

※本稿は平成十六年度文部省科学研究費助成の成果である。校勘、文献入手などで岩崎健一郎、浦川正輝、勝田尚孝、島田亜由子、砂田篤子、張谷源、真鍋佳代子諸氏の助力を仰いだ。本稿の元になった、二〇〇三年夏の宗族シンポジウムにおける筆者の発表に貴重な意見を寄せてくださった方々に深謝したい。また、未だに筆者は撫州を訪れ、楽史の後裔の方々に採訪したことはなく、その意味で本稿は不完全なものである。楽氏の方々から、宋元代の楽氏に関する新たな資料を示していただくことが出来れば、内容の訂正に吝かではない。なお脱稿後、『金石萃編』三編宋九「永定陵采石記」の撰者として楽輔国の名を見出した。楽史の孫世代と思われるが詳細は不明である。また、黄繁光「南宋中晩期的役法実況――以《名公書判清明集》為考察中心」宋史座談会主編『宋史研究集』第三二輯（蘭台出版社、二〇〇二）を見落としていた。限田法の実態を詳論しているので併せて参照されたい。

宋代の修譜と国政——青木報告によせて——

近藤一成

一

宋代は、宗譜編纂が再び盛んになった時代といわれる。その修譜という作業が社会的にもつ意味を、南宋の江西撫州における楽氏を例に考察した青木報告は、宗族研究に新たな視角を提供する興味深い内容であった(1)。唐以前の、多賀秋五郎氏のいわれる古譜には、官吏任用のための資料として、あるいはその機能が減じた唐代でも貴族の秩序づけの目的があり、士庶間の婚姻を禁じ士族の婚姻範囲を限定する意図があったとされる。所謂「望族譜」の編纂であり、貞観「氏族志」のように官撰をその特色とする(2)。

それら古譜に対し、北宋以降の宗譜は、すべて私撰で目的は収族にあったといわれる。ただ宋人自らがその嚆矢と認める蘇洵「蘇氏族譜」、欧陽脩「欧陽氏譜図序」は、前者が小宗法的、後者が大宗法的と修譜の体例を異にしているが(3)、収族を目指すというより、いずれも自身に至る父系の系統を明らかにすることを先ず目指したものと思われる。いずれにしても家柄の社会的な序列付けとか、政府によるその認定などとは別の次元で行われたことは確かである。また両譜が、十一世紀半ばを前後するほぼ同時期に編纂され、ちょうどこれが明清に至るまで続く近世的科挙制度の骨格が確立した時期に重なるため、唐末五代をへて出現した新興士大夫階層が、自らの社会的地位を確認し、その立場を正当化する意義を修譜は有した、という理解も可能であろう。

宋末元初の人周密は、精緻だと称される欧陽脩の族譜の粗雑さを問題にしている。欧譜は、祖の一人を唐初の著名な書家で官僚であった欧陽詢とし、その四世の孫が吉州刺史琮で、琮は黄巣の乱から州を護ったとする。また琮以下八世の譜は失われたが、萬の九世、琮から通算して十六世の孫が脩となっている。ということは唐初から三百年近くの間が僅か五世で、唐末から仁宗朝まで百四十五年間が十六世という奇妙なことになる、という指摘である（『斉東野語』一一譜牒難考）。同様のことは、南宋後半、脩の族孫である欧陽守道が既に述べるところであり、守道は同姓の族譜を調べ、廬陵諸県にあるものだけでも六、七本をみたが、同じ内容のものは一つもなく、結局この矛盾は解決できなかったといっている（『巽斉文集』一九書欧陽氏族譜）(4)。修譜当事者である欧陽脩も、当然この欠陥を承知していたことであろう。修譜は小宗を単位に行えとの主張には、こうした断絶を避ける意図もあったかもしれない。系図のなかに何代かの空白が生じてしまう、これは蘇氏一族でも同じであった。蘇洵の族譜自体は五世の祖から始まるので連続しているが、眉州蘇氏の始祖を、眉州刺史に任じられ官に卒した唐の蘇味道の一子としながら、かれから洵の高祖までは記録がないという（『嘉祐集』一三族譜後録上）。このように、何代かの空白があるにもかかわらず、唐に遡り族譜を作成しようとする試みは、厳密な系図の再現を目指すという以上に、現在の自分と一族の連続した存在を歴史上に定位したいという欲求に動かされたもの、との印象をわれわれに与える。

南宋末の人姚勉は、（江西南昌）豊城王氏家廟記のなかで「……夫れ母有るを知りて父を知らざるは、禽獣なり。父母有るを知りて祖有るを知らざるは、庶民なり。士為らば則ち祖有るを知る。祖有るを知らば則ち祖の始め有るを知る。……」（『雪坡集』三六）と記し、王氏家廟のなかの石刻族譜図の必要性と効用を述べている。姚勉によれば、士庶を分かつ基準は祖と始祖の存在を知るか否か、すなわち族譜を有するか否かにあった。族譜をもつことで、新興士大夫層は庶と区別され、唐以前の支配者層である望族に比することができたのである。宗族の形成は、まずかれらの士の家としての存在を定立するために必要とされた。南宋になると、宗族形成の指標となる、族譜、族産、祠堂の出現が一般化するといわれる。これらは族人を結集させ、宗族の存続を図るために不可欠な装置であった。新興士大夫は、競争原理で動く科挙社会が生み出した階層である。その競争社会のなかで生き抜くためには、宗族を単位とした経営戦略を練らねばならない。流動化を前提として形成されてきた社会のなかで、いかに特権階層化するか、宋代における宗族の形成は、時代の相矛盾する要請に応えた中国近世社会の産物であったといえよう。

二

青木氏の報告は、族譜編纂という宗族形成のための行為が、実はもっと生々しく、個々の士大夫層の利害に直結し、かれらの浮沈を直接左右する意味をもっていたことの指摘である。族譜の有無は、官戸としての認定と限田法の適用、戸絶回避と立継裁判などの場において、換言すれば王朝の政策への対応に際して決定的な役割を果したという。宗族形成にかかわる修譜の理念的動機とともに、目先の現実の利益に関わる編纂動機はさらに注目されてよいであろう。ここでは族譜のもつ現実的効用のもう一つの例として、科挙受験の場合を挙げたい。

『宋会要』選挙一六―二四　発解　淳熙十三年閏七月四日の条に、以下のような記事がある。

臣僚言う、士人、戸貫を詐冒し、妄りに宗枝を引き以って就試を規図する者あり。乞うらくは、応諸《およそ》伯叔兄等を以って戸と為す者に行下し、雖《たと》え条制有りて施行する外、仍お各おの家状の前に宗枝図を画き、須らく家状内と曾祖を同じくするを要めしめよ。結罪して実に詣らば方めて試に就くを許さん。如し後来契勘して委に是れ偽冒たらば、応ずる人を将りて駮放し、其の同姓の情を知り容縦《ゆる》すは一例に罪に坐せん、と。之れに従う(5)。

読みにくい箇所はあるが、内容は明解である。科挙の一次試験である郷試（解試）は、自分の本籍地で受験しなければならない（本貫取解）。しかし応試者は少しでも合格に有利な土地で受験しようと、本籍地を偽る例が後を絶たなかった。そのとき、戸主を伯叔兄などであると申告し、他処での応試を申請する場合が目についたのであろう。これに対し官側は、家状の前に家系図の添付を要求したのである。

家状は、科挙応試者が受験申請の際、提出する自筆の書類のことで、購入した答案用紙の冒頭に貼り付ける。その内容と体裁は、『紹興十八年同年小録』の合格者個人についての項目立てと記載部分が提出された家状に基づくと考えられるのでほぼ推測がつく。(6) それは姓名、字、小名、小字から始まり、年齢、生年月日などが記される。最終二行には、曾祖、祖、父の名とかれらの生没、官職の有無が記載され、本貫と戸主の記述で終わる。この曾祖の名と応試者に画かせた宗枝（家系）図の曾祖が同じであることを調査しろというのである。その宗枝図が虚偽でないことの確認であるが、もし問題が生じた場合、最終的な根拠として族譜をもちだすことは効果的な対処であったであろう。

同年小録の名簿中の戸主をみると父が最も多く、祖父、兄や伯叔も珍しくない。それに対し弟を戸主にする例は八名と少ないが、そのうち七名が有官者である。既に周藤吉之氏などによって部分的には紹介されているが（同氏『宋代官僚制と大土地所有』社会構成史体系　日本評論社　1950）、正奏名合格者三三〇人の戸主の内訳を**表Ⅰ**にすると次頁のようである。

表中の存故は、同年小録の記述をもとに区別したが、「故」字が欠落していると推測できる場合が少なからずある。従って正確さは厳密でない。また高祖については記事がないので、すべて故として扱った。本貫が玉牒所の宗室には、戸主の記載がないので、その他・不明とともに別枠としてある。表からも伺えるように父から弟までを戸主とする二三四名中、有官者は一〇九名で約四七％、物故者が戸主である九七名になると有官者は六三名、六五％になり、戸主を誰にするかは、官戸としての扱いとその特権を維持することに基準があるといってよいであろう。しかし第二甲十六人李彦頴のように、父が存命にもかかわらず左迪功郎の兄を戸主としているのは、どのような事情があったのか、もし事実であるならあまりに目的に率直というか、法的に問題があろう。あるいはここでも父に「故」字が欠落して

表Ⅰ　紹興十八年同年小録正奏名合格者戸主別人数

戸主＼甲		一甲		二甲		三甲		四甲		五甲	
本人　77		1		4		8		26		38	
官の有無		有官	無官	有官	無官	有官	無官	有官	無官	有官	無官
父	存	2		1	3		7	8	15	6	25
100	故			2		3	5	6	4	4	9
祖父	存				1				4		6
48	故	1		2	1	1	2	6	4	14	6
曾祖	存										1
15	故	1				1		6	2	4	
高祖	存										
8	故	1	1					3		3	
伯父	存							3	2	4	2
11	故							1			
叔父	存						1	1			3
7	故							3			
伯祖	存									2	
2	故										
叔祖	存					1				1	
2	故										
曾叔祖	存									1	
2	故							1			
高伯祖	存										
1	故		1								
兄	存		2	1	4	1		3	8	4	5
30	故										
弟	存					3		2		2	1
8	故										
その他　2								姪　1		唐代？1	
玉牒所　16						4		12			
不明　1								1			
計　330		10		19		37		122		142	

いるのであろうか。いずれにしても、同年小録の場合、前記会要がいう伯叔兄等を戸主とする目的の第一は、不正な寄応取解にあったというより、官戸としての特権維持にあったことが窺える。また直系親以外の戸主の存在など、宋代において血族集団を国家が統治のために把握する単位としての戸の長＝戸主と、現実の血族集団である宗族の長との関係がどのようなものであったかは、今後の検討課題である。ここでは先述の会要の記事が提起する、系図と戸主および本貫について科挙がらみの問題事例を同年小録に即して、もう少し検討したい。

三

第四甲第九人の陸升之三十四歳と第二六人陸光之三十歳は兄弟である。二人は、北宋以来多くの官僚を輩出し続けた会稽（紹興府）の名門陸氏一族であり、著名な詩人陸游と同世代、曾祖父として国子博士贈太尉珪を同じくする間柄である。珪の長子が佖、次子が王安石の弟子で煕寧三年の省元、進士第三人、尚書左丞まで至った佃、陸游はその孫である。一方、升之、光之兄弟は佖の孫で、父は政和五年の進士、左朝請大夫尚書右司員外郎長民、長民の四人の息子の長男は静之、陸游が墓誌銘を書いている（『渭南文集』三三　浙東安撫司参議陸公墓誌銘）。この升之・光之兄弟、表Ⅱのように同年小録では本貫と戸主を異にする。

山陰陸氏略系図

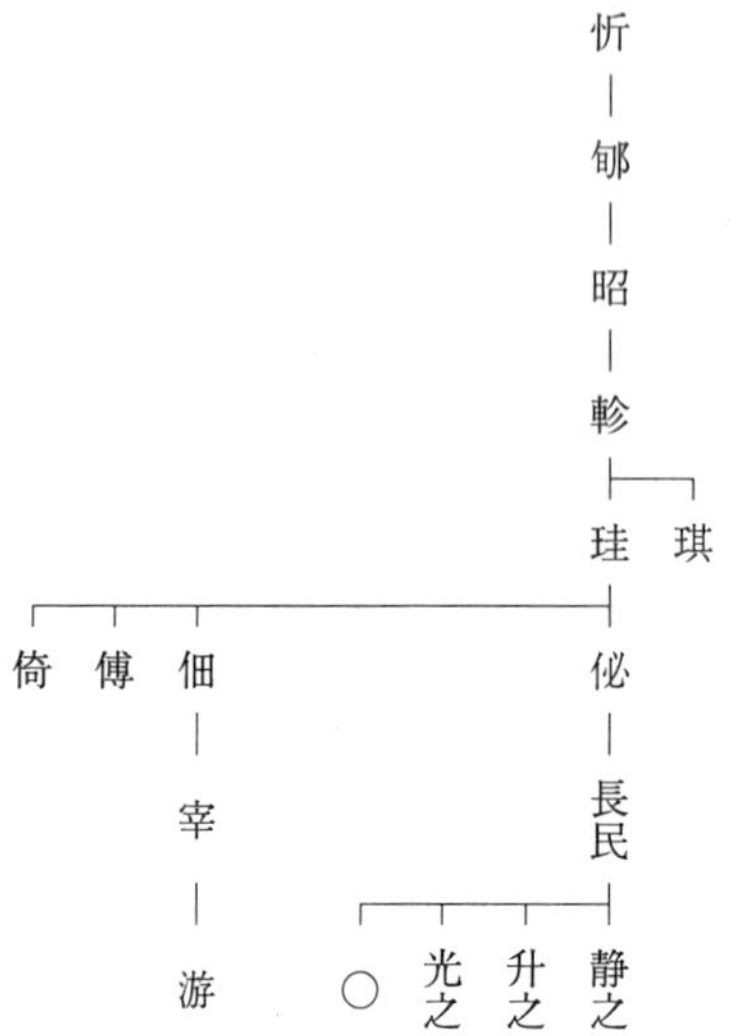

表Ⅱ　紹興十八年同年小録第四甲

第九人　右通直郎陸
升之字仲高小名高僧小字法護
年三十四五月二十九日生外氏田
偏侍下　第七十四　兄弟四人　三舉　娶王氏
曾祖珪故任國子博士贈太尉　祖佖故任中大夫贈右光祿大夫　父長民故任左朝請大夫尚書右司員外郎
本貫開封府陳留縣孝義郷高祖太傅爲戸

第二十六人　陸
光之字叔泰小名定哥小字定光
年三十六月二十七日生外氏田
偏侍下　第七十七　兄弟四人　三舉　先娶黄氏再娶鄭氏
曾祖珪故任国子博士贈太尉　祖佖故任中大夫贈光祿大夫　父長民故任左朝請大夫尚書右司員外郎
本貫紹興府山陰縣坊郭郷錦鱗里祖爲戸

升之は開封府陳留県を本貫とし、戸主は高祖の太傅、すなわち珪の父で真宗大中祥符五年の進士の軫とする。弟の光之は、陸氏本来の紹興府山陰県を本貫とし戸主は祖父の佖である。このとき父、祖父とも既に世を去っているが、兄弟で本貫・戸主を異にし、とくに兄が北宋の都開封府下の県を本貫とすることをどう解釈すればよいであろうか。北宋では開封府試経由の応試者の最終合格率が最も高かったといわれたことと関係するのであろうか(7)。二人とも三回目の受験で合格しており、『宝慶会稽続志』六 進士の紹興十八年にその名を載せるから、地志は兄弟とも紹興府の出身という認識である。また後述のように兄弟の墓が山陰県上皐尚書塢の父長民墓に並んで立てられていることも、兄弟ともに紹興の人であるとの認識を補強しよう。ただ注意すべきは、陸升之が及第時、右通直郎の肩書きを有しており任子出身と考えられ、従って鎖庁試での受験であった点である。

陸長民の長子、静之が父の蔭により紹興元年前後、二十歳余りのとき出仕したことは陸游の墓誌によって分かるが、弟升之の場合、いつ誰の蔭かを示す史料はない。最も可能性の高いケースは父の遺表の恩である。長民は紹興四年二月己丑、同年小録記載の尚書右司員外郎に昇進しているから（『建炎以来繫年要録』一七二　以下『要録』と略称）、これを最高位として紹興七年前後に没したと仮定すると、升之はそのとき二十三、四歳、遺表の恩で選人最下位の迪功郎を得ると順調に行けば三任七考で改官、更に一官進むと合格時の官位の通直郎となり、年数上の辻褄は合う。何故このような瑣末なことにこだわるかといえば、鎖庁試であれば一般人の郷試（解試）と異なり、合格率が圧倒的に有利な漕試（転運司附試）受験であるから、本貫取解の原則は関係なくなる。殊更、原籍と異なる本貫を登録し、本籍地以外での応試を求める必要もない。先述したように兄弟は三回目の応試での合格であり、升之は年齢的にみて二十一歳の紹興五年、二十四歳の八年、二十八歳の十二年、三十一歳の十五年（郷試はその前年）のうちの二回を受験したと考えられる。とすれば一回目が恩蔭を受ける前の紹興四年の郷試で、言うまでもなく開封は既に金の領地であるから、北方人は流寓として各地での受験が認められた事情が背景としてあり、本貫取解の勅に従うため開封としたと考えればよいのであろうか。しかし、この考えは成り立たない。

兄弟の本貫・戸主が異なるということは別籍異財の措置を経過したということである。それは法的に父長民没後のことでなければならないから、弟と異なる開封の本貫を別籍異財によって得ることは恩蔭で官位を得るのとほぼ同時期になり、わざわざ開封とする必要はなくなるからである。しかも同年小録の「偏侍下」の記載を参照すれば、母は存命であり(8)、唐律の規定では父母存命中は分籍できないから、どのように解釈しても兄弟別籍は律違反となる。この点は目をつむるとし、結局、最も矛盾の少ない説明は、父長民ないしそれ以前から、陸氏は戸主を軫、本貫は開封府陳留県としていたが（それは子孫の開封府取解を可能にするためともいえる）、長民没後、紹興での取解を考える弟の光之が分籍して祖籍に戻り、任子の升之はそのままの戸籍を継いだという解釈である。陸游の記述によれば、山陰陸氏の大墓が九里袁家嶴に在り、そこには七世の祖の忻夫妻、六世の祖郇夫妻、五世の祖昭夫妻の冢墓が存し、四世の祖軫は別の地の焦塢に葬られたが、夫人の墓はなお大墓に在ったという（『渭南文集』三九 陸氏大墓表　軫墓の場所は『嘉泰会稽志』六 冢墓も同じ。長民と静之、升之、光之の墓は上皐尚書塢にあった）。大中祥符五年の進士である軫は、記録に残る山陰陸氏初の科挙合格者であり、一族にとり特別の存在であったといえよう。因みに子の珪、その長子俶はともに恩蔭出身であり、進士であるその子長民も初官は任子出身の太廟斎郎であった。(9)

いずれにしても法官や判語の解釈であればともかく、兄弟の本貫、戸主の違いを、律や勅の規定との厳密な整合性を勘案しながら追及することにそれほど大きな意味はないであろう。ただ、ここでは本貫や戸主の問題を科挙との関連という視点から扱っているので当然とはいえ、系図・族譜の作成から、宗法とか宗族形成による収族という目的がみえてくることはなく、官戸の特権、とくに恩蔭による任官、そしてその官員が昇進して蔭補の権利を得、さらに官員を再生産し続けるサイクルや、子弟のためのより有利な応試のルートの確保が第一義であったと理解される。系図、族譜の存在は官僚を出した家には、さまざまな場面で必要とされたのである。

ところが皮肉なことに、陸升之の場合、このルートの確保は見事に失敗した。十八年の合格後、淮西提点刑獄司幹弁公事に移った升之は、翌年十月、諸王宮大小学教授として臨安に戻り、二十二年には知大宗正丞となっている。(10)『要録』の編者李心伝はこの人事について、秦檜の政敵李光が配所で書きしるした私史の内容を、それを書写した友人であり姻戚でもある光の子孟堅から聞いた升之が、譏謗の語ありと孟堅を告発した報償であろうと記す。紹興二十五年五月には、膨大な役得が期待できる提挙両浙路市舶に転じたことも秦檜の党であるとことを裏付ける（『要録』一六八 同年五月甲寅）(11)。しかしその年の十月秦檜が世を去ると、早くも秦党への批判が始まり、十二月には反秦檜派を誹謗中傷したとして九人が除名勒停の処分を受けた。そのなかにかれの名もあり、広西雷州への編管と決まった。(12)逆に升之の告発によって除名勒停、湖北峡州に流されていた李孟堅は許されている（『要録』一七〇 紹興二十五年十二月壬午）。その後の升之について、王明清『玉照新志』は大略以下のような逸話を伝える。

秦妙観は、北宋末宣和の名妓でその色香は都に冠たりといわれ、多くの画工が容貌を描き売った。陸升之は山陰の名流で詞も文も名手であった。晩年、秦党に連座し官界を追放され家に蟄居したが、以前自分に語ったことがある。近頃、臨安を訪ねたとき、雨のなかぼさぼさ頭で垢まみれの顔の老婦人が市場で物乞いをしていた。ひさしの雨だれで足を洗いながら、自分（升之）に泣いて訴えていうには、お役人さまは秦妙観の名前を聞いたことがおありですか。妾がそれです、と。変わり果てた姿であったが、声の艶や所作には昔の面影がある。何がしかの金子を与え、その場を去ったのだ。升之は、話しながら涙が襟に満ちていた。恐らく自らの晩年の流落不遇に似ることに愴然としていたのであろう。今でもそのときの言葉が耳に残る、ああ。

山陰陸氏一族には、陸游のように紹興二十三年の鎖庁試、翌年の礼部試において秦檜が孫の埙の高位及第を強引に進めた影響を受け不合格になるなど、升之と立場を異にする族人がいた。しかも少年時代、静之、升之兄弟と游は机を並べて学んだ仲である（劉維崇『陸游評伝』第一章　陸游小史　正中書局　一九六六）。孝宗朝以降も陸氏は進士を出し続けたが、嘉定十年（一二一七）には升之の孫の若川が合格している。このように王安石や蔡京以来、南宋滅亡時の賈似道に至るまで、専権宰相を中心とした党争の絶えなかった宋代政界の官僚にあって、時の政権との距離のとり方は難問であった。政権交代のたびに立場が逆転する状況を乗り越えて一族の繁栄を維持するためには、同族のなかに異なる政治的立場の官員を併存させることが保険を掛ける意味で有効のように思えるが、それはともかく、宋代政治の在り方が、同族結合の重要性、すなわち宗族の形成を促進したことは確かであろう。また科挙に話を戻すと、一次試験の転運司附試（漕試）は、先述のように一般解試に比べ著しく合格率が高かった。この漕試に応じる資格は、有官者のほか試験官や現地に赴任した官僚の親族にも与えられ、当該官僚との親疎を証明する書類は、やはり系図・族譜の類であっただろう。この漕試に人々が殺到し、とくに問題となったのは南宋四川においてであったが、この問題は別に論ずることにする。(13)

本貫取解の問題について、もう一つ付け加えたい。紹興十八年同年小録が今に伝わる理由は、周知のようにそれが朱熹登第の科挙であったからである。その五甲第九十人朱熹の項をみると、本貫は建州建陽県群玉郷三桂里としている。これに対し例えば三浦国雄氏は「彼の本貫は徽州婺源であって建州ではない。当時は原籍地受験が原則であったから、建州で受験するために本籍を現住所に移したのであろうか。それにしても、建陽とあるのが解せない。彼が建陽に居を定めるのはずっと後年、紹熙三年（六十二歳）のことであって、この時はまだ崇安五夫里に居たはずである。おそらくこれは書肆の誤刻であろう」（『朱子　人類の知的遺産19』講談社　一九七九）と述べ、疑問を呈している。評者も長らく同じ疑問を抱いてきたが、かといって誤刻説も腑に落ちない。それが近年の束景南『朱熹年譜長編』（華東師範大学出版社　二〇〇一）によって漸く氷解した。それを紹介しておく。束氏は、巻上一一二頁「一一四八　紹興十八年　戊辰　十九歳　春正月、娶劉勉之長女劉清四」以下の按語のなかで、五種類の同年小録の記載を引用比較して考察する。四庫全書、宋元科挙三録（本稿はこれに拠る）、叢書集成、朱玉編朱子文集大全類編第七冊雑著引題名録および滁州紹興十八年進士題名録碑である。このうち朱玉所引題名録のみが建州崇安県五夫里開耀郷としている。束氏は、五種のうち明の盛時泰が、朱熹同年の江賓王（四甲第百五人）手書の題名録を家蔵していた子孫である江柳汧から得て、嘉靖戊午に自からの蒼潤軒帖に入れ、その石刻が滁州題名録碑文であり、それ故時代の上からも最も信頼に値すると考えた。そこでは行第が五二、戸主を自己としており、他書と異なる。また朱子文集大全が、明弘治本（三録本）に拠るとしながら建陽県を崇安県に変えたのは、当時の居住地と異なることに朱玉が困惑したからであろうとする。さらに朱熹は、岳父である劉勉之の墓表（文集九〇　聘士劉公先生墓表）のなかで「墓は、草堂の渉渓西北七里の所、群玉郷三桂里の学士原に在り」というから、群玉郷三桂里は劉勉之の籍貫であり、ここから朱熹が本貫を妻の実家の本籍に移し、建州の郷試を受験したことが分かるとする。従うべきであろう。そのとき戸主も父から自分に変えたのであろう。因みに『八閩通志』一五　地理には　建陽県を五郷十八里として、そのなかに群玉郷三桂里がみえる。

通志は、元、明で郷里名の変更がある場合は注記をし、ここでは何も言わないので宋以来の郷里名なのであろう。但し、氏が紹興十七年の建州郷試の家状では崇安県五夫里開耀郷であったが、郷試合格後、劉清四を娶り、翌年の礼部試の家状で建陽を本貫とした、という見解には俄には従えず、保留としておく。

高弟黄榦の朱熹行状を始め、朱熹の伝記は本貫を徽州婺源県萬安郷松巖里とする。父松の本貫であり、母の祝氏も徽州歙県の人である。何よりも朱熹自身、最後まで「新安の朱熹」と名乗っていた。しかし朱熹は生涯の大部分を福建建州で過ごしたのであり、墓も建陽唐石里に在る。もっとも棺を婺源に葬ろうという弟子たちの動きはあったが、厳しい慶元党禁の最中であり許されなかったという説もある。いずれにしても、祖籍、本貫、現住地を異にする宋代士大夫官僚の存在は普通であり、かれらの地域に対する帰属意識は、今後の検討課題である(14)。

四

最後に、今回青木報告へのコメントのため、宋代の族譜を少しまとめて調査するなかで気になったことを挙げてみる。多賀氏がいわれるように宋代の族譜でその具体的内容まで分かるものは欧陽譜、蘇譜を除いて殆ど存在しない。多くは文集に収録された族譜・宗譜などについての序により類推するしかない。実はそれら序にまじりいくつか族譜の題ないし跋という形式の文が書かれていることが分かった。通常両者は題跋とも称され、主に書画や骨董品、書物など自らが所蔵ないし鑑賞した作品について自由に論じ書く、宋代になって確立した文学のジャンルといわれる。ではここでも通常の分類に従い、序が修譜当事者や関係者から依頼された人物が執筆する、まさに正式な序文であるのに対し、題跋は、族譜をいわば作品として鑑賞対象として扱ったと理解してよいのであろうか。

例えば、宝祐元年（一二五三）仲秋四日の日付をもつ陽枋「跋譜繫図」（『字渓集』一二）は、父が慶元年間に作成し親族に配布した陽氏族譜図が戦乱で失われたのを、自らの致仕後、父親手沢の日録を見つけ、その記録と亡き母生前の言を頼りに復元した譜繫図への自跋である。亡父の志を後人に伝えたいという想いが書かせた文章といえる。あるいは王柏「跋董氏族譜遺跡」(『魯斎集』一一)は、朱子学者らしく宗族の親疎の別・敦睦の義を理一分殊の語で説明しつつ、かれが見ることを得た董氏先世直筆の譜諜遺墨を世々宝として愛護せよ、との董氏へのメッセージである。確かに書の鑑賞という要素は認められないが、遺墨である譜諜を実見したことがこの文を書く動機となっている。もう一点だけ挙げると、先述の欧陽脩の族孫欧陽守道に「題醴陵李氏族譜」(『巽斎文集』二一)という題記がある。湖南醴陵に居住し莱山李氏を名乗る李萬全が提示した族譜をめぐり、祖を上世に求めることの難しさについて、老子を祖とした唐の李氏の誤謬などを例に説き、しかし李萬全の場合、十六世以降は名字・第行・卒葬は確かであるから、そこから宗族としての活動を行うべきだ、と述べる。文末の注記をみると「右、長沙城中の寓館にて書す。時に筆墨の外、書の検すべき無し。史伝を記憶すること、亦た未だ自ら其の誤り無きを保する能わず」と書いている。日頃、一族の族譜を含め論ずることの多かった守道は、嶽麓書院副山長の頃のことであろうか、李氏の族譜を見た後、その先を老子の後とする内容について急遽宿舎で疑問と反論を認めたのである。この題記がどういう形で書かれたかは分からないが、恐らく借りていた李氏族譜を、別紙に題記を付して李萬全に返したのであろう。

以上三点は、いずれも南宋後半期以降に書かれている。既に族譜編纂と宗族は一体のものとして考えられ、宗族や族譜について自由に意見を述べ合う場も成立していた。族譜の理念的効用は自明であり、それは即現実的効用をも意味したのであろう。

注

(1)　本書収載の青木論文は、シンポジウム当日の筆者のコメント後に脱稿されたと聞いているので、ここでそのときのコメントを再録する必要はないと思い、青木報告に啓発されて評者が考えたことを中心に述べることにする。

（2）多賀秋五郎『中国宗譜の研究』上　日本学術振興会　一九八一年　五七頁以下。

（3）多賀前掲書一二六頁。ただし欧譜も、修譜は五世を単位とする小宗を基本にして行うべきだと主張している（小林義廣『欧陽脩――その生涯と宗族』創文社　二〇〇〇年　二九八頁）。しかし、譜図は吉州欧陽氏の始祖を重視し、そこに至るまでの系譜をも記しており、その意味では大宗法的と称しても許されるであろう（井上徹「中国の近世譜」歴史学研究会編『系図が語る世界史』青木書店　二〇〇二年　所載　は大宗法復活の可能性を指摘する）。

（4）小林前掲書二九六頁。

（5）臣僚言、士人詐冒戸貫、妄引宗枝以規図就試者。乞行下応諸以伯叔兄等為戸者、雖有條制施行外、仍各于家状前画宗枝図、須要与家状内同曾祖。結罪詣実方許就試。如後来契勘得委是偽冒、将応人駁放、其同姓知情容縦一例坐罪。従之。

（6）中嶋敏「宋進士登科題名録と同年小録」（同『東洋史学論集』所収　汲古書院　二〇〇二年　原載『汲古』二六　一九九四）注（13）参照。

（7）近藤一成「東坡応挙考」『史観』一二五　一九九一。

（8）注（6）中嶋論文参照。

（9）『蘇魏公文集』五九　国子博士陸君墓誌銘。陸佃『陶山集』一五　仁寿県太君呉氏（軫夫人）墓誌銘、会稽県君呉氏（佖夫人）墓誌銘。

（10）『要録』一六一　紹興二十年正月丙午の条に付された日暦。同　一六三　紹興二十二年十一月辛巳。

（11）秦党については、寺地遵『南宋初期政治史研究』第十二章秦檜専制体制の構成　以下参照渓水社　一九八八。

（12）雷州には、夢帰堂と名づけられた寓居があったという（『雷州府志』古蹟）。

（13）近藤一成「南宋四川類省試からみた地域の問題」『史観』一五一　二〇〇四。

（14）かつて部分的に、この問題を考察したことがある。「王安石撰墓誌を読む――地域、人脈、党争――」『中国史学』七　一九九七。

元明の部

元朝統治と宗族形成
――東南山間部の墳墓問題をめぐって――

中島楽章

はじめに

「宋―明時代の宗族」に、元代はどう位置づけられるのであろうか。従来の宗族研究は、おおむね宋代史・明清史という別々の枠組みで進められてきた。宋代史研究者は、范仲淹をはじめとする北宋期の思想家・政治家によって提唱・実践された宗族モデルが、南宋期にかけて道学系士大夫によって定着する過程を検討する。一方で明清史研究者は、明代後期から宗族モデルによる同族集団の組織化と拡大が急激に進み、清代には周辺部の移住民社会にも普及したことに注目する。しかし総じて、宋代と明清とのあいだに介在する元代の状況も含めた、宗族形成の動態的展開に対する関心は希薄であった。

こうした状況は、むろん宗族研究に限らない。「大元ウルス」史の立場からも、「宋代研究に元を飛び越えて明清の制度・状況に繋がりを求め」る傾向や、元代江南社会史研究の手薄さが指摘されている(1)。総じて社会経済史研究の中心となる江南（元代では四川を除く旧南宋領を指す）では、元朝支配の期間も短く、その統治も脆弱であり、元朝社会はおおむね南宋の延長として理解しうるというイメージがあったのではないか。しかし一方で、一見脆弱にもみえる元朝の江南統治のもとで、社制・土地調査・助役法など、明初の強固な統治体制につながる施策が導入されている(2)。さらに最近の欧米では、唐宋変革と明末清初という変動期にはさまれ、看過されがちであった南宋～元～明代前期の動態的変容を、「宋元明移行期」（Song-Yuan-Ming Transition）として再検討する動きも現れている。

「宋元明移行期」を主題とした論文集 *The Song-Yuan-Ming Transition in Chinese History* の序文において、編者のポール・ジャコブ・スミス氏はこの移行期の歴史的位置づけを試みている。(3) この時期には北方ステップ勢力の侵入により、社会経済の重心が大きく江南に移り、華北の荒廃とはうらはらに、人口増・農業開発・商業化・都市化・文化の浸透が進んだ。そしてこの移行期には、北宋や清代にくらべ、国家の社会に対する作用はより受動的で、エリート層（紳士・士大夫）はより自律的であった。北宋期には王安石に代表されるように、国家が積極的に社会経済に関与し、エリート層と国家との関係も密接であった。しかし南宋以降のエリート層の関心は国家よりも地方コミュニティにあり、任官は多様な移動戦略のオプションの一つにすぎなかった。元朝の江南支配も地方有力者に依存せざるを得ず、こうした趨勢を押し戻そうとした明初政権の積極策も長続きしなかった。

スミス氏は重田徳のいう「郷紳支配」は、明代中期ではなく南宋期に始まったとみなす。南宋～明代のエリートは、北宋や清代にくらべ国家への依存性が低く、地方社会や宗族のために社倉・義荘・書院などの事業を展開した。こうしたエリート・アクティヴィズム（elite activism）に思想的ヴィジョンを提供したのが道学であった。しかし清代には、国家による社会の統御をめざすステート・アクティヴィズム（state activism）がふたたび強まってゆく。清朝は農業中国の社会経済を、北宋ほど強制的ではないが、より効果的に統制した。清朝は単なる紳士層の利害の代弁者ではなく、紳士層を支配体制に包摂し、官僚機構の規模を拡大することなく、国家の統治能力を高めた。そして宋元明期に発達した制度やイデオロギーを洗練し、それを農民層や非漢民族にも拡大し、ステップと農業中国・国家と社会との統合を進めたのだという。

スミス氏の議論は、欧米における「宋元明移行期」論の共通認識というわけではなく、筆者も明初政権は、国家による集権的社会統制の弱体化を、地方コミュニティを体制化して押し戻し、清朝よりはるかに直接的に社会を統制したと考える。とはいえ北宋期に淵源した制度や思想が、南宋～明代を通じてエリート層に受容され、やがて国家による社会統合の手段として体制化されたという議論は、宗族研究にとっても啓発的であろう。本稿ではこうした見解も参照して、元代における宗族形成の位置づけを試みてみたい。

一　元代宗族研究の視角

宋・明清の宗族研究には膨大な蓄積があるが、元代宗族に関する専論はきわめて乏しい。しかし宋元史、あるいは元末明初史という立場からは、元代の宗族形成を論じた注目すべき論考も発表されている。まず森田憲司氏は、元代の江西・浙江などで、文集に残された族譜の序文が急増することに注目した。北宋の欧陽脩・蘇洵にはじまる族譜編纂は、恩蔭によって代々任官する「官僚の家」を担い手とし、南宋期にかけて普及してゆく。特に元代には、著名文人による序文執筆、族譜の印刷、合族譜や再修譜の出現などにより、一族内部の事業であった修譜が、対外的な意義を持つようになる。元代における族譜の急増は、モンゴルの侵入と科挙の廃止により没落の危機に直面していた「官僚の家」が、内外からの危機に対し、「収族」により同族の統一と再結合をはかったことの反映であるという。(4)

また遠藤隆俊氏は、范仲淹が設立した范氏義荘の、元代における動向を検討する。元代の范氏は、義荘運営の整備・義学の創設・祖廟の再建などを進め、元朝も范氏を儒戸として教官などに任用し、義荘に税役上の特権を附与した。元朝の江南支配には一定の限界があり、范氏を代表とする江南名族の協力を仰がざるを得ず、江南の地主・士大夫には、宋～元を通じた連続性が認められるという。(5) さらに井上徹氏は、宋代以降における宗族形成の主目的は、同族全体として科挙官僚を送出し名門家系を連続させることにあったと論じる。元朝の科挙廃止は、江南士大夫の任官を大きく狭めた。しかし元末には、多くの江南士大夫が中央政府に進出する道が開け、さらに明初の科挙復活により、大量の南人官僚が政府に進出した。井上氏は、元末明初期に江南士大夫の任官機会が拡大したことが、宗族形成への志向を強め、江南各地で族譜・祠堂・義荘などの事業が推進されたと説く(6)。

このように日本の研究では、宗族形成の担い手を宋代以来の科挙官僚家系とみる。元朝の科挙廃止はその基盤自体を揺るがした。しかし実際には、江南士大夫は同族の結集によって危機的状況の克服をめざし（森田）、または元朝の江南支配の限界のもとで南宋以来の地位を保持し（遠藤）、あるいは元末明初における任官機会の増大に応じて宗族形成を展開したという（井上）。総じてモンゴルの侵入・科挙の廃止などの逆境「にもかかわらず」、宋代以来の宗族形成はいっそう拡大した、ということになるだろう。

一方で海外の研究では、元朝統治自体に宗族形成を促進する側面を認める見解もある。常建華氏によれば、元代の士大夫は任官の道が限られたために、「郷族」の構築に力を注いだ。地主の土地集中を抑圧しない元朝の政策も、士大夫の経済力を高め宗族活動の経済的基盤を提供した。くわえて礼制上も放任主義をとり、祖先祭祀に制限を加えなかったことも、遠祖を祀る祠堂・墓祠などの発達をもたらしたという(7)。

またロバート・ハイムズ氏は次のように論ずる。元代江南の士人層が、中央政府の胥吏を経て、または儒学の教官として任官するためには、路の当局者による推薦が重要であった。しかし路の長官はおおむねモンゴル人やムスリムであり、推薦者の選定には、朝廷とも関係が深い地元有力者に依存せざるをえない。このため江西のエリート層は、呉澄・虞集・危素などの有力文人に認知をえる手段として、譜序の執筆を依頼した。元代には譜序が急増し、墓碑銘においても同族関係への言及が増加するが、これは森田氏も説くように、族譜編纂や宗族形成が、一族の私的な活動からより公的な事業となったことを示している。元代における宗族の発達は、南宋以来のエリート層が追求した地域主義的戦略（localist strategy）の帰結であるとともに、モンゴル政権との関係をえるルートの獲得という意義もあったのだという[9]。

さらにベティーナ・バージ氏は、元朝支配にともなうステップ的法文化の影響が、男系同族の結合を強化したという斬新な見解を提示している。宋代には女子の財産継承権や、寡婦自身の意志による再婚が認められていた。また寡婦は持参金を再婚先や実家に持ち去ることもできた。しかし元朝は女子の財産継承権をほとんど認めず、寡婦が持参金を再婚先に持ち去ることも禁じた。このほかにも元朝は一貫して、女性の家族法上の権利を制限し、夫の同族の権利を強化したが、これは既婚女性が完全に夫の部族に組み込まれる遊牧民的慣習を反映している。さらにステップ地域では土地よりも人間が支配の基盤であり、元朝も税役や兵士の徴収単位として戸を重視した。そのためにも女子の財産継承や持参金の流失などを排し、男系子孫が確実に戸と財産を継承する必要があった。そして元代における女性の権利の抑制と男系同族の権限の拡大は、宗法原理による男系同族の統合を唱道する道学系知識人の理念とも期せずして一致し、明代にもその趨勢は継承されたと説くのである[10]。

北宋以来の宗族形成を主導したのは、たしかに科挙官僚を中心とする士大夫層であった。しかし科挙が廃止された元代に、宗族形成はいっそう活発化する。科挙は確かにもっとも正統的な社会移動の経路であるが、実際には科挙受験も多様な社会的上昇移動の、きわめて重要ではあるがひとつの手段にすぎない。特にエリート層の地域主義が強まった南宋～元代には、宗族形成も地方社会における社会資本の構築という意義を強めたのではないか。総じて元代の宗族形成の背景として、Song-Yuan-Ming Transition 論で強調される、エリート層の地域主義的傾向が、元代においてもっとも強まったことに注目すべきだろう。相対的に放任性が強い元朝の江南統治、江南士大夫の任官機会の減少、地域有力者との人脈の重要性、地域や同族などのコミュニティへの関心などを背景として、元代のエリート層は地方社会での人的結合の形成に関心を深めた。そのなかでも、道学的理念にも元朝統治下での移動戦略にも適合的な男系宗族が、有効な社会資本となり得たのではないか。もとより元代江南の宗族形成という問題には、元という多文化的な時代の持つ複雑で多様な諸要因が関わっており、限られた紙数で包括的に論じることは難しい。本稿では、中国東南山間部における墳墓問題を通じて、元代の宗族形成をめぐる全体状況の一側面を描き出してみたい。

二　宋代の同族結合と墳墓

宋代以降の宗族制度を論ずる場合、①族譜による同族の系譜化、②祠堂における祖先祭祀、③宗族活動の経済的基盤としての族産、という「三点セット」が議論の中心になる。欧米の宗族研究でも、特に族産の存在をリニージ(lineage)組織の必要条件とみなす場合がある。(11)こうした伝統的宗族の主要なレパートリーは、蘇洵・欧陽脩らによる族譜編纂、程頤らによる祠堂祭祀の提唱、范仲淹による義荘の設立など、北宋期の道学系士大夫の実践に由来し、南宋から元代にかけて普及したものであった。しかし実のところ、宋元時代にはこうした「三点セット」を完備した宗族はむしろ例外的であった。北宋期の実践は、確かに以後千年間におよぶ宗族形成のモデルを提供したが、それが広汎に普及したのはむしろ明末以降である。宋元時代の宗族形成を考える場合、明清期の宗族研究から見いだされた「三点セット」以上に、むしろ墳墓における祖先祭祀に十分に注意する必要がある。

唐代中期から、清明節や寒食節に、子孫がそろって祖先の墳墓に参拝する習慣がしだいに普及していった。これは仏教的儀礼とも結びついて、男系同族が結集する重要な契機となった。北宋期の道学派士大夫による、宗法原理による男系同族の結集の提唱に先んじて、こうした墳墓における仏教的祖先祭祀を通じた同族結合が成長していたことに注意しなければならない。儒教の霊魂観においては、祭祀の対象となるのは祖先の神主(位牌)に宿る「魄」であり、墳墓の遺体に宿る「魂」ではない。しかし実際には、士大夫層も進んで墳墓祭祀をおこなった。儒教的祖先祭祀を唱道した道学派思想家のなかでも、韓琦・陳亮・黄榦などは同時に墳墓における祖先祭祀の整備につとめている。[12]

特に重要なのは、墳墓祭祀が家族ないし拡大家族のレヴェルをこえた、広汎な同族が結集する場となったことである。周知のように、北宋の程頤は家廟において高祖以下の祖先の神主を祀り、高祖より上の神位は墓所に埋めるが、祠堂では神位を用いずに始祖以下の祭祀を続けることを提唱した。[13] しかし南宋末から明代中期にかけて、祖先祭祀の実践にはるかに大きな影響をあたえたのは、いうまでもなく朱熹の名による『文公家礼』である。

『文公家礼』では、居室の東に祠堂を設け、高祖以下の祖先を祀るとする。ただし家廟で始祖・先祖を祀るという程頤のプランは、礼制上「僭」であるとして採用しない。祠堂における祖先祭祀は、高祖から分かれた五服内の同族、つまり「小宗」の範囲に止まる。しかし同時に、『文公家礼』には墳墓における祖先祭祀を定めた次のような一節がある。

大宗の家、始祖の親尽くれば、則ちその主を墓所に蔵し、大宗は猶おその墓田を主り、もってその墓祭を奉ず。歳ごとに宗人を率いて一たびこれを祭り、百世なるも改めず。その第二世以下の親尽き、及び小宗の家、高祖の親尽くれば、則ちその主を遷してこれを埋む。その墓田は則ち諸位が迭掌し、歳ごとにその子孫を率いて一たびこれを祭り、また百世なるも改めず。

つまり始祖嫡系の玄孫がいなくなれば、始祖の神主を祠堂から墓所に遷し、始祖の嫡系子孫（大宗）が代々墓田を管理し、墳墓祭祀を主宰する。始祖以下の先祖についても、それぞれの嫡系の玄孫がいなくなれば、やはり神主を墓所に遷し、その嫡系子孫が代々墓田の管理と墳墓祭祀を担うのである。なお祠堂には、子孫の田地の二十分の一を割いて祭田を設け、神主が祠堂から墓所に遷れば、その祭田を墓田として墓所祭祀の費用を調達する。そして祭田・墓田は官に申告して登記をうけ、典売することを許さないという。[14]

このプランによれば、高祖より上の祖先の祭祀は、祠堂から墓所へと遷されることになる。朱熹自身も、「士人・

庶民は高祖より上の始祖も祭祀すべきか?」という質問に対し、「始祖に対しては、墓祭のみをおこなうべきである」と答えたといわれる(15)。祠堂において遠祖を祀ることは、古典的礼制の制約からむずかしい。しかし現実の社会では、墳墓において遠祖に対する祭祀がおこなわれ、それが五服親の範囲をこえた広汎な同族が結集する場となっていた。墓所における始祖・先祖祭祀を認めた『文公家礼』の規定は、民間習俗的・仏教的要素の強かった遠祖祭祀を、正統的儒教礼制にとりこむことを意図していたといえよう。

清明節の墓参自体は仏教に由来するものではないが、葬送儀礼に仏教の影響が強いこともあって、墳墓での祖先祭祀も仏教的色彩を強く帯びていた。北宋期には政府高官に国家公認の「墳寺」をおき墳墓を看守することが認められ、南宋から元にかけては、一般の士人や庶民も、墓所に「墳庵」・「墳院」などの寺院や道観をおき、僧侶や道士に墳墓の看守をゆだねた(16)。『文公家礼』は、道学派知識人が仏教・道教的な祖先祭祀の領域に手を伸ばす根拠をあたえたのである。こうした方向をさらに追求すれば、墓所に祠堂を設置し、儒教的祭祀をおこなうということになる。十三世紀初頭に『文公家礼』に註釈を附した楊復は「始祖の親尽くれば、則ちその主を墓所に蔵す。然れば則ち墓所には必ず祠堂あり、もって墓祭を奉ずべし」と論ずる(17)。南宋末から元代にかけて、墓所では仏教・道教系の墳庵・墳院と、道学系の墓祠とが、祖先祭祀をめぐって競合することになったのである。

総じて宋元時代の同族結合、特に始祖などを起点とする広範囲な同族結合を考える場合、明末以降のような、印刷された族譜・始祖や遠祖を祀る宗祠・祠産や義田などの族産という「三点セット」よりも、墓所における祭祀に注意すべきである。族譜もまた蘇洵・欧陽脩以来、石碑に刻んで墓所に建てることが多く、印刷譜が登場するのは元代のことである(18)。つまり宋元期に実践された同族結合のレパートリーは、墓所に石刻された族譜、墓所(墳庵・墳院・墓祠)における祭祀、および墓田という、墳墓をめぐる「三点セット」がより一般的だったといえよう。瀬川昌久氏が述べるように、家族レヴェルの祖先祭祀では、世代を経るごとに古い祖先が脱落し、祭祀集団は分化へとむかう。これに対し宗族レヴェルの祖先祭祀では、宗族統合にとって戦略的に重要な祖先を選択して、世代が経過しても推移しない祖先中心的な祭祀集団が確立される[19]。こうした宗族の持つ統合的・再統合的作用を担ったのが、宋元期においては墓所における遠祖祭祀だったのである。

三　元代江西の墓地紛争と墓地売買禁令

宋代以降、墓地における祖先祭祀の重要性が高まるとともに、墓地をめぐる紛争も増加し、墓地保護立法や墓地売買規制の必要性も増していった。唐律（＝宋刑統）では、墳墓の発掘、他人の墓域での埋葬や耕作、他人の墓域内の樹木・碑碣・石獣の侵害などに対する処罰を規定するが、墓域の売買を禁じた条文はない。北宋末には、墓域や墓林などの売買を禁じる法令が定められたが、ほどなく廃止された。南宋期には、子孫共有の墓域を一部の子孫が勝手に売却した場合は、他の子孫が無期限で買い戻すことが認められたが、墓域の売買自体が禁じられたわけではない[20]。

元朝ではまず、世祖フビライの至元十四年（一二七七）には、「若し劫墓の賊徒あらば、已に墳塚を発せるものは、比して切（窃）盗に同じくし、棺槨を開きたる者は、強盗と同じくし、屍首を残毀せる者は、人を傷つくると同じくす」という、簡明な法規が定められた[21]。また江南を領有した至元二十九年（一二九二）には、福建で異姓養子が養家の祖父の墳墓を発掘し、遺体を火葬して、副葬品・墳塋・墳林・墳庵などを売却するという事件が起こった。これに対し福建行省は異姓養子の厳禁を通達しているが、墳墓の発掘や、墳塋・墳林・墳庵の売却に対する処置は史料に残されていない[22]。つづく元代中期には、墓地売買に対する法規制がしだいに整備されてゆくが、その多くは江西地方（宋代の江南西路・元代の江西行省北部）における墓地紛争を立法の契機としていた。青木敦氏が論じるように、江西地方は北宋～元代にかけて、フロンティアへの移民流入による人口増、それにともなう土地の稀少化や取引の活発化、さらには移民社会特有の不安定な社会秩序などを背景として、「健訟」の地として知られていた[23]。同時に競争的な移民社会において、人々はさまざまな人的結合を通じて生存戦略を追求したが、特に南宋から元代にかけては、宗族結合の発展が顕著であった。人口増による土地の稀少化と宗族形成の活発化は、風水思想の流行とも表裏して、江西における墓地紛争を激化させることになったのである。

まず成宗テムルの元貞二年（一二九六）、江西行省臨江路新喩州で、ある富豪が他家の墳墓を発掘した事件に対し、臨江路が次のような処置案を提示している。

胡文玉父子は富豪なるを倚恃し、強《むりや》り章能定の母墳をば盗掘して起移《はこびだ》し、却《そのうえ》に伊《かれ》の祖母の一喪を埋めたり。風化を傷つくるあり、理において容《ゆる》し難し。また人をして章能信を説誘《さそいこ》み、祖墳の山地をば、親隣に批問するを経ずして、また官の給拠をも経ずして、故意に法に違いて成交《とりひき》せり。……胡文玉を責し、近限《ちかぢか》に強葬せる墳墓を遷改せしめ、その地は章能定に断還して管業せしめん。章能信の元受せる、胡文玉の買地の価鈔中統一十六定［錠］に拠《つ》きては、即ち違法の成交《とりひき》に係れば、所合《まさ》に追没すべし[24]。

富豪の胡文玉は章能信をたぶらかし、彼の祖墳のある山地を、親戚隣人の同意もえず、地方官の「公拠」（売買許可証）も受けずに、違法に売却させた。胡文玉はその墓地で章能定の母の墳墓を発掘して、自家の墳墓としようとしたため、章能定が訴えでた。臨江路は胡文玉が違法に墓地を売買し、既存の墳墓を発掘したと認め、墓地は章能定に返還させ、売価は官に没収すべきだとしたのである。この処置案は江西行省によって裁可された。

胡文玉の場合、①法定の土地売買手続きをふまずに、違法に土地を売買し、②さらに既存の墳墓を発掘したことが罪に問われている。逆に言えば、この時点では正規の売買手続きをふみ、既存の墳墓も保全すれば、墓地の売買自体は許されていたのではないか。本来なら章能信はまず親族・隣人に購入の意志を問い、地方官は取引の正当性を確認したうえで「公拠」を発給し、土地売買を許すので、一族の意に反して墓地が売られることはない[25]。しかし特に墓地をめぐる競争の激しい江西では、風水条件のよい墓地を獲得するために、こうした制度をかいくぐって他人の墓地を購入しようとすることも多かったのだろう。

そして大徳七年（一三〇三）、江西などで頻発していた墓地紛争について、新たな禁令が定められた。事の発端は、江西行省臨江路ダルガチの次のような現状報告である。

本路の士民の家は、止だ利己を図り、祖宗を恤れむことなし。往往にして野師・俗巫を聴信し、妄りに風水をもって誑惑《たぶらか》して曰く、「某山は強ければ則ち某支は富めり。某水は弱ければ則ち某支は貧し」。或いは曰く、「この山は倉庫に似るなく、安《いずく》んぞ千金の富を致すを得んや」。ここに於いて一墓の屢遷して已まざる者あり。また子孫の不肖・貧弱にして、固守する能わざるあり、従りて師巫の誘いに堕ち、但だ多く価鈔を取らんことを図り、墓を掘りて出売・剖分する者これあり。その富税の家は、風水を貪図して、銭を用いて買誘し、これをして改掘・出売せしめる者これあり。……

臨江路では士人・民衆を問わず、風水師や巫師に惑わされ風水を妄信するが、特に同族の各支派の盛衰が墓地風水と結びつけられていたという。南宋～元代の江西では、移民流入による人口増とフロンティアの減少により、土地などの資源をめぐる競争が激化するが、同族どうしの競争だけでなく、同族の分節化にともなう支派どうしの競争も、しばしば同じ地域の資源を争奪するだけに深刻であった。また同族・支派・房の浮沈を左右する風水上の「気」は、それぞれの祖墳を通じて子孫にもたらされると考えられた。この結果、競争的・流動的な社会での同族・支派・房の盛衰は、それぞれの人的結合の中心である祖墳の風水と不可分であるとみなされたのである。

報告を受けた江西行省は、こうした事態に対して厳刑による処罰が必要だとして、中書省に禁令の制定を求めた。中書省の諮問を受けた刑部は、次のように回答した。

劫墓の賊徒、発塚して棺を開き屍を毀つ者には、已に断例あり。それ人の子孫たりて、或いは貧困に因り、或いは師巫の説誘を信じ、祖宗の墳塚を発掘し、財物を盗取し、塋地を貨売する者は、犯す所の軽重を験べて断罪せよ。屍骸を移棄し、祭祀をなさざる者も、合に悪逆に同じく結案すべし。地を買う人等《ものども》は、情を知れる者は犯人の罪に二等を減じて科断し、元価は没官せよ。情を知らざる者は、事に臨んで詳決せよ、有司は墳地を貨売する公據を出給するを得ず。理に依りて遷葬する者はこの例に拘らず。

つまり、①他人の墳墓を盗掘すれば、至元十四年の断例により処罰。②祖先の墳墓を発掘し、墓地を売却すれば、罪状に応じて断罪。③祖先の墳墓を発掘し、遺体を放置すれば、悪逆として処断。④他人の墓地と知って購入すれば、売却者より二等を減じて処罰。⑤地方官は墳地売買を認める公拠を発給してはならない。⑥正当な理由で祖墓を改葬することは許す、というわけである。中書省は刑部の答申を裁可し、江西行省に通達した[26]。

そして大徳七年禁令の十年後、皇慶二年（一三一三）三月にいたり、仁宗アユルバルワダは次のような聖旨を発して、墓地売買を全面的に禁じたのである。

皇慶二年六月、江西行省の准けたる中書省の咨：

皇慶二年三月十八日、崇天門外の章閭平章・張平章等の官人毎《ら》に根底《たいし》、也奴副枢の伝奉せる聖旨：「百姓毎《ら》の子孫毎《ら》には、祖宗の墳塋、并びに樹木を将《も》って、人に売与する的《もの》有り。更に骨殖を撅《うが》ち、墳塋を将って人に売る的《もの》有り。今後は、売る的《もの》・買う的《もの》、并びに牙人毎《ら》に根底《たいし》、罪過を要《あた》え、遍く文書を送りて禁断者《せよ》」麼道《といいて》、聖旨を伝え来《たり》。欽此。都省は咨もて欽依して施行せんことを請う[27]。

この聖旨では、①子孫が祖先の墳塋や、墳塋内の樹木を売ったり、②祖先の墳墓を発掘して、墳塋を売った場合は、売り手・買い手・仲介人をいずれも処罰することを命じている。大徳七年禁令では、祖先の墳墓を発掘して「墳地」を売却することが禁じられたが、皇慶二年禁令では、たとえ墳墓を発掘しなくても処罰の対象になり、さらに耕地などの「余地」部分を含めた「墳塋」全体と、墳塋内の樹木が売買禁止の対象になったのである。

皇慶二年禁令は、墳墓の発掘や墓域の売却をめぐる訴訟の頻発をうけた、社会秩序の安定策という面が強く、もとより直接的に宗族結合の安定を意図した法令ではない。とはいえ周知のように、仁宗の治世には朝廷に多くの江南士大夫が進出し、延祐二年（一三一五）の科挙の再開、同年にはじまる江南での土地調査（延祐経理）など、江南社会の実情に即した現実的な統治策が施行された。こうした江南官僚の中心となったのが、程鉅夫・呉澄・虞集など、江西出身で徽州学派の朱子学との関わりも強い士大夫層であった(28)。特に呉澄・虞集などの学派は、朝廷の要職にあって元代中期の江南統治策に影響力をもつとともに、故郷の江西撫州の宗族のために多数の族譜序文を執筆し、宗族形成を主導する立場にもあった(29)。皇慶二年禁令の制定に対しても、江西などの道学系官僚の意向が反映された可能性があり、少なくとも墓域の保護が祖先祭祀と宗族結合の安定につながることは認識されていたであろう。現実にこの法令は同族共通の墓域を保全する根拠として迎えられたのである。

四　元代徽州における墓地の所有形態と売買

皇慶二年禁令によって、祖先の墳塋（＝墓域）と墓林の売買は全面的に禁じられることになった。特に広汎な同族が結集する場となった始祖以下の遠祖の墓地は、世代が下るにつれ、同族の分節化と均分相続により権利が細分化し、保全が難しくなる傾向があるだけに、同族結合の展開のうえでこの禁令が積極的な意味を持ったことは疑いない。

それでは元代の東南山間部で、同族集団はどのような形態で墓地を所有していたのだろうか。幸いにも、徽州歙県の有力宗族であった渓南村の呉氏が、主要な祖先の墓地について、宋元以来の沿革と所有・経営状況を詳細に記録した、『歙西渓南呉氏先塋志』という史料が残されている(30)。同書によれば、歙県ではまず元代の延祐四年（一三一七）の田土調査（延祐経理）の一環として丈量が行われ、一区画の土地ごとに地目・面積・所有者を調べ、字号（登記番号）

をつけて把握した。明初の洪武十八年（一三八五）にも丈量が実施され、魚鱗図冊が作製された。洪武魚鱗冊でも、延祐経理による字号がそのまま用いられ、明末万暦九年（一五八一）の張居正丈量にいたり、あらたな字号が全面的に附け直された。

『呉氏先塋志』の冒頭、唐末の始祖呉光の墓域は、延祐経理では「草字五百七十号」という字号で登記され、墳山一角と荒地一畝三角四十畝からなっていた。うち墳山は呉県尹、荒地は呉岳・呉奇叟・呉運泰の名義で登録された。洪武十八年の丈量では、墳山は呉承務、荒地は呉岳・呉奇叟・呉副使の名義で登録されている〈表1〉。これらの名義人は、現実に土地を所有している個人名ではなく、代々継承される土地登記上の「戸名」であろう。〈図1〉は本書に収める、洪武魚鱗冊の「総図」の模写である。明初の魚鱗図冊としてしばしば紹介された史料であるが、中央にある五百七十号の山地が呉光の墓地である。

より土地登記の細分化が進んだ例として、八世祖呉旦の墓地をとりあげよう〈表2〉〈図2〉。この墓地は墳地二角三十歩からなるが、延祐四年の段階で、すでに十の戸によって分割して登記され、それぞれに独自の字号が附されていた。そして字号ごとに、たとえば「身字二百二十七号　墳地一十八歩　呉復古報　見業呉大成等」などと、「報」・「見業」の氏名が記されている。これに対し洪武十八年のデータでは、「身字二百二十七号　墳地一十八歩　計税七厘五毛　土名高湖　見業呉大成等　分装呉伯機三厘八毛・呉蔭茂三厘七毛」などと、各字号ごとの面積・課税額・土名につづき、「見業」の氏名、「分装」の氏名と課税額を記している。「見業」の名義人は、延祐から洪武まで変わらない場合が多い。おそらく「呉復古報、見業呉大成等」とは、延祐経理に際して、呉復古がこの土地を申告し、呉大成という戸名で登記したことを意味し、この戸名が洪武年間まで継承されたのだろう。

なお中国社会科学院歴史研究所には、洪武十八年に歙県渓南村で造られた魚鱗冊が現存している。本史料を実査した鶴見尚弘氏によれば、やはり各字号ごとに、「見業」と「分装」の名義人が記入されていたが、「見業」と「分装」

〈表１〉歙県渓南呉氏、始祖呉光の墓地の所有形態

＊坐落：歙県十五都九保　土名：壟塘山　字号：草字五百七十号

総面積：墳山１角＋荒地１畝３角40歩

地目・面積	延祐四年経理	洪武十八年丈量
荒地３角	呉県尹（諱夢炎）	呉承務
墳山１角	呉岳	呉岳
地２角40歩	呉奇叟（即奇孫）	呉奇叟
地２角	呉運泰（即泰孫）	呉副使

〈表２〉歙県渓南呉氏、八世祖呉旦の墓地の所有形態

＊坐落：歙県十六都七保　土名：蛟湖　総面積：墳地２角30歩＋地２畝３角26歩

字号	面積	延祐四年経理		洪武十四年丈量		
		報名	見業	税額	見業	分装
身字二百二十一号	18.5歩	呉蘭畹	呉春	7.7厘	呉春等	呉仲見・原真・有余・仲余・伯顔(各1.54厘)
身字二百二十二号	９歩	呉通	呉大成	3.75厘	呉仲傑等	呉祐(1.9厘)・孟仁(1.8厘)
身字二百二十六号	12歩	呉太和	呉太和	5.0厘	呉太和	呉文昭(1.3厘)・添多(1.2厘)・宣(2.5厘)
身字二百二十七号	18歩	呉復古	呉大成	7.5厘	呉大成等	呉伯機(3.8厘)・蔭茂(3.7厘)
身字二百二十八号	９歩	呉端	呉載等	3.75厘	呉再成	呉文昭(0.9厘)・添多(1.0厘)・宣(1.9厘)
身字二百二十九号	９歩	呉嵩高	呉嵩高等	3.75厘	呉嵩高等	呉仕瞻・為美(各1.9厘)
身字二百三十号	18.5歩	呉静観	呉大観 呉安寧	7.7厘	呉大観 呉安寧	呉安寧(4.0厘)・仕鼎(3.7厘)
身字二百三十一号	18歩	呉運泰	呉副使	7.5厘	呉副使	呉仕道・子善・伯観・得原(各1.2厘)・伯温(1.3厘)・伯顧(0.6厘)・伯潤(0.6厘)
身字二百三十二号	18歩	呉県尹 呉大中	呉承務	7.5厘	呉承務	呉大成(3.7厘)・道童(3.8厘)
身字二百三十四号	20歩	呉悰存	呉悰存	8.3厘	呉存初	(記載なし)

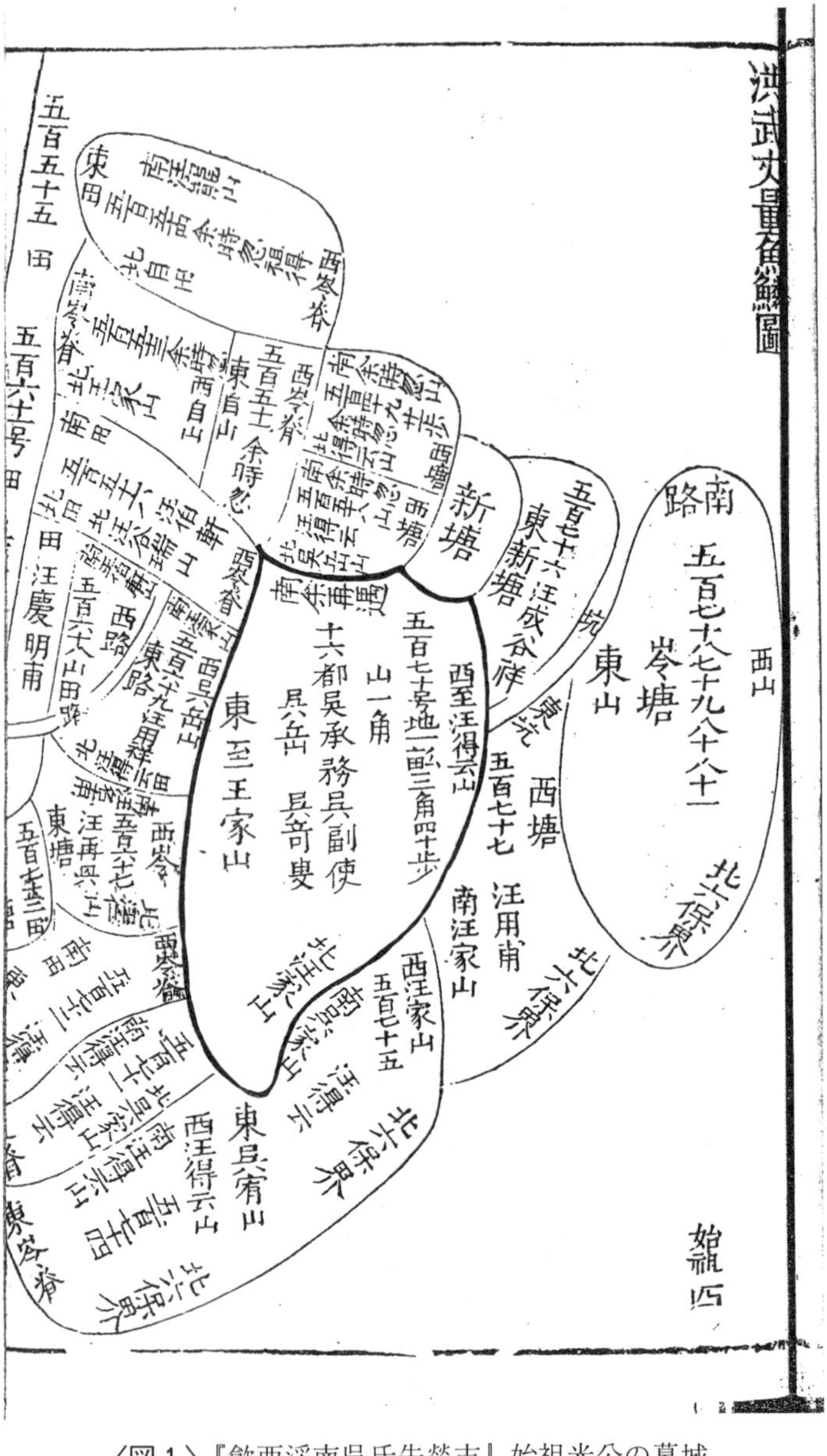

〈図 1〉『歙西渓南呉氏先塋志』始祖光公の墓域

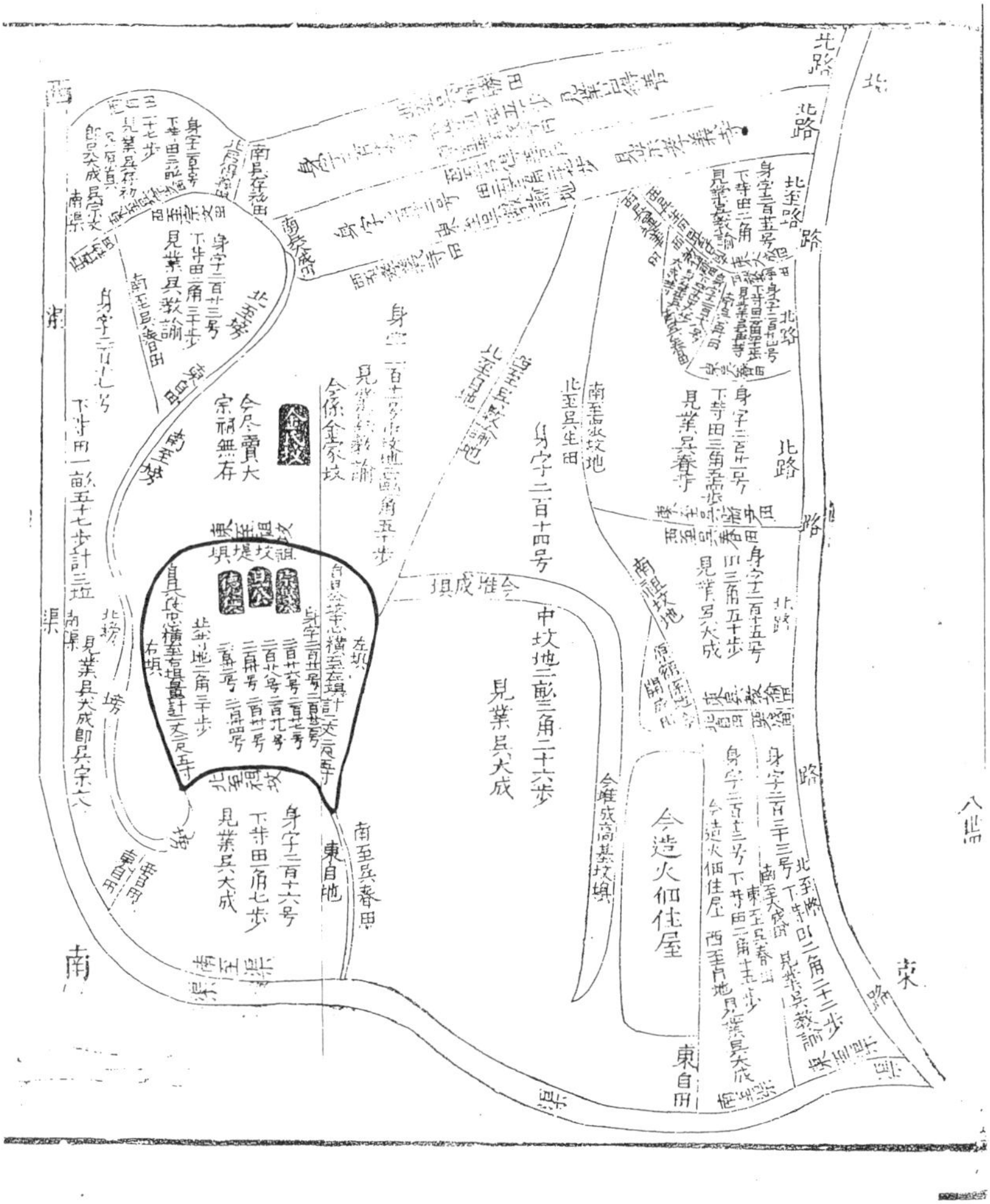

〈図２〉『歙西渓南呉氏先塋志』八世祖旦公の墓域

の氏名は異なることが多く、「分装」の名義人が複数であれば、それぞれの課税額が記されているという。[31]『呉氏先塋志』に記された洪武十八年の「見業」と「分装」の氏名が、この魚鱗冊に基づいていることは疑いない。延祐経理で決められた戸名は、おおむね洪武年間まで継承されたが、実際にはその間に均分相続などにより、戸の内部で地権が分割される。「分装」は実際の地権所有者であり、「見業」は彼らが共有する戸名なのであろう。半畝たらずの八世祖の墳地が、元代中期～明初を通じて十戸に分割して登記され、実際には明初の段階で、地権は三十近くまで分割されていたのである。ただし半畝たらずの墳地に実際に境界を引いて分割したのではなく、「分装」の課税額は地権の割合を示す机上の数値であろう。また地税の納入は各戸が独自に行ったとしても、墳地の管理や祭祀は一族共同で行ったのではないか。

『呉氏先塋志』に記す渓南呉氏の墓地は、ほぼ例外なく各戸が分割して登記している。おそらく呉氏一族の各「房」が、それぞれの戸名をもっていたのだろう。徽州の宗族が墓地の所有権を祠堂などの名義に移して族産化するのは、渓南呉氏も含め、十六世紀以降のことである。[32]むろん元代でも、家産分割に際して、墓地を共有地として保留することもある。たとえば祁門県十五都の鄭安卿など四人は、至正四年（一三四五）年に共有する山地を均分したが、山内の生墳塋（生前に造る墳墓）は「衆存」として分割せず、また各人が分割した山地で新たに墳墓を造れば、その土地も「衆存」とすべきことを規定している。[33]

なお現存する元代徽州路の契約文書には、〈表3〉のように六件の墓地売買事例が確認できる。①は大徳・皇慶の墓地売買禁止令以前の売買であるが、棺を仮埋葬地（厝地）から吉地に改葬して、その跡地を他姓に売却している。[34]大徳七年禁令でも、「理に依りて遷葬」することは許しており、この場合も法的な問題はない。④は皇慶二年禁令以降の事例であるが、売り手の汪潤翁は父親の墳墓と墳庵のある山地を、墳墓周辺の「禁歩」と墳庵の敷地を除き、官に申請して「公拠」を得たうえで、鄭廷芳に売却してそこに墳墓を築くことを認めている。[35]ここでは鄭氏が墳墓を築

〈表 3 〉文書史料にみる元代徽州路の墓地売買

年代	土地所在地	土地売買の概容	文書種類
①至元26年(1289)	祁門県二都	汪周村が仮埋葬地から棺を他所に移し、跡地と外棺を李光遠に売却。	売山地白契
②延祐 2 年(1315)	県名不詳	胡顕卿が墳墓のある山地二角と山内の杉苗を、「同保人」の胡朝卿に売却。	売山地白契
③延祐 5 年(1318)	県名不詳	李五三婆が祖先の墓地である山地二角を、「同分人」の李永昌に売却。	売山地赤契
④延祐 6 年(1319)	祁門県十八都	汪潤翁が父の墳墓・墳庵のある山地四畝一角を、墳墓の禁歩と墳庵の敷地を除き、鄭廷芳に売却し墳墓設置を認める。	売山地赤契
⑤延祐 7 年(1320)	祁門県十二都	鄭氏一族が共有する墳山を他姓が侵占し、鄭元美が提訴して回復。一族は祖墳右側の山地を元美に売却し、墳墓設置を認める。	売山地白契
⑥至正11年(1351)	祁門県十都	貴池県に移住した謝安得らが、祁門県に所有する墓林・山地三角を、「同分人」の謝子成に売却し墓地設置を認める。	売山地赤契

[出典]①『中国歴代契約会編考釈』(北京大学出版社、1995年) 419号文書　②同424号文書　③同427号文書　④同428号文書　⑤『徽州千年契約文書』宋・元・明編(花山文芸出版社、1992年) 1巻11頁　⑥同1巻18頁。

くことを前提にしており、鄭氏の新造する墳墓が汪氏の墳墓の風水を害さないよう、「禁歩」範囲を除外して売却したのである。

③では李五三婆が所有する祖先の墓地の半分を、「同分人」の李永昌に売却している。[36] ⑥でも池州府貴池県に移住した謝安得・安常が、故郷の祁門県十都にある祖先の墓林・山地のうち、彼らの「分法」を「同分人」の謝子成に売却している。[37] 「分法」とは子孫によって分割された墓林・山地の地権を指し、「同分人」とは同じ墓地で地権を分有する子孫を指す。③・⑥とも官に届け出て官印を得た赤契であり、皇慶二年禁令の後も、墓地を分有する子孫どうしが地権を売買することは認められたのである。②は胡顕卿が「同保人」の胡朝卿に墳墓のある山地を売却しているが、姓名から見てやはり「同分人」どうしの売買ではないか。[38] ⑤では他姓に侵占された一族共有の墓山を、一族を代表して官に訴えて回復した族人が、その山地をみずからの戸の名義で登記したうえ、他の族人からその地権を買っている。[39] これも一

族内部での墓地売買であった。総じて元代の徽州路では、祖先の墓地はしばしば一族の各戸に分割して登記され、戸の内部でさらに地権が分割されたが、細分化された地権を一族の内部で売買することは可能だったのである。

五　元代徽州の宗族結合と墓地売却禁令

上述のように元代の徽州では、子孫の各戸が祖先の墓域を分割して登記し、各家が地権を分有することが多く、各戸・各家が、相互に地権を売買することもできた。特に広範な同族結合の中心となる遠祖の墓地ほど、地権が多数の子孫に細分化する傾向がある。南宋期には子孫共有の墓域を、一部の子孫が勝手に売却した場合は、無期限の買い戻しが認められたが、この法令では各戸・各家が分有する墓域の売買を規制することは難しいだろう。これに対し「祖宗の墳塋并びに樹木」の売買を全面的に禁じた皇慶二年禁令は、子孫が分有する墓域の売買を防ぎ、一族共通の墓域を保全することを可能にしたのである。

皇慶二年禁令から六年後の延祐六年（一三一九）、徽州路休寧県の范氏一族は、祖先の墳塋の保全を規定した合同禁約を制定した。范氏は九世紀前半に休寧県博村に定住し、南宋期まではもっぱら農業経営をいとなみ、科挙官僚などは出していない。しかし元代には范氏の族人は商業活動や山林経営によって若干の資産を蓄積し、また族譜を編纂し、同族共有資産を設けるなど、元末明初までに宗族としての形態を整えつつあった(40)。

こうした宗族形成の過程で、延祐六年十二月、范氏の二十一名の族人が、瑤村にある十世祖の墓地などを保全するために「合同禁約」を結んだ。その序文には次のようにある。

切《ひそか》に惟うに、人の祖あるは、木の根あり、水の源あるが如し。既にこの身あれば、安んぞその宗祖を忘るべけんや。本族の十世祖十二宣議・祖妣胡氏は、本県の十七都瑤村に葬らる。子孫は蕃衍し、十八都の博村に聚居す。

後に本県の汊川諸郷に遷り、及び安慶・廬州・江州等の処に居住する者あり。皆なその源を同じくするも、族の遠くに居る者は時ごとに拝掃し、墳塋を整理するを得ず。今附近に居住せる十世孫、同じく十一・十二世孫は会議す。祖を尊び宗を敬うは、乃ち子孫当然の理なり。伏して観《み》るに、皇慶二年三月の内、国朝は墳地墓木を典売するを許さざる禁例あり。今族衆は祖宗の墳塋を重新・脩理せる後、各項の合に関防すべき事務あり。尽《ことごとく》一開写して合同文字に連押し、各支の子孫収執し、永遠に照用せん。

范氏の十世祖の墓が休寧県瑤村にある。その子孫は博村に集住しているが、休寧県各地や徽州以外に移住する者もあり、移住者は祖墓を参拝・管理することが難しい。幸いにも皇慶二年、墓地・墓木の売買を禁じた聖旨が発せられた。そこで一族はこの合同文約を立て、禁令に従って墓地の保全を誓約する、というのである。主要な遠祖の墳墓は、分節化と外地移住によって世代を経るごとに分散しがちな同族を再統合する意味を持つ。范氏は宗族統合の場となる祖墓を保全するための法的根拠として、皇慶二年禁令を迎えたのである。

序文の後に四箇条の禁約がつづくが、墓地売買の禁止は第一条に規定されている。

一、世祖十二宣議・祖妣胡氏は、瑤村に列葬す。その墓地は元と尚竹の地の出税に係り、計二畝三角二十歩なり。……（四至略）……各房は節次《そのつど》供報し納官す。延祐二年、官司の田糧を経理するに、各戸は仍お元数に照らして畝歩を供報し、官賦を輸納せり。先に大徳十一年正月初一日に衆議して該立せる合同を除くの外、今延祐六年己未十一月内において、重新して石を用って二墳を甃砌し、及び余地において竹木を栽種す。議して本年十二月初一日より始めとなし、各子孫は私《ひそ》かに例に違いて祖墓の地段を典売するを許さず。如《も》し違犯の人あらば、本宗の尊長より衆議し、一人が官を経て陳告し、犯をば治罪し、勒令して取回せしむ。私契は衆に対して毀抹し、仍お至元鈔五十貫を罰し、官に入れ公用とす。永くこの合同文字に依りて照となす。

瑤村にある十世祖夫妻の墓地は、子孫の各房が登記し納税してきた。延祐二年の土地調査でも、子孫の各戸が所有面積を申告し、土地税を負担している。このたび夫妻の墳墓を修築し、周囲の余地には竹木を植えて墓域を整備したが、これを機に皇慶二年禁令に従って墓域を売却することを禁じる。違反者は一族が衆議して官に訴え、処罰のうえ土地を取りもどし、罰金として至元鈔五十貫を課すという。つづく第二・第三条では、各処の祖先の墓域内で、子孫が棺を盗葬したり、祖墓の石積みや墓域の竹木を損壊・伐採することを禁じ、第四条では、各処の墳墓・墓域・石積みや竹木などが侵害されれば、一族が協力して官に訴え、尊長が族衆に訴訟費用を割りあてることを約定している。[41]

范氏の各戸は延祐経理にあたり、瑤村の墓域を分割して登記していた。おそらく各房がそれぞれの戸名をもち、戸内の各家がさらに地権を分有していたのだろう。なお明代の正統九年（一四四四）にも、范氏一族はふたたび合同禁約を立て、延祐六年の規定を再確認し、墓域の売却や侵占を防ぐことを誓約している。この合同禁約によれば、延祐六年禁約の制定後、貧窮した族人が瑤村の墓域の一部を他族に売却した。族衆は官に提訴して売却地を宗族に返還させ、罰金として至元鈔二十貫を課し、その後は禁約に違犯する者がなかったという。[42]皇慶二年禁令にもとづく延祐六年の禁約が、実際に効力をもったことがわかる。

元代における遠祖祭祀は、居宅の祠堂よりもむしろ墓域で行われた。重要な墓域には墳墓を中心に、墓祠・墓庵・墓院などが設けられ、周囲の余地には風水を護る墓林が植えられ、祭祀費用を調達するための耕地なども設けられた。皇慶二年禁令は、こうした墓域＝墳塋を保全するための法的裏付けとして迎えられたのである。なお泰定元年（一三二四）重刊の『新編事文類用啓劄青銭』には、山林の雑木の伐採権を売却する際に掲示する、「判山木榜式」という文例を収める。この掲示文例では、「判《きりだし》する所の本山の雑木は、的《たしか》に梯己《みずから》の承分せる物業に係り、即ち長幼を瞞昧《ごまか》し、祖宗の墳所の芘蔭の林木を、私下《ひそか》に判売するに非ず。諸条制において、並《まった》く違礙なし」と、子孫共有の祖先の墓林を勝手に売却したわけではないと声明する。[43]この「諸条制」が、皇慶二年禁令などを指すことは疑いない。皇慶二年禁令が、徽州以外の地域でも定着していたことがうかがわれよう。[44]

六　元明交替期の礼制と祖先祭祀

元朝は支配下の諸民族・諸宗教に対して、それぞれの習俗や信仰を認める「本俗法」をとっており、漢民族が奉ずる儒教・仏教・道教についても同様である。宋元期を通じて、漢民族の祖先祭祀、特に始祖以下の遠祖祭祀は、主として墓所で行われ、儒教的・仏教的・道教的要素が混然としていた。元朝の漢民族の祖先祭祀に対する態度は、古典的礼制の原理にさほど拘泥せず、総じて放任的であった。国家による体系的な礼制が制定されないなかで、『文公家礼』は儒教的儀礼を実践するための規範を提供したのである。

元代には挿図・註釈・附録などが附された数種の『文公家礼』版本が刊行され、さらに日用類書にも収録されて士人・庶民を問わずひろく流布した(45)。元朝政府もすでに南宋征服以前の至元八年（一二七一）、漢族の婚姻礼制を『文公家礼』に従って定めている(46)。また大徳四年（一三〇〇）には、江西袁州路において、墳庵に安置した亡母の位牌に「皇妣」の文字を記したことが、僭越に当たるかどうかが問題となった。袁州路総管は『礼記』曲礼編と『文公家礼』に、亡母を「皇妣」と記すことが見えると確認したうえで、上司に判断を仰いだ。しかし朝廷での議論の結果、「皇妣」の語は経典に見えるとはいえ、「皇」字の使用はやはり僭越に当たるとして禁止されている(47)。ともあれ当局が礼制上の問題を判断するうえで、『文公家礼』は『礼記』とならぶ典拠として認められていたのである。

そして『文公家礼』に規定する、墓所に始祖以来の位牌を安置し祭祀するというプランは、小宗の範囲をこえた宗族結合に礼制上の根拠をあたえるものとして、広く受容された。その延長に、高祖以下を祀る居宅の祠堂のほかに、墓所に「墓祠」を設け、始祖以下の位牌を祀るというプランも登場する。墓祠は江南を中心にひろく普及し、高祖以下を祀る居宅の祠堂に対し、五服の範囲外の先祖を祀る場として、また仏教・道教的な墓庵・墓院に対し、儒教的墳墓祭祀の場としての役割をはたした[48]。さらに元末明初には、『文公家礼』の枠を越えて、居宅の祠堂で始祖以下の先祖を祀る事例も現れる[49]。

総じて元朝の放任的礼制は、民間における自由で多様な祖先祭祀の展開をもたらした。しかし明初政権の祭祀政策はこれと対照的であった。井上徹氏が論じるように、明初の礼制は、洪武三年（一三七〇）の『大明集礼』に集成されている。『大明集礼』では『文公家礼』の祠堂制度にならって、官僚には祠堂で高祖以下を祀ることを認めたが、庶民については祖父母・父母を居室で祀るのを許すに止めた。また『文公家礼』に規定された、墓所における始祖・遠祖祭祀もまったく捨象されている。正徳・万暦『大明会典』も、『大明集礼』の規定のみを引用している[50]。ただし洪武十七年（一三八四）には、行唐県知県胡秉中の建議により、庶民に対しても曾祖以下三代の祭祀を許したという記録もあり[51]、さらに『皇明制書』に収める『節行事例』の「祀先凡例」には、次のような規定がみえる。

一、公侯及び品官の家は、宜しく屋三間を居宅の東に造り、祖先を奉祀すべし。……若し高祖の年遠くして、子孫のその排行名諱を記す能わざる者は、則ちその位を開《のぞ》き、只だ三代を祭る。……一、庶民は三代を祭る。祭物は家の有無を称《はか》りてこれを用う。

つまり官僚は『大明集礼』と同じく高祖以下を祀り、高祖が不明ならば曾祖以下を祀る。しかし庶民は『大明集礼』と異なり、曾祖以下の三代の祭祀を認めるという。

要するに明朝は、官僚に対しては高祖以下の、庶民には当初は祖父以下の、のち曾祖以下の祖先祭祀を認めたのである。官僚であっても、祖先祭祀によって結集する同族は五服親の範囲に止まる。国家公定の体系的礼制のない元朝では、『文公家礼』をいささか拡大解釈して、墓祠で始祖以下の位牌を祀ることにも抵抗は少なかっただろう。もちろん明代にも、清明節などに子孫が遠祖の墓に参拝する慣習は続けられた。しかし墓地に祠堂を設け、高祖より上の祖先を公然と祭祀すれば、国家の体系的礼制の秩序を乱すことになる。

『文公家礼』は、本来は高官にのみ許されていた家廟祭祀にならい、より広い社会層、特に士人層が儒教的遠祖祭祀を実践する根拠となった。士人とは、官僚身分の有無を問わず、儒教的教養をもつ知識層をさし、特に生員や挙人などの読書人を中心とする。(52)北宋までのエリート層が、恩蔭や名門どうしの婚姻などを通じて代々官僚を輩出し、国都を活動の基盤とする「職業的エリート」(professional elite)だったのに対し、南宋以降のエリート層は、科挙による任官以外にも地主経営・商業・教師などの広範な基盤を持ち、地方社会を活動の舞台とする「地方紳士層」(local gentry)に移行したといわれる。(53)特に東南山間部の地方紳士層による地域主義的活動を支える理念として浸透したのが朱子学であり、『文公家礼』は広範な士人層が祖先祭祀を実践し、それを通じて宗族形成を促進するためのガイドラインを提供した。これに対し明朝の体系的国家礼制は、官僚－庶人という身分原理を前提としており、官民の別による差別化を欠いた『文公家礼』の礼制とはずれが生じる。(54)明朝が庶人にも曾祖までの位牌祭祀を公認した意義は大きいが、官僚以外の士人層の祖先祭祀は曾祖にまで制限され、墓祠などでの遠祖祭祀は、官民をとわず捨象された。

さらに明代には、宋元時代にひろく普及した墳庵・墳院などの設置も急減する。その原因として、同族が墳庵・墳院にかわり墓荘を設け、佃戸に看守を委ねたこと、『文公家礼』による儒教的祖先祭祀が普及したことなどが指摘されている。(55)しかし実のところ、明朝が庵・院などの設置を、法律上厳しく制限したことが最大の要因であろう。『大明律』巻四、戸律戸役「私剏庵院及私度僧道」には、唐律にはない次のような規定がある。

凡そ寺観庵院は、見在せる処所を除くの外、私自《みだり》に剏建増置するを許さず。違う者は杖一百とし、還俗せしむ。僧道は辺遠に発し軍に充て、尼僧女冠は官に入れ奴となす。

仏寺・道観、および庵院は、現存するものを除いて自由に設置することが禁じられた。もちろん墳墓に附設する墳庵・墳院も例外ではない。明朝は礼制上、墓祠における遠祖祭祀を捨象したうえ、法律上も墳庵・墳院の設置をきびしく制限した。こうした政策は、宋元時代に進展した、墓域での遠祖祭祀を通じた宗族統合を抑制したであろう。

同時に明朝は、自生的で雑多な土地神についても整理統合を図った。すなわち『大明集礼』が完成する直前、洪武三年六月の「禁淫祠制」により、人格神を祀る従来の土地廟の大部分を「淫祠」として禁止し、各里に設けられた非人格的な「里社壇」・「郷厲壇」への一本化を定めたのである。[56] 洪武三年の礼制改革を主導し、土地廟での道教系人格神祭祀を否定したのは、儒教原理主義的な浙東出身の朱子学系官僚であった。[57]『大明集礼』の祖先祭祀制度は、おおむね『文公家礼』の祠堂制度に準拠し、決して「禁淫祠制」のように原理主義的ではない。浙東学派を代表する宋濂や方孝儒なども、祠堂での遠祖祭祀に肯定的であった。[58] しかし祠堂での遠祖祭祀は、明らかに古典的儒教礼制の枠を超えることになり、国家の体系的礼制に組み込むことは困難だったのだろう。

結果として明朝の礼制上は、庶民に許された祭祀は、家庭における父母・祖父母（のちに曾祖父母も）祭祀と竈神祭祀、および里甲制下の里社壇・郷厲壇祭祀にほぼ限られたことになる。これは同時に、元代までに遠祖や土地神の祭祀を核として成長した、多種多様な血縁的・地縁的結合の場も制約することになったであろう。明初政権は宋元時代に自由に発達し、仏教的・道教的・儒教的要素が混在した、雑多で混沌とした祭祀コミュニティを、国家礼制に整合的な、里甲レヴェルと家庭レヴェルの祭祀に純化しようとした。これは同時に、里甲組織とそれを構成する各戸から基層社会を編成し、多層的・流動的な人的結合の発達を抑制しようとする明初の郷村統治政策と表裏していたのである。

小　結――元朝の江南統治と宗族形成――

本稿では、宋元明移行期における宗族形成を、墓地問題という側面から検討してきた。宋元期を通じて、始祖や遠祖の墓地での祖先祭祀は、広範な同族が結集する主要な場となり、『文公家礼』はそれに礼制上の根拠をあたえた。

一方で墓地のもつ重要性の増大は、風水思想の流行とあいまって条件の良い墓地をめぐる競争や紛争を激化させ、特に多数の子孫が権利を分有する墓地の保全が関心事となった。元朝の皇慶二年禁令は、墓域・墓林の売買を全面的に禁じることにより、宗族集団がその結合の焦点となる始祖・遠祖の墓地を保全する法的根拠を提供した。礼制上の原理主義に無関心で、放任的な元朝の祭祀政策も、墓地での祖先祭祀を通じた宗族結合の展開にプラスに作用したのである。

もちろん墓地での祖先祭祀という問題は、元代江南の宗族形成をめぐる、非常に重要ではあるが、一つの側面に過ぎない。元朝統治下での宗族の発達を全体的な時代状況のなかで理解するためには、より包括的な考察が必要である。最後に元朝統治下の東南山間部における宗族形成の展開を、社会経済的な全体状況にごく概括的に位置づけてみたい。

瀬川昌久氏の明快な整理によれば、フリードマンをはじめとする欧米の社会人類学者は、宗族組織《リニージ》が発達した東南中国の諸地域は、次のような特徴を共有していると論じる(59)。

①水田稲作を中心とした、生産性が高く労働集約的な農業の発達。
②余剰農産物の交易や、国内交易・海外貿易への進出による商業の発達。
③フロンティアの開発が進み、資源をめぐる競争が激化し、紛争が多発する状況。
④中央の政治権力による社会統制の弱さ、強力な統治と直接的介入の不徹底。

すなわち農業や商業活動で生み出された利潤は、宗族の基盤となる共同活動や共有資産の財源となり、水利開発のための協同労働や商業活動上の協力の必要性も、団体性の強い宗族の発展を促した（①・②）。またフロンティアへの入植と定住を経て、地域開発の第二段階で土地などの資源をめぐる競争が激化すると、諸集団の競争・紛争に対応するため同族の団結が促された（③）(60)。特に中央権力の政治支配が及びにくい地域、また中央政府の統制力が弱体化した時期には、宗族の社会的・政治的機能が重要となったのである（④）。

ハリエット・ズルンドファー氏が指摘するように、宋元時代の徽州は以上の諸条件にほぼ該当する状況にあった。(61) 青木敦氏が描く同時期の江西も同様である。これらの地域は、唐代後期から移住民が入植し、農業開発を進めたフロンティアであったが、南宋から元代にかけては移住と開発が周辺部へと拡大する一方、人口圧が増加し地域内資源をめぐる競争も激化してゆく。農業の中心は盆地部での稲作と山間部での山林業にあった。水利灌漑や山林開発には協同労働が不可欠であり、茶・木材などの山林産品の移出は商業活動の発達の契機となった。地域開発の過程で、初期の入植地ではしだいに有力な同族集団が形成され、人口が増加し耕地が不足すると、その一部は新たな入植地を求めて移住した。こうして初期の入植地から周辺地へと同族集団は分節化し、いわゆる「地域リニージ」が形成されるが、そのメンバーが結集する焦点となったのが、始遷祖以下の墳墓祭祀であり、各「地域リニージ」に共通する遠祖の墳墓祭祀は、分節化した同族集団を再統合する場となった。

同時に急激な人口流入と移民社会特有の不安定性は、国家による社会統制を難しくした。南宋期の江西や徽州は、「豪横」が割拠し「健訟」風潮が蔓延する地として知られる。さらに元代には、江南全体が中央政府の統制が及びにくい属領であり、特に長江流域と江南デルタ部をのぞく広大な後背地では、国家統治の直接的な浸透には限界があった。人口密度は徽州では元代に、江西では南宋から元代にかけてピークを迎え、(62) 人口圧の増加により資源は稀少化し、社会内競争はいっそう激化した。一方で元朝の中国統一と、モンゴル統治下でのユーラシア交易の拡大は、国内交易・対外貿易を活発化させ、江南地域の商業化をさらに促進した。元朝統治下の江南、特に江西・徽州などの東南山間部は、社会人類学者が指摘する宗族の発達をもたらす諸条件を、ほぼ完全に満たしていたのである。

元朝は漢民族社会における地縁コミュニティを、社制という形で積極的に制度化したのに対し、血縁集団としての宗族に対しては、制度的に支配体制に組み込むことはなかった。しかし一方で、現実に展開していた宗族形成の展開を制約するような措置はとらず、社会政策上も礼制上も放任的であった。皇慶二年禁令は、それ自体が宗族形成の促進を意図したわけではないが、祖墓を中心とする広範な同族の結集に明らかに積極的な意味をはたしている。元朝は「聚衆の禁」が示すように、不特定多数の民衆の結合に対しては、叛乱の源泉として非常に神経質であった。これに対し宗族結合は、儒教的宗法主義にも、男系部族を社会基盤とするステップ文化にも、戸を単位とした税役徴収にも適合的であった。民衆がたとえば白蓮教団に結集するのにくらべれば、宗族結合ははるかに無害であり、地縁的な社制による基層社会の秩序化を、血縁的な宗族が補完することも期待できただろう。

バージ氏によれば、明朝の立法は元朝の政策を継承し、「前例のない程度まで父系原理を制度化し、伝統的に女性が享受してきた権利を否定した」という。それでは宗族についてはどうだろうか。バージ氏は端的に、「明朝の法制は、朱元璋が社会秩序の主要な基礎単位とみなした宗族《リニージ》の権力を援護した。宗族は数の上でも力量においても、全国を通じて着実に増大した」と述べている。[63] しかし筆者は、明朝が社会秩序の基礎単位としたのは、必ずしも始祖祭祀によって統合されるような広範な宗族《リニージ》ではなく、むしろ五服親の範囲内にある、家族《ファミリー》ないし拡大家族ではなかったかと考える。現実に明代には、元代江南で活発化した、広範な同族の統合による宗族形成の動きはむしろ沈滞化してゆく。

元代の江南社会は、社会人類学者が指摘する、宗族の発展をもたらす諸条件をほぼ備えていた。明初の状況はどうだろうか。まず①集約的な稲作農業は、むろん継続して行われた。しかし一方で、②明朝による民間海外貿易の禁止と、国内交易の抑制により、宋元期の東南中国で進展した商業化は沈滞へとむかった。そして③元末の戦乱による急激な人口減は、資源をめぐる社会内競争をかなり緩和したはずである。さらに④明朝は土地と人口の確実な把握を通じて、南宋~元代にくらべ、はるかに直接的で強力に基層社会を統制したのである。明代前半期には、宗族発達をもたらす諸条件の多くは明らかに失われていた。

宗族結合は、総じて資源に対して人口が過剰で、地域内の競争や紛争が激しい一方、地域外資源へのアクセスが容易であり、移住や社会移動が活発で、流動的・開放的な社会態勢のもとで発達する。同族の結集により地域内資源をめぐる競争に対処し、同族ネットワークの拡大により地域外資源を獲得する機会を拡大する。同族の結集と協力により、メンバーの上昇移動の機会を増大させ、下降移動のリスクを低減させ、移動戦略の成功によって得られた利潤は地域内資源の獲得のため還元される。科挙による任官はもっとも正統的・理想的な上昇移動であるが、現実に選択される移動戦略はより多様で柔軟であった。

これに対し明初政権は、むしろ広範な宗族形成を抑制する方向の社会態勢を指向していた。里甲制を基礎とした、完結性の強い生活世界。地域内競争の緩和と、地域間交易や海外貿易の抑制。移住や社会移動の制限による、安定的で流動性に乏しい社会秩序の構築。こうした社会編成の基礎となるのは、家族ないし拡大家族に基づく戸と、戸によって編成される里甲である。民衆の祭祀対象を、里甲レヴェルの里社壇・郷厲壇と、家族レヴェルの竈神や祖先祭祀に限定したことはその象徴であろう。五服の範囲を超えた宗族結合による人的ネットワークの拡大は、里レヴェルで完結した社会編成と両立しない面がある。

しかし十六世紀にはいると、東南中国の主要地域では、①地域開発がほぼ完了し、集約的農業が限界近くまで発達するとともに、②地域間交易の拡大と海外貿易の展開は、急激な商業化をもたらした。さらに③人口圧の増大と社会秩序の変動は、地域内外の競争と紛争を激化させ、④里甲制による農村統治システムは弛緩し、国家の社会統制は弱体化した。宗族の発達をうながす諸条件は、宋元期をいっそう上まわる規模で再現し、はるかに広い地域と社会層で、宗族形成が進められてゆく。ただしいうまでもなく、この時期に発達をとげた社会集団は宗族にとどまらない。明末清初期には、郷紳を中心とする人的結合から無頼集団にいたる、多様な人的結合が同時に展開したことに注意する必要がある。

南宋～元代には、すでに祖先祭祀を中心に結集し、共同活動のための経済的基盤を備え、族譜により一族を系譜化する宗族集団が、東南中国の各地に生まれていた。ただし宋元期の宗族は、もっとも典型的には、(ⅰ)墓所や墳庵・墳院・墓祠などでの祖先祭祀を通じて結集し、(ⅱ)子孫の各戸が分割登記する墓域内の、墓産や祭田などを経済的基盤とし、(ⅲ)族譜は手書きであるか、石碑に刻まれ墓所に建てられた。これに対し十六世紀以降の宗族は、典型的には、(ⅰ)宗祠や房ごとの祠堂などの祖先祭祀を中心に結集し、(ⅱ)宗祠・祠堂の名義で共有する、祀産・義田などの族産を経済的基盤とし、(ⅲ)族譜を印刷して刊行し、子孫の各家に頒布した。ともに北宋期に生まれた宗族モデルを踏まえながらも、宋元型宗族にくらべて、明清型宗族ははるかに大規模で組織化され、重層的に分節化し、強固な経済基盤を持ち、儒教的な礼制やモラルを制度的に組み込んでいた。

むろん宋元型宗族から明清型宗族への移行は一律に進んだわけではない。華北などでは近代になっても、おもに墳墓祭祀によって結びつく宋元型宗族が多かったし、華中・華南でも中小規模の宗族の多くは、宗祠・族産・印刷族譜をもたず、墳墓祭祀が結合の中心であった。逆にいえば、宋元期にも蘇州范氏のような先進地の名門同族は、すでに明清型宗族に近い特質を示し、元末明初の浙東などでは、明清型宗族と同じような族譜・祠堂・族産を備える宗族も、少数ではあるが出現していた[64]。宋元型宗族から明清型宗族への移行は、十六世紀を転機としながらも、地域や社会層によって斜行的に進んでいったのである。

注

(1)　堤一昭「一九九九年の歴史学界──回顧と展望──(五代・宋・元)」(『史学雑誌』一〇九編五号、二〇〇〇年)二一九頁。杉山正明「モンゴル時代史研究の現状と課題」(『宋元時代史の基本問題』汲古書院、一九九六年)五〇三~五〇六頁など。

(2)　伊藤正彦「元代江南社会における義役・助役法とその歴史的帰結──糧長・里甲制体制成立の一側面──」(『名古屋大学東洋史研究論集』十七号、一九九三年)「元末一地方政治改革案──明初地方政治改革の先駆──」(『東洋史研究』五六巻一号、一九九七年）。

（3）Paul Jakov Smith, "Introduction: Problematizing the Song-Yuan-Ming Transition", in Paul Jakov Smith and Richard von Glahn eds., *The Song-Yuan-Ming Transition in Chinese History*, Harvard University Press, 2003.

（4）森田憲司「宋元時代における修譜」（『東洋史研究』三七巻四号、一九七九年）。

（5）遠藤隆俊「宋末元初の范氏について――江南士人層の一類型――」（『歴史』七四輯、一九九〇年）。

（6）井上徹『中国の宗族と国家の礼制――宗法主義の視点からの分析――』（研文出版、二〇〇〇年）、第二章「宗法の継承」。

（7）常建華『宗族志』（中国文化通史第四、上海人民出版社、一九九八年）四一～四三頁

（9）Robert P. Hymes, "Marriage, Descent Groups, and the Localist Strategy in Sung and Yuan Fu-chou," in Patricia Buckley Ebrey and James L. Watson eds., *Kinship Organization in Late Imperial China 1000-1940*, University of California Press, 1986.

（10）Bettine Birge, "Women and Confucianism from Song to Ming: The Institutionalization of Patrilineality," in *The Song-Yuan-Ming Transition in Chinese History*. ただし元朝は、異姓養子による承継を公認するなど、宗法原理自体には総じて無頓着であったことに留意する必要がある。

（11）Patricia Buckley Ebrey and James L. Watson, "Introduction," in *Kinship Organization in Late Imperial China 1000-1940*, pp.4-6.

（12）Patricia Buckley Ebrey, "The Early Stages in the Development of Descent Group Organization," in *Kinship Organization in Late Imperial China 1000-1940*, pp.20-29.

（13）『二程遺書』巻十五、「伊川先生語一」。井上前掲『中国の宗族と国家の礼制』一四九～一五四頁参照。

（14）以上、『文公家礼』巻一、通礼、祠堂。Patricia Buckley Ebrey, *Confucianism and Family Rituals in Imperial China: A Social History of Writing about Rites*, Princeton University Press, 1991, pp.158-160、井上前掲『中国の

宗族と国家の礼制』一五四〜一一六三頁参照。
(15)『文公家礼』附録。『朱子語類』巻九十、礼七、祭。井上前掲書、一六〇頁参照。
(16)竺沙雅章「宋代墳寺考」(初出一九七九年、『中国仏教社会史研究』同朋舎、一九八二年所収)、宮本則之「宋元時代における墳庵と祖先祭祀」(『仏教史学研究』三五巻二号、一九九二年)。常建華前掲『宗族志』一三九〜一五二頁。
(17)『文公家礼』附録。井上前掲『中国の宗族と国家の礼制』、一六六〜一六七頁参照。
(18)森田前掲「宋元時代における修譜」四一〜四二頁。常建華前掲『宗族志』二六五〜二六六頁、二七六〜二七七頁。
(19)瀬川昌久「墓・祠堂・そして家――香港新界における祖先祭祀と宗族」(環中国海の民族と文化・第三巻『祖先祭祀』凱風社、一九八九年)三八九〜三九〇頁。
(20)以上、詳しくは拙稿「墓地を売ってはいけないか?――唐―清代における墓地売却禁令――」(『九州大学東洋史論集』三二号、二〇〇四年)を参照。
(21)『元典章』巻五十一、刑部十三、諸盗三、失盗「捕劫墓比強窃盗責罰」。
(22)『元典章』巻十七、戸部三、戸計、承継「禁乞養異姓子」。
(23)青木敦「健訟の地域的イメージ――十一〜十三世紀江西社会の法文化と人口移動をめぐって――」(『社会経済史学』六五巻三号、一九九九年)。
(24)『元典章』巻三十、礼部三、礼制三、葬礼「占葬墳墓遷移」。
(25)元代の土地取引制度については、愛宕松男「元代地契――施一揆氏の解説を正す――」(初出一九五九年、『愛宕松男東洋史学論集』第四巻、三一書房、一九八八年)を参照。
(26)『元典章』巻五十、刑部十二、諸盗二、発塚「禁治子孫発塚」。『元史』巻一〇四、刑法志三、大悪にもこの禁令を節略した条文がある。
(27)『元典章』巻五十、刑部十二、諸盗二、発塚「禁子孫擬売祖宗墳塋樹木」。この聖旨は『通制条格』巻十六、田令「墳塋樹株」にも見える。

（28）宮紀子「程復心『四書章図』出版始末攷——大元ウルス治下における江南文人の保挙——」（『内陸アジア言語の研究』XVI、二〇〇一年）。

（29）Hymes, "Marriage, Descent Groups, and the Localist Strategy in Sung and Yuan Fu-chou." ただし呉澄は墓所における祠堂祭祀には反対であった。常建華前掲『宗族志』一三二頁。

（30）東洋文化研究所所蔵刊本。本書について詳しくは、鄭振満「塋山、墓田与徽商宗族組織——《歙西渓南呉氏先塋志》管窺——」（『安徽史学』一九八八年一期）を参照。また鈴木博之「明代徽州府の族産と戸名」（『東洋学報』七一巻一・二号、一九八九年）でも本書が活用されている。

（31）鶴見尚弘「中国の土地台帳「洪武魚鱗図冊」をたずねて」（中村義編『新しい東アジア像の研究』三省堂、一九九五年）。

（32）鈴木前掲「明代徽州府の族産と戸名」一〇〜一九頁。

（33）張伝璽主編『中国歴代契約会編考釈』上巻（北京大学出版社、一九九五年、以下『会編考釈』と略称）、五三二号文書「元至正五年徽州鄭安卿等分産文書」。

（34）「元至元二十六年徽州汪周村売地契約」（『会編考釈』四一九号文書）。

（35）「元延祐六年徽州汪潤翁売山地契」（『会編考釈』四二八号文書）。

（36）「元延祐五年徽州李三五婆売山地紅契」（『会編考釈』四二七号文書）。

（37）「至正十一年貴池県謝安得等売坐落祁門山赤契」（『徽州千年契約文書』宋・元・明編、花山文芸出版社、一九九二年）一八頁。

（38）「元延祐二年徽州胡顕卿売山地契」（『会編考釈』四二四号文書）。

（39）「延祐七年祁門□元振合族売墳山赤契」（『徽州千年契約文書』宋・元・明編、一一頁）。

（40）Harriet T. Zurndorfer, *Change and Continuity in Chinese Local History: The Development of Hui-chou Prefecture 800 to 1800*, E.J.Brill, 1989, Chapter Two, "Local Lineages and Local Development: A Case Study of the Fan Lineage, Xiu-ning Hsien, Hui-chou 800-1500."

（41）『休寧范氏族譜』巻五、譜塋、塋禁墓祭諸儀「延祐六年瑤村各処祖塋合同禁約」。
（42）『休寧范氏族譜』巻五、譜塋、塋禁墓祭諸儀「正統九年瑤村等処合同禁約」。
（43）『新編事文類要啓箚青銭』外集、巻十一、公私必要、事産「判山木榜式」。
（44）なお愛宕松男前掲「元代地契」では、元末に泉州路晉江県で作成された計八件の土地売買文書を検討する。うち至正二十六年（一三六六）には、花園・山地の一部の売買を官に申請して公拠を受け、売契を立てているが、以前の売契は「祖墳に干碍」するとして買い手に引き渡さず無効とし、また納税名義も書き換えず、地税は買い手が売り手に交付し、売り手が代納することを約定している。さらに翌至正二十七（一三六七）年には、公拠に記載のない部分を再度売却しているが、やはり以前の売契は「祖墳に干碍」するとして無効とし、課税名義も書き換えず売り手が代納している。こうした煩雑で脱法的な取引がなされた理由として、愛宕氏は皇慶二年禁令により墓地売買が禁じられたことを指摘し、この取引が「法律上の禁止事項に属する墳域の売却」であり、問題の山地に祖塋が設けられたため、「普通の手段では売却が不可能に陥っていた」ためだと述べている。とすれば、泉州でも元朝滅亡の前年まで、墓地売買を禁じた皇慶二年禁令が有効であったことになる。
（45）Ebrey, *Confucianism and Family Rituals in Imperial China*, pp.148-150.
（46）『元典章』巻三十、礼部三、婚礼「婚姻礼制」。
（47）『元典章』巻三十、礼部三、葬礼「祖先牌座事理」。
（48）常建華前掲『宗族志』一二三～一三八頁。
（49）常建華前掲書九二～九三頁。井上前掲『中国の宗族と国家の礼制』一六六～一六九頁。
（50）『大明集礼』巻六、吉礼「品官家廟」。正徳『万暦会典』巻八八、祭祀九「品官家廟」。万暦『大明会典』巻九五、群祀五「品官家廟」。井上前掲書一六三～一七一頁参照。
（51）Ebrey, *Confucianism and Family Rituals in Imperial China*, pp.151-152. 常建華前掲『宗族志』九六～九七頁。
（52）高橋芳郎『宋－清身分法の研究』（北海道大学図書刊行会、二〇〇一年）第五章「宋代の士人身分」。
（53）Robert M. Hartwell, "Demographic, Political and Social Transformations of China, 750-1550," *Harvard*

Journal of Asiatic Studies, 42-2, 1982, pp.405-425.

（54）Ebrey, *Confucianism and Family Rituals in Imperial China*, pp.164-165.

（55）竺沙前掲「宋代墳寺考」一三六～一三八頁。

（56）濱島敦俊『総管信仰――近世江南農村社会と民間信仰――』（研文出版、二〇〇一年）第四章「明初の祭祀政策と郷村社会」。

（57）濱島前掲書、一一四～一二五頁、一三三～一三七頁

（58）Ebrey, "The Early Stages in the Development of Descent Group Organization," pp.52-53. 井上前掲『中国の宗族と国家の礼制』一六五～一六九頁。

（59）瀬川昌久『中国人の村落と宗族』（弘文堂、一九九一年）二〇八～二二六頁、同『中国社会の人類学』（世界思想社、二〇〇四年）

（60）瀬川氏によれば、フリードマンはフロンティア開発の初期段階における、外敵からの自衛の必要性が、団結力の強い宗族の発達を促したと説いた。しかしその後の研究では、むしろフロンティア開発の第二段階における、稀少化した資源をめぐる社会内競争の激化が、宗族の発展をもたらしたと考えられているという。瀬川前掲書、二一三～二一七頁。

（61）Zurndorfer, *Change and Continuity in Chinese Local History*, pp.101-104.

（62）呉末弟『中国人口史』第三巻・遼宋金元時期（復旦大学出版社、二〇〇〇年）四七四～四七五頁・表11－4、四九五～四九六頁、表11－9。

（63）Birge, "Women and Confucianism from Song to Ming," p.239.

（64）Ebrey, "The Early Stages in the Development of Descent Group Organization," pp.53-56.

＊［附記］本稿執筆にあたり、船田善之氏から多くの貴重なご教示をいただいた。なお本稿は科学研究費補助金（基盤研究C）「徽州史料による元明清期社会変容の研究」の成果の一部である。

明代徽州宗族の社祭組織と里甲制

田仲一成

序　徽州宗族の祭祀組織支配——安徽省徽州府休寧県茗洲呉氏

本稿は、明代の宗族がどのように地域社会を支配していたか、という問題を祭祀組織の構造を通して、究明しようとするものである。宗族が自族を支配するのは当然であるが、他族を含む地域社会をどのような仕組みで掌握しているかは、地域や時代によって異なりうる。明代の江南は、宗族の地域支配力が強化された時代であったが、その仕組みには、里甲制が機能していた明代前期と、里甲制が崩壊した明代後期との間に大きな変化がみられる。本稿は、事例によってこれを論証しようとするものである。

この点について、最も詳細な社祭組織の記録を残している事例として、安徽省徽州府休寧県の西境山間部、率水上流が湾曲して作る半月形（舟型）の中洲台地に聚居する茗洲村の呉氏一族の場合を挙げてみる（図1）。文末写眞に見るように周囲に水流と急峻な山々が連なる。葉顕恩氏の報告(1)によると、耕地は極めて乏しく、全村でわずか五十三畝、現在の人口は三二六人、このうち村の中心部は呉氏が占める。呉氏一族は四十戸、うち地主三戸、小地主六戸、中農三戸、貧農二十八戸という構成で、人口は二〇〇人と見られる。この他、かつて呉氏の佃僕であった黄姓十一戸、汪姓十一戸、胡姓十戸、陳姓十二戸ほか、韓姓、王姓、李姓、謝姓など、各一～二戸、合計五十三戸、計一三〇名が村の周辺山間部に住む。呉氏一族は耕地に乏しいため、この地に産する茶、木材の販売を業として、江

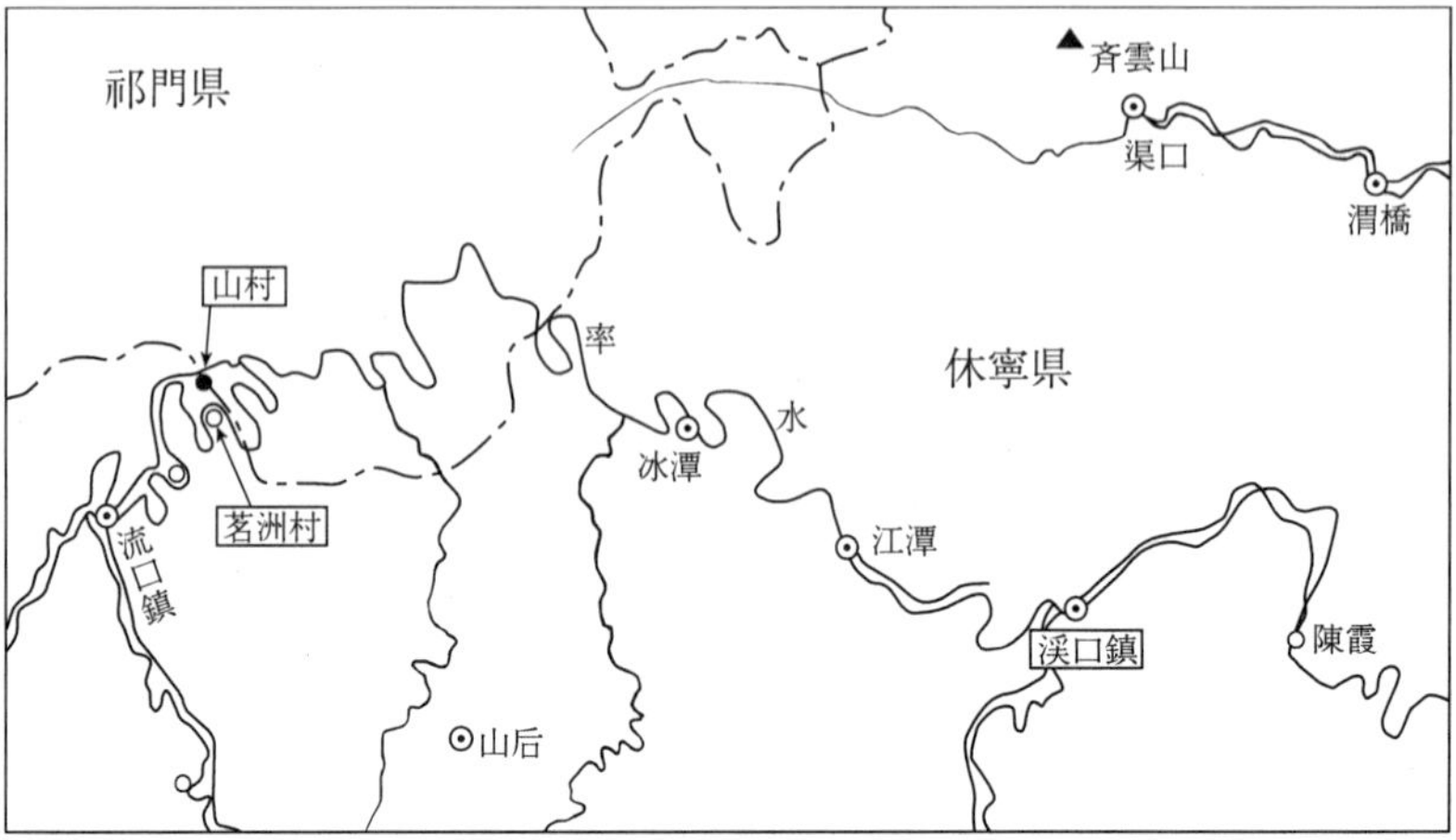

図１　茗洲村地形図

高秀静主編《安徽省地図册》（中国地図出版社、2000）による。

蘇、浙江など、外に出て商業活動を行なうものが多かったと言う。

　このように現在の経済水準は低いが、かって明代には富裕商人を輩出し、村外にも多くの土地を所有する地主宗族であった。その名残は解放前にも残っていて、当時の始祖を祀る大宗祠の葆和堂を始め、各房分支の家廟として、啓賢堂、全璧堂、世寧堂、礼儀堂、順正堂、興仁堂、日永堂などの名が伝わっていたという。

　以上は主として、葉顕恩氏の調査報告による現況であるが、以下では、明代の呉氏一族の族譜『（休寧・茗洲）呉氏家記』（明呉子玉撰、萬暦二年抄本）[2]と『新安休寧名族志』（明曹嗣軒等纂、天啓六年序刊本）により、始祖以来の移住の歴史、房支の分岐、を概観した上で、この一族による社祭組織の変遷、およびこれと里甲制との関係を通して見えてくる国家権力との関係などを分析し、総体として上記の課題に接近することを試みたい。

　まず、前記の二資料により、茗洲呉氏の世系を表によって示す（世系表A、B）。

　以下、まず世系表A（図2）により移住の沿革をたどってみる。この一族は、中唐時代の一世祖逸の頃までは、江西浮梁にいたが、その夫人程氏（小婆と称せられる）が黄巣の乱を避けて子女を連れ、休寧県鳳凰山の下、龍江に至り、龍江呉氏を開いた。その後、四代を経て五宗に分かれ、近隣の江潭、渭橋、石川、茗洲などに散開した。五宗のうち、長子丘の子孫は南宋十四世祖小二公の代に石門に遷り、十七世祖（南宋）に進士元龍を出し、十九世祖（宋末元初）の祥（栄七公）の代に茗洲に移り、茗洲派を開いた。

図2　茗洲呉氏世系表A

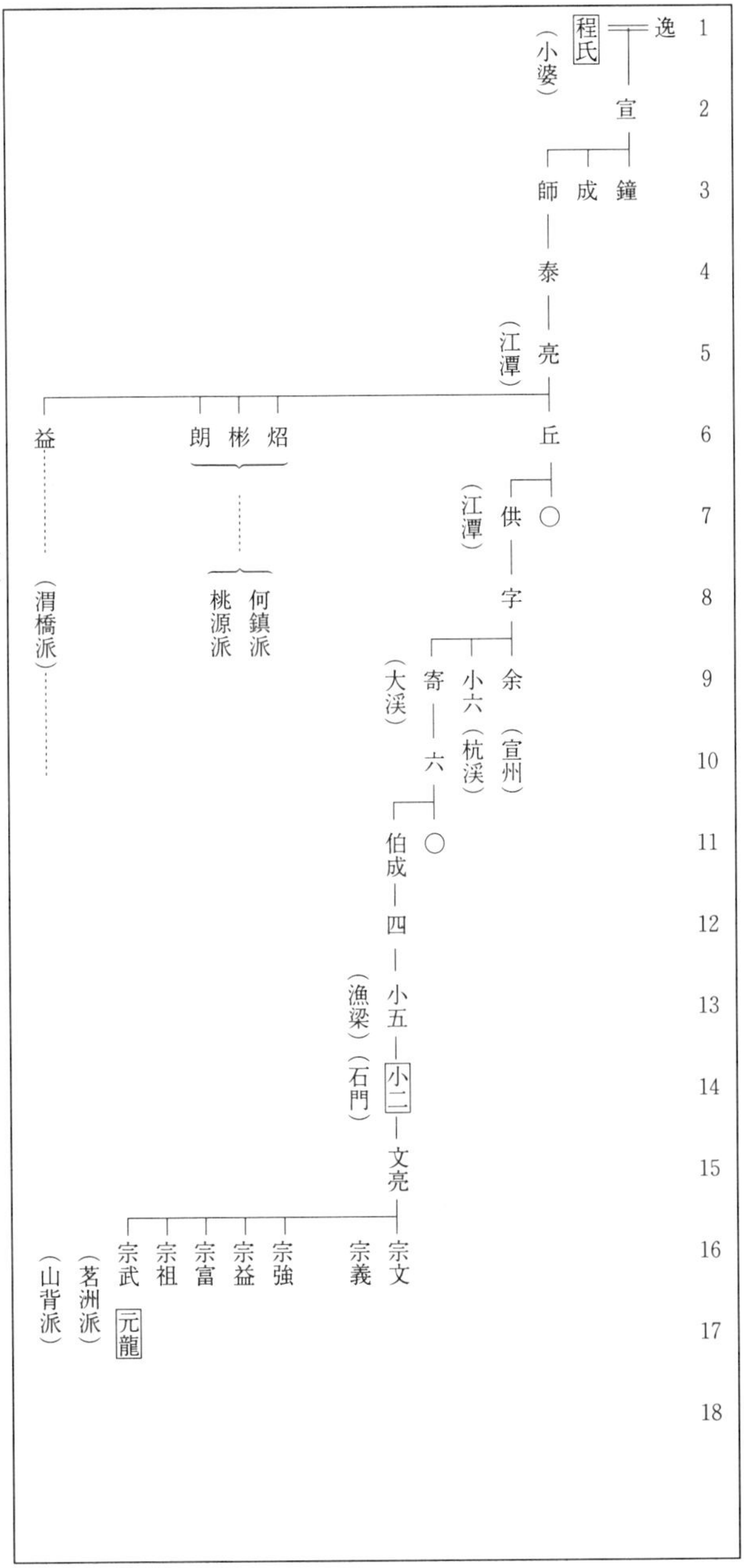

以下は、元龍派の世系のみを示す（図3）(3)

図3 茗洲呉氏世系表B（□は社戸、アミカケは士人または商人を示す）

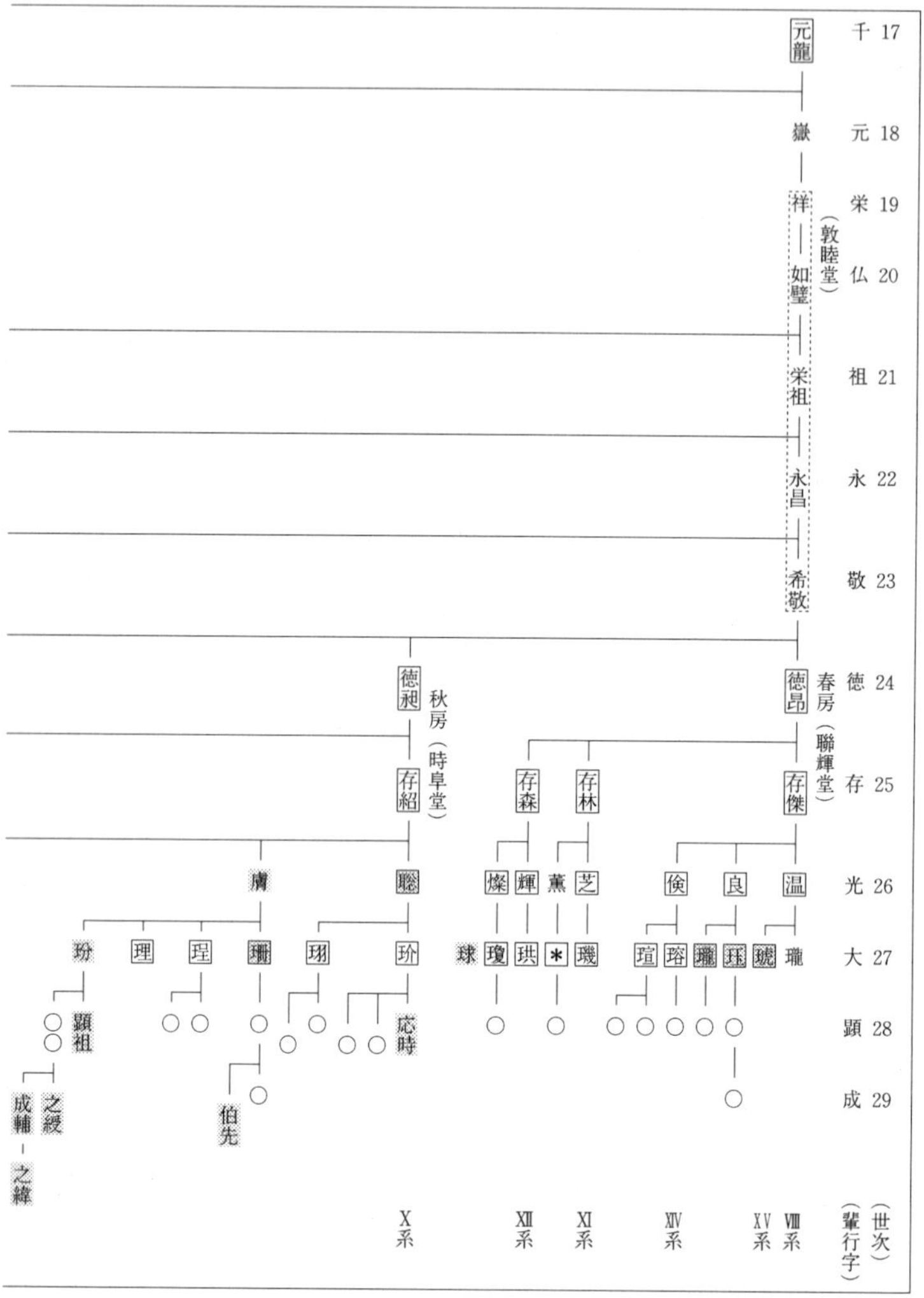

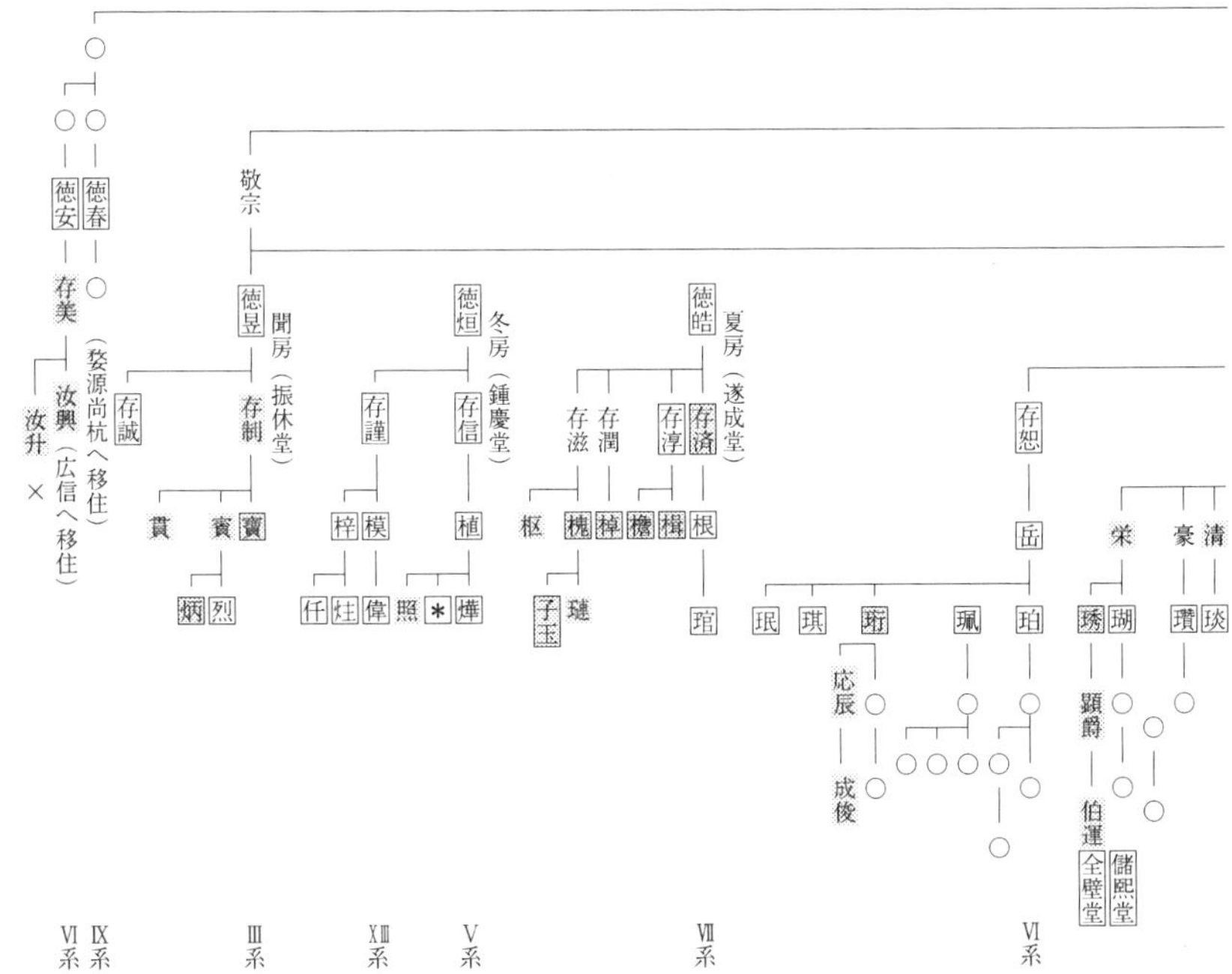
敬宗
徳安
徳春
存美
汝興（広信へ移住）
汝升
（婺源尚杭へ移住）
徳昱
聞房（振休堂）
存誠
存制
貫
賓
寶
炳
烈
徳烜
冬房（鍾慶堂）
存謹
存信
梓
模
植
任
灶
偉
照
＊
燁
徳皓
夏房（遂成堂）
存滋
存潤
存淳
存濟
枢
槐
棹
檐
榻
根
子玉
璉
琯
存恕
岳
珉
琪
珩
珮
珀
応辰
成俊
栄
豪
清
琇
瑚
瓚
琰
顕爵
伯運
全璧堂
儲熙堂
Ⅵ系
Ⅸ系
Ⅲ系
ⅩⅢ系
Ⅴ系
Ⅶ系
Ⅵ系

茗洲派開基祖祥以下の世系は、世系表Bに示したごとく、明初の二十三～二十四世にかけて春秋夏冬閏の五房に分岐し、明代中期の二十五～二十七世にかけて商業活動により繁栄し、明代末期の三十世以下に及んでいる。

一　社祭組織

呉氏一族の族譜、『茗洲呉氏家記』（萬暦十九年抄本）によると、この村の社は、祈寧社と呼ばれ、設立の当初、宋元時代においては、複数の呉氏と李氏、謝氏など同村居住の有力宗族が社戸として、この社を構成していたが、複数の呉氏のうち、呉元龍を始祖とする呉氏一派の勢力が次第に強くなり、特に正統十二年（一四四七）以降は、この元龍派呉氏が祈寧社の社戸組織を独占するに至る[3]（世系表B参照、□で囲った人名は社戸、アミかけは士人または商人を示す。但し、二十七世の玉字を輩行字とするものは筆者の推定）。その後の社戸組織の変遷を表示すると、次ぎの通りである。

表1　祈寧社社祭組織（社戸輪番表）第1～3期[4]（Sは春、Fは秋を示す）

Ⅰ	Ⅱ	Ⅲ	Ⅳ	Ⅴ		Ⅵ	Ⅶ	Ⅷ				Ⅸ	Ⅹ
一四四七S 普裕	一四四七F 斯文	一四四八F 徳昱	一四四九S 敏文	一四四九F 徳		一四五〇S 徳安	一四五〇F 徳皓	一四五一S 存杰				一四五一F 徳春	一四五二S 徳昶
×	一四五二F 斯文	一四五三S 徳昱	一四五四F 敏文	一四五四S 徳		×	一四五四F 徳皓	一四五五S 存杰				×	一四五五F 徳昶
×	一四五六S 斯文	一四五六F 徳昱	一四五七S 敏文	一四五七F 徳		×	一四五八S 存済	一四五八F 存杰				×	一四五九S 徳昶

第一期				第二期						第三期				
×	×	×	×	×	×	×	×	×	×	×	×	×	×	×
斯文 一四五九 F	斯文 一四六三 S	斯文 一四六六 F	斯文 一四七〇 S	斯文 一四七三 F	斯文 一四七七 F	斯文 一四八二 S	斯文 一四八六 F	斯文 一四九一 S	斯文 一四九五 F	洪兄弟 一五〇一 F	洪兄弟 一五〇六 F	洪 一五一一 F	洪・班 一五一六 F	×
徳昱 一四六〇 S	徳昱 一四六三 F	存制 一四六七 S	存制 一四七〇 F	存制 一四七四 S	存制 一四七八 S	存制 一四八二 F	存制 一四八七 S	存誠 一四九一 F	宝 一四九六 S	存誠 一五〇二 S	存誠・宝 一五〇七 S	存誠 一五一二 S	宝 一五一七 S	烈 一五二一 F
敏文 一四六〇 F	敏文 一四六四 S	敏文 一四六七 F	敏文 一四七一 S	×	×	×	×	×	×	×	×	×	×	×
徳 一四六一 S	徳 一四六四 F	F徳 一四六八 S	徳 一四七一 F	徳 一四七四 F	徳 一四七八 F	徳 一四八三 S	徳 一四八七 F	徳 一四九二 S	存信 一四九六 F	植 一五〇二 F	植 一五〇七 F	植 一五一二 F	植 一五一七 F	植 一五二二 S
								(XIII)	存謹 一四九七 S	模 一五〇三 S	模兄弟 一五〇八 S	模 一五一三 S	模・梓 一五一八 S	模 一五二二 F
×	×	×	×	×	存恕 一四七九 S	存恕 一四八三 F	存恕 一四八八 S	存恕 一四九二 F	存恕 一四九七 F	存恕 一五〇三 F	存恕 一五〇八 F	岳 一五一三 F	岳 一五一八 F	岳 一五二三 S
存済 一四六一 F	存済 一四六五 S	存済 一四六八 F	存済 一四七二 S	存済 一四七五 S	存済 一四七九 F	存済 一四八四 S	存淳 一四八八 F	存淳 一四九三 S	存潤 一四九八 S	楫 一五〇四 S	楫・櫓 一五〇九 S	櫓 一五一四 S	根・槐 一五一九 S	根 一五二三 F
存杰 一四六二 S	存杰 一四六五 F	存杰 一四六九 S	存杰 一四七二 F	温 一四七五 F	温 一四八〇 S	温 一四八四 F	温 一四八九 S	良・倹 一四九三 F	珏 一四九八 F	×	×	×	珏 一五一九 F	珏 一五二四 S
								(XIV)	倹 一四九九 S	倹叔侄 一五〇四 F	倹叔侄 一五〇九 F	倹 一五一四 F	×	×
								(XV)	琥 一四九九 F	×	×	×	×	×
			(XI)	存林 一四七六 S	存林 一四八〇 F	存林 一四八五 S	存林 一四八九 F	存林 一四九四 S	芝兄弟 一五〇〇 S	芝 一五〇五 S	芝 一五一〇 S	芝 一五一五 S	芝 一五二〇 S	芝 一五二四 F
×	×	×	(XIII)	存森 一四七六 F	存森 一四八一 S	存森 一四八五 F	輝 一四九〇 S	輝 一四九四 F	輝 一五〇〇 F	輝 一五〇五 F	輝 一五一〇 F	輝 一五一五 F	輝 一五二〇 F	輝 一五二五 S
存紹 一四六二 F	存紹 一四六六 S	存紹 一四六九 F	存紹 一四七三 S	存紹 一四七七 S	聡 一四八一 F	聡 一四八六 S	聡 一四九〇 F	聡 一四九五 S	聡兄弟 一五〇一 S	聡兄弟 一五〇六 S	聡 一五一一 S	聡 一五一六 S	聡 一五二一 S	聡兄弟 一五二五 F

×	
×	
×	
一五二六S 植	
一五二六F 欠	一五二七S 模・梓
	一五二七F 岳
	一五二八S 棹兄弟
	一五二八F 珏兄弟
	×
	×
	一五二九S 璇兄弟
	一五二九F 燦・珙
	一五三〇S 玠

第一期（一四四七～七三）：老社戸草創期

この期は、Ⅰ普裕、Ⅱ斯文、Ⅲ徳昱、Ⅳ敏文、Ⅴ徳烜、Ⅵ徳安、Ⅶ徳皓、Ⅷ存杰、Ⅸ徳春、Ⅹ徳昶の合計十人がそれぞれ社戸となって社戸組織を構成し、毎年春秋の社祭祭祀を一戸ずつ輪番で幹事（「社首」戸称する）を担当、五年で一巡する制度を作った。実際には一巡しただけで、Ⅰ普祐が死亡、Ⅵ徳安、Ⅸ徳春が他境に遷ったため、以後、第二巡以降は残りのⅡ・Ⅲ・Ⅳ・Ⅴ・Ⅶ・Ⅷ・Ⅹの七戸の輪番で三十年間を運用した。途中で、Ⅲ徳昱、Ⅶ徳皓、Ⅷ存杰、Ⅹ徳昶の四人が死亡したが、それぞれⅢ存制（長子）、Ⅶ存済（長子）、Ⅷ存林（弟）、Ⅹ存紹（長子）が代位し、社戸の総数は七戸のままで維持された。社戸数を奇数にしたのは、各戸が平等に春秋いずれの社首にも当たることを意図したものであろう。代位は長子相続を原則とし、長子幼少のときは弟が一時的に相続する慣行であった。この時期は少数老社戸の独占時代と言えるが、祭祀運営は安定していたと思われる。

第二期（一四七三～一五二九）：老社戸再編期

この時期には、老社戸の再編成が行われ、社戸の数は若干、増える。まず、Ⅳ敏文の死亡により同戸は廃絶、他郷に移って久しく空いていたⅥ徳安の席に存恕を入れて復活させ、更に新たにⅪ存林、Ⅻ存森の二人を新社戸に立てて、Ⅱ・Ⅲ・Ⅴ・Ⅵ・Ⅶ・Ⅷ・Ⅺ・Ⅻ・Ⅹの九戸輪番とする。存林は兄のⅧ存杰の老戸を継いでいたのが、兄の長子温の成長により、これを返還し、別に新社戸Ⅺとして独立したものである。しかし、Ⅷでは、その後、温の夭折後、長子相続でなく、弟の倹、良の共同相続の形が出てきて、社戸数増加の要因をはらむことになる。

やがてⅧの後継に良の長子の珏が立つと、倹が独立してⅩⅣを立てる。その後、Ⅴでも徳烜の死後、長子の存信と次子の存謹とが継承を争ったらしく、存謹も新社戸ⅩⅢを認められる。更にⅧ系の紛争で温の子の琥も新社戸ⅩⅤを立てる。結果的には、三戸の増加となり、総数は十二戸となる。老社戸は斯文を除き、すべて世代交代し、二十五世、二十六世が主軸となる。各社戸において、兄弟または伯父、甥による共同代位が激増するが、この期間中は、これ以上の新社戸の独立はなく、その後、琥の新社戸は直ぐに廃止されたので、全期間を通してみると、十一社戸体制となっている。各社戸の社首輪番は六年に一回、全体として組織はなお少数独占（少数責任）を継続しており、祭祀の運営は安定していた、といえる。

第三期（一五三二～五〇）：新社戸増加期

この時期になると、各社戸を共同相続している兄弟、叔甥の独立要求を押さえきれなくなり、嘉靖八年（一五二九）秋、社戸の数を一挙に倍増して、二十九戸とする。呉氏一族の社祭に対する熱意が減退して、旧社戸からも責任分散の要求があったかも知れない。新編成の各社戸は二十七世の人で占められた。老社戸との関係から言えば、Ⅲ徳昱－存制系が一戸、Ⅴ徳烜－存信・存謹系が三戸、Ⅵ徳昱－Ⅺ存恕系が六戸、Ⅶ徳皓－存済系が三戸、Ⅷ徳昂－存杰系が四戸、存林系が二戸、Ⅸ存森系が二戸、Ⅹ徳昶－存紹系が八戸という構成になる。社戸数を二十九という奇数にしたのは、先の期の七戸、九戸、十一戸と同じく、毎年一戸ずつ春秋の組み合わせがずれて全戸が平等に春と秋の社首に当たるためであろう。戸数増加のため、輪番は十五年に一巡という、遠い間隔となり、その間に死亡や事故が生じやすくなる。このため、社首の輪番間隔に不揃いが生じ、春秋交代担当の原則も乱れてくる。各社戸の社祭に対する責任感も希薄となり、社祭の運営に衰退の兆しが見え始める。

次に、第四期より第五期の社戸輪番表を示す。

表2　祈寧社祭祀組織（社戸輪番表）第四～五期⑤

	25世	26世	27世	29社戸	第三期	前期								
Ⅲ系	Ⅱ存制	賓	烈・炳	1										S一五四二炳
Ⅴ系	Ⅴ存信	植	燁・熠	2		S一五三二植								
	XIII存謹	模	伝	3		F一五三二模								
		梓	炷・仟	4			S一五三四梓							
Ⅵ系	Ⅵ存恕	岳	珀	5		S一五三三珀								
			珮	6								文S一五三九応		
			珩	7										
				8									辰S一五四〇応	
			琪	9									F一五四〇琪	
			珉	10									S一五四一珉	
Ⅶ系	Ⅶ存済	根	琯	11						F一五三六根				
	存滋	槐	璞（子玉）	12										
		枢	珪	13				S一五三五枢						
Ⅷ系	Ⅷ存杰	温	琥	14		甫F一五三三元								
		良	珏	15									仁F一五四一成	
		XIV倹	瑄	16					S一五三六瑄					
			瑢	17										
XI系	XI存林	芝	玑	18	①（注）									F一五四二玑
		薫	璇	19	兄弟F一五二九璇	S一五三三璇								
Ⅶ系	Ⅶ存森	輝	珙	20	珙S一五二九灿									S一五四三珙
		灿	琼	21										
X系	X存紹	聡	玠	22	S一五三〇玠									
			珝	23							S一五三八珝			
		肤	珊	24				F一五三五珊						
			珵	25	F一五三〇珵					F一五三七珵				
			理	26										
		清	琰	27		F一五三三清					F一五三八琰			
		豪	瓚	28								F一五三九瓚		
		栄	瑚・琇	29			F一五三四栄							

第四期													
后期													
												F焟一五四四	F燁一五四三
						九次一五三二S～一五五六F			S炷一五四七				
							一五五〇F欠			選F応一五四六			
									応武F全・応一五四七				
						礼S成一五五七	S珩一五五二						
		辰F応一六六二				(注②)							
			F琪一六六一										
								S瑄一五五〇					
							貴F元一五五一						
					通S顕一六六〇								
									一五四八S・一五四八F・一五四九S欠				
				徳S成一六六一								禱S応一五四五	福S応一五四四
						寿F応一五五八							
					信F成一六六〇				佳F応一五四九				
											祥S応一五四六		
						S琰一五五九							
		禄S応一六六三											
						宗栄・F一五五九						瑚琇・F一五四五	

								一五八三	
		一五六五S偉							
一五六三S仟									
一五六三F欠	一五六四S成元			一五五七F成中					
			一五五七S応武						
						（注③）			
		一五六五F子玉				一五六八F璞			
						一五六九S珪			
									一五八四S元夫（甫）
	一五六四F元貴（元徳代）								
					一五六八S顕光	一五六九F顕忠		一五八三F顕忠	
		一五六六F応禎					一五七〇S～一五八二S欠二十八次		
		一五六七S応佑					一五八三S成廉		
									一五八四F顕爵

（注①）是年重分社戸廿九戸　（注②）春秋始分社戸　（注③）重分社戸

第四期（一五五一～六九）：新社戸再編期

嘉靖三十年（一五五一）の社会記の記事に「我が族、春秋に始めて社戸を分かつ」とあり、従来の二十九戸の社戸群を偶数にして（おそらく戸数を増やす）、春祭を受け持つ社戸と秋祭を受け持つ社戸とに二分したらしい。それまで乱れていた輪番制度を整理して円滑な運営を図ったと見られるが、社会記では分割編成を定めた直後の一五五二～五六年の四年九期にわたり社首名が記載されておらず、組織が動揺して、社祭が維持できなくなってきていた可能性が高い。この期には社祭組織は急速に崩壊に向かっていたものと推定される。

第五期（一五六九～八四）：社戸組織崩壊期

隆慶三年（一五六九）の社会記の記事に「社日、重ねて社戸を分かつ」とあり、この時期以後、さらに社戸の数を増やした。同時に社首名の記載を欠く祭期がますます多くなり、特に一五七〇～八三年まで、十三年二十八期にわたり社首名が記載されていない。その後も社首の記載を欠く祭期が多く現れる。このように社首の記載のないときは、社祭は行われなかった可能性が強い。第一期以来の祈寧社の強固な社祭組織は、この時期には、崩壊してしまったと推定される。

明初に成立した社戸組織が一五〇年を経て明代後期にかかる嘉靖期になぜ崩壊したのか、その理由は、形式的には各社戸の地位が単独相続（長子相続）でなく、兄弟叔姪による均分相続であったため社戸が急増して輪番の間隔があきすぎたことによるが、実質的には、社祭自体が衰退したこと、社祭組織を支えてきた里甲制組織がこの嘉靖期中期以降、崩壊して一条鞭法に替わったことなどにその主因を求めることができる。以下、これについて論じる。

二　社祭組織と里甲制の関係

まず注目すべきは、この祈寧社社戸グループが、自らの所属する「里甲」の徴税原簿である「黄冊」の編造を毎回（十年に一度、回ってくる）担当していたという事実である。元来、黄冊の編造は、里甲制の基礎であり、その仕組みは次のようなものであった。

一里は正管戸一一〇戸を基礎構成員とし、このうち、その戸内の「丁・糧多きもの十戸を里長戸とし、その他は甲首戸とされた。一里内には十甲に分たれ、一甲は一里長戸・十甲首戸よりなり、この一里長戸・十甲首戸＝一甲を十束ねたものが一里を構成したのである。里内の各甲は毎年順ぐりに里甲正役を負担し十年で一周したが、十年ごとにこの間における各戸内の人丁・事産の移動を調査して、賦・役科派のための新たな戸籍台帳、すなわち賦役黄冊を攢造し、これを基礎に里甲が編成された。（小山正明「賦・役制度の改革」・岩波講座『世界歴史』一二）

第一回の黄冊編造は一三九一年、その後は十年ごとにくりかえされる仕組みであったから、祈寧社〈社会記〉の記載期間である一四四七年から一五八五年の間には、一四五一年の第八次編造以降、一五八一年の第二十次編造に至る、合計十四回の黄冊編造期（大造年）を含むことになる。但し、この祈寧社〈社会記〉に記載されている黄冊関係記事は、上記の黄冊編造年（大造年）の次の年に記されていることが多い。従って、少なくともこの安徽休寧県茗洲村の里甲組織の場合、黄冊編造は、上記のいわゆる大造年の秋に開始され（準備はその前年から着手されているかもしれない）、その完成を翌年の春に持ち越すことを慣例としていたと考えなくてはならない。関係記事が二年にわたる例が多い点から見て、黄冊編造は里長の責任であった以上、大造年の里長にあたる者の負担が特に大きかったと見られるが、上記祈寧社の黄冊編造記事が二年にわたる例が多い点から見て、黄冊編造全体の事務手続きは、編造の準備年次、本年次（大造年）、完成年次など、少なくとも三年くらいにわたったと考えられる。おそらくこれら大造年をはさむ二〜三年の里長戸が連帯的に大きな責任を負ったものと考えられる。当然、これらの里長戸は原則として里内の最富裕戸（地主層上層）が充てられたものと考えるのが妥当であろう。ところで、祈寧社〈社会記〉に見える延べ十四回に及ぶ各大造年の前後には、ほかならぬこの祈寧社の社戸グループの代表者にあたる者が、里長または里佐として記載されるケースが極めて多いことに注目しなくてはならない。次表は〈社会記〉の記事から、各編造年前後三年における黄冊編造関係記事および呉氏一族の里役就任記事を抜き出して、年次順に対照列挙したものである。

表3　祈寧社里甲制関連記事表(6)

年	季	黄冊編造	里役	黄冊・裏役関係記録	社首
景泰二年（一四五一）	秋	第八次編造開始	？		徳皓
景泰三年（一四五二）		第八次編造完了	？		存杰
景泰六年（一四五五）	秋			富人出谷、賑。我族輸谷十石、給賑。呉権友行、李永善行、胡音保行、康保児、汪小乞、汪四住、徐永兆行等。我里一百石。猶不敷贍。貧人有鬻児女自活者。	存紹
天順五年（一四六一）	秋	第九次編造開始			徳皓・存済
天順六年（一四六二）	春	第九次編造完了	（里長）（存紹）呉功仁	同図李庭譲値北京富戸訴。李庭先与倶我族組存紹公主解。	存杰
成化七年（一四七一）	秋	第十次編造開始	（里佐）？（存林）呉功俊		徳烜

成化八年（一四七二）	春	第十次編造完了	（里佐）？（存林）呉功俊	郡丞黄公巡行各県、起造義倉、是時兼黄籍之役。	存済 存林
成化九年（一四七三）	春	同	（里佐）？（存林）呉功俊	功俊公有里長之役、値令君陳公清政、里長於趣功。	存紹
成化十七年（一四八一）	秋	第十一次編造開始	（里佐）？（存林）呉功進		聰
成化十八年（一四八二）		第十一次編造完了	（里佐）？（存林）呉功進	（八月）初一日呉功進任里役。	斯文
弘治四年（一四九一）	秋	第十二次編造開始	（里佐）？（存林）呉功進	流口呉敏与李鼎構争火佃。方武寧来賀節、先後相闘殴。敏死、具告都察院。我族以里排。因之労擾。	存誠
弘治五年（一四九二）	春	第十二次編造完了	（里佐）？（存林）呉功進		徳烜
弘治六年（一四九三）	秋		（里佐）？（存林）呉功進	○去年造黄冊。本都帰并、其人撥湊各図、兵（戸）部奏行勘合、天下査造軍民。洪武十四年起、弘治五年止、十二眼冊。各郷査理、難以造報。○呉功進里役以呉李訟未竟案、甚被煩擾。	良兄弟
弘治十四年（一五〇一）	秋	第十三次編造開始	（里長）汪遠	（春）魚梁坑祖墓、蔭木被半。即汪産義盗砍一株、投之里長汪遠。呉燦復具告県。	洪兄弟
弘治十五年（一五〇二）	春	第十三次編造完了	？		存誠
正徳六年（一五一一）	秋	第十四次編造開始	？		植
正徳七年（一五一二）	春	第十四次編造完了	（里佐）？（倹）呉如節」		存誠

正徳八年（一五一三）	春		（里佐）呉如節」？（倹）	族呉如節充里役。呉功達戸充総甲。甚苦之。	模
正徳十六年（一五二一）	秋	第十五次編造開始	（里長）呉如高（岳）	呉如高里役。	烈
嘉靖元年（一五二二）	春	第十五次編造完了	（里長）呉如高（岳）	族有黄籍之役。	植
嘉靖十年（一五三一）	秋	第十六次編造開始	（里長）呉如高（岳）	呉如高里役。督黄籍。	植
嘉靖十一年（一五三二）	春	第十六次編造完了	（里長）呉如高（岳）	族有通水路・改門墻之役。	珀
嘉靖二十年（一五四一）	秋	第十七次編造開始	（里長）呉如高（岳）	如高値里役。又団僉廿一年税長。延戸亦僉税長。	成仁
嘉靖二十一年（一五四二）	春	第十七次編造完了	（里長）呉如高（岳）	如高戸黄籍之役。	炳
嘉靖二十四年（一五四五）	秋		（里佐）呉如立（植）	呉如立当里役。会県派給官銀百両。買谷輸半流倉。助費四十二両。里佐重困。	瑚・琇
嘉靖三十年（一五五一）	秋	第十八次編造開始	？		元貴
嘉靖三十一年（一五五二）	春	第十八次編造完了	（里佐）呉朝重（珊）	呉朝重戸有里佐役。	欠
嘉靖四十年（一五六一）	秋	第十九次編造開始	（里佐）呉朝重（珊）	呉朝重攢黄籍。	琪
嘉靖四十一年（一五六二）	春	第十九次編造完了	（里佐）呉朝重（珊）	朝重戸簽兵収頭。甚労費。	応禄

嘉靖四十三年（一五六四）	秋		（里長）呉子克　（偉）	偉戸里役。	元貴・元徳代
隆慶五年（一五七一）	秋	第二十次編造開始			欠
隆慶六年（一五七二）	春	第二十次編造完了	？		欠
万暦九年（一五八一）	秋	第二十一次編造開始	？	制詔天下、八埏清理強甽、謂之清丈。渓口倉出谷、賑。	欠
万暦十年（一五八二）	春	第二十一次編造完了	？	曾令君作清丈条規。冬月曾令君巡行郊野。由石田・渓口・山後抵馮村、過流口。遣胥皂致一、謁刺於子玉、清丈我里事宜。	欠
万暦十二年（一五八四）	春	一条鞭法開始。		始行一条編之法。	元夫

今、この表の記載から、全十五回の黄冊編造時期における呉社戸グループの役割を順次に追ってみることにしよう。

(1)　第八次大造（自一四五一年秋至一四五二年春）

記載なし。

(2)　第九次大造（自一四六一年秋至一四六二年春）

一四六二年春の記事に呉存紹（第X系社戸）が同じ里の李庭譲の訴訟事件を李庭先と共に解決に努力したとあり、この第九次大造年に呉存紹が里長または里佐として関与した可能性が強い。

(3)　第十次編造（自一四七一年秋至一四七二年春）

一四七二年春に「黄冊之役」の記事があり、さらに翌一四七三年春に「功俊公（存林）に里長の役が回ってきたが、県令の陳公の清廉な政治のおかげで仕事がしやすかった」とある。この記事の総括的な口吻からみて、存林の実際の就役は前年（一四七二）と見られる。従って、一四七二年春の大造完成、県への黄冊提出という大役は存林が担ったと思われる。「陳公の清廉」というのも存林の黄冊提出に対する陳公の審査が寛大であったことを意味するものであろう。

（4）第十一次編造（自一四八一年秋至一四八二年春）

一四八二年秋の条に「呉功進（存林）、里役に任ず」とあり、前回同様、社戸存林（旧字功俊、このころ字を功進と改めたらしい）が里長または里佐として、黄冊編造の完成、県への提出の大役を担ったことは明らかである。

（5）第十二次編造（自一四九一年秋至一四九二年春）

一四九三年秋の回顧記事に「去年（一四九二）黄冊を造った時に、本都では、人口の減少した第七図を解消して、他の図（第一～六図）に人口を併合した。また、この時、戸部の発議で黄冊の再点検を行い、第一次から第十二次に至る計十二冊の黄冊を提出させたが、各郷ともその整理、上呈、およびその審査追求に苦しんだ」とある。この時は、第一次以来、一〇〇年を経た戸口増減の調整や、総括点検などが課せられたため、本来、一四九二年春に完了すべき提出事務が遷延して、同年秋、或いは翌年（一四九三）春に及んだところがあったに違いない。祈寧社も一四九一年秋、編造開始の時点ですでに「吾が族、里役に当たる」とあり、一四九三年秋、さらに前々回、前回に引き続いて、社戸の呉功進（存林）が里役に当たっている。この回の難行をきわめた黄冊編造の大役は、終始、祈寧社呉氏一族が担ったものと推定される。

（6）第十三次編造（自一五〇一年秋至一五〇二年春）

記載なし。前回の労により、就役を免除され、他姓の里長戸が編造にあたったのであろう。

（7）第十四次編造（自一五一一年秋至一五一二年春）

一五一三年春に「族の呉汝節、里役に充値せらる。呉功達の戸、総甲に充たる。甚だ之に苦しむ」とある。呉汝節は倹（XⅣ系）、呉功達は存恕（Ⅵ系）。特に総甲つまり里長を呉功達が勤め、この期の編造の後始末（県との交渉）に苦しんだという。

(8)　第十五次編造（自一五二一年秋至一五二二年春）

一五二一秋に「呉汝高、里役」とあり、社戸の呉汝高（存恕の長子の岳、Ⅵ系）が黄冊編造開始のときから里役に当たっている。さらに一五二二年春にも「族に黄籍の役あり」とあって、この回の編造の責任も終始、祈寧社が担ったことがわかる。

(9)　第十六次編造（自一五三一年秋至一五三二年春）

一五三一年春、「呉汝高、里役となり、黄籍を督す」とあり、前回と同様、社戸の呉汝高（岳）が黄冊編造の責任を果たしている。

(10)　第十七次編造（自一五四一年秋至一五四二年春）

一五四一年秋、「汝高の戸、里役に値たる」とあり、また一五四二年春、「汝高の戸、黄籍の役」とあって、編造開始から完成まで、前々回、前回につづき、呉汝高（岳）が担当したことがわかる。

(11)　第十八次編造（自一五五一年秋至一五五二年春）

一五五二年春に「呉朝重に里役あり」とあり、呉朝重つまり珊（X系）が黄冊の役に当たっている。補佐を勤めたものと見られる。

(12)　第十九次編造（自一五六一年秋至一五六二年春）

一五六一年秋に「呉朝重、黄籍を攅す」とあり、前回と同じく、呉朝重が黄冊編造の全責任を担ったものと見られる。

(13)　第二十次編造（自一五七一年秋至一五七二年春）

記載なし。このころ、里甲制が動揺しはじめ、これに代わる方法として、「一条鞭法」などが検討されていたと思われる。

⒁ 第二十一次編造（自一五八一年秋至一五八二年春）

大造の年にあたり、田土の再調査、いわゆる「清丈」の実施が要求されたらしい。一八五二年に「曾君、胥皂を遣わして刺を子玉に通ず」とあり、社戸の子玉（Ⅶ系）がその相談を受けている。おそらく里の清丈に関して、里内の黄冊編造の責任を負ってきた祈寧社呉氏の協力を求めてきたものであろう。

⒂ 一条鞭法の実施（一五八四年）

一五八四年の記事に「始めて一条鞭之法を行う」とあり、以後、黄冊編造は賦役冊としての機能を失い、徴税簿としての役割を果たすに過ぎなくなる。

かくして、以上により、第八次から第二十一次におよぶ全十四回の黄冊編造のうち、第八次、第一三次、第二十次の三回を除き、すべて祈寧社呉氏の代表者が里長または里佐として、黄冊編造の大任を担っていたという事実を確認できたことになる。これは、社の祭祀組織の責任を担う宗族が国家の賦役制度の責任をも担っていることを意味する。宗族が社祭組織を媒介にして里甲制を支えている、或いは里甲制を通して県（国家）の権力を社の支配に利用している、ともいえる。以下、この点を検討しよう。

三　宗族と里甲制との関係

これまでの分析により、明代特有の賦役組織である里甲制システムの単位としての「里」の指導者と元代以来の農村の共同体自治組織である「社」の指導者とが、事実上、重なり合って相互補完的に機能していたことがわかったが、その補完構造の仕組みがどうなっていたか、を検討しなくてはならない。従来の明代史研究者の間には、里甲制の「里」の実体を、在地地主である里長戸層を頂点とする「村落共同体的なもの」とする見方が広く存在している。(7)しかし宗族との関係に着目した見方はまったくない。ここでは、そのいわゆる「共同体的性格」を「社」の側から、さらには「社」を構成する宗族の側から検討してみることにしたい。

まず、祈寧社と里の関係を見ると、すでに明らかにしたように、呉氏社戸グループは、十年に一度、里長戸を出していると見られるので、社戸組織を構成している七～十三戸のメンバーがそのまま、茗洲村の里の構成単位である十個の甲（各十一戸）のうちの一甲に該当し、うち一戸が里長戸、他の六～十一戸が甲首戸としての地位を持っていたと考えられる。しかもこの甲は十年ごとに訪れる黄冊編造年に際して、ほとんどの場合、その初年度、または次年度に里長或いは里役を出しているから、この里を構成する十甲のうち、第一甲または第二甲に位置していたと推定される。他の九個の甲がどういうメンバーであったか、については直接の記録を欠いていて、明らかでない。しかし、前掲**表3**の一四五五年の里甲関係記事に参考になる関連記録がある。そこには、飢饉にあたり同里の義倉に米一〇〇石の緊急納入を分担したグループとして、祈寧社呉氏を含む九個の「行」（グループ）の名が記されている。次のとおりである。

①吾が族の行、②呉権友の行、③李記寿の行、④李永善の行、⑤胡音保の行、⑥康保児の行、⑦汪小乞の行、⑧汪四住の行、⑨徐永兆の行、⑩欠名

吾が族が十石を出し、里全体として、一〇〇石を出したとあるから、各グループが平等に十石ずつ出したはずで、あと一つの行の名が記されていないことになる。しかし、県から里に対する義倉への上納要求は、一般的な賦役組織としての里甲を通じて割り当てたと思われるので、右の十グループがそのまま、里の十甲である可能性が高い。今、

このような想定の下に、祈寧社呉氏を第一甲、上の呉権友以下八行を第二～九甲、欠名グループを第十甲として、一四六〇年におけるこの里の里甲組織を示すと次のようになる。

第一甲（里長戸）呉存紹　（甲首戸）呉斯文、呉徳昱、呉敏文、呉徳烜、呉存済、呉存傑、呉□□、呉□□、呉□□
第二甲（里長戸）呉権友　（甲首戸）呉□□、………
第三甲（里長戸）李記寿　（甲首戸）李□□、………
第四甲（里長戸）李永善　（甲首戸）李□□、………
第五甲（里長戸）胡音保　（甲首戸）胡□□、………
第六甲（里長戸）康保児　（甲首戸）康□□、………
第七甲（里長戸）汪小乞　（甲首戸）汪□□、………
第八甲（里長戸）汪四住　（甲首戸）汪□□、………
第九甲（里長戸）徐永兆　（甲首戸）徐□□、………
第十甲（里長戸）□□□　（甲首戸）□□□、………

この図は各甲が同一の宗族から成ることを想定せしめる。各甲は同姓、同族のグループである。第七甲、第八甲に並ぶ汪氏は、例えば一五〇一年の里長汪遠を出している汪姓グループであろう。第三甲、第四甲に並ぶ李氏は、茗洲村の隣村、山後村の李氏かと見られる。第十甲の姓は不明であるが、呉氏〈社会記〉の成化十二年の条に、里長謝耀の名が見えるので、この謝姓グループが該当する可能性が強い。

さて、従来、里内の権力関係を問題にする場合、里長戸（十戸）対甲首戸（一〇〇戸）という対立を想定し、前者を里内の共同体的諸権利を掌握している在地地主層、後者をこれに隷属している自作農とする見方が多数を占めていた。しかし、茗洲村の里の場合、この地域の農耕儀礼の中枢であった祈寧社社神への祭祀権（共同体権力の象徴）をめぐる権力闘争においては、里長戸対甲首戸という横系列の階層間対立は表面に現れておらず、異姓、或いは同姓異派の間における縦系列の宗族対立のみが記録されている。例えば、祈寧社において呉元龍派が社戸組織を独占するに至る過程での競争者は呉姓の他派（第二甲の呉氏）、李氏（第三・四甲）であった。そして呉元龍系社戸グループが上記の各甲の中で第一甲たる地位を占めていることは、このグループの里内における経済・政治的優位（共同地支配、社祭祭祀権の独占）を示すものにほかならず、結局、第一甲を占める宗族に里内の富裕戸・大地主が集中していて、これが他甲の宗族を支配していたという構図を想定できるわけである。因みに明代初期では、里と社を同一体として表現する「里社」という言葉が頻出する。例えば、太祖実録、洪武五年四月戊戌、「郷飲酒礼」の詔に

其民間里社、以百家一会、糧長或里長掌之。

という文があり、明初の里甲制発足当初、里長の管轄する里が社と密接な関係にあったことがわかる。そして社の背後には宗族が存在していて、その実権を掌握していたのであり、里甲組織に在地宗族の力関係が反映するのは当然あったといえる。

次に、宗族の里甲掌握力を示すもう一つの側面として、宗族の対外的交渉能力という点を問題にしたい。前述のように、呉氏社戸グループは、この里の里甲編成の中で常に第一甲または第二甲の位置を占めており、毎回の黄冊編成の大造年をはさむ前後三年間に必ず里長または里佐としてその編成事務を担当しているわけであるが、さらに細かくみると、黄冊編造の開始年次において里役を担当したケースは少なく（第十五、十六、十七、十九次）、その完成年次またはその翌年に里役を担当したケースが多い（第十一、十二、十四、十六、十七、十八、十九、二十一次など）。黄冊の最

終的な完成は、里内各甲の利害調整を必要とすることであり、また黄冊の県への上呈では、過重な賦役科派を要求してくる県に対して、出来上がった黄冊の内容の妥当性を主張し、里に対する科差を最低限にくいとめる必要があった。この交渉を担当する里長戸は対内的にはもちろん、対外的に強い政治力を備えることが要請されたと思われる。そして呉氏社戸グループが常にこの黄冊編成上、最も困難な役割を担ってきたということは、このグループがこの里内の地主層の中で、数多くの官僚や商人を輩出した有力宗族であり(8)、それだけに行政権力と政治的な折衝を遂行しうる豊かな能力を持っていたこからであると考える。

かくして社戸組織の支配を通じて里甲組織を制した呉元龍派は、内には里内の共同体的諸関係を掌握し、外には自派から輩出する官僚、商人を媒介として行政の末端と癒着しつつ、里と社の両面を通じて郷村支配を貫徹させていたと考えることができる(9)。

四　社祭の内容と財政

社祭の内容については、社祭組織が崩壊し、里甲制が一条鞭法に移行する情勢の下で、万暦二年（一五七四）に制定された《家典記》〈条約〉につぎのような包括記事がある。

吾族喜搬演戯文、不免時屈挙贏、誠為靡費、自今惟禁園笋、保禾苗、及酬願等戯、則聴演。余自寿誕戯尽革去。只照新例出銀、以備常儲、実為不貲。其視艶一晩之観、而无済于日用者、孰損孰益、必有能辨之。

これは同族の間に流行する演劇を統制しようとした規約であるが、このうち、寿誕戯は同族の長老の誕生日を祝う宴会演劇で、族人だけが参加する宗族の祠堂で行われたのに対し、「園笋を禁ずる演劇」「禾苗を保つ演劇」「酬願の演劇」の三種は、他姓を含む社祭の場で行われたはずである。従って、この一族では演劇をともなう大規模な社祭は、この三種に帰着することになる。

このうち最も古い社祭は「酬願」である。これは春、農事の初めに神に豊作を祈願し、秋、農事の終わりに神に豊作を感謝する季節的定例祭祀であり、この一族では多く演劇を伴った。社会記には次の例が見える。

正統十四年、社中議、首春行儺人、婺源州香頭角觝之戯、皆春秋社首、醵米物、与諸行儺者。遂為例。

嘉靖廿六年春、族河灘上、搭層台、胡戯賽神、有山村李員、李柏、李時三十人、至観。値雨下、止戯不出、李嗔怒、即於台上被物、掠之。復断河橋、革俾不能追。投之四、六、八図里佐。李願償、与之解。

いずれも角觝戯・胡戯などと呼ばれる追儺系の仮面演劇が行われている。（山村は図1参照）

次に「保禾苗」とは、災害に見舞われたときに社の神に奉納する臨時祭祀であり、さきの条約では、ここでも演劇が上演される場合があったと推定される。社会記には次の例が見える。

景泰六年秋、六月廿日、安苗福飲。酒不如法、罰社首文升、数外加酒、各一浮。

弘治十三年秋、六月二十日、重訂定安苗福飲。

ここでは演劇の上演を記さないが、おそらく上演を伴ったであろう。次の例は瑞祥が現れたことに触発されて臨時祭祀を行ったときのもの。角觝戯、つまり仮面演劇を伴っている。

弘治九年秋、黟三都、錦渓口廟、周王忽著机祥、農民為禾苗、各郷迎請。我社同礤源、塘田四社、迎奉角觝之戯、酬送、苗果秀。

三番目の「禁園笋」とは、村の水源や薪炭供給地、或いは墓地になっている墳山などの樹木竹笋を乱伐を禁止する村の規約を神前に盟約する祭祀で、多くの場合、やはり社神に演劇が奉納された。その違反者には罰として演劇を課する場合があり、これは罰戯と呼ばれていた。呉氏の社会記にはつぎのような事例がある。

①成化十一年、呉氏二門、為看守竹木、合約。

②成化二十三年、正月初三日、浯潭江宗岳等率无頼多人、於后山砍木搬去、我族告府蒙判。山仍照原買六分為率、族業五分、江宗潤等業一分。与立合同左証。請府篆鈐、合同、功達取。

③弘治元年、旧年九月間、呉恵叔侄革離此地、又盗后塢口墳山蔭木二株、我族告県、傷檄里老謝演、謝公道、李萱勘理。喩恵等出価銀二両伍銭、懇売地以杜訟。立有合同左証。不許侵害我墳山。合同、音海収。

④弘治十年秋、三十二都、汪産義……将山発、与渠族及蒼頭呉九等火種。因焼我連魚梁坑祖墓林内株雑木四株。我族与言。備礼物醮謝。願立文約、不致侵害。

⑤弘治十年春、魚梁坑祖墓蔭木、被半。即汪産義盗砍一株。投之里長汪遠、呉燦復具告県。秋、汪産義托浯家潭親江原広為名、懇甘立文約。

⑥弘治十五年秋、魚梁坑墓林多猴、汪壇佑輩、因逐捕猴、毀削林木枝芽、族与言、又立文約。

⑦嘉靖二年春、栄七公墓、在山村下末、被山村李璋焼劁種作。昶二公墓被李□侵葬、告県、差老人踏勘、令備礼醮謝。

これらの事例では演劇が上演されたことを記さないが、さきの規約から見て、その多くの場合に演劇を伴っていたと見ることができる。或は、事件発生の都度、戯班を招く煩を避け、費用を徴収しておいて、次の期の春祭または秋祭の祀祭のときに一括して神前に奉納した可能性が高い。

社祭は宗教的行事であると同時に、「禁園笋」「保禾苗」に見えるように、村の秩序を維持する機能をもっており、時には府県知事の公権力を背景に他姓をも強制する拘束力を持っていた。娯楽的要素と同時に強制力をもつ、いわば「制度」であった。

次に社祭の財政についてみると、同じく万暦二年（一五七四）の《家典記》〈吉礼〉につぎのような記事が見える。

春秋祈社

先祭而後専。社、旧分両社。其事宜倶詳両社簿諜中。如族人一応、応輸銀数。今一併入衆篋。不許両社、復有徴取。

社戸組織が崩壊に瀕していたこの時期、それまで春秋二社それぞれに、独立に族人から資金を徴収して独自の財政を維持してきた慣行を改めて、社の徴収分を同族の金庫に吸収し、社名義の独立会計を廃止したという。宗族会計一本で社神祭祀と祖先祭祀の双方を運営する形にしたのである。それだけ社の地位が低下し、祖先祭祀に付随する形になったといえる。宗族は、それまでは社祭組織を、自族の社戸によって構成するという形で原理的には間接に支配してきたが、今や、社の祭祀を一族の祖先祭祀と同様に直接に支配するに至ったことになる。ここにおいて宗族の地域支配は極限に到達したといえよう。社祭演劇を寿誕劇と同様に、自族の規約によって統制しているのもこの情勢の反映である。

五　結　語――図甲制への萌芽

以上、徽州の宗族が明代前期においては、社祭組織を社戸の独占を通して間接に支配し、さらに国の徴税組織である里甲制の甲組織（里長戸十＋甲首戸十戸）を掌握しており、後期の里甲制崩壊後は、社祭財政を宗族財政の一部として直接に支配するにいたったことを論じた。明代において、里甲の単位である甲が同族から成るという点は、従来、江南において指摘されたことはないが、清代の広東においては、里甲制の系統を引く一図十甲からなる「図甲制」について、里に相当する図の下にある十の甲がそれぞれ同族から構成されていることを、片山剛氏が明らかにした(10)。同氏は、一甲の代表者たる総戸（里長戸に該当）の名、或いはその下の所属する子戸（甲首戸に該当）の名が、時には数百年にわたって変わらないこと、いわゆる「戸名不変」の事実を指摘し、同一の宗族に属する総戸とその下にある十数戸の子戸が県に対しては、不変の総戸名（多くは実在した祖先の名、ただし虚名の場合もある）で税糧を納めていたことを指摘した。県は総戸名（宗族の代表者名）によって徴税し、子戸には干渉せず、実体は宗族を媒介にした間接徴税であったことになる。徽州でも、例えば、歙県潭渡黄氏などの場合、明代にすでに宗族の複数の土地所有者からなる祭祀集団が一つの共通の「戸名」（多くは祖先名）を立てて、独立の納税団体を形成する例があることを鈴木博之氏が指摘している。(11) また、茗洲と同じ率水流域の下流にあたる渓口（図1参照）を中心とする地域に、越国公汪華、唐将張巡などの英霊を奉祀する「祝聖会」という祭祀組織があり、これを支える汪氏、王氏、呉氏の会首戸の名が明末清初の一七三年にわたって「戸名不変」の形で表示されているという例が、渋谷裕子氏によって指摘されている。(12) 十一戸から成る甲のリーダーたる里長戸が納税名義人として「戸名」を立て、同族関係にある他の十の甲首戸がこの「戸」に付属すれば、広東図甲制の「総戸－子戸」の関係になる。その上で甲首戸の数が同族の他の弱小戸を加えて増加し、結果として各甲の所属戸数が不ぞろいになれば、そのまま広東図甲制の形になる。徽州の里甲制は広東の図甲制のようになる萌芽をはらんでいたといえる。里甲制の里は元来、社と表裏をなす地縁組織として出発しながら、次第に、有力宗族にとりこまれ、宗族による納税団体に近くなっていった。清代広東の図甲制はその極限の形態であるが、その趨勢に向かう萌芽は、本稿が論じた茗洲呉氏におけるように、江南にも潜在していたといえる。

（二〇〇四・三・二五脱稿）

注

（1）　葉顕恩《明清徽州農村社会与佃僕制》（安徽人民出版社、一九八三）

（2）　この資料を最初に紹介し分析したのは、牧野巽〈明代における同族の社祭記録の一例――休寧茗洲呉氏家記社会記について――〉・《東京・東方学報》一一－一、一九四〇、同《近世中国宗族研究》・一九四九、所収である。本稿もこれに負うところが多い。

（3）前掲牧野論文（注（2））、葉顕恩論文（注（1））を参考に作成した。

（4）前注牧野論文（注（2））により作成。

（5）田仲一成〈十五・六世紀を中心とする江南地方劇の変質について（二）〉《東洋文化研究所紀要》六三、一九七四）。

（6）前掲田仲論文（注（5））。

（7）古島和雄〈明末長江デルタに於ける地主経済――沈氏農書の一考察――〉《歴史学研究》一四八、一九五〇）一二頁、安野省三〈明末清初、揚子江中流域の大土地所有に関する一考察〉《東洋学報》四四―三、一九六一）三七九頁、鶴見尚弘〈明代の畸零戸について〉《東洋学報》四七―三、一九六三）五八頁、濱島敦俊〈明代江南の水利の一考察〉《東洋文化研究所紀要》四七、一九六九）一七頁。

（8）この茗洲呉氏一族が官僚、文人、商人（茶商、木材商）を輩出したことについては、田仲一成〈明代江南における演劇統制について〉・《山根幸夫教授退休記念明代史論叢》（東京汲古書院、一九九〇）一四〇七頁、同《明清の戯曲》（東京創文社、二〇〇〇）四四―五〇頁参照。

（9）茗洲呉氏は社祭組織を通して、郷村の演劇をも支配し、またその演劇を通して郷村の共有地を支配していた。この点に関しては、田仲一成前掲書（注（8））《明清の戯曲》五一～八〇頁、同中訳本（北京広播学院、二〇〇三）三九～六四頁参照。

（10）片山剛〈清末広東省珠江デルタの図甲表とそれをめぐる諸問題――税糧・戸籍・同族――〉《史学雑誌》九一―四、一九八二）。

（11）鈴木博之〈明代徽州府の族産と戸名〉《東洋学報》七一―一・二、一九八九）。

（12）渋谷裕子「明清時代、徽州江南農村社会における祭祀組織について――『祝聖会簿』の紹介――（一）」（『史学』五九―一、一九九〇）。

補記：安徽大学徽学研究中心より二〇〇四年一一月撮影の茗洲村の写真の提供を受けた。次の通りである（写真1～4）。

写真１：村北入口の橋上より東方の村景を望む（遠方に老屋の馬頭墻が見える）

写真２：村北の率水を背にして立つ葆和堂（坐北朝南）の前進遺構と旧天井・享堂跡（畑）

写真３：
←村北の率水と筆架山

写真４：
村南の茶畑山と山下の村巷・富商老屋→

明代徽州府の戸と里甲制

鈴木博之

はじめに

明代の里甲制に関してはこれまでかなりの研究の蓄積があり、近年では欒成顕氏の黄冊研究にみられるように、徽州文書等の原史料に基づいた研究が行われている。

その中でも注目されたのが、里甲制下の「戸」の性格の変化であった。一般的に里甲制は清代には崩壊に向かうと考えられていたのに対して、片山剛氏は広東の珠江デルタ地帯では図甲制として機能しており、その「戸」は個別的な家族ではなく、宗族全体が一つの「総戸」を立てており、その下に多くの「子戸」を抱えるものであったことを指摘している。(1) 氏はその起源については明示しておらず、明代からそのような体制が行われてきたことを推定するに留まっているが、その後、劉志偉氏によって、明代中期頃から家産分割後も「戸」の登記が行われていなかったことが指摘されている。(2) また、鄭振満氏も福建の族譜史料を用いて、里甲戸籍が固定化・世襲化していったことを明らかにしている。(3) 両氏とも、その背景を明代の戸から田土への賦課対象の変化と宗族組織の形成に求めている点では共通している。

徽州府下でも同様な事態が生じていたことは、欒成顕氏が明末の徽州文書の分析を通して、均分相続後も独立の戸籍が立てられず、黄冊上では一つの戸籍として登録されていたこと、また、明代後期頃から「戸丁」という用語が頻出し、これも黄冊上の名義戸下の「子戸」を表すものであることを指摘している。[4] 最近、洪惟鳩氏も桃源洪氏（祁門県）の合同文書を用いて、明末清初期の里甲制と宗族組織の関連を考察し、徭役負担の均等制を実現するために、宗族組織が「総戸」を構成しており、それを通じて国家と宗族が直接的に接触していたと述べている。[5] ただ、各氏ともそれを里甲制の変質過程での現象として捉えており、どのような経緯によってそれが形成されたのかについては不明な点が多い。筆者も以前、族産の戸名としての「総戸」について考察したことがあるが、一般的な「総戸－子戸」構造については言及できなかった。[6] 小稿では限られた史料によってではあるが、徽州の事例を中心にして、里甲制下の戸のあり方を家族・宗族構造との関わりの中で考察してみたい。

一　「分戸」の意義

明代の戸籍の編造は洪武三年（一三七〇）の「戸帖」から開始されたといわれている。徽州文書にも洪武三年十一月に戸部から発行された「戸帖」が残されている。[7] その後、江南の一部で実施された「小黄冊」の法を経て、洪武十四年（一三八一）には里甲制が実施され、洪武二十四年にはその細則である「攅造黄冊格式」が発布される。[8] 欒成顕氏は、徽州文書の中に、洪武四年・十四年・二十四年の黄冊が編造されたことを示す史料があることや記載内容が共通することから、黄冊は「戸帖」と「小黄冊」を継承するものであったことを指摘している。[9]

洪武二十四年の「攅造黄冊格式」では、里長・排年は黄冊内の「原定人戸」によって構成され、もしもそれに「消乏」があった場合には、百戸内の丁糧が上位の戸から補充することと、図内に「事故・戸絶」があった場合には「畸零戸」から補充し、「畸零戸」がなかった時に初めて隣図の人戸から補充することを規定している。また、「其上中下三等人戸、亦依原定編類、不許更改、因而分丁析戸以避差徭」（『洪武実録』巻二〇三　洪武二十三年八月丙寅の条）という規定があって、三等の戸則は原則として変更することが許されず、差役を避ける目的で「分丁析戸」することが禁止されている。しかし、通常の家産分割によって「析戸」が行われて、人丁・事産に変動があった場合にどのような処置が講じられるかについては何の規定もない。恐らく、十年ごとの正確な黄冊編造が行われていれば、「消乏」の場合の規定に準じて新たな里長・甲首戸が選ばれることになっていたのであろう。(10) その後、景泰二年（一四五一）に至って、はじめて「折戸」（分戸）の規定が定められる。正徳『明会典』巻二十一・戸口二・攢造黄冊には次のようにある。

景泰二年奏准。凡各図人戸、有父母倶亡而兄弟多年各爨者。有父母存而兄弟近年各爨者。有先因子幼而招婿、今子長成而婿帰宗另爨者。有先無子而乞養異姓子承継、今有親子而乞養子帰宗另爨者、倶准另籍当差。其兄弟各爨者、査照各人戸内、如果別無軍匠等項、役占規避窒礙、自願分戸者聴。如人丁数少及有軍匠等項、役占窒礙、仍照旧不許分居。

ここで、「分戸」が認められるのは以上のような場合である。

（一）父母が既に亡くなっていて兄弟が長く異爨している場合。

（二）父母がまだ生存していて兄弟が近年になってから異爨を始めた場合。

（三）子供が幼く贅婿を招いたが、その後実子が成長し贅婿が帰宗して異爨している場合。

（四）以前子供が無く異姓の者を養子としたが、後に実子が生まれて異姓の養子が帰宗し、異爨している場合。

このうち、（三）（四）の場合には無条件に「分戸」が認められるが、（一）（二）の場合には軍戸・匠戸等の徭役を負担していて、「分戸」した場合に役務に支障が生じない場合には「分戸」を認めるが、人丁が少なく役務に支障が生じる場合には以前の通り「分戸」を認めないという付帯条件が付いている。軍戸や匠戸に「分戸」が制限されているのは、その徭役負担能力の低下を恐れてのことであるが、自己名義の資産を他人名義のものとする「詭寄」と並んで、資産をいくつかの戸に分散させて登記することは、「花分子戸」といわれて、税役逃れの常套手段であった(11)。景泰二年の規定は徭役負担に支障を来すような「分戸」を制限して、徭役負担能力の低下を防止しようとしたものであり、実際の運用に当たっては当初から「分戸」が制限された可能性が高い。しかし、明初には税役負担の過重を理由として「分戸」を行った事例がある。婺源県の『理田李氏宗譜』理田李氏・行済十二汝南公自序は、正統六年（一四四一）に作成された家産分割文書の序文である。

辛巳（建文三年）夏四月、火発僕舎、合村蕩然。因小築聊爾奉親。未幾而大廷運糧之命俄至。而百夫之長、所不可辞、親率衆買車淮泗、載糧抵徳州上倉。往則運餉所係、回則散兵所迫、其為憂労、従可知己。荷天庥祐、幸底安全。歳己丑（永楽七年）春、母孺人晨坐堂上、召予兄弟諭曰、吾年衰耄、家大事繁、且税糧既増、戸役滋大、人口既□、輯睦実難。幸及我在、盍将汝父承分汨邇年続置、登答惟均、兄弟鬮分、各自為家。庶幾少抒予憂、而戸役亦冀少寛也。慈訓実不敢違。於是、兄弟折産異爨焉。

この戸は建文年間に糧長に当たって「徳州倉」に糧米を運送しており、長らく糧長の地位にあった。その後、税糧や戸役の負担が過重であったために、永楽初年に母親の薦めによって父からの相続分と兄弟が購入した土地を均分して相続することにしている。「各自為家」とあることからすると、戸籍も分割したのであろう。糧長の役は戸の分割によってどうなったのであろうか。永楽二十二年（一四二四）に母が亡くなった後のこととして次のようにある。

甲辰八月二十一日寅時、慈親構疾、捐棄諸孤。時輪年糧長適完、得遵慎終之礼。洪熙乙巳、永充糧長之例。又不得免焉。催徴之煩、兄弟子姪、答応不給、苦不可言。……宜有付嘱承父所分及続置産土、除扒与出継男満通并長女外、一応田地山塘、合立支帳二本、均作二分、付承相二子。日后子孫、照帳管業、公私毎事及糧長戸役、両下同心協力応答、毋得違命。

家産分割後も糧長に当てられており、特に洪熙元年（一四二五）に糧長が永充制になってからは、兄弟・子姪が共同して職務に当たったが非常に苦労したという。その後、正統六年（一四四一）に弟の継子となった満通と長女への分与を除いた残りを二人の男子（承通・相通）に均分しているが、糧長等の役は二人が共同して負担することにしている。それ以外の税糧や雑役の負担は軽減したと考えられるが、総体的な徭役負担にはそれ程変化がなかったことになる。事実、徽州文書に収められた家産分割文書を見る限りでは、「分戸」を規定しているものはあまり見あたらず、税役は共同で負担することを述べているものが多い。例えば、『徽州千年契約文書』清・民国編十一巻「嘉慶凌氏謄契簿」（祁門県）には「添春同姪貴宗分家鬮書分単」（成化十一年十一月二十二日）と「凌貴宗・同弟徳宗・勝宗・友宗・員宗鬮書分単」（成化十一年十一月二十四日）の二件の家産分割文書が収められている[12]。前者は凌添春と姪の貴宗によって家産が二分割され、後者はその二日後に貴宗・徳宗・勝宗・友宗・員宗の五兄弟によって、「住基・房屋・田地・山場」が五分割されている。

（一）三四都凌添春・同姪貴宗等、今有祖産併衆買受住基・田地・山場・做造屋宇、乙向相共未分。今因各爨、耕種管業不便。思身年老、事未清明。恐後子孫争論。同姪商議、托憑族叔仏保等為中做証、将戸下祖産・居基・房屋・荒熟田地、尽数高低眼同並答均匀、分作二股、拈鬮為定、準立標書文憑合同二紙、各収乙紙。日後子孫、永遠照鬮単管業、無得争占。……逓年差税、対半供解。除父故後所有天祖・天（添？）春相共買受田地・山場名目不等、標分之日、同姪照契分、日後子孫不許争論。（以下略）

（二）三四都凌貴宗・徳宗・勝宗・員宗・有（友？）宗兄弟、今承祖産住基・房屋・田地・山場相共未分。因為各爨、耕種不便。兄弟一同商議、憑中族叔添春等前来為中、将戸下祖産・住基・房屋・田地・山場、尽数高低品答、眼同均做五股、写立分単五紙、各収一紙、日後照単管業耕種。……逓年差役、照分供解、住基・魚塘・山場、同衆管業。（以下略）

いずれの場合にも「逓年差税、対半供解」「逓年差役、照分供解」とあって、税糧や差役は共同で負担することを約しており、別個の戸名が立てられた形跡は見あたらない。添春にも独立して生計を営む男子のいた可能性が高く、少なくとも六戸以上の家族で一つの戸の税役を負担していることになる。また、添春兄弟は父の死後も家産分割を行わずに家屋を共有しており、それは兄（天祖）の死後も変わらず、二世代後になってから、家産分割が行われたことになる。その後も戸は分割されなかったと考えられる。筆者が先に考察した黟県の胡氏の例でも家産分割後に家族が同居を続ける場合があって、家産分割がそのまま「分戸」を行う契機とはならなかったようである[13]。

それから二十八年後の弘治十六年（一五〇三）に、友宗は家屋の狭さと家族の多さを理由として、婺源県に遷居することにしている。同書「凌友宗遷居婺源県文約」には次のようにある。

三四都凌友宗、今因家中屋宇狭窄人衆、難以住歇、前往本府婺源県遷居。今本家係応門戸官差捕戸、洪大繁多、兄姪不従。自情願将承祖開墾為荒田乙備、坐落本都七保、土名梅樹坑、所有畝歩四至、照本保経理為始。其田与本都王邇安・黄従善・凌明徳・宗富相共内、友宗該得分籍、尽数約内撥与勝宗姪文敬等名下、前去耕種、収租管業、供解門戸差役税糧等項。

凌氏に課せられていた「捕戸」[14]の負担のために友宗の移転に対して一族から異議が唱えられている。そのため、王邇安等と共有していた田土の友宗の持ち分を兄の勝宗と姪の文敬に与えて耕作させ、その収益を差役や税糧負担の費用に充てることにしている。これらの複数の家族は家産分割後も、数十年にわたって徭役や税糧を共同で負担していたと考えられる。ただ、徽州文書の中にも「分戸」が行われたと考えられる事例が少ないながらも存在する。『徽州千年契約文書』宋元明編巻二「嘉靖四十五年汪于祚戸分業合同」には次のようにある。

龍源汪于祚同弟于祜・于衽・姪必晟、今戸役重疊、家事紛紜、難累一人支持。同弟姪商議、将家分析、各便解納。……所有蛟潭義倉田地・山苗・庄基・舗店及蛟潭書院并両辺舗壱□守義産文約、尽数永遠存留外、其余本都一保二保三保四保五保并二十三都四保五保八保、仍存田地・山塘・苗木・庄基・舗店、俱作四股均分、並無異言。

所有税糧、各扒供解、其義産税糧差役、四人同心供解、毋以独累一人。自立清白之後、倶各宜遵守、毋許別生異議以傷和気。

徭役の負担と家事の煩瑣を理由として、兄弟三人と甥によって家産が分割されており、その際共有部分である族産と店舗の分を除いた財産の税糧は各自が負担することにしている。この場合は四戸が個別の戸を立てていたと考えられるが、これより二年前に汪于祚が族産の一部を売却して自己の負債の返済に充てていたことが別の文書から判明する。(15)この時点で一族間に不和が生じており、共同して税糧や徭役の負担ができにくい状況が生じていたと考えられる。個別の戸が立てられるか否かは、戸名を立てることのメリットとデメリットが勘案された結果なのであろう。同様な事態は同書巻一「成化二年祁門葉材等互争財産帖文」にも見ることができる。この文書は祁門県の十八都に住む葉材が族兄の葉済寧の残した財産を巡って起こした訴訟の記録である。葉済寧には妻の揚氏との間に文禎・文顒・文靖の三子と妾の汪氏との間に生まれた文大という男子四人がおり、正統六年（一四四一）に彼が亡くなった後のこととして次のように述べている。

日後倘為不測可恃、幼男文大另立戸籍、標撥田畝四石、与文大。其余産糧、除各人已買外、所有当戸差役、倶係三男掌管、其田畝因姪文大幼小、向是文禎掌管。至天順七年、文禎感患、憑衆親眷主議、遵奉依文、恃祖糧四分均分外、又文禎等続置田産三十畝、標撥湊畝（?）四石、文立与文大管業無争。至天順八年、因姪葉英房失火、焼毀契字遺文等項。有文大先前未曾分畝正基及戸名、余畝并文禎収伊前花利租谷、不甘互争、各捏虚詞状告。

まだ幼い文大に別の戸籍を立てて四石の田畝を分与し、それ以外の田畝は各自が購入したものを除いて三男が徭役を管理するというものである。しかし、すぐには戸籍が立てられず、長男の文禎が管理していた。天順七年（一四六三）に文禎が病気になり、親族を仲介にして遺産を四分割したが、その際自己の購入した田畝のうち三十畝を四石分として文大に管理させることにした。ところが、翌年の火災のためにこれまでの文書が消失し、文禎が先年の約束を履行せず文大の租穀を私したために訴訟に発展している。葉済寧が文大に戸名を立てるように遺言したのは、文大がまだ幼くて均分相続の際に不利になることを恐れたからであろうが、逆から言えば、そういう恐れがなく、兄弟が協調してやっていくことができる場合には、新たな戸名を立てることは考えられなかったことを示していよう。ただ、その際に戸名自体が変更されなかったのかどうかまでは確認できない。次には、戸名が徭役負担と共にどのように継承されていったのかを他の事例から検証してみたい。

二　里長戸の継承

休寧県三十三都六図一甲に属していた茗洲呉氏の里甲制関係史料については、既に田仲一成氏が『茗洲呉氏家記』巻十社会記の記事を基にして考察を加えている。(16) ここでは氏の整理を基にして里長戸がどのように継承されていったのかを見ていきたい。茗洲呉氏が里甲制編成の当初から里長戸に当たっていたことについては、『茗洲呉氏家記』巻六家伝記に、明初に句容県知県となった永昌の妻の謝氏の伝として、永昌が任地で亡くなった後のこととして次のようにある。

当此時、門庭多艱、皆綜理擘画、子希敬甫成童、教之有常業。中外截然、甚設給事。里役十戸連於一甲、一甲之下有倔強者、孺人召之庭下、理諭之、無不柔服。

妻の謝氏がまだ幼い子どもを養育しながら永昌の死後も里長戸としての任務を代行していたのであろう。田仲氏は『茗洲呉氏家記』巻十社会記の景泰六年（一四五五）の記事に基づいて、休寧県三十三都六図の構成を次のように想定している。

一甲（里長戸）呉存紹（甲首戸）呉斯文・呉徳昱・呉敏文・呉徳烜・呉存済・呉存杰・□□□・□□□・□□□・□□□
二甲（里長戸）呉権友（甲首戸）呉□□・□□□……
三甲（里長戸）李記寿（甲首戸）李□□・□□□……
四甲（里長戸）李永善（甲首戸）李□□・□□□……
五甲（里長戸）胡音保（甲首戸）胡□□・□□□……
六甲（里長戸）康保児（甲首戸）康□□・□□□……
七甲（里長戸）汪小乞（甲首戸）汪□□・□□□……
八甲（里長戸）汪四住（甲首戸）汪□□・□□□……
九甲（里長戸）徐永兆（甲首戸）徐□□・□□□……
十甲（里長戸）謝□□（甲首戸）謝□□・□□□……

田仲氏は、一つの甲が同姓で構成されていたことを指摘しているが、その後もそれが変更されずに固定化していった可能性がある。茗洲呉氏の里甲制関連の就役記事をまとめると**表**のようになり、十五世紀半ばから十六世紀半ばまでの約百年間で約十六件の応役記事がある。天順六年（一四六二）以前の記事がないが、それ以前は永昌の子の希敬が里長戸を継承したのであろう。大体、十年に一回のペースで里甲制諸役に就役しており、黄冊編造に当たっていることが多い。ただ、黄冊編造の年（冊年）と一年ずれている例がかなりあって、厳密に十年毎の輪番制にはなっていないことがわかる。[17]応役者を見ると希敬の四子の中の、徳昂（春房）・徳昶（秋房）・徳烜（冬房）の三人の子孫で占められており、徳皓（夏房）の子孫は徭役に当たっていないことが分かる。天順六年の秋房に属する存紹（功仁）に始まり、その後、春房に属する存林（功進）、春房に属する倹（汝節）、秋房に属する嶽（汝高）、冬房に属する植（汝立）、

No.	年　代	応役者	役目	冊年
1	天順六年　（1462）	呉存紹（功仁）	訴訟？	○
2	成化九年　（1473）	呉存林（功俊）	里長（黄冊）	
3	成化十八年（1482）	呉存林（功進）	里役	○
4	弘治六年　（1493）	呉存林（功進）	里役	
5	正徳八年　（1513）	呉倹　（汝節）	里役	
6	正徳十六年（1521）	呉嶽　（汝高）	里役	
7	嘉靖元年　（1522）	呉嶽　（汝高）？	黄冊	○
8	嘉靖十年　（1531）	呉嶽　（汝高）	里役（黄冊）	
9	嘉靖二十年（1541）	呉嶽　（汝高）	里役	
10	嘉靖二十年（1541）	呉廷	糧長	
11	嘉靖二十一年（1542）	呉嶽　（汝高）	黄冊（糧長）	○
12	嘉靖二十四年（1545）	呉植　（汝立）	里役	
13	嘉靖三十一年（1552）	呉珊　（朝重）	里佐	○
14	嘉靖四十年（1561）	呉珊　（朝重）	黄冊	
15	嘉靖四十三年（1564）	呉偉　（子克）	里役	
16	万暦九年　（1581）	呉夏生	里長	

茗洲呉氏里甲関係就役表

秋房に属する珊（朝重）、冬房に属する偉（子克）と代位している。それぞれの里長戸の関係を見ると、存紹－存林（従兄弟）、存林－倹（甥）、倹－嶽（従兄弟）、嶽－植（甥）、植－珊（従兄弟）、珊－偉（甥）と直系ではない系譜によって里長戸の地位が継承されている（系図参照）。また、社会記の弘治八年（一四九五）の記事に「良公承叔功進公戸名」とあり、弘治六年まで里長戸を務めていた存林（功進）の戸名を甥の良が継承したという。存林には芝という男子があり、なぜ芝ではなく良が継承したのか具体的な経緯は不明であるが、一族間の協議に基づく可能性が高い。欒成顕氏は里長戸の継承が親子という直接の系譜だけではなく、叔父－甥関係の者が一定の割合を占めていたことを指摘しており、この茗洲呉氏の事例もこれを裏付けているといえよう(18)。つまり、里長戸の戸名自体は変更されているが、直系の親族ではない戸によって里長戸が継承されていったと考えられる。

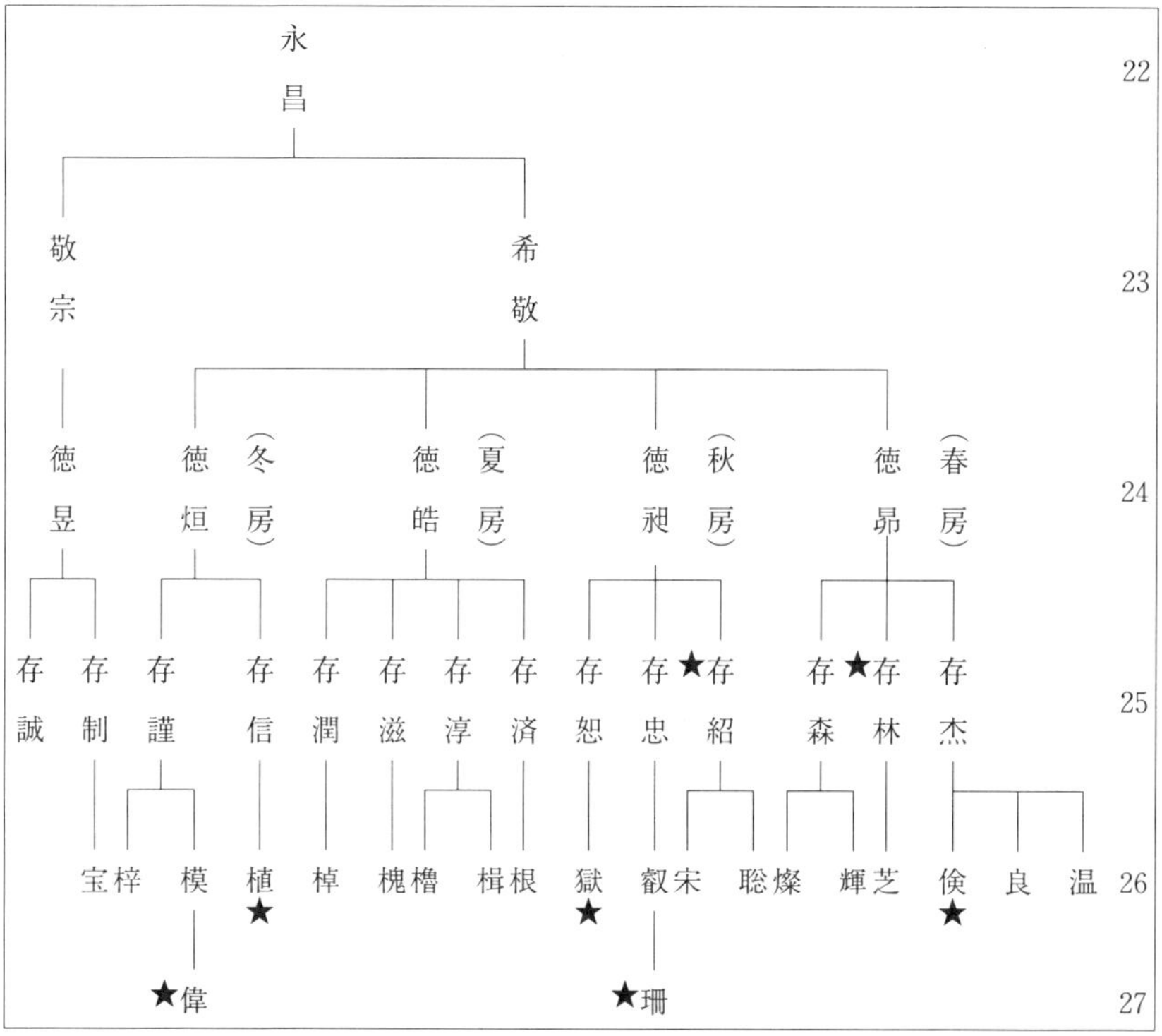

茗洲呉氏家系（数字は世代を、★は里甲諸役への応役者を表す。）

『徽州千年契約文書』宋元明編巻五「隆慶六年休寧張烜等立鬮書」は張烜と張烈という兄弟によって家産分割が行われたものであるが、「今議条款列後」として次のような記述がある。

一議十甲父戸。烜承九思戸、烈承戸。須各人分充。各戸銭糧多寡、眼同筭明、除各人直扒抵産土外、不以田畝為拘。余糧幷是両半撞平、各自弁納。其杉戸又照原議、合同朋充。其糧亦是両半均納。

張烜・張烈兄弟には父から受け継いだ戸と共に「九思戸」という戸名があり、兄の張烜が「九思戸」を、弟の張烈が父の戸名を継承し、その税糧の格差は、自己名義の田土分を除いて負担が均等になるようにし、「杉戸」（木材の供出のための戸か）の負担部分は二戸が共同して当たり、税糧も均分して負担することにしている。ここでは戸名が家産分割の際の相続財産のように見なされており、それをどのように負担するかは家族または宗族の協議に委ねられていたと言えよう。これが数世代に亙って続けられれば、戸名は宗族の一種の共有財産となっていくであろう。その際も徭役負担は一族の共同負担によって遂行されていたと考えられる。同書巻三「万暦四十一年歙県方一楽津貼朋充事呈文」には次のようにある。

呈為懇憐祖役津貼朋充事。承祖三甲里役、伝自成化迄今、議立成規、本族殷実之家、照例津費。即今戸丁方思訓財富数万、糧槩一図。前冊方承先承充、豪已貼銀三十両、方一楽等証。今懇天垂憐金批、約族諭豪、照例津貼朋充、免悞国課、万感洪恩、為此具呈、須至呈者。

右具　被犯　方思訓

干証　方一楽　方近仁　方忠永　呉□権

万暦四十一年五月廿七日　具

方一楽等は一族の方思訓が今までのように里役に当たるための援助金三十両を拠出するように提訴しているのであるが、その規則が成化年間から始まったと述べていることからすると、里甲制の諸役に一族が共同して当たることはかなり古い慣行であったことがわかる。『徽州千年契約文書』清民国編巻九「乾隆休寧呉氏分業合同彙抄」でも、一つの里長戸を一族が輪番で負担している事例がみられる。

立合同人呉可学・可立・可訓・可久・可晋、今因承祖呉宗黄冊里（長）、二十年輪該充当一次。万暦三十年鬮得長房・二房朋当。該輪三房・四房朋当。因三房可訓瞽目、姪幼不能充当。今議長・二房鬮出一房、同四房均当貼役、該照前輪、毎房拾両。但前輪六房、全無五房収物。未全今輪、又不必言矣。而三房不願充当、亦無貼役。今鬮長房同四房充当。今年正月上役、長房・四房朋充応役。其長二四房小戸、既有貼役首状等費、在内一応朔望点卯催弁銭糧充賠公費勾摂、尽在二家支当。衆人并無干渉、亦不得日後重索増添等情。今恐無憑、立此合同一様三張為照。

天啓元年正月初六日　立合同人　呉可学・呉可立・呉可訓・呉可久・呉可晋・呉可泰

呉氏には万暦三十年以来、「呉宗」戸という黄冊里長[19]があり、その戸に呉氏の六房の中から二房が輪番で当たっていた。ところが、三房の可訓の目が不自由になり、その子も幼いために、長・二房の中からもう一房をくじびきで割り当て、四房と共に黄冊里長に当たり、それ以外の房は十両ずつ援助することにしている。この文書の冒頭には「六大房承分紹泉公鬮書序」（万暦四年）と題する家産分割文書の序文が付せられており、「呉宗」戸とは休寧県の十九都に属する臨渓呉氏の、紹泉公を祖とする六房の族産の名義戸（総戸）であることが分かる。この戸が清代になってからも存続していたことは『徽州千年契約文書』宋元明編巻十「崇禎十五年休寧程氏立置産簿」所収の康熙五十八年（一七一九）の土地売買文書からも分かる。

立売契本都貳図拾排年呉熙志・呉宗等、今因捌甲排年程万実子孫、遺亡外地、丁糧及現役、歴皆拾排代賠代役、経今桼拾余載、累無底止。今又輪当現年、無力賠貱、為此拾排憑中将其遺存旧選字壹千捌百玖拾陸号屋地、除前売過、仍存万実・大倫弐戸該分貳拾貳歩壹分、計税壹分壹厘伍糸。……立契売与本都三図程名下為業。三面議得時値価銀七両。其銀当成契之日、一併収足。前去完糧・代役費用、其屋交買人受管。所有税糧、立推単、在捌甲程万実・大倫両戸起、推入本都三図九甲程復臨戸弁納。（中略）

康熙五拾捌年三月　日　立売契拾排　呉熙志
戴龍羅・呉温
呉可随・呉添徳
汪岩保・呉宗

休寧県の十九都二図八甲の排年程万実の子孫が外地に出ているために、現年里長の負担に応ずることができず、他の里長が七十余年に亙って代わって応じてきた。康熙五十八年もその番になり、肩代わりが難しかったために、程万実の名義の屋地と家屋を程氏に売却して代役の費用に充てることにしている。その排年（里長）の一人に呉宗戸の名が見える。この慣行が始まってから七十余年になると述べていることからすると、明末に遡ることができ、程万実戸が絶戸になってもその里長の負担は免除されなかったことが分かる。先述の「乾隆休寧呉氏分業合同彙抄」には乾隆四十四年（一七七九）時点での十九都二図の里長名が「己亥年査現在十甲排年里長」として次のように記載されている。

一甲　理房　　二甲　冊里□□　三甲本市　戴龍羅戸　四甲　随房　五甲林竹　汪岩保戸

六甲　冊里□□　七甲　貳房　　八甲　冊里□□　九甲　馴房　十甲　呉宗戸冊里承房

三甲の戴龍羅戸と五甲の汪岩保戸は先の康熙五十八年の土地売買文書にも現れており、この間六十年に亙って戸名が変更されなかったと考えられる。その他の一・四・七・九甲は臨渓呉氏の六房の子孫が一つの戸名の元で里長に当たっていたのであろう。ここでは、各房が甲毎に族産を含む里長戸を立てていたのであろう。このような慣行の起源を明末に遡らせることができ、それは、「戸丁」の出現と軌を一にしていたと考えられる。

三　「戸丁」の出現

「戸丁」という語が徽州文書に現れるのは、主に「推単」関係の文書である。「推単」とは土地売買後に行われる名義書き換え（推収過割）の際に取り交わされる文書であり、通常は十年ごとの黄冊編造の際に、十年間に売買された土地をまとめて名義変更することになっていた。(20)黄冊は「旧管」「新収」「開除」「実在」の四項目（四柱）で構成されており、十年間の人丁・事産の変動が記載されていた。「推収過割」は、その所有面積の変動を把握する上で不可欠な手続きである。黄冊の編造はその年の現年里長が中心になって行われるが、その際に県から戸ごとに定式された

「清冊供単」と呼ばれる文書が配布される。各甲の里長（排年）は本人と各甲十戸の人丁・事産が記載された文書を現年里長に送付する。現年里長はその図の百十戸の「清冊供単」をまとめて一冊として県に送付し、県ではその審査を行うというものである。[21]『徽州千年契約文書』宋元明編巻十「崇禎十四年祁門県洪公寿戸清冊供単」には次のようにある。

直隷徽州府祁門県為清冊供単事。照得、本県今当大造、例有親供首状・開具管収除在数目。雖逓年陸続過割、総合十年積算、応以上届黄冊実在之数為今番旧管、其以後逓年置買産業、不論已収未収、総為新収。今照旧例、設立清冊供単、毎戸先開旧管人丁若干・田地山塘若干・米麥若干、次開新収若干・開除若干、該図冊書親執供単、挨次令人戸自行塡註、明白送県以憑給付。冊書彙造黄冊、其収除給要□行散開以便清察税契。其新収数目、尽照文契、開除数目、尽照新収。如無契擅収、或収数増減、不依原契、及有収無推、有推無収、混造投逓者、定行重究。如冊書不依期送単、人戸不依期塡写者、并究不貸。（後略）

「清冊供単」は十年間の土地売買の結果をまとめたもので、前回の黄冊の分を「旧管」、それ以後の変動分を「新収」として、図ごとの冊書が各戸ごとに「新収」「開除」の項目を記載させ、それを県に送って黄冊編造の資料とする。その際に、「税契」「文契」が確認のために参照され、数字を増減させる等の不正が禁止されている。ここに見える「文契」というのが「推単」のことであろう。例えば、『徽州千年契約文書』宋元明編巻二「嘉靖三十九年金侃推単」には次のようにある。

十七都二図立推単人金侃、原於嘉靖三十五年間、願於慕貞字号官民山三契、身分下慕字税二厘、貞字号官山本家八分、共税壱分壱厘陸毛五糸、身該税柒毫二糸、待亥冊之年、索出原契面割貞字号民山、身該税伍毫六糸、三共該税参厘弐毫捌糸。売与十四都十図洪名下為業。其□受訖。即有秋糧・夏税、自三十五年起至四十一年止、税銀今憑親中朱琛孫斉□□、俱已収訖。待造冊之年、本家起割過戸。□無生難異。今恐無憑、立此推単為照。

開貳字原契
嘉靖卅九年十二月初五日　立推単人金侃　中見親人　朱琛　孫斉　愈洪　江珣　朱之儀

嘉靖三十五年に山地合計三厘二毛八糸の土地売買が行われ、嘉靖四十一年の黄冊編造の際に金名義から洪名義に書き換えることとし、その間の税糧負担分は既に受け取っていることを確認する文書である。これらの「推単」は黄冊編造の際の証明書類としての役割を持っていたと考えられる。「戸丁」の語が現れるのは、管見の限りでは『徽州千年契約文書』宋元明編巻二「嘉靖四十年李沈推単」からである。この文書の末尾には、「嘉靖四十年十一月初六日立推単人三甲李廷用戸戸丁李沈」とある。この文書は、全体が不鮮明のため内容が判読しにくいが、十五都に属する李沈が、同都の鄭氏に民田二畝九分あまりを売却したために、名義の変更を約したものである。李沈は「李廷用」戸の「戸丁」と表記されており、李沈は黄冊上では「李廷用」戸下に登録されていたことになる。

黄冊の編造は通常はその年の現年里長の任務であったと考えられるが、明末の徽州では黄冊里長（冊里）と呼ばれる役目に分化しており、「書手・筭手」と共に黄冊編造の任務を担当していた。「戸丁」の記載も嘉靖年間以降頻出するようになる。例えば、『徽州千年契約文書』宋元明編巻三「万暦四十一年方永明収税会票」には次のようにある。

三十三都二図遵奉県主爺爺為攅造黄冊事。拠本都本図十甲方春丁方永明　字　号則地、税肆分、土名
万暦四十年九月買到本都六図八甲李立用戸丁李綬綱。　麦　米
万暦四十一年四月二十一日　冊里方泰
書手張子寧
筭手詹侯象

三十三都二図十甲の方春戸の「戸丁」方永明が、同都六図八甲に属する李立用の「戸丁」李綬綱から土地四分を購入したことを証明する文書であり、末尾に「冊里・書手・筭手」の署名がある。同書巻三・四には「呉世順」戸に

関連する文書がいくつか収められている。同書巻三「万暦四十七年呉世順戸推収照会票」は同じ甲に属する同族間で土地売買が行われている事例である。

休寧県二十三都九図遵奉県主爺爺為攢造黄冊事。拠本図本甲一甲一戸呉世順
一収　都五字三千四百十二号則　地　税肆厘正　土名井辺楼
於万暦　年　月買到本都本図本甲本戸内呉阿程推。
麦　米
万暦四十七年二月　日　冊里　黄金巵
書（手）呉一龍
筭（手）邵公順

この文書は休寧県二十三都九図一甲に属する呉世順が同族の寡婦と考えられる呉阿程から土地四厘余りを購入したために名義を書き換えたことを証明するものである。翌々年の同書巻四「天啓元年呉大興戸地税推収照会票」には次のようにある。

（休寧県）二十三都九図遵奉県主爺爺為攢造黄冊事。拠本図一甲一戸呉大興戸丁呉世順
一収　都五字三千四百八十号　土名李園丘
一則地　税五厘正
於天啓元年三月買到本都本図本甲本戸丁呉元吉　麦　米
天啓元年八月廿日　冊里　黄金巵
書（手）呉光達
筭（手）邵九湖

これも休寧県二十三都九図一甲「呉大興」戸の戸丁呉世順が天啓元年に購入した戸丁の「呉元吉」の土地五厘を自己の名義に書き換えたことを証明するもので、先の文書と同じ冊里の署名がある。先の文書では独立した戸名として扱われていた呉世順はこの文書では呉大興の「戸丁」と表記されている。呉世順が関与している文書は他に三件存在する。

（一）　天啓七年呉大興戸地税推収照会票

休寧県二十三都九図一甲の「呉大興世禎」が「本戸丁呉世順」に買与した一分八厘余りの土地を天啓七年に呉世順戸名義に書き換えたことを証明するもの。

（二）　天啓七年呉大興戸地税推収照会票

休寧県二十三都九図一甲の「呉大興世体」戸が「本戸丁呉世順戸」に買与した地四厘を天啓四年に「本戸呉世順戸」に書き換えたことを証明するもの。

（三）　崇禎十年呉世順本戸推収票

休寧県二十三都九図一甲の「呉大興」戸の戸丁呉世順が崇禎十年に「本戸呉世昆戸丁瑞輝」から購入した山地二厘を自己名義に書き換えたことを証明するもの。

以上の三件の文書はいずれも「呉大興」戸下の戸丁間で土地売買がなされたことを表している。「呉大興」戸や「呉世昆」戸は黄冊上に登録されている名義戸であり、呉世順・呉元吉・呉世禎・呉世体等はその戸下にあった「子戸」であったと考えられる。㈡を除いて、同じ年度に土地売買と名義書き換えが同時に行われているが、これは、天啓初年に「遼餉」の費用一万両を捻出するために、十年ごとに行われていた契税の支払いを毎年行うように変更したためである。[22] この「呉大興」戸がいつ頃成立したのかは不明であるが、少なくとも万暦十年（一五八二）以前には存在していたらしい。同書巻三「万暦十年呉玄湘等帰戸票」は丈量の際に土地所有者に発給されたものである。

弍拾参都玖図奉本県明示丈過田地山塘、毎号照丈積歩、依則清査分畝、給発小票、業人親領、付該図親供帰戸、執此憑証。

計開　丈過五字二千五百六号土名影山下

応擬下則地税拾四歩六分四厘

該税弍分七厘〇四糸

給付本都本図一甲呉大興戸丁玄湘・応泰存照。

万暦拾年八月拾五日　図正呉継寧票

呉玄湘・応泰は呉大興の「戸丁」と表記されており、「呉大興」戸は少なくとも半世紀以上にわたって複数の「子戸」を抱えていたことになる。しかし、「子戸」内部での土地売買の際に推収過割が行われていることは、黄冊上では「子戸」内部の土地変動をある程度把握していたことになる。このような「戸丁」はどのようにして成立したのであろうか。前節でも述べたように、里長戸や甲首戸は固定化する傾向にあったが、基本的には十年に一度の黄冊編造の際に更新されるのが原則であったと考えられる。ところが、嘉靖年間の頃から「分戸」が一層制限されるようになったらしい。『世宗実録』巻四八九　嘉靖三十九年十月戊戌の条に、戸部尚書高燿が四十一年の黄冊編造について述べている中に次のような一節がある。

一、人戸有父母倶亡而兄弟異居者。有因子幼贅婿、後子長而婿分居者。有因無子以異弟為子、後有子而嗣子出居。必民戸人丁数多、許令分析及出姓帰宗、或另立戸籍、倶編入正図。

先述した景泰二年の「分戸」の規定を踏まえているが、先の規定では無条件に「分戸」が認められていたと考えられる贅婿や養子の帰宗の場合にも、人丁が多いことが条件になっており、「分戸」の実際の運用に当たっては、規制が強化された可能性がある。新たな戸名を立てる場合にもそれなりの申請と許可が必要であったことは、『徽州千年契約文書』宋元明編巻三「万暦十九年休寧朱進禄立戸信票」からもわかる。

休寧県為立戸事。拠本県十二都一図朱進禄状告前事。詞称、身係本図三甲下続置田産計糧九斗有零。今遵明示、情願承丁立戸当差、懇給票照等情。拠此、擬合就行、為此票仰該図攅造里書・筭手、即将告人詞内所告事情、査無影射情弊、准令立戸収税、在於該図三甲下当差。貝結回繳査考。如有詭寄・花分等弊、許令将票呈、繳以憑拿究各役、毋得刁難。如違査出、一併重究、不恕。須至票者。右仰該図里書・筭手。准此。

万暦十九年十一月　日　戸

休寧県の十二都一図に属する朱進禄は、同図三甲に九斗の税糧のある土地を購入したために、県に戸籍を立てることを申請している。その際、その図の里書・筭手に「詭寄・花分」等のごまかしがないかを調査する任務が課せられている。この戸が立てられる以前に朱進禄がいかなる戸に属していたのかはわからないが、一般の家産分割の際にも同様な手続きが必要とされたのだろう。前稿でも述べたように、族産のための戸名（総戸）が立てられるのも嘉靖年間のことに属する。『休寧范氏族譜』巻六譜祠に、范氏の「総戸」として嘉靖三十一年（一五五二）に立てられた「范安節戸」の次のような記載がある。

嘉靖三十一年范安節戸類、男子正丁壹口、係河南人、先年遷居休寧県充十八都九甲排年范子明戸下甲首、附産入籍当差。本戸田玖畝貳分四厘四毛、地貳畝貳分参厘柒毛貳絲、田地共拾壹畝四分捌厘。米五斗陸升壹分四勺、麦貳斗参升一合貳勺。玠公人鑑公各墓産業与七族衆業税糧倶在戸内。

この戸は范氏の七派の墓田と共有地の税糧を統合したものであり、休寧県十八都九甲の排年（里長）范子明戸下の甲首に当てられている。(23) その際、この戸は、河南から休寧県に遷居した「男子正丁一口」で構成されていることになっている。本来、「范安節戸」は族産のための総戸であるので、実在する人格は存在しないにも関わらず、実在の人格が存在したかのような体裁をとっている。これも、戸名を立てる場合に移住や土地の購入といった形式的な許可条件が満たされている必要があったからであろう。「戸丁」の出現は、「分戸」が行われない状況を追認すると同時に、戸名を立てることが規制された結果として生じたものと言うことができる。

おわりに

以上、不十分ながらも里甲制下の戸のあり方を考察してきたが、それらを要約すれば、以下のようになろう。

（一）里甲制の創成期には明示的な「分戸」の規定は見あたらず、その規定が表れるのは、約七十年後の景泰初年のことである。その際にも、役務に支障がない場合に限定されていた。民間の家産分割の際にも、「分戸」が行われている事例は少なく、家産分割後も税役は親族の共同負担となっていた。

（二）戸名自体は世代交代毎に変更されていったと考えられるが、直系の子孫ではない傍系の親族によって継承される事例があって、戸名は一種の共有財産として扱われており、その税役の負担は一族の協議にゆだねられていた。

（三）徽州文書に「戸丁」の語が表れるのは嘉靖年間のことであり、土地名義の変更手続きである推収過割の際に、同一名義の戸を区別するために用いられるようになったものであろう。その背景には、新たな戸名を立てることが難しくなってきたことが考えられる。これは、族産のための戸名が設置されるのと軌を一にしており、宗族による役務の共同化に対応した黄冊編成上の対応策であったと考えられる。

明末に成立したこのような体制は、清代以降もそのまま継続したらしい。『徽州千年契約文書』清・民国編巻二「道光二十年休寧県告示」には次のようにある。

査休邑徴冊、率多公共戸名、其完納銭糧、又併納分納、不独完欠難稽、□□良頑莫分。茲奉檄飭改用判串、分限上下両櫃、毋許零星分完、必須按戸輸納、方可給与判串。茲奉前因、合行遍示暁諭、為此示俾邑糧戸人等知悉、有等凡均属公共老戸及寄戸、応納糧銀兵米、務将衆戸□分田地山塘銀米各数、逐一自行清釐、開具的名己戸清単、即日交該冊書按造実徴二冊、査顚易知由単、務於九月内送呈憑査核。

清末の休寧県では「公共戸名」の名義によって税糧の納入が行われているために、個別の戸の未納分を把握できない状況にあった。それに対処するために、「判串」と呼ばれる伝票を使って個別の納入をすることにしている。具体的には、それまで一括して納入されてきた「公共老戸」「寄戸」の所有地と税糧を個別の戸に書き換えて「易知由単」という納税通知書を作成するというものである。この方法がどこまで実行されたのかは不明であるが、それ以前には、明末に生じた納税方法がそのまま継承されていたのであろう。それは同時に、宗族が納税の請負団体として機能するようになる過程でもあった。

注

（1）片山剛「清末広東省珠江デルタの図甲表とそれをめぐる諸問題——税糧・戸籍・同族——」（『史学雑誌』九一—三　一九八二）同「清代　珠江デルタの図甲表——税糧・戸籍・同族——」（『東洋学報』六三—三・四　一九八二）等の一連の論文参照。

（2）劉志偉「明清珠江三角洲地区里甲制〝戸〟的衍変」（『中山大学学報』一九八八—三）参照。

（3）鄭振満「明清福建的家族結構及其演変趨勢」（中国社会経済史研究」一九八八—四）参照。

（4）欒成顕『明代黄冊研究』（中国社会科学出版社　一九九九）十一章　明清大戸経済形態参照。欒成顕氏には「明代戸丁考釈」（『第八届明史国際学術討論会論文集』湖南人民出版社　二〇〇一所収）もあるが、筆者未見。

（5）洪惟鳩「明末清初の徽州における宗族と徭役分担公議——祁門県五都桃源洪氏を中心に——」（『東洋史研究』六一—四　二〇〇三）参照。

（6）拙稿「明代徽州府の族産と戸名」（『東洋学報』七一―一・二　一九八九）。

（7）『徽州千年契約文書』宋元明編巻一「洪武四年祈門汪寄仏戸帖」。この戸は本人の汪寄仏（三十六歳）とその妻李氏（三十三歳）、男祖寿（四歳）及び兄の満（四十歳）とその妻王氏（三十三歳）の五口で構成されており、二組の夫婦が同居する複合家族の形態をとっている。

（8）「攅造黄冊格式」は、正徳『大明会典』巻二二戸口二参照。川勝守『中国封建国家の支配構造』（東京大学出版会　一九八〇）第一章里甲制の成立には、会典と『洪武実録』巻二〇三　洪武二十三年八月丙寅の条を対照させた検討がなされている。

（9）欒成顕前掲書　第二章　及び　同「明初地主経済之一考察――兼叙明初戸帖与黄冊制度――」（『東洋学報』六八―一・二　一九八七）参照。

（10）『徽州千年契約文書』宋元明編巻一「永楽元年・十年・二十年・宣徳七年祁門李舒戸黄冊抄底及該戸田土清単」では、四十年にわたる戸名と人丁・事産の変動が記載されている。この戸については欒成顕氏の詳細な分析があって贅言を要しないが、それぞれの年度の戸名は、李舒戸（父）―李務本戸（子）―李景祥戸（弟＝継子）―李景祥戸（同）―李阿謝戸（継母）と変動しており、かなりの精度で個別家族が把握されていたと考えられる。欒成顕前掲書第四章参照。

（11）江南の均田均役法を中心とする役法の改革の中でも「詭寄」と並んで「花分」が「役困」の原因として指摘されている。浜島敦俊『明代江南農村社会の研究』（東京大学出版会　一九八二）参照。徽州府でも嘉靖年間のこととして「今下戸既多、無頼流移、而上戸富民又自竄於中下之間以相影射、多者一人至数戸或数十戸。故今之害者、偏在中家」（嘉靖『徽州府志』巻八　食貨志）とあって、富裕な戸が数戸から数十戸に戸籍を分割して登録するために、中クラスの戸に負担が転嫁されることを述べている。

（12）中島楽章「明清徽州の山林・同族・衆議――祁門県凌氏文書の研究」（二〇〇二年明清夏合宿口頭発表）ではこの凌氏関係文書の全体が検討されている。同「明代徽州の小規模同族と山林経営」（『明代史研究会創立三十五年記念論集』汲古書院　二〇〇三　所収）参照。

（13）拙稿「徽州の『家』と相続慣行――瑞村胡氏をめぐって――」（『山形大学史学論集』一九　一九九九）参照。

（14）弘治『徽州府志』巻二戸口に、弘治五年（一四九二）の統計として民戸・軍戸・匠戸と共に「捕戸」十八戸（休寧県四戸・祁門県十四戸）が挙げられ、同書巻二・土貢の「皮張・翎毛」の項には、「捕戸十一、毎戸弁虎皮一張・雑皮九張、共一百十張」とあって、獣皮の貢納を義務づけられていたことがわかる。
（15）『徽州千年契約文書』宋元明編巻二「隆慶六年汪必晟兄弟分田産合同」参照。
（16）田仲一成「十五・六世紀を中心とする江南地方劇の変質について」（二）（『東洋文化研究所紀要』六三　一九七三）同『中国祭祀演劇研究』（東京大学出版会　一九八一）参照。また、茗洲呉氏については中島楽章「明代徽州の一宗族をめぐる紛争と同族統合」（『社会経済史学』六二－四　一九九六）同『明末郷村の紛争と秩序』（汲古書院　二〇〇二）第五章に収録参照。
（17）里長戸の就役が十年周期とずれている理由はよくわからないが、黄冊の編造が一年では終わらなかった可能性がある。例えば、『徽州千年契約文書』宋元明編巻十「崇禎十四年祁門県洪公寿戸清冊供単」（後述）には「本県今当大造」とあって、本来の黄冊編造の年である崇禎十五年（一六四二）の前年が「大造」の年と見なされている。黄冊編造の際には、前年から（或いは翌年まで）里長の任務が課せられたのかもしれない。
（18）欒成顕前掲書第六章四節・人戸継承与告明立戸参照。
（19）明末清初の徽州では、里長の職責の中で主に黄冊の編造を担当する役目として黄冊里長戸（冊里）が頻見する。周紹泉「徽州文書所見明末清初的糧長・里長和老人」（『中国史研究』一九九八－一）参照。また、南京大学所蔵の里甲制関係文書を紹介したものに、中島楽章「明末徽州の里甲制関係文書」（『東洋学報』八〇－二　一九九八）がある。
（20）『徽州千年契約文書』宋元明編巻三「万暦四十年祁門謝惟忠戸買田割税収税票」は祁門県の西都一図三甲に属する謝惟忠戸と同図一甲の謝法明戸下の「戸丁」間で土地売買が行われたものであるが、双方に同内容の証明書として「割税票」と「収税票」が交付されている。
（21）黄冊の編造については前掲川勝守『中国封建国家の支配構造』第一章　里甲制の成立及び韋慶遠『明代黄冊制度』（中華書局　一九六一）参照。
（22）万暦年間に辺餉銀の不足を補うために、徽州・寧国両府の契税を、それまでの一両当たり三厘から三分に増額し、十年で十万両を徴収するという案が南京守備太監刑隆から出されている（『神宗実録』巻三七一　万暦三十年四月丁未の条）。この時は、戸部の反対によって撤回されたが、天啓年間以降、毎年一万両を目標に契税が徴収され、その年内に推収過割が行われるようになっている。『徽州千年契約文書』宋元明編巻四「崇禎六年休寧県程富祥買地収税票」には「休寧県弍拾八都八図、遵奉県主太爺明示、毎年税契済餉銀壱万両、随買随税、逐年攢造黄冊事」とある。

（23）　休寧県の范氏については、H・Zurdendorfer "Local lineage and local development-a case study of the Fun lineages hsien-ning hsien Huichou　800-1500"（Change and continuity in Chinese local history Leiden 一九八九所収）参照。また、前稿では族産のための総戸は「帯管戸」として扱われたと述べたが、洪惟鳩氏も述べているように、後には甲首戸や里長戸にも当てられるようになっている。ここで訂正しておきたい。

—以上—

明代徽州における族譜の編纂
――宗族の拡大組織化の様相――

臼井佐知子

はじめに

宗法という父系親族統制原理の下で、共同祖先から分かれた支派の子孫を組織しようとする宗族形成が一般庶民の間でも行われるようになるのは、主に宋代からとされる。但し、宗や宗族に対する認識が一般庶民の間に広く浸透するのは明代からである。とくに嘉靖年間前後から新たな宗族の組織化が推し進められ、義荘などの族産の設置、祠堂・宗祠の設立、族規の制定、族譜の編纂などの手段によって、宗族を広く拡大組織化するとともに、一般庶民にも浸透していった。

ところで、中国における宗族の研究は徽州を対象としたものが少なくない。それは、他地域を圧する資料の量による。徽州地域は文書資料のみならず、多くの族譜や宗祠の祠規などを残している。換言するならば、現存する族譜や祠規のかなりの部分が徽州の宗族や家族もしくは徽州から他地域に移住した宗族や家族のものなのである。従って、徽州という地域に立脚して論じた研究がかなりの量を占めることになる。これに対し、日本の宗族研究は、仁井田陞、滋賀秀三、牧野巽各氏の研究から、最近の井上徹氏の研究(1)に至るまで、より普遍的な方向で論じようとする傾向が強い。主に徽州地域を研究対象とされている鈴木博之氏の研究も徽州という地域をとくに対象とするというよりは、資料の関係上その対象が徽州地域となったのであって、むしろ普遍性を求める研究であるといえる。他方、筆者は従来中国の宗族や家族の問題に関心を有していたとはいえ、徽州研究を進めるうえで宗族問題を看過することは不可能であると新たに認識し、改めて宗族研究を進めてきた。そうであるだけに、族譜や族規など宗族研究において用いられてきた資料のかなりの部分が徽州地域のものであるということがどのような意味を持つのか、それはたまたま現存しているものが多いというだけなのか、それともなんらかの歴史的必然性があるのか、また、現存する資料の中で徽州関係資料はどの程度を占めているのか、ということを検討する必要があると考える。そこで、本文では、現存する族譜の中で徽州地域に関するものは実際のところどの程度あるのかを検討する作業を試みる。但し、膨大な史料を満遍なく検討することは現時点では不可能である。そのため、検討の対象として、程、汪など十一姓の現存する族譜、とりわけ明代における「通譜」、「會通譜」、「總譜」、「統宗譜」、「統會宗譜」などと称される拡大系統化型族譜ともいうべきものをとりあげ検討する。これら明代の拡大系統化型族譜の編纂は、まさしく宗族の組織化と軌を一にする動きであり、明代の宗族の組織化の実行経緯を知る手がかりとなると考えるからでもある。

現存する族譜の所在については多賀秋五郎氏による網羅的な調査と研究がある。(2)但し、氏が調査をされた時期は文化大革命の混乱は終結していたものの、大陸の各機関が収蔵する族譜の調査、整理と目録化はまだ進んでいない時期であった。そこで、ここではまず大陸を中心とした近年の調査数値を略記する。

第一に、各省の機関に収蔵されているものとしては、『上海図書館館蔵家譜提要』「前言」に、中国では上海一五〇〇〇種（内上海図書館一一七〇〇種）、北京八〇〇〇種のほか、浙江、河北、吉林、安徽、湖南、広東各一〇〇〇種以上、四川、広西、湖北、江蘇、山西、遼寧、福建、山東、黒竜江各一〇〇種以上、台湾・香港は数百種が所蔵されているとある。(3)また、民間の収蔵については、例えば江西省一省で四〇〇〇〇種以上が収蔵されているとみられている。(4)このほか、徽州では現在もかなりの家庭が族譜を有している。

第二に、地域別では常建華氏が浙江・江蘇が全体の四五・八二パーセント、なかでも浙江が三〇・五四パーセントを占めているとされている。(5)

第三に、氏姓別としては、前掲『上海図書館館蔵家譜提要』「前言」には、上海図書館収蔵三二八姓中、張姓六三八種、陳姓六二二種、王姓五四二種、呉姓四二四種、劉姓四二〇種、李姓四一八種、周姓三六六種、徐・朱・黄・胡・楊各姓二〇〇種以上、とある。他方、常建華氏はかつて調べた五二五四種、七四〇二部、一六二一姓中、張姓六九八種、徐姓四〇二種、周姓三八八種、黄姓三六二で、この四姓が最も多いとされている。(6)

一、『新安大族志』、『新安名族志』、『休寧名族志』について

宗族関係において徽州を他地域と区別する一つの要素は、『新安大族志』、『新安名族志』、『休寧名族志』のように、地域に居住する各姓について総合的に記録した「大族志」、「名族志」が編纂され、今日まで現物が残されていることである。勿論他地域でも編纂したが散逸したという可能性を否定するものではない。しかし、かつて編纂されていれば、後世の著作に書名が記載されているなど、なんらかの形で痕跡が残るものであり、徽州が唯一である可能性は十分にある。『新安大族志』は元代に陳櫟が編纂したものである。但し、現在日本の東洋文庫が収蔵するものは、その内容からおそらく、元代に編纂されたものに若干の記述を付加して、明代隆慶年間以降に編纂され、清代に印刷されたものである。他方、『新安名族志』は、嘉靖年間に『新安大族志』を改正補足して編纂されたものである。日本には嘉靖三十（一五五〇）年に程尚寛等が続補した書籍とマイクロフィルムとが東洋文庫に収蔵されている。(7)また、『休寧名族志』は、曹叔明らが天啓六（一六二六）年に編纂したものが東京大学東洋文化研究所に収蔵されている。(8)『新安大族志』については、東京大学東洋文化研究所所蔵の『（新安）休寧名族志』に陳櫟による『新安大族志』の序文が

記載されているものの、この序文は後代に書かれた偽作であるとの意見もあり、現存する『新安大族志』と元代に陳櫟が編纂したものとは内容が異なっているどころか、現存するものは後世の人の編纂ではないかともいわれてきた。(9)しかし、朱萬曙・胡益民主編『新安名族志』(10)「整理前言」では、陳櫟が『新安大族志』を編纂したことは事実であるが、その稿本はあったものの刊刻されず、鄭佐と洪垣が『實録新安世家』の名で刊刻した、としている。なお、二〇〇三年に中国公共図書館古籍文献縮微複製中心から、これら三種の影印本である『徽州名族志』が出版され、そこには、元大儒陳櫟の真本を、明代弘治十一（一四九八）年に兵部尚書彭澤が改定し、さらに康熙六（一六六七）年に程以通が補輯したものであると記されている。また、東洋文庫蔵の『新安大族志』には「序」等はない。『新安六縣大族志』に記載されているのは程など計八十一姓であり、東洋文庫蔵の『新安大族志』は、七十六姓のほか、手書き書き込みの八姓を加えた計八十四姓である。『新安六縣大族志』にあって『新安大族志』にないのは、巴など五姓、その逆は殷など八姓である。

『新安名族志』については、八冊本、四冊本、二冊本の三種があり、最も古いとされる四冊本は七十九姓が記載されている。(11)他方二冊本の東洋文庫蔵の『新安名族志』では、「前集」には程など二十姓、「後集」には四冊本記載の姓に鄭など五姓を加えて六十四姓、計八十四姓が記載されている。なお、葉顕恩氏が『明清徽州農村社会佃僕制』(12)の中で用いられている『新安名族志』は、東洋文庫所蔵のマイクロフィルムと同じく高姓の記述がなく梅姓があるほか、臧姓と顧姓が加えられ、八十六姓が記載されている。『徽州名族志』に掲載されている『新安名族志』は、汪孟汢、戴廷明等の撰による嘉靖年間の刻本であり、記載されているのは七十八姓である。また各姓氏の居住する地は四冊本より二冊本が、二冊本より八冊本が増えている。(13)

『徽州名族志』に掲載されている『休寧名族志』は、四巻のうち第一巻と第四巻のみであるが、明の天啓六年、休寧曹叔明等輯、汪高元刻本とあり、東京大学東洋文化研究所図書館蔵の『（新安）休寧名族志』および上海図書館蔵の『休寧名族志』と基本的には同種のものである。これらの書には汪輝撰「休寧名族志叙」、「休寧縣據邑志」、「隅都」が記載されているほか、『徽州名族志』所載のものと上海図書館蔵のものには、「休寧姓氏郷里目録」と「休寧名族志人物綱目」が加えられており、他方、東洋文化研究所図書館蔵のものには、陳櫟の『新安大族志』の序、嘉靖年間の胡暁の『新安名族志』の序、同書の編者程尚寛の引、呉守教の跋等が冒頭にある。『休寧名族志』所載の姓は、東洋文化研究所所蔵のものは五十四姓であり、『徽州名族志』所載のものと上海図書館蔵のものは五十三姓である。この中で、翁姓と沈姓は『休寧名族志』のみに記載されており、『新安大族志』『新安名族志』いずれにもみられない。

二、「統宗譜」等拡大系統化型族譜について――名称と分類――

族譜は概ね次の二種に大別することができる(14)。第一の類は、祖地から新たな地に遷った支派が作成したものであり、始祖から最初に新たな地に遷った者までの一列の系譜と、新たな地に遷った後に新たな地に最初に遷ってきた人物である始遷祖から枝を分けていく成員全員が記されているものである。すなわち、主に官職について業績を挙げた個人に視点を置いて、その人物を生んだ宗族がどのような系譜をもつのか、あるいは新たな地に移住した一族がどのような宗族の支派であり、どのような発展をとげているか、というようにいわば〝支脈の一点ないし一線〟から上を辿り、かつその支脈全体について記録した族譜である。これらは「大宗譜法」の形式をとっていても実質的には「小宗譜法」を拡張した譜である。他方、第二の類は、「通譜」、「會通譜」、「總譜」、「統宗譜」、「統會宗譜」、「宗譜」、「世譜」などの名称を有するものであり、二種に大別できる。その一は、祖地から新たな地に移り、拡大し分散した一つの支派の近隣地域の二つ以上の同宗一族、もしくは異なる支派の同宗一族、場合によっては異姓の各族がともに編纂した族譜である。これらは「通譜」、「會通譜」などと称されることが多い。その二は、一つの宗族について始祖から始まり、枝を分けていく支派と成員についてその総体を記した、或いは記すことを目的として編纂された族譜である。「總譜」、「統宗譜」、「統會宗譜」などと称されることが多い。これらのうちその一の譜も、第一の譜と同じく実質的には「小宗譜法」を拡張した譜であり、派生する支派をすべて横並びに記載した譜である。これらその一の類の譜には、その二の類の譜の先駆け的な位置づけができる明代前期に編纂された譜、もしくはそれら明代前期に編纂された譜の改定版である譜と、戦乱などでかつての譜を失った後、新たに複数の支派が各自の譜を編纂し、重複する祖先の部分だけを共通部分として、清代に新たに編纂された譜とがある。

現存する「通譜」の類で時代が最も早いものは、景泰二（一四五一）年刊、程孟纂修『新安程氏諸譜會通』である。[15]「統宗譜」の類で現存しているもので最も時代が早いものは、成化十八（一四八二）年刊の程敏政纂修『新安程氏統宗世譜』である。[16]程敏政が纂修した『新安程氏統宗世譜』の序文には、宋代の紹聖年間（一〇九四年～九七年）に江西省鄱陽都官であった程祁という人物が「總譜」を著わしたが、その後時代を経て明の正統年間（一四三六年～四九年）に歙県の程文實というものが各支派の族譜や族人の記録を収集しようとしたが果たせなかった、とある。宋代の各支派を統合した族譜たる「總譜」がどのようなものであったかは不明であるが、明代のものよりは規模の小さいものであったであろう。

明代以前に編纂された族譜には清代に鈔本として作成されたものがある。これは資料的価値としては明代に印刷されたものと変わりがない。但し、例えば、張氏の場合、民国三十六（一九四七）年刊の張廷耀主修・張文煥主稿『（江蘇常州）張氏宗譜』に「張氏通譜始修於唐開元十八年、遷常支譜始修於宋咸淳八年」とあるほか、宋祥符二年、宋建炎四年など二十三編には明代嘉靖年間以前に「始修」されたと注記されている。[17]これらの譜は、実際に唐代や宋代の実際の族譜にもとづいて編纂されているというよりも、唐代や宋代に族譜が編纂されたという前代の族譜や文集などの記事や言い伝えにもとづいて、唐代や宋代に始修されたと記した可能性がある。従って、唐代や宋代の譜とかなり異なっていることは勿論、実際には編纂されていなかったことも考えられる。

二、十一姓の族譜編纂状況

徽州では、程、汪、方、呉、黄、胡、王、李を新安八大姓といい、これに洪、余、鮑、戴、曹、江、孫を加えて新安十五姓という。ここでは、これらの程、汪、呉、黄、胡、方、王の新安八大姓のうち李姓を除いた七姓と[18]、新安十五姓の一つである江姓と、これら新安十五姓に入らないが徽州に比較的多い姓である朱姓と、中国に広く分布し、人口比率が高い張姓、陳姓の計十一姓を選び、それら各姓の「統宗譜」「通譜」の類で現存するものの編纂状況について検討する。明朝の五回の人口統計数値などをもとに、全国における各姓の分布率を算出した『中国姓氏——群体遺伝和人口分布』によれば、明代の第一位は王姓、第二位は張姓、第三位は李姓、第四位は陳姓であり、以下、呉姓が第七位、黄姓が第八位、朱姓が十一位、胡姓が十三位、汪姓が二十八位、程姓が三十四位、方姓が四十九位、江姓が五十九位となっている[19]。

以下、（1）において、各姓について、『中国姓氏——群体遺伝和人口分布』に示された現代における分布密度（人口／平方キロ）と分布頻率（人口中に占める率[20]）、および徽州への移住に重点を置いて、族譜にみられる十一姓の来歴や特性を示し、（2）において各姓の族譜編纂の傾向について検討する。

（1）十一姓の分布と来歴

イ　程姓と汪姓

現在、徽州地区では程姓と汪姓は最も多い姓である。なかでも汪姓が人口の上で多数を占めている。また、汪姓は宋代淳熙二（一一七五）年に編纂された『新安志』では最初に記されているばかりでなく、明代初期はともかく、現存する族譜の数量でも程姓を圧倒する。それにもかかわらず、程姓が『新安大族志』『新安名族志』『休寧名族志』すべてにおいて最初に記されており、汪姓は、『新安大族志』『新安名族志』では八番目、『休寧名族志』では六番目に記されている。前掲『中国姓氏――群体遺伝和人口分布』によれば、その姓別人口比率は、程姓は宋代と元代ともに十八位、明代は三十四位、現代は三十一位であり、汪姓は宋代は三十二位、元代は二十一位、明代は二十八位、現代は五十七位である[21]。このことから、程姓は明代に相対的に人口比率が減っていること、汪姓は程姓ほどの大きな変化はないとはいえ、明代に程姓をぬいたことがわかる。また、程姓と汪姓の人口分布密度と分布頻率はともに徽州に集中している。程姓は東北地方にも分布が見られるが、汪姓は徽州とその周辺に分布はほぼ限られている。従って、この順位の逆転は、徽州での順位の逆転であったともいえる。ところで、両姓はその族譜の記述を解読していくと、その宗族形成が対象的であることがわかる。結論を先に言うならば、程姓は徽州への移住以前に枝分かれした派や別起源の程姓をも徽州から移った派として組み込んでいる疑いがあり、他方、汪姓は本来徽州土着にもかかわらず中原から移って来たとして系図を創作しているのではないかという疑いがある。以下、族譜に見られる両姓の来歴の要点を述べたい。

程姓は『廣韵』や『郡望百家姓』によれば、現在の河北省の南部の永年県にあたる広平郡と、現在の甘粛省平涼地区の一部と寧夏西部にあたる安定郡から起こったとされる。程を姓とした経緯については各説があり、嘉靖年間程敏政纂修の『新安程氏統宗世譜』や康熙年間程士培纂の『新安程氏統宗補正図纂』はそれら各説についての考証を行っている。程敏政によれば、周の宣王のとき安定祖休父が司馬となり現在の洛陽の東にあたる程国に封じられ、国名をもって姓とし、(22)十四世嬰が晋の時代に広平程村に封じられた。これが広平祖であるとする。(23)その後については、西晋のとき、孝長が驃騎大将となり荊州（湖南、湖北など）刺史となって南渡し、西晋末の永嘉の乱に際して、広平派から分かれた江東派の元譚が瑯琊王の補佐となり、新安太守となって新安に派遣された。そして、元譚が新安に留まることを新安の民が願ったため、元譚は歙県篁（黄）墩に住むことになったという。これが、新安歙篁墩派の始祖である。ほかに、元譚の十五世孫が篁墩に住んだという説もある。前掲『新安程氏統宗世譜』には、江東派のほかに、広平派一、同派二が記されているが、広平派はともに三代程度しか記されていない。その後、陳に仕えて重安県開国公に封じられた新安歙篁墩派十三世靈洗が出る。元譚（忠祐公）と靈洗（忠壮公）は、神格化され靈洗は徽州各地で「世忠廟」に祭られている。

他方、汪姓は三十一世文和が後漢のとき、黄巾の乱の鎮圧に功があったとして龍驤将軍に任じられ、大乱によって江南に渡ったとあるが、漢代には龍驤将軍という職称はなく、龍驤将軍という職は晋代に置かれたものであることからこの記事は疑わしい。汪姓の徽州移住については、この文和のときという説、三十六世の道獻のとき徽州府歙邑に移ったという説、さらに四十世叔舉のとき績溪邑登源に移ったという説、同じく叔舉のとき、晋の軍司馬となり「新安」の地に移ったという説など多様である。従って、文和、道獻、叔舉に比する人物が存在した可能性はあるにせよ、これらの人物を汪氏の祖であるとするのは後世の創作である可能性が強い。徽州の汪姓の実在が確認されるのは、四十四世の華のときである。華は隋を滅ぼし、歙、宣、杭、睦、婺、饒の六州を平定し唐に帰順し、それによって、唐より越国公の称号を賜り六州の統治を任された。これが新安宗祀の始祖とされている。おそらく、もともとこの地に住む人々は中原から派遣される軍人や官僚を形式的には受け入れたものの、実際には隋代までは中原の政府に帰順していなかった。その中に後の徽州と称される地域に拠って立つ豪族である汪氏がおり、華のときに唐に帰順したと考えられる。いずれにせよ、徽州の汪姓ばかりでなく、現存する族譜に見る限り、汪姓はすべて華の子孫とされている。(24)

他方程姓は、十七世富が汪華が六州を平定し唐に帰順したのを助けたことによって、唐から総管府司馬を授けられ、休寧県開国侯に封じられた(25)とある。なお、前掲『新安程氏統宗世譜』の記事によれば、二十九世滩が黄巣の乱のときに他の地域に避難したほか、二十七世から二十九世には移動を示す記事が多い。但し、始遷祖元譚以降、他の地域に移住をしているものは、すべて徽州内部および周辺地域である。ところが、四十一世になって突然河南派が記載されている。程顥・程頤兄弟はこの派であり、その名も記されている。また、光緒十八（一八九二）年程佐衡参修の『新安程氏世譜徴文録』には、元譚三十五世孫として二人の名前が見られる。いずれにせよ程顥・程頤兄弟は、徽州に遷る以前に居住していた洛陽で支を分けた一族ではなく、徽州から河南に移った支派の後裔とされている。勿論、徽州から河南へ遷った者がある時期におり、その支派から程顥・程頤兄弟が出たという可能性を否定することはできない。しかし、徽州の程氏一族が、元末からの宗族の拡大組織化の運動のなかで、「大宗」を唱える程頤を徽州から出た者であるとすることで一族の権威を高めようと図ったと考えるほうが妥当ではないだろうか。これによって程姓は族譜編纂事業において主導的先駆的役割を果たそうとしたとも考えられる。他方、徽州第一の宗族である汪姓は、隋代以前に中原から移ってきた者が土着の豪族である汪華の祖先と婚姻など何らかの形によって宗族の一員となった可能性はある。しかし、徽州汪氏一族の主要な出自は徽州にあり、程姓にならって中原から移って来たという〝史実〟を創作したというのが妥当な推理であろう。

ロ　方姓、呉姓、黄姓、胡姓、江姓、朱姓

方姓は程姓、汪姓に次いで徽州では多い姓の一つであり、各姓の中で最も早くに徽州に住んだといわれる姓である。

前掲『中国姓氏――群体遺伝和人口分布』の分布図をみると、方姓の分布密度は徽州で最も高いものの、遼寧省とその周辺、雲南から内陸西北部にかけても分布している。方姓は、伏羲の後裔の楡罔の子の雷が方山に封じられたため方を姓にしたとあり、これを始祖としている。代々河南の漢水に住んでいたが、王莽の乱のとき江左に避難し丹陽に住みついた。丹陽は当時は歙県の東郷であり、厳州に属する。これが徽州と厳州の始遷祖である(26)。

呉姓の分布密度は江蘇省と周辺の浙江省、安徽省に著しいが、分布頻率は福建や湖南と四川の省境が高い。呉姓の徽州への移住の契機は唐代に監察御史少微の後裔の五公が富饒に住んだことで、そこから徽州各地に分散したとされる(27)。

黄姓は西の辺境に分布頻率が高い地域がみられるとはいえ、分布密度と分布頻率ともに広東、広西とその周辺から北にかけて分布している。黄姓は、晋の元帝のとき、積が長江をわたり新安太守となり、ここで死に歙県の姚家墩に葬られ、子孫がここに住んだ。姚家墩が黄墩と称されるようになったのは黄姓がここに住んだことによるとされる(28)。

胡姓は分布密度も分布頻率も二極化している。第一は、江西省北部とその周辺であり、第二は、四川から貴州、雲南にかけての地域である。胡姓は、蘇州太守に任じていた福が黄墩に住むことになったという歙県方塘の族の記述と、もともとは山東省青州にいた族が、東晋のときに育が新安大守となり、黟県に遷ったのが徽州の始遷祖であるとする歙県東関の族の記述がある(29)。

江姓の分布密度は、徽州と浙江の北方海沿いが高い。但し、分布頻率は広東と広西の省境および広西と雲南の省境が高くなっている。いずれにせよ長江の南に分布する。江姓はその来源について、『新安名族志』と他の説との間に隔たりがある。第一に、嬴姓から出た姓であり、伯益の子孫玄仲が江陵に封じられたため、国の名を姓とするようになったという説がある(30)。また別に、江姓はもとは蕭姓であったが、唐代、蕭禎が護軍兵馬使となり、広明年間に黄巣の乱を討伐するのに功があったとして、柱国上将軍に封じられ、江南を鎮守する任にあたり、歙県の黄墩に駐兵したが、唐が滅亡したため、姓を江に改め徽州に定住した、とする説もある。さらに、蕭禎の長子董が婺源に移ったとい

う記述があるが、徽州各県の江氏はおむね婺源から移っており、董の子孫である。(31)

朱姓の分布密度は、江蘇の海沿いから同心円を描く形で西と北へと広がっている。分布頻率は、江蘇と浙江の海沿いが高いが、広東と雲南もやや高く、浙江から広東へと広がる。朱姓は、唐末黄巣の乱を避け、姑蘇から黄墩へ遷ったとされる。朱熹は父の赴任先である福建に生まれたが、婺源県を祖地とし、晩年ここに住んだ。(32)

ハ　王姓、張姓、陳姓

王姓の分布密度は、東北地区から江蘇省北部の沿岸地帯が高く、西に向かって全土の約三分の二程度まで広がっている。分布頻率は、東北部から華北へと広がっているが、西の辺境地区の一部に最も高い地域がある。王姓の来源は五種ある。すなわち、嬀姓、子姓、姫姓、雑姓、胡姓の後裔というものである。さらに、王姓の中で大族といわれるものには、前漢のときの元城（現在河北省大名県）の王姓、三国両晋時代の東海（現在山東省郯城県北）の王姓など十二族がある。西晋、東晋、南北朝時代の太原（現在山西省太原市西南）の王姓、同時代の瑯琊（現在山東省諸城）の王姓もその中に入る。ところで、『新安名族志』によれば、徽州の王姓は、太原瑯琊周靈王太子晋の後裔であるとされている。(33)しかし、周靈王太子晋の後裔といわれるのは太原の王姓であり、瑯琊の王姓は太原の王姓とは系統を異にする。(34)これより徽州の王姓が王姓の来源についての各説を適当につないで自己の祖とし、族譜を編纂したことがわかる。王姓が最初に徽州に遷ったのは唐代に黄巣の乱を避けて歙県王村に遷ったときであるとされる。(35)

張姓の分布密度は、東北地区と河北省、山東省が高く、内陸部に広がっている。分布頻度は、陝西、寧夏、甘粛三省の省境が最も高く、内モンゴル、河北、東北地区と北部が高い。張姓の来源も数説ある。張姓の徽州への移住は、南唐の玄真子の後代が代々杭州に住んでいたが、黄巣の乱を避けて歙県黄墩へ遷ったとある。(36)

陳姓の分布密度は福建よりの広東と江蘇南部、浙江北部の海沿い地区が高い。分布頻率は、福建の海沿いと台湾が高く、内陸へと広がっている。漢族の陳姓の来源は嬀姓であり、周の武王のときに陳国に封じられ、後に国名を姓としたとされる。陳姓の徽州への移住は、黄巣の乱のとき嚴淩から休寧県陳村に遷ったとある。(37)

二　各姓の分布状況と移住

以下、各姓の徽州への移住について整理したい。

十一姓のみならず、各姓が徽州に移ってきた理由については、『新安名族志』の記述から以下のように分類整理することができる。

第一に、戦乱に対処するため、あるいは戦乱を避けて徽州に移住したというものである。この類には、①戦乱に対処して徽州に派遣され、その後子孫がここに居住した例、②先祖が江南の地に官として派遣され、その後江南に居住していた子孫が戦乱を避けて徽州に移住した例、③江南に官として派遣されていた者が戦乱を避けて徽州に移住した例、④江南以外の地から戦乱を避けて徽州に移住した例がある。

第二に、徽州地区の官となって派遣され、徽州の地に没し、後に子孫が徽州に居住するようになったというものである。この類には、①徽州に派遣された人物の先祖が、前漢以前に江南の地に官として派遣されていた例、②徽州に派遣された人物が、まず江南に派遣され、次いで徽州に派遣された例、③江南以外の地から徽州に直接派遣された例、④もともと江南の出身であった者が徽州に派遣された例がある。

第三に、徽州地区の官となって派遣されるか、又は他の理由で徽州に赴き、徽州の地が山川秀麗なため、ここに家を構えることになったとするものである。この類には、第二の①～④の理由によって徽州に派遣された場合のほか、⑤科挙受験の旅で立ち寄ったなどの例がある。

いずれにせよ、徽州への遷入経過は時期によって二つのパターンに分かれる。隋代以前に徽州に移った姓は、各王朝によって派遣を命じられるか、各王朝が滅亡する際に実質的には逃亡する形で「南渡」すなわち、現在の江南に赴き、次いで同様な理由で徽州に移ったというものである。他方、唐代以降は、それまでと同じ理由に加えて徽州の地が気に入ったというものが増えると同時に、旧来住んでいた地域から直接に徽州に移ったという記述が多い。

各姓の族譜に記された来歴について注目すべきことは、彼等が土着の人々であったという記述が皆無であることである。ここでとりあげた十一姓に限らず、一般にその姓の来源は、堯、舜の子弟や周王朝の一族の名前を姓にしたというもの、または春秋戦国時代以前に封じられた地名を姓にしたというものが多い。また、『新安名族志』の各姓についての記述の中には、女婿となりもともと徽州に居住していた妻の姓を名のったことが姓の起源であるとする例は少なくない。このことは、徽州にもともと居住していた民族が、中原の政府に帰順し漢民族のような姓を用いることになった際、あるいはさらに時代を降って自分たちの系譜を作成する際に、中央から派遣された、おそらくは実在した官僚や軍人の子孫であるということにしようとする作為の一つであったことは間違いない。

次に、各姓が徽州に遷って来た時期の問題である。晋以前に遷って来たとされるのは、『京兆舒氏統宗譜』(38)には前漢とあり『新安名族志』などには唐代とある舒姓(39)、新のときに移住したとされる方姓、後漢時代に移ってきたとされる汪姓であり、それ以外はすべて晋以降である。とくに永嘉の乱と黄巣の乱のときに多い。但し、隋以前に徽州に移ったという記述は限られており、さらに、『江西省婺源県地名志』(40)では、婺源県の各集落に遷ってきた時期が隋から始まっていることからも、隋代以前から居住していた者の大部分は非漢民族ともいうべき中原以外の文化をもった土着の民であった可能性が高い。すなわち、それまでの徽州は、制度上は中原政府の治下にあり、あるいは一応は官が派遣されていたとしても、実質的には独立状態にあったと考えられる。それが隋末、浙江省北部を根拠地とし、徽州へも影響力をもっていた大豪族汪華が六州を平定し唐朝に帰順した。このことは徽州にとって歴史的転換を意味する。汪華の帰順によって、この地域は中原の王朝に属することになり、土着の人々も中原式の姓を有することになったのではないだろうか。そしてこのときから、江南の江蘇、浙江から徽州への移動が盛んになり、とくに黄巣の乱のときには、多くの人々が新たに徽州に逃げ込んできた。この後も五代や宋代、元代に徽州に移住した者も存在する。(41)この時期に婚姻などを通して中原から来た人々、江蘇や浙江から移ってきた人々と徽州およびその周辺地域の土着の人々との結びつきが強まる一方、政治的再編が進められたと考えられる。そして、元が滅び明が成立した初期には多くの人々が徽州に入り、人口や集落が増大することとなった。(42)ただでさえ山がちで耕地たりうる土地が少ない徽州では、新来者の多くは、佃僕として地主の戸籍に組み込まれ、契約によって自らの労働力によって生活の維持を図ることになったであろう。彼等は自らの姓を地主の姓に換え、地主の戸籍に入り、地主の宗族に組み入れられていった者も少なくないことが文書資料からわかる。また、財を有して移り住んできた者は金銭などによって、現地の人々の宗に入り込み、現地の戸籍を入手した。(43)すなわち、宗族の組織化が進み、族譜を編纂する過程で、祖先は中原を出自とするという歴史を創作すると同時に、実際には同宗でない人々も加えて宗族組織を創りあげていったと考えられる。

徽州では人々の流動性が極めて高く、徽州の集落には同姓村落はほとんど皆無である。明代以前には主要には徽州内部とその周辺地域への移住が多く、明代に入ってからは地域や省を越えた移住が行われた。徽州は山がちであるとはいえ、人が越えられない山塊の中にあるわけではない。低い山に囲まれた地に数キロから十数キロの距離を置いて集落があり、同族が各集落に分散して居住している。(44)従って、族譜の編纂は広い地域にわたっての宗族間の連携をもたらすことになる。また、宗族の繁栄の第一の基礎は族人が増えることである。拡大型宗族組織の形成と族譜の編纂の動機には、族人口の増大を図るということもあったと考えられる。

（2）十一姓の族譜の特性

以下は、前掲『上海図書館館蔵家譜提要』、中国檔案局二処・南開大学歴史系・中国社会科学院歴史所図書館編

『中国家譜綜合目録』[45]を主要資料とし、山西省社会科学院家譜資料中心蔵『中国家譜目録』[46]、中国社会科学院歴史研究所蔵『家譜目録』[47]、多賀秋五郎著『中國宗譜の研究』および『美国家譜学会中国族譜目録』[48]から、程、汪、方、呉、黄、胡、江、朱、王、張、陳の各姓について、①「會通譜」「統宗譜」「總譜」およびそれに類する表題を有している族譜、②嘉靖年間以前に編纂されたその他の族譜、③その譜自体の纂修は後世であるが、明初以前に始修されたと注記があるその他の族譜、④明代に編纂されたその他の族譜を選択し整理したものから、十一姓の族譜の特性を抽出し、その要点を示したものである。[49]

[程姓]

現存する程姓の族譜のうち、上海図書館に収蔵されている程氏の族譜一〇七種のうち、徽州であるかどうか確認がとれていないものは十種あるが、他はすべて徽州程氏の系の族譜である。また、清代に前出の宋代の程祁による世譜の鈔本が作成されているが、原本との差異は不明である。「通譜」と「統宗譜」に類する譜は十九編ある。但し、成化年間に程敏政が編纂した『新安程氏統宗世譜』以降、成化および嘉靖年間に程敏政の『新安程氏統宗世譜』に倣って作成されたものが若干あるほかは、清代に入るまで見られない。隆慶年間以降の明代のものは、すべて一支派の族譜である。程敏政の『新安程氏統宗世譜』がかなり多数現存していること、隆慶年間以降の明代の各地の支派の族譜が現存していることから、隆慶年間以降、程氏は新たに「統宗譜」は編纂しなかったとも推測される。それは、『新安程氏統宗世譜』が他姓にさきがけて編纂された完成度の高いものであったからであるともいえよう。なお、程姓の族譜中、明初以前に始修されたとされるものとして、萬暦元年纂修の『(安徽歙県) 率東程氏家譜』が唐代程淘始修とされ、同治七年続修の『(安徽歙県) 程氏宗譜』が宋代紹聖二年程祁始修とされている。前述したように、これらは唐代に程淘が、宋代に程祁が族譜を編纂したという前代の族譜の記事にもとづいてそのように記したとも考えられる。但し、以下に示すように、宋代に始修されたと称している族譜を有しているのは、方姓、胡姓、黄姓、呉姓、徐姓、張姓など少なくないが、唐代に始修されたとするのは十一姓の中では程姓と張姓のみである。

［汪姓］

汪姓はすべて四十四世汪華の子孫であるという認識をもつ人々の集団であり、徽州以外の地の支派も徽州を祖地と認識しているとみなして間違いはない。現存する汪姓の「通譜」と「統宗譜」に類する譜は、現存するものでは嘉靖年間が最も古いが、十一姓の中で最も多く、六十四編ある。元の泰定元年の『(安徽）回嶺汪氏宗譜』は汪華の第七子の系であり、成化十年の『(江西）新建汪氏譜系』は、汪華の長子の系である。現存する汪姓族譜の特性は、「通譜」と「統宗譜」に類する譜が圧倒的に多いことであり、嘉靖年間以降繰り返し編纂されていることである。但し、後世の「統宗譜」に見る限り、嘉靖年間の汪廷俸等纂修『汪氏統宗譜』が規準とされている。明代の汪姓の中で最も著名な人物は汪道昆である。彼は嘉靖年間に進士となり、倭寇を平定するのに功があり、兵部左侍郎にまでなった。汪道昆が編纂した族譜はその年代から晩年に編纂したものである。

［方姓］

汪姓、程姓に続いて徽州で多い姓である方姓の現存する「通譜」と「統宗譜」に類する譜は、嘉靖年間が最も古いが、すべてで七編に過ぎない。しかもそのほとんどは一定の地域に限られており、方氏を全国的に統合しようという意志は読み取れない。

［呉姓］

「通譜」と「統宗譜」に類する譜は二十二編ある。そのうち萬暦年間に編纂された安徽省涇県の一編を除き、乾隆年間までに編纂されたものは、すべて徽州の各支派のものである。

［黄姓］

その特性は、弘治四年の『新安黄氏會通譜』が十年後に増刊されているように、明代の早い時期に「會通譜」が編纂されていることである。但し、「統宗譜」の類は、嘉靖四十一年に『(安徽歙県)歙西竦塘黄氏統宗譜』が編纂されたのが最初である。現存する「通譜」と「統宗譜」に類する譜は二十三編あるが、方氏同様そのほとんどは一定の地域に限られている。

［胡姓］

現存する「通譜」と「統宗譜」に類する譜は六編あり、嘉靖二十九年に編纂された婺源県清華鎮の胡姓のものが最も古い。編纂された胡姓の族譜の地域は多様であるが、徽州についていえば、婺源県に源を発する胡姓の譜が多い。

［江姓］

現存する「通譜」と「統宗譜」に類する譜は十五編ある。嘉靖二十三年に編纂された『江氏統會宗譜』が最も古く、そこには、徽州の婺源県、歙県、祁門県のほか、安徽省の涇県、江西省の景徳鎮、浙江省の紹興、龍游のように徽州からの移住が比較的多い地域のほか、陝西省西安など徽州から外地へ遷った支派を含む二十一地域の支派が記されている。

［朱姓］

現存する「通譜」と「統宗譜」に類する譜は、最も古いものは萬曆二十七年に編纂された『(浙江海寧)紫陽朱氏統宗世譜』であり、すべてで十三編ある。「紫陽」がつくものが多い。これは朱熹の祖地であり晩年住んだ現在の婺源県の旧名である紫陽鎮に因んだ地名であり、徽州とりわけ婺源の朱熹につながることを示そうとする意図が読み取れる。但し、程頤につながる程姓に比べて、族譜の数量こそ大差ないとはいえ、「統宗譜」のように宗族をまとめ組織しようとする族譜編纂への意欲はないように見え、そこに程頤と朱熹の思想の差異を読みとることができるともいえる。

［王姓］

「通譜」と「統宗譜」に類する譜は二十四編ある。そのうち嘉靖年間以前に編纂されたものは五編である。太原や瑯琊の地名が冠してあるものがあるが、それらはすべて徽州の王姓のものである。明代のものにはほかに婺源県の王姓のものが多く、清代以降のものには南宋の時代に中原から蘇南に遷った三紗の王姓など別の系のものが増える。

［張姓］

「通譜」と「統宗譜」に類する譜は三十四編ある。萬暦年間以前のものは、江西南昌の張姓の族譜一編と地域不明の族譜三編を除いて、徽州もしくは徽州を祖地とする張姓のものであり、崇禎年間以降、安徽の他地域や、江西、江蘇、浙江、湖南、湖北のものが増えてくる。但し、例えば光緒二十年に張均が纂修した『（無錫）張氏大統宗譜』の張姓は、北宋の理学家張載を祖とし、元代末に徽州歙県から無錫に遷った支派であり、民国十二年に張軼歐等によって纂修された『（無錫）錫山張氏統譜』の張姓は、同じ無錫であっても山西を経て南宋の末に四川綿竹から無錫に遷ってきた派である。また、咸豊年間に纂修された『（湖南）張氏合修族譜』や光緒二（一八七六）年に纂修された『（湖南）張氏通譜』の張姓も原籍は四川綿竹である。ところで、明初以前に始修されたとするものには、浙江の張姓の族譜が最も多く、江蘇と四川が若干と湖南が一編あるほかは徽州のものはない。そして、これらの族譜は実際には清代嘉慶年間以降に作成されたものである。おそらくは、明初以前に編纂された族譜をもつ張姓の子孫が他地域に遷って新たに族譜を編纂したか、明初以前に編纂された他派の張姓の族譜の記事にもとづいてあたかも明初以前に編纂したかのごとく記したとも考えられる。

［陳姓］

陳姓の「通譜」と「統宗譜」に類する譜は、「通譜」が二編、「統族譜」一編のほか、表題に「大成宗譜」とあるものの六編、「大同宗譜」とあるもの一編である。明代に編纂されているものは、嘉靖年間に編纂された『（安徽祁門）陳氏大成宗譜』と『（徽州）陳氏大成宗譜』である。纂修者が同一であり、ともに徽州の陳姓の族譜である。以降は乾隆十三年までなく、乾隆十三年に編纂された『(湯溪)平興陳氏統族譜』は、唐末に河南から浙江に遷ってきた支派の族譜である。そのほかは、光緒年間以降に編纂されたものであり、安徽、浙江、湖南、湖北に及ぶ。陳姓の族譜の特性は、大姓にもかかわらず、「統宗譜」の類は勿論、明代嘉靖年間以前に編纂された族譜が少ないということである。陳姓は『新安名族志』では、張姓の後、王姓の前に記載されているが、王姓より記載内容は少ない。

［その他］

「通譜」と「統宗譜」に類する譜には、嘉靖年間以前のものとしては、そのほか、成化九年纂の安徽涇縣舒氏の「統宗譜」、成化五年の青溪徐氏の「總譜鈔本」、正徳四年の新安畢氏の「會通族譜」、嘉靖二十三年新安兪氏の「統宗譜」などがある。

以上、「通譜」と「統宗譜」に類する譜の編纂を中心に、十一姓の族譜編纂状況を見てきた。全国に分布する姓である王姓、張姓、陳姓を含め、明代、とくに嘉靖年間以前に編纂された「通譜」「統宗譜」等拡大系統化型族譜で現存するものの圧倒的多数は徽州の宗族のものであり、支譜など一地域、一支派の族譜も明代には徽州の宗族のものが多数を占めている。それでは、なぜ現存する明代の族譜、とりわけ拡大系統化型族譜のほとんどが徽州の宗族のものなのであろうか。

その理由としてまず考えられることは、この種の拡大系統化型族譜は各地で編纂されたが、他の地域のものはそのほとんどが戦乱などを理由として、時間の経過とともに失われたのに対し、徽州およびその周辺のものだけは失われずに残されたということである。しかし、族譜編纂それ自体が徽州もしくは徽州を祖地とする宗族に多いことを考えあわせれば、そもそも徽州では他地域に先んじて族譜、とりわけ拡大系統化型族譜が編纂された、と考えられないわけではない。もしそうであるならば、それでは何故明代徽州で「統宗譜」等の拡大型族譜が編纂されたのかということが問題となる。考えられることはいくつかある。例えば、徽州の人々の特徴は、華南や華北の一部地域などと異なり、同姓村落が極めて少ない。彼等は、戦乱などにより移住を重ね、県内は勿論、徽州内部で、さらには主に商業の発展とともに省を越えて移住した。他地域に住むからこそ、新たな地域での活動のために同族関係を確認する必要を生じさせ、族譜の編纂を促したと考えられる。そうであれば、公的機関が保有する族譜の最も多い地域が江蘇省であり、次が浙江省であるとはいえ、それらの地域の族譜の宗族の祖地が徽州である例が少なくないことも納得がいく。すなわち、徽州から江蘇、浙江に移住した人々は新たな地で宗祠を建設し族譜を編纂したが、徽州に残った人々が現在に至るも各家族で族譜を保管しているのに対し(50)、これらの地の族譜は多く近代化の過程で売却放棄され、公的機関に収集されたという考え方である。

おわりに

元末明初以降、宗族組織の再編が進められ、とくに徽州では嘉靖年間以降、各支派の祠堂を統合した宗祠の建設が進められた。こうした動きに対し、明政府は当初は「大宗」復活につながるとして反対し、官僚個人以外が宗祠によって祖先を祭ることを禁じたとされる。しかし、その一方で、明初、政府は基層社会の秩序を回復維持し、かつ人々を掌握するために、宗族の組織化と宗族の郷約化を推し進めた。庶民も始祖を祭ることの認可を求めた嘉靖十五（一五三五）年の夏言の上奏が認められたのもその政策方針に合していたからであるとも考えられる。

「通譜」や「統宗譜」などの拡大系統化型族譜についていえば、「通譜」は「統宗譜」よりやや早くに編纂が始まるが、ほぼ右の動きとときを同じくする。すなわち、これらの拡大型族譜の作成目的は、一族の結集を図るという目的においては旧来と変わらないとはいえ、それは凝縮した団結を図る結集ではなく、幅広く人々を集めていくという結集とネットワークの拡大を図るための一つの手段であった。顧炎武が人々を広く同宗とすることを批判したことは、宗族の発展を図るために族人を増やすことを目指し佃僕や女婿までも改姓させて広く同宗に取りこんでいくこと、また、新たに徽州に移り住んだ者が、種々の権利を獲得するために、金銭などを対価として原住者の宗族の一員となることが当時広く行われていたからであろう。そして、宗族としての宗祠を建設するにあたって、始祖ないし始遷祖を明確にすること、誰が誰を祭るのかということを明確にする必要があり、資金を広く集めることから族人の詳細な調査が必要になったこともその要因として考えられる。

しかし、元末以降の変化にせよ、明政府による宗族の組織化政策にせよ、徽州という地域に限られたことではない。それにもかかわらず、少なくとも現存する明代嘉靖年間前後の「統宗譜」など拡大型族譜のほとんどは徽州の宗族のものである。徽州では庶民もまた族譜を有し、多くは今日に至っている。当然のことながら、現存するということと編纂という行為がどの程度行われたかということとは、区別する必要がある。但し、もし明代嘉靖年間前後の拡大系統化型族譜の編纂もまた他の地域に比べて徽州において盛んであったと仮定した場合、その要因としてどのようなことが考えられるであろうか。以下、考えられる要因を示したい。

第一に、前述したように、徽州は山がちであるとはいえ、人が越えられない山塊の中にあるわけではない。徽州の集落には同姓村落はほとんど皆無である。その原因は戦乱などによって、多くの人々が明代になる前は徽州およびその周辺地域において移動したという歴史による。このことは同族が聚居する地域に比べて、次の状況をもたらすと考えられる。すなわち、同族聚居の地では、同族か否かの判断を下す作業は不要であるのに対し、徽州のような地域では、同族か否かを確認するためには、祖先の歴史を確認する必要が生じることになる。例えば、二地域の同姓家族が祖を同じくするか否かを確認するためには、いつ、どこから、現在の地に遷って来たか、遷って来る前にはどこにいたかなどを明確にする必要がある。勿論、同族関係にあることを確認する必要がなければ、以上のような作業は不要である。しかし、それを確認する必要が生じた。

その一は、元末明初に徽州地域へ多くの人々が流入し、人口が増大したということである。新来の人々が多いということは秩序の混乱をもたらし、秩序維持のための方策が必要となる。新来者の増大と人口増だけであればほかにも同様な地域はあったであろう。しかし徽州は耕地が少ない。このことは、秩序維持のための宗族の組織化と宗族の郷約化という政府の方針に呼応することは勿論、より率先して実行するための強い動機となったと考えられる。他方、新たに遷ってきたものにとっても、種々の権利を得るために、既存の宗族の一員になることは望ましいことであったであろう。その二は、人口の増大が、一方で一族の繁栄を促すと同時に、耕地が少ないことによって商業に従事し、客商として外地に赴くことを促したことである。外地に赴き商業に従事するためには資金と情報を提供し、信頼できる存在が必要である。従って、外地へ赴き商業活動をするには、県や府は勿論、省を超えて同宗の者の存在を確認することが図られたと考えられる。また、科挙の受験や官僚としての赴任の際においても同様のことがいえる。

第二は、朱熹が徽州出身であることはいうまでもないが、「大宗」を唱えた程頤が徽州出身であるということへの自負があり、そのことが拡大系統化型族譜の編纂を早くに促したということである。

第三に、元代に編纂されたといわれる『新安大族志』と、明代に編纂された『新安名族志』および『休寧名族志』が存在しているように、徽州では、すでに各姓の徽州における各集落の状況の調査が進んでいたことが考えられる。「統宗譜」など拡大系統化型族譜の編纂は、可能な限り多くの人々を族人として掌握し取り込もうとするものであった。それは基層社会の秩序を回復維持し、かつ人々を掌握するために、宗族の組織化と宗族の郷約化を推し進めるという明政府の方針を実現するための基本的作業の一つであった。しかし、外地に赴き商業に従事する者が多い徽州の人々にとって、それは地域の安定を目指すだけにとどまらない、地域を越えた広がりにおける発展性をもつ行為であった。現存する明代嘉靖年間前後の拡大型族譜のほとんどが徽州の宗族のものであるのは、彼等が拡大系統化型族譜編纂に他地域の人々よりもより積極的な意義と効力とを見出し編纂と保管に力を注いだ結果の現れであるといえよう。

注

（1）『中国の宗族と国家の礼制――宗法主義の視点からの研究』研文出版、二〇〇〇年。

（2）『中国宗譜の研究』日本学術振興会、一九八一年。

（3）王鶴鳴主編・上海図書館編『上海図書館館蔵家譜提要』上海古籍出版社、二〇〇〇年。ここにはマイクロフィルムは含まれていないと思われる。常建華氏は、「中国族譜収蔵與研究概況簡説」（中国譜牒学研究会編『譜牒学研究』第一輯所収、書目文献出版社、一九八九年）において、北京図書館二七二〇部、湖南省図書館一一七六部、中国社会科学院歴史研究所図書館九八〇部、吉林大学図書館八六一部、河北大学図書館八三五部、広東中山図書館五七七部、浙江省図書館四九六部、四川省図書館四一六部、天一閣蔵書楼四〇三部、中国人民大学三八一部、蘇州大学三五八部、南開大学三四〇部のほか、北京大学、遼寧省図書館、中国科学院図書館、北京師範大学、大連市図書館、福建省図書館等が二、三百部前後を収蔵しているという数値を示されている。ここで常建華氏は、「種」ではなく「部」を用いられている。これは同種の族譜で重複するものも数値に入れているためである。

（4）前掲『上海図書館館蔵家譜提要』「前言」。

（5）前掲『中国族譜収蔵與研究概況簡説』。なお、多賀秋五郎氏は『中国宗譜の研究』の中で、日本で収蔵する族譜のうち、江蘇四三三種、浙江三八四種、安徽一二三種、江西・広東各四十四種、山東四十種、河北三十四種、湖南二十二種、山西十九種、湖北十七種、河南十二種、福建十一種、広西七種とされている。

（6）前掲「中国族譜収蔵與研究概況簡説」。

（7）書籍では高姓の記述がある箇所が、マイクロフィルム（北平図書館所蔵の『新安名族志』）では梅姓の記述となっている。また、各氏の居住地に違いがみられる。とくに程姓と汪姓にそれが目立つ。マイクロフィルムは、嘉慶三十年に書かれた呉守教の跋で終わっているが、書籍は、その後に嘉慶二十九年に書かれた朱瑩の跋が加えられている。

（8）本書には、編葺郷紳として、元延祐三（一三一六）年陳櫟（休寧陳村）、明嘉靖二十八（一五四九）年鄭佐（歙県巖鎮）、嘉靖三十年洪垣（婺源官源）、萬暦七（一五七九）年曹誥（休寧曹村）の名が、同校諸生には、嘉靖二十八年、嘉靖三十年増補程尚寛、天啓六（一六二五）年増補曹嗣軒と記されている。

（9）多賀秋五郎氏が、一、陳櫟が『新安大族志』を編纂、二、嘉靖二十八（一五四九）年、鄭佐がそれを増補して『實録新安世家』を編纂、三、嘉靖三十八年程尚寛、戴廷明等が『實録新安世家』を基礎に『新安名族志』を編纂したと整理されたのに対し、鄭力民氏は「『新安大族志』考辨――『實録新安世家』」（『安徽史学』一九九三年第三期、一九九四年第三期）で、『新安大族志』は戴廷明が編纂したものであり、『實録新安世家』は存在しないとされた。

（10）黄山書社、二〇〇四年。

（11）同右。

（12）安徽人民出版社、一九八三年、一三頁～一九頁。

（13）前掲朱萬曙・胡益民主編『新安名族志』「整理前言」。

（14）多賀秋五郎氏は前掲『中国宗譜の研究』のなかで、宋代以降の族譜を①普通の宗譜類、②会通の結果つくられた通譜類、③宗譜の別冊附録となっている文献・文集類、とに分けられている。①は本論でいう第一の類に相当し、②第二の類のその二に相当すると考えられる。

（15）そのほか嘉靖年間以前に編纂されたものとして、弘治四（一四九一）年原刊、弘治十四（一五〇一）年増刊、黄雲蘇・黄祿修『新安黄氏會通譜』、弘治十四（一五〇一）年、王道瑞等纂修『(新安)太原王氏會通世譜』、正徳四（一五〇九）年刊、畢済川等修『新安畢氏會通族譜』、嘉靖十一（一五三二）年刊『(休寧)張氏會通譜』、嘉靖十二（一五三三）刊『(新安休寧嶺南)張氏會通譜』などがある。

（16）このほか、比較的早い時期に編纂されたものとしては、嘉靖年間刊『(徽州)程氏統宗世譜』、嘉靖九（一五三〇）年および嘉靖十四（一五三四）年刊、張憲・張陽輝修『(祁門、婺源、休寧、歙県、績溪、黟県、旌徳等)張氏統宗世譜』、嘉靖十四（一五三四）年刊、汪尚林編『新安汪氏重修八公譜』、嘉靖二十三（一五四四）年刊、江澤修『(婺源、歙県、涇県、紹興、龍游、西安等）江氏統會宗譜』などがある。すべての姓の譜を確認してはいないが、常建華氏が明代早期の「會通譜」、「統宗譜」としてあげられている譜もほぼ同じである（馮爾康等編『中国宗族社会』浙江人民出版社、一九九四年、二四六～二四七頁）。なお、常建華氏がここで徽州以外の例としてあげられている『汪氏統宗正脈』の河南洛陽汪氏も徽州から移った支派である。

(17)『中国家譜総合目録』四四八～四八三頁。

(18) 新安八大姓のうち李姓を除いたのは、専ら紙幅の関係による。ちなみに、李姓の『通譜』と『統宗譜』に類する譜は十五編あり、そのうち清代嘉慶年間以前に編纂されたものは二編である。李姓の族譜の特性は、全国に分布する大姓にして新安八大姓にもかかわらず、「統宗譜」の類は勿論、明代嘉靖年間以前に編纂された族譜が少ないことである。拙著『徽州商人の研究』（汲古書院、二〇〇五年）参照。

(19) 袁義達・張誠著、華東師範大学出版社、二〇〇二年、四七頁～四九頁。本書は人類群体遺伝学の分枝である姓氏群体遺伝学の方法によって、中国の各姓の起源と歴史、分布状況を分析したものであり、豊富かつ興味深い内容をもつ。

(20) 以下、各姓の分布密度と分布頻率についての記述は、同書の図表に基づく。

(21) 前掲『中国姓氏――群体遺傳和人口分布』三四頁～五二頁。

(22) 程敏政纂修『新安程氏統宗世譜』巻之一、譜圖一。

(23) 同右。

(24) 汪姓については、拙稿「徽州汪氏の移動と商業活動」『中国―社会と文化』第八号、一九九三年六月、参照。

(25) 前掲程敏政纂修『新安程氏統宗世譜』巻之一、譜圖一。

(26) 前掲『新安名族志』。

(27) 同右。

(28) 同右。

(29) 同右。前掲『徽州名族志』所載の『新安名族志』には、東関は記載されていない。

(30)『姓譜』（陳明遠・汪宗虎編『中国姓氏辞典』北京出版社、一九九五年）。
(31)前掲『新安名族志』。なお、江澤民前主席の祖地は徽州に接する旌徳県であり、徽州の婺源県に移り、次いで塩商人として親族が居住していた揚州に移ったとされる。
(32)現在、朱熹の旧居址と親族の家が残っている。
(33)『新安名族志』と同じ記述は『廣韻』（前掲『中国姓氏辞典』四二九頁）にもある。『新安名族志』は『廣韻』を引用したものと思われる。
(34)梁満倉主編『中華姓氏譜・王』現代出版社・華藝出版社、二〇〇〇年、四八頁～七〇頁。
(35)前掲『新安名族志』。
(36)同右。
(37)同右。
(38)成化九年刻本、舒應鸞等修。
(39)舒氏の場合、例えば明鈔本『（黟県）舒氏統宗譜圖』と同治九（一八七〇）年刊、舒安仁纂修『（婺源）華陽舒氏統宗世譜』では、始めて徽州に移った場所と理由と人物の記述内容にズレがある。おそらくは、徽州に原住していた一族が族譜を編纂する際に、黟県の舒氏の族譜の記述を借りて、あたかも中原から移ってきたが如く自己の族譜を作成したと考えられる。
(40)婺源県地名委員会辦公室編印、一九八五年八月。
(41)山根直生「唐末五代の徽州における地域発達と政治的再編」『東方学』第百三輯、二〇〇二年、参照。
(42)前掲『江西省婺源県地名志』では、この時期に遷ってきたとする者が最も多い。
(43)王鈺欣・周紹泉主編『徽州千年契約文書』（花山文藝出版社）清民国編、四七頁～五〇頁。
(44)前掲『江西省婺源県地名志』と同じ形式の調査書が、徽州の他県についても作成されており、各集落の姓の構成を掌握することができる。但し、『江西省婺源県地名志』婺源県が最も詳しい。
(45)中華書局、一九九七年。

(46) 山西人民出版社、一九九二年。

(47) 出版刊行はされておらず、手書きの目録の写し。

(48) Chinese Genealogies at the Genealogical Society of Utah　An Annotated Bibliography 成文出版社、一九八三年（日本版『ユタ系図協会　中国族譜目録』近藤出版社、一九八八年）。

(49) 本文では紙幅の関係から省略したが、拙著『徽州商人の研究』中では、本文でとりあげた十一姓に李、舒、徐、畢、兪、歐陽の六姓を加え、拡大系統化型族譜の表を提示した。

(50) 徽州では農民を含めて、かなりの人々が少なくとも文化大革命まで族譜を保有し保管していた。その意味では費孝通氏が指摘した族譜を有するのは知識人階級であり、庶民はもっていないとする江南デルタの状況とは異なる。例えば筆者の工場労働者である友人の夫人方氏の家も族譜を有している。また、その友人の家もかつて族譜を有していたが、商人で小地主であったため、文化大革命のときに廃棄したとのことである。さらに、休寧県汊口劉双根氏は先祖が棚民出身の農民であるが、かつて族譜を有しており、文化大革命のときに廃棄したが、現在再編中である。

宗族資産の成立と展開
——明清期、徽州洪氏光裕会を中心として——

熊　遠　報

一、はじめに

明清時期の宗族を考察する際、宗族活動家（族譜等）の言説、儒教の理念・国家の礼制・政策などに宗族の特徴を抽出するのは、一般的なことであるが、これらの資料の主観性をどのように克服し、宗族の実態を描き出すのは、難しい課題である。本稿では、徽州地域における一宗族の分節組織「光裕会」の財務帳簿を利用して、組織の資産の形成およびその収支状況に注目し、即ち宗族組織の財政基盤の構築、収支管理、支出動向などの分析を通じて、社会流動が激しい明清時代において、宗族は、社会組織・集団として、なにを生産したのか、なにを消費したのか、及び宗族組織の実態を探る(1)。

二、光裕会の成立と展開

『光裕会帳』

『光裕会帳』は、安徽省博物館に所蔵され、徽州歙県における洪氏宗族の一分節組織の収支記録として、一九六〇年三月に歙県の詹昭文氏から購入したものである。『光裕会帳』は二冊に分けられて、一冊目は『光裕会帳』、二冊目は『崇禎祠簿』というタイトルをつけており、嘉靖三十六年（一五五七）から康熙三年（一六六四）にかけて百年余りの洪氏宗族の分節組織の収入と支出の具体的な内容を記録しており、明清時代、宗族組織の実態を多く提供している。

恭靖公という看板と光裕会の成立

光裕会は、恭靖公の祭祀を理由として成立した組織である。

恭靖公とは、明代の朝廷の贈り名で、実際の人物は洪遠（一四五〇－一五一九）である。(2)『明実録』の記載によれば、洪遠は、字が克毅で、徽州歙県の人である。彼は成化十年に郷試に合格し、十四年（一四七八）に会試の成功によって進士となった。その後福建の莆田知県から四川・陝西の左右布政使などの地方高官を経て、中央官庁の官僚に昇任し、南京の工部尚書となった。江西における藩王寧王の反乱に対応する際に、病気に罹って正徳十四年の八月に亡くなったという。(3)

洪氏一族には明代に入ると、洪遠の父親洪寛は、挙人試験に合格し、官界の進出に成功した。洪寛は、桂陽と鄭州の知州等の地方官として務めたが、晩年、故郷に帰って『洪氏世譜』の編集、曾祖以下の十六のグループの統合、即ち統合的な宗族組織の形成と活動に力を入れた。(4)したがって遅くとも洪寛の時期に洪氏一族の宗族活動が徽州地域において行なわれていた。洪坑村にある「世科坊」に刻まれた記載によれば、洪遠の四人兄弟のなかでも洪迪は一四八一年に「薦貢」という形で官界に進出し、礼部司務となった。洪通は一四九五年に郷試に合格し挙人となり、湖広の道州知州となった。

光裕会は、洪遠がなくなった三十八年後の嘉靖三十六年（一五五七）に洪遠の孫と曾孫たちによって作られたのである。嘉靖時期の程尚寛『新安名族志』に記入された洪遠の息子は八人いた。その中の洪伊は、弘治十七年（一五〇四）に郷試に合格し、礼部郎中という中央官庁の官職に上った。洪価は、一五一六年に「恩貢生」という資格を得て、その後貴州の思南知府に上がった。洪侹は、一五四〇年に歳貢生となり、九江訓導という教官となった。[5]その他、洪釗、洪護、洪詔、洪廷謹、洪廷詠は、みな「太学生」（監生）という資格をもっていた。[6]洪遠の子孫の増加が続いて、光裕会が成立する時点、洪遠の子孫の中で既婚者がすでに三十七人いた。[7]「応」字という曾孫世代が二十九人、その下の「允」字世代が八人いた。

光裕会の舞台と活動時期

光裕会の活動舞台は、徽州府歙県洪坑、即ち二十八都の洪源という村落であり、歙県の県城から約七キロ離れている。筆者は二〇〇四年二月に現地調査を行なった。この村落は現在行政組織として岩寺区の洪坑村と言い、明清時代の名前がそのまま残っており、村落は低い山の間における狭い平地に立地し、主要な県道から一本の細い道が村を繋いでいるが、いまだに交通が不便である。村落は、五〇〇人前後の住民がいて、洪氏を除いて、他の幾つかの姓氏があり、洪氏は村落の主要な住民である。村落にはそのまま利用されている清代の建物があるものの、建て替えと新築によって徽州地域における伝統建築がよく保存される村落と比べると、洪坑には現代的な二階建て、三階建ての民居は多い。[8]しかし村落の中央に洪氏一族の科挙・官僚歴などを顕彰する牌坊「世科坊」が保存されてきた。「世科坊」を含め、幾つかの牌坊の関連記載は「光裕会帳」にしばしば現れたが、それは主に県城にあった。洪坑にあるものは、徽州知府と歙県知県の許可をもらって、弘治戊午（一四九八）年十二月に建てられた。牌坊を立てる時点は洪遠の父である洪寛が亡くなった十二年後、洪遠が進士に合格してから二十年後である。この牌坊は順治乙未（一六五五）年十一月に修繕し、乾隆庚申（一七四〇）年閏六月に再び修繕し、同治庚午（一八七〇）年八月に三度目に修繕した立派なものである。牌坊の中央部に洪遠の父洪寛をはじめ、その子孫の科挙資格と官職を刻んでいる。右側に洪氏一族と関係がある人物、および洪亮吉を含む洪姓人物の題名である。洪氏一族、特に洪寛およびその子孫の名誉史はこの牌坊から伺われる。

洪遠一族はもともと歙県洪坑の住民ではなかった。明代の程尚寛『新安名族志』と曹嗣軒『休寧名族志』の記載によれば、洪氏は、八世紀末九世紀の始め頃、洪経倫という人物が歙観察使として新安に赴任し、当地に定住した。その後、経倫の十七世孫洪楠が約南宋・元の時代に休寧の黄石というところから歙県の洪源に遷移した。明代中期以降、洪寛の挙人の合格を契機として、息子洪遠の世帯および洪遠の息子たちが官界に進出した。洪寛の科挙試験の合格と官界の進出によって洪氏宗族の形成が進んでおり、特に成化年間、官界から隠居した洪寛は、各地に散在している十六の洪氏グループをまとめて統合的な宗族を作って、族譜を編集した。その後、宗祠が作られた(9)。光裕会は洪寛が一族をまとめて宗族組織を作ってから六十年以上の歳月を経てできた組織である。この組織は洪寛ではなく、その息子の洪遠の祭祀を中心として成立したのである。そのメンバーは洪遠の子孫である。「光裕会帳」の記載によれば、光裕会は、洪坑（洪源）という地理空間と洪氏宗族という社会空間の中で少なくとも一〇八年間、連続的に活動をした。

三、光裕会の収支状況

基金の起源

光裕会は成立の始めに参加者の合意によって、会内子孫の義務と基金運営の規則十八条を作って基金の増資・運営・管理に力をいれた。最初の基金の提供方式と提供者に関して「会帳」の最初部分に記録されている。「会帳」によっ

表一：最初の基金（嘉靖36年：３両）

金額	支払者	理由	金額	支払者	理由
２銭	応奎	畢姻（結婚、下同）	２銭	応奎	請燭（報告儀式）
２銭	応皐	畢姻	２銭	応皐	誕子（息子の誕生）
２銭	応辰	畢姻	２銭	応辰	誕子
２銭	応物	畢姻	２銭	応物	誕子
２銭	応亨	畢姻	２銭	応亨	請燭
２銭	応陽	畢姻	２銭	応陽	請燭
２銭	応周	畢姻	２銭	応周	請燭
２銭	応台	畢姻			

表二：嘉靖３７年収入

時間	金額	支払者	理由	時間	金額	支払者	理由
正月16日	２銭	応台	請燭	３月４日	２銭	応周	長男誕生
３月17日	２銭	応辰	長男の婚約	４月16日	１銭	応物	次男誕生
７月15日	２銭	応璋	結婚	10月20日	２銭	応皐	長男の婚約
11月10日	２銭	応物	長男の婚約	11月10日	１銭	応夔	次男の婚約
12月11日	１銭	応辰	次男誕生				

て**表一**、**表二**を作成する。

表一は、恭靖公関連の洪氏子孫は光裕会に対する出費である。八人の既婚者は、結婚儀礼の完成、祖先への結婚報告儀式、および息子の誕生という名目で各々二銭銀ずつ出した。その名目は必ずしも嘉靖三十六年時点におこなわれたものではなく、すでに過去のことを追加拠出の理由とする可能性が高い。

表二には、即ち光裕会メンバーは、合意した規則に従って、光裕会に納めた費用である。これは、嘉靖三十七年に光裕会の収入の一部である。また洪応奎は光裕会の基金銀三両を融資として運営した。その融資の二〇％の年利、即ち〇・六両も光裕会の当年の収入であった。

定例の祭祀活動の実施、祭祀施設の建設・維持、祭祀備品の購入には一定の経費が必要である。したがって光裕会が成立した時、会組織と各メンバーがまず直面したのは、組織の経常的経費をいかに賄うか、という問題である。光裕会を組織した核心的人物である洪廷諮が「光裕会序」に「古者庶子之官、合会族人以飲食之礼、是会之立於天下也久矣。茲会也、而以光裕名之何耶?韓愈氏云：莫為之前、雖美弗彰、莫為之後、雖盛弗伝。此即所謂光裕之説也。惟我恭靖公功烈在天下、徳沢在子孫。不有以光之、是謂莫為之後也。惟我後昆、其系日以繁、其支日以遠、不有以裕之、是謂莫為之前也。是故予深為之惧焉。而会所由起也」と述べたように光裕会が成立する目的は、直系の子孫の力で恭靖祠の祭祀を行ない、恭靖公の道徳・功績を、象徴的な建物と可視的社会組織・日常的社会活動という形で宣伝し、存続させ、永遠に残させ、洪氏一族・子孫のために恭靖公という看板を維持するのである。具体的方法は、会組織を成立し、兄弟・子孫の中に何らかの喜びがあれば、必ず正しい礼儀を以てみなを集めて祝う。また会内メンバーの力をあわせて資財を拠出し、その利息を以て恭靖祠の祭祀等の費用を賄う。恭靖祠関連の祭祀活動の費用を確保し、会の運営をスムーズに運ぶため、光裕会は、会の運営細則十八条を作った。その主要な内容は以下である。

（1）会の収入は恭靖祠の財産であり、その使用は、メンバーの合意の上で行ない、一人で決めることを禁止。
（2）結婚者は規定の時間内、恭靖祠で礼儀を行ない、会に「畢姻」と「請燭」費を納める。
（3）息子が誕生する際、親は規定に従って会に費用を納める。
（4）息子が婚約を結ぶ際、親は規定に従って会に費用を納める。
（5）科挙試験の合格者は、資格に従って会に費用を納める。
（6）光裕会簿を作って、収支の内容は規定のとおり記録し、チェックする。会内の銀の年利息は二〇％で、決算は規定の時間に従って行なう。
（7）諸規定に違反する者に罰金を課する。

洪廷諮は洪遠の子孫に各々出資しようと要求し、基金を作って、その基金の収入をもって「以供禱祀之用、以備粢盛器皿之資、以待敝壊崩圮之費。凡我恭靖祠之所需者、一皆取給於斯」と言ったように恭靖公の祭祀と恭靖祠の経費、即ち光裕会の基金は、全部洪遠の子孫による出費であった。それは、洪遠の直系子孫に対して割り当て徴収するわけではなく、直系子孫の中で各々の祝うべきことがあれば、合意した金額を徴収する。先に挙げた要点のように男子に関する縁談の成立、結婚、出産（男子）、科挙試験の資格の獲得、および官界進出の成功者に対して、一定の金額を光裕会に納める。また会内現金等の資産運営による収入（利息）、および会内の諸規定に違反するものに対する罰金もその基金の一部である。光裕会は、会帳の登録手続きの忘れや遅れ、および乱筆等々、また光裕会の現金資産運営上の手続きの遅延、会内儀式の出席の怠り、および内部情報の漏れ、喧嘩などの行為に対して、「義規」に従って罰金を厳しく処する。嘉靖四十二、四十三、四十五年、隆慶三、五、六年、万暦元、二、四年に罰金に関する記録があった。この記載は、光裕会が成立してからの二十年間、管理が厳しく行なわれていたことを示している。従って光裕会は、最初どこか、一定の遺産や個人寄付などの特定財源をもつことがなかったために財政面にはゼロから発足した組織であるといえる。

光裕会の収支

先に指摘したように、光裕会は、祖先祭祀という大義を掲げて、子孫の活躍を通じて祖先の血脈（子孫）を大きくし、祖先を輝かせ続ける血縁組織である。こういう目標を実現させるために光裕会は持続的に経済活動を行なって少なくとも一〇八年に及んだ。光裕会の一〇八年間の経済活動について、当初から厳しい登録・記載に関する規定によって担当者は収支記録を詳細に記録した。光裕会の経済規模は大きくなかったが、いろいろのところに収入を得て、支出をした。この収支記録には、徽州地域における経済活動の動向、基層社会における人々がどのように他者や官府、政治権力と付き合ったのか、また宗族の一部、或いは分節の宗族組織としての状況等々に関して多くの情報を提供している。以下はこの収支記録によって作った表三である。

表三：光裕会108年間の収支状況　単位＝銀両

年号	責任者	収入	支出	備考	年号	責任者	収入	支出	備考
嘉　　靖									
36		3			37	応奎	4,4		
38	応皐	6、93			39	応夔	8,756		
40	応辰	10,832	0,038		41	応物	13,365		
42	応亨	16,991			43	応周	28,344		
43	応陽	22,891	0、03		44	応台	40、25		
45	応璋	49、84	4,583						
隆　　慶									
元	応輔	56,663	0,096		2	応珉	34,82	2、91	34,82×２？
3	応釆 応庚	69、71	7.6		4	応昂 応象 応瑞	75、17	0、17	
5	応祖 応登 応極	91、91	11,74		6	応薦 応美 応祐	95,94		
万　　暦									
元	応奎 応登 允恭 允衡	113,39	14,85		2	応皐 応夔 応辰 応旦	110,37	30,35	支出：土地購入
3	応周 応台 応随 応思 応廉	101,66	28,75	共有資金利用者の不動産権利書の抵当	4	応奎等十人	112,39	1,4	会長予備費1,25会酒
5	応象等十人	135,14	27,31	土地購入、会酒 会長予備費20,89	6	応美等十人	139,81	18,66	土地購入、紛争処理、会酒、会長予備費7,93
7	応辰等十人	127,07	24,85	会長予備費21,14、家廟修理、土地購入、紛争処理	8	応陽等九人	129,92	5,42	会長予備費12,2 紛争解決、 会酒、会員救済
9	応辰等十人	151,26（繰越金）	43,43	会長予備費24,5 土地購入、資産税、紛争処理、戸籍購入、会酒、共用施設整備	10	応辰等十人	124,24	15,01	繰越金7,83両、 戸籍購入、轎購入、審図、徭役、会酒

11	応辰等十人	127,62	7,06	税糧関係 紛争処理、施設修理、会酒	12	応辰等十人	13,72	12,4	戸籍 土地購入 納税
13	応辰等十人	136,78（繰越金）	18,86	造冊、納税 修理 造祠屋	14	応辰等十人	131,42（繰越金）	5,71	紛争処理、借入金の未払い
15	応辰等十人	145,99	29,84	土地購入 都憲坊と郷賢祠 紛争処理、会酒	16	応辰等十人	24,78	8,84	水利、修恭靖祠屋、条編銀、救済等、会酒。収入の中で本金105を含めない、下同
17	応辰等十人	13,95	5,69	恭靖祠屋用品 納税 借入金未払	18	応辰等十人	22,02	11,3	借入金未払
19	応辰等十人	23,15	12,61	審図 公共施設修理	20	応辰等十人	25,17	6,16	糧長補助金 水利等
21	応辰等十人	38,63	30,76	城中都憲坊、世科坊、進士坊修理 道路整備等	22	応辰等十人	29,78	15,8	入学者祝金、池購入、店と世科坊修理
23		28,12	8,96	水利施設整備、修路等、実徴冊、手巻、修像、開都御史事跡謙敬往城用	24		36,78	9,23	収：利息、補廩、 支：納税、貼里長戸、修祠墻、修恭靖祠祭器及び備品
25		45,34	10,18	水利等 修神道坊	26		49,95	12,28	名公翰札、土地等の施設、修碑亭、救済、買進士坊洪文采二間、上川公勅命
27		58,22	25,34	貼糧長、修廨宅	28		46,08	10,24	門子酒飯、修郷賢祠、中孚公・恭靖公神主
29		52,02	9,05	送郷賢二神位、印遺芳録、託唐開先兄送唐汝蘭兄為修名宦事跡折儀、修喜神行楽図屏、補刻遺芳、城関刊字人来説刻名賢集飯	30		61,66	23,82	収：店租 支：修理祠屋 　修世科坊 　審図 　黄冊

31		55,38	11,05	収：二人進学銀 支：旗帳、修牌坊	32		69,8	30,35	修世科坊、尚書坊、神道坊
33		54,19	11,80	納税、祠修理、修路等	34		59,18	7,2	修牌坊
35		64,36	12,77	修碑亭、執照	36		78,91	18,68	糧長関連、上誥命、城中倣柵門
37		70	13	収：入学 支：下城尋写書人経費、写行状墓誌伝送県、遺芳録送県、城中送請誌等費用、彩旗帳送入学	38		81,76	10,53	収：城中店租、潭渡税書匣
39		89,76	10,16	修像と神位牌	40		100,45	12,32	
41		103	44,15	造冊、納税、 取進士坊地使用等	42		78	8,78	収：城中店租 支：助修郷賢祠 実徴冊
43		85,29	57,9	収：入太学 支：造三都御史祠50両、修像	44		42,77	18,65	収：城中店租 支：修像並安神位、都祠辦祭儀
45		47,12	16,69	収：店租 支：廨宅救火・修理、修祠、三都祠祭・拝年、碗等の購入	46		68,35	34,68	収：店租 支：三都憲祠冬至祭、修廨宅、修碑亭
47		48,31	10,61	三都祠冬至祭	48		58,41	26,08	収：店租 支：都憲祠冬至祭、郷賢祠5両、彰学師刻郷賢祠文1両、祠修理等
				天　　啓					
元		60,91	60,81	収：恩貢3両、 支：三都祠関連、修祠、土地購入、恩貢関連、恭靖公容（像）、恭靖公及び夫人喜神	2		54,32	15,03	収：進士坊店租、木材、山租 支：納税、三都祠等祭祀、書算手、審図、会酒、水利施設

3		60,36	12,99	収：土地収益、山地木材、店租、進学 支：納税、祭祀等、紛争処理、施設修理、会酒	4		72,77	22,75	収：二人の入学（一人国学） 支：土地購入、賀入学、施設修理等
5		71,52	28,84	収：前年度と同 支：修祠、修世美堂、祭祀、備品の購入と修理	6		68,49	55,18	収：入学（二人）、世科牌坊寄贈、 支：世科坊修理、修祠
7		71,96	31,16	収：冷水坑租、子供（男）の誕生（12人） 支：世科坊修理、修祠、修碑亭、救済					
崇　　禎									
元		60,84	40,51	収：牌坊寄付、子供（男）が誕生（９人） 支：牌坊修理10両、謝呉延祖先生入尚書公蒲田県名宦祠５両、貼里長、知州公尚書公光裕会田施設修理、知州公尚書公の祭祀	2		50,33	38,57	収：族人の三都祠進主、入学、牌坊人丁銀、支：貼里長、土地購入、賀入学、修理祠碑亭屋、修理祠屋、府学名宦祠立碑
3		31,45	12,97	収：書房租、輴租 支：修祠、祭祀	4		33,46	19,3	
5		32,15	14,14		6		40,19	29,54	
7		25,01	14,21		8		33,15	32,34	
9		36,19	25,57		10		43,21	33,34	化行昨年還、付出10両
11		35,89	16,93		12		40,59	14,82	
13		53,56	30,07		14		39,37	31,41	
15		27,35	22,5		16		31,78		
17		35,69	27,72	1644年					
順　　治									
2		37,54	24,55	1645年	3		35,1	23,49	

4		28,14	22,21		5		27,53	24,86	
6		21,36	19,48		7		81,7	76,37	
8		46,05			9		36,94	15,56	
10		44,97	31,20		11		47,15	25,46	
12		42,24	38,92		13		5,1	4,83	
14		24,54	22,49		15		39,79	34,86	
16		41,75	44,48		17		34,68	34,24	
18		32,89	31,67						
康　　熙									
元		26,3	25,64		2		28,42	27,98	
3				収支記録が不完全					

表三の備考は光裕会の収支、特に支出の項目の要点である。表三の収支の数字から見れば、光裕会の財務状況は以下のような特徴がある。

（一）、嘉靖三十七年から隆慶六年まで（一五五八－一五七二）の十五年間は、光裕会の基金の蓄積段階である。この時期には光裕会は支出が最小限に抑えられて基金は銀三両から九十六両へと増殖した。嘉靖四十五年、隆慶五年の支出は、主に祭祀備品、牌坊の建造に当てた。

（二）、万暦から明末にかけての時期は光裕会の財政安定期である。この時期には光裕会は現金収入が毎年増加し、支出も大幅に増えて、土地、山林、水利施設、店屋などの不動産に投資し、資産の総量が増殖しつつあった。注意すべきことは、万暦十六年（一五八八）から経営上は変化があった。利息を生む流動資金一〇五両は、年末の決算の中に計上せず、事実上十単位に分割され、毎年その利息を払うことになった。

（三）、崇禎時期から康熙三年にかけて光裕会の収縮・萎縮期である。この時期には光裕会は収入が伸び難く収入源が減少している。これに対して、宗族組織は、土地等の不動産を抱えたため、常に国家政権と地方役人の収奪にさらされ、支出が増加していた。収入は、ほとんど様々な支出に当てていた。寄付類の収入を除いて不動産からの産出は納税等に当てると、赤字もしばしばあった。しかも収支の規模が減少していった。

光裕会の資産は基本的にその子孫が恭靖公を祭るために様々な名目で会組織

に寄付しながら、それを原資として運営し増殖したものである。収入の名目はいろいろあったが、光裕会の帳簿によれば、会内メンバーの祝うべき時の納付金、現金資産の利息、および関連規定の違反に対する罰金は、収入の主要な項目であり、百年余りも変わったことがなかった。そのほか、会内資産の運営上、土地、山林、店舗などの不動産の所有によって家賃、地代および恭靖祠内の施設や備品の貸借などの収入もその一部であった。

光裕会の支出は、基本的に会成立当初の意図、即ち祖先の祭祀を中心にし、行なわれていた。百年あまりの帳簿をみると、その主要な項目は以下のようである。

（1）恭靖祠の修理・祠内備品の購入、更新。
（2）恭靖公を中心とする都憲坊・世科坊・尚書坊の修理・維持。
（3）三都御史祠の建設等。
（4）恭靖公関連の地方政治文化活動（郷賢祠、名宦祠、名宦伝記の編集）への支出。
（5）恭靖祠等の定例祭祀活動。
（6）土地等の不動産の購入。
（7）土地等の施設の管理・維持（訴訟等を含む）。
（8）会内土地等の納税、黄冊等の編造と審図。
（9）会の運営等。

この中で支出の主要な項目は恭靖祠、都憲坊、尚書坊の建設・修理・維持であり、これらの祠と坊の主役は恭靖公洪遠である。また会内の不動産の購入である。しかし帳簿から見れば、宗族組織の救済機能があまり見えなかった。極めて少ない事例（例えば、なくなった貧しい人に棺を買う少量の金を与える）を除いて、族内の人々に対する経済救済機能が非常に薄いといえる。

明清交替期における光裕会

成立してから光裕会の内部管理が厳しく、規定の違反者に罰金を課するのは、一般的な措置であり、経営面も順調に行われていたが、万暦後期から会内の管理が次第に緩やかになって運営資金の元金と利息の不払いは著しくなった。明清王朝の交替を経て、光裕会の内部管理と運営はさらに行き詰まった。

また会内の土地等の不動産の増加と伴って光裕会の納税量も増大していく。特に政治と軍事危機が相次ぐ明末において、朝廷はさまざまな名目で地方の人々に徴税を強化した。光裕会の運営はこうして朝廷と地方役人の収奪に圧迫され、経営困難の状況に陥った。例えば、崇禎十三年に会内の各種の税目で納めた金額は九、三四三両で（当年会内の田租等の収入がただ一四、三八五両）、当年の支出の三一％、当年の収入の一七・五％を占めている。崇禎十七年（一六四四）に光裕会が納めた各種の税金は一三、一四八両で（当年の田租等の収入が一二、一六両しかなかった）、当年支出の四七・七％、当年収入の三六・八％を占める。従って徴税額は土地・山林・店舗などの賃貸収入（コストを含む）に近づくか、またはそれを超えたか、という状態であった。光裕会のような組織の徴税対象は主に土地、山林・店舗などである。しかし土地、山林、店舗等を対象とする徴税額を満たすためにほかの収入に頼らなければならなかった。

表三から明清王朝交替期の光裕会の経営状況の推移が伺われるが、実際王朝交替という政治変動は基層の人々の経済生活と底辺の社会秩序に大きな衝撃を与えた。順治二年（一六四五）に会内事務の責任を担当する洪秉衡は、帳簿に「祖宗旧規理当恪守、時値鼎革、権宜変通。従前衆領本利銀収少欠多、衆議概行停止。日後子孫富厚、公勧照例補出」というメモをした。これは、光裕会の経営難と規則の弛緩を示している。順治に入る混乱期には会内責任の当番者が責任を人に擦り付けることは十年間以上も続けていた。これは政権交替が光裕会のような宗族組織の存亡に関わっていたことを物語っている。実際、順治二年の政権交替期には、人々は戦乱に逃げて、徽州地域において、日常的な

社会機能が効かなくなった。帳簿の順治三年の収入部に「収四児廨宅、補出乙酉（一六四五年）半年屋租銀一、七七両」とある。この条の下に甥の洪之儒に代わり会務を勤める洪秉原は「是年人戸避兵入山、房業不守、秋冬更見冷落悽慘。租銀追急、破衣訴苦、典守不能賠償。公議乙酉凶乱、減譲屋租、計遷就追銷前項半年数目」という混乱、人々の対応および窮状を語った。即ち一六四五年に兵乱を避けるために人々が深山まで逃れ、土地・山林・店舗等の管理ができなくなった。光裕会の不動産を租借する人は、こういう影響を受けて土地等の経営収入が大幅に減少した。この状況に対して光裕会は通常の貸借料等を半減せざるをえなかった。

会の財務記録から見れば、明清王朝の交替は、徽州地域における光裕会という宗族組織に大きな打撃を与えたことがわかる。明末の十数年間を含め、王朝交替という政治事件、特に政権からの過酷的な収奪、そして、会組織が成立してから数十年を経た内部の制度的疲労は、財務の悪化をもたらし、光裕会の存在自体も危機に晒された。清朝に入って、光裕会の経済規模が縮小し続けて、順治を経て康熙初にいたって経営が行き詰まった。『光裕会帳』から光裕会は、康熙年間に続けたかどうか、明らかにされていないが、光裕会の存続は、組織内部の整理と改革がなければできないと考えられる。

四、『光裕会帳』にみる宗族組織

宗族組織と会組織の間

会内の収入名目から見れば、畢姻と請燭は、康熙三年までの固定の項目である。光裕会は、実際入会の手続きがあった。入会の条件には洪遠の子孫であること、結婚したものという二点がある。畢姻と請燭の費用を納め、恭靖祠で

「維　大明嘉靖某年歳次某正月某朔越十有五日某之辰、孝曾孫某敢昭告於曾祖考資政大夫・南京工部尚書謚恭靖府君……曾孫某関睢方遂於好逑……謹告」という請燭式、即ち結婚したことを祖先に報告する儀式を行なってから、正式に入会する。正式的な会員としての既婚男性は、規則に従って義務を履行する。従って光裕会成立の最初、洪遠子孫、孫以降の世代の既婚者の名前が挙げられた。既婚者が入会手続きを行なわない者に対して光裕会は強制的に入会させる。(10)

しかしこのような入会制は、洪遠の子孫に対して一般的な会組織における個人を単位とすることを意味してない。周知のように伝統の中国社会において、家族を一つの社会単位とするのは、通常である。既婚者の入会は、その家族全員の入会を意味する。したがって光裕会は事実上、洪遠の直系子孫の全員を包括していた。先に触れたように洪遠の父洪寛の時期には、洪遠関連の洪氏は既に各グループを集めて徽州地域において統合的な宗族を形成した。光裕会は、直系子孫が洪遠を祭る恭靖祠を中心とする組織であり、一つのグループとして、洪氏宗族の各活動に参加していた。これは、洪氏宗族組織の中に一つの分節組織であると考えられる。しかも王朝の工部尚書まで出世した洪遠は洪氏一族だけではなく徽州地域においても大きな存在であったため、恭靖祠を支える光裕会という分節組織は、洪氏宗族の中で重要な位置を占めていたと推測できよう。

財務収支記録から見れば、光裕会は経済色が強い組織である。最初の十八条の「義規」に祠内の喧嘩を除いて、主要な部分はメンバーの費用納付、融資利息、帳簿の作成と記録、責任者の交替と手続きおよびルール違反の罰金である。会内の運営は責任の分担と輪番、「衆議」、重要な決定、特に支出に関して多数の同意と規定の登録手続きを通じて行なわれていた。会の経営には、平等や股分の特徴は非常に鮮明である。即ち光裕会は洪遠の孫「廷」世帯の十家を十単位（股）とし、運営したのである。順治二年の記載に洪秉原は「細査光裕会簿根源、自嘉靖三十六年丁巳初立光裕会之始、直至万暦八年庚辰、制度画一。新例廷字輩兄弟十家均領、毎家登簿現在家長名字：（応）奎、辰、物、亨、陽、台、璋、輔、釆、祖十人。廷諮翁万暦十七年客始帰家、換除台名也。毎人分領本銀十両、至今伝流換名、而各家領本十両延至順治二年倶未有肯付出者。帳内九人何誤写允章名字、寔該写允荘、缺一人寔該補写允徽也。改正明白、庶不失廷字輩十家始終之意」と述べたように孫世帯の十家からなる光裕会は、清代にかけて会の十本の柱として機能してきた。こうした会社的な運営と存続の形式は、徽州地域における宗族活動の中に個別的現象ではなかった。

社会的資源の再生産と消費

光裕会の規則と会内の収支記録を分析すると、恭靖祠内の共有資産の形成は、洪遠の直系子孫が百年の間、連続的「貢献」を行なった結果であり、定例の会酒（支出が少ない）を除いて、明清時期、徽州地域における遍在の銭会組織のメンバーが直接な報酬と配当をもらうことは、光裕会に一切なかった[11]。恭靖祠と光裕会の存続は、洪遠の子孫たちの連続的な投資行動を通じて実現したのである。しかしこうした投資行為は、何のためであったのか。

もちろん祖先信仰という動機が否定できない。事実上、光裕会は、洪遠の孫により発案し、曾孫たちを中心として構成したのである。そこに洪遠の子孫という出自・アデンティティ・誇りが重要であると言うまでない。

ところが、社会流動化が進んでいる明代中期以来、多くの徽州の人は商業化の流れに乗って王朝の全土、ないし外国に商業活動を展開していった。しかし明代中期から顕著化してきた商業化と都市化は、中国社会において、人々の空間移動や経済業務などが自由に展開できる社会体制の形成を意味するわけではない。人々の市鎮における商業活動と空間移動は基本的に伝統の戸籍制度、治安管理体制の下に行われていた。したがって空間移動、外地における長期的駐在、定住、特に商業を営む人々にとって、日常的業務と社会生活の中に「外地」・「外人」という特徴が目立っていた。これによって現地社会に溶け込もうとする努力は、常に戸籍という壁、方言・習俗という壁と相殺する。現地社会に溶け込み、商業活動を円滑的に行ない様々な有形・無形の制限と困難を克服するために徽州商人は、現地に慈善事業の実施、同郷集団結合の強化、現地戸籍の取得など、即ち現地社会の認めをもらうために商業利益の一部を現地に還元し、戸籍の変更という制度的な保障の獲得、従業先における同郷という力組織を強めることを行なった。[12] しかし当時の社会において、王朝の行政機関のほか、広域的に通用できるものは、主に血縁、地縁という資源、および科挙関連の資格・官職（現職・原職およびその象徴化された部分を含む）という文化的資源がある。明清時代において、人々は秩序の変動と社会経済の変化に対応する際に結盟・交遊関係を含むパーソナル関係の形成、銭会などの経済組織の結び、および宗族組織の形成とその拡大、同郷組織の結成と会館の建設などが広く行なわれていた。[13] 早い時期からこのような形式を通じて、社会上昇の資源および社会支援体制を作った地域、例えば、長江デルタ地域、徽州地域には、経済、政治、文化の成功者は多く見られる。その中で文化と政治的成功者は、非常に重要な社会的資源である。彼らは、無形資本として、地域、宗族およびその子孫に利用され、出自の由緒や誇りとして、社会交際と政治経済活動における信用の形成に役に立った。科挙資格と官職が最も社会に重視される時代に科挙資格・官職が高ければ高いほど社会的信用度が高く通用的資源になりやすい。

洪氏が洪寛を選ばず洪遠を中心とする光裕会をつくることは、こういう考慮に基づいたと推測できる。実際洪遠の子孫が百年間光裕会を維持することは、現在、そしてその後代の現実的利益を視野に入れる一種の投資行為、或いは消費行為であると思われる。科挙試験を通じて、地方官から政治権力の中心まで至った洪遠のような人間はその時代の価値観とイデオロギーの中で最も成功した人間として非常に重要な存在であった。地方社会において、洪遠のような人間は、象徴的意味を持つ存在であった。社会競争と流動化が激しくなったその時代、一族にとって「恭靖」という朝廷の贈り名は、巨大な遺産であり、利用できる社会的資源である。これをもって、多くの社会経済の機会の獲得、信用の確保および大きな社会ネットワークの形成に対して非常に有利な要素であった。

洪遠の子孫は、光裕会という組織の力で祠堂、牌坊、郷賢祠、名宦伝記などの記号システム、および定例祭祀を通じて洪遠という社会文化資源を維持し、再生産し続けた。商業化と社会流動が進んでいる明清時代において、それぞれの社会集団は各々の象徴的な看板を立て、洪遠のような優れた看板がない集団には立派な看板を偽造することさえもあった(14)。これは、もちろん徽州一地域の現象ではないだろうと思われる。

五、終わりに

明清時代の宗族の動向、形成と拡大の社会背景、地域特性、具体的要因、組織の構造と機能、運営形態は、実際様々である。我々は、明清時代の宗族組織を考察する際に、長期的、地域的な共通性を強調すると同時に、時代による変化と地域性、即ち宗族組織の多様性に注目すべきである。

洪氏光裕会は、徽州地域における宗族組織の一つの形態であるが、恭靖祠を中心とする光裕会は、伝統中国宗族の宗、枝、堂、房の構造の一部分として、機能していた。光裕会の成立、特に財産の形成過程、経営、管理のあり方からみれば、組織の構造と運営方式は、徽州地域における「銭会」組織に似ているものの、「銭会」のメンバーに対する報酬や配当は殆どない。光裕会の存在と維持は、洪遠の子孫たちの長期、しかも連続的な投資（貢献）を通じて実現された。しかし洪遠の子孫の投資、或いは消費行為は、祖先崇拝と祭祀、即ち生きていくアデンティティの明確化という目的だけではなく、少なくとも、洪氏の人々が社会流動、商業化、競争が激しくなる社会変動にいかに対応していくのか、如何に自己を地域秩序における有利な位置に織り込むのか、また広域地域における競合の中で、社会信用、社会的資源を如何に創出するのか、というような側面に理由があった。光裕会の成立と維持は、洪氏子孫がアデンティティを含めて有名祖先という社会的資源を維持し、再生産し続けたと言える。これは、純粋な宗族理念だけではなく、社会的ニーズ、社会変動と同姓・血縁集団の内在的展開・躍動に応じて生まれたものであった。

注

（1）中国の宗族組織に関して、学界では膨大な研究成果がある。日本の場合、上田信『伝統中国――〈盆地〉〈宗族〉にみる明清時代』（講談社、一九九五年）、山田賢『移住民の秩序』（名古屋大学出版会、一九九五年）、井上徹『中国の宗族と国家の礼制』（研文出版、二〇〇〇年）などの諸氏の研究がある。

徽州地域に関して多彩な研究がある。葉顕恩『明清徽州農村社会与佃僕制』（安徽人民出版社、一九八三年）、宋漢理（Harriet T. Zurndorfer）「『新安大族志』与中国紳士階層的発展」（『中国社会経済史研究』一九八二年第二期、一九八三年第三期）、居蜜「一六〇〇年～一八〇〇年皖南的土地占有制与宗法制」（『中国社会経済史研究』一九八二年第二期）、陳柯雲「明清徽州宗族対郷村統治的加強」（『中国史研究』一九九五年第三期）、唐力行『明清以来徽州区域社会経済研究』（安徽大学出版社一九九九年）、臼井佐知子「徽州における家産分割」（『近代中国』第二五号、一九九五年）、「徽州文書からみた『承継』について」（『東洋史研究』第五五巻第三号、一九九六年）、鈴木博之「明代徽州府の族産と戸名」（『東洋学報』第七一巻第一・二号、一九九八年）、「清代徽州府の宗族と村落」（『史学雑誌』第一〇一編第四号、一九九二年）、中島楽章「明代徽州の一宗族をめぐる紛争と同族統合」（『社会経済史学』六二巻四号、一九九六年）諸氏の研究参照。

（2）道光『歙県志』巻八宦績・洪遠。

（3）『明実録・武宗実録』巻一七六‥正徳十四年七月乙卯（一五一九年八月十八日）南京工部尚書洪遠卒。遠、字克毅、徽之歙県人。成化戊戌（十四年、一四七八年）進士、授莆田知県、……歴昇副使、按察使、四川、陝西左右布政使、……昇右副都御史、巡撫雲南……改南京大理寺卿、昇南院右都御史……尋転南京工部尚書、再疏乞、不允。適江西逆藩変作、修城池、簡器械、冒暑得疾、遂卒。賜祭葬如例。遠性清謹、終始如一、雖貴如寒士、終其身房無侍姫、没之日、行李蕭然、搢紳重之。

（4）程敏政『篁墩文集』巻四五「前奉訓大夫鄭州知州洪公墓誌銘」：「公諱寛、字有約、姓洪氏、世居徽州歙県之永陽里、其先曰龍図閣学士贈少師中孚顕於宋、族大以蕃、人姓其地曰洪坑。公曾大父楚善、大父宗顕、父懐佺、母江氏。其徳善之詳並見公所編『洪氏世譜』。……公晩歳益端居不入城府、合曾祖而下十六支萃居一門、内外有規、歳序有燕、周卹有等。……成化丁未（一四八七年）十一月二十六日終於正寝、享年六十有二」とある。『国朝献徴録』巻五二、楊廷和「資政大夫南京工部尚書洪公遠墓誌銘」を参照。

（5）洪坑の「世科坊」に南京国子監典籍という官職を書いている。

（6）程尚寛『新安名族志』洪氏、洪氏「世科坊」。

（7）「会帳」に「将子孫名目婚娶已畢者開列於後：応奎、応皐、応夔、応辰、応物、応亨、応陽、応周、応台、応勲、応璋、応輔、応珉、応釆、応庚、応昂、応象、応瑞、応祖、応啓、応極、応鷹、応昇、応美、応祐、応旦、応随、允恭、允衡、允廉、允中、允蹈、允思、允賢、允徳」と記録している

（8）拙著『清代徽州地域社会史研究』（汲古書院、二〇〇三年二月）第一章を参照。

（9）程尚寛『新安名族志』洪氏、曹嗣軒『休寧名族志』巻三（下）洪。

（10）崇禎十七年の光裕会帳簿に「之泰畢姻已久、今因衆議、彼未請燭入会、故折出銀三銭……入会」とある。

（11）徽州地域の銭会組織に関して、前掲拙著第二章、拙稿「村落社会における『銭会』――清民国期の徽州地域を中心として――」（『明代史研究会創立三十五周年記念論文集』）汲古書院、二〇〇三年七月を参照。

（12）関連の研究は、臼井佐知子「徽州商人とそのネットワーク」（『中国－社会と文化』第六号、一九九一年）、「徽州汪氏の移動と商業活動」（『中国－社会と文化』第八号、一九九三年）、「中国における商業と商人」（『途上国の経済発展と社会変動：小島麗逸教授還暦記念』緑蔭書房、一九九七年）、張海鵬他『徽商研究』（安徽人民出版社、一九九五年）、王振忠『明清徽商与淮揚社会変遷』（生活・読書・新知三聯書店、一九九六年）、前掲拙著を参照。

（13）岸本美緒『明清交替と江南社会』（東京大学出版会、一九九九年）、前掲拙著第二章を参照。

（14）前掲拙著第二章を参照。

付記：本稿の資料収集と現地調査は、昭和シェル石油環境研究助成財団二〇〇三－二〇〇四年度研究助成金を受けて、一部の内容は、韓国中国史学会主催の「中国の宗族と生活」国際シンポジウム（二〇〇三年八月）および韓国『中国史研究』（二〇〇三年十二月）で発表した。ここに関係方に御礼申し上げます。

明代珠江デルタの宗族・族譜・戸籍
――宗族をめぐる言説と史実――

片山　剛

はじめに

筆者の研究の出発点は、珠江デルタにおいて里甲制（図甲制）が清末民国期まで存続した事実の発見、および里甲制と宗族結合との関連の追求であった。それ以来、当地域の多数の族譜を閲読してきた。そして、明初に里甲戸籍を取得したことを標榜する族譜が多いことに気づいた。一方、当地域の宗族には、その祖先が南宋末に広東省北部の南雄珠璣巷から移住してきたとする伝説（後述の珠璣巷伝説）をもつものが多い。しかし、宋元王朝から戸籍を取得したことを標榜する族譜が皆無に近いことにも気づいた。明初における里甲制の全国的施行は、同時に里甲制を基礎とする戸籍制度の全国的施行でもあった。そして、この里甲制的戸籍制度は、基本的には清代にも引き継がれていく。それがその役割を完全に終えるのは、少なくとも珠江デルタでは、一九五一年に開始された土地改革であったと思われる。本稿は、広州府香山県の一宗族の族譜をとりあげ、いま述べた珠江デルタの族譜に見える特徴――明初における里甲戸籍の取得の標榜――に焦点を合せ、その特徴がいかなる歴史的背景のもとで登場するのかを個別具体的に解明し、これを通じて明代珠江デルタの宗族結合や地域社会の形成要因とその構造とについて新たな照明を当てることをめざしている。そして今後、戸籍制度を含む明朝の諸制度と珠江デルタ社会との密接な関係を解明していく足がかりとしたい。

なお紙幅の都合で、明代珠江デルタの宗族や族譜に関する先行研究の成果を網羅的には紹介できないが、本稿の行論に関係する範囲で言及しておきたい。井上徹氏は、宋代以降、特に十六世紀以降の中国における宗族結合の目的を、珠江デルタのそれを含めて、科挙官僚を代々送り出していくことの一点に求める仮説を提示し、その実証作業を進めている［井上二〇〇〇］。この仮説は宗族結合のあり様やその形成要因を単一的に考える点で、それらを多様に考える研究者から批判を受けている［山田二〇〇二等］。本稿の目的のひとつは、井上説の妥当性を明代珠江デルタの実例に即して検証することにある。

近年、科大衛氏は明代以降の珠江デルタ社会の歴史、特に宗族の歴史を、明朝諸制度と儒教文化とが明代の当地域においてもった独自の価値に着目して考察している［科大衛一九九九等］。これは筆者にとって大きな刺激となっている。ただし、族譜が明初における戸籍取得を標榜する意味については論及していない。本稿は戸籍もまた価値ある財であったのではないかと考えて検討していく。

瀬川昌久氏は族譜に含まれる虚構性に着目し、その虚構性の側面から族譜や宗族結合のもつ意味を人類学的に解明している［瀬川一九九六］。本稿はこれに刺激を受け、族譜に含まれる虚構性の意味を地域に即して歴史学的に解明しようとするものである。陳忠烈氏も、実地調査において見出した完整品から破綻を含む粗悪品に至る種々の族譜を分析し、開発が比較的遅い地域において、「小姓」「雑姓」等の異姓間で形成される「虚擬的」宗族結合等、宗族結合の多様性を窺わせる興味深い事例を紹介している［陳忠烈一九九九］。

本稿が検討対象地域とする香山県について、蔡志祥氏が、本県をとりまく大きな歴史変動と関連させて宗族結合のあり方の変化とその柔軟性を指摘している［蔡志祥一九九四］。ただし実証に割く紙幅がないためか、説得力に欠ける憾みがある。西川喜久子氏は、本稿が直接の対象とする香山県恭常都(1)を含めて、香山県の社会・経済と宗族の歴史に関する網羅的考察を行なっており［西川二〇〇〇］、県内における社会・経済や宗族結合の規模の地域的相違を知るうえで裨益を受けた。

一　香山県徐氏の履歴と宗譜の改編

1　履歴・系統と宗譜

本稿が主な検討対象とする宗族は香山県の徐氏であり、使用する主要史料は、清・徐潤『広東香山徐氏宗譜』（光緒十年石印本。北京、中国科学院図書館蔵。以下、本宗譜と呼ぶ）である。本宗譜については次段で解説することにして、本段では徐氏の歴史を、本稿に登場する人物や系統を中心に、本宗譜の設定に沿って概述する[2]（図表1参照）。ただし、その理由は後述するが、各人物がどの時代の者であるかについては曖昧なまま記す。香山徐氏の始祖＝第一世は延祚におかれている。徐氏は代々河南の開封府陳留県に居住し、延祚も陳留県に生まれ育った。延祚の時代に「世乱」を迎えると、彼自身は陳留県に残ったが、長子広達と次子広徳の兄弟は移住するべく陳留県を離れた。広達の方は香山県恭常都の前山に到り定着していく。数年後、広徳も前山に到り、広達と偶然に再会して前山に定着していく。すなわち香山県への始遷祖は広達・広徳であるが、明嘉靖年間の七世達可による最初の族譜編纂時に、蘇洵の族譜編纂方法に倣い、始遷祖の父延祚が始祖とされたので、広達・広徳は第二世となった。その後、広達の長子観佐と広徳の子孫とは前山に留まったが、広達の次子観成は前山から十里足らずの北嶺に移住した[3]。なお西川喜久子氏は、北嶺観成系の歴史の概略を紹介し、明清時代を通じて観成系には挙人以上の科挙合格者が一名も出ていないこと、塩業から身を起こしたこと等から、観成系は恭常都における中層から下層の宗族と推測している［西川二〇〇〇、頁七七］[4]。

本宗譜には、「前山徐氏宗譜」（前山叙倫堂石印）と「北嶺徐氏宗譜」（北嶺肇修堂石印）とが収められており、各々に

図表1　香山徐氏系図

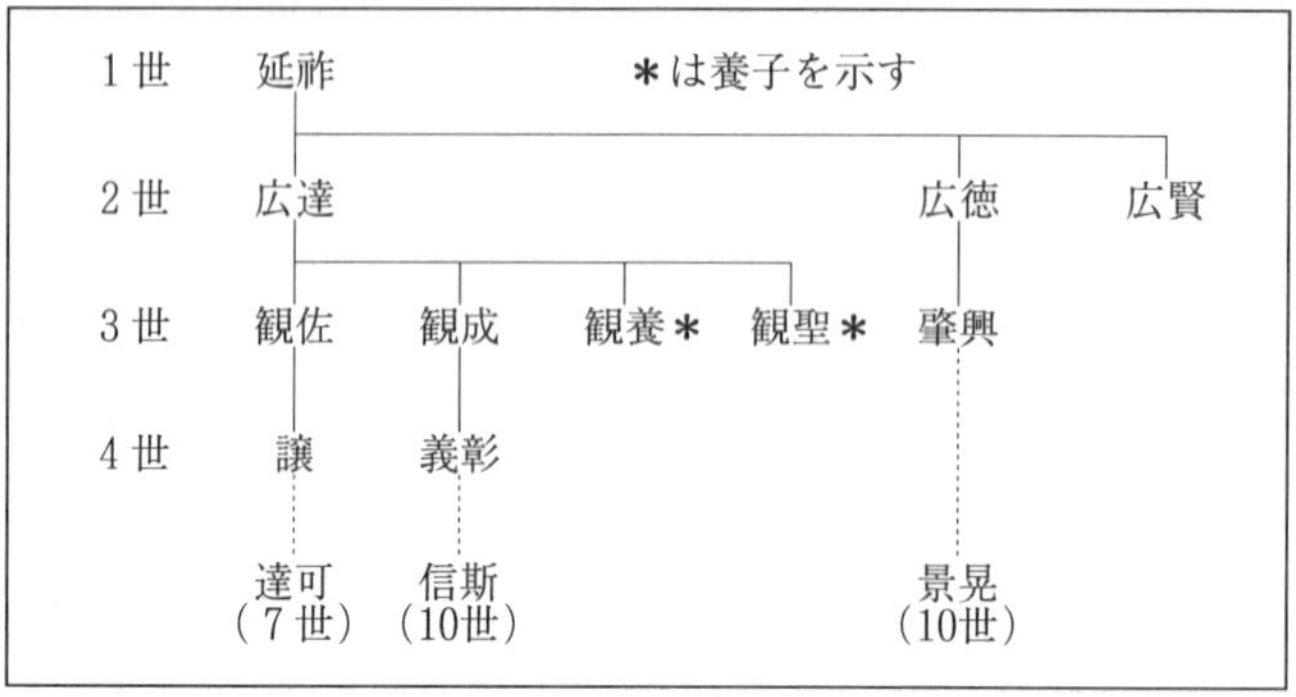

図表2　徐氏宗譜中の諸資料の作成時期

資料	作成時期	執筆者	資料名	所在
A 1	嘉靖45年(1566)	廖鶴年(族外)	始祖延祚公伝	A/巻1家伝25a
A 2	隆慶6年(1572)	朱孔譲(族外)	観佐公伝	A/巻1家伝27a
A 3	【嘉靖・隆慶ごろ】	【7世孫達可】	世紀録	A/巻3世紀録1b-2a
B 1	崇禎2年(1629)	張思賢(族外)	義彰公伝	B/巻7先徳録30a-b
A 4	崇禎3年(1630)	郭汝楫(族外)	広達・広徳二公合伝	A/巻1家伝26a-b
A 5	康熙32年(1693)	10-11世孫6名	大宗祠記	A/巻1祠位54a
A 6	康熙48年(1709)	10世孫景晃	増修前山徐氏宗譜原序	A/巻首6a-7b
B 2	康熙59年(1720)	11世孫12名	大宗祠記	B/巻11祠祭志1a-b
B 3	乾隆2年(1737)	杭世駿(族外)	徐處士墓誌銘	B/巻7先徳録44a-b

Aは観佐系・広徳系族譜、Bは観成系族譜を示す。【 】内は片山による推定を示す。

巻一が存在する。つまり本宗譜は、それぞれ別個に編纂された族譜が合刻されたものである。このうち、前山の方は広達の長子観佐系と広徳系の二系統に関する族譜であり、北嶺の方は広達の次子観成系の族譜である。[5] 観佐系族譜の編纂は、明嘉靖年間に観佐系七世の達可によって始まり、観成系族譜の編纂は、崇禎元年（一六二八）に観成系十世の信斯によって始まったとされている（**図表2**のB3）。広徳系族譜の編纂は遅く、康熙四十八年（一七〇九）に広徳系十世の景晃が行なっている（**図表2**のA6）。

本宗譜所収の資料のうち、徐氏一族の戸籍に言及しているものを、資料中に明記されている執筆年次にもとづいて年代順に整理したものが**図表2**である（以下、各資料をA1等で示す）。なお、

Ａ３は作成時期が明記されていないが、後述するように、Ａ１・Ａ２と同じく嘉靖・隆慶年間に編纂されたものと推定される。そして、これら資料を検討していくと、資料間にいくつかの矛盾が存在することが判明する。ただし本稿では、あらゆる矛盾をとりあげる余裕はないので、徐氏一族が明朝の戸籍を取得し、保有していく問題に焦点を合せて考察する。

2　明嘉靖・隆慶年間（設定１）

作成時期が最も早い資料は、嘉靖四十五年（一五六六）のＡ１「始祖延祚公伝」であり、次は隆慶六年（一五七二）のＡ２「観佐公伝」である。どちらも観佐系七世達可の依頼によって族外の人物が執筆したことが資料中に明記されている。[6] 以下、Ａ１から順次検討していくが、行論の便宜のために、次の一―３で指摘する点を予め提示し、照明を当てるべき問題を明らかにしておく。一―３で指摘する点とは、崇禎三年（一六三〇）作成のＡ４「広達・広徳二公合伝」が、広達・広徳兄弟は元末に陳留県を離れて移住し、広達は洪武二十四年（一三九一）に生存し、広徳は永楽元年（一四〇三）に生存していたと設定していることである。照明を当てるべき問題とは、嘉靖・隆慶期の資料の設定と右のＡ４の設定とを比較対照することである。また明清珠江デルタの族譜には、宗族の履歴を有名な珠璣巷伝説（明清珠江デルタの主要な民系である広府人の祖先に関する移住伝説。以下、「伝説」と略す）の設定に合致させて叙述する傾向が見られる。そこで同時に、本宗譜中の資料が「伝説」の設定内容とどの程度符合しているかについても検討する。「伝説」の設定内容の要点を整理すれば、次のようになる［片山二〇〇四、頁五～七］。①広府人の祖先の析出元は中原であり、南雄珠璣巷を経由して珠江デルタへ移住した、②南雄珠璣巷から珠江デルタへの移住時期を南宋末とする、③珠江デルタに到着した後、明朝の里甲制に参入して里甲戸籍を取得し、徭役・税糧を正規に負担していく、④珠江デルタの移住先には「土民」（後段、二―３参照）が存在しており、広府人の祖先は到着から里甲戸籍の取得まで「土民」の社会的保護を受け、その王朝との関係も「土民」を媒介とする間接的なものであった[7]。

Ａ１「始祖延祚公伝」では、始祖の延祚は河南開封府の陳留県に生まれ、生前に宋末（「宋季」）を迎えたと設定されている。ここにいう宋末とは、南宋末を指す[8]。そして延祚自身は陳留県に残ったが、その子の広達・広徳の二人は「世乱」に逢って陳留県を離れ、前後して広東省に到り定着したとされている。ここにいう「世乱」は元初の乱を指す[9]。つまりＡ１は、第一に、徐氏の祖先の析出元は中原の河南開封府であり、第二に、始祖延祚は生前に南宋末を迎えたと設定している。第三に、始遷祖の広達・広徳二人の河南から広東への移住時期の設定は元初（もしくは元中期）と推測される。なお「伝説」と対比すると、Ａ１には南雄珠璣巷が登場せず、また香山県での明朝戸籍の取得も登場していない。

Ａ２「観佐公伝」には、三世観佐がどの時代の人物なのかが明記されていない。そこで、当面の問題に関係する範囲で整理すると、第一に、観佐は前山における父広達の「初創之業」を継承した、第二に、観佐の享年は六十歳で、第三に、観佐の弟観成は、父広達の「初創之業」を継承せずに前山から北嶺に移住したが、移住後も観佐と観成の交流は継続していた、となる。ここで第一点から、第四に、広達の没年は観佐の没年よりも早いと設定されていることが導かれる。

Ａ３「世紀録」にはその作成時期が明記されていない。そこでＡ３の内容はＡ１・Ａ２と符合するのか、それともＡ４と符合するのかを検討しよう。Ａ３の内容は以下である。

二世広達：延祚の長子。「仕元為郎官」。生没年は不明。
二世広徳：延祚の次子。「仕元為塩官」。生没年は不明。
三世観佐：広達の長子。「仕明」。生没年は元泰定元年～明洪武十六年。享年六十歳。
四世譲：観佐の長子。生没年は元至正十八年～明永楽十年。享年五十五歳。

右の内容を整理すると次のようになる。四世譲の生年を元至正十八年（一三五八）、没年を明永楽十年（一四一二）としているから、譲は明洪武二十四年（一三九一）に数え年三十四歳で生存していたことになる。三世観佐については、生年を元泰定元年（一三二四）、没年を明洪武十六年（一三八三）とし、享年を六十歳とするから、洪武二十四年には死亡していたことになる。観佐について「明に仕えた」と記すのは、生まれたのは元代だが、明代まで生きたからであろう。二世広達については、その生没年を不明とするが、「元に仕えて郎官となった」と記す。観佐のように「明に仕えた」と記さないのは、広達が元代に死亡していることを示唆する。これは、広達の場合と同じく、広徳が元代に死亡していることを示唆する。観佐が洪武十六年に六十歳で死亡している点を考慮するなら、その父広達は洪武二十四年にはすでに死亡しており、広徳もまた永楽元年にはすでに死亡している蓋然性が大きいであろう。

以上から、A3の設定内容はA4と矛盾すると判断できる。一方、A1・A2と対比すると、第一に、観佐の享年を六十歳とする点は、A2の「観佐の享年は六十歳」と符合する。第二に、広達が元代に死亡し、観佐が明代まで生存したとする点は、A2から抽出した「広達の没年は観佐の没年よりも早い」と符合する。またA1から、広達・広徳二人の陳留県から広東への移住時期が元初と設定されていることを導出した。元初に生存していた人物が明代まで生存するのは困難であるから、第三に、A3から広達・広徳が元代に死亡したと推測できる点は、A1における移住時期の設定と符合する。(11) 以上、A3の設定内容はA1・A2と符合するといえよう。これは、A3がA1・A2と同じく、嘉靖・隆慶年間に七世達可によって編纂されたことを示唆する。そしてA1〜A3の設定内容（以下、設定1と呼ぶ）を整理すると、広達・広徳は元初に生まれて移住し、元代に死亡したとなる。これは崇禎三年作成のA4の設定と大きく食い違う。

3　明崇禎年間（設定2の登場）

さてA1「始祖延祚公伝」には、その子の広達・広徳が登場する。またA2「観佐公伝」にも、その父広達が登場する。そして、広達（および広徳）が前山への始遷祖であることを考慮するなら、A1・A2の執筆が依頼される嘉靖・隆慶年間に、特にA2の執筆が依頼される前に、広達（および広徳）の伝の執筆が依頼されたとしても不思議はない。だが奇妙なことに、本宗譜所収のA4「広達・広徳二公合伝」は、A1・A2から約六十年後の崇禎三年（一六三〇）に執筆されたものである。しかも前述のように、A4の設定内容はA1～A3のそれとかなり異なる。したがって、広達（および広徳）の伝は嘉靖・隆慶年間に一度作成されたが、崇禎三年に至ってその内容を改変する（洪武二十四年に広達が生存等）必要が生じたため、新たにA4が作成されたのではないか、と推測される。そこでこの推測を検証するべく、まずA4の設定内容を確認しよう。A4の要旨を和訳すると次のようになる。

広達・広徳は元末（「元季」）の乱に遭って河南を離れたが、途中で離れ離れになった。広達の方は、河南から、南雄、番禺県、香山県の雍陌長埔、香山県の前山寨、以上の順に移り住んだ。そして前山に移ったのち、朱友仁なる者から竈田二頃九十四畝を購入し、洪武二十四年に籍を香山県に入れる時に、第一甲竈籍に編入された。その後、弟の広徳は偶然に前山に到り[12]、前山に留まるべく、永楽元年に籍を香山県に入れた。

以上を整理すると、第一に、広達・広徳の二人が陳留県を離れた時期は元末である。第二に、広達は前山に移住後、竈田二百九十四畝を購入した。第三に、洪武二十四年（一三九一）に、広達は香山県に戸籍を入れるが、その際、竈田所有にもとづいて「第一甲竈籍」に編入された[13]。第四に、広徳も永楽元年（一四〇三）に香山県の戸籍に入る（以下、設定2と呼ぶ）、となる。このうち、広達・広徳が元末に陳留県を離れ、広達が洪武二十四年に生存し、広徳も永楽元年に生存していたとの設定は、前述のように、A1～A3の設定1と異なるものである。そして、広達が竈田を購入し、これにもとづいて香山県で明朝の戸籍を取得し、続いて広徳も明朝の戸籍を取得するという設定は、設定1に登場しない、その意味で新たな設定である。なお、広達が取得した戸籍についてA4から判明するのは、籍別が竈籍、所属が「第一甲」だけであり、所属の詳細や戸名は不明である。また広徳が取得した戸籍については、香山県の戸籍である以外は不明である。

つぎに、A4が崇禎三年に作成された背景を考察する必要がある。ただし、その答えは順を追って考えよう。ここでは設定2の特徴を浮き彫りにするべく、設定2を「伝説」および設定1と対比しよう。

第一に、祖先（広達・広徳）の析出元は、設定1も設定2も河南開封府陳留県で同じである。そしてこれは、「伝説」が広府人の祖先の析出元として中原を示唆していることと符合している。第二に、設定1には移住経由地として南雄が出てこないが、設定2には南雄が登場している。つまり、設定2の方が「伝説」により近づいている。第三に、設定1は、広達の珠江デルタ（この場合、香山県）への移住時期を明示していないが、注9と注11で述べたように、移住時期は元初に設定されていると推測される。一方、設定2は広達の珠江デルタ（この場合、番禺県と香山県）への移住時期を元末に設定している。すなわち、珠江デルタへの移住時期に関しては、設定1が「伝説」の設定に近い元初を採用していたにもかかわらず、設定2は「伝説」の設定から遠くなる元末にわざわざ変更しているのである。これは留意すべき点である。第四に、設定1には、明初における明朝戸籍の取得に関する言及がない。これに関する言及は設定2で初めて登場する。つまり第二点と同様に、設定2の方が「伝説」により接近している。そして、設定2に至って、「伝説」が備える諸要素がすべて出揃うのである（注7参照）。

以上の整理から、珠江デルタへの移住時期を除いて、設定2の方が設定1に比べて、「伝説」に含まれる諸要素をより完備していることがわかる。ただし、珠江デルタへの移住時期を、設定2が「伝説」の設定から遠くなる元末に変更しているのは不思議に思われる。しかし、この設定変更が、設定2で初めて登場する明初における明朝戸籍の取得という設定と密接に連動していることは容易に推測できよう。すなわち、広達・広徳が明初に香山県で戸籍を取得するという設定を新たに登場させるには、二人の香山県への移住時期を元末に変える必要があるからである(14)。

4　明崇禎年間～清康煕年間（設定2の整備）

本宗譜所収の資料のうち、香山県での戸籍取得に言及する最も早期のものは、実は観佐系のA4ではなく、その一年前の崇禎二年に作成された観成系のB1「義彰公伝」である。B1の冒頭に、

公、諱は某、字は義彰、香山徐氏の第四世祖にして、実に北嶺に始遷せし観成公の次子たり。吾が族、籍を香山に占めてより以来、広達・広徳・観佐・肇興の諸公の経営・締造せし所は、みな前山に在り。将に百年に近からんとすれば、樹の基は已に固まれり。北嶺なれば則ち観成公独創の業なり。

とある。B1における戸籍関連の記述は右の引用で尽きており、A4のような具体的記述はない。文脈からすれば、最初の戸籍取得者を広達とし、それによって観成系の戸籍取得を暗示しているとも読み取れる。だが明示的ではない。そして、そもそも広達がどの時代の人物であるかが明記されていないから、広達が取得した戸籍が明朝のものであるという確証もない(15)。

つぎに、A4以降の資料を見よう。康煕三十二年（一六九三）作成のA5「大宗祠記」は、広徳の戸籍取得を語る。言及される事項は網羅的ではないが、A4に矛盾する内容はないから、A4を前提にしたものといえよう。そこに、「遂に兄の受くる所の徐建祥戸の名を以て、亦た〔官に〕請いて香山県人と為り、業を前山に立てたり」とある。すなわち、設定2を補足する内容として、広達が取得した戸の名が「徐建祥」であること、広徳は徐建祥戸の一員として「香山県人」（徐建祥戸の一員であるから、籍別は竈籍）となり、前山で農地（竈籍であるから竈田）を所有した、と設定されている。ここで、広徳が広達の開設した徐建祥戸の一員として竈籍を取得していることに注目したい。これは、

広徳の竈籍取得が、広達の竈籍保有に依拠して実現したことを意味する。またこれは、戸籍の取得方法について、兄の戸籍保有にもとづいて、弟が兄の戸にその一員として入り、同一の籍別を取得できる（そして、その後に析戸して独立した戸を立てうる）と考えられていることを示唆する（注18参照）。

康熙四十八年（一七〇九）のA6「増修前山徐氏宗譜原序」も、A4を前提にしたものである。広達および広徳の所属を「二場第一甲竈戸」としており、「二場」が新出の内容である（「二場」は、次のB2にも登場する）。またA6は、A2と同様に、「前山の〔広達の〕遺業」を継承した者を長子の観佐とする。「遺業」を継承したのであるから、徐建祥戸も観佐が継承したと推測できよう。

康熙五十九年（一七二〇）のB2「大宗祠記」は、主に観成系の四世義彰（三世観成の次子）について述べるが、注意すべき記述として次がある。

広達公、籍を香山に占むるに、官は戸を注するに名づけて「徐建祥」と曰い、復た編みて第二場第一甲十排柵長と為して、竈戸を以てその家に世々せしめり。ゆえに観成公は北嶺に分居すと雖も、籍は改めざれば、旧版にこれ有りて、「竈戸徐法義戸」と曰う。「法」とは公の兄法聖公、「義」とは即ち公なり。

まず広達が得た戸籍について整理しよう。戸名の「徐建祥」はA5に登場している。その所属は「第二場第一甲十排柵長」とある。このうち「第二場第一甲」はA6に登場しているが、「十排柵長」は新出の内容である。「十排柵長」とは、二―2・3で述べるように、塩場を対象とする里甲制における「竈排」（民戸を対象とする里甲制の里長戸に相当）を指す。民戸を対象とする里甲制と同じく、塩場の里甲制は竈戸を編成したもので、基本的には各里（里を図とも呼ぶ）が十甲から成り、各甲が一戸の竈排と十戸の竈甲（里甲制の甲首戸に相当）から成る[16]。つまりB2は、広達の徐建祥戸が、香山県の塩場における第二場第一甲の竈排になったとする。

つぎに観成が得た戸籍について整理しよう。観成は父広達の「遺業」を継承していない（A2・A6）。しかし官が広達の子孫に竈戸を世襲するように命じたので、北嶺に移った次子観成も竈戸を取得したとする。すなわち、これは父―次子の関係による取得の事例である。その戸名は「徐法義」で、観成の長子法聖の一字と、次子義彰の一字とに由来するという。ただし徐法義戸の所属・地位については明記がない。

以上、A5・A6・B2は、崇禎三年のA4の設定を骨格として、それを補足ないし追加するものである。[17] 崇禎から康熙にかけて次第に整備されてきた設定2を、徐氏一族内の戸籍取得（および継承）の順に整理すると、第一に、竈田購入によって、広達が洪武二十四年に前山で徐建祥戸（第二場第一甲の竈排）を取得し、前山に残った長子観佐が竈田や徐建祥戸を継承し、第二に、広徳が兄広達の徐建祥戸の一員となる形で、永楽元年に前山で竈籍を取得し、第三に、広達の次子観成が、北嶺に移住する（年次は不明）が、官の命令で父と同じ竈籍を取得して徐法義戸を立てる、となる。つまり、広達が洪武二十四年に前山で最初に竈籍を取得したことを始点として、前山の観佐系が広達の徐建祥戸を継承するだけでなく、前山の広徳系や北嶺の観成系も別の竈戸を取得していくのである。[18] すなわち、〝洪武二十四年に広達が初めて竈籍を取得したこと〟、これが設定2の骨格となる部分である。そして、その骨格部分が初めて登場するのが崇禎三年のA4であった。そこで解明すべき問題は、第一に、設定1に代わって、A4が登場する背景や理由はなにか、第二に、A4は徐氏一族内の三系統のいずれにとっても必要であったのか、それとも特定の系統のみに必要であったのか、となる。これらについて、節を改めて考察しよう。

二　明初における戸籍取得という言説をめぐって

1　徐氏一族内の最初の竈籍取得者

設定2の骨格のうち、徐氏一族のなかで「最初に竈籍を取得した者は広達」の部分を設定2aと呼び、徐氏一族が「最初に竈籍を取得した時点は洪武二十四年」の部分を設定2bと呼ぶことにする。以下ではまず、設定2aを必要とした系統は三系統のうちのいずれであったかを検討する。

観佐系の場合、設定1（具体的にはA3）によれば、洪武二十四年に生存していたのは四世譲である。そこで、洪武二十四年における最初の竈籍取得者を四世譲と仮定した場合、[19]それによる不都合が観佐系に存在するであろうか。観佐の子は長子譲のみであり、譲に弟はいないようである。[20]譲を最初の取得者とした場合、その長子が譲の戸籍を継承するだけでなく、B2に見える「竈戸を世襲せよ」との官の命令によって、その次子以下も別の竈戸を取得できる。また仮に譲に弟がいたとしても、A5に広徳を事例とする兄弟関係にもとづく竈籍取得の論理が登場するから、譲が竈籍を取得すれば、譲の弟が竈籍を取得し、それを弟の子孫が継承していくとの設定は可能である。すなわち、観佐系にとって設定2aは必要でなく、最初の取得者をA3に合致させて四世譲としても不都合はないと考えられる。

つぎに広徳系について検討しよう。仮に最初の取得者が広達ではなく、広達の直系子孫、例えば三世観佐であった場合、観佐とその同世代の広徳系三世との関係は、祖父延祚を同一とする堂兄弟（いとこ）になる。この関係に依拠して戸籍を取得したと設定するのは無理があると思われる（注18参照）。つまり、崇禎年間に広徳系の子孫が、広達系の竈籍取得に依拠して自己の系統の竈籍取得を正当化しようとする場合、観佐や譲のような堂兄弟以上の疎遠な関係を通じた取得では設定が困難になるが、広達と広徳という兄弟関係を通じた取得であれば設定が可能であったと思われる。すなわち、広徳系子孫にとっては、設定2aが必要であったといえよう。

最後に北嶺の観成系について検討しよう。仮に最初の取得者が観佐であった場合、兄観佐の竈籍取得に依拠して、観成が竈籍を取得することは、兄弟関係にもとづいて正当化が可能である。それではA3に合致させ、洪武二十四年における広達－観佐系の生存者が譲であり、譲が最初の竈籍取得者であると仮定するとどうであろうか。この場合、譲とその同世代の北嶺系四世との関係は、祖父広達を同一とする堂兄弟になる。この関係に依拠して戸籍を取得したと設定するのは無理があると思われる。つまり観成系の場合、最初の取得者が広達もしくは観佐であれば、自己の系統の竈籍取得を正当化できるが、譲の場合には正当化が困難になるのである。

以上から、設定2aの必要性が最も高いのは広徳系であること、ただし北嶺の観成系も、広達もしくは観佐を最初の竈籍取得者として設定する必要があること、そしてA4を作成した観佐系そのものには必要がなかったことが判明する。したがって設定2aは、広徳系のために、あるいは広徳系と観成系の双方のために採用されたと推測される。ところで、設定2aを対象に検討するかぎり、総体としての設定2が崇禎年間に登場する理由は特に見当たらない。そこで、設定2が崇禎年間に登場する理由は、設定2bを検討するなかで考えることにしたい。

2　洪武二十四年の竈籍取得

設定2bを検討するに当たり、徐氏と同じく明代の香山県恭常都で竈籍に属していたとされる他の宗族も視野に入れて検討する。まず関連する史料を一件紹介しよう。

C1光緒三十四年（一九〇八）刊『香山翠微韋氏族譜』（全十二巻、広州、中山図書館蔵）巻十、雑録「十排考」[21]。

（前略）明の洪武初、下恭常地方に塩場を設立せり。竈排二十戸、竈甲数十戸は、分けて上下二柵と為し、名づけて香山場と曰う。（中略）〔竈排の〕二十戸とは、上柵の一甲は郭振開、……（以下、第十甲まで竈排名を列挙）、下柵の一甲は徐法義、……（以下、第十甲まで竈排名を列挙）。各戸はみな恭都諸郷の立籍祖なり。上下柵を合せ、統《す》べて十排と名づけ、相い呼びて排親と曰う。（後略）

この史料は西川喜久子氏がすでに考察している（注21参照）が、本稿では、これを言説と史実の問題として分析する。C1の正確な作成時期は不明だが、康熙四十四年以降であることは確実である[22]。C1によれば、「洪武初」に下恭常地方（恭常都南部）に設置された塩場（香山場）は、竈排二十戸と竈甲数十戸とから成り、これを上下二柵に分け[23]ていたこと、竈排の二十戸は、上柵十戸と下柵十戸とに分かれていたが、合せて「十排」と呼ばれていたこと、下柵一甲の竈排として「徐法義」の名が登場すること等がわかる。なお「立籍祖」については、西川氏が翠微韋氏の事例を紹介している［西川二〇〇〇、頁七五］。すなわち、韋氏の六世慕皋は里正公と呼ばれており、それは洪武四年に竈籍を初めて立てた（「里正」という名称から、その地位は竈排であろう――引用者）ことに由来すると[24]。この事例を敷衍してC1を解釈するなら、列挙された竈排二十戸は、いずれも「洪武初」に立てられた竈戸であり、その戸名は立戸した祖先の名に由来する、となる。

以上の諸点を設定2と対比しよう。第一に、B2は、広達開設の徐建祥戸の所属・地位を「第二場第一甲十排柵長」とする。このうち「第二場」はC1の「下柵」を指し、「十排柵長」はC1における「十排」を構成する各甲の「竈排」を指すと考えられる。つまり、B2で徐建祥戸が所属したとされる「第二場第一甲十排柵長」とは、C1にいう「下柵第一甲」の「竈排」を指すと判断できる。第二に、竈排二十戸と竈甲数十戸から成る上下柵を、C1は「洪武初」に設立されたとする。これは、設定2の洪武二十四年における広達の竈籍取得とは、年次の点で若干食い違うが、明初の洪武年間という点では符合する。第三に、B2とC1とで矛盾する箇所として、次の点がある。

それは、広達−観佐系の徐建祥戸の地位と観成系の徐法義戸の地位にかかわる点である。すなわち、C1は徐法義戸が下柵第一甲の竈排を占めていたとするが、B2は少なくとも洪武二十四年時点の下柵第一甲の竈排は徐建祥戸が占めていたとする。この矛盾を観成系の経済的上昇から解読しよう。B2は、観成系の四世義彰が「明中葉」に「塩艘」を利用した海上交易で富裕になったこと、上下柵の香山場における城隍廟の創建（年次は不明）に際して、醵金を首唱して貢献したこと等を記す。これは観成系の経済的上昇と、これに伴う観成系の上下柵における地位上昇とを示唆する[25]。この点を考慮して、B2の設定とC1のそれとを整合させるならば、洪武二十四年に下柵第一甲の竈排を占めたのは徐建祥戸であり、徐法義戸は、その立戸当初は下柵第一甲の竈甲であったが、しかし「明中葉」以後のある時点で、観成系の経済的上昇に伴い、徐建祥戸に代わって徐法義戸が竈排を占めるようになり、徐建祥戸は竈甲に転落した、という想定が考えられる（史実に即した推測については、二―3参照）。なお広徳系の竈戸は、永楽元年に下柵第一甲の竈甲となり、以後その状態が続いたという想定と思われる。

西川氏によれば、「十排」を占める宗族のうち、翠微韋氏は、前述のごとく、徐氏と同じく洪武年間からの竈籍保有を主張し（注24参照）、翠微韋氏と南屏容氏はその族譜に「十排考」を掲載している［西川二〇〇〇、頁七七］。したがって徐氏のみならず、「十排」を占める宗族の間で、洪武年間における竈籍取得を主張する言説が共有されていることがわかる。それでは、この言説はいつから存在するであろうか。ここまでの資料のうち、最も早期のものはA4（崇禎三年＝一六三〇）である。しかし、A4より十五年前の万暦四十三年（一六一五）に立石された次の碑文がある。碑文の主たる内容は、万暦四十二～四十四年に香山知県であった但啓元が、上下二柵を対象に行なった改革の治績を讃えたものである。[26] そして、上下二柵の由来について述べた部分がC2である。

C2道光『香山県志』巻五、金石「但侯徳政碑記」（四十四葉裏～四十五葉裏）。

（前略）国初、塩場を設立するに、竈排二十戸、竈甲数十戸は、分けて上下二柵と為し、詳《こうへい》に塥を築き、塩を煮《つ》らしめり。（中略）万暦四十三年歳次乙卯仲秋吉旦立。[27]

右の碑、恭常都鳳池書院に在り。

C2は、上下二柵の塩場が「国初」、すなわち明初に設立されたことをいう。つまり、上下二柵の設置（およびその構成員の竈籍取得）を明初に置く説は万暦四十三年（一六一五）には存在していたことが判明する。

しかし注意したいのは、C2の碑文の撰者が広州府番禺県人の潘珙（当時四川道監察御史）であり、また碑文の作成を潘珙に依頼し、自らは「書丹」した者が広州府南海県人の郭尚賓（当時刑科給事中）という点である。[28] つまり撰者も

「書丹」者も、香山県の治政を担った官僚ではなく、また香山県人でもないのである。珠江デルタ出身とはいえ、必ずしも香山県のことに通じているとはいえない他県の人であり、しかも地元を離れて北京にいる官僚である。郭尚賓たちはどのようにして但啓元の事績を知ったのであろうか。C2の最後は、碑の所在を鳳池書院とする。そして鳳池書院は翠微郷に在る。[29] またC1の（後略）部分によれば、「十排」は但啓元を祀るために、翠微村の西に「建祠、勒碑」したという［西川二〇〇〇、頁七四］。つまり、C2の碑を立てたのは「十排」である。したがって、C2の碑文内容の骨格を作成したのは「十排」であったと推測できる。

以上から、「十排」を構成する諸宗族が一個の集団として、明初からの竈籍取得という言説を共有していること、この言説は遅くとも万暦四十三年（一六一五）には存在することが判明する。ただし、この言説が登場するのは、すべて「十排」が関与した資料である。加えて徐氏宗譜のごとく、嘉靖・隆慶期に作成された設定1を改編して、この言説を採用している事例が存在することを考慮するなら、この言説をただちに史実と考えるのは早計であろう。

3　言説と史実とのはざまへ

C1・C2以外で、上下二柵の設置に言及する資料は、管見では、次が唯一のものである。

C3乾隆『香山県志』巻三、塩法（九葉裏）[30]

（前略）明初、灶戸は六図にして、灶排・灶甲は約六、七百あり。正統間に経《かつ》て蘇有卿・黄蕭養、塩場を寇劫せり。塩道の呉廷挙、奏して勘合を奉じ、民戸の塩を煎《つく》りて食《は》む者を査《しら》べて、灶丁に撥補せんとするも、僅かに塩排二十戸・灶甲数十戸を湊《あつ》むるのみなれば、上下柵に分け、⿰土扁を合築して塩を煮《つく》らしめ、自煎自売して丁課を供納するを許せり。（後略）

つまり、明初には竈戸を帰属させる図が六個あり、竈戸は竈排と竈甲とに分類されており、合計六百～七百戸（図ごとに十竈排と百竈甲で百十戸ならば、六図合計で六百六十戸となる）が存在していた。しかし正統年間の蘇有卿と黄蕭養の乱によって、この六図から成る塩場は大きな被害を被った。その後、「塩道の呉廷挙」が塩法を再編し、それまでは「民戸」であったが塩を生産していた者を竈丁にしようとした。しかし集めることができたのは、「塩排」（＝竈排）二十戸と竈甲数十戸のみであった。そこでこれら竈戸を、竈排二十戸を核に上下二柵に分けて製塩させた、という。ここに登場する「上下柵」と「塩排二十戸、竈甲数十戸」は、それぞれC１・C２に登場する「上下二柵」と「竈排二十戸、竈甲数十戸」を指すと考えられる。

文中の「塩道」とは、万暦『粤大記』（巻三十一、政事類、塩法）に、弘治六年（一四九三）に、塩法を専理するための広東按察司僉事一員が増設されたとあるから、この増設された按察司僉事を指そう。そして呉廷挙は、道光『広東通志』（巻二十、職官表十一）によれば、弘治十八年（一五〇五）～正徳元年（一五〇六）の広東按察司僉事である。したがって上下柵の設置は、弘治十八年～正徳元年に行なわれたことになる。(31) またC３は、呉廷挙が上下柵の竈戸に充てた者たちは、従前は「民戸」であり、竈戸ではなかったという。(32) つまりC３によれば、「十排」の諸宗族が竈籍を取得した時期は、洪武年間から約百年後となり、C１・C２とは大きく食い違うのである。

管見では、C３の内容を裏づける他の資料はない。しかし第一に、上下柵の明初からの存在を主張するのは、管見では、上下柵の当事者側の資料のみである。そして、当事者である徐氏の宗譜の場合、広達による竈籍取得を明初におく設定が登場するのは、C２の万暦四十三年（一六一五）を経た崇禎三年（一六三〇）のA４である。しかもそれは、嘉靖・隆慶年間の設定１とは矛盾する設定２として登場する。したがって設定１から設定２への転換は、万暦四十三年に「十排」全体が「明初における上下柵設置」（およびこれに伴う上下柵構成員の明初からの竈籍所属）という言説を集団的に表明したことに影響された結果と推測される。第二に、C３の乾隆『香山県志』は、上下柵の当事者だけでなく、県全体で編纂されたものである。そしてC３は、巻三塩法という制度の沿革を扱う巻に掲載されており、道光

『香山県志』でも巻三塩法に掲載されている（注30参照）。一方Ｃ2は、乾隆『香山県志』には掲載されておらず、道光『香山県志』で初めて掲載される。そして掲載されているのは巻五金石であり、制度の沿革を扱う巻三塩法ではない。つまり、道光『香山県志』は相互に矛盾するＣ2とＣ3を掲載するが、制度の沿革として採用しているのはＣ3ということになる。以上から、全面的断定は避けるが、Ｃ3の内容を史実と考えることは許されよう。

それではＣ3の内容を史実とした場合、本稿で検討した徐氏宗譜等の資料から、いかなる歴史の実際を推測できるであろうか。その謎解きをしてみよう。まず基本となる史実は以下である。①弘治十八年～正徳元年（一五〇五～〇六）の上下柵設置、②嘉靖四十五年～隆慶六年（一五六六～七二）のＡ1～Ａ3作成、③万暦四十三年（一六一五）のＣ2の碑文立石、④崇禎三年（一六三〇）のＡ4作成、⑤康熙三十二年～五十九年（一六九三～一七二〇）のＡ5・Ａ6・Ｂ2作成、⑥康熙四十四年（一七〇五）以降のＣ1「十排考」作成。

徐氏内部において、観佐系が族譜の編纂を始めるのは嘉靖年間であり、観成系は崇禎年間である。そして広徳系が族譜を編纂するのは、康熙四十八年である。族譜の編纂事業は、系統内における族的結合と編纂・出版のための経済力保有とを示すものと考えることができる。また、族譜所収の各資料の設定＝言説は、それが過去を対象とするものであっても、資料執筆時の現実が一定程度反映されていると考えられる。このような観点から、まず弘治・正徳年間～嘉靖・隆慶年間の実際を推測しよう。

広達―観佐系に対する広徳系の立場は、Ａ1では、兄弟関係という抽象的な表現ではあるが、弟の兄に対する依存関係として示されている。そしてＡ5では、広徳系が広達―観佐系に依存して戸籍を取得するという形で具体的に示されている。また、観佐系と観成系との関係について、Ａ2（とＡ6）は、観佐を兄、観成を弟とし、また観佐は父広達の「初創之業」を継承するが、観成は継承せずに前山から北嶺に分枝したとする。Ｂ2は、観成が竈籍を取得する根拠を「官の命令」においている。一方、観佐は「官の命令」のような特別な根拠を必要とすることなく、広達の

「初創之業」と竈籍とを継承している。ここから窺えるのは、広達から観佐への継承は、何ら特別な根拠を設定する必要のない、その意味で当然のこととされているのに対して、観成の竈籍取得は特別な根拠が必要なこととされていることである。(33)

以上は、現実において、三系統のなかで最初に竈田・竈籍を獲得したのが観佐系であること、その時期は①の弘治十八年～正徳元年であること、広徳系・観成系は観佐系の竈籍保有に依拠して、竈籍を取得したことを示唆する。(34)これらの点は、②の時期において、族譜を編纂する力量を有していたのが観佐系のみであること、すなわち、三系統のなかの最大勢力が観佐系であったと推測されることと矛盾しない。そして、このような三系統間の力量の相違と依存関係から、①の第二場第一甲の設立時から崇禎年間ごろまで（注25参照）は、観佐系の徐建祥戸が竈排を占め、広徳系の竈戸と観成系の徐法義戸は竈甲であったと推測できよう。

さて崇禎年間には、観成系も族譜を編纂する力量をもつに至る。そして⑥「十排考」作成時には、第二場第一甲の竈排は観成系の徐法義戸であった。この点を前提に、崇禎～康熙年間の現実を推測しよう。

観佐系と広徳系との関係については、崇禎三年のA4から康熙年間のA5・A6に至るまで、広徳系が広達－観佐系に依存して竈籍を取得したという設定に変化はない。特にA6は、広徳系が族譜を編纂したのが、他の二系統に比べて遅く、清代の康熙四十八年であったことに言及しているから、康熙四十八年以前における広徳系の力量が他の二系統に比べて相対的に小さいことがわかる。観佐系と観成系との関係については、注25に記したごとく、B1が書かれた崇禎二年の時点においては、観成系の地位は、前山の二系統、特に観佐系の地位と比較して劣位であったと推測される。しかし康熙四十八年のA6は、前山の観佐系および広徳系の合計戸数と北嶺の観成系の戸数を各々「千数百戸」としている。したがって、観佐系と観成系のみの比較では、観成系の戸数の方が観佐系のそれより多くなっていることがわかる。そして、康熙五十九年のB2における四世義彰の城隍廟創建での活躍やB3における観成系人口の一層の増大（注17参照）は、徐氏一族内における観成系の力量増大を窺わせる。さらに⑥では、徐法義戸がすでに竈排の地位を占めている。したがって、A6の康熙四十八年ごろを境に、観成系の力量が観佐系のそれを次第に凌駕し、その後に竈排の地位を観成系の徐法義戸が占め、逆に観佐系の徐建祥戸は竈甲に転落したと推測される。

ところで徐氏宗譜において、設定1から設定2への転換が矛盾をもつことになったのはなぜであろうか。嘉靖・隆慶年間の設定1は、広達・広徳の兄弟関係、観佐・観成の兄弟関係を登場させ、また広達・広徳を元代死亡と設定する。これは、広達の洪武二十四年における竈籍取得など、崇禎三年に至って登場する設定2を、嘉靖・隆慶年間の徐氏が全く念頭においていなかったことを意味する。それでは、嘉靖・隆慶年間の徐氏は竈籍取得の問題をどのように考えていたのか。考えられうる推測は、弘治十八年～正徳元年に上下柵へ参加した実際に即して、その時に実在していた三系統の祖先たちが竈籍を取得した（観佐系が竈排を、広徳系と観成系が竈甲を占めた）という事実をそのまま認めていた、となろう。ところが万暦四十三年に「十排」全体が、明初における竈籍取得の言説を表明するようになると、徐氏には二つの必要が生じた。第一は、洪武二十四年に竈籍を取得した祖先を設定する必要である。第二は、その祖先が三系統各々の竈籍継承・取得を血縁系譜的に無理なく説明できる必要である。そして、第二の必要を満たす祖先としては、すでに設定1が広達・広徳の兄弟関係、観佐・観成の兄弟関係を設定していたので、広達が選ばれた。しかし今度は、第一の必要を満たすために、設定1と矛盾する形で、広達が洪武年間に生存していたという設定2へ変更しなくてはならなくなったのである。

祖先が明初に竈籍を取得したという言説は、徐氏だけでなく、「十排」全体が共有していた。それでは、上下柵の設置＝竈籍取得の年次を、「十排」全体が弘治十八年～正徳元年におかずに、明初におこうとするのはなぜか。この問題に答えるには、視野を香山県恭常都の上下柵から、明代珠江デルタ全体に広げる必要がある。この問題に関連して筆者は、明代珠江デルタ社会の歴史的構図として、①明朝、②明朝里甲制への参入を拒む「土民」（非漢族の「峒獠」

と北方から移住してきた漢族とが融合した民系）と峒獠、③「土民」の中から誕生し、明朝里甲制へ参入していく広府人、という図式を提示した。そして、正統年間から明末に至る間に、「土民」と峒獠は淘汰されていき、珠江デルタの大部分は広府人の世界となる。このため、広府人であることを社会的に証明するには、正統年間より前から、特に明初から里甲制に帰属していたことを、史実であれ、言説であれ示す必要が生じた、との仮説を提示した［片山二〇〇四］。そして、本稿の検討から判明するのは、「十排」全体およびその構成員たる徐氏や韋氏・容氏が、明初における竃籍取得と弘治十八年～正徳元年（正統年間よりも後代である）における竃籍取得とを比べて、価値あるものとして前者を意識的に選び取っている点である。これは筆者の仮説の例証となろう。

おわりに

徐氏の場合、明清時代を通じて挙人以上の科挙合格者は出ていない。そして科挙よりも商業に力を注いでいる［西川二〇〇〇、頁七七］。つまり、科挙合格者を出さず、また科挙合格者を出すことを志向していなかった。しかし三系統はいずれも宗祠・族譜を備え、かつ三系統の間で宗族結合が生まれ、継続していた[35]。したがって、井上徹氏が珠江デルタを含む明代の宗族結合の動因について提出している仮説――科挙合格者を出すための共通利害を軸に、あるいは科挙合格者の出現によって生まれる特権を軸に宗族が結合されていく――では、徐氏の宗族結合を説明できない。本稿の検討結果からすれば、三系統の間の紐帯を、弘治・正徳～嘉靖・隆慶年間については現実次元における竃籍取得をめぐる付与―依存関係から、また万暦を経た崇禎年間以降については言説次元における竃籍取得をめぐる付与―依存関係から説明する方が妥当と思われる。

また、弘治十八年～正徳元年に取得した竃籍の価値は小さく、明初に取得した竃籍の価値は大きいという価値観については、それは遅くとも万暦四十三年には出現し、康熙年間までは確実に続いている。清末に編纂された徐氏宗譜に、竈籍の取得をめぐる資料が掲載されていることを考えれば、清末まで続いているともいえよう。この価値観は徐氏だけでなく、「十排」を構成する他の宗族にも共有されていた。そして明清珠江デルタの族譜を見ると、香山県恭常都だけでなく他県でも、また竈籍だけでなく民籍をも含めて、明初における里甲戸籍の取得を掲げるものが多い。したがって明から清末、さらに民国に至る珠江デルタの宗族結合、ならびにかかる諸宗族から成る地域社会の形成要因とその構造の解明には、明初に取得した里甲戸籍を一個の価値ある財と考えて進めていく必要があると思われる。

さらに、戸籍の新規獲得や継承に関する説明を後代に〝創作〟しようとする場合、その最も合理的説明方法として、権利の付与・継承という原理を内包している血縁関係（特に父子・兄弟）に求める傾向を看取できる。これが虚偽的なものを含めて、宗族結合が明代以降の珠江デルタに浸透している一因ではなかろうか。

〈主要文献〉副題は適宜に省略した。

井上徹　二〇〇〇『中国の宗族と国家の礼制』研文出版。
片山剛　二〇〇四「〝広東人〟誕生・成立史の謎をめぐって」『大阪大学大学院文学研究科紀要』四四巻。
瀬川昌久　一九九六『族譜』風響社。
西川喜久子　二〇〇〇「清代珠江デルタの地域社会：香山県の場合」（下）、『北陸大学紀要』二四号。
山田賢　二〇〇二「書評　井上徹著『中国の宗族と国家の礼制』」『名古屋大学東洋史研究報告』二六号。
蔡志祥　一九九四「華南地域社会論：定住権を中心として」『アジアから考える3　周縁からの歴史』東京大学出版会。
陳忠烈　一九九九「珠江三角洲農村実地調査所見的幾種〝族譜〟資料及若干問題的思考」柏樺主編『慶祝王鐘翰教授八十五暨韋慶遠教授七十華誕学術論文合集』合肥、黄山書社。

科大衛（David Faure）一九九九「国家与礼儀：宋至清中葉珠江三角洲地方社会的国家認同」『中山大学学報（社会科学版）』三九巻五期。

注

（1）恭常都は香山県の辺境に位置する。西川二〇〇〇、頁七三参照。

（2）本稿では「設定」という語を多用する。その理由は三つある。第一は、ある宗族の族譜やある組織の碑文に記述されている事柄が、必ずしも実証を経た史実とは限らず、偽造・創作にかかる場合があるからである。第二は、ある「設定」が族譜や碑文に公示されるのは、それによって、当該の宗族や組織が社会的に十全な地位を獲得しようとするからである、との仮説をもつことによる。第三は、これらの「設定」を探ることで、その社会の時代的地域的特質を解明できると思うからである。

（3）広達と広徳が兄弟、観佐と観成が兄弟という設定すら、実証された史実ではないことに留意しておきたい。なお観佐系族譜（次段参照）の巻三世系図には、二世広達・広徳の弟として広賢が登場する。ただし族譜中で同宗かどうかを疑問視されており、関連した言及もないので、本稿での検討対象外とする。また同じ巻三世系図には、広達の養子として、三世に観養・観聖の二人が登場するが、族譜中に関連した言及がないので、同様に本稿での検討対象外とする。

（4）西川氏が利用した光緒八年増修『香山徐氏宗譜』は、観成系の宗譜であろう（注5参照）。

（5）西川氏が利用した宗譜は、本宗譜のうちの「北嶺徐氏宗譜」と思われる。西川氏によれば、本宗譜の編纂者徐潤は北嶺系十七世で、李鴻章関連の洋務企業に参与した清末の実業家である。なお、民国『香山県志』巻三輿地、氏族（四三葉表）は、「碧嶺徐族」として北嶺の観成系を紹介するが、若干の誤りがある。そして前山を本拠とする観佐系と広徳系は紹介されていない。観成系のみを紹介するのは、清末における香山徐氏は、徐潤の活躍に見られるように、前山の二系統よりも北嶺の観成系の方が優勢であったからであろう。

（6）ただしA1・A2の内容が、達可が編纂した当時のままであるとは限らない。後代に加筆・削除の改変を受けた可能性があるからである。

（7）Ａ2は、前山の先住者と観佐との関係について興味深い内容を語るが、本稿では紙幅の都合で論及しない。

（8）南宋期の開封は金朝治下であり、南宋治下ではない。ただしＡ1の「宋季」を北宋末と仮定すると、広達・広徳の生存期間に関して、同じく嘉靖・隆慶年間に作成されたＡ3の内容（後述参照）と矛盾が生じる。そこで南宋末と判断する。

（9）Ａ1は延祚について生前に宋末を迎えたと記す。しかし広達・広徳については、生前に宋末を迎えたとは記さないから、広達・広徳は元初に生まれたと設定していると推測される。

（10）広達・広徳についての「元に仕える」や観佐についての「明に仕える」は、一般には、元朝や明朝の官僚になったことを意味する。ただし管見では、本宗譜所収の資料、および嘉靖・乾隆・道光・民国の歴代の『香山県志』には、広達・広徳や観佐が元朝や明朝の官僚であったことを示すものはない。ここでは「元人」「明人」の意味で解しておく。

（11）Ａ3によれば、四世譲は父観佐が数え年三十五歳の時に生まれている。そこで、宋末～元代の徐氏では、一世代が三十五年であったと仮定すると、二世広達の生年は一二八九年（宋元交替の一二七一年から十八年後）となり、始祖延祚の生年は一二五四年（宋元交替の一二七一年より二十七年前）となる。このうち、延祚の生年が一二五四年という仮定は、Ａ1の「延祚は生前に南宋末を迎えた」と符合する。そして、この仮定にもとづき、洪武二十四年（一三九一）時点の広達の年齢を計算すると、数え年で百三歳となってしまう。

（12）広達は前山に移る前に三ヶ所に住んでいる。これは、移住先の目的地が予め決まっていなかったことを示す。目的地不明で、かつ途中で離れ離れになった兄弟が、一方の定着先で偶然に再会するという設定は、史実とは考えがたく、創作の可能性が大きい。

（13）明朝における最初の戸籍確定事業は、戸帖式によって、里甲制が全国的に実施される洪武十四年以前に実施されたといわれている。しかし、嘉靖『香山県志』巻二民物志、戸口、洪武十四年の条は「詔天下始造黄冊」とあるのみで、黄冊編造によって判明する戸口数が示されていない。戸口数が掲示されるのは洪武二十四年が最初で、以後、黄冊が編造される年の多くについて、戸口数が掲示されている。また、同じく巻二民物志、田賦における「田地山塘」「夏税麦」「秋糧米」の額数掲示も洪武二十四年から始まる。これらは、香山県における戸籍の確定や里甲制の実施が洪武二十四年であったことを示唆する。本宗譜が、広達の戸籍取得の年次を洪武十四年ではなく、洪武二十四年におくのは右の理由によると思われる。

(14) A4と比較して、A1～A3は偽造性が少ないと思われる。しかし、だからといってA1～A3の内容がすべて史実に忠実であるとも思われない。

(15) B1作成時点では、先行する族譜としては達可編纂の族譜しかない。そしてそこでは、広達は元代に死亡したと設定されている。したがってB1の叙述のみでは、広達の取得した戸籍が明朝の戸籍とはいえない。

(16) 佐伯富『中国塩政史の研究』(法律文化社、一九八七年)頁三七八、西川二〇〇〇、頁七三～七四、参照。

(17) 乾隆二年のB3も設定2を踏襲しており、そこからは観成系の人口の清代における一層の増大が窺える。

(18) 血縁関係に依拠して新たに戸籍を取得する事例として、本宗譜には、兄弟関係、父と次子の関係にもとづく二例が登場する。本宗譜には、それを越えた血縁関係(例えば堂兄弟《いとこ》)による取得の事例が登場しないことに注意しておきたい。なお、兄弟関係や父と次子の関係による戸籍の新規取得が、史実面において、明朝の規定に合致するものであったかどうかは未詳である。しかし史実面とは別に、本宗譜ではそれらは許容されるものとして設定されている。

(19) 徐氏一族のなかで最初に、そして洪武二十四年に明朝の竈籍を取得したのが四世譲であったというのはあくまで仮定であり、確実な事実ではない。二―3参照。

(20) 本宗譜を収集したのは一九八六年冬であり、その時点では、譲に弟が存在するか否かには関心がなかった。そのため、この点は確認されていない。

(21) 西川二〇〇〇(頁七三～七四)が、民国十八年(一九二九)重修『容氏譜牒』巻十六「十排攷」と、民国二十六年(一九三七)重修『韋氏族譜』巻十二「十排考」とを紹介・検討している。後者の『韋氏族譜』は翠微韋氏の族譜であるから、本稿が利用する光緒三十四年刊『香山翠微韋氏族譜』を重修したものであろう。

(22) C1の(後略)部分に、康熙四十四年に挙人に合格した郭以知の話が登場する。なお、郭以知は「十排」からの初めての挙人合格者である[西川二〇〇〇、頁七四]。

(23) 「柵」は大きな塩場を分出したものである(林振翰『鹽政辭典』頁辰二十六)。

(24) 韋氏の場合、洪武四年からの竈籍保有は「旧譜」＝康熙五十三年の「甲午」家譜から見られるという(『香山翠微韋氏族譜』巻一、第六世世伝)。蔡一九九四(頁二一二)の上柵盧氏も、開基祖依徳を明初の人としており、「十排」の一員と思われる。

(25) 崇禎二年のB1で描かれる義彰と、康熙五十九年のB2で描かれる義彰とでは、その人物像がかなり異なる。これは観成系の地位上昇が、実際には「明中葉」ではなく、崇禎以降であったことを示唆する。

(26) 塩田が泥沙の堆積のために次第に「禾田」となり、製塩が減退したにもかかわらず、「虚税」が残ったため、竈民の負担が重くなった。それを改革したのが知県但啓元である。但啓元の伝は道光『香山県志』巻五、宦績・明、六十一葉表にある。

(27) 乾隆『香山県志』巻四、職官、知県は、但啓元の在任期間を万暦四十二〜四十四年とし、巻三、塩法(九葉裏。後掲のC3はその一部)は、但啓元の改革を万暦四十四年のこととする。ただし、乾隆『香山県志』はC2の碑文を掲載していない。

(28) これはC2の(中略)部分で述べられている。なおC2は「潘洪」とするが誤りであろう。『明清歴科進士題名碑録』(台北、華文書局、民国五八年)によれば、潘珙は万暦二十九年の進士で、「広州府南海県民籍。番禺県人」(本貫は番禺県だが、童試を南海県の民籍枠で受験し、合格)とある。郭尚賓は万暦三十二年の進士で、「広州府南海県民籍」とある。郭尚賓が刑科給事中であったことは、『明史』巻二四二、道光『広東通志』巻二八二、等の伝で確認できる。なお南海県民籍の郭尚賓と香山県竈籍の上柵第一甲郭振開戸との関係は未詳。

(29) 道光『香山県志』巻二、建置、学校(六十葉表)。

(30) 道光『香山県志』巻三、塩法も同じ記事を載せる。

(31) 管見では、この呉廷挙による改革に言及するのは『香山県志』のみであり、実録等の他の史料では確認できない。道光『広東通志』巻二百四十三、宦績録十三に呉廷挙の伝があるが、この塩法改革の話は出てこない。

(32) C3の「民戸」については、その具体的内容が一切不明であるので、本稿では検討対象外とする。

(33) 観佐と異なり、観成が広達の遺業を継承しないという設定になっているのは、観佐と観成が実際には兄弟ではない、つまり観佐系と観成系が元来は血縁系譜関係にないからであろう。

(34) 広徳が広達の弟に、観成が広達の次子に設定されていることから、広達─観佐系と接近した時期は、広徳系の方が観成系よりも早かったと思われる。

（35）上下二柵を構成する他の宗族も、明清時代を通じて科挙の志向が薄く、商業の志向が強い［西川二〇〇〇、頁七四～七七］。なお、Ａ３を除く徐氏宗譜所収の資料やＣ２の碑文は、執筆を依頼された文人が書いたものである。したがって、徐氏や他の宗族自体は科挙の志向が薄いが、文人を利用することは知っているといえる。

火葬をめぐる若干の問題について
——明清を中心に——

中　純　夫

はじめに

祖先を共有する男系親族である宗族にあって祖先崇拝の観念は、個々の構成員に集団への帰属意識をもたらすものであるとともに、宗族に集団としての求心力を付与する紐帯の如き役割をになうものである、と言うことができよう。ところで中国では古代以来、生前の親に仕えること、死亡した親（＝祖先）を埋葬し服喪すること、祖霊を祭祀することは、いずれも孝の重要な営為として連続的に捉えられている[1]。またそもそも孝とは、祖先崇拝をそのうちに包含する概念であると言ってもよいだろう。後継ぎを儲けずして祖先祭祀を断絶することは不孝中の最たるものだとされるが、この場合の不孝とは、親に対する不孝であるとともに祖先に対する不孝をも意味しよう[2]。即ち死者（親）を埋葬することは孝＝祖先崇拝の中に位置を占める営為であるわけであって、してみれば葬俗は、宗族をめぐる多様な文化現象のうちの一つとしても、非常に重要な課題であると言うことができるだろう。

本稿はこのような観点から、葬俗の一つである火葬を取り上げて考察する。周知のように中国の儒教観念にあって正統の埋葬法は土葬であり、火葬は主として仏教に由来する後出の葬俗である[3]。儒教の孝観念に照らせば、火葬は親の身体を毀傷する行為であり、不孝の最たるものとして厳しく断罪されるべきものであった。しかしながら人口の稠密化、土地の不足と高騰など社会経済史的要因によって、宋代には既にして火葬は社会問題化するほどの流布を見せ始める。

ところで宮崎市定氏は「中国火葬考」において大略以下のように述べている。宋元明の三王朝はいずれも天下統一の当初に火葬禁令を発布したが、これらの禁令は清の雍正時代に至るまで、有名無実化する傾向にあった。清朝について言えば、満州族はもともと普通に火葬を行っていたので、雍正帝までは満人のこの習俗に対して干渉しようとせず、従って漢人に対してのみ火葬の取り締まりを強化することはできなかった。しかし乾隆帝は華化主義を打ち出して火葬禁止を断行したので、その威令は遠く地方にまで及んだ。(4)――雍正・乾隆の間を画期として、それ以降に火葬は厳格に禁圧された、それは乾隆帝の華化主義政策の一環でもある、とするこの指摘は、いわゆる華夷変態を経験した明清の文化的な連続・非連続の問題を考える上でも、非常に示唆に富むものである。またそもそも火葬は土葬を是とする儒教的価値観とは鋭く対立するものであって、その火葬が中国近世の歴代王朝にあって一定程度の流布を見せたという事実は、儒教的価値観・理念が、現実にどの程度まで人々の生活様式を拘束する力を持ち得たのかという問題を考える上でも、好個の素材を提供するものと言えよう。

このような問題意識のもと、本稿は明清時代の火葬習俗をめぐる諸問題を中心にすえて、以下に考察を進めていく。(5)なお全体を本文と資料編に分ける。本文においては煩をさけて原典の引用は原則として行わず、根拠は全て資料編に委ねることとする。本文の記述と原典資料との対応関係については、本文中に括弧内のアラビア数字で資料編の各番号を注記する。

一　儒教の孝と身体観

身体髪膚は父母からの賜り物（「遺体」）である。従って、これを毀傷することなく全うすることが、孝子たる者の責務である（1・2・3）。その責務は生涯にわたって担われ続けるべきものであり、自らの死を以てはじめてその重責から解放される（4）。自身の肉体は親の分身でもある。従って自らの肉体を損なうことは親の肉体を損なうことにも等しい（5）。このように、自らの肉体を十全に保持することは孝の必須条件であって、身体髪膚の毀傷は最大の不孝である。まして、親の肉体を火で燃やす行為に他ならない火葬は、儒教の孝観念・身体観の到底許容し得るところではない。「事死如事生、事亡如事存、孝之至也。」（『中庸章句』一九章）という観念に照らせば、親の遺骸を焼く行為は生きた親を焼く行為にも等しい。また子として親の身体を毀傷することは、そのこと自体の罪に加えて、親に祖父母への不孝（身体髪膚の毀傷）を犯させるという、二重の罪を意味するのである（6）。

二　処罰としての焚屍

憎悪の対象となる人物を殺戮してその遺骸を焼く行為は、史書に頻出する。例えば王莽は自らに離反して劉秀（後の光武帝）に加担しようとした李守・李通父子の親族を殺戮し、その遺骸を見せしめに焼いた（1）。相手が既に死亡している場合には、その棺を暴いて遺骸を焼く、もし本人の遺骸が見あたらない場合にはその父母の棺を暴いて遺骸を焼くことさえ有る。これら「剖棺焚屍」もまた史書に頻見する（2・3・4）。

なお昭宗を弑した朱全忠は弑逆の汚名を免れるべく、実行犯である蔣玄暉を車裂きの刑に処しその屍体を都門外で焼いた（5）。このように焚屍には、罪を満天下に明らかにするという、一種の刑罰としての意義も含まれていた。因みに処刑の一種としての焼殺は『周礼』にも記載があり、王莽の定めた焚如もやはり焼殺の酷刑である（6・7）。

このように遺骸を焼く行為は、憎んでも憎み切れない相手に対する処遇（私刑）であり、また単なる処刑によってはその罪を尽くせないような極悪人に対する酷刑であった。火葬とは、極悪非道の人間に対する方法を以て父母骨肉を処遇する行為であり、その意味でも本来、嫌悪忌避されるべきものであった(6)。

三　歴代王朝法典における焚屍・火葬関連条項

右のような儒教の孝観念・身体観を多分に反映し、『唐律疏議』及び『宋刑統』では火葬に対する禁止条項がいずれも賊盗「残害死屍」の項に収載されている（1・2）。具体的に言えば、死骸を燃やす行為は、支解や水中への死体遺棄と同列に、残害死屍＝死体損壊の罪に問われることになる。ただし本人が生前に焚屍を希望した場合、水葬を遺言した場合、および客死者を異郷で火葬して骨を郷里に持ち帰る場合は、罪に問われない。以上の規定から、本人による生前の明確な意志表示がない限り、火葬は死体損壊罪として処罰の対象になったことがわかる。また異郷客死者に対する火葬が許容されていることは、火葬が流布する背景・要因の一つとして注目される（後述）。なお『宋刑統』は『唐律』をほぼ踏襲しているが、僧尼蕃人における火葬を許容する条項が新たに付加されている。

『元典章』は礼部礼制に「禁約焚屍」（至元十五年、一二七八）の条文を収める（3）。この条文は、北京路において火葬が盛んに行われている現状を目睹した北京路同知が火葬禁止を要請してきたことに応じて定められたものである。それによれば、地域や民族によって風俗が異なる以上、火葬を一概に禁止するのも妥当性を欠くと断った上で、軍役に従いあるいは遠方に客旅する者が異郷で死亡し当地で火葬される場合、および諸色目人が自国の風俗に従って火葬される場合は許容し、それ以外、土着の漢人に対する火葬が禁止されている。なおこの条文において、蒙古人の火葬に関しては明文が存在しない。

『明律』では礼律、儀制「喪葬」の条と刑律、賊盗「発塚」の条にまたがって、火葬禁止が盛り込まれている。うち、刑律、賊盗「発塚」の条は、『唐律疏議』『宋刑統』の賊盗「残害死屍」の内容に対応する。即ち死屍を残毀あるいは水中に遺棄する行為の処罰を定めた上で、残毀死屍については小注において「焚焼・支解之類」と例示している（5）。

一方、儀制「喪葬」の条では、風水説による停葬や遺言による火葬を明確に禁止し、異郷客死の火葬はこれを許容している。異郷客死の火葬を許容する点は『唐律』『宋刑統』を踏襲するが、『唐律』『宋刑統』で許容されていた遺言による火葬が『明律』では禁止されている点は注目される（火葬遺言に関しては後に改めて触れる）。なお、喪中に僧侶道士を招いて斎醮を行い、男女混雑、飲酒食肉に及べば、家長及び僧侶道士を処罰するとあり、当時の葬俗の実態の一端を反映するものとして興味深い（4）。

『清律』の条文は『明律』をほぼ踏襲している（6・7）。ただ、礼律、儀制「喪葬」に付された条例において、「八旗」「蒙古」に対する火葬禁止が明文化されている（6）。これは同じく異民族征服王朝でありながら、蒙古人の火葬禁止を明文化しなかった『元典章』の立場とは好対照を為す。因みに『大清會典事例』巻七六八の記述に照らして、この条例は雍正十三年の勅諭に基づくものであったことがわかる（8）。

四　清朝による火葬禁令

宮崎氏が指摘するように、歴代王朝は王朝成立の初期にそれぞれ火葬禁止令を発布してる。即ち宋は建隆三年（九六二）、元は至元十五年（一二七八）、明は洪武三年（一三七〇）である（1・2、元については三3）。これに対して清朝の場合、雍正十三年（一七三五）十月乙酉に禁令が発布されている。因みにこの年の八月己丑に雍正帝が崩御、九月己亥に乾隆帝が登極しているから、この禁令は乾隆帝即位の後、直ちに発布されたものである。

さて、雍正十三年（一七三五）十月の勅諭の内容は大略以下の通りである（3）。（a）国初から北京定鼎まで、異郷客死者を火葬することがしばしば行われたが、それは兵乱期のやむを得ぬ措置であった。（b）定鼎以後は礼に依拠した埋葬が可能になったにも拘わらず、八旗・蒙古において火葬が既に習俗化している。（c）以後、異郷客死の貧民における火葬のみ許容する以外、一切の火葬を禁止せよ。（d）違反者は律に即して処罰し、族長および佐領が火葬の事実を隠匿し報告を怠った場合もこれを処罰せよ。――この勅諭において特に注目されるのは、族長・佐領の監督責任を追及し、連帯責任を負わせていることである。このような規定は従前には見られなかったものであり、確かに火葬禁断に対する乾隆帝の並々ならぬ強固な意志が反映しているということができる。

ところで『大清会典事例』によれば、雍正十三年以降にもしばしば清朝により火葬禁令又はそれに関連する諭旨が発布されていたことがわかる。以下、時代を追ってその事例を列挙していく。

乾隆元年（一七三六）。京師から各省に派遣さた駐防官兵が死亡し、扶棺回京する財力のない場合、その火葬を許容する（4）。

乾隆五年（一七四〇）。（a）盛京官（満闕）が在職中に死亡し、墓所が遠いために火葬帰葬を申請してきた場合、当該の佐領から都統に報告し、官を派遣して火葬を実見させる。（b）在京及び在外の旗人が公務出張または休暇をとって移動中に死亡し、扶棺回京の財力がない者については、当該地域の官員が火葬に付して遺骨を京師に持ち帰らせる。（c）それ以外の火葬は禁止、違反者は処罰、隠匿して報告しなかった佐領族長は処分する（5）。――乾隆帝治下における以上三件の禁令を通覧すれば、火葬の許容される要件がより詳細に規定されていく過程がうかがわれる。禁令に関する除外規定を明確化するのは、一面では禁令の及ぶ範囲を明確化し、その実効性を高める意図に出るものと言え、乾隆帝による火葬厳禁策の一環と見なすことができよう。ただ一面では、異郷客死者の遺骸を棺に収めて郷里まで運搬し、その上で土葬に付すという行為が著しい困難を伴うものであり、それ故に火葬を全面的かつ一律に禁止することは現実的にはほとんど不可能であった事情をも、端的に物語っていると言えるだろう。

道光二年（一八二二）、乾隆五年の禁令とほぼ同内容である（6）。

同治七年（一八六八）、銭宝廉が火葬厳禁を奏請し、浙江嘉興府・湖州府等には今なおこの弊風ありと指摘。これを承けて、浙江巡撫李瀚章に例禁を申明させ、あわせて各省督撫も所属の州県に通告し厳禁を徹底させる（7）。――これによれば、火葬の風習は必ずしも乾隆期に禁絶が貫徹され、そのまま清末にまで至ったわけではなかったことがわかる。もちろん、乾隆期にひとたび徹底完遂した禁絶が時代の推移とともに弛緩したのか、もともと乾隆期にも禁絶が徹底するまでには至らなかったのか、以上の零細な資料のみからは即断し得ないことは言うまでもない。なお銭宝廉の火葬禁止奏請及び浙江嘉興府・湖州府の火葬実態については後に改めて触れる。

五　火葬・焚屍の背景・要因

ここで改めて、儒教の孝観念、身体観とは根本的に相容れないはずの火葬がなぜ近世中国において一定の流布を見せたのか、その背景を整理してみたい。以下、背景を為すと思われる要因を列挙する。

（a）土地狭小、貧困

河東は人口が多く土地が狭小であるため、民は死者が出るとおおむね火葬に付し、遺骨は寺院に持ち込むかそのまま遺棄し、それが土地の風習となっていた。知并州（河東路太原府）に着任した韓琦（字稚圭、一〇〇八～七五）は民に土葬を奨励するため、官有地を提供した（1）。貧困故に儒教の礼法に即した埋葬・葬儀が困難であり、安価簡便な火葬法に従うという選択は、時代と地域を越えて広く認められる現象であった。肉親の死に際して、貧困を危ぶむ周囲から火葬を勧められたが頑として拒絶したという類の逸話は、士大夫の墓誌銘等にしばしば美談として登場する。朱熹は王師愈（金華人、紹興十八年一一四八進士）の神道碑銘と黄瑀（紹興八年一一三八進士、閩県人）の墓誌銘にその手の逸話を書き記している（2・3）。文中の「族姻欲使従俗為火葬」「親党憐其貧、喩従俗」という表現から、当時の金華や閩において火葬が士大夫層の周縁においても既に風俗・風習化していた状況が読み取れる。

明初の郭敦（洪武二十六年一三九三挙人）は衢州知府在任中、貧者が葬儀を営めずに屍体を火葬する当地の風習を厳禁し、義塚を建てたとされる（4）。

蘇州地方は人口が多いため（土地が不足し）、貧民はみな火葬を行う。それが風俗として定着すると、やがては財力にゆとりの有る者すら火葬を行うようになった（5、弘治十二年一四九九頃執筆）。さらに黄百家の記すところでは、清初、三呉の地では数件の巨族以外、みなが火葬の風俗に従っていた。三呉はかつて張士誠の根拠地であって、これを嫌悪した朱元璋の施策に端を発して以来の重税が今に至っており、これも火葬蔓延の背景であったという（6、康熙十六年一六七七）。

このように人口増・土地の不足・貧困などの経済的・現実的要因によって、火葬を余儀なくされる人々が確かに存在した。そしてひとたびそれが習俗化すると、必ずしも経済的困窮者に限らず、多くの人々が（士大夫も含めて）簡便に従って火葬を行うようになる。火葬流布の背景の一端は、確かにこのような状況のうちに求められるであろう。

（b）客　死

異郷客死者の火葬は『唐律』から『清律』に至るまで、歴代王朝法典の全てがその許容を明文化している（既述、三1・2・3・4・6）。遺骸を収めた棺を郷里まで運搬してその上で土葬することの著しい困難さに鑑みれば、現地における火葬はやむを得ぬ処理方法・便法として許容しないわけにはいかなかったのである。これも、火葬があらゆる土地で恒常的に行われ得る要因の一つを為すものと言えるだろう。

（c）宗教的理由

火葬が中国社会に流布浸透した要因の一つとして当然、仏教葬俗としての火葬の存在が考えられる。「近代以來、遵用夷法、率多火葬、甚愆典礼。」（『東都事略』巻二、建隆三年）、「近世狃於胡俗、死者或以火焚之而投其骨于水。」（『明実録』洪武三年六月辛巳）。これら火葬禁止の勅諭において、火葬が「夷法」「胡俗」に由来すると述べられているのは、言うまでもなく仏教葬俗の影響を指摘するものである。「自釋氏火化之説起、於是死而焚尸者、所在皆然。」という洪邁の言葉は、その点をより直截に指摘している（『容斎続筆』巻一三「民俗火葬」）。

火葬流布に対する仏教葬俗の影響を考える上で、興味深いデータがある。西脇常記氏の調査によれば、歴代高僧伝中における火葬の事例数は以下の通りである（数字は順に、火葬の件数、立伝僧侶総数、百分率）『梁高僧伝』「九／五〇〇／一、八％」『続高僧伝』一六／六八四／二、三％」『宋高僧伝』「八九／六五六／一三、六％」[7] また西脇氏とは別個に川勝守氏が行った同様の調査によれば、各時代における火葬件数は以下の通りである。「四世紀以前（一）、五世紀～六世紀中（二一）、六世紀末～七世紀（一五）、七世紀末～九世紀中（三七）、九世紀中～十世紀（五九）」[8] いずれの調査からも、僧侶における火葬件数が唐代以降に急増している状況を顕著に読み取ることができる。即ち仏教が伝来し流布して以来、中国社会における定着の度合いを深めるにつれて、仏教者たちは仏教固有の習俗を中国社会においてもしだいに実践し始めるようになった。そのような状況が、これらの数値から推測されるのである。そして火葬の社会問題化が北宋時代の文献に初出することを考え合わせれば[9]、仏教者間における火葬の流布が、中国社会全般における火葬風俗の流布拡大現象の導因の一つをなしたと見なすことに、一定の蓋然性が存するものと考えたい[10]。

（d）親の遺言

親の遺言に従って火葬が行われる場合、当人が火葬を希望したのは経済的理由、宗教的理由など、別途何らかの事情が有ってのことだろう。従って火葬流布の背景・要因として遺言の存在そのものを挙げるのは妥当ではないかも知れない。ただ遺言に従っての火葬は、既に触れたように、『唐律』『宋刑統』では許容され『明律』『清律』では禁止されているように、律の規定中に明文化された事柄でもあり（三1・2・4・6）、孝観念に照らしても重大な問題を含んでいる。即ち親が自身の火葬を遺言した場合、子として遺言に従えば親の遺骸を毀傷損壊することになり、かといってそれを忌避すれば親の遺言に背くことになる。このように火葬の遺言は、孝子を二律背反の苦衷に陥れる結果をもたらすのである。南宋の朱熹（一一三〇～一二〇〇）はこの問題を難問としつつ、たとえそれが親の意志・遺志であってもやはり親を火葬に付すべきではない、との見解を示している（7・8）。また明末清初の陳確（一六〇四～七七）は、親を正しい道に導くことこそが孝であり、礼にのっとって葬ることこそが孝であるから、火葬せよとの親の命に背くことは、その実、礼に従うことなのであり、親の命に従うことは、その実、礼に背くことなのである、と述べる（9、順治十三年丙申、一六五六）。朱熹の語気にはなお二律背反の苦衷が感じられるが、陳確の論断は確信に満ちている。それぞれの時代における律の規定の相違がそこに反映されていると見ることもできよう[11]。

（e）腐乱を避ける

特に炎暑の季節など、腐乱を避けるために遺骸を火葬に付す場合の有ったことは、つとに南宋の洪邁（一一二三～一二〇二）が指摘している（10）。

（f）悪疾の伝染を避ける

悪疾によって死亡した場合、疾病の伝染を避けるために遺骸を火葬する場合も有った（11）[12]。

六　明～清代各地域における火葬をめぐる状況の分析

この節では特に明清に時代をしぼって、火葬流布状況に関する分析を試みる。資料収集に際しては主として以下の方法を用いた。

1〔中央研究院漢籍電子文献〕を利用し、二十四史を対象に検索[13]。検索語は「火葬」「火化」「焚屍」「焚其屍」「焚尸」「焚其尸」。

2四部叢刊および四庫全書のCD-ROM検索。検索語は「火葬」「焚屍」「焚尸」。

こうした方法等によって、資料編に示すような三十九件の事例を収集した。ここではこれらの資料を素材として、若干の分析を試みる。

まず全三十九件を地域別に分類すると、以下のようになる。北直隷二（明一、清一）。江蘇十四（明十、清四）。山西一（清）。江西二（明）。浙江十一（明七、清四）。福建四（明三、清一）。広東二（明）。広西三（明）。これを見れば江蘇・浙江を中心として江南地方に火葬の事例が多く見られる傾向がうかがえる[14]。

次に士大夫層への火葬習俗の浸透を示す事例を、時代順に列挙すると以下の通りである。（20）浙江金華府、元末明初（〇）。（1）北直隷河間府景州、永楽年間（△）。（37）広西南寧府武縁、景泰～成化年間（△）。（8）南京、嘉靖年間（〇）。（23）浙江嘉興府嘉善、嘉靖～万暦年間（△）。（14）三呉、康熙年間（〇）。（29）浙江杭州府、道光年間（〇）。

以上のうち、括弧内に○印を付したものは、縉紳士大夫層への流布浸透を直接に語る資料である。一方、△印を付したものは、周囲が火葬を勧めたが当人はこれを拒絶した、という内容の資料である。後者は結果的に火葬が行われなかったことを示すものであり、火葬流布の状況を示す資料とは全く逆の性質を帯びたものとして、扱うべきかも知れない。しかしながら、周囲が火葬を勧めたということ自体、士大夫層の生活空間の周縁において火葬が既に習俗化していた事実を逆に物語るものでもあろう。「家有請徇俗火葬者」（1）、「邑俗尚火葬、薄棺無槨、比屋皆然。或謂廷沢盍従俗乎。」（37）といった表現も、そのことを裏書きしていよう。結果的に水際で食い止めたか否かということよりも、現に水際まで迫っていたという事実の方に、ここでは着目しておきたい。

なお蘇州府においては、土葬する財力のある者にまで火葬の風習が及んでいたとの記録がある（5、蘇州府、弘治年間）。

次に火葬を通して明清の連続・非連続の問題を検討してみる。ここでは明清両朝にわたって事例の有る江蘇、浙江を例に取り上げる。それぞれの朝代ごとの件数を括弧内に示すと以下の通りである。江蘇十四例、洪武（一）、弘治（二）、正統～正徳（一）、正徳（一）、嘉靖（三）、嘉靖～万暦（一）、万暦（一）、康熙（三）、乾隆（一）。浙江十一例、元末明初（一）、洪武（一）、弘治～正徳（一）、嘉靖（二）、万暦（二）、康熙（二）、道光（一）、同治（一）。もとより全体の事例数が零細である以上、何ほどの分析を施すべくもないが、明代全般を通じて広く行われていた火葬風俗が、清朝に入っても清末に至るまでほぼ同様の流布状況を示していた、というおおまかな傾向を読み取ることは可能であろう。

ところで朝鮮の沈錥（一六八五～一七五三、号樗村）は英祖四年（雍正六年、一七二八）、謝恩陳奏正使であった父沈寿賢の率いる赴燕使の一行に随行し、清朝治下の北京を訪れた。この中国旅行の際に詠んだ詩が「燕行録」五十九首である（『樗村遺稿』巻六）。その中に次の一首がある。

送死家家礼俗頽　死者を送る礼俗はどの家でも頽れてしまい
田頭収拾葬寒灰　田で冷たくなった灰を収拾する有様
天理一端消不歇　それでも天理の一端は滅び尽くしてはいないとみえ
白衣攀哭数声悲　白い喪服の人々が遺骨にすがりついて号泣する声は悲しげだ
（『樗村遺稿』巻六「燕行録」「途中有火葬者心傷有作」）

題名が示す通り火葬を目睹しての作であり、火葬の流布を礼俗の廃頽として捉えかつ慨嘆する内容である。ところで同じく「燕行録」中には次のような詩句が見られる。「中華事迹已成陳」（「途中所見」）、「文物已非華夏旧」（「奉次行台韻」）、「三代人民皆薙髪」「彌文旧習無諸夏」（「次山字」）。辮髪（「薙髪」）の強制に象徴されるように、中華の文物は既に過去のものとなり、今や中国は夷狄の風俗習慣に染まってしまった。――そのような思いで沈錥は清朝支配下の中国を眺めている。してみれば沈錥は、火葬の流布をも中華の夷狄化の一例として受け止めていたに違いない。しかしながらこれまでの考察によって既に明らかなように、明清交替を契機に土葬が廃れて火葬が急激に蔓延したというのは全く史実ではなく、実際にはむしろ、明代に既にして盛んであった火葬習俗が清代に入ってもなお踏襲されていた、と見なすべきであろう。その意味で沈錥の華夷観念は、多分に観念的なものであったと言えよう。(15)

火葬習俗に関する明清の際の連続性は宮崎氏の既に指摘するところでもあった。そこで次に、既引の資料に即して宮崎氏の云う乾隆画期説に関する検証を試みたい。『清実録』や『大清会典事例』に見られる火葬の禁止発令の年次は、雍正十三年、乾隆一年、五年、道光二年、同治七年である。禁令の存在は、禁断すべき火葬習俗の一定程度の流布状況を前提とするであろうから、乾隆以降に火葬習俗が払底したわけではないことは、少なくとも確認できる。

次に三十九件の資料中から清朝時代における火葬習俗の存在を示す事例数を朝代ごとに示せば、康熙五（江蘇三、浙江二）、乾隆二（京師、江蘇各一）、道光二（浙江、山西各一）、同治二（福建、浙江各一）という状況である。この資料からも、禁令発布年次に即して見いだせるものとおおむね同様の傾向が読み取れると言えよう。ただし四庫全書所収は乾隆前半期以前の資料であり、乾隆画期説を検証するにはそもそも資料的制約を免れない。従ってこの問題に関しては後に節を改めて再度検討したい。

七　満州族と火葬風俗

先に『元典章』と『清律』を比較した際、蒙古族、満州族それぞれに対する火葬禁止条項の有無を問題にした。それは当然、蒙古族、満州族における火葬習俗の問題と関わる。また宮崎氏の指摘によれば、清初、雍正時代まで火葬禁令が徹底しなかったのは、満州族の火葬習俗を黙認していたことに原因があった。乾隆帝が火葬禁断に本腰を入れたのは、その華化主義政策の一環であったという。そこで満州族（女真族）の火葬習俗について確認しておきたい。

まず金における女真族の火葬習俗について。南宋から使者として金に赴き、そのまま当地で死亡した陳過庭は、「北俗」に従って火葬されたという（1）。また金元の際の人である王惲（一二二八～一三〇四）は、金の都であった中都大興府における火葬風俗の存在を指摘している（2）。これらはいずれも女真族における火葬習俗を示すものとされている。[16]

満州族については、清初に皇帝や長公主など皇室の成員が火葬された事実が、何よりも火葬習俗の存在を雄弁に物語っている。具体的には、武功郡王礼敦（景祖長子）、恪恭貝勒塔察篇（景祖第五子）、太祖努爾哈斉（ヌルハチ）、睿親王多爾袞（ドルゴン、ヌルハチ第十四子）、太宗皇太極（ホンタイジ）、固倫雍穆長公主（ホンタイジ第四女）、世祖順治帝、世祖董貴妃等の火葬されたことが、発掘調査や文献資料に本づいた先行諸研究によって指摘されている。[17]これらの事実からも、入関以前から少なくとも康熙朝までは、満州族の葬俗としての火葬が行われていたことになる。[18]

乾隆帝登極直後に出された火葬禁令において、入関以前には軍事行動に伴う移動が頻繁で異郷客死を免れなかった為、やむを得ず火葬が行われたに過ぎない、定鼎以後はそのような状況は改まったにもかかわらず、なお旧習に泥んで火葬を行う者がいる云々、と述べられていた（四3）。これは満州族における火葬の事実を認めつつ、それが非常時の例外的措置に過ぎなかったことを強調する内容であるが、既に指摘されているように、恐らくは満州族の葬俗としての火葬の事実を粉飾隠蔽する為の、一種のレトリックに過ぎまい[19]。

その他、満州族一般の火葬習俗についても、若干の文献資料を参照しておきたい。『清稗類鈔』（中華民国五年一九一六原序）第八冊「喪祭類」は中国諸地域（「東北辺境」「太倉人」「淮安人」「汴人」「常徳人」等）や諸民族（「回人」「蔵人」等）の葬俗を記述するが、そのうち「寧古塔人之葬」の項はその火葬習俗を明記している（3）。寧古塔とは何か。清の太祖ヌルハチの曾祖父フマン（福満＝興祖）には六人の子がいた（うち第四子がヌルハチの祖父覚昌安＝景祖）。この六人はヘトゥアラ（「赫図阿喇」）という地を取り囲むようにしてそれぞれの居城を構え、世に「寧古塔の貝勒」（「六祖」）と称された[20]。「寧古塔（ニングタ）」と「貝勒（ベイレ）」はそれぞれ満州語で「六」と「王」を意味する。寧古塔は地名としても部族名としても用いられる[21]。さて、ここに云う「寧古塔人」の「寧古塔」は、他の「太倉人」「淮安人」「汴人」「常徳人」等の項目と並べて考える限り、一義的には地名として用いられているものと考えられる。地名としては興京を指すことになる[22]。従って「寧古塔人」は必ずしも満人（建州女直）を意味するとは言えないかも知れないが、清朝発祥の地に火葬風俗が行われているということは、満人の火葬習俗と無関係ではあり得ないだろう。ただし、同じく『清稗類鈔』の「八旗喪葬」の項は埋葬法には言及していない。なお『清稗類鈔』「蒙古喪葬」「新疆蒙人喪葬」の項は、それぞれ火葬習俗の存在に言及している（4・5）。

また談遷『北游録』紀聞、下「国俗」にも満人の火葬習俗が明記されている（6）。

八　浙江嘉興府・湖州府・杭州府における清代火葬関連資料

先にも触れたように、同治七年（一八六八）の銭宝廉による火葬禁止の奏請文中には、浙江省嘉興府・湖州府等に火葬の風習が存続している当時の状況が指摘されていた（四7）。この銭宝廉は嘉興府嘉善県の人で、光緒『嘉善県志』巻一九所収の伝によれば、道光三十年（一八五〇）の進士、その湖南督学在任中に杭州・嘉興・湖州の三府に火葬の悪俗があることを憂慮して火葬厳禁の奏請を行った、とある（9）。なお佚名輯「禁火葬録」（同善斎善書坊光緒丙戌重刻、南京図書館蔵）がこの銭宝廉奏請関連資料その他を収録しており、この「禁火葬録」は張仁善によって標点整理されている（簡体字）[23]。「禁火葬録」所載の銭宝廉奏請文においても、火葬の風習は浙江杭州・嘉興・湖州の三府に見られ、とりわけ嘉興府の石門・桐郷等県において甚だしい、と述べられている[24]。またそもそも銭宝廉の奏請は、石門県の挙人譚逢仕・鍾兆熊らが同県の火葬悪弊の現状を憂慮し、郷里の先達である銭宝廉に中央政府への働きかけを依頼したことに応じてのものであった[25]。

そこで本節ではこの三府の府志・県志及び若干の鎮志を調査し、収集した火葬関連資料を対象として、特に清代の火葬習俗について考察し、あわせて宮崎氏の所謂乾隆画期説についての検証を試みたいと思う。なお、川勝守氏は近年、火葬、義塚の問題に関して次々と論考を発表されている[26]。特に一九九六年、一九九九年の各論考には江南の市鎮志から膨大な関連資料が引用されており、その中には本稿の主題にも関わる重要な資料も散見する。本節では上記地方志からの収集資料に川勝論文所引資料も適宜加え、以下に考察を進めたい。

（a）嘉興府

嘉興府下では乾隆・嘉慶・道光・同治の各年間における火葬習俗の実態がそれぞれ確認できる。まず嘉興県では乾隆二十八年（一七六三）、火葬の蔓延する現状を憂慮し、遺骨の掩埋と火葬の厳禁を目的として埋胔会なる善会が創設された（1）。また嘉善県では嘉慶二年（一七九七）、瘞埋会が創設され、嘉善県及び隣接する江蘇松江府婁県の両知県に対し火葬禁令の暁諭を下すよう要請するとともに、遺骨の収容埋葬を実施している（2）。この善挙については松江府婁県側の資料にも同様の記述が残されている（3）。なお嘉善県知県万相賓は赴任以来、民間に火葬習俗の存在する実態を目睹、その原因の一端は貧困にあると考え、嘉慶五年（一八〇〇）義冢を創設し、あわせて治下の紳士商民に対し、義冢の維持拡充のための土地の供出を勧奨している（4）。また道光四年（一八二四）、海塩に知県として赴任した楊国翰は真っ先に火葬厳禁を手がけ、道光七年（一八二七）には義冢を設営した（5・6）。

同治七年（一八六八）、銭宝廉による火葬禁令奏請については既に触れた。光緒『嘉善県志』の記述によれば、この銭宝廉の奏請によって火葬の旧習は革除され、現在（光緒年間）では火葬を見聞することはない、という（7・8）。また光緒『石門県志』は、庶民から士大夫家に至るまでの火葬習俗の実態を記すとともに、有司による数次の厳禁と、地元人士による広仁葬会の活動等によって火葬の風習はようやく改められたと述べ、やはり同治七年の銭宝廉による火葬禁令奏請、および挙人譚逢仕等による稟請に言及している（10・11）。因みにその石門県挙人譚逢仕等の述べるところによれば、当時の石門では、養蚕のための桑畑の確保が最優先され、土葬は蚕桑の妨げになるという認識が根強く、ために司直による禁令や縉紳による善挙を経てなお、火葬は習俗化していたという（注（25）所引参照）。

銭宝廉の奏請とそれに応じて浙江省及び各省に下された禁令（四7）が実際にどの程度の効力を発揮したのかについては、別途検証の余地が有ろうが、少なくとも、同治七年当時までは嘉興府下に広く火葬習俗が流布していたことは間違いないだろう。

また光緒『桐郷県志』の記すところによれば、桐郷県は土地は狭く人口は多く賦税は重いため、高原から低湿地に至るまで農桑地に利用され、尺寸の空き地もない。墳墓を営めるのは読書人層の巨族のみであり、小民の大半は埋葬地を持たない。ために往々にして親の遺骸を燃やして川に捨てたり棺を野ざらしにするといったことが行われる。そのような状況下、同治八年（一八六九）、烏鎮同知汪景純らの主導で義塚が作られている（12）。

このように人口の稠密、土地の狭小が火葬流布の背景を為していたことは間違いない。ただ義塚・漏沢園を設営することは、必ずしも火葬禁絶に絶対の効力を発揮したわけではない。そのことを示唆する資料を以下、川勝論文所引から紹介したい。

まずは桐郷県濮院鎮の鎮志である嘉慶『濮川所聞記』の記述である（13）。「当地は土地が肥沃で民も勤勉なため、尺寸の土地さえ耕し、裕福な者でない限り埋葬の土地を確保できない。漏沢園は元来、無縁仏の遺骸を収容するものであって、埋葬地を持たない遺族も肉親の遺骸を漏沢園に葬ることは好まないので、勢い火葬に付すことになる。諄々と教戒を繰り返してなお火葬の風を禁革できないのは、埋葬する土地がなく、かつ漏沢園・義塚への埋葬が好まれないためである。」また嘉興県王店鎮の鎮志である光緒『梅里志』にもほぼこれと同様の内容が記されている（14）。「嘉興は土地が肥沃で民も勤勉なため、尺寸の土地さえ耕し、裕福な者でない限り埋葬の土地を確保できない。また義塚への埋葬は好まれない。そこで遺骸は火に投じ遺骨を拾って埋葬し、これを火葬と称している。かかる大逆無道の所業が郷間においては最も甚だしく、官府の厳禁によっていささか下火になったもののなお尽く禁革するには至っていない。」

漏沢園・義塚への埋葬が好まれなかったというこれらの記述は、葬俗に関する人々の心情の一面を示唆するものとして注目される。漏沢園に土葬するくらいなら火葬に付す方を選ぶという姿勢は、火葬を禁忌し土葬を正統とする儒教的価値観が彼らにとって必ずしも絶対的な拘束力を持っていなかった状況を示している。換言すれば、土地不足や貧困などで、他に選択の余地がない場合にのみ万やむを得ず火葬という方法が選択されたわけでは、必ずしもなかった、ということだ。

（b）湖州府

はじめに湖州府全体の状況につき、同治『湖州府志』風俗「喪葬」の条を参照する（15）。同条は当地における仏教思想の影響による火葬、風水思想の影響による停葬の流行に触れ、埋葬する経済力が有る者でも、親の死に際してわずかな埋葬地さえ工面しようとせず、火葬に付す風潮の有ったことを指摘している。以下、府下の県志、鎮志の記述を検討する。

まず、時代は明代に遡るが、茅瑞徵（字伯符、湖州府帰安県人、万暦二十九年一六〇一進士）撰の「義阡記」（中華民国『烏青鎮志』所収）の所説を参照しておきたい（16）。烏青鎮とは烏鎮（湖州府烏程県東南）と青墩鎮（嘉興府桐郷県北）の併称であり、この両鎮はそれぞれの府境に位置を占めて互いに隣接する。茅瑞徵によれば、三呉[27]では貧民は言うに及ばず、千金を蓄える富者であっても、親が死ねば火葬に付すのを常とする。再三の禁令にもかかわらず、この風俗は改まっていない。土地が狭く人口が稠密であるという当地の風土に鑑みれば、官司が土地を提供することなく単に厲禁を下しても、空文に堕するのみである。そこで茅瑞徵の父は私有地を官に提供して義塚を設営し、貧民の埋葬に供した。

次に同じく『烏青鎮志』によって清初の状況を確認する。順治十七年庚子（一六六〇）に執筆された劉壐「烏鎮西柵義塚碑」によれば、烏程県では士大夫や庶民の富裕層はおおむね中華の葬礼（＝土葬）を行っているが、中産以下は火葬を専らとする。親を火葬することは全く異とされることなく、むしろ僧侶を呼んで仏式の葬儀を営まない方が、かえって周囲から奇異の目で見られるという（17）。

長興県では乾隆十一年（一七四六）、無縁仏の骸骨が道ばたに累々と横たわっている有様を見た知県が私財を投じて義塚を創るとともに、火葬禁止を命じている（18）。

同治八年（一八六九）、烏鎮同知汪景純による嘉興府桐郷県における義塚設置については既に触れた（12）。『烏青鎮志』によれば、汪景純はこの時、湖州府烏鎮と嘉興府青墩鎮両鎮の縉紳とともに掩埋公局を創設、貧民のために義塚を提供するとともに、火葬・停葬を禁止している。その火葬厳禁の告示によれば、火葬した当事者の処罰はもとより、所轄の地保（＝村落の責任者）には報告を義務づけ、隠匿して報告を怠った者をも処罰するなど、連帯責任を伴う地域ぐるみの監視体制を導入している（19）。なお『烏青鎮志』は当地の風俗としての火葬に言及（20）、中華民国当時には火葬の風習は既にやんでいたと記している（21）。

その他、南潯鎮（22）、烏程県（23）、徳清県（24）、帰安県（25）の各方志が、それぞれ火葬風俗の存在を記している。[28]

（c）杭州府

杭州府については他の二府ほどには関連資料を検出し得なかった。ここでは専ら中華民国『海寧州志稿』所収資料を考察する。海寧州は土地が肥沃で民は勤勉であり、尺寸の地さえ耕作に利用するため、富裕な者でない限り埋葬地を確保し得ない[29]。農民は往々にして棺を火葬に付し、遺骨は陶器に収めて田隅に放置、また乳幼児の遺骸も火葬し遺骨は綿にくるんで川縁の柳の木にぶらさげ、風が吹き散らすのに任せる（26）[30]。このような火葬の風習は、官司が義塚を設置しても改善されることがない（27）。具体的な時期を示す資料としては康熙年間のものが有る。康熙十二年（一六七三）知海寧県となった許三礼は火葬を禁止し、埋葬地として仁孝大園という義塚を各里に設営した（28）。ところで道光二十七年（一八四七）、署海寧知州翟維本が執筆した「敦仁堂葬会記」によれば、先の許三礼による義塚設置以降、地元の縉紳によって相次いで十余箇所に義塚が設置されたことが記録に残っているが、現在ではそのほとんど形跡を留めていない、という。その理由として翟維本は、（a）経費が乏しければ義塚の維持も困難であること、（b）土地が狭小であればすぐに義塚が満杯になってしまうこと、（c）規定が明確でなく禁約が厳格でなければ、義塚の敷地内を耕作地が浸食し、やがては土地の帰属が曖昧になってしまうこと、等の諸点を挙げている（29）。義塚の維持運営に関する現実的問題の一端を伝える貴重な資料と言えるだろう。[31]

最後に同じく義塚の問題に関する資料として、『杭州府志』から康熙六年張文嘉撰の「義冢議」の内容を参照しておく（30）。「義冢議」は義塚に関わる弊害と掩埋に関わる弊害をそれぞれ指摘している。義塚に関わる弊害とは、やはり義塚の区画確保の問題である。もともと耕作地として利用されていた土地を官司が義塚として接収した場合、もとの使用者が「埋葬場所が手狭になるまでの間だけ」等と称して耕作を続け、やがて官吏の交替などの際になし崩し的に自分の土地にしてしまう。あるいは義塚内の空き地を管理人が許可を得て耕作し、やがて官吏の交替などの際に自分の土地にしたり転売したりする。[32] 掩埋に関わる弊害とは、義塚の管理者がいないか、いても遠隔地に居住している場合、民は義塚に棺を持ち込んでいい加減に埋めるか、場合によっては遺棄してそのまま立ち去ってしまう。そこで犬彘豺狼が棺を破ったり土を掘り返したりし、血肉白骨が散乱するという惨状を呈する。

これは義塚の管理運営が適切に行われていない場合の弊害であって、これを以て義塚一般の状況と見なすわけにはいかないだろうが、実情の一端を示すものとは言えるだろう。また義塚の実態がこのようなものであったとすれば、肉親の亡骸を義塚に葬ることを好まないという心情が遺族に芽生えるのも想像に難くない（13・14）[33]。

以上、嘉興・湖州・杭州三府を対象に清代における火葬の実情について考察した。三府全体を通して、具体的に火葬習俗の実在を示す資料のうち時期の判明するものを時代順に排列すれば、順治十七年（一六六〇、17）、康熙十二年（一六七三、28）、乾隆十一年（一七四六、18）、二十八年（一七六三、1）、嘉慶二年（一七九七、2・3）、五年（一八〇〇、4）、道光四年（一八二四、5）、同治七年（一八六八、8・9・11）、八年（一八六九、12・19）となる。これを見ても、ことこの三府に関する限り、乾隆帝による火葬禁断政策が絶対的な効力を発揮したとは必ずしも言い得ない状況にあったことは、明らかであろう。

おわりに

本稿は主として明清時代を対象に、火葬習俗の実態について考察した。第六節の分析からもうかがえるように、火葬習俗に関して明清間の断絶は存在せず、両者はむしろ連続的である。乾隆帝に始まる清朝治下の火葬禁断策は、連帯責任による相互監視体制を導入するなど、確かに従前にはない断固たる姿勢を示すものではあった（四3、八19）。異民族征服王朝たる清が、漢民族王朝たる明よりも儒教的価値観の遵守（＝土葬の履行と火葬の厳禁）においてより積極的であったのだとすれば、それはそれで非常に興味深い現象である。しかしながら第八節における浙江嘉興・湖州・杭州三府の事例調査により、乾隆以降も火葬習俗は決して払拭されることはなく、従って乾隆帝の禁断策も必ずしも徹底完遂されたわけではなかったことが明らかである。

埋葬地を確保して土葬を行うには、一定の経済力が必要である。貧困や埋葬地の不足は、火葬流布の最大の要因であろう。火葬が社会問題化されると、官司は義塚・漏沢園を設置して官有の埋葬地を提供するとともに、火葬の取締まりを強化する。しかしながら義塚の維持運営にも経済的な裏付けが不可欠であり、また当然のことながら時間の経過とともに被埋葬者の数は増え続けるから、収容能力を超えればいずれ義塚は破綻する。義塚の管理が杜撰であれば、周辺の耕作地に区画を浸食されたり、義塚が屍体遺棄の場と化すことになる。義塚がそのような惨状を示せば、遺族は義塚に葬るよりもむしろ火葬を選ぶことにもなる。このように火葬を余儀なくさせる社会的経済的背景が存在したことが、火葬流布原因の一端であることは間違いない。しかし一方で、経済的に余裕のある者でも火葬を行うなど、習俗としての一定の定着ぶりを示す事例も存在する（六5、八15・16）。

このような火葬流布の実態は、儒教的理念が人々の現実の社会生活に対してどの程度の拘束力を実際に持ち得るものであったのか、という問題を考える上でも、興味深い事例であると言えよう。

注

（1）『論語』「為政」第二「孟懿子問孝。子曰。無違。樊遅御。子告之曰。孟孫問孝於我、我対曰、無違。樊遅曰。何謂也。子曰。生事之以礼、死葬之以礼、祭之以礼。」『礼記』「祭統」「是故孝子之事親也、有三道焉。生則養、没則喪、喪畢則祭。養則観其順也。喪則観其哀也。祭則観其敬而時也。尽此三道者、孝子之行也。」『礼記』「祭義」「君子生則敬養、死則敬享、思終身弗辱也。」『孝経』「紀孝行章」第一〇「子曰。孝子之事親也、居則致其敬、養則致其楽、病則致其憂、喪則致其哀、祭則致其厳。五者備矣、然後能事親。」『孝経』「喪親章」第一八「生事愛敬、死事哀慼、生民之本尽矣、死生之義備矣、孝子之事親終矣。」

（2）『孟子』「離婁」上「不孝有三、無後為大。」

（3）那波利貞「火葬法の支那流伝に就いて」（『支那学』第一巻第七号、一九二一年）もっとも仏教伝来以前の中国に火葬習俗が存在しなかったわけではない。そのことは火葬墓の考古学上の発掘調査によっても明らかである。孫溥泉、宋大仁、黄暉、張立「火葬是中華民族自古就有的衛生習俗」（『中華医史雑誌』一七巻三期、一九八七年）

（4）『宮崎市定全集』第一七巻「中国火葬考」頁二一三〜二一五（岩波書店、一九九三年）

（5）明清時代の火葬風俗を取り上げた優れた専論として常建華「試論明清時期的漢族火葬風俗」（『南開史学』一号、一九九一年）が有る。本稿も常建華論文から多くの裨益を被ったことを特に記しておきたい。

（6）『黄氏日抄』巻七〇「申判府程丞相乞免再起化人亭状」「楊元感反、隋亦掘其父素冢、焚其骸骨、惨虐之門既開。因以施之極悪之人。然非治世法也。……蔣玄暉瀆乱宮闈、朱全忠殺而焚之、一死不足以尽其罪也。然殺之者常刑、焚之者非法。非法之虐、且不可施之誅死之罪人、況可施之父母骨肉乎。」又資料編六1参照。

（7）西脇常記「唐代の葬俗――特に葬法について――」（西脇常記『唐代の思想と文化』創文社、東洋学叢書、二〇〇〇年所収、初出は一九七九年）

（8）川勝守「東アジア世界における火葬法の文化史――三～一四世紀について――」（『九州大学東洋史論集』一八号、一九九〇年）

（9）注（4）前掲宮崎市定論文参照。

（10）徐吉軍「論宋代火葬的盛行及其原因」（『中國史研究』中国社会科学院歴史研究所、一九九二年第三期、総第五五期）も宋代の火葬盛行の原因の一つとして仏教の世俗化（民間への流布）を挙げている。

（11）因みに同治七年（一八六八）、銭宝廉の奏請を承けて浙江巡撫李瀚章が下した火葬禁令中では、火葬を命ずる遺言を、従うべからざる「乱命」と称している。「禁火葬録」「死者雖有遺言、当遵礼制、不可従其乱命。若聴従遺言、卑幼将尊長之尸焼化棄置者、杖一百。」（「禁火葬録」については第八節及び注（23）参照。）

（12）浙江金華府浦江県、嘉靖『浦江志略』巻二、民物志「風俗」「民家有父母兄弟妻子死者、或貧不能葬、或畏悪疾伝染、往往付之火化。」（注（5）前掲常建華論文所引による）

（13）http://www.sinica.edu.tw/ftms-bin/ftmsw3

（14）注（5）前掲常建華論文も、明清時期の火葬風俗は主として江蘇・浙江・福建・広西・広東等東南沿海地区において盛んであったことを指摘している。

（15）拙稿「樗村沈銆における華夷観念と小中華思想」（『京都府立大学学術報告（人文・社会）』第五五号、二〇〇三年）。

（16）注（10）前掲徐吉軍論文参照。

（17）陳垣「湯若望与木陳忞」「語録与順治宮廷」「順治皇帝出家」（ともに『陳垣学術論文集』第一集所収、中華書局、一九八〇年）、張柏忠「清固龍雍穆長公主墓」（『文物資料叢刊』第七期、一九八三年）、方殿春、李栄発「清武功郡王、恪恭貝勒二墓」（『遼寧文物』第五期、一九八三年）、尹徳文「清太宗皇太極火葬考略」（『故宮博物院院刊』一九八五年第一期、総第二七期）、劉潞「清初皇室成員火葬的見証」（『文物』一九九三年第九期、総第四四八期）。

（18）前注所引尹徳文論文。

（19）注（5）前掲常建華論文。

（20）『清史稿』巻一「太祖本紀」「都督福満、是為興祖直皇帝。興祖有子六。長徳世庫、次劉闡、次索長阿、次覚昌安、是為景祖翼皇帝、次包朗阿、次宝実。景祖承祖業、居赫図阿喇、諸兄弟各築城、近者五里、遠者二十里、環衛而居、通称寧古塔貝勒、是為六祖。」松浦茂『清の太祖ヌルハチ』頁六〇～六七（白帝社、一九九五年）参照。

（21）今西春秋「ＮＩＮＧＧＵＴＡ考」（『朝鮮学報』二一・二二輯合併号、一九六一年）

（22）『清史稿』巻五五、地理志二、奉天「興京府」「興京府。……明、建州右衛。天聰八年（一六三四）、尊赫図阿拉地曰興京。」

（23）「禁火葬録」佚名輯、張仁善整理（『近代史資料』八五巻、一九九四年、中国社会科学院近代史研究所近代史資料編輯組編輯）

（24）「禁火葬録」「査火葬之習、浙江杭・嘉・湖三府皆有之、而莫盛于嘉属之石門・桐郷等県。彼処民多業蚕、以其不便于種植、乃于中元・冬至両節前後、相率而為火葬之挙。其発冢開棺而焼尸者、謂之明葬。其発冢焼棺而不見尸者、謂之暗葬。挙先人之遺骸而付之一炬。」

（25）「禁火葬録」「石門県挙人譚逢仕・鍾兆熊・職員徐振圻・沈保寿・銭立漢・職監張聯芬・庫元熺稟。敬稟者、窃嘉属向有火葬之俗、石門尤甚。雖歴奉邑尊諭禁、及挙等設法募資、創建灰局、勧令領灰営葬、而郷民無知、堅執蚕桑為重、営葬則有碍種桑之見、遂至相習為風。小康之家、亦都焊然為之。挙等目撃神傷、無以勧止、因于応試春闈後、特請郷先達翰林院侍講学士銭宝廉申奏、奉上諭交浙巡出示暁諭、申明例禁在案。」

（26）川勝守「東アジア世界における火葬法の文化史――三～一四世紀について」（注（8）既引）、川勝守「明清以来、江南市鎮の共同墓地・義塚――上海付近市鎮志の義塚を中心として――」（『九州大学東洋史論集』二四号、一九九六年）、川勝守「明清以来、江南市鎮の共同墓地・義塚の社会文化史――蘇州・嘉興・湖州・杭州四府を中心として――」（『大正大学研究紀要』人間学部・文学部、八四号、一九九九年）

（27）三呉の指すところについては諸説有るも、この文脈では明らかに湖州府が含まれている。ここではさしあたり蘇州府、常州府、湖州府と見ておく。なお桑原隲蔵「歴史上より観たる南北支那」注（19）および注（72）（『東洋文明史論』平凡社東洋文庫、一九八八年、頁四〇、八六）、岩城秀夫訳注『五雑組』冊二頁六四（平凡社東洋文庫、一九九七年）参照。

（28）前年の同治七年、銭宝廉の奏請とそれにこたえた上諭を承けて浙江巡撫李瀚章が杭嘉湖三府等に下した火葬禁令の中にも、地保の報告義務及びその違反の際の処罰を明記している。汪景純のこの告示もその意を体してなされたものであろう。「禁火葬録」「浙江巡撫李為厳禁火葬悪習、勒石永禁、以厚風俗事。……自示之後、務須依礼殯葬。無力之家、尽可権厝義冢。如敢仍踏悪習、輒用火葬、無論父母尊長及卑幼他人、許該地保里隣挙報、照例治罪。有功名者、即行詳革。地保里隣知而不首、一経他人告発、即治以隠匿之罪。」

（29）この箇所の記述は嘉慶『濮川所聞記』、光緒『梅里志』と逐字的に一致する（13・14）

（30）こうした風俗には、小児が親に先立って病没夭逝することを不祥・不孝と見なす観念が背景にあるものと思われる。『清稗類鈔』第八冊、喪祭類「汴人之喪」「如二三歳小孩因病殤亡、必焚其尸於野、使成灰随風而散、其意謂除其禍根、以保下胎之安寧也。」同「滇中小児之喪」「凡未満七歳之小児死時、土人以其先父母而入泉路、目為不孝、乃盛以無蓋之棺、懸之樹、任鳥啄之。」

（31）義塚に限らず、善挙の維持運営にあって経費不足は常に深刻な問題であった。同治～光緒年間の杭州善挙連合体における恒常的な経費不足は、清朝崩壊に至るまで解決を見ないままに終わっている。経費不足は善挙総董（統括責任者）に自腹を切らせて補塡させるなど、善堂経営は郷紳にとって一種の繇役的性格を帯びるものでもあった。夫馬進『中国善会善堂史研究』第九章「杭州善挙連合体と都市行政」第三節、二「経費不足と善挙総董の繇役的性格」（同朋舎、一九九七年）

（32）清末における義塚の盗売事件に関しては、夫馬進前掲書頁七二〇～七二四参照。

（33）因みに北宋時代の漏沢園の出土資料（墓磚）から、被埋葬者の多くが軍人や犯罪者であったことが指摘されている。賀官保「従西京洛陽漏沢園墓磚看北宋時期的兵制及其任務」（『中原文物――河南省考古学会論文選集――』一九八三年特刊）、宋采義、予嵩「談河南滑県発現北宋的漏沢園」（『河南大学学報』哲学社会科学版、一九八六年第四期、総第九一期）、伊原弘「河畔の民――北宋末の黄河周辺を事例に――」（『中国水利史研究』第二九号、二〇〇一年）。

（注7補注）

同じく西脇常記氏の調査によれば、『景徳伝灯録』（一〇〇四年成立）所載の祖師九三四名中、葬法に言及するもの一三一件、うち火葬は三二件（二四、四％）であり、このデータも僧侶における火葬が唐代以降急増する傾向の証左となろう（『唐代の思想と文化』頁二七九、注41）。なお『梁高僧伝』巻一一「釈玄高」によれば、玄高（四〇二～四四四）が遷化した際、門人たちは荼毘に付そうとしたが国制を憚って土葬にした、とある。「明日遷柩、欲闍維之、国制不許、於是営墳即窆。」（大正、冊五〇、三九八a、西脇同書、頁二四九、注4）。僧侶が仏教の葬俗たる火葬を行うにも、やはり仏教が中国社会において一定程度流布浸透するのを待たねばならなかった、ということであろう。因みに唐代になると在家信者による火葬遺言の事例も出現する。『千唐誌斎蔵誌』は夫人辺氏（七四四～八一二）及び夫人蘇氏（七六六～八四四）がいずれも自らの火葬を遺言した事実を記す（一〇〇〇、一〇九〇、西脇同書、頁二二七～二三〇）。

（注15補注）

因みに朝鮮においては、統一新羅時代や高麗時代には仏教信仰が盛んであったために広く火葬が行われたのに対し、李朝時代に入ると儒教尊重の立場から、火葬は禁じられた。赤田光男「朝鮮の墓地と祖先祭祀」（森浩一編『日本古代文化の探求・墓地』社会思想社、一九七五年）。具体的には高麗末の一三八九年を皮切りに、一三九五年、一四二〇年、一四七〇年、一四七四年に火葬禁止令が出ている。古田博司「儒教教化以前朝鮮葬祭法復元攷」（『朝鮮学報』第一五二輯、一九九四年）、第二章、注（24）。

資料編

一　儒教の孝と身体観

1『礼記』「祭義」「曾子曰。身也者、父母之遺体也。行父母之遺体、敢不敬乎。」

2『礼記』「祭義」「吾聞諸曾子、曾子聞諸夫子曰。天之所生、地之所養、無人為大。父母全而生之、子全而帰之、可謂孝矣。不虧其体、不辱其身、可謂全矣。」

3『孝経』「開宗明義」「身体髪膚、受之父母。不敢毀傷、孝之始也。」

4『論語』「泰伯」「曾子有疾、召門弟子曰。啓予足、啓予手。詩云。戦戦兢兢、如臨深淵、如履薄冰。而今而後、吾知免夫小子。」

5『大戴礼記』「哀公問於孔子」「君子無不敬也。敬身為大。身也者親之枝也。敢不敬與。不能敬其身、是傷其親。傷其親、是傷其本。傷其本、枝従而亡。」

6陳確『陳確集』文集、巻一五「答龕化疑問」丙申（順治十三年一六五六）「蓋生死一也。焼死親、曾何異于焼生親。……身也者、父母之遺体也。且非己之得毀也。而謂為人子者得而毀諸。既身陥于不孝、而又以不孝遺親、是邀二罪也。」

二　処罰としての焚屍

1『後漢書』巻一五「李通」「莽怒、欲殺守、顕争之、遂并被誅、及守家在長安者尽殺之。南陽亦誅通兄弟、門宗六十四人、皆焚屍宛市。」

2『三国志』巻八、魏書「公孫度」「度大怒、掘其父冢、剖棺焚屍、誅其宗族。」

3『魏書』巻九六「僭晉司馬叡」「求峻屍弗獲、乃発衍父母冢、剖棺焚屍。」

4『資治通鑑』晉紀、懐帝永嘉五年（三一一）夏四月「石勒……剖越棺、焚其尸、曰。乱天下者此人也。吾為天下報之、故焚其骨。」

5『新唐書』巻二二三下、姦臣下「蔣玄暉」「全忠矯詔收付有司車裂之、貶為兇逆百姓、焚尸都門外。」

6『周礼』秋官「掌戮」「掌戮、掌斬殺賊諜而搏之。凡殺其親者焚之。」

7『漢書』巻九四下「匈奴伝」下「莽作焚如之刑、焼殺陳良等。」

三　歴代王朝法典における焚屍・火葬関連条項

1『唐律疏議』巻一八、賊盗「残害死屍」「諸残害死屍（謂焚焼支解之類）及棄屍水中者、各減闘殺罪一等（緦麻以上尊長不減）。棄而不失、及髠髪若傷者、又各減一等。即子孫於祖父母父母、部曲奴婢於主者、各不減（皆謂意在于悪者）。〔疏〕議曰。……註云皆謂意在於悪者、謂従残害以下、並謂意在於悪。如無悪心、謂若自願焚屍、或遺言水葬、及遠道屍柩将骨還郷之類、並不坐。」

2『宋刑統』巻一八、賊盗「残害死屍」「残害死屍（蕃客死許焼葬）。諸残害死屍（謂焚焼支解之類）及棄屍水中者、各減闘殺罪壹等（緦麻以上尊長不減）。棄而不失、及髠髪若傷者、各又減壹等。即子孫於祖父母父母、部曲奴婢於主者、各不減（皆謂意在于悪者）。〔疏〕……議曰。……註云皆謂意在於悪者、謂従残害以下、並謂意在於悪。如無悪心、謂若願焚屍、或遺言水葬、及遠道屍柩将骨還郷之類、並不坐。〔准〕主客式譜、蕃客及使蕃人宿衛、子弟欲依郷法焼葬者、聴。縁葬所須亦官給。〔准〕建隆参年参月拾貳日、勅。京城外及諸処、近日多有焚焼屍棺者。宜令今後止絶。若是遠路帰葬及僧尼蕃人之類、聴許焚焼。」

3『元典章』巻三〇、礼部、礼制「禁約焚屍」至元十五年（一二七八）「至元十五年正月、行台准御史台咨、承奉中書省劄付、近准北京等路行中書省咨、北京路申同知高朝列牒。伏見北京路百姓、父母身死、往往置於柴薪之上、以火焚之。照得古者聖人治葬、具棺槨而厚葬之。今本路凡人有喪以火焚之。実滅人倫有乖喪礼。本省看詳、今後除従軍辺遠、或為羈旅従便焚焼外、拠久居土着之家、若准本路所申相応。准此送礼部。議得四方之民、風俗不一。若便一体禁約、似有未尽。参詳、比及通行定奪以来、除従軍応役并遠方客旅諸色目人許従本俗不須禁約外、拠土着漢人擬合禁止。如遇喪事、称家有無、置備棺槨、依理埋葬、以厚風俗。及拠礼部呈、随路広院寄頓骸骨、合無明立条教、以革火焚之弊、俾民以時喪葬。若貧民無地葬者、聴於官荒地内埋了、若無人収葬者、官為埋葬。本部議得、除火葬之弊、既行禁治外、其貧民無地葬者、則於官荒地埋了、無人収葬者、官為埋葬、似為相応。都省准呈仰遍行合属、依上施行。」

4『大明律』巻一二、礼律、儀制「喪葬」「凡有喪之家、必須依礼安葬。若惑於風水及託古停棺在家、経年暴露不葬者、杖八十。其従尊長遺言、将屍焼化及棄置水中者、杖一百。卑幼並減二等。若亡歿遠方、子孫不能帰葬而焼化者、聴従其便。其居喪之家、修斎設醮、若男女混雑、飲酒食肉者、家長杖八十、僧道同罪還俗。」

5『大明律』巻一八、刑律、賊盗「発塚」「若残毀他人死屍、及棄屍水中者、各杖一百、流三千里（謂死屍在家或在野未殯葬、将屍焚焼支解之類、若既殯葬者、自依発塚・開棺見屍律、従重論）。若毀棄緦麻尊長以上死屍者、斬。棄而不失、及髠髪若傷者、各減一等。」

6『大清律輯注』巻一二、礼律、儀制「喪葬」「凡有（尊卑）喪之家、必須依礼（定限）安葬。若惑於風水及託古停棺在家、経年暴露不葬者、杖八十（若棄毀死屍又有本律）。其従尊長遺言、将屍焼化及棄置水中者、杖一百。卑幼並減二等。若亡歿遠方、子孫不能帰葬而焼化者、聴従其便。其居喪之家、修斎設醮、若男女混雑（所重在此）、飲酒食肉者、家長杖八十、僧道同罪還俗。条例。一、八旗蒙古喪葬既不許火化。除遠郷貧人不能扶棺帰里、不得已携骨帰葬者姑聴不禁外、其余有犯者、按律治罪。族長及佐領等隠匿不報、一併処分。」

7『大清律輯注』巻一八、刑律、賊盗「発塚」「若残毀他人死屍、及棄屍水中者、各杖一百、流三千里（謂死屍在家或在野未殯葬、将屍焚焼残毀之類。若既殯葬者、自依発塚・開棺見屍律、従重論）。若毀棄緦麻以上尊長（未葬）死屍者、斬（監候）。棄（他人及尊長）而不失（其屍）、及（毀而但）髠髪若傷者、各減一等（凡人減流一等、卑幼減斬一等）。」

8『大清会典事例』巻七六八、刑部、礼律儀制、喪葬、附律条例「一、蒙古喪葬、不許火化。除遠郷貧人、不能扶柩帰里、不得已携骨帰葬者、姑聴不禁外、其余有犯、按律治罪。族長及佐領等隠匿不報、一併処分（謹案此条係雍正十三年定例）。」

四　清朝による火葬禁令

1『東都事略』巻二、建隆三年（九六二）「三月丁亥、詔曰。王者設棺槨之品、建封樹之制、所以厚人倫而一風化也。近代以来、遵用夷法、率多火葬、甚愆典礼。自今宜禁之。」

2『明実録』洪武三年（一三七〇）六月辛巳「令民間立義塚。上諭礼部臣曰。古者聖王治天下、有掩骼埋胔之令。推恩及于枯骨。近世狃於胡俗、死者或以火焚之而投其骨于水。孝子慈孫、於心何忍。傷恩敗俗、莫此為甚。其禁止之。若貧無地者、所在官司択近城寛閑地為義塚、俾之葬埋。或有宦遊遠方、不能帰葬者、官給力費以帰之。」

3『高宗純皇帝実録』巻五、雍正十三年（一七三五）十月乙酉「下旗民喪葬禁令。諭曰。古之葬者、厚衣之以薪、葬於中野。後世聖人、易之以棺槨。所以通変宜民、而達其仁孝之心也。本朝肇跡関東、以師兵為営衛、遷徙無常。遇父母之喪、棄之不忍、携之不能。故用火化以便随身奉持、聊以遂其不忍相離之願。非得已也。自定鼎以来、八旗蒙古、各有寧居。祖宗墟墓、悉隷郷土。喪葬可依古以尽礼。而流俗不察、或仍用火化。此狃於沿習之旧、而不思当年所以不得已而出此之故也。朕思人子事親、送死最為大事。豈可不因時定制、而痛自猛省乎。嗣後除遠郷貧人不能扶柩回里、不得已携骨帰葬者、姑聴不禁外、其余一概不許火化。倘有犯者、按律治罪。族長及佐領等、隠匿不報、一併処分。朕又聞漢人多惑於堪輿之説。購求風水、以至累年停柩。漸致子孫貧乏、数世不得挙葬。愚悖之風、至此為極。嗣後守土之官、必多方勧導、俾得按期葬埋、以妥幽霊、以尽子職。此厚人倫美風俗之要務也。務各凛遵毋忽。」

4『大清会典事例』巻一一四七、八旗都統、公式、禁令、乾隆元年（一七四〇）「乾隆元年議准。各省駐防官兵亡故、如家貧不能扶柩回京、准照軍前之例火化。官為送回。再各省駐防官兵已故婦女閒散人等骨殖、亦於毎年官送之便、一併送京。」

5『大清会典事例』巻一一四七、八旗都統、公式、禁令、乾隆五年（一七四〇）「五年奏准。盛京等処旗人身故、祖塋遙遠、不能送回、呈請火化帰葬者、由該佐領申報都統、移咨歩軍統領衙門、委官往験火化。再京外旗人奉差告仮、出外身故、無力扶柩回京者、呈報該処官員火化携回。其餘概不准火化、違者治罪。佐領族長隠匿不報者、交部議処。」

6『大清会典事例』巻六一三、兵部、八旗処分例、雑犯、道光二年（一八二二）「道光二年奏定。盛京等処旗人、在京身故、祖墳遙遠、不能扶柩送回、呈請火化帰葬者、由該佐領申報該旗都統、咨明歩軍統領衙門、派員験看火化。在京在外旗人、奉差告仮出外身故、因路途遙遠、無力扶柩送回、呈明該処官員、火化携回。其餘一概不准火化。違者按律治罪。族長及佐領等、隠匿不報、照例議処。」

7『大清会典事例』巻四〇〇、礼部、風教、訓飭風俗、同治七年（一八六八）「又諭。銭宝廉奏請厳禁火葬一摺。火葬之習、久干例禁。近来浙江嘉湖等府、尚有此弊。若如該学士所奏、実於地方人心風俗、大有関繫。亟宜厳禁以挽頽風。著浙江巡撫出示暁諭、申明例禁。並恐他省沿此陋習、著各省督撫、通飭所属州県、一併厳禁。如有仍前火葬者、即行按律治罪。其嘉興府向有悪棍阻葬等事、並著李瀚章飭令各州県従厳懲辦、以儆刁頑。」

五　火葬・焚屍の背景、要因

（a）土地狭小、貧困

1『皇朝類苑』巻二三、官政治績「韓稚圭」「河東人衆而地狭。民家有葬事、雖至親悉燔爇取骨燼、寄僧舎、以至積久棄捐、乃已習以為俗。韓稚圭鎮并州、以官鏹市田数頃、俾州民骨肉之亡者有安葬之地。古者反逆之人、乃有焚如之刑。其士民則有歛殯附葬之礼。惟胡夷泊僧尼許従夷礼而焚柩。斉民則一皆禁之。今韓公待俗以礼法、真古循吏之事也（倦遊録）。」

2『朱文公文集』巻八九「中奉大夫直煥章閣王公神道碑銘」「公世為婺州人。八世祖、始自義烏之鳳林、徙居金華郡城下。……公諱師愈、字与正、一字斉賢。……俄遭父喪、貧不得窆。族姻欲使従俗為火葬。公号泣不食者累日。見者感動、合力助之、乃克襄事。」

3『朱文公文集』巻九三「朝散黄公墓誌銘」「公諱瑀、字徳藻、其先世居福州長楽県青山下。後乃徙家郡城之東、為閩県人六世矣。……公中紹興八年進士第。……閩俗多火葬。公遭父喪、親党憐其貧、喩使従俗。公哀号不答、尽鬻家人衣具、卒葬以礼。」

4『明史』巻一五七「郭敦」「郭敦、字仲厚、堂邑人。洪武中、以郷挙入太学。授戸部主事。遷衢州知府、多恵政。衢俗、貧者死不葬、輒焚其屍。敦為厲禁、且立義阡、俗遂革。禁民聚淫祠。敦疾、民勧弛其禁。弗聴、疾亦瘳。」

5呉寛『匏翁家蔵集』巻三八「蘇州府新立義塚記」「蘇為郡、自国初兵荒之後、戸口見於版册者、其数已甲於天下。承平以来、生歯益繁、殆倍其数。死者卜吉安厝、固遵礼制。至於小民焚屍、日亦不絶。造飾其語、謂之火葬。或拾其骨於煨燼之餘而埋之、甚者直投之水而已。愚而貧者、固不足論。其有知識而力足以葬者、亦従而効之。噫、何俗之悪久而不能変也。」

6黄百家『学箕初稿』巻二「書王孝女碑後」「然三呉之区、習以成俗、名曰火葬。自数家巨族外、未有不出於此者。真大惑不解也。

雖然、三呉自明大祖以張士誠之故、特重其賦、相沿至今、有増無損。故一畝之輪、尽身力竭地財、不足以供上。又安有隙地焉、以自蔵其軀骼乎。是故朝生為人、暮死為燼、豈其性與人殊哉。勢不得不然也。」

（b）客死

（c）宗教的理由

（d）親の遺言

7『朱子語類』巻八九、礼六、「喪」四七条、胡泳録「或問。親死、遺囑教用僧道、則如何。曰。便是難処。或曰。也可以不用否。曰。人子之心、有所不忍。這事、須子細商量。」

8『朱子語類』巻八九、礼六、「喪」四八条、胡泳録「或問。設如母卒、父在、父要循俗制喪服、用僧道火化、則如何。曰。公如何。曰。只得不従。曰。其他都是皮毛外事、若決如此做、従之也無妨。若火化則不可。泳曰。火化、則是残父母之遺骸。曰。此話若将与喪服浮屠一道説、便是未識軽重在。」

9『陳確集』文集、巻一五「答龕化疑問」丙申「董思東以其父龕化之約為疑、遺書而問陳子。陳子曰。……今悪死者之不速化而加火焉、是无異憂生者之不速死而加刃也、……彼仏氏雖以无生為教、亦未聞于生者而加刃、而独于死者加火。是貴生而賤死者也。……然則終何以解違約之罪。曰。吾聞子以納親于道為孝、不聞以従令為孝也。……樊遅問无違之孝、子曰、生事之以礼、死葬之以礼、祭之以礼。是烏知不違之所以為違、而違之所以為不違也。」

（e）腐乱を避ける

10『容斎続筆』巻一三「民俗火葬」「自釈氏火化之説起、於是死而焚尸者、所在皆然。固有炎暑之際、畏其穢泄、斂不終日肉未及寒而就爇者矣。」

（f）悪疾の伝染を避ける

11祝穆『古今事文類聚』前集、巻五六、喪事部、賈同「禁焚死」「夫生而或毀傷之、雖不仁猶有為也。死而後毀傷之、則其不仁不亦甚矣。……噫、今之多焚其死者、何哉。……閭閻既以為俗、而漸染於士大夫之家、亦多為之。……又或者以悪疾而死、俗云有種慮染其後者而焚之。斯則既不仁矣、又惑之甚者。夫修短有命。疾病生乎身、豈有例哉。如云世積殃遺子孫、則雖焚之無益也。」

六　明～清代各地域における火葬をめぐる状況

A①（明代、北直隷）

1程敏政『篁墩文集』巻五八「先師介庵先生呂文懿公遺事」「方全卒於景。先生貧無以。家有請徇俗火葬者。先生時年十七、潸然不従曰。忍使先人遺体受此炮烙刑。乃権厝景東。」

○呂原…字逢原、号介庵、謚文懿、秀水人。正統七年（一四四二）進士。○万全…呂原の父呂嗣芳、永楽十六年（一四一八）卒。○景…北直隷河間府景州。

A②（清代、京師）

2『欽定日下旧聞考』巻一四六「風俗」「［増］火葬倡於釈氏、末俗因之。焚屍之惨、行路且不忍見。況人孤人弟乎。燕京土俗、以清明日聚無主之柩、堆若邱陵、又剖童子之棺殮而未化者、裸而置之高処、剪紙為旗縛之於臂。此尤不仁之甚矣。或謂火化俗醸自元。然世祖至元十五年、曾厳焚屍之禁、具載典章。論世者未之考爾。（西神脞説）」

○『欽定日下旧聞考』…乾隆三十九～五十年（一七七四～八五）増訂。

B①（明代、江蘇）

3乾隆『江南通志』巻一七八、人物志、列女「狄阿光妻髙氏、嘉定人。婚彌月、夫病癰死。氏痛哭三日。家貧火葬。氏投身烈焰、姑力挽出。夕帰断髪、自経死。」

○狄阿光妻髙氏…直前の張概妻金淑寧の条で張概の洪武十九年死亡を記しており、本条も洪武年間の事とみなしておく。

4韓邦奇『苑洛集』巻四「嘉議大夫都察院右副都御史西野曹公墓誌銘」「公姓曹、諱鳳、字鳴岐、別号西野、河南汝寧之新蔡人也。……弘治己酉、公考績謁部奏薦陜西道監察御史。……御史七年、陞蘇州府知府。蘇州富饒甲天下、俗廼奢靡、且崇祀非鬼、親死則多火之。公下車、首置義塚以畀貧者而禁火葬。」

○弘治己酉…弘治二年（一四八九）。

5銭穀『呉都文粋続集』巻四五、墳墓、呉寛「蘇州府新立義塚記」「国朝洪武三年、下詔禁之。令天下皆立義塚。其後又詔立漏沢園、至特載之律令、犯者其法甚重。聖政推仁可謂沢及枯骨矣。蘇為郡、自国初兵荒之後、戸口見於版冊者、其数已甲於天下。承平以来、生歯益繁、殆倍其数。死者卜吉安厝、固遵礼制。至於小民焚屍、日亦不絶。造飾其語、謂之火葬。或拾其骨於煨燼之餘而埋之、甚者直投之水而已。愚而貧者、固不足論。其有知識而力足以葬者、亦従而効之。噫、何俗之悪久而不能変也。弘治十年、新蔡曹侯以監察御史出知蘇州。正身率下、令行禁止。甫及三年、俗乃大変。独視其民不以礼葬、痛切於已曰。此徒禁之而無以処之、不可也。慨然有義塚之挙。他日移於巡撫都御史彭公、巡按御史王君、皆曰、盛挙也。報使行之。……予聞嘆曰。此前人所不能行者、何意行之於今日哉。……乃悉侯之意以諭其民曰。爾有父母、有人損其一指、爾怒乎。爾有妻子、有人残其一目、爾怒乎。爾怒、必訟之於官、以報其讐。今爾父母妻子之死、不以土掩覆、乃親置烈火中、使其肢体糜爛、腸胃断裂、非特毀其一指一目而已。旁観者猶蹙額泚顙不忍。爾固人也、非木石也。何独忍乎。」

6沈周『石田詩選』巻五「呉俗火葬」「火葬壊呉俗、沿愚罔知教。体魄軽父母、死即畀野燎。何異炎人朽、亦類儀渠焼。」

○沈周…一四二七～一五〇九、正徳四年卒。○「炎人朽」「儀渠焼」…『墨子』「節葬」下「楚之南有炎人国者。其親戚死、朽其肉而棄之、然後埋其骨、乃成為孝子。秦之西有儀渠之国者。其親戚死、聚柴薪而焚之、燻上謂之登遐、然後成為孝子。」

7陸深『儼山集』巻七四「監察御史鄭公墓誌銘」「庚辰、赴銓授上海知県。……海多火葬。又曰。此非民之罪也、令之不徳也。為立義塚、明表樹定　禁約以示之。」

○庚辰…正徳十五年一五二〇。

8崔銑『洹詞』巻一二「城南漏沢園記」「南京俗伝火葬。不問尊卑、付諸烈焰。僧則菴名化人、遊民則儲火具道諸葬者因以取利。大司馬甘泉湛公、既毀劉公淫祠、以法辟僧及民、入其地于官。」

○湛若水…嘉靖十八～十九（一五三九～四〇）南京兵部尚書。

9『明文海』巻四七〇、何良俊「董隠君墓表」「董隠君者、名懐、字世徳、別号三岡居士。董氏、上海之望族也。……晩年欲出田立義塚、以息火葬。」

○董懐…嘉靖二十二年一五四三没。

10胡直『衡廬続稿』巻六「大理卿宋華陽先生行状」「戊申、得選蘇之呉県、乃偕太夫人如呉。呉為蘇首邑、賦甲東南、民黠難理。公悉以治家者治之。……又置義塚易火葬、節靡剔蠹、咸為画一。」

○戊申…嘉靖二十七年（一五四八）。

11孫一奎『赤水元珠』巻五「呉俗死者多用火葬。」

○孫一奎…一五三八〜一六〇〇。

12張萱『疑耀』巻五「火葬」「姑蘇火葬、雖屢経禁戒、恬不為止。蓋其俗自古已然矣。元祐中、范純仁嘗帥太原。河東地狹、民惜地不葬其親。純仁収無主燼骨、別男女異穴以葬。又檄諸郡倣此、仍自作記数百言、曲折委致以規変薄俗而俗始稍変。第姑蘇純仁之郷也。能変太原而不能変其郷、何耶」。

○『疑耀』…万暦三十六年（一六〇八）刊。

B②（清代、江蘇）

13顧炎武『日知録』巻一五「火葬」「火葬之俗、盛行於江南、自宋時已有之。」

○『日知録』…康熙九年（一六七〇）初刻。

14黄百家『学箕初稿』巻二「書王孝女碑後」「然三呉之区、習以成俗、名曰火葬。自数家巨族外、未有不出於此者。真大惑不解也。雖然、三呉自明大祖以張士誠之故、特重其賦、相沿至今、有増無損。故一畝之輸、尽身力竭地財、不足以供上。又安有隙地焉、以自蔵其躯骼乎。是故朝生為人、暮死為燼、豈其性与人殊哉。勢不得不然也。」

○『学箕初稿』巻二…康熙丁巳一六年（一六七七）執筆。

15『清史稿』巻二六五「湯斌」「二十三年、擢内閣学士。江寧巡撫欠、方廷推、上曰。今以道学名者、言行或相悖。朕聞湯斌従孫奇逢学、有操守、可補江寧巡撫。……斌令諸州県立社学、講孝経・小学、……燬淫詞小説、革火葬。」

○湯斌…康熙二十三年（一六八四）江寧巡撫。

16『清史稿』巻三〇七「陳宏謀」「按察江蘇、設弭盗之法、重誣良之令、厳禁淹親柩及火葬者。」

○陳宏謀…乾隆五年（一七四〇）、江蘇按察使。

C（清代、山西）

17『清史稿』巻四八〇、儒林「朱次琦」「官襄陵時、……其他頒読書日程、創保甲、追社倉二万石、禁火葬、罪同姓婚、除狼患、卓卓多異政。在任百九十日、民俗大化。」

○朱次琦…道光二十七年一八四七進士。○襄陵…山西平陽府襄陵。○官襄陵時…道光年間。

D（明代、江西）

18林俊『見素集』巻二八「阜俗三義」「巡撫都御史林為阜俗事。窃惟王政之大、養生復性送死而已。……一、義塚。照得、江西風水、賈禍拘忌停喪。仏法流誕、循習火葬。仁及枯骨、義塚是図。」

○林俊…弘治十六年（一五〇三）江西巡撫。○「阜俗三義」……「義倉」「義学」「義塚」

19雍正『江西通志』巻一三一、芸文、明、費寀「鉛城義塚記」「義塚者何。所以聴窮人之死而無帰者之葬於此也。予鉛旧有漏沢園、在東関。歳久湮滅、莫可跡矣。嘉靖癸未、前令朱君雲渓乃創義塚於北関之鮑家山。戊戌冬、予以入覲取道過塚。見其地、白骨纍纍、散満林谷。問之、曰。此葬地已尽、焚之火而有是遺骼也。為之惻然、思售地以拡之。……明年春、……復下令曰。凡居民之貧而死者、葬於斯。行旅之死而莫帰者、葬於斯。餘弗得与、俾有節制也。已乃大書其坊曰、鉛城義塚。走使徴予識之。予曰。……火葬之俗、始於釈氏。燔人肌膚、銷人形骸、雖炮烙舂剉之惨、莫是過矣。人生而有父子兄弟夫婦朋友之倫、飢則食、寒則衣、病則薬、患難則相扶、周防惟恐毀傷。寧忍其死而若是惨乎。」

○費寀…広信府鉛山人。○癸未…嘉靖二年一五二三。○戊戌…嘉靖十七年一五三八。○「鉛城義塚記」…嘉靖十八年一五三九撰。

E①（明代、浙江）

20宋濂『文憲集』巻二三「傅守剛墓碣」「自焚屍沈骨之俗成、雖縉弁之家、亦靡然従之。……守剛之父歿。其諸兄具棺斂已、舁出中野、縦火而爇之。守剛勢不能止、哭踊将絶。爇已、編荆成筐、実以象泉、拾遺骸以帰。……明日、諸兄捧筐至大沢而投清之淵。」

○傅致柔…字守剛、金華人、一三一三〜七九。

21『明史』巻一五七「郭敦」「郭敦、字仲厚、堂邑人。洪武中、以郷挙入太学。授戸部主事。遷衢州知府、多恵政。衢俗、貧者死不葬、輒焚其屍。敦為厲禁、且立義阡、俗遂革。禁民聚淫祠。」
○郭敦…洪武二十六年一三九三挙人。
22夏良勝『東洲初稿』巻一三「陳蘭坡先生墓志銘」「再起定海。……俗火葬、則置義塚先之、治行益著。」
○陳衮…一四六一～一五一七。○定海…浙江寧波府定海県。○再起定海…時期は弘治～正徳。
23髙攀龍『高子遺書』巻一一「魏継川先生墓表」「公名邦直、字君賢、別号継川。世居嘉興、後析為嘉善人。……父南川翁諱祥、配楊、生二子。……楊孺人卒。俗議火葬。公慟仆地曰。奈何不一抔吾母。南川公涕而厝不火。」
○魏邦直…一五三七～九二。○嘉善…浙江嘉興府嘉善県。○楊孺人卒…嘉靖二十一年一五四二。
24雍正『陝西通志』巻五七上、人物「楊九沢、字子徳、華陰人。嘉靖中進士、為洪洞令、擢御史巡按浙江。禁奢費、革火葬。」
○擢御史巡按浙江…『浙江通志』巻三〇に「嘉靖二十五年、浙江御史楊九沢云々」とある。
25王世貞『弇州続稿』巻二九「送督撫少司馬温一斎公入領左司徒序」「公之始至浙也……又為之立義塚、絶火葬以厚死者。又為之禁溺女、禁陸博游手。」
○温純…万暦十二年六月～十五年二月、巡撫浙江。
26雍正『広東通志』巻四六「周興、西寧人、万暦戊子挙孝廉、……復陞湯渓知県。……禁溺女火葬之俗、所至以廉能称。」
○戊子……万暦十六年一五八八。○湯渓…浙江金華府湯渓県。

E②（清代、浙江）

27顧炎武『天下郡国利病書』二二冊、浙江、下、永康県「風俗、邑之弊俗所亟宜更者有八。曰淹女。曰火葬。……」
○『天下郡国利病書』…康熙元年一六六二序。
28乾隆『江南通志』巻一四七、人物志、宦績「洪琮」「洪琮字瑞玉、歙人。順治壬辰進士。……子景行、平陽知県。清漏租除規費、禁絶賃妻火葬諸悪習。」
○洪琮…順治九年一六五二進士。○平陽…浙江温州府平陽県。○平陽知県…康熙年間?

29黄汝成『日知録集釈』巻一五「火葬」「汝成案、火葬之事、杭城至今猶沿其俗、至為惨傷。而長官不為禁止、士大夫不知動色戒論、習為故常。」

○黄汝成……一七九九～一八三七、太倉嘉定人。○『日知録集釈』…道光十四年一八三四叙録。

30『大清会典事例』巻四〇〇、礼部、風教、訓飭風俗、同治七年一八六八「又諭。銭宝廉奏請厳禁火葬一摺。火葬之習、久干例禁。近来浙江嘉湖等府、尚有此弊。若如該学士所奏、実於地方人心風俗、大有関繫。亟宜厳禁以挽頽風。著浙江巡撫出示暁諭、申明例禁。並恐他省沿此陋習、著各省督撫、通飭所属州県、一併厳禁。如有仍前火葬者、即行按律治罪。其嘉興府向有悪棍阻葬等事、並著李瀚章飭令各州県従厳懲辦、以儆刁頑。」

○銭宝廉……同治十年、工部、漢、右侍郎。光緒元年、刑部、漢、右侍郎。○李瀚章…同治七年、浙江巡撫。

F①（明代、福建）

31宗臣『宗子相集』巻一三「明甌寧県令胡公徳政碑」「増城胡公在孝廟時知甌寧、凡九年、既去六十年。……諸大夫遂状其事曰。……論其大者、即其革焚屍而示之孝、禁溺子而示之慈。」

○孝廟時…弘治年間（一四八八～一五〇五）。

32葉春及『石洞集』巻一六「明朝列大夫福建都転運塩使司同知艾陵林先生墓表」「乙丑、同知福建都転運塩使司。……毀淫祠、興社学。……禁火葬、置義阡、掩遺骼、給轊棺賑孤貧。」

○乙丑…嘉靖四十四年一五六五。

33葉春及『石洞集』巻七「恵安政書」九「郷約篇」「喪」全八条「六、凡三等人戸之下葬用薄棺、不許焚屍。貧不能葬、約正率閭里科少銭助之。毋令暴露。七、凡火化者、忍心害理。宜送官厳懲。子孫依律死罪。工人重治、瓦棺毋鬻於市。」

○葉春及…隆慶間（一五六七～七二）泉州府恵安知県。

F②（清代、福建）

34『清史稿』巻四二六「王凱泰」「七年、擢福建巡撫、課吏興学、禁械闘・火葬・溺女・淫祀旧俗。」

○王凱泰…同治七年一八六八、福建巡撫。

G（明代、広東）

35沈佳『明儒言行録』巻七「魏校字子才、南直崑山人。弘治乙丑進士。……世宗即位、首起広東副使提督学正。先徳行輿小学以教士。聘翟宗魯以為士師。禁火葬、斥淫詞、取曹渓故伝衣鉢毀而焚之。」

○魏校…弘治乙丑十八年（一五〇五）進士。正徳末～嘉靖初、広東提学副使。

36黄佐『泰泉郷礼』巻一「喪」全九条「六、凡三等人戸之下葬用薄棺、不許焚屍。貧不能葬者、約正約副率閭里科少銭以助之。毋令暴露。七、凡葬依家礼、用灰隔不必用槨。棺内毋得用金銀銭帛。八、凡火化者忍心害理、宜送官厳懲。子孫依律死罪、工人各行重治。」

○黄佐…広州府香山人、称泰泉先生、一四九〇～一五六六。致仕家居の時に『泰泉郷礼』を執筆。

H（明代、広西）

37邵宝『容春堂後集』巻六「李府君碣」「府君諱芳、字廷沢、姓李氏。世為広西南寧武縁人。……及翁卒、哀毀逾礼。邑俗尚火葬、薄棺無槨、比屋皆然。或謂廷沢盍従俗乎。廷沢哭而作曰。吾忍哉、吾焚吾親也。吾無室廬耶。吾葬吾親、忍不以槨也。豈不量力、固当勉之耳。於是為棺若干寸、又為之槨、躬輦石負炭、卜地営壙以襄事焉。……武縁尚火葬、其来久矣。廷沢生長於斯、独変而之礼。蓋資富者猶難之、而況空乏者乎。」

○李芳…一四四四？～一五〇四？。○「李府君碣」…正徳元年一五〇六執筆。

38雍正『広東通志』巻四六「蕭貽朔」「蕭貽朔、字次倩、潮陽人。……遷左州知州。捐貲修学、禁民火葬。」

○左州…広西太平府左州。○遷左州知州…雍正『広西通志』巻三八「万暦四十年（一六一二）知州蕭貽朔云々」の一節有り。

39雍正『広西通志』巻八四、儒林、明「梁方図」「又嘗兼摂太平学篆。俗尚火葬、禁之不可。乃刋家礼四訓約要、以勧諭、旧俗遂化。」

○太平学篆…広西太平府学教授、崇禎間任。

七　満州族と火葬風俗

1『建炎以来繫年要録』紹興十三年（一一四三）八月庚子「直龍図閣張邵自金国還、入見。邵言。靖康以来、迄於建炎、使於金人而不返者至数人。若陳過庭、若聶昌、……。陳過庭……既死、以北俗焚之。」

2『秋澗先生大全集』巻八四、烏台筆補「論中都喪祭礼薄事状」「切惟送終、人子之大事。今見中都風俗薄悪。於喪祭之礼、有亟当斜正者。如父母之喪、例皆焚焼以為当然。習既成風、恬不知痛。敗俗傷化、無重於此。契勘係契丹遺風、其在漢民断不可訓。理合禁止以厚薄俗。」

3徐珂『清稗類鈔』第八冊「喪祭類」「寧古塔人之喪」「寧古塔人家有喪事、将斂、其夕戚友咸集、曰守夜、終夜不睡、主人待以盛饌、殮後方散。七七内必殯、火化而葬。」

4徐珂『清稗類鈔』第八冊「喪祭類」「蒙古喪葬」「蒙古無棺槨衣衾、其喪葬之礼凡三種。一、獣葬。……一、土葬。……一、火葬。惟大富貴者始行之。潔其尸、纏以綿布、塗以羊膏、架乾柴焚之。検其遺燼、送入五台山仏前儲蔵、然不納多金、山僧拒不使入也。」

5徐珂『清稗類鈔』第八冊「喪祭類」「新疆蒙人喪葬」「新疆之蒙古人尚火葬。貴人歿、浴尸、韜以白布幐嚢、舁至高原、平奠柴上、喇嘛誦経、挙火焚之。骨燼、則群相慶賀（謂亡者無罪過、昇楽境也）。

6談遷『北游録』紀聞、下「国俗」（『清代史料筆記匯編』第一輯）「満人極敬母、又善事執友、長輩。命坐而坐、命食而食。然不好居積厚利重禄、率随手尽。窮奢極麗、垂橐而止。喪必火葬、生前玩好、美珠重錦、焚于霊右、不惜也。」

八　浙江嘉興府・湖州府・杭州府における清代火葬関連資料

（a）嘉興府

1光緒『梅里志』巻七、善挙（川勝守一九九九、頁一四所引）「埋胔会、乾隆二十八年楊文学鶴山創挙。毎三年冬臘、掩埋無主棺木、掲盛大罈、不用火化。其棺未朽者、移至広孝阡瘞埋。」李集「瘞骸会記」「夫荼毘火葬之禍烈矣。……故是会専事掩埋而永絶火葬。」

＊浙江嘉興府嘉興県王店鎮
2光緒『嘉善県志』巻四、区域志「塚墓」附「楓涇瘞埋会」「嘉慶二年、鎮人張身濤・陳蘭徴等倡挙瘞埋会、呈請善・婁両邑侯、

出示暁諭、禁止火化。已収埋枯骨一千六百余甏。規条刻有瘞埋総録。」
3光緒『楓涇小志』巻三、名蹟志、墳墓「義塚」（川勝守一九九六、頁八七所引）「嘉慶二年、張身濤・陳蘭徴等倡挙涇埋、稟県立案禁止火化、収埋枯骨一千六百余具。刻有瘞埋総録。嘉慶五年至十六年、張身濤等収埋枯骨一千七百十四具。十九年、張修楽等収埋一百六十二具。道光元年、王泰等収埋八百七具、続刻瘞埋総録。」

＊江蘇松江府婁県楓涇鎮

4光緒『嘉善県志』巻四、区域志「塚墓」附「邑侯万相賓勧捐義園以免火化啓」「嘉慶五年三月、知県万相賓捐廉置買麟七区田四畝四分、以作義園、交同善会館経管作啓以勧邑民。蓋聞埋胔掩骼、乃王政所必先、棄屍毀骸、為刑章所首禁。……本県自莅茲土、採風問俗、聞民間尚有火化之事、不禁為之心惻。曾経剴切勧諭、其如積習難回、頽風莫挽。殊不思人生所最親者、無過於父母兄弟妻妾子孫。墳墓棺亭偶有毀壊、心尚不安。乃骨肉未寒、付之一炬、傷心惨目、孰過於斯。推原其故、固因風気使然。而其中因貧乏地無力営葬者、亦復不少。本県現擬於附近城外、捐置田畝、作為義園、以備安厝。但四郊遼闊、普建為難。惻隠之心、尽人同具。如有紳士商民、楽善好施者、或一人独捐己地、或数人共購間田、不拘畝数、亦不拘何郷、将契挽聯単呈明備案。従此僻壌窮郷、各得瘞埋之所、枯骸朽骨、永無火化之虞、是種福之一事也。」
5光緒『海塩県志』巻一四、名宦録「楊国翰」「楊国翰、字丹山、雲南人、進士。道光四年、任海塩令。……禁火葬、捐義冢。」
6光緒『海塩県志』巻四、輿地考「澉浦同善堂」「道光七年、知県楊国翰創。捐里人集資買竃山為義冢。……（呉春同善堂碑記）……我国家以孝治天下、律禁火葬停棺。恭読諭旨、諄諄以掩骼埋胔為務。仰見厚人倫美風俗之至意至周且備。楊侯国翰以滇南名進士来涖是邦、釐奸剔弊、首厳火葬之禁。復為周視原野督令将無主棺木徧為葬埋。」
7光緒『嘉善県志』巻八、風俗「習尚」「前志称健訟・好闘・火葬諸弊俗。今則刁很者少、火葬無聞矣。」
8光緒『嘉善県志』巻八、風俗「冠昏喪祭」「火葬之弊、近因銭少宰宝廉奏禁、旧習已除。惟惑於風水、富者択地、不得引棺寄庵、貧者浮厝、年復一年、屍棺暴露。雖歴任官憲、懲勧並施、而此風未已。」
9光緒『嘉善県志』巻一九、宦業「銭宝廉」「銭宝廉、原名宝衡、初改名鋑、字平甫、号湘吟。自幼簡黙端重如成人。道光三十年、成進士。改庶吉士、授編修。由翰林至吏部右侍郎。……同治四年、以中允督湖南学。奉諱帰里。……服闋補原官。知杭・嘉・

湖三府向有火葬悪俗、奏請厳禁、奉詔浙江巡撫通飭禁止。頽風為之革除。」

10光緒『石門県志』巻一一、雑類志「風俗」「喪必古礼、而火葬不掩者有之。用浮屠、無論斉民、士大夫家亦然。」

11光緒『石門県志』巻一一、雑類志「風俗」「郷愚尚浮屠法、率将親屍焼化。……至今有司屢行厳禁。邑人復設広仁葬会、以葬貧無能葬者。火葬之風漸革。〔原注〕同治七年、待講学士銭宝廉奏請諭飭禁止。挙人譚逢仕等稟請勒石。」

12光緒『桐郷県志』巻四、建置志、善堂「新義冢。……同治八年、烏鎮同知汪景純募置詳明立案。〔危山義塚記〕……浙之桐郷為県、地環百里、民蕃賦重、高原樹桑麻、下隰種禾稼、尺寸無曠者。至於墳壟、惟詩礼巨族営之、而閭閻小民、半無葬域。親死、往往焚其骨、棄於河。……或有暴棺於埜、客死於茲者、皆無所帰。県尹楽亭張公見焉、既憐憫而且有所愧。乃与其丞順昌鄧君・四会陳君・簿豊邑於君、各捐俸貲、謀得邑人胡淵隙地一区於県之北隅。前樹坊碑、中立石主題之曰義塚。下令凡有孤貧商旅之無依者、聴帰於此。」

13嘉慶『濮川所聞記』巻二、地宇「義塚」（川勝守一九九九、頁一六所引）「按吾郷土膏而民勤、尺寸之地必耕植。非稍温飽者、不能有葬地。而漏沢園之設、原以収無主之骸、有主者、又不欲概従瘞埋。于是賃地而厝久、或付之一炬。嗚呼、火葬之風、稍知理性者何忍。為此乃諭戒諄諄、而此風未革者、則以無葬地、又不肯為義葬也。其法莫善於同仁・仁親等会、各出微資、積数載而為之。」

＊浙江嘉興府桐郷県濮院鎮

14光緒『梅里志』巻七、風俗（川勝守一九九九、頁一五所引）「嘉興土膏而民勤、尺寸之地必耕。非温飽者、不能有葬地。又不欲為義葬、則付之一炬而拾骨以瘞、名曰火葬。此大逆無道之事、郷間最甚。今官府厳禁、此風少息、而猶未尽革。」

＊浙江嘉興府嘉興県王店鎮

（b）湖州府

15同治『湖州府志』巻二九、輿地略、風俗「喪葬」「今有挙仏事而甘付親一炬者、有惑堪輿之説而数十年不葬者、非人子也。〔周輝、清波雑志〕浙右水郷風俗、人死、雖有力者、不辦蕞爾之土以安厝、亦致焚如。僧寺利有所得、鑿方尺之地、積蹝涔之水、以浸枯骨、男女骸骼淆雑無弁。久即塡塞不能容、深夜乃取出畚貯棄荒野外。人家不悟、逢節序仍裹飯設奠於池辺、実為酸楚。

而官府初無禁約也。」

＊周輝：一一二六～？。

16中華民国『烏青鎮志』巻一八、墓域、義塚「明茅瑞徴義阡記」「火葬、非制也。余問俗鄒魯、掩胔埋骼、蓋猶有先王之教焉。荊楚最号率易矣。然貧者度隙地以葬、北邙之塚、累累可数。惟是三呉之民、生殫其奉、死安其燼。無論窶人貧子、即家累千百金、而親死委之烈炬以為常、則猶夫南蛮之俗也。為之説曰。与其試身螻蟻、曾不若升遐煙霧中。夫焚尸揚骨、固天下之大戮也。其親何罪而以為戮。……頃者官司申禁再三、民間火葬如故。或謂呉俗地狭人稠、与江北異、非官給地而厲禁之、祗空文応耳。家君愴焉心動、為捐余地十畝入官、立義阡二。附近居民貧不能鬻地者、聴葬其処。是亦古人郷葬遺意。其願葬而無棺者、余且力任之。凡我郷党隣里、無狃故習而以為鄒魯荊楚嗤、則余与家君之願也。」

17中華民国『烏青鎮志』巻一八、墓域、義塚「清劉璽烏鎮西棚義塚碑」「及筮仕烏程、地属古勾呉、今駸駸乎華風矣。独葬親一事、予深怪焉。縉紳先生士庶富厚、葬喪各与中州等。而中産以下、恒葬於火。里人有某死矣、其子不能邀浮屠作仏事、則群起非笑之、以為是子不能孝其親。至葬親於火、則恬不為怪、而且謂火葬者託生速也。嗚呼、是何悖理之甚也。予令茲六載、思易之未能。今郷民朱応昌等、倡為義塚之挙、業告行於当路矣。……但十畝之地、葬亦有限。使昌等倡之、好善者従而継之、則火葬之風、庶幾乎息矣。……順治庚子（十七年、一六六〇）冬十二月記。」

18光緒『長興県志』巻一三、陵墓「義塚在城吉祥門外。……乾隆十一年、知県譚於正月間、親見西門外、無主骸骨累累道旁。当即独捐奉薪、雇募人夫擡至義塚。其棺木朽爛者、概用骨匣、尽数瘞埋。十一月、……知県譚拠呈出示、勒限十日内、令有親属者概行遷葬義塚、毋得焼化、其無主無力者、総保開報、統于臘時収帰義塚。」〔譚肇基勧捐瘞埋記〕略

19中華民国『烏青鎮志』巻二三、任卹「掩埋公局」「属烏青鎮。……清、同治八年（一八六九）、烏鎮同知汪景純会同両鎮紳士創辦。無力営葬者、得向局報明代葬、設有義塚地、妥為掩埋。並由汪同知出示禁止停葬、并禁火葬。……〔烏鎮同知汪景純厳禁火葬悪習告示〕照得本分府涖任以来、入境問俗、……有不葬其親、挙而委之於火者。愚悖不孝之風、至此已極。……骨肉未寒、不但無棺槨衣衾之美、竟爾凶遭焚烈、不獲全尸以帰地下、傷心惨目。……如此残忍悖謬、若不厳行禁遏、実為風俗人心之大害。……〔計開〕一、凡地方如有火化骸骨之犯、許該隣責成、該里地保拠実稟報、以憑提案厳懲。倘徇隠不報、即将該地保治以応

得之罪。……一、凡火葬悪俗、度士庶之稍知礼義者、断不忍為。類係赤貧無力。窮民既無葬地、又無葬費、不得已而出此。其情亦可憫。欲革其弊、先清其源。……倘欲葬無力、至年終向烏鎮掩埋公所投報、代為掩埋、以安幽霊、以尽子職、此厚人倫美風俗之要務也。」

20中華民国『烏青鎮志』巻一九、風俗「喪」「郷愚貧不能辨者、甚至将屍焼化、拾骸骨貯于瓮、埋之荒野。（原注）按律、従祖父遺言而焼化者、杖一百。若非祖父遺言而焼化者、当引刑律発塚条内「子孫于祖父母父母墳墓薫狐狸、焼及其屍者、絞」之律。然此初非有心于焼化。今相習成風、竟出有心、則律当従重、無疑。若不幸親歿遠方、不能帰葬、而従権焼化、帰其骨者、並聴従便。以此言之、則人子謀葬其親、不可不亟矣。」

21中華民国『烏青鎮志』巻一九、風俗「喪」「今火葬之風雖熄、郷村仍有埋骨入甕之挙。」

22同治『南潯鎮志』巻二三、風俗「喪葬」「或有将棺火焚、拾骸骨貯甕埋之者、或俟屍腐爛後、検其骨置甕中、謂之掲生骨。（原注）烏青鎮志云。按律、従祖父遺言而焼化者、杖一百。若非祖父遺言而焼化者、当引刑律発塚条内「子孫於祖父母父母墳墓薫狐狸、焼及其屍者、絞」之律。」

23光緒『烏程県志』巻二八、風俗「喪葬」「或有将骨火焚、拾骸骨貯甕埋之者、或俟屍腐爛後、検其骨置甕中、謂之掲生骨。南潯志、按律、従祖父遺言而焼化者、杖一百。若非祖父遺言而焼化者、当引刑律発塚条内「子孫於祖父母父母墳墓薫狐狸、焼及其屍者、絞」之律。」

24中華民国『徳清県新志』巻二、風俗「掲骨」「郷俗毎俟数年後清明冬至前、破棺検骨、置甕中、謂之掲骨、向視為悪習。他若火葬・水葬、自昔無忍心行之者。」

（c）杭州府

25光緒『帰安県志』巻一二、風俗「喪葬」「既死、焚屍掲骨。此等悪習、郷愚濁富、容或行之、稍有知識者、已不忍為矣。」

26中華民国『海寧州志稿』巻四〇、風俗「海寧土膏民勤、尺寸之地必耕。非温飽之家、不能得葬地。農民往往火化其棺、貯骨於罈、置之田隅。嬰孩殤皆不埋、火之而綿裹其骸骼、懸之渓柳、任其飄零。此皆悪俗、雖懸禁而未悉革焉。」

27中華民国『海寧州志稿』巻四〇、風俗「喪葬」「貧者火葬成風、官設義塚為虚。」

28中華民国『海寧州志稿』巻六、卹政「仁孝大園」「康熙間、令許三礼禁火化、勧各里広置義塚、就近埋葬、名仁孝大園。後各随地増置。」

○許三礼…順治十八年（一六六一）進士、康熙十二年（一六七三）知海寧県。

29中華民国『海寧州志稿』巻六、卹政「敦仁堂葬会」〔（道光）二十七年春署知州翟侯維本撰葬会記〕国朝知県許公三礼置仁孝大園、禁火化、広勧戒。自是邑之紳士相継建置義冢、凡十余所。然按籍以稽、存者無幾。蓋経費寡、則勢難常行。地畝隘、則逾時即満。而規制不定、禁約不厳、則旋為耕犂之所侵占、而莫有誰何者矣。蓋善挙之難久也如此。」

30中華民国『杭州府志』巻七三、卹政「青芝隖義塚」〔康熙六年張文嘉義冢議〕義冢之弊有二。如地本成熟、上有竹木桑柘、官置義冢、令場戸収管、場戸詭云、一時未能徧埋、且存之以為日後掩埋之用、迨官府超遷、場戸遂攘為己有。又或地本荒蕪、聴看守之人就空間処種植、已而地熟、官又升遷、或仮窃縉官豪僕之勢、或串通衙蠹、亦復攘為己有、甚或転售、種種奸欺、変幻百出。至掩埋之弊亦有二。官府広錫類之仁、捐置間地、而監管無人、或有人監管而住居遙遠、民間知是官地、即将棺木乱埋、或委之而去、於是犬彘豺狼撞破屍棺、搰開浅土、使彼血肉淋漓、白骨零乱、行道之人、不忍側視。又或看守有人、挨排列葬、而異境之人姓氏未詳、男女之分混淆莫弁、是亦未為尽善。」

執筆者紹介

遠藤　隆俊（えんどう　たかとし）一九六〇年生
高知大学教育学部助教授
「宋代の地域社会と宗族」（『高知大学学術研究報告』五一、二〇〇二）、「宋代士大夫的日常生活与宗族」（『中國史研究』二七、二〇〇三）、「日本宋代宗族史研究的現状与課題」（『安大史学』一、二〇〇四）、The Present State and Themes of Research in Japan into Song Dynasty Clans, Journal of Sung-Yuan Studies 34, 2004.

井上　徹（いのうえ　とおる）一九五四年生
大阪市立大学文学研究科教授
『中国の宗族と国家の礼制――宗法主義の視点からの分析――』（研文出版、二〇〇〇）、『東アジア近世都市における社会的結合――諸身分・諸階層の存在形態』（井上徹・塚田孝共編、清文堂出版、二〇〇五）、「中国の近世譜」（『〈シリーズ　歴史学の現在〉系図が語る世界史』青木書店、二〇〇二）、「魏校の淫祠破壊令――広東における民間信仰と儒教」（『東方宗教』九九、二〇〇二）

岸本　美緒（きしもと　みお）一九五二年生
東京大学大学院人文社会系研究科教授
『清代中国の物価と経済変動』（研文出版、一九九七）、『明清と李朝の時代』（宮嶋博史氏と共著、中央公論社、一九九八）、『東アジアの「近世」』（山川出版社、一九九八）、『明清交替と江南社会』（東京大学出版会、一九九九）

小島　毅（こじま　つよし）一九六二年生
東京大学大学院人文社会系研究科助教授
『中国近世における礼の言説』（東京大学出版会、一九九六）、『宋学の形成と展開』（創文社、一九九九）、『朱子学と陽明学』（放送大学教育振興会、二〇〇四）、『東アジアの儒教と礼』（山川出版社、二〇〇四）

吾妻　重二（あづま　じゅうじ）一九五六年生
関西大学文学部教授
『朱子学の新研究』（創文社、二〇〇四）、熊十力『新唯識論』（訳注、関西大学出版部、二〇〇四）、馮友蘭『中国哲学史　成立編』（共訳、冨山房、一九九五）、『『家礼』の

刊刻と版本――『性理大全』まで」（『関西大学文学論集』四八―三、一九九九）、「『易経』の理論と道教」（『講座道教』一、雄山閣出版、一九九九）、「宋代の家廟と祖先祭祀」（小南一郎編『中国の礼制と礼学』朋友書店、二〇〇一）

佐々木　愛（ささき　めぐみ）一九六八年生
島根大学法文学部助教授
「毛奇齢の思想遍歴」（『東洋史研究』五六―二、一九九七）、「張載・程頤の宗法論について」（『史林』八三―五、二〇〇〇）、「『朱子家礼』における家族親族の構造とその大きさについて」（『社会システム論集』〈島根大学法文学部〉八、二〇〇三）

小林　義廣（こばやし　よしひろ）一九五〇年生
東海大学文学部教授
『欧陽脩　その生涯と宗族』（創文社、二〇〇〇）、「蔡襄の諭告文」（『名古屋大学東洋史研究報告』二九、二〇〇五）

平田　茂樹（ひらた　しげき）一九六一年生
大阪市立大学大学院文学研究科助教授
『科挙と官僚制』（山川出版社、一九九七）、『宋代の規範と習俗』（共編、汲古書院、一九九五）、『宋代社会のネットワーク』（共編、汲古書院、一九九八）、「日本宋代政治史研究述評」（包偉民主編『宋代制度史研究百年』〈一九〇〇―二〇〇〇〉商務印書館、二〇〇四）

須江　隆（すえ　たかし）一九六三年生
日本大学生物資源科学部助教授
『宋代人の認識――相互性と日常空間――』（宋代史研究会研究報告第7集、汲古書院、二〇〇一）、「作為された碑文――南宋末期に刻まれたとされる二つの祠廟の記録――」（『史学研究』二三六、二〇〇二）、「唐宋期における社会構造の変質過程――祠廟制の推移を中心に――」（『東北大学東洋史論集』九、二〇〇三）

蔡　罕（さい　かん）一九六七年生
浙江万里学院文化与伝播学院副教授
『北宋翰林図画院及其院画研究』（浙江人民出版社、二〇〇二）、『両宋文化史研究』（共著、杭州大学出版社、一九九八）

岡　元司（おか　もとし）一九六二年生
広島大学大学院文学研究科助教授
「南宋期の地域社会における「友」」（『東洋史研究』六一―

4、二〇〇三）、「南宋期浙東における墓と地域社会」（岸田裕之編『中国地域と対外関係』、山川出版社、二〇〇三）、「宋代における沿海周縁県の文化的成長――温州平陽県を事例として――」（『歴史評論』六六三、二〇〇五）

青木　敦（あおき　あつし）一九六四年生
大阪大学文学研究科助教授
「「宋会要」職官六四―七五「黜降官」について――宋代官僚制研究のための予備的考察――」（『史学雑誌』一〇二―七、一九九三）、「淳熙臧否とその失敗――南宋の地方監察制度の二つの型」（『東洋文化研究所紀要』一三一、一九九七）、「健訟の地域的イメージ：一一―一三世紀江西の法文化をめぐって」（『社会経済史学』六五―三、一九九九）、「宋代地方官考課制度の基調」（『アジア文化研究』別冊一一「都市と平和　魚住昌良・斯波義信両教授記念号」国際基督教大学アジア文化研究所、二〇〇二）

近藤　一成（こんどう　かずなり）一九四六年生
早稲田大学文学学術院教授
『宋元時代史の基本問題』（共編著、汲古書院、一九九六）、「東坡『黄州寒食詩巻』と宋代士大夫」（『早稲田大学大学院文学研究科紀要』四八、二〇〇三）、「南宋四川の類省試からみた地域の問題」（『史観』一五一、二〇〇四）

中島　楽章（なかじま　がくしょう）一九六四年生
九州大学大学院人文科学研究院助教授
『明代郷村の紛争と秩序――徽州文書を史料として――』（汲古書院、二〇〇二）、「永楽年間の日明朝貢貿易」（『史淵』一四〇、二〇〇三）、「墓地を売ってはいけないか？――唐―清代における墓地売却禁令――」（『九州大学東洋史論集』三二、二〇〇四）

田仲　一成（たなか　いっせい）一九三二年生
財団法人東洋文庫研究員、東京大学名誉教授
『中国祭祀演劇研究』（東京大学出版会、一九八一）、『中国の宗族と演劇』（東京大学出版会、一九八五）、『中国郷村祭祀研究』（東京大学出版会、一九八九）、『中国巫系演劇研究』（東京大学出版会、一九九三）、『中国演劇史』（東京大学出版会、一九九八）、『明清の戯曲』（東京創文社、二〇〇〇）

鈴木　博之（すずき　ひろゆき）一九五一年生
山形県立米沢女子短期大学非常勤講師
「徽州の村落と祠堂――明清時代の婺源県を中心として」

（『集刊東洋学』七七、一九九七）、「徽州商人の一系譜――瑞村胡氏をめぐって――」（『東方学』九八、一九九九）、「『徽学』研究の現状と課題」（『集刊東洋学』八三、二〇〇〇）

臼井佐知子（うすい　さちこ）一九四九年生
東京外国語大学教授
「太平天国末期における李鴻章の軍事費対策」（『東洋学報』六五―三・四、一九八四）、「同治四（一八六五）年、江蘇省における賦税改革」（『東洋史研究』四五―二、一九八六）、「太平天国期における蘇州紳士と地方政治」（『中国―社会と文化』四、一九八九）、「中国明清時代における文書の管理と保存」（『歴史学研究』七〇三、一九九七）、『徽州商人の研究』（汲古書院、二〇〇五年）

熊遠報（ゆう　えんぽう）一九六三年生
早稲田大学理工学部助教授
『清代徽州地域社会史研究』（汲古書院、二〇〇三）、「清代民国時期における北京の水売買業と『水道路』」（『社会経済史学』六六―二、二〇〇〇）、「聯宗統譜と祖先史の再構成――明清時代、徽州地域の宗族の展開と拡大を中心として――」（『中国―社会と文化』一七、二〇〇二）

片山剛（かたやま　つよし）一九五二年生
大阪大学文学研究科教授
「〝広東人〟誕生・成立史の謎をめぐって：言説と史実のはざまから」（『大阪大学大学院文学研究科紀要』四四、二〇〇四）、「清代珠江デルタの里甲経営と地域社会：順徳県龍江堡」（『待兼山論叢』史学篇三六、二〇〇二）、「死者祭祀空間の地域的構造：華南珠江デルタの過去と現在」（江川温・中村生雄編『死の文化誌：歴史・心性・社会』昭和堂、二〇〇二）

中純夫（なか　すみお）一九五八年生
京都府立大学文学部教授
「王畿の講学活動」（『富山大学人文学部紀要』二六、一九九七）、「霞谷鄭斉斗緒論――朝鮮儒林における陽明学受容――」（『青丘学術論集』一六、二〇〇〇）、「丁若鏞の『大学』解釈について――李朝実学者の経書解釈――」（『京都府立大学学術報告（人文・社会）』五四、二〇〇二）、「劉宗周の「学言」について――慎独説から誠意説へ――」（『中国思想史研究』二五、二〇〇二）

宋－明宗族の研究

平成十七年三月三十一日　発行

編者　井上　徹
　　　遠藤隆俊

発行者　石坂叡志

整版印刷　富士リプロ

発行所　汲古書院

〒102-0072 東京都千代田区飯田橋二-五-四
電話　〇三（三二六五）九七六四
FAX　〇三（三二二二）一八四五

ISBN4-7629-2737-6　C3022

Chinese Lineage during the Song-Ming Period (宋－明宗族的研究)

Edited by INOUE Toru and ENDO Takatoshi

Preface and General Remarks

General Remarks on Lineage in the Song-Yuan Period

by ENDO Takatoshi 遠藤隆俊

The Song Period is one of the most important periods in the history of Chinese kinship organization, when new systems such as family shrines, charitable estates, and genealogies appeared in society. Though these systems continued through to the Ming-Qing Period, the real circumstances of kinship organization in the Ming-Qing Period were not the same as that in the Song-Yuan Period. Since the early Ming Dynasty oppressed those new systems gradually taking root in the Song-Yuan society, we can find the differences between the Song-Yuan and the Ming-Qing Period, such as the scale of the lineage organization, the way of the ancestral ceremony and the regional distribution of the lineage institutions. In this sense, the early Ming Period was the watershed of the history of kinship organization, from the 9th to the 19th century, while the Song-Yuan Period represented the formative years and the latter Ming and Qing Periods were the reconstructive and expansive years of the lineage model. We examine, in this research, the new systems of the kinship organization and the thoughts of the elites who established those systems during Song-Yuan Dynasties, comparing these with the circumstances in the Ming-Qing Period.

General Remarks on Lineage in the Yuan-Ming Period
by INOUE Toru 井上徹

In this article I introduced research in Japan dealing with lineages from the Yuan Period through the last stage of the Ming Period, and summarized what and to what extent former research had made clear. First, lineages were reorganized in the Song Period, but they seem not to have spread widely until the first half of the Ming Period. Secondly, great developments occurred in lineage system, but they were realized different forms from area to area. The down-stream delta area of Changjiang had a standard model of lineage development, while in the mountain regions of Zhedong and Huizhou and in Guangdong, large-scale lineages often appeared. Thirdly, I observed that developments in the lineage system involved various factors. Among them were the necessity for defense resulting from the migration of the Han people, competition for resources, a longing for commercial and / or political success, and obtaining a family register.

Overall Comments
by KISHIMOTO Mio 岸本美緒

Recent studies on Chinese lineage organizations by Japanese scholars have focused on the strategic function of lineages which enabled individuals to pursue social success and stability through mutual help among kinsmen. As noted in lineage studies of the last thirty years, beginning in the 1980s, this strategy-focused approach has a close relationship with various observed trends, such as the attention to the process of lineage formation in newly developed areas, analyses of conflicts among various social groups

in local societies, emphases on the fictitiousness of lineage genealogies, and so forth. Now we are faced with some new problems to which these studies have not yet paid much attention, that is, the problem of discipline and vertical order within lineage, validity of methodological individualism implied in the strategy-focused approach, detailed analyses of rites and institutions of lineages, etc. Some of these new problems are discussed in this volume, which is intended to turn a new page in studies of Chinese lineage organizations in Japan.

Ⅰ. Lineage in the Song-Yuan Period

Two Ways to Study "Zongzu": Japanese Scholarship in the 1940s

by KOJIMA Tsuyoshi 小島毅

This essay looks at two ways of studying Zongzu; Chinese philosophy and Chinese history / sociology. An example of the former is "Shina no Kazoku-sei (The Family System in China)" written by Morohashi Tetsuji in 1940. He regarded the Zongzu system as an actuality in the Zhou Dynasty, and showed no interest to its transition in later periods. He looks at one of the Confucian scholars for classical canons. We cannot find critical eyes towards Zongzu in his study. An example of the latter way is "Shina Kazoku Kenkyu (The Study of the Chinese Family)" written by Makino Tatsumi in 1944. He paid attention to the transition of Zongzu, especially in the Song Period. He called the new system "early modern Zongzu". For his hypothesis, he divided Chinese "Jia" into two parts; the family from an economic view and Zongzu as a kind of clan. His approach made it clear that the early modern Zongzu system was established as something of an ideal in and after

Song. However, the analysis neglects literati's own view on the system. Their books were written 60 years ago, but the weak points are still to be resolved. This essay stresses the importance of integrating the two ways in the future.

Issues on the Study of Lineage in Pre-modern China : the Offering Hall, Religious Services for the Earliest Ancestor and the Principle of the Extended Family

by AZUMA Juji 吾妻重二

Focusing on the aspects of rites, issues on the study of lineage in modern times in China are discussed in this paper.

1 . The issue of the offering hall : The term 'offering hall' 祠堂 originally covers a broad range of institutions for religious services, including family shrines 家廟, 墓祀, 専祀, 祀廟 in Taoism and Buddhism. But different types have different features, so we need to be careful in the use of the words. The important ones relating to the services for ancestors are family shrines 家廟, 墓祀.

2 . The issue of Zhu Xi's朱熹 *Family Rituals* 家礼 and the services for the earliest ancestor : In the discussions on the services for the earliest ancestor and early ancestors in *Family Rituals*, the differences have been emphasized by Cheng Yi 程頤, but are not correct. Referring to the chapter 'Sacrificial Rites' 祭礼 in *Family Rituals*, we can see that the concept described here is basically consistent with Cheng Yi. Past interpretations have paid attention only to Zhu Xi's opinion in his latter years. It should be corrected.

3 . The issue of Sima Guang's 司馬光 *Shuyi* 書儀 and 'the principle of the extended family' 大家族主義 : There is a problem in Makino Tatsumi's 牧野巽 opinion that Sima Guang's *Shuyi* adopts the principle of the extended

family. Because the 'head of families' in *Shuyi* is not a 'patriarch' as the leader of the whole lineage, but just 'the eldest of the family'. The size of the family is larger in *Family Rituals* than that in *Shuyi*. The position *Shuyi* takes is not the principle of the extended family, but something like a 'loose patriarchal system'. This type of unity in the lineage makes for a good contrast with the 'lineage rule system' 宗法主義 in *Family Rituals*.

The View of the Descent-line System (Zong Fa 宗法) in the Song Period

by SASAKI Megumi 佐々木愛

Song Neo-Confucianism held that the descent-line system of antiquity should be restored. Based on an understanding of the descent-line system as an ideology for lineage solidarity, past scholarship has explained Song Neo-Confucianism as an effort to enhance lineage cohesiveness for the Shi Da Fu 士大夫 or educated class. But I have already demonstrated that Song Neo-Confucianism's motivation for espousing the descent-line system, primogeniture, which focused on vertical relations, should be understood in an intellectual context of a desire to return to antiquity rather than in a social context of a hope for lineage cohesion. Furthermore, this essay demonstrates the following. It was often discussed whether or not the descent-line system, primogeniture, should be implemented by the emperor's clan. But there was an objection of the Shi Da Fu having to implement the system of primogeniture. Then the descent-line system as an ideology for lineage solidarity for the Shi Da Fu was discussed by Su Shi 蘇軾, who was in conflict with Cheng Yi 程頤, but Su Shi's view of the descent-line system was not the general opinion at that time. In the Song Period, the accepted theory of the descent-line system had not been formed yet.

Two Famous Lineages in the Song Period: Han Yi Family and Han Qi Family
by KOBAYASHI Yoshihiro 小林義廣

This article has picked up two lineages－the Han Yi family and the Han Qi family－on behalf of famous lineages in the Song Period. These lineages were able to be maintained through passing examinations and producing high-ranked high ranking officials. On the other hand, each family has had special circumstances concerning them to become famous. For the Han Yi family, it was a severe family law that contributed to the family survival. For the Han Qi family, it was their continued endeavor of family systematization.

The Network of Liu Zhi Dang 劉摯黨:With a Focus on Epitaphs of Zhong Su Ji 忠肅集 written by Liu Zhi
by HIRATA Shigeki 平田茂樹

There was much factional strife in the Song Dynasty. The strife between the Xin Fa Dang 新法黨 and Jiu Fa Dang 舊法黨 was the most famous. Many scholars have done research on these factions (Peng Dang 朋黨), but they can not prove what Peng Dang is. I also researched this theme and acquired the following results. Peng Dang was based on all sorts of daily life relationships including family, hometown, school, and occupation. These relationships united various political relationships and developed into Peng Dang. When analyzing the network of the Jiu Fa Dang with the materials from Chang Bian 長編, I acquired the following facts. Among the Jiu Fa Dang, the Liu Zhi Dang was the leading faction, and made use of avenues

of criticism 言路 in order to impeach the Xin Fa Dang and abolish most of the laws made by the Xin Fa Dang . This time I analyzed the network of the Liu Zhi Dang with epitaphs of Zhong Su Ji written by Liu Zhi. As a result of this research, I have concluded that this network was based on the relationships of his birthplace and place of inhabitance. Liu Zhi constructed various social networks such as regional, blood, marriage, academic and occupational relationships through the medium of maternal relatives who lived in Yun Zhou 鄆州.

Temples and Local Areas: Through the Trend of Clan after the End of Northern Song 宋

by SUE Takashi 須江隆

In my previous articles, I have paid attention to temples, which symbolize the unique metaphysical culture of pre-modern China. I studied various temple records and incidents, as well as the customs of granting plaques and titles that are unique to the Song Period. In doing so, I have revealed the transitional processes in the administrative dynamics between the central government and local society from the Tang 唐 to late Southern Song. Through my studies, I found the Huizong 徽宗 Era, the end of Northern Song, was not only the transitional period from the Northern to Southern Song, but it signified a turning point in Song social structures. In this paper, I will give a detailed analysis of temples and clans, and will cast light on how these two subjects were related in local areas after the end of Northern Song. I especially focused on the analyses of the Xu 徐 Clan in Wuxi 無錫 County and the King Xuyan 徐偃 Temple, the Fang 方 Clan in Putian 莆田 County and the Xiangying 祥応 Temple, and the Zhu 朱 Clan in Nanxun 南潯 Township and the Jianfu 薦福 Temple. By doing so, I will clarify the

characteristics of the social structure and orders in local areas in the same period.

The Shi Graves in Siming during the Song Era
by CAI Han 蔡罕

The graves of the Shi family are dispersed around Tongqian Lake in the southeast suburbs of Ningbo City. In the last twenty years, many graves have been discovered one after another and have attracted a great deal of attention at home and abroad. Because the Shi family produced many successful political candidates and three chief councillors during the Southern Song Era, the history of the Shi family is a miniature of Southern Song history. This article is an investigative report of the Shi graves. Through dozens of explorations, Cai Han has investigated the sites and present conditions of the twenty Shi graves in detail. They contain the graves of Shi Hao, Shi Miyuan and Shi Songzhi. Cai Han also expresses the hope that more scholars will take interest in these graves.

Survival Strategy of a Family in Fuzhou, Jiangxi in the Song Period
by AOKI Atsushi 青木敦

The Yue family is famous due to Yue Shi (930-1007), the writer of *Tai Ping Huan Yu Ji*, one of the best topographies during and after the Song Dynasty. At the same time Yue Shi was the first person in his family to appear in historical records, and the first successful political candidate from Jiangxi province in Song. His sons and grandsons also became successful political candidates, however, the Yue family did not flourish after the

middle of the Northern Song Period. After the dark period in which almost no records are found, the offspring of Yue Shi in Fuzhou, the birth place of Yue Shi, appeared again as great landowners. But according to materials from the Song and the Yuan Periods, they faced a lot of difficulties. They were threatened by the laws that restrict landownership by distant descendants of a title holder, and when in the last days of the Southern Song the last successful candidate of the family named Yue Yi was dying no adopted son could be found and so his assets were to be lost or confiscated. Yu Ji, a famous scholar in Fuzhou in the beginning of the Yuan Period, recounted that the Yues failed in compiling a genealogical record. Unlike the Fan family of Fan Zhongyan, the Yue family was apparently a case of failure in establishing a lineage organization in the Song-Yuan Periods. Through tracing their history, this article views the demerits of not establishing a lineage organization, and to the contrary the merits of establishing one. The strategy the Yues took was neither one of establishing a lineage organization nor one of success in the bureaucratic world, but was a hometown-oriented landownership, sometimes being threatened by imperial policies but mostly successfully surviving in the local society where customs and local power-politics dominated.

The Policy of the State and the Compilation of Genealogy by Local Elites in the Song Dynasty: On the Report by Professor Aoki

by KONDO Kazunari 近藤一成

It is said that the purpose of genealogy compilation in the Song Period was to make a paternal line relative group concentrate. However, if you inquire into the details, you will find that the purpose has changed over time. Two people's prominent genealogies, Su Xun 蘇洵 and Ouyang Xiu 欧陽脩,

were the purpose for clarifying the family line and were made into the way of Shi Da Fu, the social status of ancestry in the Tang Period. The report by Professor Aoki pointed out that the genealogy especially corresponded to a national policy and was directly linked with the interests of everyday life. It is a very interesting indication. One can say that the same is said in the case of the civil service examination. An examinee chose a course more advantageous to success. The examinee was to take the first examination at the place at which the rate of success was high, but the first examination had to be taken in the prefecture of the legal address on the family registry. Therefore a forged genealogy was needed. Although this was an unlawful example, genealogy was needed in various cases.

Ⅱ. Lineage in the Yuan-Ming Period

Lineage Formation under the Mongol Rule:
Focusing on the Problems around Gravesites in Southeast China

by NAKAJIMA Gakusho 中島楽章

During the Song-Yuan Period, the focal point of the formation of the extensive descent group was the worship of distant ancestors at gravesites. The seasonal rites for important ancestors at gravesites provided critical opportunities for integrating segmented descendants. On the other hand, gravesites of distant ancestors were usually registered separately in names of each of the families of descendants, so disputes over trade and ownership of the gravesites frequently occurred. In 1313, the emperor of the Yuan Dynasty issued an edict which entirely prohibited the selling and buying of gravesites. This edict served as an effective basis for lineages of southeast China to maintain gravesites which had critical meaning for integration

of descent groups. The noninterference policy of the Yuan Dynasty to ancestor worship, as well as the above mentioned edict, promoted lineage formation through the worship of distant ancestors. Generally speaking, the prosperity of commerce, the intense social competition and the limits of the direct rule of the government under Mongol rule, brought about favorable circumstances for the spread and extension of lineage formation in southeast China.

The Relationship between Village Festival Organization and the Local Administrative System in the Lineage Society of Huizhou 徽州 during the Ming Period

by TANAKA Issei 田仲一成

This paper discusses the close relationship between the lineage organization for seasonal festivals of village temples and the local administrative system, thus proceeding to analyze the lineage influence over the local administration during the Ming Period. At Mingzhou 茗洲 Village in Xiuning 休寧 County of Huizhou, for example, the members of the organization for village temple festivals Shehu 社戸, were usually selected exclusively out of the members of the Wu lineage. On the other hand, the supporters of this organization for village temples, often fulfilled the responsibility for compiling the land book, called Huangce 黄冊, that was to be compiled on the basis of every local administrative section, called Lijia 里甲, every ten years. Consequently, the private power of lineage had an influence on the local public system. It is possible that this sort of close relationship between lineage and the local administrative system in Jiangnan might have developed into the Tujia 図甲 system in Guangdong, under which all taxes and labor services for the public were imposed on every lineage through the leader's name. This meant

that the emperor's authority could not be exerted directly over the people, but only indirectly through lineage, in the areas wherever the local society consisted of influential lineages.

The Household and Lijia 里甲 System of Huizhou 徽州 Prefecture in the Ming Period

by SUZUKI Hiroyuki 鈴木博之

There are many studies about the Lijia system in the Ming Period and it has been pointed out that the household is not an individual family, but consists of a lineage or recently a sublineage. This paper aims to study the change of the household form in the relation of the family and lineages mainly through the Huizhou documents. The following is the summary.

(1)There were no rules about the division of the household in the early Ming Period, after that the Court made laws that allowed it as long as it was no obstacle to the labor service. But few families selected the household division, rather they shared their land taxes and labor services in cooperation after equal division of property.

(2)The name of the household was changed with every alternation of the generation, the members of the lineage recognized it as a public property that was managed through lineage consultation.

(3)The word of Huding 戸丁 was used in the documents concerning the yellow registers 黄冊 to distinguish the individual family from an equal household when the title of land ownership was transferred in the late Ming Period. It was a technical countermeasure to the condition that the household would not be divided and also that the cooperative system could progress with the formation of land taxes and labor services by the lineages.

The Compilation of Genealogies and Annals of Lineages in Huizhou 徽州 during the Ming Dynasty: Aspects of Expansion and Systematization of Lineages

by USUI Sachiko 臼井佐知子

A great deal of the extant genealogies and lineage rules were derived from the Huizhou 徽州 area. What significance does this have? Did this occur by chance, or was it the result of some sort of historical necessity? The compilation of such general genealogies known as Tongpu 通譜, Zongpu 總譜 and Tongzongpu 統宗譜 went hand in hand with the expansion and systematization of lineages during the Ming Dynasty. This article examines these problems by investigating the extant genealogies of 12 surnames.

The Building-up and Laying-up of the Clan's Assets: Focused on Guangyu Hui of the Clan Hong in Huizhou, Ming-Qing Period

by XIONG Yuanbao 熊遠報

Making use of Guangyu Hui's fiscal record books during 1557-1664, this paper analyzes the fiscal revenue and expenditures of the Clan Hong. As one form of the clan in Huizhou, Guangyu Hui's construction and operation is similar to "Qian Hui", the Rotating Credit Society in Huizhou. Its foundation and development might have resulted from the maintenance and reproduction of a social resource—the renowned ancestors including their identity—by Clan Hong's descendants. It might be said that Guangyu Hui is not only a pure concept of Clan, but also a product of contemporary social needs or movements, and of the development of the same kin's group interrela-

tions.

Lineage, Genealogical Book, and Household Register in the Pearl River Delta during the Ming Period: Discourse and Historical Evidence on Lineage

by KATAYAMA Tsuyoshi 片山剛

Most of the genealogical books published in the Pearl River Delta during the Ming-Qing and Republican Period profess that it was in the early Ming that the ancestors of the lineages acquired their households under the Lijia 里甲 system. This paper aims to verify this by taking a lineage as the object of study and to question whether this profession is based on historical fact or fictional discourse. The results of this study show that in the case of lineage it has been fictional discourse since the Chongzhen 崇禎 Era of the late Ming and that this discourse has been shared since the Wanli 万暦 Era among all members of the Li the lineage belonged to. The following is a hypothesis this study puts forward. The reason why the lineages accepted and printed the discourse had a close connection with the great historical changes in the Pearl River Delta from the middle to the end of the Ming. The Cantonese people shared a legend that their ancestors participated in the Lijia system in the early Ming and drove out the Tumin 土民 and Tongliao 峒獠 and replaced them as the leaders.

Some Questions Concerning Cremation during the Ming and Qing

by NAKA Sumio 中純夫

Funerary practices in Confucianism originally involved interment, but for various reasons, including poverty and a shortage of burial grounds,

cremation had already developed into a social problem during the Song 宋 Period. According to Miyazaki Ichisada 宮崎市定, edicts banning cremation issued by the Song, Yuan 元 and Ming 明 Dynasties had little real effect, and it was only during the reign of Qianlong 乾隆, the emperor of the Qing 清, that a policy prohibiting cremation began to penetrate Chinese society for the first time. But following careful examination of local gazetteers of the three prefectures of Jiaxing 嘉興, Huzhou 湖州 and Hangzhou 杭州 in Zhejiang 浙江 province, I was able to ascertain that cremation continued to be widely practiced even after Qianlong's reign right down to the final years of the Qing.